漢字同義語辭典

漢字同義語辭典

발행일 1판 1쇄 2011년 10월 30일, 1판 3쇄 2018년 9월 17일
발행인 오덕성 **편저자** 강혜근, 강택구, 유일환, 한학중
펴낸곳 충남대학교출판문화원 (충남대학교출판문화원) **주소** 대전광역시 유성구 대학로 99
전화 042-821-6045 **홈페이지** cnupress.co.kr **E-mail** cnupress@cnu.ac.kr

ISBN 978-89-7599-410-4 93720
정가 30,000원

漢字同義語辭典

강혜근 · 강택구 · 유일환 · 한학중

궁미디어
GUNGMEDIA

| 서문 |

漢文 문헌 해독을 돕기 위하여 관련 학계는 각 분야에서 많은 노력을 해왔다. 그 가운데에서도 특히 문법 체계 및 어휘의 문법화와 관련하여 實詞와 虛詞에 대한 연구가 많았고, 허사에 대한 연구는 대량의 虛詞詞典을 만들어내게 하였다. 그러나 정확한 내용의 이해를 위해 극히 중요하면서도 상대적으로 연구가 미흡한 분야는 實詞 자체에 대한 연구이며, 同義詞와 近義詞[유의어]는 바로 그 가운데의 하나라고 할 수 있다.

同義詞에 대한 연구는 주로 각종 古典의 註釋인 注疏 안에서 다루어져 왔기 때문에, 漢文에 통달한 學者들은 굳이 그 필요성을 느끼지 않을 수도 있다. 그러나 그렇지 못한 사람들에게는 어려움이 많다. 漢字의 쓰임은 시대에 따라 같거나 서로 비슷하던 글자들의 의미가 달라진 경우가 있는가 하면, 우리말로는 같은 의미[同義]라도, 漢文에서는 다른 의미로 사용되는 경우가 있어, 漢文을 해독하는 데에 어려움이 많다. 우리가 제목으로 언급하고 있는 '漢字同義語'도 우리말로는 '동의어'로 표현되지만, 실재로는 미세한 차이가 있는 '類義語'라고 말할 수 있다.

漢文은 고대로 올라갈수록 單音節(단음절) 단어가 많아지기 때문에, 특히 先秦 문헌에서는 단음절 同義詞와 近義詞[유의어]에 대한 변별이 고문 해독에 있어서 더욱 중요한 부분이 된다. 예를 들면, '住'와 '居', '住居(일정한 곳에 머물러 삶)' 등에 대하여 현재 우리는 별다른 의미 차이를 느끼지 못하지만, 본래 고대에서는 '住(잠시 머물다)'와 '居(정착하여 산다)'라는 의미 차이가 있는 별개의 단어였다. 우리가 漢文으로 된 문헌을 보다 정확하게 이해하고 해독하기 위해서는 이러한 同義詞에 대한 연구가 반드시 선행되어야 한다고 생각한다.

고대 同義詞에 관한 전문적인 연구는 段玉裁의 『說文解字注』에 이르러 최고를 이루었다고 할 수 있다. 그러나 근대적인 연구는 20세기, 그것도 1980년 이후에야 본격적으로 진행되기 시작하였다. 본 사전을 집필하면서 참고한 문헌자료에서도 알 수 있듯이, 1990년대 이후에는 단일 서적 안에 사용된 同義詞 연구가 주를 이루는 상황으로까지 발전하였다. 그 가운데에서도 1993년에 출판된 王鳳陽의 『古辭辨』은 양적으로 표제어가 많을 뿐만 아니라, 질적으로도 그 설명이 매우 자세하여 대단히 가치가 있는 연구로 여겨진다. 그러나 아쉽게도, 이러한 연구결과는 아직까지 중국의 최대사전이라고 할 수 있는 『漢語大詞典』이나 『中文大辭典』에조차 반영이 되지 않고 있다. 우리나라의 이 분야에 대한 연구는 더욱 미진한 것으로 보인다.

『漢字同義語辭典』은 기존의 여러 연구서를 참고하여, 漢文學徒들이 漢文을 공부하는 과정에서 긴요하다고 생각되는 同義적인 어휘를 의미별로 분류하여, 모두 327개 항목을 선정하였다. 항목마다 해당 어휘의 수는 일정하지 않으나, 적게는 2개에서 많게는 12개까지, 평균 4~5개의 어휘[漢字]를 제시하였다. 제시된 어휘 항목에 대해서는 먼저 공통적인 개념을 밝히고, 다음으로 각각의 차이와 개별 글자에 대한 설명을 기술하고 예문을 제시하였다.

본 사전은 유일환의 연구 계획과 제안으로 기획되어 '한국학술진흥재단'의 '다년연구과제'로 선정되었으며, 연구계획에 따라 상호 업무를 분담하여 진행하였다. 개별글자에 대한 초고 작업은 유일환(1~80, 120~179, 240~274, 305~324)과 강택구(81~119, 180~239, 275~304, 325~327)가 나누어 작성하고, 강혜근과 한학중은 전체 구성과 방침, 그리고 내용의 수정과 검토를 맡도록 하였다. 비록 네 사람이 공동으로 작업을 진행하였으나, 각자의 일정이 다르고, 내용에 따라 보다 전문적인 지식이 요구되어 우리말로 표현하고 통일성을 갖추는 데에 어려움이 많아 작업이 쉽지만은 않았다.

참고하는 서적마다 견해를 달리한 부분들이 많아, 이를 통일하는 작업에도 심혈을 기울여야 했다. 가능한 한 객관적이라고 생각되는 내용으로 취사선택하였음을 미리 밝혀 둔다. 서술 방면에 있어서도 균형을 유지하려고 하였지만, 그것 또한 쉽지 않았다. 항목에 따라 자세한 경우가 있는가 하면, 소략한 경우도 적지 않다. 예문은 가능하면 經傳이나 諸子百家書, 『史記』 같은 역사서, 唐宋八大家 문장 등을 중심으로, 우리에게 익숙한 문장을 제시하려고 노력하였다. 예문의 취사선택과 정확한 번역을 위하여 많은 문헌을 참고하면서도 일일이 출전을 밝히지 못하였다. 이 부분에 대하여 삼가 양해를 구한다.

이제 오랜 시간 동안 우리를 얽매이게 했던 작업에서 해방될 수 있다고 생각하니 가슴이 벅차오르지만, 혹시라도 미진하고 잘못된 부분으로 사계에 누를 끼치는 일은 없을는지 걱정이 앞선다. 잘못된 부분은 말한 것도 없고, 오탈자의 사소한 것들에 이르기까지 충심으로 제현의 질정과 지적을 당부 드리며 서문으로 대한다.

2011년 10월

편자 일동

| 목차 |

1 可[가]·能[능]·得[득] ······ 20
2 假[가]·僞[위]·贋[안] ······ 22
3 加[가]·增[증]·益[익] ······ 25
4 假[가]·借[차] ······ 27
5 却[각]·引[인] ······ 29
6 奸[간]·姦[간] ······ 30
7 處[처]·所[소] ······ 32
8 瞰[감]·眺[조]·瞻[첨]·望[망] ······ 34
9 甘[감]·旨[지] ······ 37
10 憾[감]·恨[한]·怨[원] ······ 38
11 降[강]·隕[운]·墜[추]·下[하]·零[영]·落[락] ······ 40
12 江[강]·河[하] ······ 43
13 皆[개]·偕[해]·俱[구]·擧[거]·悉[실]·咸[함]·盡[진]·畢[필] ······ 44
14 羹[갱]·湯[탕] ······ 47
15 車[거]·輿[여]·輦[련]·軺[초]·軒[헌] ······ 49
16 居[거]·住[주]·宿[숙] ······ 51
17 臉[검]·面[면] ······ 53
18 看[간]·視[시]·見[견]·示[시] ······ 54
19 缺[결]·闕[궐] ······ 58
20 更[경]·改[개]·革[혁] ······ 60
21 京[경]·都[도] ······ 62
22 驚[경]·駭[해]·愕[악]·惶[황]·怖[포]·悸[계] ······ 64
23 徑[경]·蹊[혜] ······ 66
24 計[계]·慮[려]·圖[도]·謀[모] ······ 68
25 繼[계]·續[속] ······ 71

26 季[계]·時[시] 73
27 笄[계]·簪[잠]·釵[채] 74
28 固[고]·堅[견]·剛[강]·强[강] 76
29 股[고]·脛[경]·腿[퇴] 78
30 沽[고]·酤[고] 80
31 告[고]·誥[고]·詔[조]·訴[소]·愬[소] 81
32 鼓[고]·鼙(鞞)[비] 83
33 觚[고]·觥[굉]·觴[상]·觶[치]·角[각]·樽[준]·爵[작]·彝[이] 85
34 瞽[고]·瞍[수]·矇[몽]·眇[묘]·眢[완]·盲[맹] 89
35 穀[곡]·禾[화]·粟[속]·黍[서]·稷[직]·粱[량] 92
36 恭[공]·敬[경] 96
37 供[공]·貢[공]·獻[헌] 98
38 畏[외]·憚[탄]·懼[구]·恐[공]·怕[파]·驚[경]·嚴[엄]·惴[췌]·怵[출]·惕[척] 99
39 孔[공]·竅[규]·洞[동]·穴[혈]·竇[두]·窖[교] 105
40 共[공]·同[동] 107
41 空[공]·虛[허]·曠[광] 109
42 寡[과]·少[소]·鮮[선] 112
43 稼[가]·穡[색] 114
44 灌[관]·漑[개] 115
45 棺[관]·槨[곽]·柩[구] 117
46 關[관]·杜[두]·塞[색] 119
47 官[관]·吏[리]·胥[서]·宦[환] 120
48 冠[관]·冕[면]·巾[건]·弁[변]·帽[모] 123
49 館[관]·舍[사] 126
50 驕[교]·傲[오] 128
51 矯[교]·揉(輮)[유] 130
52 敎[교]·化[화] 132
53 敎[교]·訓[훈]·誨[회] 134
54 謳[구]·歌[가]·唱[창]·詠[영]·謠[요] 137

55 觀[관]·察[찰] 141
56 俱[구]·具[구] 144
57 購[구]·買[매]·賣[매]·市[시]·售[수]·鬻[육]·貿[무] 146
58 仇[구]·讐[수]·敵[적] 149
59 窮[궁]·極[극]·終[종] 151
60 弓[궁]·弩[노] 154
61 躬[궁]·身[신]·軀[구] 154
62 宮[궁]·室[실]·房[방]·屋[옥]·第[제]·宅[택]·廬[려]·廛[전] 156
63 權[권]·衡[형]·度[도]·量[량] 159
64 窺[규]·睨[예]·瞻[첨]·瞰[감]·顧[고]·相[상] 160
65 隙[극]·際[제] 162
66 極[극]·至[지]·甚[심]·最[최] 165
67 勤[근]·勞[로]·劬[구] 166
68 根[근]·本[본] 168
69 謹[근]·愼[신] 169
70 禁[금]·止[지] 170
71 其[기]·厥[궐] 171
72 器[기]·械[계] 173
73 記[기]·紀[기] 176
74 祈[기]·禱[도]·祝[축] 177
75 棄[기]·捐[연]·委[위] 178
76 飢[기]·餓[아]·饑[기]·饉[근] 181
77 肌[기]·肉[육] 182
78 旣[기]·已[이] 184
79 奇[기]·異[이] 185
80 忌[기]·諱[휘]·避[피] 187
81 藍[람]·靑[청]·蒼[창]·碧[벽] 188
82 囊[낭]·橐[탁] 189
83 勦[근]·勞[로] 190

84 腐[부]·朽[후]·敗[패]·餒[뇌] ······ 191
85 旦[단]·晨[신]·朝[조]·曉[효]·曙[서] ······ 192
86 當[당]·合[합]·宜[의]·應[응] ······ 193
87 黛[대]·黑[흑]·烏[오]·緇[치]·玄[현]·墨[묵] ······ 195
88 道[도]·路[로]·途[도] ······ 197
89 屠[도]·宰[재] ······ 198
90 盜[도]·賊[적]·寇[구] ······ 199
91 悼[도]·弔[조]·唁[언] ······ 200
92 牖[유]·向[향]·窗[창] ······ 201
93 豆[두]·籩[변]·俎[조] ······ 202
94 豆[두]·菽[숙] ······ 203
95 遁[둔]·逃[도] ······ 204
96 俟[사]·待[대]·等[등] ······ 205
97 幕[막]·帷[유]·幄[악]·幃[위]·帳[장] ······ 206
98 罵[매]·詈[리]·詬[후] ······ 208
99 睡[수]·寐[매] ······ 210
100 眄[면]·睇[제]·睥[비]·睨[예] ······ 211
101 命[명]·令[령] ······ 212
102 範[범]·型[형]·模[모] ······ 215
103 沐[목]·浴[욕]·沬[매]·澡[조]·盥[관]·洗[세] ······ 216
104 巫[무]·覡[격]·祝[축] ······ 218
105 門[문]·戶[호]·扉[비]·扇[선] ······ 219
106 美[미]·好[호]·麗[려] ······ 221
107 愈[유]·益[익]·彌[미] ······ 223
108 問[문]·訊[신]·詰[힐]·詢[순] ······ 225
109 文[문]·字[자] ······ 226
110 迷[미]·惑[혹] ······ 229
111 憐[련]·閔[민]·憫[민]·愍[민] ······ 231
112 剝[박]·削[삭] ······ 232

113 歸[귀]·還[환]·回[회]·復[복]·返[반] 233
114 伴[반]·侶[려]·儔[주] 236
115 拔[발]·擢[탁]·揠[알] 237
116 傍[방]·近[근]·沿[연] 239
117 誹[비]·謗[방] 239
118 房[방]·屋[옥] 241
119 防[방]·堤[제]·隄[제] 242
120 帛[백]·素[소]·縞[호]·緹[제]·綾[릉]·縑[겸]·
綃[초]·錦[금]·綺[기]·綵[채]·羅[라] 244
121 法[법]·律[률] 248
122 法[법]·術[술] 249
123 變[변]·易[역]·化[화] 251
124 覆[복]·蓋[개] 252
125 福[복]·祿[록] 253
126 烽[봉]·燧[수] 254
127 逢[봉]·遭[조]·遇[우] 255
128 封[봉]·贈[증] 256
129 婦[부]·女[녀] 257
130 扶[부]·輔[보]·佐[좌]·佑[우]·翼[익]·助[조]·弼[필] 259
131 父[보]·叟[수]·公[공]·翁[옹]·丈人[장인]·父老[부로]·父兄[부형] 262
132 負[부]·敗[패] 265
133 憤[분]·忿[분]·怒[노] 266
134 墳[분]·墓[묘]·冢[총]·陵[릉] 267
135 拂[불]·拭[식] 270
136 朋[붕]·友[우] 271
137 崩[붕]·薨[훙]·卒[졸]·不祿[불록]·死[사]·沒[몰]·逝[서] 272
138 備[비]·完[완]·全[전] 274
139 卑[비]·賤[천]·鄙[비] 276
140 賓[빈]·客[객] 278

141 貧[빈]·窮[궁]·困[곤] ······ 280
142 憑[빙]·據[거]·依[의]·倚[의] ······ 281
143 寺[사]·廟[묘]·觀[관]·庵[암] ······ 283
144 慍[온]·怏[앙]·怒[노] ······ 287
145 辭[사]·謝[사]·讓[양] ······ 288
146 思[사]·想[상]·懷[회]·念[념] ······ 289
147 斧[부]·斤[근]·鉞[월] ······ 292
148 賜[사]·錫[석]·與[여]·予[여]·獻[헌] ······ 294
149 僞[위]·詐[사]·欺[기]·騙[편] ······ 296
150 士[사]·卒[졸]·徒[도]·兵[병]·甲[갑]·介[개] ······ 298
151 山[산]·峰[봉]·丘[구]·陵[릉]·嶺[령]·岑[잠]·岡[강]·巒[란] ······ 300
152 殺[살]·弑[시]·戕[장]·戮[륙]·刺[자]·誅[주] ······ 302
153 商[상]·賈[고] ······ 305
154 生[생]·活[활]·存[존] ······ 306
155 逝[서]·去[거] ······ 308
156 盟[맹]·誓[서]·約[약] ······ 310
157 筮[서]·卜[복]·占[점] ······ 313
158 書[서]·寫[사] ······ 314
159 夕[석]·夜[야] ······ 316
160 善[선]·良[량] ······ 317
161 覺[각]·醒[성] ······ 320
162 城[성]·郭[곽] ······ 321
163 音[음]·聲[성]·響[향]·籟[뢰] ······ 323
164 聖[성]·賢[현] ······ 326
165 笑[소]·哂[신]·嗤[치] ······ 329
166 召[소]·招[초] ······ 330
167 束[속]·縛[박] ······ 331
168 衰[쇠]·弱[약] ······ 333
169 恥[치]·辱[욕]·羞[수]·慚[참]·愧[괴]·赧[난]·忝[첨] ······ 335

170 樹[수]·木[목] ······ 338
171 隨[수]·從[종] ······ 340
172 誰[수]·何[하]·孰[숙] ······ 341
173 魂[혼]·魄[백]·精[정]·神[신]·靈[령] ······ 343
174 時[시]·世[세]·代[대] ······ 347
175 豕[시]·彘[체]·豚[돈]·豬[저] ······ 349
176 食[사]·飯[반]·粥[죽]·餌[이]·糗[구] ······ 351
177 神[신]·祇[기]·鬼[귀] ······ 354
178 薪[신]·柴[시]·樵[초]·蕘[요] ······ 355
179 齒[치]·牙[아] ······ 358
180 濱[빈]·滸[호]·浦[포]·岸[안]·涯[애]·垠[은] ······ 360
181 眼[안]·目[목] ······ 365
182 安[안]·定[정] ······ 368
183 狎[압]·褻[설] ······ 369
184 踴(踊)[용]·躍[약] ······ 370
185 哀[애]·慟[통]·慘[참]·悲[비]·戚[척] ······ 372
186 兩[량]·再[재]·復[부] ······ 376
187 稍[초]·頗[파]·略[략]·少[소] ······ 378
188 愛[애]·恩[은]·惠[혜] ······ 379
189 言[언]·語[어] ······ 380
190 逆[역]·迎[영]·迓[아] ······ 382
191 然[연]·諾[낙]·唯[유] ······ 383
192 沿[연]·緣[연]·循[순] ······ 384
193 憐[련]·憫[민] ······ 385
194 筵[연]·席[석] ······ 386
195 年[년]·歲[세]·載[재]·祀[사] ······ 388
196 領[령]·項[항]·頸[경] ······ 389
197 永[영]·恒[항]·長[장]·常[상]·久[구] ······ 390
198 銳[예]·利[리]·鋒[봉] ······ 391

199 慍[온]·怒[노] ······ 392
200 媼[온]·姥[로]·嫗[구] ······ 394
201 緩[완]·慢[만]·徐[서] ······ 395
202 戲[희]·弄[롱]·玩[완] ······ 396
203 容[용]·貌[모] ······ 398
204 寓[우]·寄[기] ······ 399
205 羽[우]·翼[익]·翅[시] ······ 400
206 憂[우]·患[환] ······ 402
207 郵[우]·置[치]·傳[전]·驛[역] ······ 403
208 謂[위]·曰[왈] ······ 405
209 危[위]·險[험]·殆[태] ······ 407
210 幽[유]·冥[명] ······ 408
211 乳[유]·産[산] ······ 410
212 游[유]·泳[영]·泅[수] ······ 411
213 戎[융]·兵[병] ······ 412
214 應[응]·答[답]·對[대] ······ 413
215 衣[의]·裳[상]·常[상] ······ 415
216 履[리]·屨[구]·屣[사]·屧[섭]·屐[극]·屩[갹]·
屝[비]·舃[석]·鞋[혜]·靴[화] ······ 416
217 離[리]·別[별] ······ 418
218 隣[린]·里[리]·鄕[향]·黨[당] ······ 419
219 籍[적]·藉[자] ······ 420
220 適[적]·之[지]·如[여]·往[왕]·赴[부] ······ 422
221 箭[전]·矢[시]·鍭[후] ······ 424
222 切[절]·磋[차]·琢[탁]·磨[마] ······ 424
223 旌[정]·旗[기]·旛[번]·麾[휘]·幟[치] ······ 425
224 停[정]·泊[박] ······ 426
225 祭[제]·祀[사]·奠[전] ······ 427
226 濟[제]·渡[도]·涉[섭] ······ 428

227 除[제]·拜[배]·授[수]·封[봉] 429
228 朝[조]·覲[근]·會[회]·同[동] 431
229 調[조]·退[퇴] 434
230 尊[존]·尙[상]·貴[귀]·崇[숭] 434
231 種[종]·植[식]·樹[수]·藝[예] 437
232 從[종]·自[자]·由[유] 438
233 坐[좌]·跪[궤]·跽[기]·踞[거]·蹲[준] 439
234 舟[주]·船[선]·舲[령(영)]·舫[방]·舸[가]·舶[박]·
艇[정]·艦[함]·艨艟[몽동] 441
235 洲[주]·渚[저]·沚[지]·島[도]·嶼[서] 444
236 住[주]·駐[주] 445
237 衆[중]·群[군] 446
238 池[지]·塘[당]·沼[소] 446
239 瞋[진]·瞠[당]·瞿[구] 447
240 陳[진]·述[술]·說[설]·敍[서] 448
241 塵[진]·埃[애] 451
242 進[진]·入[입] 453
243 振[진]·震[진] 454
244 桎[질]·梏[곡]·枷[가]·械[계]·杻[뉴]·鐐[료]·銬[고] 456
245 疾[질]·病[병]·症[증] 459
246 顚[전]·倒[도]·頓[돈]·踣[복]·仆[부]·斃[폐]·
僨[분]·僵[강]·偃[언]·躓[지]·跌[질]·蹶[궐] 462
247 質[질]·典[전]·當[당]·貼[첩]·贅[췌] 467
248 斟[짐]·酌[작]·舀[요]·挹[읍] 469
249 執[집]·持[지]·操[조]·捉[착]·把[파]·秉[병]·握[악]·援[원] 472
250 澄[징]·淸[청]·澈[철]·淨[정]·潔[결] 476
251 次[차]·舍[사]·館[관] 478
252 篡[찬]·奪[탈]·褫[치] 480
253 倉[창]·囷[균]·廩[름]·府[부]·庫[고] 481

254 遷[천]·徙[사]·拜[배]·除[제]·貶[폄]·謫[적]·罷[파]·免[면]·斥[척] 485
255 享[향]·祀[사]·薦[천]·祭[제] 489
256 踐[천]·蹋(踏)[답]·履[리(이)]·蹈[도]·躡[섭] 492
257 阡[천]·陌[맥] 495
258 諂[첨]·諛[유]·佞[녕] 496
259 聽[청]·聞[문]·聆[령] 498
260 遞[체]·傳[전] 499
261 逮[체]·捕[포]·捉[착] 501
262 通[통]·達[달] 503
263 超[초]·越[월]·過[과]·逾[유] 505
264 攻[공]·擊[격] 507
265 追[추]·逐[축] 508
266 馳[치]·驅[구]·騁[빙] 509
267 治[치]·理[리] 511
268 致[치]·至[지] 512
269 親[친]·眷[권]·戚[척] 514
270 侵[침]·襲[습]·伐[벌]·征[정]·討[토]·攻[공] 516
271 沈[침]·溺[닉] 519
272 快[쾌]·迅[신]·速[속]·疾[질]·捷[첩]·急[급] 520
273 投[투]·擲[척]·抛[포] 523
274 破[파]·碎[쇄] 525
275 鞭[편]·策[책] 525
276 貶[폄]·謫[적]·降[강] 526
277 蔽[폐]·掩[엄] 528
278 蔽[폐]·蔭[음] 528
279 陛[폐]·除[제]·階[계] 529
280 幣[폐]·贄[지] 531
281 飽[포]·厭[염] 532
282 暴[포]·猝(卒)[졸]·頓[돈]·俄[아]·遽[거]·驟[취] 533

283 品[품]·等[등]·級[급] ········ 534
284 諷[풍]·刺[자]·諫[간] ········ 535
285 被[피]·衾[금]·裯[주] ········ 536
286 皮[피]·革[혁]·膚[부] ········ 537
287 何[하]·盍[합]·曷[갈]·胡[호]·奚[해] ········ 538
288 寒[한]·冷[랭]·涼[량] ········ 541
289 行[행]·步[보]·徒[도] ········ 542
290 香[향]·馥[복]·馨[형]·芬[분]·芳[방] ········ 543
291 噓[허]·吹[취] ········ 545
292 刑[형]·罰[벌] ········ 546
293 鬍[호]·鬚[수]·髭[자]·髥[염] ········ 547
294 豪[호]·英[영]·俊[준]·傑[걸] ········ 548
295 號[호]·啼[제]·哭[곡]·泣[읍] ········ 550
296 紅[홍]·緋[비]·丹[단]·赤[적]·朱[주]·絳[강]·殷[은] ········ 551
297 禍[화]·殃[앙]·災[재] ········ 552
298 華[화]·榮[영] ········ 554
299 歡[환]·喜[희]·悅[열]·樂[락]·欣[흔]·怡[이]·懌[역] ········ 555
300 賄[회]·賂[뢰]·貨[화]·資[자]·財[재] ········ 558
301 獲[획]·穫[확] ········ 560
302 酗[후]·醉[취]·酣[감] ········ 561
303 休[휴]·息[식]·歇[헐]·輟[철] ········ 563
304 犧[희]·牲[생] ········ 564
305 覺[각]·寤[오]·醒[성] ········ 565
306 過[과]·錯[착]·誤[오] ········ 567
307 國[국]·邦[방]·社稷[사직]·天下[천하]·海內[해내] ········ 568
308 屈[굴]·曲[곡] ········ 572
309 貧[빈]·窮[궁] ········ 575
310 饋[궤]·贈[증]·送[송] ········ 576
311 禽[금]·獸[수] ········ 578

312 啖[담]·啗[담] ······ 581
313 堂[당]·殿[전] ······ 582
314 沙[사]·砂[사] ······ 585
315 均[균]·齊[제]·等[등] ······ 586
316 伯[백]·仲[중]·叔[숙]·季[계]·孟[맹] ······ 588
317 折[절]·斷[단]·截[절]·絶[절] ······ 591
318 皇[황]·烈[렬]·赫[혁]·顯[현] ······ 594
319 間[간]·隔[격] ······ 596
320 閒[간]·間[간]·閑[한] ······ 598
321 元[원]·首[수]·頭[두]·魁[괴] ······ 601
322 管[관]·篪[지]·籥[약]·壎[훈]·笛[적]·簫[소] ······ 603
323 琴[금]·瑟[슬] ······ 606
324 蒜[산]·葫[호]·薤[해] ······ 607
325 意[의]·義[의]·誼[의] ······ 610
326 犬[견]·狗[구] ······ 612
327 婚[혼]·姻[인] ······ 613

漢字同義語辭典

1 可[가/kě]·能[능/néng]·得[득/dé]

이 세 글자는 모두 '~할 수 있다'는 뜻에서 동의사이다. 그렇지만 서로 구별이 있다.

'可'는 객관적인 상황이 어떤 일을 할 수 있도록 허용이나 긍정, 적합을 나타낸다. 부정형태인 '不可'는 조건이나 상황의 제약으로 어떤 일의 발생이 불가능함을 나타낸다.

> 非吾徒也！ 小子鳴鼓而攻之可也. ≪論語·先進≫
> 나의 문도가 아니다！ 너희들이 북을 울리며 그를 공격해도 괜찮다.
>
> 子曰: "朽木不可雕也, 糞土之墻, 不可杇也. 於予與何誅!" ≪論語·公冶長≫
> 공자께서 말씀하셨다. "썩은 나무는 조각할 수가 없고, 거름흙의 담장은 흙손질 할 수 없다. 재여에게 무엇을 꾸짖겠는가!"
> ◆'可雕'는 조각될 수 있음이고, '可杇' 흙손질 될 수 있음이다. 糞土(분토): 거름흙, 썩은 흙. 杇(오): 흙손(질하다.)

'能'은 통상 주관적인 가능성을 나타내는데, '능히 ~할 수 있다', '충분히 ~할 수 있다'는 뜻이다. 명사로 사용되면 '능력'이나 '재능' 혹은 '능력자'를 나타낸다. '可以'의 경우는 조건의 허락을 나타내기 때문에 용법이 '能'과 가까워 주동적인 점을 나타내는 데 많이 사용된다.

> 非曰能之, 願學焉! ≪論語·先進≫
> 해낼 수 있다고 말씀드리는 것은 아닙니다만, 배우고 싶습니다.
>
> 惟仁者, 能好人, 能惡人. ≪論語·里仁≫
> 오직 어진 사람만이 남을 좋아할 수 있고, 남을 미워할 수 있다.
> ◆'能'은 뒤에 오는 동사 행위의 가능성을 실현할 수 있음을 나타낸다.

'得'은 행위 실현의 현실성을 나타내는데, '能'과 '可'의 중간에 해당하여 객관적인 조건의 제한성을 나타내며, 또한 주관적인 염원의 가능성을 나타낸다. 통상 동사 앞에 사용되지만 뒤에 사용될 수도 있다.

此非距心之所得爲也. ≪孟子·公孫丑下≫
이것은 孔距心이 어찌해 볼 수 있는 것이 아니다.

得地則生, 失地則死, 是又禹桀之所同也. 禹以治, 桀以亂, 治亂非地也. ≪荀子·天論≫
땅을 얻으면 살고, 땅을 잃으면 죽는다. 이것은 우왕이나 걸왕도 같았다. 우왕은 잘 다스렸고 걸왕은 어지럽게 하였으니 治亂은 땅 때문이 아니다.
◆우임금이나 걸왕의 치란 이전에 토지의 얻음이라는 객관적 조건이 먼저 전제되고 있다.

孟子致爲臣而歸, 王就見孟子曰: "前日願見而不可得, 得侍同朝, 甚喜. 今又棄寡人而歸, 不識可以繼此而得見乎?" ≪孟子·公孫丑下≫
맹자가 신하노릇하기를 그만두고 집으로 돌아가려하자, 왕께서 나와서 맹자를 만나 "전날에는 만나 뵙기를 원했으나 만나 뵐 수 없었는데, 모시고 조정에 있을 수 있게 되어서 심히 기뻤습니다. 지금 또 과인을 버리고 돌아가시려 하니 이후에도 계속해서 만나 뵐 수 있을지 모르겠습니다."하고 말하였다.

齊宣王問曰: "齊桓晉文之事, 可得聞乎?" ≪孟子·梁惠王上≫
제나라 선왕이 (맹자에게) 물어 말하였다. "제 환공과 진 문공의 일을 들어볼 수 있을까요?"

위의 두 예문에서 '得侍'·'得見'·'得聞'은 왕이 마음대로 '得侍'·'得見'·'得聞'하는 것이 아니라, 객관(맹자)의 조건이 주어(왕·선왕)로 하여금 '見'·'侍'·'聞'의 실현 여부를 결정한다는 것이다. 이 경우 '得'이 나타내는 것은 主客 양쪽 곧 화자와 청자에 의해서 행위가 어떻게 실현되는가이다.

2 假[가/jiǎ]·僞[위/wěi]·贗[안/yān]

이 글자들은 모두 허위, 진실하지 않다는 뜻이다. 세 글자는 모두 '眞'의 반대 의미로서 '거짓'의 뜻을 지닌다. 이 중 '僞'와 '假'는 近義詞로서 같은 변천과정을 거친 글자이다.

'假'는 先秦時代의 주된 용법은 돈을 빌리는 것을 뜻하였다.

이 중에서 춘추시대 이전에는, 정식으로 수면을 취하지 않고 주로 잠시 수면을 취하는데 사용되었다.

> (趙宣子)盛服將朝. 尙早, 坐而假寐. ≪左傳·宣公2年≫
> (조선자는) 공복을 갖춰 입고 입조하려고 하였으나, 아직 일렀으므로 앉아서 잠시 눈을 붙였다.

'假'는 전국시대 후기와 秦漢時代에는 그 응용범위가 확대되어 비정식적인 것, 임시적인 것에 모두 사용할 수 있었다. ≪說文解字≫에 "假는 참되지 않음이다(假, 非眞也)"라고 하였다.

> 天子也者, 不可以少當也, 不可以假攝爲也. ≪荀子·有效篇≫
> 천자라는 자리는 어린 나이로 감당할 수 없고 임시로 맡아서 섭정할 수 있는 것도 아니다.

> 大丈夫定諸侯, 卽爲眞王耳, 何以假爲! ≪史記·淮陰侯列傳≫
> 대장부가 제후들을 안정시키자면, 곧 진정한 王이 되는 것일 뿐, 어찌 거짓으로 할 수 있겠는가!

> 乃以吳叔爲**假**王, 監諸將以西擊滎陽. ≪史記·陳涉世家≫
> 마침내 오숙(吳廣)을 代理王으로 삼아 諸將들을 감시하게 하고 서쪽의 형양을 공격하였다.

南北朝와 唐宋時代에 이르러서 '假'자는 또 인공적으로 모방해서 만든 것, 非自然的인 것이라는 의미가 출현하였다. 이와 동시에 '假'는 또한 진실을 어지럽히는 거짓과 기만의 뜻으로 사용되었고 사용빈도도 점점 높아졌다.

諸巫覡假稱鬼神, 妄說吉凶. ≪魏書·孝文帝紀≫
여러 무당들이 거짓으로 귀신을 일컫고 망령되게 吉凶을 말한다.

'僞'의 字源은 '爲'이다. '爲'는 동사로 사용되어 '(어떤 일을) 하다'는 뜻이고 형용사로 사용될 경우는 비자연적인 것, 인공을 가미한 것, 인위적인 것을 나타낸다. '僞'는 '爲'의 뒤에 생긴 分化된 글자로서 후천적인 것, 인위적인 것에 사용한다.

可學而能, 可事而成之在人者, 謂之**僞**, 是性**僞**之分也. ≪荀子·性惡篇≫
배워서 행할 수 있고 노력하여 이룰 수 있는 것이 사람에 있는 것을 僞라고 하는데, 이것이 性과 僞의 구분이다.
◆ 僞는 ≪荀子≫에서만 나오는 독특한 개념이다. 유학자들 중에는 僞가 '거짓'의 뜻이라고 오해한 경우도 있었다.

이런 의미에서 禮義에 관련된 道德에도 '僞'를 사용한다. 이렇게 응용되어 가는 동안에 그 의미는 점차 축소되어 미덥지 않다거나 기만한다는 것과 同義語가 되었다. 그래서 ≪說文解字≫에 "僞는 속임이다(僞, 詐也)"라고 한 것이다.

此夫魯國之巧僞人孔丘非邪? ≪莊子·雜篇·盜跖≫
이자는 노나라의 사기꾼 공구가 아닌가?

일반적으로 '僞'는 典籍에서 절대 다수가 명실이 상부하지 않거나 거짓의 뜻으로 사용된다. 때문에 '僞'와 '詐', '虛' 등은 흔히 連用한다.

從許子之道, 則市賈不貳, 國中無**僞**, 雖使五尺之童適市, 莫之或欺. ≪孟子·滕文公上≫
허자의 방법에 따르면, 시장의 물가는 서로 다르지 않고 국내에는 거짓이 없어서 비록 오척의 동자를 시장에 보내어도 그 아이를 속이는 일이 없을 것이다.

戰陣之間, 不厭詐僞. ≪韓非子·難一≫
전쟁터에서는 속이는 일도 마다하지 않습니다.

의도적으로 남을 기만하고 가짜에게 속게 하여 실질적인 것을 가리는 의미의 '假'는 곧 '僞'와 합류하게 되었다. 그 결과 오늘날에는 '假'와 '假裝' 등은 이미 '僞'자를 대신하게 되었고, '僞'는 점점 응용범위가 축소되어 단지 비정통적인 '僞朝', '僞軍' 등에 사용되었다.

이 외에 '僞'는 또한 人爲的인 것, 불법적인 것이라는 뜻이 있다. 이 의미는 '假'에는 없는 것이다.

臣少事僞朝. 李密, 〈陳情表〉
저는 젊어서 불법적인 蜀王朝를 섬겼습니다.

'贋'은 고대에는 '雁'로 썼는데, '贋'은 그 글자가 分化된 것이다. '贋'의 '거짓'이라는 의미는 일반적으로는 어떤 물품이 진짜가 아니고 僞造된 것임을 가리킨다. 이 글자는 비교적 늦게 만들어졌으므로, 許愼의 ≪說文解字≫에는 없다. 唐宋代 이후에 書畵 등의 물품에 많이 사용되었다.

齊伐魯, 索讒鼎, 魯以其鴈往. 齊人曰: "鴈也." 魯人曰: "眞也." ≪韓非子·說林下≫
제나라가 노나라를 정벌하여 참정을 찾았으므로 노나라에서는 그 가짜를 보냈다. 제나라 사람은 "가짜다"라고 하였고 노나라 사람은 "진짜요"라고 하였다.
◆ 讒鼎은 鼎의 이름으로 鴈은 贋과 같다. 오늘날 위조된 것을 贋鼎이라 하는데, 이것에 근본을 두고 있다. '雁'은 기러기이지만, 또한 '贋'의 古字이다. '雁'은 '僞'와 음이 가까워 借用하였다. ≪韓非子≫에 보인다.

3 加[가/jiā]·增[증/zēng]·益[익/yì]

이 글자들은 모두 '증가하다', '늘리다'는 뜻에서 동의사이다.

'加'는 ≪說文解字≫에 "말을 서로 증가시키는 것이다(加, 語相增加也.)"라고 하였다. 本義는 사실이 아닌 말을 다른 사람에게 誣告하는 것이다. 그리고 引伸하여 한 물건 위에 다른 물건을 올려놓는다는 뜻이 된다. '加'는 多, 少, 損, 益 등의 글자 앞에 놓인다.

冉有曰: "旣庶矣, 又何加焉?" 曰: "富之." 曰: "旣富矣, 又何加焉?" 曰: "敎之." ≪論語·子路≫
염유가 말씀드렸다. "(사람들이) 많게 되었으면 또 무엇을 더해야 하는지요?" (공자가) 말하였다. "그들을 부유하게 해주어야지" (염유) "부유하게 되었으면 또 무엇을 더해야 하는지요?" (공자) "그들을 가르쳐야 한다."

隣國之民不加少, 寡人之民不加多, 何也? ≪孟子·梁惠王≫
이웃나라의 백성은 더 줄지 않고 과인의 백성은 더 늘지 않는 것은 무슨 까닭인가?

樂正子春之視疾也, 復加一飯, 則脫然愈. ≪公羊傳·昭公19年≫
악정자춘이 (부모의) 질병을 살핌에, 다시 한 숟갈의 밥을 올리면 말끔히 낫는 듯이 하였다.

'加'는 인신하여 물건을 '길게 하다', '크게 하다', '넓게 하다', '높게 하다', '두텁게 하다'라는 것을 가리킨다. 예를 들면, "加强勢力(세력을 강하게 하다)"라는 말이 있다.

登高而招, 臂非加長也, 而見者遠. ≪荀子·勸學≫
높은 곳에 올라 손짓을 하면 팔을 더 길게 하지 않더라도 멀리까지 보인다.

'增'은 ≪說文解字≫에 "더함이다(增, 益也.)"라고 했고, ≪廣雅·釋詁≫에는 "가함이다.(增, 加也.)"라고 하였으니, '增'의 本義는 층층이 더하거나 중첩되어가는 것이다. 같은 무리를 덧붙임을 가리킨다. 이 글자는 선진시대에는 '曾'자를 借用한 경우가 많은데, '增'은 뒤에 분화된 글자이다. 선진시대에는 단지 몇 차례 사용되었을 뿐, 漢代 이후에 사용빈도가 점점 많아졌다.

宮室臺閣, 連屬增累. 劉向, ≪說苑·反質≫
궁실의 누각은 연속하여 층층이 늘리어 높게 지어졌다.

乃重修岳陽樓, 增其舊制. 范仲淹, 〈岳陽樓記〉
이에 악양루를 다시 수리하여 옛 규격을 증축하였다.

후대에 '增'은 점차 '益'을 대체하였는데, 이 과정은 동시에 '益'의 상용의미가 이익의 뜻으로 전환되어 가는 과정에 해당된다.

'益'의 本義는 '물이 넘쳐흐르다'인데, 인신하여 '증가'가 되었다. 추상적인 뜻으로 많이 사용된다. 예를 들면, '충만하다', '이익이 되다', '효과와 이익', '收益' 등은 모두 추상적인 뜻이다. 간혹 실물을 가리키기도 한다.

澭水暴益, 荊人弗知. ≪呂氏春秋·察今≫
옹수(물이름)가 갑자기 넘쳐흘렀으나 초나라 사람들은 알지 못하였다.

五年而秦不益一尺之地, 乃成其陶邑之封. ≪韓非子·定法≫
오년 동안 秦나라는 한 자의 땅도 늘이지 못하였으나, 마침내 그 陶邑의 封地를 이루었다.

'益'의 本義는 후대에 '溢'字로 나타내었다. '益'은 고대에는 增益이라는 의미로 많이 사용되었지만, 근대에는 이익이라는 의미로 많이 사용되었다.

諸山崩, 鴻水溢. ≪三國志·吳主傳≫
많은 산들이 무너지고 大河의 물이 넘쳐흘렀다.

所以動心忍性, 曾益其所不能. ≪孟子·告子下≫
마음을 움직이고 성질을 참게 하여 그들이 할 수 없던 일을 더욱 많이 할 수 있게 하려는 까닭이다.
◆여기의 曾은 增의 뜻이다.

4 假[가/jiǎ]·借[차/jiè]

'假'는 漢 이후에는 ≪說文解字≫에서처럼 "참되지 않음이다(非眞也)"의 의미로서 眞과 상반된 뜻을 지닌 글자였다. 그렇지만 선진시대는 달랐다.

'假'는 ≪說文解字注≫에 의하면, '叚'자와 의미가 같다. 先秦時代의 주된 용법은 돈을 빌리는 것을 뜻하였는데, '叚'와 '借'는 동의사였다. '假'는 남에게 빌려달라고 부탁하여 잠시 남의 물건을 사용하거나, 또 남을 도와 자기가 소유하고 있는 물건을 남이 사용하게 하는 것을 나타내었다.

晉侯復**假**道於虞以伐虢. ≪左傳·僖公5年≫
晉侯(獻公)가 다시 우나라에서 길을 빌려 괵나라를 정벌하려고 했다.

(曹)交得見於鄒君, 可以假館, 願留而受業於門.
제(조교)가 추나라 군주를 만나보게 되면, 관사를 빌릴 수 있을 것이니, 그곳에 머물며 (선생) 문하에서 배우고 싶습니다.
◆여기의 假는 빌려 쓰다는 뜻이다.

'假'의 '도움을 받다'는 의미는 '의지한다'는 뜻이다.

假輿馬者, 非利足也, 而致千里; **假**舟楫者, 非能水也, 而絶江河. ≪荀子·勸學≫
수레와 말을 빌리는 사람은 발이 빠른 것은 아니지만 천리 길을 가며, 배와 노를 빌리는 사람은 물에 익숙하지 않지만 강과 바다를 건넌다.

◆여기의 '假'는 자기의 능력에 기대지 않고 외부의 힘에 의지한다는 의미이다.

이외에 당사자의 본래 직무가 아니라 잠시 동안 직무를 대리하는 것에도 '假'를 쓴다.

乃以吳叔爲假王. ≪史記·陳涉世家≫
이에 오숙을 임시 왕으로 삼았다.
◆假王은 왕의 직무를 맡아서 한다는 뜻이다.

大丈夫定諸侯, 卽爲眞王耳, 何以假爲! ≪史記·淮陰侯列傳≫
대장부가 제후를 평정하는 것은 곧 眞王이 되는 것이지 어찌 假王이리오!
◆韓信이 제나라 지역을 평정하는데 잠시 齊王의 직무를 대리하게 해달라고 劉邦에게 요청하자 유방이 답하여 한 말이다. 이곳의 眞과 假는 반대 의미이다.

'借'는 '假'자의 의미와 크게 다름이 없다. '借'의 의미로 고대 특히 선진시대에는 '藉'자를 많이 썼는데, 구태여 두 글자를 구별한다면 '借'는 남에게 빌려줄 때 많이 사용하였다.

有馬者, 借人乘之. ≪論語·衛靈公≫
말을 가진 사람이 남에게 말을 빌려주어 타도록 하였다.

漢代 이후 '假'와 '借'는 점점 의미가 구별되어, '假'는 '참되지 않다'는 의미로 專用되어 갔고, '借'는 '빌리다'는 의미로 사용되었다. '남의 권세를 빌려 위세를 부리다'는 '狐假虎威'의 경우는 '假'가 '빌리다'는 의미가 아니라 '참되지 않다'는 의미로 쓰인 예이다.

아울러 '假'의 引伸義는 객관적인 조건의 이용을 강조하고, '借'의 인신의는 주관적인 의지를 나타내는 데에 편중되고 있다.

君子生非異也, 善假於物也. ≪荀子·勸學≫
군자는 나면서부터 다른 것이 아니라, 사물에 있어서 이용을 잘하는 것이다.

今將借人之力以救其死, 若之何銘之? ≪左傳·襄公19年≫
지금 우리는 남의 힘을 빌어서 죽음을 면한 격인데 어떻게 새기겠는가?

5

却[각/què]·引[인/yǐn]

뒤쪽으로 이동한다는 의미에서 이 두 글자는 공통되는 점이 있다. '却'는 뒤로 이동하는 것을 뜻하는데 비교적 짧은 거리를 나타낸다. '卻'은 '却'의 俗字이다. '却'이 '뒤로 물러나다', '철수하다'는 뜻으로 사용된다고 해서 출발점으로 돌아가는 것을 의미하지는 않는다.

太子跪而逢, 却行爲道, 跪而拂席. ≪戰國策·燕策≫
태자가 무릎을 꿇고 맞이하고, 뒷걸음질하여 물러가서 인도하였으며, 무릎을 꿇고 자리의 먼지를 털었다.
◆道는 導의 뜻.

'却'은 본래 퇴각을 나타내지만, '却'의 대상이 상대방의 요청이나 시혜가 될 경우 '却'은 받아들이지 않음을 나타낸다. 곧 거절, 사절을 나타내어 다소 감정적인 색채를 지닌다. 목적어를 수반하는 경우가 많다.

請無以辭卻之, 以心卻之. ≪孟子·萬章下≫
청컨대 말로써 물리치지 마시고, 마음으로 물리치십시오.

'引'의 本義는 '활을 당기다(開弓)'(≪說文解字≫)인데, 관용어로는 '引而不發(활을 당기되 쏘지는 않는다. 곧, 남을 가르칠 때 스스로 이치를 깨닫도록 할 뿐, 다 가르쳐 주지는 않는다는 뜻)'이 있다.

君子引而不發, 躍如也. ≪孟子·盡心上≫
군자는 (활을) 당기되 발사하지 않으나, 즉각 발사하려는 듯이 한다.

'引', '却' 두 글자는 본래 同義詞가 아니었으나, 활을 당기는 경우 뒤쪽으로 활시위를 끌어 당겨야 하기 때문에 '引'자는 '뒤쪽으로'로부터 引伸하여 '退却하다', '피하다'는 의미를 지니게 되었고, 이로 인해 서로 동의사가 되었다.

侍坐則必退席, 不退則必引而去君之黨. ≪禮記·玉藻≫
시좌하고 있을 때는 반드시 자기 자리로 물러난다. 물러나지 않을 때는 반드시 조금 물러서서 임금의 親黨 밑에 앉는다.
◆'退'자 역시 '却'과 동의사인데, 뒤를 향하는 방향에서 같다. '退'는 원래의 출발점으로 되돌아가는 것을 의미한다. 반면에 '却'은 왕왕 '뒤로 물러나다', '철수하다'는 뜻으로 사용될 뿐 출발점으로 돌아가는 것을 의미하지는 않는다.

'引'과 '却'의 구별은, '引'은 퇴각하는 모습이고, '却'은 퇴각하는 행동이다.

秦將聞之, 爲卻軍五十里. 適會魏公子無忌奪晉鄙軍以救趙擊秦, 秦軍引而去. ≪戰國策·趙策三≫
진나라 장군은 그 말을 듣고 군대를 50 리 밖으로 퇴각시켰다. 때마침 위나라 공자 無忌가 (진비를 죽이고) 진비의 군사를 탈취하여 조나라를 구원하고 진나라를 공격한다는 말이 떠돌아 진나라 군사는 철수하고 말았다.

위 인용문에서 앞에서는 '却'자를 사용하여 목적어 '軍'의 퇴각하는 행위를 나타내었고, 뒤에서는 '引'자를 사용, 목적어를 수반하지 않았을 뿐만 아니라 또한 동사 '去'를 사용하여 퇴각하는 모습을 더욱 잘 묘사하였다.

6 奸[간/jiān]·姦[간/jiān]

古代에 이 두 글자는 音과 뜻이 모두 달랐으나, 漢·魏 시대 이후 점차 서로 통용되고 혼용되어 동의사가 되었다.

'奸'은 원래 의리를 배반하는 것을 나타낼 때 많이 사용하였다. 곧 위배하는 것, 저촉되는 것, 바람 등에 많이 사용되었다.

吾父再奸王命, 王弗誅, 惠孰大焉? ≪左傳·昭公13年≫

나의 아버지가 두 번이나 왕명을 거역하였는데도, 왕께서는 벌하지 아니 하셨으니, 은혜를 주심에 그 무엇이 이보다 더 크겠는가?

二君有治, 臣奸旗鼓. 不敏於君之行前, 不敢逃刑, 敢歸死. ≪左傳·定公14年≫

두 임금께서는 (군대를) 출동시켰는데, 저희들은 군령을 어겨, 군주의 행차 앞에서 불민한 짓을 하였습니다. 이에 감히 형벌을 피하지 않고 기꺼이 죽음을 택합니다.

◆'奸旗鼓'는 軍紀와 軍令을 어겼음을 나타낸다.

各其位守其職, 而不得相奸. ≪淮南子·主述訓≫

각기 자신의 직위를 지키고 자기의 직분을 지키며 서로 간섭하지 못하게 한다.

以漁釣奸周西伯. (司馬遷, ≪史記·齊太公世家≫)

(여상은) 낚시질하는 것으로 주나라 서백을 만나려고 하였다.

'姦'은 ≪說文解字≫에 "姦은 사사로움이다(姦, 私也)"라고 하였듯이, 일체의 불공정하고 不正, 사악한 것으로, 물건, 행위, 성질, 특징에 모두 사용된다. 이 글자는 婦女를 정당하게 대우하지 않았던 시대 상황을 반영하여 만들어진 것이지만, 부녀자의 일에만 한정되지 않았다. 요컨대, '姦'의 본의는 邪惡, 정당하지 않음이나, 또 私通, 姦淫의 의미도 있다.

子父不奸之謂禮, 守命共時之謂信, 違此二者, 姦莫大焉. ≪左傳·僖公7年≫

자식과 부모가 서로 범하지 않는 것을 禮라 하고, 명을 지키고 제때를 지키는 것을 信이라 하는데, 이 두 가지를 어기는 자는 간사함이 이보다 큰 것이 없다.

若有作姦犯科及爲忠善者, 宣付有司, 論其刑賞. 諸葛亮, 〈出師表〉

만약 사악한 짓을 하고 법을 범하는 사람과 충성스럽고 착한 일을 하는 사람이 있으면 관리에게 넘겨 상벌을 논정하여야 한다.

二年冬, 夫人姜氏會齊侯于禚. 書, 姦也. ≪左傳·莊公2年≫

2년 겨울에, (노나라 환공의) 부인 강씨가 (제나라) 작지방에서 제나라 임금을 만났다. (≪춘추≫에는 이 일을) 간통했다고 기록하였다.

'姦'은 사람에게 한정되지도 않고, 사물에 있어서도 '正'에 합치되지 않으면 모두 '姦'이라 일컬을 수 있었다. 예를 들면, 正色이 아닌 것을 姦色이라 하고, 소리가 바르지 않은 것을 姦聲이라 하고, 재물을 바르게 얻지 않은 것을 姦財라고 하였다.

> 故勞力而不當民務, 謂之姦事, 勞知而不律先王, 謂之姦心. ≪荀子·非十二子≫
> 그러므로 힘을 들이면서도 백성들을 힘쓰게 하지 않으니 이것을 간사한 일이라고 하고, 알려고 애를 쓰면서도 선왕을 본받지 않으니 이것을 간사한 마음이라고 하는 것이다.

앞에서 언급했듯이 후대에 이르러 '姦'과 '奸'은 정상적이지 않거나 정당하지 않은 남녀관계에서부터 점점 통일되기 시작하여 마침내 같은 개념이 되었다. 이런 상황에서의 讀音은 姦자와 같다. 곧, '奸'은 '姦'의 간사하다는 의미를 대신하게 되었다.

> 民貧則奸邪生. 晁錯, 〈論貴粟疏〉
> 백성이 가난하면 간사함이 생긴다.

7 處[처/chù]·所[소/suǒ]

이 두 글자는 장소, 곳이라는 뜻에서 공통점이 있다. 그래서 곧잘 결합하여 사용된다.

'處'는 ≪說文解字≫에 "멈춤이다.(處, 止也.)"라고 하였다. '處'의 本義는 사람이 어느 곳에 멈추거나 체류하고 있는 것이다. '處'는 또 추상적인 의미로 사용되어 어떤 지위에 처하거나 어떤 사물이 적당한 위치에 놓임을 나타낸다.

昔者王豹處於淇, 而河西善謳; 綿駒處於高唐, 而齊右善歌. ≪孟子·告子下≫

옛날에 왕표가 기수 가에 살았는데 河西지방 사람들이 소리를 잘하였고, 면구가 고당에 살았는데 제우지방 사람들이 노래를 잘 불렀다.

不仁者不可以久處約, 不可以長處樂. ≪論語·里仁≫

어질지 못한 사람은 검약한 환경에 오래 지내지 못하고, 즐거운 환경에 길게 지내지 못한다.

그리고 명사로서 처소를 나타내는데, 이 경우가 곧 거주하는 뜻에서 전환하여 거주하는 곳이나 지점, 위치를 가리키게 된 것이다. ≪集韻≫에 "處는 곳이다.(處, 所也.)"라고 하였다.

文公與之處. ≪孟子·滕文公上≫

문공은 그에게 거처할 곳을 주었다.

'所'는 ≪說文解字≫에 "나무를 베는 소리이다.(所, 伐木聲也.)"라고 하였다. 伐木聲은 '所'의 최초의 뜻으로, ≪詩經·小雅·伐木≫에 "伐木許許, 釃酒有藇.(나무 베는 소리 쓱싹쓱싹, 술 거르니 곱기도 하네.) 許許: 柿貌(≪毛傳≫), 削木朴(나무껍질 깎는 소리, ≪설문해자≫)"라고 하였는데, ≪說文解字≫에서는 ≪詩經≫을 인용하여 "伐木所所"라고 하였다. ≪廣雅·釋詁二≫에는 "所는 거처다.(所, 居也.)"라고 하였다. 居處로 해석되는 '所'는 '處'의 音과 가까운 假借字이다.

爲政以德, 譬如北辰, 居其所, 而衆星共之. ≪論語·爲政≫

정치를 德으로 한다는 것은, 비유하자면 북극성이 제자리에 있고 뭇 별들이 그것을 함께한다는 것과 같다.

'處'의 '거처'라는 뜻과 '처소'라는 뜻의 사용빈도는 매우 높아서, 드물게 사용되는 '所'를 빌려와서 '處'자로 쓴 것이다. 그래서 처소라는 뜻에서 '所'와 '處'는 완전한 同義이다.

上古時代에 처소라는 뜻을 나타낼 때는, 통상 '所'를 사용하였고,

'處'는 비교적 적게 사용하였다. 魏晋南北朝 이후에는 처소라는 의미에서 '處'의 응용이 많아졌고, '所'의 응용은 적어졌다. 단지 고대의 관습이나 처소에 사용되었을 뿐이었다. 그래서 '處'와 '所'는 새로운 분담이 있게 되었는데, '所'는 구체적인 위치 장소만을 나타내고, '處'는 추상적인 의미에 사용될 수 있었다. 예를 들면, 到處, 妙處, 佳處, 長處, 短處, 出處, 處處 등에는 일반적으로 '所'를 사용하지 않는다.

【참고】'處'가 數量詞로 사용되는 경우는 비교적 후기에 발생한 것이고, 기관의 명칭이나 기구의 명칭에 사용되는 경우는 軍機處, 硏究所, 指揮所처럼 相對的인 분담이 이루어졌다.

아울러 '所'는 고대에 또한 助詞로서, 동사의 앞에 위치하여 뒤에 오는 동사를 名詞化시키는 기능을 수행하였다.

視其所以, 觀其所由, 察其所安, 人焉廋哉! 人焉廋哉! ≪論語·爲政≫
한 사람의 행위를 보고, 그 연유를 살피고, 그가 만족하는 바를 관찰하면 사람됨을 어찌 숨기겠는가? 사람됨을 어찌 숨기겠는가?

8 瞰[감/kàn]·眺[조/tiào]·瞻[첨/zhān]·望[망/wàng]

이 글자들은 모두 '먼 곳을 바라보다'라는 뜻이 있다.

다른 점은 '瞰'이 시력이 미치는 곳까지 멀리본다는 의미인데, 높은 곳에서 내려다본다는 의미가 강하기 때문에 '굽어보다[俯瞰]'·'내려다보다[鳥瞰]'라는 뜻으로 사용된다는 것이다. '瞰'은 또 '은밀히 살펴보다'라는 뜻이 있다. 矙은 瞰과 같은 글자이다.

高明之家, 鬼瞰其室. 班固, ≪漢書·揚雄傳下≫
高明한 가문은 귀신이 그 방안을 굽어본다.

◆古人들은 귀신이 높은 곳에서 내려다본다고 생각하였다.

陽貨矙孔子之亡也, 而饋孔子蒸豚. ≪孟子·滕文公下≫
양화는 공자가 없을 때를 엿보아서 공자에게 삶은 돼지를 보냈다.

'眺'는 ≪類篇≫에 "眺는 멀리 보는 것이다(眺, 遠視也.)"라고 하였고, ≪玉篇≫에는 "眺는 바라보는 것이다(眺, 望也.)"라고 하였다. '眺'는 멀리 보는 것으로, 높거나 낮은 곳에서 비교적 멀리 높은 곳을 보는 것을 의미한다. 오늘날에도 '眺望하다', '높은 곳에 올라 멀리 바라본다(凭高遠眺)'라는 말들이 있다.

登峰眺目, 極於烟際. 桓譚, ≪新論·通塞≫
봉우리에 올라 연기가 피어오르는 끝까지 멀리 보았다.

可以居高明, 可以遠眺望. ≪禮記·月令≫
(仲夏에는) 밝고 높은 곳에 거처하기에 좋으며, 멀리 조망하기에 좋다.

'瞻'은 본래 높은 곳을 향해 우러러 보거나 앞을 향해 보는 것이다. '瞻'은 단지 방향만을 가리킬 뿐 고저와는 관계가 없다. ≪韻會≫에 "우러러 보는 것을 첨이라 한다.(仰視曰瞻.)"라고 했는데, 단지 '瞻'의 인신 의미에 敬慕의 내용이 있으므로 습관적으로 우러러 본다는 뜻이 있게 되었다. 또 ≪說文解字≫에는 "瞻은 감시하는 것.(瞻, 監視也.)"이라고 했다.

오늘날에도 '우러러보다[瞻仰]', '앞뒤를 이리저리 살피다[瞻前顧後]', '높이 바라보고 멀리 내다보다(識見이 높다)[古瞻遠矚]'라는 말들이 있다.

瞻彼日月, 悠悠我思. ≪詩經·邶風·雄稚≫
(머리를 들고) 저 해와 달을 바라보니 내 생각 그지없네.

不狩不獵, 胡瞻爾庭有縣貆兮. ≪詩經·衛風·伐檀≫
짐승사냥도 않거늘 어찌 그대 집 뜰엔 (높이) 걸려있는 담비가 보이는가?

'望'은 멀리 향해서 바라보거나 높은 곳을 향해서 보는 것이다. ≪爾雅·釋名≫에 "望은 멍한 것으로, 멍한 모습으로 멀리 봄이다. 또 아득함으로, 아득히 멀리 봄이다.(惘也, 視遠惘惘然也. 又茫也, 遠視茫茫也.)"라고 하였고, ≪說文解字≫에는 "집을 떠나 밖에 있어, 그가 돌아오는가 바라본다.(出亡在外, 望其還也.)"라고 했다. '望'의 인신 의미에는 늘 기대한다는 분위기가 있다.

오늘날에도 '끝없이 넓다(一望無際)', '높은 곳에 올라 멀리 바라본다(登高望遠)', '앞사람이 일으키는 먼지만 볼 뿐 따라가지 못한다, 곧, 도저히 따라잡을 수 없다.(望塵莫及)'라는 말들이 있다.

> 孟子見梁襄王. 出語人曰: '望之不似人君, 就之而不見所畏焉.' ≪孟子·梁惠王上≫
> 맹자가 양양왕을 만나보고 나와서 사람들에게 말하였다. '그를 멀리서 바라보니 임금 같지가 않았고, 그 앞에 가까이 나아가도 두려워할 만한 데가 보이지 않았다.'

'瞻'과 '望'은 보는 방향이 같으나, '瞻'은 보는 방향만을 나타내어 멀리도 볼 수 있고 가까이도 볼 수 있고, '望'은 방향 이외에 방식도 겸하고 있기 때문에 먼 곳에 가서 볼 때에만 사용한다.

> 吾嘗跂望矣, 不如登高之博見也. ≪荀子·勸學≫
> 나는 일찍이 발돋움하고 먼 곳을 바라보았지만, 높은 곳에 올라가 멀리 드넓게 보는 것만 못하였다.

'眺'와 '望'은 늘 連用하거나 對比된다. 이 두 글자의 구별은 첫째, '望'이 먼 곳에 가서 직접 보는 것임에 반하여, '眺'는 시력이 미치는 곳까지 멀리 보는 것이다. 둘째, '望'에는 염원, 희망의 감정이 있다. 望夫石이 그 예이다. 그리고 경치, 사람, 일에 사용할 수 있다. 반면에 '眺'의 대상은 경치에 한정되고 사람에게는 매우 적게 사용되며 일에는 사용되지 않는다.

(仲夏之月) 可以居高明, 可以遠眺望. ≪禮記·月令≫
(仲夏의 달에는) 밝고 높은 곳에 거처하기에 좋으며 멀리 조망하기에 좋다.

苟行王政, 四海之內, 皆擧首而望之, 欲以爲君; 齊楚雖大, 何畏焉? ≪孟子·滕文公下≫
진실로 왕도의 정치를 행하신다면, 사해 안의 사람들이 모두 머리를 들어 바라볼 것이며, 임금으로 삼으려고 할 것이니, 제나라와 초나라가 비록 클지라도 무엇이 두렵겠는가?

9 甘[감/gān]·旨[지/zhǐ]

두 글자는 모두 형용사로 사용되어 맛이 좋음을 가리키고, 명사로 사용되어 맛있는 음식이나 맛깔스런 음식물을 가리킨다.

退而甘食其土之有, 以盡吾齒. 柳宗元, 〈捕蛇者說〉
물러나 제 땅에서 나는 것을 달게 먹고 살면서 제 생애를 마칠 것이다.

我有旨蓄, 亦以御冬. ≪詩經·邶風·谷風≫
우리가 맛있는 나물 장만함은 겨울을 나기 위한 것이라네.

'旨'는 일반적인 맛좋음을 가리킨다. ≪說文解字≫에 "旨는 맛이 좋은 것이다.(旨, 美也.)"라고 했으니 本義는 맛이 좋음이다. '旨'는 上古時代에도 맛이 좋은 것을 뜻하였는데, 맛있는 식품, 용례로 보면 특히 술맛이 감미로운 것을 가리켰다. 나아가 음식의 좋은 맛을 가리켰으며, 마침내 비유적으로 좋은 사물에도 상용되었다. 말하자면, 음식의 맛좋은 것을 가지고 언어나 문자 안에 함축된 주제, 의도, 취지 등을 비유하여 말하게 된 것이다. 후대에는 다시 황제, 임금, 長官의 의견, 의도를 가리켰다.

君子有酒, 旨且多. ≪詩經·小雅·魚麗≫
군자에게 술이 있는데 맛좋고 풍성하다네.

夫君子之居喪, 食旨不甘, 聞樂不樂. ≪論語·陽貨≫
무릇 군자는 상을 치르는 동안에는 맛있는 것을 먹어도 달지 않고, 음악을 들어도 즐겁지 않는 법이다.

雖有嘉肴, 弗食, 不知其旨也. ≪禮記·學記≫
비록 좋은 안주가 있다고 하더라도 먹어보지 않으면 그 좋은 맛을 알지 못한다.

其旨遠, 其辭文. ≪周易·繫辭下≫
그 뜻은 멀고 그 말은 우아하다.

'甘'은 ≪說文解字≫에 "甘은 맛이 좋은 것이다(甘, 美也.)"라고 하였다. '甘'은 또한 오로지 맛이 달거나 단맛을 가리킬 수 있다. 또한 비유적으로 좋은 사물을 가리켜 말하기도 한다.

誰謂荼苦, 其甘如薺. ≪詩經·邶風·谷風≫
누가 씀바귀를 쓰다 했나요? 그 단맛은 냉이 같아요.
◆荼(도): 씀바귀. 薺(제): 냉이.

目辨白黑美惡, 耳辨音聲淸濁, 口辨酸鹹甘苦. ≪荀子·榮辱≫
눈은 黑白과 美醜를 구별하고, 귀는 소리의 청탁을 구별하고, 입은 시고 짜고 달고 쓴맛을 구별한다.

두 글자는 '좋다'는 의미를 나타낼 때, '甘'은 언어로써 단맛을 가리키는 경우가 많고, '旨'는 찬양에 흔히 사용된다. 또 '甘'은 흔히 목적어를 수반할 수 있으나, '旨'는 그렇지 않다.

10

憾[감/hàn]·恨[한/hèn]·怨[원/yuàn]

이 세 글자는 모두 '원한', '원망'의 뜻을 나타낸다. 그렇지만 원망하는 감정의 정도와 상용하던 시대에는 약간의 차이가 있다.

'憾'은 '불만을 느끼다', '유감스러운 일로 여기다'는 뜻이고, 인신하여 '怨恨'이 된다.

'怨'의 古義는 '痛恨', '마음에 원한을 품다'는 뜻이고, 또 가벼운 원망이나 불평을 나타내기도 하였다. 고대에 일반적으로 사용한 것은 前者의 뜻이다.

'恨'의 古義는 '遺憾스러운 일로 여기다', '유감을 느끼다'는 뜻이고, 인신하여 '회한', '후회'가 된다. 후에 '恨'은 원망하는 정도가 심하여 '골수에 사무치다'는 의미를 나타내기 시작하였다.

'憾'과 '恨'은 오늘날 同義詞가 아니지만, 고대에는 동의사였다. 두 글자는 비교적 가벼운 원망인 '유감으로 여기다', '만족하지 않다'는 의미에서, 또 '원한을 품다', '증오하다'는 심한 원망에서 서로 같았다. '憾'은 매우 일찍부터 사용되었고, '恨'은 전국 말년 이후에 비로소 통용되기 시작하였다.

가벼운 원망의 경우, 先秦時代에는 '憾'을 많이 사용하였고, 漢代 이후에는 '恨'을 많이 사용하였다.

> 入, 又不念寡人, 寡人**憾**焉. ≪左傳·莊公14年≫
> (과인이) 들어왔는데도, 또한 과인을 생각하지 않으니, 과인은 유감으로 생각한다.

> 梁惠王曰: '寡人**恨**不用公叔座之言也.' ≪史記·商君列傳≫
> 양 혜왕이 말하였다. "과인은 공숙좌의 말을 채용하지 않은 것을 후회하고 있다."

'憾'과 '恨'은 내가 불만족한 것인 반면에, '怨'은 다른 것, 남에 대한 불만으로서 다른 사람을 나무라는 뜻이다.

> 是使民養生喪死無**憾**也. ≪孟子·梁惠王上≫
> 이것은 백성들로 하여금 산 사람을 기르고 죽은 사람을 장사지내는데 遺憾이

없도록 하는 것이다.

受時與治世同, 而殃禍與治世異, 不可以怨天, 其道然也. ≪荀子·天論≫
(하늘의) 때를 따르는 것과 태평한 세상은 같으나 재난과 태평한 세상은 다른 것이니 하늘을 원망할 수 없는 것이 그 道의 본연이다.

'怨'과 '恨'의 古今의 의미는 '불만'의 정도가 다르다. 고대에는 '怨'이 심하였고, '恨'이 약했으나, 근대와 현대에는 반대로 '恨'이 심하고 '怨'이 약하다.

屈平之作≪離騷≫, 蓋自怨生也. ≪史記·屈原列傳≫
굴평이 ≪이소≫를 지은 것은 대개 원한으로부터 야기된 것이다.

(晋)文公夫人, 秦女也, 爲秦三囚將請曰: '繆公之怨此三人入於骨髓, 願令此三人歸, 令我君得自快烹之.' ≪史記·秦本紀≫
晋 文公의 부인은 秦나라 여자였다. 포로가 된 秦의 세 장수를 위하여 청하여 말하였다. '(秦)목공이 이 세 사람을 원망하는 것이 골수에 사무쳐 있습니다. 원컨대 이 세 사람을 돌려보내, 우리 임금(秦王)께서 친히 통쾌하게 삶아 죽이도록 해주십시오.'
◆이 곳의 '怨'은 바로 '몹시 미워하다'는 뜻이다.

'怨'과 '恨'은 연용하거나 대응하여 사용하였다. 모두 '痛恨'이나 '마음에 원한을 품다'는 뜻이다.

11

降[강/jiàng]·隕[운/yǔn]·墜[추/zhuì]·下[하/xià]·零[영/líng]·落[락/luò]

이 글자들은 모두 '떨어지다'는 뜻이다. ≪爾雅·釋詁≫에 "隕, 下, 降, 墜, 零, 落은 같은 뜻이다.(隕, 下, 降, 墜, 零, 落也.)"라고 하였다.

'墜'는 높은 곳에서 떨어지는 것을 가리킨다. 일반적으로 자유 낙하하는 물체에 사용된다.

杞國有人憂天崩墜, 身無所寄, 廢寢食者. ≪列子·天瑞≫
杞나라에 하늘이 무너져 내리면 몸을 기탁할 곳이 없게 될 것을 근심하여 침식을 폐한 사람이 있었다.

'零'은 ≪說文解字≫에 "조용히 내리는 비이다.(徐雨也)"라고 했다. '零'은 주로 비나 이슬 같은 것이 내리는 데 사용된다. '零'은 상당히 일반화되었기 때문에, 雨露 이외에 草木의 경우에도 사용하게 되었다.

我來自東, 零雨其濛. ≪詩經·豳風·東山≫
우리가 동쪽에서 돌아올 때, 보슬비가 내렸었지.
◆濛(몽): 이슬비.

'落'은 ≪說文解字≫에 "대개 풀(이 떨어지는 것)을 零이라 하고, 나무를 落이라 한다.(凡草曰零, 木曰落.)"라고 하였다. 이는 落花나 낙엽과 관련이 있다. 그렇지만 '落'은 오래전에 일반적으로 통용되어 어느 물건이 떨어지는 것에 제한받지 않게 되었다. 곧 '별이 떨어지다(落星)', '눈이 내리다(落雪)', '해가 떨어지지(落日)', '말에서 떨어지다(落馬)', '모자가 떨어지다(落帽)', '물이 빠져 밑바닥이 드러나다(나중에 사건의 진상이 명백히 드러나다)(水落石出)' 등에 사용할 수 있다.

惟草木之零落兮, 恐美人之遲暮. 屈平, 〈離騷〉
초목이 시들어 떨어지는 것을 보니, 아름다운 이 또한 늙어갈까 두렵네.
◆遲暮(지모): 나이 들어 늙어감.

桑之未**落**, 其葉沃若. ≪詩經·衛風·氓≫
뽕나무 잎이 떨어지기 (시들기) 전에는 그 잎이 싱싱하였네.

나머지는 모두 특수한 개념을 대표하는 것으로, 별이나 돌이 하늘에서 떨어지는 것을 '隕'이라 부른다. '隕'은 때로는 사람의 사망이나 사업의 실패에 비유적으로 사용되기도 한다. 잎이 떨어지는 것을 '下'라 부르고, 위에서 아래로 떨어지는 것을 '降'이라 부른다.

十六年春, **隕**石于宋五, 隕星也. ≪左傳·僖公16年春≫
희공16년 봄에 宋나라에 돌 다섯 개가 떨어졌는데, (이것은) 별똥이었다.

無邊落木蕭蕭**下**, 不盡長江滾滾來. 杜甫, 〈登高〉
가없는 낙엽은 쓸쓸히 떨어지고, 끝없는 장강 물은 도도하게 밀려온다.

陟則在巘, 復**降**在原. ≪詩經·大雅·生民之什·公劉≫
오르면 산봉우리에 계시고, 다시 내려오시면 들판에 계시도다.

후에 언어의 발전으로 이 글자들은 서로 통용하게 되었고, 어떤 구별도 없게 되었다.

仁人之兵, 所存者神, 所過者化, 若時雨之**降**, 莫不說喜. ≪荀子·議兵≫
仁人의 병력이 머무르는 곳은 신처럼 존경받고 지나가는 곳은 교화됨이 마치 제때에 단비가 내려 기뻐하지 않음이 없는 것과 같다.

臣, 生當**隕**首, 死當結草. 李密, 〈陳情表〉
신은 살아서는 목이 떨어짐을 감당하고 (목숨을 바쳐 충성하고) 죽어서도 결초보은하겠나이다.

只見讀書榮, 不見讀書**墜**. 王安石, 〈王荊公勸學文〉
글을 읽어 영화누리는 것을 보았어도 글을 읽어 실패하는 것을 못 보았다.

下, 視其轍; 登, 軾而望之. ≪左傳·莊公10年春≫
(兵車에서) 내려서 (도망가는 적의) 병거의 수레바퀴 자국을 조사하고 수레 앞에 올라가 멀리 바라보았다.

飛流直下三千尺, 疑是銀河**落**九天. 李白, 〈望廬山瀑布二〉
곧장 날아 흘러내림이 삼천자이니 구천에서 (인간세로) 떨어지는 은하수가 아니련가?

今當遠離, 臨表涕**零**, 不知所云. 諸葛亮, 〈出師表〉
이제 멀리 떠나감에 <표>를 대하고 보니 눈물이 흘러 내려 이를 바를 모르겠나이다.

12 江[강/jiāng]·河[하/hé]

'江'과 '河'는 秦漢 이전에 물이 흐르는 것을 통칭하지 않았으므로, '江'은 長江 혹은 오늘날 통칭하는 양쯔강(揚子江)이고, '河'는 黃河를 가리켰다. ≪左傳≫에 78회의 河자가 출현하는데 모두 황하를 가리키고, 20회의 江자가 출현하는데 國名을 제외하고 모두 長江을 가리킨다. 河北, 河南, 河內, 江東, 江南 등은 모두 황하와 장강을 근거로 한 말이었다.

> 秋水時至, 百川灌**河**. ≪莊子·秋水≫
> 가을철의 물은 제철이 되면 도래하고, 모든 냇물은 황하로 흘러든다.

> 水由地中行, **江** · 淮 · 河 · 漢是也. ≪孟子·滕文公下≫
> 물은 땅 언덕 안에서 흘러가게 되었으니 長江·淮水·黃河·漢水가 이것이다.

위의 '江'·'河'는 모두 고유명사이며, 따라서 당연히 同義詞가 아니다. 그리고 황하나 장강으로 유입되는 支流에는 앞에 자체의 고유명사를 덧붙여서 이름을 붙였다. 예를 들면 涇河, 渭河, 漳河, 汾河, 漢江, 沅江, 湘江 등이 그러하다. 그렇지만 후대에 江河는 모두 引伸하여 일반적인 물의 흐름이 되었고, 이에 물길의 통칭을 이루어 동의사가 되었다.

> 孤舟簑笠翁, 獨釣寒**江**雪. 柳宗元, 〈江雪〉
> 외로운 배엔 도롱이에 삿갓 쓴 노인, 홀로 낚시질 눈 내리는 찬 강에서.

江·河가 물길의 통칭을 가리키게 된 이후에는 구체적으로 황하와 장강을 말할 때는 반드시 黃河와 長江이라고 명기하였다.

13 皆[개/jiē]·偕[해/xié]·俱[구/jù]·擧[거/jǔ]·悉[실/xī]·咸[함/xián]·盡[진/jìn]·畢[필/bì]

이 글자들은 부사로 사용되어 모두 '범위'를 총괄할 수 있다.

'皆'는 일반적으로 '완전히', '모두'로 해석된다. '皆'는 후에 '偕'자로도 썼다.

> 時日曷喪? 予及汝**皆**亡! ≪尙書·商書·湯誓≫
> 이 해는 언제 없어질 것인가? 우리는 너와 함께 **전**부 죽겠다!
>
> 時日害喪, 予及女**偕**亡! ≪孟子·梁惠王上≫
> 이 해는 언제 없어지나? 나는 너희와 **함께** 죽겠다!
> ◆皆는 '전부', '빠짐없이'로서 전체를 뜻하는 말이고, 偕는 '함께', '같이'인데 둘 이상이 한 동작을 하는 것에 중점이 있다.

위 인용문에서 '皆'는 공통, 전부라는 뜻으로 사용되어 필획이 간단한 '皆'자로 쓰인 경우가 많았다. 이에 동사였던 '皆'는 분화되어 따로 '偕'자를 만든 것이다.

> 卒皆夜驚恐. ≪史記·陳涉世家≫
> 병졸들은 모두 심야에 놀라서 두려워하였다.

'偕'는 둘 이상의 사람이 공동으로 어떤 한 동작을 진행하는 것을 나타낸다. '함께', '一同' 등으로 해석된다. 곧잘 다른 동사와 連用된다.

> 古之人與民偕樂, 故能樂也. ≪孟子·梁惠王上≫
> 옛 사람은 백성과 더불어 같이 즐겼기 때문에 (진실로) 즐길 수 있었다.
>
> 今有偕生之疾, 與體偕長, 今爲汝攻之, 何如? ≪列子·湯問≫
> 지금 나면서부터 함께 생긴 질병이 신체와 함께 자라고 있다. 이제 내가 당신을 위해 치료하려고 하는데 어떻겠소?

'俱'는 ≪說文解字≫에 "俱는 함께 하는 것이다.(俱, 偕也.)"고 하였다. 동사로서 '둘 이상의 사람이 함께 한다'는 의미이다. 부사로서 '함께', '一同'의 뜻도 있다.

臣客屠者朱亥可與俱, 此人力士. ≪史記·魏公子列傳≫
저의 손님인 백정 주해와 함께 가십시오. 이 사람은 力士입니다.

'俱'가 강조하는 것은 동일한 것이지만, '偕'가 강조하는 것은 하나가 다른 하나를 수반하는 것이어서 主人과 次席의 구분이 있다. 偕는 보통 'a(주체)與b偕~'(주체 a가 b와 함께 ~하다)의 형식으로 사용된다.

宮中府中, 俱爲一體. 陟罰臧否, 不宜異同. 諸葛亮, 〈出師表〉
궁중과 부중의 사람들은 모두 하나로 되게 하며, 잘한 자는 상주고 잘못한 자는 벌주는데 있어서 차별이 있어서는 안 된다.
◆陟罰(척벌): 상과 벌로 직위를 올리고 내리는 것.

與衛偕命, 而不與偕復, 非信也. ≪左傳·僖公28年≫
(晉文公이) 衛나라와 함께 (曹나라도 성복전쟁 후에 회복시켜준다고) 약속하고서 (이제) 조나라와 함께 회복시켜주지 않고 있으니, 신의가 아니다.

'擧'는 '전체', '전부' 라는 뜻으로, 어느 한 범위 안에서 어떤 동작에 예외가 없음을 나타낸다.

百姓聞王鐘鼓之聲 · 管籥之音, 擧疾首蹙頞而相告曰,…. ≪孟子·梁惠王下≫
백성들은 왕의 종 및 북 소리와 관악기 소리를 듣고서, 전부가 골치를 앓고 콧등을 찌푸리면서 서로 알려 말하기를, …

君擧不信羣臣乎? ≪左傳·哀公6年≫
임금께서는 전혀 뭇 신하들을 믿지 못하시는가?

'悉'은 事物에 대하여 뚜렷하게 고찰 이해하는 것이다. 형용사로 사용되어 '상세하다, 철저하다, 꼼꼼하다'는 뜻이 되고, 부사로 사용되어 동작의 주체나 대상이 '개개마다 전부', '동일한 모두', '전부'의 뜻을 나타낸다.

虎圈嗇夫從旁代尉對上所問禽獸簿甚悉. ≪史記·張釋之馮唐列傳≫
호랑이 우리를 관장하는 관리가 곁에서 上林尉를 대신하여 (漢文帝가) 질문한 짐승들에 관한 것을 기록한 책(의 상황)에 대하여 매우 상세하게 대답하였다.
◆虎圈(호권): 호랑이 우리. 嗇夫(색부): 호권을 관장하는 관리. 上林尉: 황제가 수렵하는 上林苑에서 사무 보는 관리.

侍中·尙書·長史·參軍, 此悉貞亮死節之臣. 諸葛亮, 〈出師表〉
시중·상서·장사·참군, 이들은 전부 마음이 곧고 신의가 있어서 절개를 위해 죽을 신하들이다.

'咸'은 '보편적이다', '미치다(보급되다)'는 뜻인데, 부사로 사용되고 동작 행위의 보편성을 나타내어 '보편적으로 모두', '전부'라는 뜻을 갖는다.

小賜不咸, 獨恭不憂. 不咸, 民不歸也. ≪國語·魯語上≫
작은 恩賞은 (모든 백성들에게까지) 두루 미칠 수 없고, 한 사람의 (神에 대한) 공경은 후한 것이 아니다. 은상이 두루 미치지 (보편성을 가지지) 못하면 민중들은 귀의하지 않는다.

村中聞有此人, 咸來問訊. 陶潛, 〈桃花源記〉
마을에 이런 사람이 있다는 소문을 듣고 모두 찾아와서 소식을 물었다.

'盡'은 '다하다', '전부 모두 사용했다'는 등의 뜻이다. 부사로서는 언급하는 인물이나 사물이 남김없이 전부 어떤 결말이나 상태를 갖추고 있음을 강조한다. '완전히', '모두'로 해석된다.

項王軍壁垓下, 兵少食盡, 漢軍及諸侯兵圍之數重. ≪史記·項羽本紀≫
항왕의 군대는 해하에 방벽을 구축하고 있었는데 군사는 적고 식량은 다 떨어진 데다 한군과 제후의 군대에게 여러 겹으로 포위되어 있었다.

周禮盡在魯矣, 吾乃今知周公之德與周之所以王也. ≪左傳·昭公

2年≫

주례가 노나라에 다 (남아) 있구나. 나는 이제야 周公의 德과 周가 王이 된 까닭을 알겠다.

'畢'은 '완비하다', '결속하다', '완전히 쓰다'는 뜻이다. 부사로 사용되어 동작, 상태에 예외가 없음을 나타내며 '완전', '전부'라는 뜻을 갖는다.

吾與汝畢力平險. ≪列子·湯問篇≫ "愚公移山"

나와 너희들은 힘을 다해 험한 곳을 평평하게 할 것이다.

天子七月而葬, 同軌畢至. ≪左傳·隱公元年≫

천자는 죽은 지 7개월 만에 장사를 지내는데, 궤를 같이하는 제후들이 다 모인다. (모든 제후는 모두 사신을 보내서 會葬한다는 뜻.)

◆同軌(동궤): 周나라의 제후들이 이용하는 수레 폭이 통일되어 같았다는 뜻.

14 羹[갱/gēng]·湯[탕/tāng]

두 글자의 의미는 서로 교차해서 사용하기도 하여 차이가 거의 없다. 그렇지만 상고시대에는 차이가 매우 커서 거의 관계가 없었다.

'羹'은 전국시대 이전에는 고기나 채소 등을 사용하여 만든 국물이 있는 음식물이었는데, 야채 국처럼 비교적 농도가 진한 것이다. 魚羹(생선국), 菜羹(야채국), 肉羹(고기국), 豆腐羹(두부국), 橙子羹(등자국) 등이 있다. 이 '羹'자들은 거의 모두 '湯'자를 써서 바꿀 수 있다. '羹'은 밥과 함께 먹는 것으로, 밥의 종류에 따라 달라진다.

食, 蝸醢而苽食雉羹, 麥食脯羹·雞羹. ≪禮記·內側≫

밥에는 나해(蝸醢)가 있고, 고사(苽食)에는 꿩고기 국이며, 보리밥에는 포갱과 닭고기 국이 어울린다.

◆蝸醢(나해): 소라로 담근 젓갈. 苽食(고사): 교미(茭米)로 지은 밥. 彫胡라는 풀 열매로 지은 밥.

一簞食, 一豆羹, 得之則生, 弗得則死. ≪孟子·告子上≫
한 대 그릇의 밥과 한 나무 그릇의 국을 얻으면 살고, 얻지 못하면 죽는다.
◆一簞食(일단사). 一豆羹(일두갱).

吾翁卽若翁, 必欲烹而翁, 則幸分我一桮羹. ≪史記·項羽本紀≫
나의 노인이 곧 그대의 노인이니, 그대의 노인을 반드시 삶고야 말겠다면, 나에게 한 그릇의 국을 나누어주기 바란다.

'湯'은 ≪說文解字≫에 "뜨거운 물이다.(湯, 熱水也.)"고 했다. '湯'은 唐代 이전에는 단지 따뜻한 물, 끓인 물을 가리킬 뿐이었다. '湯'이 '菜湯'(야채국)을 말하는 경우는 뒤에 생겨난 의미이다. 오늘날의 관용어 固若金湯(쇠로 된 성벽과 끓는 물로 된 해자, 비유적인 표현으로 방어가 견고하다는 뜻), 落湯鷄(물에 빠진 병아리, 비유적인 표현으로 물에 빠진 생쥐) 등은 모두 끓인 물을 가리킨다.

冬日則飮湯, 夏日則飮水. 然則飮食亦在外也? ≪孟子·告子上≫
겨울에는 따뜻한 물을 마시고 여름에는 찬물을 마신다. 그렇다면 마시고 먹는 것 역시 외부에 있는 것인가?
◆湯은 끓인 물, 水는 冷水를 가리킨다.

洗手作羹湯. 王建, 〈新嫁娘〉
손을 씻고 고기국과 야채탕을 끓이네.

'羹'은 주로 즙을 짜낸 액체로서, 일반 백성들이 먹는 '羹'은 실제로 맹물을 끓여 야채를 삶은 것이었다. 이에 口語에서의 '羹'과 '湯'은 점차 구별이 없어지게 되었다. 오늘날에는 고기나 야채 등을 이용하여 만든 湯을 '羹'이라 한다.

15 車[차/chē]・輿[여/yú]・輦[련(연)/niǎn]・軺[초/yáo]・軒[헌/xuān]

이 글자들은 모두 수레를 가리켜 사용한 말이다.

'車'는 ≪說文解字≫에 "바퀴가 달린 것을 통틀어 하는 말이다.(車, 輿輪之總名也.)"라고 했다. 말하자면 '車'는 사람이 타거나 물건을 싣는 부분과 바퀴가 있는 것을 통틀어 가리킨다.

> 望見廉頗, 相如引車避匿. ≪史記・廉頗藺相如列傳≫
> 멀리서 염파를 보면 인상여는 수레를 끌고 피해서 숨곤 하였다.

'輿'는 원래 수레에서 사람이 타는 부분을 가리켰다. 반면에 짐을 싣는 부분은 '箱'이다. 일설에는 '輿'가 車(차)보다 일찍 등장한 것이어서, 바퀴가 없는 탈 것을 가리키고, 바퀴를 단 것을 '車'라고 한다고 하였다. '輿'는 때로 '차를 타는 것' 또는 '수레'를 가리키기도 한다. '輿'는 후에 '肩輿'에서와 같이 가마를 가리키기도 했다.

> 假輿馬者, 非利足也, 而致千里. ≪荀子・勸學≫
> 수레와 말을 이용하는 사람은 발이 빠른 것이 아니지만 천리를 간다.

옛사람들은 하늘은 둥글고 땅은 네모지다(天圓地方)고 여겨서, 수레의 지붕부분은 둥글어서 '蓋'에 비유하고, 타는 부분은 땅이 네모져 '輿'라고 하였다. 고대의 地理를 輿地라고 하고, 지도를 輿地圖라고 하는 것은 모두 이러한 까닭에 기인한다.

'輦'은 고대에 사람이 끌거나 미는 것이었고, '車'는 보통 말이나 소를 써서 끄는 것이었다. 곧, ≪說文解字≫에 "輦은 당기는 수레이다.(輦, 挽車也.)"라고 하였고, 段玉裁의 ≪說文解字注≫에는 "사람이 당겨서 가는 수레를 이른다.(謂人挽以行之車也.)"라고 하였으므로, 輦은 원래 사람이 끄는 수레를 의미한다.

선진시대에 '輦'은 주요한 운송의 수단이었는데 당시 들판에서의 주요 운수수단은 소나 사람이 끄는 수레이었다. 전국시대 이전에 '輦'에 타는 사람들은 보통 年老하거나 체력이 약한 사람이었는데, 秦漢 이후는 특별히 帝王, 皇后가 타는 수레를 가리켰다.

於是皇帝**輦**出房, 百官執職傳警, 引諸侯王以下至吏六百石以次奉賀. ≪史記·劉敬叔孫通列傳≫

이 때 황제가 鳳輦을 타고 나타나자 백관들은 깃발을 들어 공경함을 표하였고 제후 왕 이하 봉록이 600석까지인 관리들을 인도하여 차례대로 황제에게 하례하도록 하였다.

'軺'는 ≪說文解字≫에 "軺는 작은 수레이다.(軺, 小車也.)"라고 했다. '軺'는 소형의 간편하고 쾌속한 馬車이다.

마차를 크기로 구분하면 輕車와 重車로 나눌 수 있는데, 그 중 '軺'는 輕車로서 주로 전쟁에서 사용되었다. 고대의 軺車는 서서 타고, 말 한 두 마리가 끌었으며 위에는 덮개를 펼 수 있었다.

朱家迺乘**軺車**之洛陽. ≪史記·季布欒布列傳≫

朱家는 이에 초차를 타고 낙양에 갔다.

◆軺車[초차/yáochē] 고대의 가볍고 작은 마차. 여기의 之는 '가다(往)'

'軒'은 ≪說文解字≫에 "軒은 굽은 끌채에 휘장을 친 수레이다.(軒, 曲輈藩車也.)"라고 하였고, 段玉裁의 ≪說文解字注≫에는 "굽은 끌채에 휘장치고 덮은 수레이다.(軒, 曲輈而有藩蔽之車也.)"라고 했다. '軒'은 사방을 가리고, 대부 이상의 귀족들이 타고 앉는 간편한 수레로서, 이른바 安車이다. 車體 앞머리의 비교적 높은 곳에 帳幕을 건다.

荊之地, 方五千里, 宋之地, 方五百里, 此猶文**軒**之與敝**轝**也. ≪墨子·空輸≫

초나라 땅은 사방 오 천리이고 송나라 땅은 사방 오 백리이니, 이것은 마치 무늬가 새겨진 좋은 수레가 낡은 가마와 비교되는 것과 같다.

16 居[거/jū]·住[주/zhù]·宿[숙/sù]

이 글자들은 모두 '거주하다', '머물다'는 뜻이나, 주로 머무는 시간과 특징에 차이가 있다.

'居'는 비교적 오랜 시간 동안 머무는 것을 가리키는 경우가 많다. 그러므로 명사로 사용될 경우 거주하는 장소, 주소를 나타낸다.

君子**居**必擇鄕, 游必就士. ≪荀子·勸學篇≫
군자는 거처함에 반드시 마을을 선택하고, 遊學함에는 선비에게 나아간다.

北山愚公者, 年且九十, 面山而**居**. ≪列子·湯問篇≫ "愚公移山"
북산에 사는 우공은 나이 90인데, 산을 마주보고 거주하고 있었다.

'居'의 '머물다'는 뜻은 고정된 원래의 상태, 불변을 유지함을 가리키는 경우가 많다.

變動不**居**, 周流六虛. ≪周易·繫辭下≫
변하고 움직여 머물지 아니하며, 우주를 두루 흘러 다닌다.

自吾氏三世, **居**是鄕, 積於今六十歲矣. 柳宗元, 〈捕蛇者說〉
우리 가문이 3대에 걸쳐 이곳에서 머물러 산 지, 지금껏 60년이 되었다.

'住'는 후에 만들어진 글자로서, 고대에는 '머물다(止)'로 訓하였는데, 어떤 일을 진행하다가 잠시 머무는 것을 나타낸다. '住'는 또 정지해있다는 의미가 있다.

賓客在庭者日百**住**, 庖廚之下, 不絶煙火. ≪列子·楊朱≫

집 뜰에 있는 賓客들은 날마다 백 명이 묵었고, 푸주간과 부엌에는 연기와 불이 끊이지 않았다.

見者呼曰: "薊先生小住" ≪後漢書·薊子列傳≫
본 사람이 불러 말하였다. "계선생 잠시 멈추시오."

'居'와 '住'를 비교한다면, '居'가 정착함을 가리키는 경우가 많고 '住'는 잠시 거주함을 가리키는 경우가 많다.

'住'는 唐代 이후 '정착하다'는 뜻이 있게 되었다.

人間有累不可住, 依然離別難爲情. 韓愈, 〈桃源圖〉
세상에 걸리는 게 있어 정착하지 못하고, 의연히 이곳을 이별하려니 마음이 서글퍼진다.

'宿'은 ≪說文解字≫에 '宿은 머무름이다.(宿, 止也.)'라고 하였고, ≪玉篇≫에는 "宿은 밤에 머무름이다.(宿, 夜止也.)"라고 하였으며, 徐灝의 注에 "밤에 자는 것이 바로 이 글자의 本義이다.(夜宿乃此字本義.)"라고 했다. 그러므로 머물되 밤을 넘기는 것으로, 말하자면, 투숙하다라는 뜻이다.

子路拱而立. 止子路宿, 殺鷄爲黍而食之, 見其二子焉. ≪論語·微子≫
자로는 공수하고 서있었다. (노인이) 자로를 머물러 하룻밤을 묵게 하고, 닭을 잡고 수수밥을 지어 먹이고, 자기의 두 아들을 만나게 하였다.
◆유숙하는 것은 일반적으로 하룻밤을 지나야 하므로 이로부터 宿은 引伸하여 '하룻밤을 넘기다'가 된다.

蒲城之役, 君命一宿, 女卽至.……命女三宿, 女中宿至. ≪左傳·僖公24年 春≫
포성의 전투에서 임금이 하루 밤을 넘기라고 (이튿날 공격하라고) 명령했는데, 너는 그날 즉시 쳐들어왔다.…… 너에게 3일을 넘기라고 (가라고) 명령했는데 너는 3일째 날에 쳐들어왔다.

17

臉[검/liǎn]·面[면/miàn]

두 글자는 모두 낯(顔面)이란 뜻이 있다. 그러나 고대에는 '臉'자가 없었고, 오늘날 '臉'자의 뜻은 고대에는 '面'을 사용하였다.

'臉'은 대략 魏晋시대에 만들어진 글자로서, '面'자를 대신하기 시작하여 당송대에는 이르러 광범위하게 사용되었다.

당초의 '臉'은 그 범위가 현재에 비하여 약간 넓다. ≪韻會≫에 "臉은 눈 아래 빰의 위다.(臉, 目下頰上也.)"라고 했다. 그러므로 광대뼈 부분을 가리킨다.

'臉'은 고대 부녀들이 연지를 찍는 부분으로, 詩詞 중에는 늘 '붉은 빰', '복숭아 같은 빰', '연지 찍은 빰'과 같은 용어들이 있었다.

> 笑從雙**臉**生. 晏殊, 〈菩薩蠻〉
> 웃음이 양 빰에서부터 생겼다.

'臉'과는 달리 '面'은 얼굴 전체의 앞부분이다.

'面'은 ≪說文解字≫에 "面은 이마 앞이다.(面, 顔前也.)"라고 했고, 桂馥의 注에는 "顔은 이마다. 얼굴이 이마 앞에 있으므로 이마 앞이라고 하였다.(顔, 額也. 面在額前, 故曰顔前)"라고 했고, 王筠의 注에는 "이마 앞은 이마로부터 아래를 이르는데 통칭하여 面이라 한다.(顔前者, 謂自額以下, 通謂之面也.)"라고 했다. 그러므로 面의 本義는 얼굴이다.

> 冬羔裘, 夏葛衣, **面**有飢色; 則良大夫也, 其儉偪下. ≪韓非子·內儲說左下≫
> 겨울에는 염소 가죽옷을 입고 여름에는 갈포 옷을 입으며 얼굴에는 굶주린 기색이 있었다. (그는) 훌륭한 大夫였지만, 그 검소함이 아랫사람들을 핍박하였다.

> 千呼萬喚始出來, 猶抱琵琶半遮**面**. 白居易, 〈琵琶行〉

천번만번 불러서야 겨우 나왔건만, 여전히 비파 안고 얼굴 반을 가렸었네.

'面'은 얼굴이 향한 방향, 방면 등의 뜻이 있다.

北山愚公者, 年且九十, 面山而居. ≪列子·湯問篇≫ "愚公移山"
북산에 사는 우공은 나이 90인데, 산을 마주보고 거주하고 있었다.

후에 '臉'은 비로소 점차 '面'과 더불어 同義가 되었고 또한 항상 連用되었다.

18 看[간/kàn]·視[시/shì]·見[견/jiàn]·示[시/shì]

이 글자들은 모두 '보다'라는 뜻을 가지고 있지만, 함의는 결코 같지 않다.

'看'은 '視'자의 뒤에 나타난 方言인데, ≪韓非子≫에 처음 보이고 '방문하다', '문안하다'라는 뜻이었다. '看'이 오늘날의 '보다'라는 뜻으로 사용된 것은 당송시대 이후였다. 그 引伸義는 옛날에는 [kān]으로 읽었다.

梁車爲鄴令, 其姊往看之, 暮而後, 閉門, 因踰郭而入. ≪韓非子·內儲說左下·經6≫
양거가 업 땅의 장관이 되었다. 그의 누이가 가서 그를 찾아보았는데, 날이 저물어 성문이 닫혔다. 이에 성문을 넘어 들어갔다.

'視'는 ≪說文解字≫에 "視는 바라봄이다.(視, 瞻也.)"고 했다. '視'는 그 古義가 현대 중국어의 '보다[看]'에 해당한다. '視'는 자세하게 보는 것에 치중된다.

十目所視, 十手所指. ≪禮記·大學≫
열 눈이 보는 바이며 열 손이 가리키는 바이다.

目不能兩視而明, 耳不兩聽而聰. ≪荀子·勸學≫
눈은 두 가지를 볼 수 없을 때 잘 보고, 귀는 두 가지를 들을 수 없을 때 잘 듣는다.

秦漢代 이후 '보다'라는 뜻을 나타낼 때는 일반적으로 '看'을 사용하지 않고 '視'를 사용하였다. 당송대 이후 '視'의 이런 뜻은 점차 '看'의 引伸義에 의해 대체되었다.

何病, 上親自臨視何疾. ≪漢書·蕭何傳≫
소하가 병이 들었는데, 황제가 친히 와서 소하의 병을 살펴보았다.

'視'는 '보다'라는 뜻에서 引伸되어 '방문하다'·'문안하다'라는 뜻이 되므로 '看'의 本義와 서로 같다. '看'의 本義와 '視'의 引伸義가 서로 같고 '視'의 本義는 또 '看'의 引伸義와 같다. '看'과 '視'는 또한 모두 '보다'에서 인신하여 '대우하다', '대하다'가 될 수 있다.

君之視臣如手足, 則臣視君如腹心; 君之視臣如犬馬, 則臣視君如國人; 君之視臣如土芥, 則臣視君如寇讐." ≪孟子·離婁下≫
임금이 신하 대하기를 자기의 손발같이 하면, 신하는 임금 대하기를 자기의 배나 심장같이 하고, 임금이 신하 대하기를 개나 말같이 하면, 신하는 임금 대하기를 일반 백성같이 하며, 임금이 신하 대하기를 土芥같이 하면 신하는 임금 대하기를 원수같이 한다.

'視'는 일반적으로 근처의 것을 보는 것을 나타내지만, 또한 먼 곳을 향하여 보는 것을 가리킬 수도 있다.

視遠惟明, 聽德惟聰. ≪尙書·商書·太甲中≫
멀리 보되 분명히 보고, 덕을 들음에 (귀를) 밝게 한다.

'見'은 '보다'는 뜻으로, 통상적으로 '만나보다'는 의미를 지닌다.

孟子見梁惠王. ≪孟子·梁惠王上≫

孟子가 梁 惠王을 뵈었다.

'見'은 또 본 결과를 나타내는데 이미 보았고 확실히 본 것이다.

自我不**見**, 于今三年. ≪詩經·豳風·東山≫
내가 보지 못한지 이제 삼년이 되었구료.

明足以察秋毫之末, 而不**見**輿薪. ≪孟子·梁惠王上≫
시력은 가을 털끝을 살피기에는 충분하나, 수레에 실은 땔나무는 보지 못한다.

'示'는 視의 使動用法으로, '視'가 스스로 보는 것이라면 '示'는 보이지 않는 것을 보이게 하거나, 남이 보도록 하는 것이다. 또 인신되어 '顯示하다', '나타내다'라는 뜻이 된다.

相如奉璧奏秦王. 秦王大喜, 傳以**示**美人及左右. ≪史記·廉頗藺相如列傳≫
인상여는 벽옥을 들고 진왕에게 바쳤다. 진왕은 크게 기뻐하며 비빈들과 좌우의 신하들에게 차례차례 보여주었다.

歸馬于華山之陽, 放牛于桃林之野, **示**天下弗服. ≪尙書·武成≫
말들을 화산의 남쪽기슭으로 돌려보내고, 소들은 도림의 들에 풀어놓아 천하 사람들에게 다시 (무력을) 쓰지 않을 것을 나타내보였다.

가까운 글자끼리 비교하여 보면, '視'와 '見'은 近義詞로서 그 구분은 뚜렷하다. '視'는 주관적으로 보는 것임에 반하여, '見'은 수동적인 개념으로 보이는 것이다. 또한 '視'는 구체적인 동작·행위이고, '見'은 동작·행위의 결과이다. 이 두 글자를 對擧하여 사용할 때 표현이 분명해진다. 위의 두 예는 서로 互換할 수 없다.

心不在焉, **視**而不**見** 聽而不聞 食而不知其味. ≪禮記·大學≫
마음이 있지 않으면 보아도 보이지 않고, 들어도 들리지 않고, 먹어도 그 맛을 모른다.

視之不足**見**, 聽之不足聞, 用之不足旣. ≪老子·35章≫
(道를) 보아도 볼 수가 없고, 들어도 들을 수가 없으며, 써도 다하지 못한다.

'視'는 가까이 보고, 자세히 보는 것으로 '望'의 멀리 보는 것과 비교된다. 두 글자는 호환할 수 없다.

下, 視其轍; 登, 軾而望之. ≪左傳·莊公10年≫
(병거로부터) 내려서 도망가는 적의 병거의 수레바퀴 자국을 살펴보고, (수레 앞에) 올라가 멀리 바라보았다.

吾視其轍亂, 望其旗靡. 上同
나는 적 병거의 수레바퀴자국의 어지러움을 살펴보고, 적군이 깃발의 나부끼는 것을 멀리 바라보았다.

'望'과 '看'의 連用, 곧 望看은 '멀리 바라보다'라는 뜻이다. '望'과 '見'의 連用, 곧 望見은 높은 곳에서나 먼 곳에서 보는 것을 나타낸다. '望'과 '視'의 連用, 곧 望視는 '먼 곳을 바라보다'라는 뜻을 나타내거나 '우러러 보다'라는 뜻을 나타낸다.

信乃使萬人先行, 出, 背水陳. 趙軍望見而大笑. ≪史記·淮陰侯列傳≫
한신은 이에 1만 명을 먼저 가도록 하고, 정형 어귀로 나가서 물을 등지고 진을 치게 하였다. 조나라 군대가 멀리서 이것을 보고 (병법을 모른다며) 크게 웃었다.

豕望視而交睫, 腥. ≪禮記·內則≫
(희생으로 쓸) 돼지의 눈이 위를 쳐다보고 속눈썹의 털이 엇갈린 것은 (그 고기 속에 쌀알 같은 망울이 있고) 비린내가 난다. (따라서 먹어서는 안 된다.)
◆鄭玄注에 "望視는 먼 것을 봄이다.(望視, 視遠也.)"라고 하였다. 睫(첩): 속눈썹. 腥(성): 비리다.

有陳豹者, 長而上僂, 望視. ≪左傳·哀公14年≫
진표라는 자가 있는데, 키가 크고 등이 굽었으며 (눈을 치떠서) 위를 바라보는 모습이다.
◆楊伯峻의 注에, "望視는 우러러보는 모양으로…… 대개 등이 굽은 사람은 눈이 모두 위로 향한다.(望視, 仰視貌…… 大概背駝者目皆向上.)"라고 하였다.

'見'은 '보다' 외에 또한 여러 용법이 있는데, ① 아랫사람이 윗사람을 뵙는 '알현(謁見)하다' ② 윗사람이 아랫사람을 만나는 '接見

하다’ ③ 지위가 같은 사람과 ‘會見하다’ 등의 개념은 모두 ‘視’에는 없는 것이다.

明歲, 子路死於衛. 孔子病, 子貢請**見**. ≪史記·孔子世家≫
다음 해 자로가 위나라에서 사망했다. 공자는 병이 났고 제자 자공이 뵙기를 청했다.

今臣至, 大王**見**臣列觀, 禮節甚倨. ≪史記·廉頗藺相如列傳≫
(相如가 말하였다) 이제 제가 오니 대왕께서는 저를 뭇 신하들 속에서 接見하며 예절은 매우 거만하였습니다.

行十日十夜而至于郢, **見**公輸盤. ≪墨子·公輸≫
(묵자는) 열흘 밤낮을 달려 郢(영)에 이르러 공수반과 회견하였다.

19
缺[결/quē]·闕[궐/quē]

두 글자는 ‘결점’, ‘결함’, ‘착오’, ‘부족’, ‘결손’ 등의 뜻에서 동의사이다.

‘缺’의 本義는 그릇이나 기물이 파손된 것이다. ≪說文解字≫에는 “缺은 그릇이 깨어진 것이다(缺, 器破也.)”라고 하였다. 파손되었지만 국부적인 것으로, 전체는 아직 유지하고 있지만 온전하지 않다는 뜻이다. 사람에게 적용될 경우는 흔히 결점, 과실이 있음을 나타낸다.

願得補黑衣之**缺**以衛王宮, 昧死以聞. ≪史記·趙世家≫
원컨대, 黑衣의 결원을 보충하여 왕궁을 지키도록 하여 주시기를 죽음을 무릅쓰고 아뢰옵니다.
◆黑衣: 왕궁의 호위무사가 입는 복장 곧, 宮廷侍衛.

屠者羹藿, 爲車者步行, 陶者用**缺**盆. ≪淮南子·說林訓≫
도살하는 사람은 콩잎 국을 먹고, 수레를 만드는 사람은 걸어 다니며, 질그릇을 만드는 사람은 망가진 동이를 쓴다.

袞職有闕, 維仲山甫補之. ≪詩經·大雅·蒸民≫
임금님의 일에 결함이 있으면 중산보는 바로 보충하였네.

'闕'은 고대의 성, 궁전, 조정, 능묘 앞 양쪽 입구의 건축물로서, 능묘의 경우 石牌坊이고, 성, 궁전 등에는 통상 좌우의 높은 臺와 그 위의 樓觀을 의미한다. 대 아래에는 대문의 통로가 있고, 두 闕의 사이에 빈 곳이 있어 '闕' 또는 '雙闕'이라 불렀다. 인신되어 틈, 결점, 부족하다, 발굴하다, 除하다 등의 뜻이 된다.

君何患焉? 若闕地及泉, 隧而相見, 其誰曰不然? ≪左傳·隱公元年≫ (隧수: 지하도(를 파다), 터널.)
임금께서는 무엇을 걱정을 하십니까? 만일 땅을 파서 황천에 이르러 지하도에서 만나보시면 누가 맹세를 깼다고 하겠습니까?

亡者闕之. ≪周禮·夏官司馬·槁人≫
폐기되어 없는 물품은 (계산에서) 뺀다.

두 글자는 本義가 다르므로 서로 호용하거나 대체할 수 없었다. 두 글자는 引伸義에서 같은 점이 있으나 사용한 시대에 있어서 다르다.

先秦時代에는 습관적으로 '闕'을 많이 사용하였고 '缺'은 적게 썼다. 漢代 이후에는 두 글자를 혼용하였다.

其晉實有闕. ≪左傳·成公2年≫
진나라에는 확실히 착오가 있다.

悉以咨之然後施行, 必能裨補闕漏, 有所廣益. (諸葛亮, 〈出師表〉)
모두 자문을 받은 후에 시행하면 반드시 결점과 누락된 것을 보충할 수 있어서 널리 유익한 점이 있을 것이다.

또한 '闕'의 사용 범위는 '缺'에 비하여 넓었다. 근대에 이르러서도 '缺'은 '闕'을 완전히 대체할 수 없다. 예를 들면, 闕如(결여되다), 闕疑(의심나는 것을 보류하다)의 경우처럼 통상 '缺'자로 쓰지 않는다.

20 更[경/gēng]·改[개/gǎi]·革[혁/gé]

이 세 글자는 모두 '변하다'는 뜻에서 동의사이다. 그렇지만 세 글자는 미세한 차이가 있다.

'更'은 변한 이후 여전히 사물의 연속성을 유지하고 있음을 뜻한다.

子貢曰: "君子之過也, 如日月之食焉. 過也, 人皆見之; **更**也, 人皆仰之." ≪論語·子張≫

자공이 말하였다. "군자의 잘못은 일식이나 월식과 같다. 잘못하면 사람들이 모두 보게 되고, 고치면 사람들이 모두 그를 우러러 보게 된다."

姓利相**更**, 成而不遷, 乃能攝固, 保其土房. ≪國語·晋語≫

姓氏와 財利가 서로 돕고 서로 계속되어, 성취되어도 흩어지지 않았다. 이에 굳게 뭉쳐 그들의 토지와 삶의 터전을 보호할 수 있게 되었다.

◆韋昭의 注에 "更은 이음이다.(更, 續也.)"라고 하였고, 段玉裁는 ≪說文解字注≫에서 更의 뜻풀이는 '고침'인데, 또한 '이어짐'으로 풀기도 한다. 고치지 않는 것이 續이 되고 고치는 것도 續이 된다.(更訓改, 亦訓繼. 不改爲續, 改之亦爲續.)"라고 하였다.

王后所生四男**更**病死. ≪史記·外戚世家≫

왕후가 낳은 네 명의 아들들은 잇달아서 病死하였다.

그래서 ≪史記≫에서는 동일한 군주가 연속하여 집권하면서 연호를 고칠 때를 '更元(경원)'이라고 하였다.

曲沃武公已卽位三十七年矣, **更**號曰晉武公. ≪史記·晋世家≫

곡옥의 무공은 즉위한지 37년이 되어서야, 시호를 고치어 晉 武公이라 했다.

◆更號는 곧 改號로서 고치어 원년으로 삼는 것이다. 비록 호를 고치어 원년을 바꾸었으나 여전히 동일한 國君이 집정의 연속성을 유지하고 있다. 이런 용법은 詞義의 발전 변화로 인하여 ≪漢書≫에서는 '改'자를 가지고 習用하였다.

'改'는 자기가 주동적으로 변화시킨다는 뜻을 함유하고 있다.

凡侍坐於君子……**改**居, 則請退可也. ≪儀禮·士相見禮≫

대개 군자를 모시고 앉아있을 때, 군자가……앉은자리를 고치면 물러남을 청하는 것이 옳다.

◆鄭玄의 注에 "앉은 자리를 고침은 스스로 동작을 바꾸는 것이다.(改居, 自變動也.)"라고 했다.

'改는 會意文字인데, 왼편은 自己의 '己'이고 오른편은 손으로 채찍을 가지고 있는 모양으로, 손으로 채찍을 잡아 자기를 때리는 것으로, 자신이 주동이 되어 잘못된 것을 바로 고침을 뜻한다. 그래서 古籍에서는 자신의 잘못된 것을 바로 고치는 것을 나타낼 때 일반적으로 '改' 자를 사용하였다.

君子以見善則遷, 有過則**改**. ≪周易·益卦·象傳≫

군자는 그것으로써 선함을 보면 실천하고 허물이 있으면 고친다.

'革'은 許愼의 ≪說文解字≫에 "革은 짐승의 표피에서 털을 제거한 것을 革이라 한다. 革은 고침이다.(革, 獸皮治去其毛曰革. 革, 更也.)"라고 하였고, 段玉裁의 ≪說文解字注≫에는 "(혁·경) 두 글자는 雙聲이다. 털을 제거하는 것은 고쳤다는 뜻이므로 引伸되어 대개 고쳐서 새롭게 한다는 용도가 된다. ≪周易·雜卦傳≫에 '혁은 낡은 것을 제거함이다'(二字雙聲. 治去其毛, 是更改之義, 故引申爲凡更新之用. <雜掛>傳曰: '革, 去故也.')"라고 하였다.

'革'에는 또 진부한 것을 제거시켰다는 뜻이 있다.

羽·毛·齒·**革**, 則君地生焉. ≪左傳·僖公23年≫

새의 깃·짐승 털·상아·짐승 가죽은 임금의 땅에서 생산된다.

革法明教, 而秦人大治. ≪鹽鐵論·非鞅≫

법령제도를 개혁하고 교육을 분명히 하니, 진나라는 크게 잘 다스려졌다.

또한 고대의 戰時用 호신 갑주는 가죽제품이 많았으므로 '革'은 引伸되어 명사로서 가죽과 가죽으로 만든 갑옷·악기를 나타내거나 가죽으로 만든 갑옷을 착용하는 사람을 나다내었다.

兵革非不堅利也, 米粟非不多也. ≪孟子·公孫丑下≫
兵器나 갑옷이 견고·예리하지 않은 것도 아니고, 곡식이 많지 않은 것도 아니다.

更[경/gēng]은 '바꾸다'는 동사에서 인신되어 명사가 되었다. 밤에 시간을 나타내는 단위로 사용된다. 漢代에는 宮中에서 사람을 보내서 숙직시키고 다섯 조로 나누어 차례로 매 반마다 두 시간씩 교대하였으므로 밤에 숙직하던 반을 '更'이라 하였다.

室幽幽夢不成, 高城傳漏過三更. 陸遊, 〈枕上作〉
방 깊은 곳에서 꿈 못 이루는데 高城의 물시계는 삼경이 지났음을 전해주네.

21 京[경/jīng]·都[도/dū]

두 글자는 본래 동의사가 아니나, 사람들이 모여 사는 곳이라는 점에서 관계가 있다.

'京'은 ≪說文解字≫에 "사람이 쌓은 우뚝 높은 언덕이다.(京, 人所爲絕高丘也.)"라고 하였고, 段玉裁의 ≪說文解字注≫에는 "그 높다고 한 것은 반드시 크다.(其高者必大.)"라고 했다. '京'의 本義는 인공으로 쌓은 극히 높은 土山이다. 그러므로 本義에서 引伸되어 大라는 뜻이 되었다.

京師者何? 天子之居也. 京者何? 大也; 師者何? 衆也. ≪公羊傳·桓公9年≫
경사란 어디인가? 천자가 거주하는 곳이다. 京이란 무슨 뜻인가? 크다는 뜻이다. 師란 무슨 뜻인가? 많다는 뜻이다.

五世其昌, 並于正卿. 八世之後, 莫之與京. ≪左傳·莊公22年≫
5세 후에는 창성하여 正卿과 어깨를 나란히 하고, 8세 후에는 그들보다 높은 자가 없을 것이다.

'都'는 ≪說文解字≫에 "先代 임금의 옛 종묘가 있는 곳.(有先君之舊宗廟曰都.)"이라고 하였고, 杜氏의 ≪釋例≫에는 "큰 것을 都라하고, 작은 것을 邑이라 한다.(大曰都, 小曰邑.)"라고 하였으며, 劉熙의 ≪釋名·釋州國≫에는 "나라의 城을 都라 하는 것은 임금이 거처하고 사람들이 都에 모이기 때문이다.(國城曰都者, 國君所居, 人所都會也.)"라고 하였다. '都'의 本義는 大都市·都城(수도)으로서, 통치의 중심이 된다.

일반적으로 國君의 자제, 卿, 大夫의 封邑 중 그들의 통치의 중심이 되는 邑을 '都'라 하고 제후 자신의 '都'는 '國'이라 불렀다.

都, 城過百雉, 國之害也. 先王之制, 大都, 不過參國之一; 中, 五之一; 小, 九之一. ≪左傳·隱公元年≫
(國안에 있는) 都는 그 城이 일백치가 넘으면 나라의 해가 된다. 선왕의 제도에 大都라도 나라의 1/3을 넘지 아니하고, 中都는 1/5을 넘지 아니하며, 小都는 1/9을 넘지 아니한다.)
◆雉(치): 면적의 단위. 1치는 높이 한 길[丈, 약 3m]과 길이 세 길의 성벽. 100치는 높이 1장과 길이 300장의 성벽.

民所聚曰**都**. ≪春秋穀梁傳·僖公16年≫
민중들이 모여 사는 곳을 都라 한다.
◆淸 鐘文烝의 ≪春秋穀梁經傳補注≫에 都는 "나라의 통치의 중심이 되는 곳이고, 많은 사람이 모여 사는 곳이다.(國所治處, 衆之所歸也.)"라고 하였다.

'京'이 단독으로 '나라의 서울'을 의미하게 된 것은 선진 이후의 일이다. 先秦時代에 이르러서 '京師'·'京畿'로 連用되어 비로소 '나라의 서울[國都]'을 가리키게 되었다.

京師學者咸怪其無徵. ≪後漢書·張衡傳≫
京師의 학자들은 모두 그 징후가 없음을 이상하게 여겼다.

我從去年辭帝**京**, 謫居臥病潯陽城. 白居易, 〈琵琶行〉
나는 지난 해 황제가 있는 서울을 떠나, 귀양살이로 심양성에 병들어 누웠다네.

대체로 漢代에 이르러 '都'는 '나라의 서울'이란 뜻으로 '京'과 동의사가 되었다. 곧, 황제가 거주하던 都를 '國都'·'京都' 혹은 '京'이라 하였다.

> 興復漢室, 還于舊都, 此臣所以報先帝而忠陛下之職分也. 諸葛亮, 〈出師表〉
>
> 한 왕실을 부흥시켜서 옛 도읍지로 돌아가는 것, 이것이 제가 先帝의 은혜에 보답하고 폐하께 충성하는 직분입니다.

이로부터 '京'·'都'는 함께 열거하고 연용할 수 있었고, '나라의 서울'을 뜻하였다. 예를 들면, 漢代에 이미 班固의 <兩都賦>가 있었고, 張衡의 <二京賦>가 있으며, ≪樂府詩集≫ 중에 <京都謠>가 있다.

22 驚[경/jīng]·駭[해/hài]·愕[악/è]·惶[황/huáng]·怖[포/bù]·悸[계/jì]

이 글자들은 모두 '놀라다', '두려워하다'는 뜻에서 동의사이다.

'驚'·'駭'·'愕'은 돌연히 닥쳐와서 정신이 긴장되었음을 나타낸다.

'驚'은 ≪說文解字≫에 "말이 놀란 것이다.(驚, 馬駭也.)"라고 하였고, ≪呂氏春秋·重言≫注에는 "놀라는 것이다.(駭, 驚也.)"라고 하였다. '驚'은 타동사로서 '놀라게 하다(使~驚)'는 뜻이다.

'駭'는 놀라는 가운데에 두려움이 있는 것으로, '소란 피우다', '교란하다'는 뜻이 있다.

'驚'·'駭'는 본래 모두 말이 놀라는 것이었는데, 인신하여 사람에게도 사용하게 되었고, 또한 사물에게도 사용하게 되었다. 두려움을 야기한다는 뜻이다.

'驚'·'駭'를 비교하면, 두려워하다는 뜻에서 '駭'가 '驚'에 비해 두려워하는 정도가 더 심하다. 또한 '驚'은 때로 목적어를 수반할 수 있으나, '駭'는 일반적으로 목적어를 수반하지 않는다.

慶氏之馬善**驚**, 士皆釋甲束馬, 而飮酒, 且觀優, 至於魚里. ≪左傳·襄公28年≫

경씨의 말들은 놀라기를 잘하여, 무사들이 모두 갑옷을 벗고 말을 붙들어 매어 놓고서야, 술을 마시고 또 연극을 보러 魚里로 갔다.

未至身, 秦王**驚**, 自引而起, 袖絶. ≪史記·刺客列傳≫

(荊軻의 비수가 秦王의) 몸에 닿지도 않았는데, 진왕이 놀라서 저절로 몸을 끌어 일어서니 (형가가 잡았던 진왕의) 소매가 떨어졌다.

莊公寤生, **驚**姜氏, 故名曰寤生, 遂惡之. ≪左傳·隱公元年≫

장공은 난산으로 태어나 어머니 강씨를 놀라게 하여, 그래서 이름을 오생이라 불렀고 마침내 (강씨는) 장공을 미워하게 되었다.

◆寤生(오생): 비정상적인 출생. ㉠어머니가 자는데 태어남 ㉡눈을 뜨고 태어남 ㉢발이 먼저 거꾸로 나왔다는 세 가지 견해가 있다.

吳王從臺上觀, 見且斬愛姬, 大**駭**. ≪史記·孫子吳起列傳≫

오왕은 대 위에서 참관하다가 사랑하는 여자를 참하려는 것을 보고 크게 놀랐다.

悍吏之來吾隣, 叫囂乎東西, 隳突乎南北, 譁然而**駭**者, 雖鷄狗不得寧焉. (柳宗元 ≪捕蛇者說≫)

혹독한 관리가 우리 마을에 와서 동서로 큰소리로 떠들고 남북으로 헤집고 다닐 때, 모두 잔뜩 놀라고 교란되는 것이 비록 개나 닭이라도 편안하지 못하는 정도이다.

◆悍吏(한리): 혹리. 叫囂(규효): 큰소리로 떠드는 것. 隳突(휴돌): 소란 피움. 譁然(화연): 왁자하게 떠드는 모양.

'愕'은 ≪字彙≫에 "허둥지둥 놀람으로서, 창졸간에 놀라서 황급한 모양이다.(愕, 錯愕, 倉卒驚遽貌.)"라고 하였다. '愕'은 보통 의외의 사물이나 돌출적인 현상 앞에서 정신이 긴장되고 얼이 빠진 것이다. '驚'·'駭'와는 달리 사람에게만 사용한다.

荊軻逐秦王, 秦王環柱而走. 羣臣皆愕, 卒起不意, 盡失其度. ≪史記·刺客列傳≫

형가가 진왕을 쫓아가니 진왕이 기둥 주위를 돌며 달아났다. 뭇 신하들은 모두 얼이 빠져, 갑자기 뜻하지 않게 일어난 일이어서 어찌 할 바를 몰랐다.

'惶'은 마음속의 두려움 때문에 당황하여 어찌 행동해야 할지를 모르는 것이며, '怖'는 위험에 처해 반복적으로 지속되는 두려움이며, '悸'는 밖으로부터의 압력 때문에 긴장되어 가슴이 두근거리는 것이다. '惶'은 표정에 치중되고, '悸'는 內心에 치중되고, '怖'는 두 가지 사이에 해당한다.

方急時, 不及召下兵, 以故荊軻乃逐秦王. 而卒**惶**急, 無以擊軻, 而以手共搏之. ≪史記·刺客列傳≫

황급할 때 당 아래의 병사를 불러올 겨를이 없었다. 이 때문에 형가가 진왕을 쫓아갔으나, 창졸간에 황급하여 형가를 칠 수가 없어서, 손으로 함께 그를 잡을 수 밖에 없었다.

燕王誠振**怖**大王之威, 不敢擧兵以逆軍吏. ≪史記·刺客列傳≫

연왕은 진실로 대왕의 위엄에 공포를 느껴, 감히 군대를 동원하여 진나라의 軍吏에게 거역하지 못하였다.

光武曰: '我昨夜夢乘赤龍上天, 覺**悟**, 心中動悸.' ≪後漢書·馮岑賈列傳≫

후한 광무제가 말하였다. '내가 어제 밤에 붉은 용이 승천하는 꿈을 꾸었는데, 깨고 나니 마음이 요동치고 두근거렸다.'

23 徑[경/jìng]·蹊[혜/xī]

두 글자는 수레가 통과하지 못하는 작은 길로서, 지름길, 사이길이라는 뜻을 갖는다. 모두 사람이나 가축 등만이 지날 수 있는 작은 길을 의미한다. 수레가 지날 정도의 큰 길은 道·路이다.

'徑'은 밭 사이에 난 작은 길이었는데, 땅의 경계이자 사람이나 가축이 왕래하는 통로로서 인신되어 작은 길이 되었다. 그래서 ≪說文解字≫에 "徑은 걸어 다니는 길이다.(徑, 步道也.)"고 한 것이다.

艮爲山, 爲徑路, 爲小石. ≪周易·說卦傳≫
艮은 산이 되고, 밭 사이의 길이 되고, 작은 돌이 된다.
◆鄭玄의 注에 "밭 사이의 길을 경로라고 부른다.(田間之道曰徑路)"고 하였다.

'徑'자는 논밭이 가지런히 정비되어 감에 따라 지름길이라는 뜻이 있게 되었고, 추상적으로 신속, 첩경의 뜻도 있게 되었다.

野**徑**雲俱黑, 江船火燭明. 杜甫, 〈春夜喜雨〉
들녘 지름길에는 구름이 함께 검은데, 강에 떠있는 배는 불빛만이 훤하구나.

乃使其從者衣褐, 懷其璧, 從**徑**道亡, 歸璧于趙. 司馬遷, ≪史記·廉頗藺相如列傳≫
이에 그의 수행원에게 누더기 옷을 입히고, 그 벽옥을 품고 지름길로 도망하게 하여, 벽옥을 조나라에 돌려보냈다.

'蹊'는 걸어 다니면서 밟아서 이루어진 오솔길로서, '徑'에 비하여 더욱 작은 길이다. ≪爾雅·釋名≫에 "걸어서 다니는 길을 '蹊'라고 한다.(步所用道曰蹊.)"라고 하였다.

桃李不言, 下自成**蹊**. ≪史記·李將軍列傳≫
복숭아나무와 오얏나무는 말을 못하지만, 나무 아래에는 저절로 길이 생긴다.

'徑'은 지름길, 작은 길을 나타낼 뿐 '밟다'는 뜻을 나타내지는 않는다. '蹊'는 밟아서 생긴 작은 길이라는 뜻 이외에, 또 山間의 구불구불한 오솔길을 뜻하기도 한다. 고대에는 통상 오솔길의 개념으로 '徑'보다 '蹊'를 사용하였다.

是以委肉當餓虎之**蹊**, 禍必不振矣! ≪戰國策·燕策≫

이것은 굶주린 호랑이가 다니는 길에 고기를 놓아두는 격으로, 화를 반드시 모면하지 못할 것이다.

◆여기의 '蹊'는 뛰쳐나옴에 중점을 치중하고 있어서, 지름길이나 샛된 길이라는 뜻은 없다.

不識**蹊**之所由. 張衡, 〈思玄賦〉
오솔길이 말미암는 바를 알지 못한다.

'蹊徑'의 連用은 두 가지 뜻이 있다. 하나는 오솔길, 산길, 즉 사이길이고, 다른 하나는 실마리, 단서, 첩경 등이다.

完要塞, 謹關梁, 塞**徯徑**. ≪禮記·月令·孟春之月≫
요새를 완전하게 하며, 관문과 교량을 조심하여 지키고, (야수들이 왕래하는) 오솔길을 막는다.

將原先王, 本仁義, 則禮正其經緯, 蹊徑也. ≪荀子·勸學≫
장차 先王을 근원으로 하고, 仁義에 근본을 두려면, 禮로서 그 근본을 바로잡는 것이 실마리이다.

24 計[계/jì]·慮[려(여)/lǜ]·圖[도/tú]·謀[모/móu]

이 글자들은 모두 '고려하다', '상의하다'는 뜻에서 동의사이다. 때로는 서로 교체하거나 대응할 수 있다. 또 모두 '計劃', '計策'의 뜻이 있다.

一年之計, 莫如樹穀; 十年之計, 莫如樹木; 終身之計, 莫如樹人. ≪管子·權修·經言≫
1년의 계획은 곡식을 심는 것만 못하고, 10년의 계획은 나무를 심는 것만 못하며, 終身의 계획은 사람을 기르는 것만 못하다.

巧言亂德. 小不忍, 則亂大謀. ≪論語·衛靈公≫
교묘한 말은 덕을 어지럽히니, 작은 것을 참지 못하면 큰 계획을 어지럽게 한다.

齊桓公以霸, 九合諸侯, 一匡天下, 管仲之**謀**也. ≪史記·管晏列傳≫
제 환공이 패자가 되어 제후를 규합하고 천하를 바로잡은 것은 관중의 계책이다.

'計'는 ≪說文解字≫에 "합하다, 셈하다.(計, 會也, 算也.)"라고 했다. '計'의 本義는 '계산하다', '(장부상의 숫자를) 결산하다'이다. 이익과 손해, 득실을 따지다는 의미가 있다.

十年, 出就外傅, 居宿於外, 學書**計**. ≪禮記·內則≫
10살이 되면 바깥 스승에게 취학하는데, 바깥방에서 거쳐하고 잠자며, 글씨 쓰고 계산하는 것을 배운다.

誰習**計**會, 能爲我收責於薛者乎? ≪戰國策·齊策4≫
누가 회계를 익혀 나를 위해 설 땅에서 대부금을 징수할 수 있는가?

'慮'는 일을 계획하기 위하여 사고하는 것으로, 개인적인 순수한 사유 활동이다. 반복하거나 자세하게 推敲하는 것을 뜻한다. '慮'는 고대에 思慮로 풀이되는 경우가 많았고, 드물게 憂愁, 근심의 뜻이 있다.

弗**慮**胡獲, 弗爲胡成. ≪尙書·太甲下≫
사고하지 않는다면 무엇을 얻으며, 행하지 않는다면 무엇을 이루겠는가?

豹曰: '民可以樂成, 不可與**慮**始.' ≪史記·滑稽列傳≫ (滑稽: 골계)
서문표가 말하였다. '백성들은 즐거이 이루게 할 수는 있으나, 처음을 함께 상의할 수는 없다.'

'圖'는 원래 그림을 의미하였는데, 후에 그림 그리는 것이나 꾀하는 것을 뜻하게 되었다. 비유 인신되어 '계획', '도모'가 되고, 특정한 상황이나 국면에 대해 기획 설계하는 의미를 지니게 되었다. 구체적인 대응방법과 순서를 정하는 데에 중점을 둔다.

願陛下熟**圖**之? ≪韓非子·存韓≫
원컨대 폐하께서는 그것을 잘 도모하시길 바랍니다.

入則與王**圖**議國事, 以出號令. ≪史記·屈原賈生列傳≫
들어와서는 왕과 함께 국사를 계획 의론하며, 호령을 내었다.

'謀'의 본의는 '자문하다'이다. 개인의 사색이 아니라 자문에 중점이 있다. '謀'는 일반적으로 두 사람 이상이 함께 방법과 대책을 연구 논의하는 것이다.

咨事爲諏, 咨難爲**謀**. ≪左傳·襄公4年≫
정사에 대하여 자문하는 것을 諏(추)라고 하고, 어려운 것에 대하여 자문하는 것을 謀라고 한다.

聚室而**謀**曰: '吾與汝畢力平險, 指通豫南, 達於漢陰, 可乎?' ≪列子·湯問篇≫
(愚公은) 집안사람들을 모아놓고서 상의하여 말하였다. '나와 너희들은 힘을 다해 험한 산을 평평히 함으로써 예주의 남쪽으로 곧장 통하고, 한수의 남쪽으로 곧장 다다르게 하는 게 좋겠다. 괜찮겠느냐?'

'計'는 마음속으로 계산하는 것으로, 利害를 분석 비교하여 계획이나 계책을 정하는 데에 치중하고, '慮'는 반복적으로 思考하여 일을 숙고하여 득실을 가늠하는 데에 치중하며, '圖'는 고려한 후 결정하는 점에 중점이 있으며, '謀'는 상의하여 방법이나 계책을 내놓는 데에 중점이 있다. 이 때문에 '圖'와 '謀'는 일반적으로 互換할 수 없고, '計'와 '慮', '圖'와 '慮', '謀'와 '慮'는 때로 互換할 수 있다. 이 글자들 중 '圖'가 실천성, 행동성이 특별히 강하여 일반적인 책략이나 방법은 물론, 구체적인 실행까지 안배하는 뜻이 있다. 구체적인 인물이나 국가인 경우가 많다.

(項)羽可**圖**也. ≪史記·高帝紀≫
항우는 도모해볼 만한 인물이다. (이길 수 있는 대상이다)

'計'와 '謀' 두 글자는 대비하여 사용할 수 있다. '計'는 또 장부책으로 해석할 수 있으나 '謀'는 이런 용법이 없다.

成安君, 儒者也, 常稱義兵不用詐**謀**奇**計**. 司馬遷, ≪史記·淮陰侯列傳≫
성안군은 儒者여서, 늘 義兵이라고 일컬으면서 속이는 계책이나 奇計를 쓰지 않았다.

春還, 受**計**于甘泉. ≪漢書·武帝紀≫
봄이 돌아오자, 감천에서 장부책을 받았다.

'慮'와 '計'는 연용하거나 교체하여 사용할 수 있다. '圖'와 '慮'도 교체하여 사용할 수 있다. '謀'와 '慮'는 늘 대비하여 사용한다. '圖'와 '計'·'圖'와 '謀'는 연용할 수 있고 '계획하다', '꾀하다'는 뜻이다.

深**謀**遠**慮**. 賈誼, 〈過秦論〉
깊이 도모하고 멀리 생각하다.

(霍)光… 陰與車騎將軍張安世**圖計**. ≪漢書·霍光傳≫
(곽)광은 … 은밀히 거기장군 장안세와 계획하였다.

25 繼[계/jì]·續[속/xù]

이 두 글자는 모두 '연접되어 끊이지 않는다.'는 뜻이 있다.

'繼'자의 빈대말은 '絶'이다. '絶'은 위와 아래, 앞과 가운데와 뒤가 연접되지 않았다는 뜻이다. '繼'는 중간이 끊어질 수 있는 사물을 연결시켜 위와 아래가 이어지고, 앞과 뒤가 전해지고, 계속되어 끊어지지 않는다는 뜻이다. 관용어에 夜以繼日(밤낮으로 계속 이어지다), 繼往開來(이전의 사업을 계승하고 앞날을 위해 새 길을 개척하다) 등이 있다.

父死子**繼**, 兄終弟及. ≪公羊傳·昭公22年≫
아비가 죽으면 아들이 뒤를 잇고, 형이 죽으면 아우가 잇는다.
◆上下가 傳承하는 예로서, 중단하지 않는다는 뜻이 있다.

'續'의 반대말은 '斷'이다. '斷'은 사물의 중간을 둘로 나눈다는 뜻이다. '續'은 절단된 두 사물을 새로 결합시켜서 온전히 회복시킨다는 뜻이다. 또 '續'에는 사물이 원래 있던 기초위에 一段을 덧붙이는 뜻이 있다.

妾切痛死者不可復生, 而刑者不可復**續**. ≪史記·扁鵲倉公列傳≫
제가 통절하게 아파하는 것은 죽은 자는 다시 살아날 수 없고, (신체를 자르는) 형벌을 받은 자는 다시는 잇지 못한다는 것입니다.

'繼'는 시간상의 연속에 치중되어, 間斷 없이 긴밀하게 이어지는 것이며, '續'은 공간상의 연접에 치중되어, 위로 연결되어 단절이 없는 것이다. 또 '繼'는 원래의 기초위에 대신해가는 것이지만, '續'은 단절된 뒤에 다시 연결되는 것일 수 있다.

吾令鳳鳥飛騰兮, **繼**之以日夜. 屈平, ≪離騷≫
나는 봉황새에게 명령하여 날아오르게 하고, 밤낮으로 계속 날아다니게 하네.

今秦地形斷長**續**短, 方數千里, 名師數百萬. ≪戰國策·秦策一≫
이제 진나라 땅의 형태는 긴 부분을 잘라서 짧은 부분을 이으면, 사방 천리가 되고 이름난 군대는 백만이 된다.

이 두 글자는 引伸되어 앞 사람의 사업을 계승한다는 뜻을 지니며, 명사로서 모두 사업, 일의 계승자나 후계자를 가리킬 수 있다. 관용어 續骨(뼈를 잇다), 續編 등은 '繼'자로 바꿔 쓸 수 없다.

興滅國, **繼**絶世, 擧逸民, 天下之民歸心焉. ≪論語·堯曰≫
멸망한 나라를 일으켜주고 끊어진 代를 이어주며 숨은 인재를 등용하면, 천하의 백성들은 마음을 돌이킬 것이다.

汝復爲太史, 則**續**吾祖矣. ≪史記·太史公自序≫
네가 다시 태사가 된다면 우리 선조의 사업을 이어받으라.

'續'은 인신하여 '계속', '연장되다'가 될 수 있으나, '繼'에는 이런 용법과 의미가 없다.

賢賢賤不肖, 存亡國, **繼**絶世. ≪史記·太史公自序≫
어진 이를 어질게 여기고 불초한 사람을 천대하며, 망한 나라의 유적을 보존하며, 끊어진 세대를 계승한다.

≪論語≫≪孟子≫에는 '繼'자는 있으나, '續'자는 출현하지 않는다.

26 季[계/jì]·時[시/shí]

두 글자는 본래 동의사가 아니었다. '時'의 응용범위가 광범위하게 됨에 따라, '季'는 점차 '時'를 대신하게 되었고, 따라서 계절의 의미를 가지게 되어 동의사가 된 것이다.

'時'는 ≪說文解字≫에 "사계절이다.(時, 四時也.)"라고 하였고, ≪說文解字注≫에는 "時는 본래 춘하추동을 일컫는다.(時, 本春夏秋冬之稱.)"라고 했으므로, '時'자의 本義는 季節이 된다. '時'는 고대에 응용범위가 매우 광범위하여 여러 가지 파생의미를 발생시키게 되었다.

列星隨旋, 日月遞炤, 四**時**代御, 陰陽大化. ≪荀子·天論≫
뭇 별이 따라서 돌고, 해와 달이 번갈아 비치고, 사철의 질서가 대신하여 바뀌고, 음양의 기운이 크게 변한다.

不違農**時**, 穀不可勝食也. ≪孟子·梁惠王上≫
농사철을 어기지 않으면, 곡식은 충분히 먹을 만큼 생산된다.

'季'는 ≪說文解字≫에 "어린 사람의 호칭이다.(少稱也.)"라고 했다. '季'의 본의는 막내아들로서 형제자매간의 서열 중 맨 끝이다.

高辛氏有才子八人, 伯奮·仲堪·叔獻·**季**仲·伯虎·仲熊·叔豹·**季**

狸. ≪左傳·文公18年≫

고신씨에게는 재주 있는 자식이 8명이 있었는데, 백분·중감·숙헌·계중·백호·백웅·숙표·계리였다.

'季'가 引伸하여 4계절에 운용되자 매 계절의 마지막 달을 가리키게 되었다. 곧, 1년 4계절을 세 달씩 나누어, 3달의 순서가 孟月·仲月·季月이 되었고, 또 매 계절의 앞에 붙여서 孟春·仲春·叔春·季春 식으로 되었다. 그러므로 4계절 중에는 각각 한 季月이 있고, 季月이 다하면 마치 계절에 바뀌는 것과 같으므로, '季'는 또한 인신되어 계절이 되었고 계절전환의 관건이 되었다.

고대인들은 어릴 때는 이름을 사용하고 관례를 행한 뒤에는 字를 썼으므로, 때로는 字의 앞에 伯仲叔季를 덧붙여 사용하였다. 때로는 끝이라는 의미가 강조되어 時代, 國家의 쇠락기를 季世라고도 불렀다.

叔向曰: '齊其何如?' 晏子曰: '此季世也.' ≪左傳·昭公3年≫

숙향이 묻기를 '제나라의 형편은 어떠한가?' 하니 안자가 '이는 말세입니다.' 라고 했다.

先秦時代에는 '時'를 사용하고 '季'는 사용하지 않았다. '季'자를 써서 계절의 의미인 '時'를 나타내게 된 것은 漢 이후의 일로 보인다.

自今選擧, 每以季月. ≪北史·魏孝文帝紀≫

지금부터 인재를 등용하는 것은 매 계월마다 한다.

◆季月은 춘하추동의 맨 마지막 달이다.

27 笄[계/jī]·簪[잠/zān]·釵[채/chāi]

이 글자들은 모두 '비녀'라는 뜻으로, 머리 위에 삽입하고 모자 위에

꽂는 장식품을 가리킬 수 있다.

‘笄’는 고대 남녀 공히 머리칼을 자르지 않고 길렀으므로, ‘笄’는 남녀공용의 두발에 사용하는 머리장식물이었다. 옛날에 여자가 15세가 되면, 머리에 비녀를 꽂는 의식인 笄禮를 행하였다. 이는 곧 혼인할 수 있음을 의미하여, ‘及笄’의 나이라고 하였다. 남자가 20세가 되면 역시 성년식인 冠禮를 하고 字를 지어주어 혼인할 만한 어른이 되었음을 인정하였는데, 이것을 ‘及冠’의 나이라고 하였다. 남녀가 공히 ‘笄’를 사용하였으나, 다른 점은 남자의 경우에는 면류관이나 고깔을 연결시키는 비녀(冕弁之笄)가 더 있었다는 점이다. 곧 남자 비녀의 용도는 두발을 묶고 머리에 쓰는 冠冕과 일체가 되어 떨어지지 않도록 하는 것이었다.

> 女子許嫁, **笄**而醴之稱字. ≪儀禮·士昏禮≫
> 여자는 시집가기가 허락되면, 비녀를 꽂고 醮禮를 하며 字를 지어 부른다.

> **笄**, 係也, 所以係冠使不墮也. ≪釋名·釋頭飾≫
> 비녀는 묶는 것이니, 갓을 머리칼과 묶어 떨어지지 않게 하는 것이다.

‘簪’은 ≪說文解字≫에 “머리의 비녀이다.(首笄也.)”라고 하였다. ‘簪’과 ‘笄’는 동일한 물건의 다른 명칭이다. ‘笄’는 선진시대에 사용되었는데, 漢代 이후 점차 ‘簪’으로 대체되었다.

> 白頭搔更短, 渾欲不勝**簪**. 杜甫, 〈春望〉
> 흰 머리는 긁을수록 더욱 짧아져, 거의 비녀도 꽂지 못하겠네.
> ◆搔(소): 긁다. 여기의 簪은 남자들이 사용하던 것이었다.

‘釵’의 사용은 더욱 늦었다. ‘釵’자는 두 개의 비녀를 교차시킨 모양을 본 뜬 글자다. ‘釵’는 오로지 부녀의 머리장식만을 가리키지만, ‘簪’은 여러 상황 아래에서 남자의 머리장식을 가리키는 데, 이것은 ‘簪’과 ‘釵’를 다시 구별한 것이다.

唯將舊物表深情, 鈿合金釵寄將去. 白居易, 〈長恨歌〉
다만 옛 물건으로 깊은 정을 표시하고자, 자개 상자와 금비녀를 보내드리려고 합니다.
◆鈿合(전합): 자개 상자. 合은 盒(합)과 통함

西門豹簪筆磬折, 嚮河立待良久. ≪史記·滑稽列傳≫
서문표가 (공경스럽게) 붓을 비녀로 꽂고 허리를 경쇠처럼 굽혀, 황하의 물을 향하여 서서 기다린 지 오래 되었다.
◆磬(경): 경쇠, 옥이나 돌로 만든 아악기. 石磬은 중간 부분이 약간 꺾여 있다.

28 固[고/gù]·堅[견/jiān]·剛[강/gāng]·强[강/qiáng]

위의 네 글자는 모두 '견고하다'는 의미에서 동의사이다.

'固'의 본의는 四面이 막힌 것인데, 지형이 험준하여 공격은 어렵고 방어는 쉬운 요지이다. ≪說文解字≫에 "固는 사방이 막힌 것이다.(固, 四塞也.)"라고 했다.

東有肴函之固. ≪戰國策·秦策≫
동쪽에는 효산과 함곡관의 견고함이 있다.

'堅'은 ≪說文解字≫에 "흙이 딱딱한 것이다(堅, 土剛也)"라고 하였다. 인신되어 물체의 본질이 견고하여, 외력으로 쉽게 파괴할 수 없는 것에 사용된다.

人有鬻矛與楯者, 譽其楯之堅, '物莫能陷也.' ≪韓非子·難勢≫
창과 방패를 파는 사람이 있었는데, 자기 방패의 견고함을 자랑하여 '어떤 물건이든 깨뜨릴 수 없다.'라고 하였다.

'剛'은 ≪說文解字≫에 "강단이다.(剛, 强斷也)"라고 하였다. 이른바 强斷은 강한 힘으로 내리쳐도 꺾일지언정 구부러지지 않는다는 뜻이다. 따라서 '剛'도 단단하다는 뜻이다.

> 人亦有言, 柔則茹之, **剛**則吐之. ≪詩經·大雅·蕩之什·烝民≫
> 세상에 또한 말이 있으니, 부드러우면 삼키고, 딱딱하면 내뱉는다.
> ◆茹(여): 먹다

'强'은 '彊'과 같은 글자로서, 활의 시위를 당기기가 어렵지만 멀리 도달하는 것을 형용하는 말이다. '강하다'는 뜻으로, 인신되어 강력하여 굽히지도 않고 구부러지지도 않는다는 뜻이 되었다. '强'의 반대말은 '柔'이다.

> 於是齊最**强**於諸侯, 自稱爲王, 以令天下. ≪史記·田敬仲完世家第≫
> 이에 제나라는 제후들 가운데에서 가장 강하여, 스스로 왕이라 칭하고 천하를 호령하였다.

> 秦之兵不如三晉之**彊**也, 然卒并天下, 非必險固便形勢利也. 司馬遷, ≪史記·六國年表≫
> 진나라의 병사는 三晋의 굳셈보다 못하였으나, 마침내 천하를 합병하였으니, 반드시 험준하고 견고한 형세가 이로운 것은 아니다.

이 글자들은 秦代 이후 古文에서 本義로 사용된 것은 많이 보이지 않고, 오히려 引伸된 의미인 '强硬하다', '堅固하다', '(성격·의지가) 굳세다'는 뜻으로 사용되는 경우가 많아서 점차 구별이 약해져 갔다.

'固'는 築城이 견고하거나 성곽이 험준한 때 사용하고, '堅'·'剛'·'强'으로 대체할 수 없다. '强'은 활이 셀 때 사용하고, 또한 다른 세 글자로 대체할 수 없다.

'堅'과 '剛'을 비교하면, '堅'은 물질의 결합이 긴밀하고 강력하게 응고되어 있어서 파괴하기가 쉽지 않은 것이며, '剛'은 단단하여 변형시키기가 어려운 것이다. '堅'을 깨뜨릴 때는 '碎', '壞' 등의 글자를 사용하고, '剛'을 깨뜨릴 때는 '屈', '撓' 등의 글자를 사용한다.

夫趙**彊**而燕**弱**, 而君幸於趙王, 故燕王欲結於君. ≪史記·廉頗藺相如列傳≫
대체로 조나라는 강하고 연나라는 약하다. 그리고 당신은 조왕에게 총애를 받고 있다. 그래서 연왕이 당신과 우의를 맺고자 하는 것이다.

剛柔相推而生變化. ≪周易·繫辭上≫
강함과 부드러움이 서로 밀면서 변화가 생겨난다.

凡理者, 方圓 · 短長 · 麤靡 · **堅脆**之分也. ≪韓非子·解老≫
무릇 理란 모나고 둥근 것과 짧고 긴 것과 거칠고 미세한 것과 단단하고 연한 것을 구분하는 것이다.
◆麤靡(추미): 麤는 粗와 통함. 靡는 細와 통함. 형질이 성글고 미세함.

子曰: '吾未見**剛**者!' ≪論語·公冶長≫
공자가 말하기를 '나는 아직 강한 자를 보지 못하였다!'라고 하였다.
◆鄭注에 "剛은 의지가 강하여 굽히거나 구부러지지 않는 것을 이른다.(剛, 謂强志不屈撓也.)"라고 하였다.

29 股[고/gǔ]·脛[경/jìng]·腿[퇴/tuǐ]

이 글자들은 모두 사람이나 동물의 다리 전체를 가리킨다. 그러나 구체적으로는 시대와 가리키는 부분이 다르다.

'股'는 고대에는 대퇴부를 가리켰다. ≪經典釋文≫에 "정강이의 뿌리부분을 股라 한다.(脛本曰股)"라고 하였다. 대퇴부는 넓적다리인데, 무릎부터 엉덩이 아래까지이고, 더 자세히는 무릎뒤쪽 움푹 들어간 곳이 오금으로, 이 오금부터 엉덩이 아래까지를 말한다. 옛날에 효자가 넓적다리 살을 베어서 부모를 봉양했다고 하는 것은 넓적다리를 일컫는다. 보통은 의미가 확대되어 下肢 전체를 가리킨다.

讀書欲睡, 引錐自刺其**股**, 血流至足. ≪戰國策·秦策≫

(蘇秦은) 독서를 하다가 졸렸으므로 송곳을 가져다가 자신의 넓적다리를 찔러 피가 다리까지 흘러내렸다.

'脛'은 고대에는 小腿部(정강이)를 가리켰다. 정강이는 무릎 아래에서 복사뼈까지를 말한다. ≪釋名·釋形體≫에 "脛은 줄기이니, 곧고 긴 것이 식물의 줄기 비슷하다.(脛, 莖也, 直而長似物莖也.)"라고 하였다. 이것은 字源으로 해석한 것이고, 자세히 보면, 종아리는 위로 대퇴부에 연결되는 것이 마치 식물의 줄기와 같아서 '脛'이라고 부른 것이다. 곧, '脛'자는 肉과 莖(줄기)을 합한 글자라는 뜻이다. 정강이의 뒤 살만 볼록 있는 부분 곧, 오금에서 복사뼈까지는 '腓(비, 종아리)'이다.

枝大於本, **脛**大於**股**, 不折必披. ≪史記·魏其武安侯列傳≫
가지가 뿌리보다 크고, 정강이가 넓적다리보다 커서, 꺾지 않으면 반드시 찢어진다.

一**脛**之大幾如要, 一指支之大幾如**股**. 班固, ≪漢書·賈誼傳≫
한쪽 정강이의 크기는 거의 허리만하고, 한쪽 손가락의 크기는 거의 넓적다리만하다.

'腿'는 후대에 출현한 글자로서 오로지 종아리만을 가리켰다. 고대에는 다리 각 부분의 명칭만이 있었고 통일된 호칭이 없었으므로, 다리부분 전체를 나타낼 필요가 있을 때는 부분의 명칭을 가지고 전체를 나타냈다. '腿'는 ≪玉篇≫에 "종아리이다.(腿, 脛也.)"라고 하였듯이, 고대에는 '脛'의 별명이었다. 정식으로 '腿'로써 '脛'과 '股'를 합한 부분을 나타내고, '股'와 '足(다리)'을 합한 부분을 나타내게 된 것은 明代 이후의 일이었다.

30 沽[고/gū]·酤[고/gū]

이 두 글자는 물건을 팔거나 사들인다는 뜻을 가지고 있다.

'沽'는 '賈'자가 동사로 사용될 때 흔히 사용하는 글자이다. '沽'에는 '팔다'와 '사다'라는 두 가지 의미가 있다.

求善賈而沽諸? 沽之哉! ≪論語·子罕≫
값을 잘 쳐주는 사람을 찾아서 팔 것인가? 팔 것이야!
◆이곳의 '沽'는 팔다는 뜻.

沽酒市脯不食. ≪論語·鄕黨≫
(공자는) 시장에서 사온 술과 저자거리의 육포는 먹지 않았다.
◆이곳의 '沽'는 사다는 뜻.

'酤'는 술을 팔거나 살 때에 사용하는 글자이다. 곧, '沽'와 '酤'는 '사다'는 뜻과 '팔다'는 뜻이 있으나, 사용대상에 구별이 있었다. '酤'의 대상은 단지 술뿐이지만, '沽'는 결코 술에 제한되지 않았다. 다른 물건일 수 있고 심지어는 추상적인 사물일 수도 있다.

通邑大都, 酤一歲千釀, 醯醬千瓨. ≪史記·貨殖列傳≫
邑과 통하는 大都에서는 한 해에 1천 독의 술을 팔고, 식초나 된장은 1천 동이를 판다.
◆釀(양): 술을 빚다. 醯(혜): 초. 醬(장): 된장. 瓨(항): 항아리.

孔某不問肉之所由來而食. 號人衣, 以酤酒. ≪墨子·非儒下≫
공아무개는 고기가 어디에서 났는지를 묻지 않고 먹었으며, 남의 옷을 팔아서 술을 샀다.

彼雖硜硜有類沽名者. ≪後漢書·逸民傳序≫
저들 중에는 소리내어가며 이름을 파는 부류가 있다.
◆硜硜(갱갱): 돌 부딪는 소리.

'酤'는 명사로서 '술'의 뜻이 있으나, '沽'에는 이런 뜻이 없다. '沽'는 형용사로 '간략하다', '조잡하다'는 뜻이 있으나, '酟'는 또 이런 의미와 용법이 없다.

旣載淸酤, 賚我思成. ≪詩經·商頌·烈祖≫
맑은 술 차려 놓았으니, 우리에게 복을 내려주소서.
◆賚(뢰): 주다. 思: 조사. 成: 福과 통함.

杜橋之母之喪, 宮中無相, 以爲沽也. ≪禮記·檀弓上≫
두교의 모친상에, 집안에서 禮를 도우는 사람이 없어, (사람들은) 소략하다고 여겼다.

31 告[고/gào]·誥[고/gào]·詔[조/zhào]·訴[소/sù]·愬[소/sù]

이 글자들은 사정을 남에게 알리는 의미를 지닌다.

'告'의 本義는 '알리다'는 뜻이다. 지위를 막론하고 자기의 뜻을 상대방이 알도록 할 때 사용한다. 아랫사람이 윗사람에게 알릴 때는 '報告하다'는 뜻을 나타내고 윗사람이 아랫사람에게 알릴 때는 '깨우쳐주다'는 뜻을 내포한다. 劉熙의 ≪釋名·釋書契≫에 "윗사람이 아랫사람에게 조서를 내리는 것을 告라 한다. 告는 깨우침인데, 황제나 임금이 자기의 의도를 깨달아 알도록 한 것이다.(上勅下曰告, 告, 覺也, 使覺悟知己意也.)"라는 말은 후자의 의미이다.

子路, 人告之以有過則喜, 禹聞善言則拜. ≪孟子·公孫丑上≫
자로는 남이 그에게 허물이 있다는 것을 알려주면 기뻐하였고, 우임금은 훌륭한 말을 들으면 절을 하였다.

王曰: '嗟! 六事之人, 予誓告汝.' ≪尙書·甘誓≫

왕이 말하였다. '오오! 六軍의 사람들이어. 내가 맹서하여 너희들에게 깨우쳐 주겠노라.'

◆孔穎達의 疏에 '나는 맹세해야할 말을 만들어 칙령으로 너희들에게 알려주겠다.(我設要誓之言, 以敕告汝)'라고 하였다. 六事之人은 全軍의 장졸들.

子路行以告, 夫子憮然曰. ≪論語·微子≫

자로가 가서 이 말을 고하였더니, 스승님께서 서글픈 듯이 말씀하셨다.

고대사회에서 신분이 비슷한 사람끼리 알리는 것을 '告'라 하였고, 윗사람이 아랫사람에게 알릴 경우는 따로 '誥'자나 '詔'자를 썼다.

'誥'는 殷周時代에는 훈계, 격려하던 포고문이다. ≪尙書≫의 <大誥><康誥>등의 제목으로도 알 수 있듯이, <大誥>는 말 자체의 뜻으로는 '널리 알리다'는 뜻이고, <康誥>는 康叔에게 알린다는 뜻이다. <大誥>도 그렇지만 <康誥>는 周成王이 管叔과 蔡叔을 정벌한 후 은지역의 유민을 통치하도록 康叔을 봉하면서 지은 것(<書序>)이므로, 당연히 그 내용은 훈계조를 띠지 않을 수 없었다. ≪廣雅·釋詁四≫의 "誥는 가르침이다.(誥는 教也.)"라는 말은 이런 뜻이다.

王若曰: '猷, 大誥爾多邦.' ≪尙書·周書·大誥≫

왕께서 이렇게 말씀하셨다. '아! 그대들 여러 나라에게 널리 고한다.'

詔王子出迪, 我舊云刻子. ≪尙書·商書·微子≫

왕자에게 망명하시라고 알려드렸고, 나는 오래 전에 (紂가) 당신을 해칠 것이라고 말씀드렸다.

◆詔: 알리다(告也). 迪(적): 망명하다(逃也). 刻(각): 해치다.

罪合于一, 多瘠罔詔. ≪尙書·商書·微子≫

(아래 위의) 죄가 하나로 합쳐져, 괴로움이 크더라도 호소할 곳조차 없다.

◆瘠(척): 병의 고통. 詔(조): 알림.

'詔'는 ≪說文解字注≫에 "秦나라에서는 '詔'자를 만들어 오직 천자만이 홀로 그것을 일컬었다.(秦造詔字, 惟天子獨稱之.)"라고 하였다. 그래서 秦 이후 '詔'는 단지 황제가 명령을 내리는 데에만 한정하여 사용하였다.

是時賈生年二十餘, 最爲少. 每**詔令**議下, 諸老先生不能言, 賈生盡爲之對. ≪史記·屈原賈生列傳≫

이 때 가생의 나이는 20세 남짓으로 박사 중에서 가장 연소하였다. 매번 詔令에 관하여 의론할 때마다, 여러 老先生들이 발언하지 못하여도 가생은 모두 답을 하였다.

隋唐代 이후 '誥'는 단지 황제가 고급관리를 임명하거나 封號 시에 사용되었다. '誥命', '誥封'이라고 한 것이 바로 이러한 예이다. 宋代 이후는 황제가 관직을 내리거나 封爵 贈職할 때 사용하였다. 明代 이후에는 관직을 수여하는 방법이었는데, 一品에서 五品까지는 誥命을 썼고, 六, 七品에는 勅命을 사용하였다.

'訴'와 '愬'는 古今字로서, '愬'는 古字이고 '訴'는 今字이다. 이 두 글자는 쓰는 방법이 다르지만 뜻은 같다. 고통스럽거나 억울함을 남에게 하소연함을 가리킨다. 또한 모두 다른 사람의 죄상이나 잘못을 고발하는데 사용할 수 있다. '들추어내다', '헐뜯어 말하다'는 뜻이다.

身在患中, 莫可**告**語. 王有德義, 故來**告訴**. ≪史記·龜策列傳≫

몸이 환난 중에 있으나 알려 말할 만한 데가 없습니다. 왕께는 德義가 있으시기에, 이에 와서 호소합니다.

周**愬**子路於季孫, 子服景伯以**告**孔子. 司馬遷, ≪史記·仲尼弟子列傳≫

子周가 자로를 계손에게 헐뜯어 말하니, 자복경백이 그 일을 공자에게 알렸다.

32 鼓[고/gǔ]·鼙(鞞)[비/pí]

'鼓'는 북으로, 오래 전부터 가장 광범위하게 사용하고 있는 악기의 하나이다. 북소리는 리듬이 선명하여 고대부터 歌舞에는 늘 북을 함께 하였다. 오늘날에도 鼓舞는 연용하고 있다.

> **鼓**之舞之以盡神. ≪周易·繫辭上≫
> 북을 치고 춤을 춤으로써 神에게 다한다.

'鼓'의 소리는 宏大하므로 멀리까지 도달할 수 있고, 그래서 그 기능은 樂器에 제한되지 않았다. 고대의 전쟁 중에는 進攻의 신호로 사용되었고, 사기를 진작시키는 작용을 하였다. '鼓'는 전쟁에서 중요한 작용을 했기 때문에 中軍의 主將이 장악하였고, 출정 시에 대장은 깃발과 북을 세워야 했다. 또 출정 시에는 희생을 바쳐서 '북'에 제사를 지냈고, 軍中에서 처벌할 때에도 반드시 '북' 아래에서 거행하였다.

> 聞**鼓**聲而進, 聞金聲而退, 順命爲上, 有功次之, 命不進而進, 猶令不退而退也, 其罪惟均. ≪荀子·議兵≫
> 북소리를 듣고 전진하고, 징소리를 듣고 후퇴하여, 명령에 잘 따르는 것이 최상이고, 공을 세우는 것이 그 다음이며, 진격명령 없이 나아가는 것은 후퇴명령이 없이 물러나는 것과 죄가 같다.

> 平旦, 信建大將之旗鼓, 鼓行出井陘口, 趙開壁擊之, 大戰良久. ≪史記·淮陰侯列傳≫
> 새벽에 韓信은 대장의 깃발과 북을 세우고, 북을 치며 정형 어귀로 행군하는데, 조나라 군대가 성벽을 열고 그들을 공격하니, 큰 전쟁이 진실로 오랫동안 계속되었다.
> ◆井陘(정형): 地名.

고대의 '鼓'는 그 종류가 여러 가지였다. 그 중 漢代 이후 詩歌와 文章에서 자주 보이는 것에 '鼙'가 있다. '鼙'는 '鞞'(비)로도 쓴다. ≪說文解字≫에 "鼙는 말을 타며 치는 북이다.(鼙, 騎鼓也.)"라고 하였다. 곧, '鼙'는 馬上에서 치는 軍用의 작은 북인 셈이다.

> 中軍以**鼙**令**鼓**, 鼓人皆三**鼓**. ≪周禮·夏官·大司馬≫
> 中軍이 鼙를 가지고 북을 울리도록 명령하면, 북치는 사람들은 모두 세 번 북을 친다.
> ◆두 개의 鼓자는 '북을 치다'는 동사로 사용되었다.

'鼓'는 동사로 사용되어 '擊鼓(북을 치다)', '악기를 연주하다', '선동하다'는 뜻을 나타내기도 한다.

子有鍾**鼓**, 弗**鼓**弗考. ≪詩經·唐風·山有樞≫
그대 鐘鼓를 가지고 있으되, 두드리지도 않고 치지도 않네.
◆樞(추): 지도리. 考: 치다(擊也, ≪毛傳≫).

臨菑甚富而實, 其民無不吹竽**鼓**瑟彈琴擊筑. ≪史記·蘇秦列傳≫
임치는 매우 풍족하고 튼실하여, 그곳의 백성들은 피리를 불고 비파를 연주하며 거문고를 타고 축을 치지 않음이 없다.
◆臨菑(임치): 地名. 筑(축): 악기 이름. 鼓: 연주하다.

'鼙'와 '鼓'를 連用하면 전쟁이나 軍事를 대신하여 나타낸다.

漁陽**鼙鼓**動地來, 驚破霓裳羽衣曲. 白居易, 〈長恨歌〉
(갑자기) 어양 땅에 (반란군 일어나) 북소리가 땅을 울리도록 치며 몰려와 (임금이 즐기던) 예상우의곡을 놀라 깨버리도록 하였네.

33

觚[고/gū]·**觥**[굉/gōng]·**觴**[상/shāng]·**觶**[치/zhì]·**角**[각/jué]·**樽**[준/zūn]·**爵**[작/jué]·**彝**[이/yì]

술그릇이라는 의미에서 이 글자들은 동의사이다. 그렇지만 모양이나 용도에 차이가 있다.

'觚'는 商周時代에 성행하였던 술그릇인데, 주둥이가 나팔을 닮은 형태에 허리가 가늘고 높은 원형의 다리가 있다. 모서리가 있는 것도 있고 없는 것도 있다. 先秦時代에는 청동제품이 많았고, 明代에는 질그릇제품을 사용하였다.

觚不**觚**, **觚**哉**觚**哉? ≪論語·雍也≫

오늘날의 觚는 고대의 觚를 닮지 않았는데, 觚라고 부르는가?

文王飮酒天鍾, 孔子百**觚**. ≪論衡·語增≫
문왕은 천종에 술을 마시고, 공자는 백 고의 술을 마셨다.

'觥'은 '觵'이라고도 쓴다. '觥'은 처음에는 들소의 뿔을 가리켰는데, 그릇으로 만들어 술그릇이 되었다. '觥'은 배의 모양이 타원형이고(腹呈橢圓), 밑에는 둥근 다리가 있으며, 입 손잡이 뚜껑이 있고, 뚜껑은 짐승머리 모양을 하였다. 청동이나 짐승 뿔로 만든 것이 많다. 술을 담을 수도 있고, 또 이것을 가지고 술을 마실 수도 있다. 先秦時代에 널리 사용되었다. 술을 담는 그릇으로서의 '觥'은 형태가 개조됨에 따라 여러 가지로 변화되었고, 손잡이도 달리게 되었다. 대개 여러 종류의 짐승머리 형태가 되었고, 전체가 짐승형태가 된 것도 있다. 가장 정밀하고 치밀한 술 담는 그릇이 되었다.

陟彼高岡, 我馬玄黃. 我姑酌彼**兕觥**, 維以不永傷. ≪詩經·國風·周南·卷耳≫
저 높은 산등성에라도 오르려 하나 내말이 병들었네. 내 잠시 시굉에 술이나 부어 기나긴 회포 잊어볼까.
◆陟(척): 오르다. 岡(강): 등성마루('山脊曰岡', ≪毛傳≫). 玄黃: 말이 병든 모습(≪詩經釋義≫). 兕觥(시굉): 쇠머리 같이 생긴 덮개가 달린, 발이 있기도 하고 없기도 한 匜(이) 종류의 술잔(王國維, ≪觀堂集林≫). 傷(상): 생각하다('思也.' ≪毛傳≫)

梁王魏嬰**觴**諸侯于范臺, 酒酣, 請魯君擧**觴**. ≪戰國策·魏策二≫
양나라 왕 위영은 범대에서 제후들에게 술을 대접했는데, 술자리가 무르익자, 노나라 임금에게 술잔을 들기를 청하였다.
◆앞의 '觴'자는 동사로 사용되었고 뒤의 '觴'자는 명사인 술잔으로 사용되었다.

平公提**觴**而起爲師曠壽, 反坐而問曰: '音莫悲於淸徵乎?' ≪韓非子·十過≫
진나라 평공은 (너무나 기뻐서) 술잔을 들고 서서 사광을 위하여 축수하고, 다시 앉아서 사광에게 물었다. '음악 중에 淸徵曲보다 슬픈 것이 없는가?'

'觶'도 술그릇인데 모양은 '尊'과 닮았으나 '尊'에 비하여 작다. 뚜껑이 있는 것도 있다. 靑銅制로 殷商代 말기와 西周 초기에 성행하였다.

至于今, 旣畢獻, 斯揚觶, 謂之杜擧. ≪禮記·檀弓下≫
(晋나라에서는) 지금에 이르기까지 燕禮를 행하고 나면 '觶'를 들어 올렸는데, 이를 '杜擧'라고 한다.
◆杜擧: 杜蕢(두괴)가 들었던 벌주의 잔이라는 뜻

'角'은 모양이 '爵'과 비슷하나, 뚜껑이 없고 청동으로 만들었다. 술을 데우거나 담는 데에 사용한다. 商代와 西周 초기에 출현하였다.

고대에 술 마시는 그릇은 '角'자를 部首로 하는 글자가 많았고, '爵'도 '角'으로 불렀다. '觴'은 외뿔소뿔[兕角]에서 유래하였다. 지하에서 출토된 '角'은 마시는 그릇인데, '爵'과 비슷하지만 기둥이 없고 주둥이와 꼬리가 같은 형태이어서, 원시의 '爵'일 가능성이 있다. 상고시대의 마시는 그릇이 주로 짐승 뿔, 그 중에서 소뿔에서 발전된 것이 많은 것은, 뿔이 천연의 그릇으로 사용되었기 때문이다. '角'에 지탱하는 세 다리를 붙여서 된 것이 '爵'이고, 밑받침에 '角'을 붙인 것이 '觚'이다.

有以小爲貴者. 宗廟之祭, 貴者獻以爵, 賤者獻以散, 尊者擧觶, 卑者擧角. ≪禮記·禮器≫
작은 것으로서 귀하게 여기는 것이 있다. 종묘의 제사는 지위가 높은 사람은 한 되 용량의 '爵'을 써서 올리고, 지위가 낮은 사람은 닷 되 용량의 '散'(술잔이름)을 써서 올리고, 尊貴한 사람은 세 되 용량의 '觶'(선)을 써서 올리고, 비천한 사람은 네 되 용량의 '角'을 써서 올린다.

'樽'은 '尊'으로도 쓴다. 넓은 입과 부른 배, 둥그런 다리를 가지고 있으며, 원형과 네모 형태가 있다. 술을 담는데 사용할 수도 있고, 또한 술을 마시는데 사용하는 잔으로도 쓴다.

携幼入室, 有酒盈樽. 引壺觴以自酌, 眄庭柯以怡顔. 陶潛, 〈歸去來辭〉
아이들 손잡고 방으로 들어가니, 술독에 술이 가득. 술병과 잔 들고 자작하며 뜰의 나뭇가지 바라보며 흐뭇한 얼굴 짓네.
◆壺觴(호상): 술병과 술잔.

'爵'은 商周時代에 성행한, 마시는 그릇으로 후대의 술잔에 해당한다. 지하에서 출토된 것은 모두 청동제였다. 세 개의 뾰족하고 높은 다리, 두 개의 기둥이 있으며, 앞에는 술을 기울일 때 사용하는 주둥이가 있고 뒤에는 꼬리가 있으며, 옆에는 손잡이가 있다. 술을 따뜻하게 할 수 있고, 술을 마시는데 사용할 수 있다. 古書의 '爵'은 爵位를 나타낼 때 많이 사용된다.

虢公請器, 王予之**爵**. ≪左傳·莊公21年≫
괵공이 그릇을 요구하자, 周 혜왕이 爵을 주었다.

說屨, 揖讓如初, 升, 坐. 乃羞. 無筭**爵**, 無筭樂. ≪儀禮·鄉飮酒禮≫
(主人과 主賓은) 신을 벗은 후에, 공수하고 겸양하기를 처음처럼 하고, 당에 올라가 자리에 앉는다. 그리고 안주거리를 내놓는다. 마시는 술잔의 횟수를 계산하지 않고, 음악을 합주하는데 횟수를 따지지 않는다.
◆屨(수): 신. 算=筭(산), 세다.

'彝'도 일종의 술을 담는 그릇이다. '彝'의 本義는 重器의 통칭이다. ≪說文解字·十三篇上·糸部≫에 "彝는 종묘에서 상용하던 그릇이다.(彝, 宗廟常器也.)"라고 하였고 ≪說文解字注≫에는 "彝는 본래 常器였다. 그래서 引伸하여 彝常이 되었다. ≪詩經·大雅·蒸民≫에는 '민중이 彝를 잡음이여.'라고 했다. ≪傳≫에는 '彝는 일상이다.'(彝本常器. 故引申爲彝常. ≪大雅·蒸民≫ '民之秉彝.' ≪傳≫曰: '彝, 常也.')"라고 하였고, 桂馥의 ≪說文解字證≫에는 "옛날에는 德·善·勳·勞가 있으면 鼎彝에 새겼다.(古者德善勳勞, 銘諸鼎彝.)"라고 하였다.

汝陳時臬事, 罰蔽殷**彝**. ≪尙書·周書·康誥≫
너는 이 법을 선포하고 형벌을 판정할 때는 殷彝(은나라의 법)에 의거하라.
◆屈萬里의 ≪尙書釋義≫에 '臬(얼)은 법이다. 蔽는 단정함이다. 彝는 법이다. 은나라의 법을 사용하여 죄를 판단함을 말한다.(臬, 法也. 蔽, 斷也. 彝, 法也. 言用殷法斷罪也.)'라고 하였다.

34 瞽[고/gǔ]·瞍[수/soǔ]·矇[몽/méng]·眇[묘/miǎo]·眢[완/yuān]·盲[맹/máng]

이 글자들은 모두 '失明', '맹인' 등의 의미가 있다. 시력이 상실되었음을 가리킨다. 또한 '瞽'·'瞍'·'矇'은 모두 樂師를 가리킬 수 있다.

'瞽'는 失明한 것을 가리킨다. 상세하게 구별하면 눈을 찔리거나 눈병을 앓아 眼球가 함몰된 장님을 가리킨다. ≪國語·周語上≫의 "瞽獻曲"注에, "안구가 없는 것을 瞽라 한다.(無目曰瞽.)"라고 하였다. ≪說文解字≫에는 "瞽는 눈에 眹만 있는 것이다.(瞽, 目但有眹也.)"라고 하였고, ≪說文解字注≫에는 "但有眹이란 겨우 꿰맨 것이 있을 뿐이다.(但有眹者, 才有縫而已.)"라고 하였다. 곧, 안구를 잃어버리거나 안구 부분이 함몰되어 눈꺼풀만을 꿰매어 붙인 것이다. 그러므로 無目이란 눈꺼풀만 있는 것이 마치 북에 거죽만이 있고 속이 비어있는 것을 닮았다는 뜻이다. 고대의 樂師는 실질적으로 奏樂의 담당자로서 눈을 찔러야 하는 것이었으므로, 고대의 악사를 '瞽'라 하였다. '瞽'는 大師에 해당되는데, '瞽' 스스로는 盲臣이라고 自稱하였다.

【참고】'眹'(≪說文解字≫은 '眹'(≪說文解字注≫)으로 쓰기도 한다.

> 子見齊衰者, 冕衣裳者與**瞽**者, 見之, 雖少必作, 過之, 必趨. ≪論語·子罕≫
>
> 공자께서 喪服을 입은 사람과 冕服을 입은 사람 및 大師인 장님을 만나실 때, 그들을 보면, 비록 이들이 年少하더라도 반드시 일어서셨고, 이들을 지나칠 때는 반드시 종종걸음을 하셨다.

> 夫盲者, 無以與乎眉目顏色之好, **瞽**者, 無以與乎青黃黼黻之觀. ≪莊子·大宗師≫
>
> 무릇 장님은 耳目과 얼굴의 아름다움과는 상관없고, 眼球 없는 장님은 울긋불긋한 무늬를 보는 것과 상관없다.

◆黼黻(보불): 고대의 예복에 놓은 수 이름. 아름다운 것.

'瞍'는 ≪玉篇≫에 "눈동자가 없는 것이다.(瞍, 無牟子也.)"라고 하였는데, 段玉裁의 ≪說文解字注≫에는 "안구가 없는 것과 눈동자가 없는 것은 다르다. 눈동자가 없는 경우는 黑白이 구분되지 않고, 안구가 없는 경우는 눈 안이 비어있어서 아무것도 없는 것이다.(無目與無眸子別. 無眸子者, 黑白不分; 無目者, 其中空洞无物.)"라고 하였다. 곧, '瞍'는 안구는 있으나, 안구의 눈동자가 없거나 상한 사람을 가리킨다.

【참고】'牟'(≪說文解字≫)자는 '眸'(≪說文解字注≫)로 쓰기도 한다.

≪說文解字≫에는 '瞍'자에 대해, "瞍는 안구가 없는 것이다.(瞍, 無目也.)"라고 하였고, ≪說文解字注≫에는 "瞽는 눈꺼풀을 꿰맨 것이 있으나 눈두덩이 안에 안구가 있는 경우이고, 瞍는 눈꺼풀을 꿰맨 것이 있지만 눈두덩이 안에 안구가 없는 경우이다. 이것은 또한 瞽와 瞍의 구별이다. 무릇 이와 같은 것들은 모두 대응하는 문장에 따라 구별된다.(瞽者, 才有眹而中有珠子; 瞍者, 才有眹而中無珠子. 此又瞽與瞍之別. 凡若此等皆對文則別.)"라고 하였다. 이에 의하면 '瞍'는 안구가 없는 장님을 의미한다.

'矇'은 ≪說文解字≫에 "矇은 눈동자가 가려진 것이다.(矇, 瞳蒙也.)"라고 하였다. 이른바 瞳蒙은 눈동자는 있으나 보이는 것이 없어서, 마치 물건이 덮여진 것 같은 것이다. 곧, '矇'은 안구가 있고 눈동자도 있으나 보지 못하는 것으로, 우리말로는 '청맹과니' 혹은 속칭 '눈뜬장님'이다.

鼉鼓逢逢, **矇瞍**奏公. ≪詩經·大雅·文王之什·靈臺≫
악어북 둥둥 울리며 악사가 음악을 연주하네.
◆鼉鼓(타고): 악어가죽으로 만든 북. 矇瞍(몽수): 장님. 곧 악사. 公: 일이다(事也).(≪毛傳≫)

‘眇’는 ≪說文解字≫에 “작은 눈이다.(眇, 小目也.)”라고 하였다. 小目에는 두 가지 의미가 있다. 하나는 눈 한 쪽이 작지만 맹인이 아닌 것(目偏小, 不盲)이고, 또 하나는 한 쪽 눈이 보이지 않는 것(偏盲)이다. 편맹은 獨眼이다. 곧, ‘眇’는 원래 한쪽 눈을 실명한 사람인 애꾸를 가리키는데, 후에 두 눈을 실명한 사람을 가리키게 되었다.

> 眇能視, 跛能履, 履虎尾, 咥人, 凶. ≪周易·履卦≫
> 애꾸눈도 볼 수 있고, 절뚝발이도 밟을 수 있다. 범의 꼬리를 밟음이니 사람을 물리라. 흉하다.
> ◆跛(파): 절뚝발이. 咥(질): 깨물다.

> 生而眇者, 不識日. 蘇軾, 〈日喩說〉
> 나면서부터 (양쪽) 눈을 실명한 사람은 태양이 어떤 모습인지 알 수 없다.

‘眢’은 ≪六書故·目部≫에 “눈동자가 마르고 들어간 것이다.(眢, 眸子枯陷也.)”라고 했다. ‘眢’은 눈이 마르고 들어가서 실명한 사람이다.

> ‘河魚腹疾奈何?’ 曰: ‘目於眢井而拯之.’ ≪左傳·宣公12年 冬≫
> ‘황하에 사는 물고기가 배탈이 나면 어떻게 하겠는가?’ 답하기를 ‘말라버린 우물을 눈여겨 두었다가 건져 준다.’라고 하였다.

‘盲’은 ≪說文解字≫에 “눈에 눈동자가가 없는 것이다.(目無眸子也.)”라고 했고, ≪說文解字注≫에는 “눈동자가 없다는 것은 黑白을 구별하지 못하는 것이다.(無眸子者, 白黑不分是也.)”라고 하였다. 곧 안구는 있으나 눈동자가 없어서 보지 못하는 것이다. ‘盲’의 중점은 보지 못하는 데에 있다.

어떤 상태의 失明인지 무관하게, 일반적으로 눈이 멀거나 눈먼 사람을 가리킬 때는 ‘盲’자를 사용했다. ≪淮南子·泰俗訓≫에 “盲은 눈의 모양은 존재하지만 볼 수 없는 것이다.(盲者目形存而無能見也.)”라고 한 것은 뒤의 ‘보지 못한다’는 것에 중점이 있다.

目之與形, 吾不知其異也. 而**盲**者不能自見. ≪莊子·雜篇·庚桑楚≫

눈이 형체를 함께 함에, 나는 그 차이를 알지 못하지만, 그러나 장님은 스스로 보지 못한다.

고대의 樂官은 모두 장님으로 충당하였으므로, '瞽'·'矇'·'瞍'는 또한 악관을 대신 부르는 말이다. 그러나 '眇'·'瞖'·'盲'에는 이런 뜻이 없다.

使公卿至於列士獻詩, **瞽**獻曲, 史獻書, 師箴, **瞍**賦, **矇**誦. ≪國語·周語上≫

公卿부터 士 반열에 이르기까지는 (풍자하는) 詩를 바치게 하고, (樂師인) 瞽는 樂曲을 바치게 하고, 外史는 (역사를 기재한) 서적을 바치게 하고, 小師는 (국왕을 간하는) 箴言을 바치도록 하고, 瞍는 (公卿列士가 바친 시를) 읊도록 하고, (樂官인) 矇은 (훈계하여 간하는 말을) 낭송하도록 하였다.

◆注에 '안구가 없는 것을 瞽라고 말하는데 樂師이다. 曲은 樂曲이다. 史는 外史이다. 師는 小師이다. 눈동자가 없는 것을 瞍라고 말한다. 賦는 공경열사가 바친 詩이다. 눈동자는 있으나 보지 못하는 것을 矇이라고 말한다. 誦은 훈계하여 간하는 말을 뜻한다.(無目曰瞽. 瞽, 樂師. 曲, 樂曲. 史, 外史也. 師, 小師也. 無眸子曰瞍. 賦, 公卿列士所獻詩也. 有眸子而不見曰矇. 誦, 謂箴諫之語也.)'라고 하였다.

先秦時代, 특히 춘추시대 이전에 맹인악사는 '師'로 일컬었는데, '瞽'와 '史'는 같이 고대의 전설, 역사, 문화를 담당하는 자로서 教師였다. 춘추시대 이후 學官의 상황이 변하고, 私的으로 하는 학문이 날로 증가 발전함에 따라 맹인의 문화적 優位도 변하였고, 교사의 지위에서 추락하여 愚昧한 자의 상징이 되어버렸다.

35 穀[곡/gǔ]·禾[화/hé]·粟[속/sù]·黍[서/shǔ]·稷[직/jì]·粱[량(양)/liáng]

이 글자들은 모두 중국 고대의 식용작물로서 穀物, 食糧을 뜻할 수 있다.

'穀'은 稷, 黍, 粱 등 식용작물의 총칭인데, '穀'이 황하유역의 주요작물이었기 때문에, 후에 확대되어 일체의 식용작물의 대명사가 된 것이다. '穀'은 引伸되어 俸祿이라는 의미를 지니는데, 고대에는 田地나 곡물로써 봉록을 주었기 때문이다. 또 인신되어 '기르다(養)'는 뜻을 나타내기도 한다.

> 歲月日時無易, 百穀用成, 乂用明, 俊民用章, 家用平康. ≪尙書·周書·洪範≫
>
> 해와 달과 날과 철에 그 운행의 바뀜이 없으면, 모든 곡식이 잘 여물고, 정치가 밝아지며, 걸출한 인재가 드러나고, 가문이 평안해질 것이다.
>
> ◆고대에 주요 식용작물을 총칭할 때에는 주로 五穀, 六穀, 九穀이라는 말을 常用하였다. 百穀은 갖가지 농작물을 가리킨다.

'禾'는 원래 조[粟]를 가리켰는데, 일반적인 농작물을 뜻하게 되었다. 구체적인 작물을 가리킬 경우, '禾'는 시대나 지역에 따라 가리키는 작물에 구별이 있었다. 先秦時代에는 '禾'가 곡물의 총칭이었고, 남북조 이후에는 논벼(水稻)가 長江流域에서 번성하였기 때문에, '禾'는 논벼를 가리켰다. 특별히 어떤 것을 가리키는가는 상황에 따라 分辨하여야 한다.

> 冬, 築微. 大無麥禾, ≪春秋公羊傳·莊公28年≫
>
> 겨울 微지방에 성을 쌓았다. 보리와 벼가 크게 부족했다.

> 行秋令, 則丘隰水潦, 禾稼不熟, 乃多女災. ≪禮記·月令≫
>
> (季夏에) 가을의 政令을 행하면 高地에도 低濕한 땅에도 홍수와 장마가 있어서, 벼와 곡식이 여물지 않으며, 여자의 재앙이 (임신을 실패하는 일이) 많아진다.

'粟'은 또 '穀子'라고도 하는데, 오곡의 하나이다. 껍질을 벗긴 것을 좁쌀이라고 하며, 간단히는 기장[黍]이라고 대신 부른다. 또한 '粟'은 ≪本草綱目·粟≫에 "옛날에는 黍·稷·粱·秫의 총칭으로 여겼다.(古者以爲黍·稷·粱·秫之總稱)"라고 하였듯이, 黍·稷·粱의 종류를 개괄하여 총칭할 수 있었다. 또 일반적으로 껍질이 있는 양식을 가리킬 수도 있었다.

四百里粟, 五百里米. ≪尙書·虞夏書·禹貢≫
(왕성으로부터 3백리 밖) 4백리 안은 조를, (4백리 밖) 5백리 안은 쌀을 바치게 하였다.
◆粟과 米를 찧지 않은 곡식과 찧은 곡식으로 보기도 하고, 조와 쌀로 보기도 한다.

永平五年作常滿倉, 立粟市於城東. ≪晋書·食貨志≫
영평5년에 상만창을 짓고, 성의 동쪽 지역에 식량시장을 열었다.

'粱'은 옛날에 '粟'과 같은 것을 가리켰는데 이름만 다른 것이다. '粱'은 高粱(수수)이 아니라, 우량품종의 좁쌀(小米, 조의 껍질을 벗긴 것)이다. 북방에서는 '稻'가 소량 생산되었고, '粱'도 생산량이 적은 품종이었으므로, '稻粱'이라고 하면 귀족계층의 식품이거나 진귀하고 맛좋은 主食을 가리켰다. 引伸되어 '정제되고 알이 가는 것[精細]'을 뜻하게 되었다.

歲凶, 年穀不登……大夫不食粱, 士飮酒不樂. ≪禮記·曲禮下≫
흉년이 들어 일년 곡식이 잘되지 않았으면,…… 大夫는 기장밥을 먹지 않으며, 士는 술을 마시되 음악을 연주하지 않는다.
◆年穀(연곡)은 일 년 내내 사계절에 소출되는 모든 곡식을 뜻한다.

'黍'는 세 가지 유형이 있는데, 黍·稷·粱이다. 기장의 본류를 '기장'이라고 하고, 黍稷으로 連用하여 黍를 '메기장', 稷을 '차기장'이라고 부른다. 이 때문에 '黍'·'稷'은 곧잘 통용하거나 竝用할 수 있다. '黍'는 양식이기도 하고, 술을 만드는 원료이기도 하다.

彼黍離離, 彼稷之苗. ≪詩經·王風·黍離≫
저 (종묘 궁실이 있었던) 곳에 메기장이 살랑거리고, 저곳에 차기장의 싹이 자랐구나.

◆彼: 宗廟 宮室(≪毛傳≫). '黍'와 '稷'은 파종과 수확 시기가 다르다. 黍稷의 경우, 메기장과 차기장의 이름이 사전마다 다르다. 여기에서는 張三植의 ≪大漢韓辭典≫ '黍'字와, "禾屬粘爲秫不粘爲黍"(벼 종류로서, 차진 것은 秫(출)이고, 차지지 않은 것은 黍이다.)≪常用文言文同義詞辨析≫에 따른다.

'稷'은 황하유역의 가장 주된 곡물이다. 이것은 가뭄에 잘 견디고 생장 기간이 짧기 때문에 북방의 주요 일상식품이었다. 그래서 ≪說文解字≫에서도 "오곡의 으뜸(五穀之長)"이라고 하였다. 周나라 사람들은 전설의 農業神을 '后稷'이라고 일컬었고, 풍부하게 수확하기를 기원하여 穀神에게 제사를 지냈는데, 곡신은 五穀의 신으로 그 대표가 '稷'이었다.

古書에 사용된 '稷'의 함의는 비교적 복잡하다. 기장[黍]을 의미할 수도 있고, 또한 조[粟](껍질을 벗긴 小米)를 의미할 수도 있다. 또 전술하였듯이 곡식의 神으로 常用되기도 하였다.

自昔何爲, 我蓺黍**稷**. 我黍與與, 我**稷**翼翼. ≪詩經·小雅·北山之什·楚茨≫

예로부터 어찌 하여 우리는 기장을 심는가. 우리 메기장 쑥쑥 자라고 우리 차기장 쭉쭉 크는구나.

◆蓺(예): 심다. 與與, 翼翼: 번성하는 모양(≪詩集傳≫).

建國之神位, 右社**稷**而左宗廟. ≪禮記·祭義≫

나라를 세울 때의 神位는 오른쪽에 사직을 배치하고 왼쪽에 종묘를 배치한다.

흔히 禾穀·禾黍·禾粟·穀粟·黍禾·黍稷·稷黍로도 連用한다.

【참고】 중국고대의 식량작물에는 주로 稷·黍·稻·麥·菽이 있어서 이른바 五穀이라 불렀다.

36

恭[공/gōng]·敬[경/jìng]

恭과 敬은 동의사로서 서로 互訓할 수 있다.

'恭'은 ≪爾雅·釋詁≫에 "공경함이다.(恭, 敬也.)"라고 하였다. 拱手하고 엄숙하게 서있는 拱에서 나온 것이어서 근신하여 나태하지 않음을 나타낸다.

'敬'은 또 ≪廣韻≫에 "공손함이다.(敬, 恭也.)"라고 하였다. 때때로 스스로에 대하여 警告나 警戒하고 조금도 게을리 하지 않는 것을 뜻한다.

'恭'과 '敬'은 남을 대하고 일을 처리함에 있어서 단정 엄숙하고 예의가 있으며, 心力을 다한다는 점에서 매우 비슷하다. '恭'과 '敬'은 통상 恭敬을 뜻하며, 또한 곧 잘 連用하기도 한다.

恭敬之心, 人皆有之. ≪孟子·告子上≫
공경하는 마음은 사람이라면 누구나 가지고 있다.

그러나 구별되어 대조될 때는 의미가 같지 않다. '恭'과 '敬'은 의미의 중점이 다르다. '恭'은 자신의 태도나 외모의 공손함에 예의가 있음을 뜻하는데 반하여, '敬'은 內心 감정에서 상대를 숭배 공경하고 엄숙함을 뜻하는데 치중한다. 따라서 보다 구체적인 개념으로 '恭'은 '공손하다', '敬'은 '공경하다', '경건하다'로 옮길 수 있다.

賓客主**恭**, 祭祀主**敬**, 喪事主哀. ≪禮記·少義≫
빈객에게는 恭을 주로 하고, 제사에는 敬을 주로 하고, 喪事에는 슬픔을 주로 한다.

◆鄭玄의 注에 '恭은 모양에 있고, 敬은 또한 마음에 있다.(恭在貌也, 而敬又在心.)'라고 하였고, 孔穎達疏에는 '恭은 모양에 있고, 敬은 마음에 있다. 빈객은 가벼우므로 恭을 주로 하며, 제사는 무거우므로 敬을 주로 한다.(恭在貌, 敬在心, 賓客輕, 故主恭; 祭祀重, 故主敬.)'라고 하였다.

色思溫, 貌思恭, 言思忠, 事思敬. ≪論語·季氏≫
안색은 온화함을 생각하고, 외모는 공손함을 생각하고, 말은 성실함을 생각하고, 일은 경건히 할 것을 생각한다.

君子敬而無失, 與人恭而有禮, 四海之內, 皆兄弟也. ≪論語·顔淵≫
君子는 경건하여 실수가 없고, 남과의 교제에는 공손히 하여 禮가 있으니, 온 세상 사람들이 모두 형제다.

樊遲問仁. 子曰: '居處恭, 執事敬, 與人忠. 雖之夷狄, 不可棄也.' ≪論語·子路≫
번지가 인에 대하여 여쭈었다. 공자께서 말씀하셨다. '평소에 거처하는 데에는 (외적 행위가) 공손하고, 집무에서는 (내심의 정성을 다하여) 경건하며, 남에게 마음을 다하라. 비록 이적의 나라에 가더라도 버리지 않을 것들이다.'

위의 예문들을 보면, 恭은 '(개인 행위의) 공손함'으로 敬은 '(내심에 바탕을 둔) 경건함이나 공경함'으로 옮길 수 있음이 더욱 분명하다. 恭으로 개인 행위를 언급할 때는 타인과의 관계에서 공손함이 강조되므로, "恭而有禮(공손하여 예의가 있다)"나 "恭近於禮, 遠恥辱也.(공손함이 禮에 가까우면 치욕을 멀리할 수 있다. ≪論語·學而≫)"라고 한 것처럼 자연히 禮와 관련을 가질 수밖에 없을 것이다. 敬은 일[事]을 언급할 때 특히 강조되고 있는데, 公私의 분별은 엄중하게 마음 쓰지 않을 수 없으므로 敬자를 써서 이러한 상황을 강조하였다.

어법구조적인 측면에서 관찰하면, '恭'은 목적어를 수반하지 않는 경우가 많으나, '敬'은 목적어를 수반하는 경우가 많다. 이는 또 '恭'은 주체의 공손함을 묘사하는 데에 편중되고, '敬'은 객체에 대한 공경을 표현하는 것이 핵심이 된다는 사실을 방증하는 것이다.

門人不敬子路. ≪論語·子路≫
공자의 문인들이 자로에게 공경스럽게 대하지 않았다.

37 供[공/gōng]・貢[공/gòng]・獻[헌/xiàn]

세 글자는 모두 '바치다', '대가를 바라지 않고 보내다'의 뜻을 지닌다.

'貢'은 일반적으로 제후국이나 지방에서 天子나 조정에 물품을 進獻하는 데에 사용하였다. 후에는 弱國이 强國에게 물품을 진헌하는 의미가 되었다. 또 인신되어 바치는 물품을 뜻하게 되었다. 陸德明의 ≪經典釋文≫에 "貢은 아랫사람이 윗사람에게 들이는 것이다.(貢, 下之所納于上.)"라고 하였다.

> 管仲因而伐楚, 責包茅不入貢於周室. ≪史記・管晏列傳≫
> 관중은 그로 인하여 초나라를 정벌하여, 주 왕실에 包茅를 바치지 않은 것을 꾸짖었다.
> ◆包茅(보모): 참억새로 만든 제사용품

'獻'은 처음에는 제사지냄에 제물을 바치는 것을 뜻하였다. 인신되어 보물이나 의견 등을 君主에게 진상하는 것을 뜻이 되었다. 鄭玄은 "옛날 남에게 물건을 보낼 때는 그것을 높여서 獻이라 한다.(古者致物于人, 尊之則曰獻.)"라고 하였다. 또 다른 사람에게 물품을 奉送하는 데에도 사용할 수 있다.

> 宋之鄙人得璞玉而獻之子罕, 子罕不受. ≪韓非子・喩老≫
> 송나라의 시골 사람이 옥 덩어리를 얻어 그것을 자한에게 바쳤으나, 자한은 받지 않았다.

'供'은 처음에 경건한 분위기가 있었으므로, 제물을 귀신에게 바치거나 존장에게 물품을 봉헌하는 데에 사용되었다. '供'이 일반화된 후에는 일반적으로 남의 필요에 부응하여 공급해준다는 뜻이 되었다. 이것은 '貢', '獻'과 크게 구별된다.

甲戌, 我惟築. 無敢不供. ≪尙書·周書·費書≫
갑술일에 나는 (보루를) 쌓을 것이니, 감히 (여러 준비물을) 바치지 못하는 일이 없도록 하라.

若舍鄭以爲東道主, 行李之往來, 共其乏困, 君亦無所害. ≪左傳·僖公30年≫
만일 정나라를 그대로 두어 동쪽으로 나아갈 때 길잡이로 삼고, 사신이 왕래할 경우, 결핍된 물자를 공급하게 한다면, 임금님에게도 해로울 것이 없습니다.

'貢', '獻'은 의미가 가깝기 때문에 곧잘 連用한다. 두 글자를 비교해 보면, 일반적으로 '貢'은 帝王에게 봉헌하는데 중점이 있고, '獻'은 존경하거나 두려워하는 자에게 올리는 것을 지칭한다. 그리고 드리는 대상물은, '貢'은 일반적으로 물품이고, '獻'은 물품 이외에 자신의 신체, 충심, 의견, 계책 등 매우 다양하다.

38

畏[외/wèi]·**憚**[탄/dàn]·**懼**[구/jù]·**恐**[공/kǒng]·**怕**[파/pà]·**驚**[경/jīng]·**嚴**[엄/yán]·**惴**[췌/zhuì]·**怵**[출/chù]·**惕**[척/tì]

이 글자들은 모두 '두려워하다'는 뜻을 가지고 있다. '畏'·'憚'·'懼'·'恐'은 互訓할 수 있다. 그렇지만 이 글자들의 뜻과 용법에는 일정한 차이가 있다.

'畏'와 '威'는 同源이다. ≪左傳·襄公31年≫에 "위엄이 있어 두려워할 만한 것을 威라 하고, 거동에 있어 본받을 만한 것을 儀라고 한다.(有威而可畏謂之威, 有儀而可象謂之儀.)"라고 하였고, 賈誼의 ≪新書·容經≫에는 "威儀가 있어 두려운 것을 畏라고 한다.(有威而可畏謂之

畏.)"라고 하였다. 그러므로 '畏'의 本義는 위세, 위엄으로부터 나오는 두려움인데, 古文字와 上古의 초기 문헌으로부터 보아 그 대상은 하늘이나, 天命, 귀신이었던 것으로 보인다.

夏氏有罪, 予**畏**上帝, 不敢不正. ≪尙書·商書·湯誓≫
夏의 임금에게 죄가 있으니, 나는 하느님이 두려워 감히 정벌하지 않을 수 없다.
◆正은 곧 征, 정벌하다.

昔在殷王中宗, 嚴恭寅, **畏**天命. ≪尙書·周書·無逸≫
옛날 은나라 王 中宗은 장엄하고 공경하고 삼가고, 천명을 두려워하였다.

후에 '畏'의 대상은 점차 사람이나 사물로 확대되었다. 그러나 여전히 항상 위세, 위엄, 명성 있는 인물이나 사물에 대한 두려움을 나타내었다.

昔堯治天下, 不賞而民勸, 不罰而民**畏**. ≪莊子·外篇·天地≫
옛날 요임금이 천하를 다스릴 때 상을 주지 않아도 대중들은 부지런했고, 벌을 주지 않아도 백성들은 두려워하였다.

卜筮者, 先聖王之所以使民信時日, 敬鬼神, **畏**法令也. ≪禮記·曲禮上≫
거북점과 시초점은 선대의 성왕들이 백성들에게 때와 날을 믿게 하고 귀신을 공경하며 법령을 두려워하게 하는 것이었다.

'畏'는 일반적으로 목적어를 갖는다. 위 ≪莊子≫의 예문 중 "不罰而民畏"에서 '畏'의 목적어는 대명사 '之'가 생략된 것이다. '畏'는 때로는 使動으로 쓰일 때도 있다.

'憚'은 許愼의 ≪說文解字≫에 "어려움을 꺼림이다. 心를 따르고 單의 소리를 따랐다. 또 어려움이라고도 한다.(憚, 忌難也. 从心單聲. 一曰難也.)"라고 하였고, ≪說文解字注≫에는 "대개 어려움을 두려워하여 憚이라고 하고, 어려움을 가지고 서로 두려워 놀라는 것도 또한 憚이라고 한다.(凡畏難曰憚, 以難相恐吓亦曰憚.)”라고 하였다. 그러므로 ‘憚’의 本義는 곤란에 대한 두려움이라고 할 수 있다.

主忠信, 無友不如己者; 過則勿**憚**改. ≪論語·學而, 子罕≫
충실과 신의를 위주로 하고, 자기만 못한 이와는 벗하지 말며, 잘못했으면 고치기를 두려워하지 말라.
◆≪論語集注≫에 ‘憚은 어려움을 두려워함이다. 스스로 다스림에 용감하지 않으면 악이 날로 커지므로 과실이 있으면 마땅히 신속하게 고쳐야 하며 어려움을 두려워하여 구차하게 편안해서는 안 된다.(憚, 畏難也. 自治不勇, 則惡日長, 故有過則當速改, 不可畏難而苟安也.)’라고 하였다.

父子兄弟不忘其功, 爲而不倦, 民不**憚**勞苦. ≪管子·乘馬≫
부모형제가 노력함을 잊지 않고, 일하면서도 지칠 줄 모르고, 백성은 노고를 두려워하지 않는다.

두려움에는 두 종류가 있을 수 있는데, 하나는 앞의 경우와 같이, 눈앞의 危難에 대한 두려움과 겁이고, 다른 하나는 尊重, 탄복에서 생기는 敬畏이다. 이 경우는 마음의 겁이 아니라 心服이다. ‘畏’는 모두 존중하는 의미가 있으나, ‘憚’에는 없다.

‘懼’와 ‘瞿’는 同源字이다. 張自烈의 ≪正字通≫에 “懼는 경계하여 두려워함이다.(懼, 戒懼.)”라고 하였다. ‘瞿’의 本義는 “놀라서 보는 모양(驚視貌.)”이다.(≪說文解字≫) 그리하여 ‘懼’가 나타내는 두려움은 ‘놀라고 두려워하여 스스로 경계함(驚惕自戒)’의 뜻을 포함하고 있다.

豕人立而啼. 公**懼**, 墜于車. ≪左傳·襄公8년≫
돼지가 사람처럼 서서 울었다. 齊 襄公이 두려워서 마차에서 떨어졌다.
◆啼(제): 울다. 墜(추): 떨어지다.

≪春秋≫之義行, 則天下亂臣賊子**懼**焉. 司馬遷, ≪史記·孔子世家≫
≪춘추≫의 義가 행하여지면 천하의 亂臣賊子들은 두려워할 것이다.

‘懼’와 ‘戒’가 連用될 때 ‘驚惕自戒’의 뜻은 더욱 뚜렷하게 된다.

百官於是乎戒**懼**, 而不敢易紀律. ≪左傳·桓公2年≫
백관은 이에 두려워하여, 감히 紀律을 바꾸지 못하였다.

公執戈以**懼**之, 乃走. ≪左傳·昭公25年≫
昭公이 창을 집어 그를 두렵게 하니, 바로 도망을 쳤다.

吳起**懼**得罪, 遂去, 卽之楚. ≪史記·孫子吳起列傳≫
오기가 죄를 얻는 것을 두려워하여, 마침내 (魏나라를) 떠나서 곧 초나라로 갔다.

◆이곳의 "懼之"는 바로 '그를 두렵게 하다'이다. 위의 "得罪"는 두려워하는 내용을 나타내고 있다.

操蛇之神聞之, **懼**其不已也, 告之於帝. ≪列子·湯問篇≫
산과 바다의 신이 그 말을 듣고 그가 그만두지 않을까 염려하여, 그 사실을 하느님께 고하였다.

◆'懼'는 驚惕自戒'의 뜻이 인신되어 '염려하다'가 되는데, 보통 목적어가 있다.

'恐'은 樂韶鳳의 ≪洪武正韻≫에 "恐에는 몹시 무섭다는 뜻이 있다. (恐有惊惶之意.)"라고 하였다. 그러므로 '恐'은 '畏'·'憚'·'懼'의 정도에 비하여 두려움이 더욱 깊다.

余方心動欲還, 而大聲發于水上, 噌吰如鐘鼓不絶, 舟人大**恐**. 蘇軾, 〈石鐘山記〉
나는 바야흐로 마음이 움직여 돌아가려는데, 물위에서 매우 큰 소리가 났다. 종소리와 북소리가 뎅뎅하는 것 같고 끊이지 않아, 뱃사람들이 크게 놀랐다.

◆噌吰(쟁횡): 의성어. 여기서는 종소리와 북소리를 뜻함.

星隊木鳴, 國人皆**恐**. 曰: '是何也?' ≪荀子·天論≫
별이 떨어지고 나무가 울어 나라사람들이 모두 무서워하며, 물었다. '이것은 무슨 까닭인가?'

◆隊(대): 墜(추)의 뜻, 떨어지다.

'恐'은 일반적으로 목적어를 수반하지 않는다. 그러나 때로 목적어를 수반하여, 사동의 의미로 사용된다. '恐'은 놀라고 두려워 불안함을 나타내며, 引伸하여 '염려하다'가 된다.

子曰: '學如不及, 猶恐失之!' ≪論語·泰伯≫
공자께서 말씀하셨다. '배움은 미치지 못하는 듯하여, 오히려 잃을까 염려하는 듯이 하라.'

矢人惟恐不傷人, 函人惟恐傷人. ≪孟子·滕文公上≫
화살 만드는 사람은 오직 사람을 다치게 하지 않을 것을 염려하고, 갑옷 만드는 사람은 오직 사람을 상하게 할까 염려한다.

'怕'는 '泊'의 本字인데, '泊'은 [박, bó]로 독음하고 '평안하고 고요하다'는 뜻이다. '怕'가 '두려워하다'는 뜻을 나타내게 된 것은 당송대 이후로 보인다.

俠客不怕死, 怕死事不成. 元稹, 〈俠客行〉
협객은 죽음을 두려워하지 않으며, 죽어도 일이 성취되지 못할까를 두려워한다.

'驚'은 本義가 말이 놀라 행동이 평소의 상태를 잃은 것이다. 引伸하여 禽獸가 놀라는 것을 가리킨다. 또한 引伸하여 사람이 놀라는 것을 가리키기도 한다. 돌연히 자극을 받아서 정신이 긴장되는 상태를 의미한다.

豫讓伏所當過橋下. 襄子至橋而馬驚. ≪戰國策·趙策一≫
예양은 통과해야할 다리 아래에 엎드렸다. 조양자가 다리에 다다르자 말이 놀랐다.

顯恐事敗, 卽具以實告光, 光大驚. ≪漢書·霍光傳≫
현은 일이 어그러질까 두려워하여, 즉시 순비를 갖추어 곽광에게 일리니, 곽광이 크게 놀랐다.

위 <霍光傳>의 중점은 정신의 긴장에 있고, 놀라움에 있는 것이지, 두려움에 있지는 않다. 아래의 예문 또한 의외의 놀라움을 느끼는 것일 뿐, 두려움 그 자체는 아니다. 이로부터 '驚'의 특징은 '갑자기 두려움을 느끼는 것'이라는 사실을 알 수 있다. 일종의 외부의 자극이 사람의 속마음을 긴장시키는 의미인 것이다.

見漁人, 乃大**驚**, 問所從來. 陶潛, 〈桃花源記〉
어부를 보자 몹시 놀라, 어디서 왔는지를 물었다.

'驚'의 뜻은 '畏'·'憚'·'懼'·'恐'·'怕'와 구별이 뚜렷하다. 가끔 '驚'은 '恐'이나 '畏'와 連用되기는 하지만, '驚'이 바로 '恐'이나 '畏'라고 말하기는 힘들다. 아래의 예문에서 '驚恐'은 먼저 놀라고 뒤에 두려워하다는 뜻이다.

卒買魚烹食, 得魚腹中書, 固以怪之矣. 又閒令吳廣之次所旁叢祠中, 夜篝火, 狐鳴呼曰: "大楚興, 陳勝王". 卒皆夜**驚恐**. ≪史記·陳涉世家≫
戍卒들이 물고기를 사서 삶아 먹으면서, 물고기 뱃속에서 (비단에 쓴) 글을 보자, 진실로 이를 괴이하게 여겼다. (진승은) 또 오광에게 명령하여 주둔지의 나무숲에 있는 神祠 안에 가서 야밤에 장작불을 피워놓고 여우 울음소리로, "대초가 흥하고 진승이 왕이 된다(大楚興, 陳勝王.)"라고 외치도록 하였다. 하인, 수졸들은 모두 심야에 놀라고 두려워하였다.

'嚴' 역시 '畏'와 같은 敬畏의 뜻이 있다.

視刺萬乘之君, 若刺褐夫, 無**嚴**諸侯. ≪孟子·公孫丑上≫
만승의 임금을 찌르는 것 보기를 베옷 입은 사내 찌르는 것같이 여기고, 제후를 겁내는 일이 없다.
◆≪孟子集注≫에 '嚴은 두려워 꺼림이다. 두려워 꺼릴 만한 제후가 없음을 말한다(嚴, 畏憚也. 言無可畏憚之諸侯也.)'라고 했다.

'畏'·'憚'·'惧'·'恐'은 또 連用하거나 대응, 교체 사용할 수 있다. '畏'와 '憚', '畏'와 '懼', '懼'와 '憚', '恐'과 '懼', '恐'과 '畏'는 連用할 수 있다.

'惴'와 '怵', '惕'의 '두려워하다'는 뜻은 긴장하거나 놀라 두려워한다는 의미이다.

怵惕之**恐**, 欣歡之喜, 不監於心. ≪莊子·雜篇·盜跖≫
두려운 공포와 진정한 기쁨을 마음에 보이려 들지 않는다.

이 예문에서 同義의 竝列 連用된 '怵惕'이 '恐'을 수식하고 있는 것을 보면, 怵惕과 恐의 의미가 다르고, 恐은 긴장과 놀라 두려워하는 의미를 함유하고 있음을 알 수 있다. 아래 예문의 '惴'에는 使動의 의미가 있다.

> 自反而不縮, 雖褐寬博, 吾不惴焉? ≪孟子·滕文公上≫
> 스스로 반성해서 위축되지 않는다면, 비록 낡고 헐렁헐렁한 옷을 입은 사람이라 할지라도, 내가 겁내지 않겠는가?

39 孔[공/kǒng]·竅[규/qiào]·洞[동/dòng]·穴[혈/xué]·竇[두/dòu]·窖[교/jiào]

이 글자들은 '구멍', '굴'이라는 의미에서 동의사이다.

'孔'은 물체 위에 난 구멍(작은 구멍)을 가리킨다. '孔'은 '洞'과 비슷하지만, 일반적으로 가늘고 작으며, 얕고 구불거리는 것이다.

또한 물건이 심하게 파괴되어 흠이 많을 때, 곧잘 '百孔千瘡(백개의 구멍, 천개의 상처, 곧 만신창이라는 뜻)'이라고 하고, 사람들의 견해가 단편적이고 협애할 때 또한 '一孔之見(구멍을 통해본 견해, 곧 좁은 식견의 뜻)'이라고 형용한다.

사람의 氣가 극도로 분출했을 때, 곧잘 '七竅生煙(일곱 구멍에서 불이 뿜어 나오는 것처럼 잔뜩 성이 나다)'이라는 말로 형용한다. 사람들이 어떤 뜻도 깨닫지 못했을 때도 늘 '一竅不通(한 구멍도 뚫리지 않는다, 곧 아무것도 모른다는 뜻)'이라고 형용한다.

'竅'는 ≪爾雅·釋言≫에 "신체의 기관이다.(竅, 身之官也.)"라고 하였다. '竅'는 耳目口鼻 등 신체기관의 구멍을 가리킨다.

人皆有七竅, 以視聽食息. ≪莊子·內篇·應帝王≫
사람에게는 누구나 (이목구비 등) 일곱 구멍이 있어, 보고 듣고 먹고 숨을 쉰다.

'洞'은 일반적인 굴이다. 자연적인 동굴의 뜻에서는 '穴'과 同義이다. '洞'은 거주 장소라는 점에서 속세를 떠난 神仙이 사는 곳을 나타내는데, 이른바 '洞府', '洞天福地'이다. '洞'은 관통하거나 바닥이 없는 것이다.

元帝多材藝, 善史書, 鼓琴瑟, 吹**洞**簫. ≪漢書·元帝紀贊≫
원제는 才藝가 많았다. 大篆을 잘 쓰고 琴瑟을 잘 타며 퉁소를 잘 불었다.

距**洞**百餘步, 有碑仆道. 王安石, 〈游褒禪山記〉
華陽洞에서 백여 보 떨어진 곳에 비석하나가 길 위에 누워있다.

'竇'·'窖'는 모두 구멍이다. 길고 둥근 원형의 것을 '竇'라고 하고, 정방형의 것을 '窖'라고 한다.

是月也, 可以築城郭, 建都邑, 穿**竇窖**, 修囷倉. ≪禮記·月令≫
이 달에는 성곽을 쌓고, 도읍을 세우고, 둥글고 모난 구멍(움집)을 파고, 창고를 수리해도 좋다.
◆注에 '穿竇窖는 땅을 둥글게 뚫는 것을 竇라고 하고, 모나게 뚫는 것을 窖라고 한다.(穿竇窖者, 入地橢曰竇, 方曰窖.)'라고 하였다. 움집을 의미하는 것으로 보인다. 囷倉: 창고. 橢(타): 길쭉하다.

이 외에 '竇'는 또한 '구멍'으로 말해진다. ≪說文解字≫에 "竇는 빈 것이다.(竇, 空也.)"라고 하였고 ≪實用大字典≫에는 "벽에 뚫는 작은 문을 竇라고 한다.(穿壁爲小戶曰竇.)"고 하였다.

'窖'는 또한 '움에 저장하다'로 말해진다. ≪通俗文≫에 "땅에 구멍을 파고 곡식과 보리를 저장하는 곳을 窖라고 한다. 오늘날은 무릇 물건을 저장하는 것을 모두 窖라고 말한다.(穴地藏谷麥曰窖. 今則凡藏物皆言窖矣.)"라고 하였다.

秦之敗也, 豪傑皆爭取金玉, 而任氏獨窖倉粟. ≪史記·貨殖列傳≫
진나라가 패망하자 호걸들이 모두 금과 주옥을 다투어 차지하였으나, 임씨는 홀로 창고의 곡식을 움 속에 감추었다.

'穴'은 ≪說文解字≫에 "토굴집이다.(穴, 土室也.)"고 하였다. '穴'은 토굴이나 바위에 난 굴이다. ≪墨子·辭過≫에 "옛날의 백성들은 집을 지을 줄 몰랐을 때, 언덕에 나아가 살았는데, 굴을 파서 거처하였다.(古之民, 未知爲宮室時, 就陵阜而居, 穴而處.)"라고 하였다. 후에 引伸하여 '虎穴', '鼠穴'처럼 동물의 보금자리도 되었다.

40 共[공/gòng]·同[동/tóng]

두 글자는 모두 '함께 향유하거나 사용하다', '함께'라는 의미가 있다. 이 경우 '共'과 '同'은 호환할 수 있으며, 또 連用할 수 있다. 그렇지만 서로 결합하거나 대응하여 사용할 때는 호환하지 않는다.

此無他, 不與民同樂也. ≪孟子·梁惠王上≫
이것은 다름이 아니라, 백성과 더불어 즐거움을 함께 하지 않기 때문이다.

'共'은 고대의 '拱'字로서 두 손을 서로 합하여 공수한 것이다. "子路拱而立(자로는 拱手하고 서있었다.)"(≪論語·微子≫)의 '拱'은 拱手인데, 가슴 앞에서 손등을 겹치도록 두 손을 합하여 잡는 것이다. '共'의 받들거나 공경한다는 뜻은 모두 여기에서 나온 것이다.

願車馬衣輕裘, 與朋友共, 敝之而無憾. ≪論語·公冶長≫
수레와 말을 타고, 가벼운 가죽 웃옷을 입고, 벗들과 (그러한 것들을) 같이 쓰다가, 해어져버려도 섭섭함이 없기를 원한다.

위의 경우처럼 車馬와 輕裘를 벗들과 '共用'하거나 '함께 향유'하는 것이다. '共'은 인신되어 '전부'라는 뜻으로 사용될 수 있다.

前後共了吃十五碗. ≪水滸傳제23회≫
전후로 함께 15주발을 먹었다.
◆吃(흘): 먹다. 碗(완): 盌의 俗字, 주발.

'同'은 원래 고대의 '筒(대쪽)'으로, 대쪽이나 盒같은 물건 둘이 합해져서 하나가 되거나 一體가 됨을 뜻한다. 그러므로 '同'은 같음, 나누어짐이 없음, 차이가 없음이라는 의미에 중점이 있는 것이다.

君子和而不同, 小人同而不和. ≪論語·子路≫
군자는 화합하되 雷同하지 않고, 소인은 뇌동하되 화합하지 못한다.

군자들은 같은 처지에서는 우호적일 수는 있지만, 꼭 의견이 일치하는 것은 아니다. 소인들은 반대이다. '同'은 개별성, 고유성을 인정하지 않는 것이고, '和'는 개별성, 고유성을 인정하면서도 조화를 이룬다는 의미이다. '同'은 동일성, 획일성을 강조하는 것이다.

부언하면, '함께'를 강조하면 '共'이 되고, '똑같이'를 강조하면 '同'이라 할 수 있다.

幼則同游, 長則共事. 晁錯, 〈言守边備塞疏〉
어려서는 같이 놀았고, 장성해서는 일을 함께 하였다.

'共'과 '同'의 차이는 그 상반된 개념으로도 알 수 있다. '共同'으로 말해질 때 共'과 '分'이 相對가 되고, '同'과 '異'·'殊'가 相對가 된다. 따라서 '相同'을 나타낼 때는 '同'을 사용하고 '共'을 사용하지 않으며, '전부'를 나타낼 때는 '共'을 사용하고 '同'을 사용하지 않는다.

五帝三王, 殊事而同指, 異路而同歸. ≪淮南子·本經訓≫
五帝와 三王은 일을 달리하였으나 指向하는 바는 같았고, 길을 달리하였으나 귀결되는 바는 같았다.

子雲相如, **同**工異曲. 韓愈, 〈進學解〉
양웅과 사마상여의 문장은 기량은 같아도 취지는 달랐다.

'같은 하나'를 말할 때는 '同'을 사용할 수 있을 뿐, '共'을 사용할 수는 없다. '同'은 '相同', '같다'는 의미를 나타내지만, '共'에는 '같다'는 의미가 없다. 아래 예문에서 둘째, 셋째 예는 '同'을 '共'으로 대치시킬 수 없다.

同心一意, **共**治曹操. ≪三國志·吳志·魯肅≫
같은 마음으로 뜻을 하나로 하여 함께 조조를 대적하다.

同聲相應, **同**氣相求; 水流濕, 火就燥. ≪周易·乾卦≫
같은 소리로 서로 호응하고 같은 기운은 서로 구한다. 물은 습한 곳으로 흐르고, 불은 마른 곳으로 나아간다.

麗元之見聞, 殆與余**同**. 蘇軾, 〈石鐘山記〉
여원이 보고 들은 것은 거의 나와 같았다.

41 空[공/kōng]·虛[허/xū]·曠[광/kuàng]

이 글자들은 모두 '안이 비어 있음'을 나타낸다.

'空'의 本義는 '구멍'으로서 [kǒng]으로 발음한다. ≪說文解字≫에 "空은 구멍이다.(空, 竅也.)"라고 하였고, ≪漢書·張騫傳≫의 "然(張)騫鑿空.(그래서 장건은 구멍을 뚫기 시작했다.)"의 顔師古의 注에 "空은 구멍이다. 처음 그 구멍을 뚫기 시작했다고 말함과 같다.(空, 孔也. 猶言始鑿其孔穴也.)"라고 하였다. 그러므로 '空'의 본의는 구멍이다. '구멍'에서 引伸된 의미는 구체적인 공간(허공)이나 공중에 아무것도 없는 것을 나타낸다.

計四海之在天地之間也, 不似礨空之在大澤乎? ≪莊子·外篇·秋水≫
세상이 천지 사이에 있는 것을 계산하면 조그마한 구멍이 큰 연못 속에 있는 것과 같지 않은가?
◆陸德明의 ≪經典釋文≫에 '空은 발음이 孔과 같으며, 礨空은 작은 구멍이다.(空, 音孔. 礨空, 小穴也.')라고 하였다. 礨(뢰): 작은 구멍.

以故城中益空無人, 又困貧, 所從來久遠矣. ≪史記·滑稽列傳≫
이런 까닭으로 성안은 더욱 비어 사람이 없게 되고 또 빈곤해졌는데, 비롯된 바가 매우 오래되었다.

'空'은 또 '내용이 없다', '헛되이'의 의미가 있다. 前者는 말에 구체적인 내용이 없음을 가리키고, 後者는 쓸데없이 어떤 수확도 없음을 가리킨다.

秦貪, 負其彊, 以空言求璧, 償城恐不可得. ≪史記·廉頗藺相如列傳≫
진나라는 탐욕스러워 자신들의 힘이 강함을 믿고는 빈 말로 和氏璧을 가로채려는 것이니, 성을 보상해준다고 해도 아마 얻지 못할 것이다.

'虛'는 ≪說文解字≫에 "큰 언덕이다. 곤륜의 언덕을 곤륜허라고 부른다.(虛, 大丘也, 崑崙丘謂之崑崙虛)"라고 하였다. '虛'의 이 의미는 후에 '墟'로 쓰였다. 徐灝는 "虛가 큰 언덕이라는 것은 이른바 사방이 높고 중앙이 낮은 것으로, 인신되어 空虛하다고 일컬어 진 것이다.(虛爲大丘, 卽所謂四方高中央下者, 故引申爲虛空之稱.)"라고 하였다. 따라서 '虛'에서 引伸되어 空虛가 되고, 추상적인 사물을 나타내는 데에 사용되었다. 또 引伸되어 진실하지 않음을 나타내게 되었다.

升彼虛矣, 以望楚矣. ≪詩經·鄘風·定之方中≫
저 큰 언덕에 올라서 楚丘를 바라보네.
◆虛는 墟와 통함. 큰 언덕. 古城으로 보기도 한다(≪毛傳≫).

異則虛, 虛者, 萬物之始也, 故曰: '以爲天下始.' ≪管子·心術篇≫
달리하면 비움의 경지에 이르게 되니, 비움이란 만물의 시작이다. 그러므로

'천하를 다스리는 시작으로 삼는다"라고 하는 것이다.

相如雖多虛辭濫說, 然其要歸引之節儉. ≪史記·司馬相如列傳≫
사마상여의 글은 공허한 말과 분방한 설명이 많으나, 그 요지는 절약과 검소에 귀일한다.

'空'과 '虛'는 의미가 가까워 곧잘 결합하여 사용된다. 세분하면, '空'은 없음에 중점이 있고, '虛'는 不實함에 치중한다. '空'의 상반의미는 '盈'이나 '滿'이고, '虛'의 상반의미는 '實'이다. 추상적인 개념으로, '空'은 내용이 없음을, '虛'는 眞實되지 않음을 나타낸다.

坐上客恆滿, 尊中酒不空, 吾無憂矣. ≪後漢書·鄭孔荀列傳≫
자리에는 상객이 늘 가득하고, 술동이 안에는 술이 빈 적이 없으니. 나는 근심이 없도다.

명사로서 '空'은 하늘(天空)을, '虛'는 한번 번성하였다가 후에 훼손되어버린 폐허를 나타낸다.

'曠'은 ≪說文解字注≫에 "광대한 밝음이다.(廣大之明也.)"라고 했다. 本義는 밝음이다. 引伸하여 공간이 廣大하고 광활한 것을 가리킨다. 또 인신하여 '비다[空], 모자라다[缺]'가 된다. '廣'은 언저리가 멀고 면적이 크다는 뜻이고, '曠'은 아득히 멀고 넓어서 끝이 없고(無邊無際) 아무 것도 가진 것이 없다는 의미이다.

土地平曠, 屋舍儼然. 陶潛, 〈桃花源記〉
땅을 넓고 평평하며, 집들은 잘 정돈되어 있다.

曠安宅而弗居, 舍正路而不由, 哀哉! ≪孟子·離婁上≫
넓고 편안한 집은 거처하지 않고, 올바른 길을 버리고 따르지 않으니, 슬프다!

'曠'은 또 '탁 트이고 밝다'는 의미가 있다. 人心의 정서가 화락하고 和暢하며 도량이 넓음을 나타낸다.

登斯樓也, 則有心曠神怡, 寵辱俱忘, 把酒臨風, 其喜洋洋者矣.

范仲淹, 〈岳陽樓記〉

이 누각에 오르니, 마음이 넒어지고 정신이 편안해져, 영욕을 모두 잊고 술잔을 들고 바람을 쐬니, 그 기쁨이야말로 크고도 크도다.

42 寡[과/guǎ]·少[소/shǎo]·鮮[선/xiǎn]

이 글자는 '많지 않다'는 점에서 동의사이다. '적다', '결핍되다'는 뜻을 나타낼 수도 있다.

'寡'는 처음에 사람이 적음만을 나타내었다. 반대말은 '衆'이다. 인신되어 외롭고 의지할 곳이 없는 사람을 뜻한다. 上古時代에는 여자가 남편이 없고 남자가 아내가 없는 것을 가리켰기 때문이다. 부인이 남편이 없다는 것은 뒤에 생긴 뜻이다.

小固不可以敵大, **寡**固不可以敵衆, 弱固不可以敵彊. ≪孟子·梁惠王上≫

작은 것은 본디 큰 것을 대적할 수 없고, 적은 것은 본디 많은 것을 대적할 수 없으며, 약한 것은 본디 강한 것을 대적할 수 없다.

'寡'는 '사람이 적다'는 뜻이다. 諸侯가 자칭 '寡人'이라 한 것도 자기가 孤立無援이라는 뜻이다. '寡'는 '多' '衆'과 더불어 상응한다.

得道者**多**助, 失道者**寡**助. **寡**助之至, 親戚畔之. ≪孟子·公孫丑下≫

도를 얻은 사람은 도와주는 사람이 많고, 도를 잃은 사람은 도와주는 사람이 적다. 도와주는 사람이 적은 극단적인 상황에는 친척마저 그를 배반한다.

彼**衆**我**寡**, 及其未旣濟也, 請擊之. ≪左傳·僖公22年≫

적군은 많고 아군은 적으니, 적이 완전히 다 건너기 전에 격멸하십시오.

'少'는 수량이 적은 것인데, 늘 '多'와 상응하고 '衆'과는 드물게 상응한다. 引伸되어 '결핍되다', '약간'이란 뜻을 지닌다.

隣國之民不加**少**, **寡**人之民不加多, 何也? ≪孟子·梁惠王上≫
이웃나라의 백성들은 더 적어지지 않고, 과인의 백성들이 더 많아지지 않는 것은, 무슨 까닭인가?

多聞曰博, **少**聞曰淺. ≪荀子·修身≫
많이 들은 것을 '博'이라 하고, 적게 들은 것을 '淺'이라고 한다.

上古之世, 人民**少**而禽獸衆. ≪韓非子·五蠹≫
상고시대에는 사람이 적고 금수가 많았다.

'寡'와 '少'는 습관적인 용법에서 다른데, 사람 수가 적은 것과 숫자를 널리 나타내는 것을 구별하기가 매우 어렵다. 상고시대에는 '寡'가 많이 사용되었고 '少'는 적게 사용되었다. 후에는 '少'의 응용범위가 점차 많게 되었다.

'鮮'은 통상 신선한 물고기, 生肉의 뜻으로 常用되었다. '鮮'이 적음을 나타내는 것은 假借의 용법이다. '鮮少'로 連用되어 매우 적다는 의미를 나타낸다.

以所**多**易所**鮮**. ≪史記·貨殖列傳≫
많은 것을 가지고 적은 물자로 바꾸었다.

說之者衆, 而用之者**鮮**; 慕之者**多**, 而行之者**寡**. ≪淮南子·原道訓≫
기뻐하는 사람은 많지만 행하는 사람은 적고, 사모하는 사람은 많지만 행하는 사람은 적다.

'鮮'과 '少'는 '많지 않다'는 뜻에서 같지만, 정도에서 구별된다. 곧 '少'는 수량에 대한 객관적 설명이고, '鮮'은 상황을 강조하는 의미를 가진다.

破趙而三分其地, 又封二子者各萬家之縣一, 則吾所得者**少**. 不可. ≪韓非子·十過≫
조나라를 격파하여 그 땅을 셋으로 나누고, 또 두 사람에게 각각 만호의 현 하나를 봉해주면, 나의 소득이 적어질 것이니, 안 된다.

其爲人也孝弟, 而好犯上者, **鮮**矣. ≪論語·學而≫

그 사람 됨됨이가 효성스럽고 우애로우면서 윗사람에게 대들기를 좋아하는 사람은 드물다.

◆이런 일이 매우 적음을 강조하고 있다.

'寡'와 '少'는 方言의 차이일 가능성도 배제하지 못한다. ≪論語≫와 ≪左傳≫에서는 多寡에 있어서 '寡'를 사용하였지만 '少'를 쓰지는 않았다.

不患**寡**而患不均, 不患貧而患不安. ≪論語·季氏≫

적음을 걱정하지 않고 고르지 못함을 걱정하며, 가난을 걱정하지 않고 편안하지 못함을 걱정한다.

輕則**寡**謀, 無禮則脫. ≪左傳·僖公33年≫

경솔하면 도모하는 것이 적고, 예가 없으면 일탈하게 된다.

43 稼[가/jià]·穡[색/sè]

'稼'는 명사로서, 벼의 이삭과 果實을 가리킨다. 후에 일반적으로 농작물을 가리키게 되었다.

'穡'의 本義는 농작물을 수확하는 것이다. 일반적으로 수확을 가리킨다. 그래서 농부를 穡夫, 穡人이라 하였다. '穡'은 또 '인색하다', '아끼다'와 通한다.

九月築場圃, 十月納禾**稼**. ≪詩經·豳風·七月≫

9월엔 채소밭에 마당을 닦고, 10월에는 벼이삭을 거둬들인다.

◆朱子의 ≪詩集傳≫에 '벼 이삭이 익어 들에 있는 것을 '稼(이삭)'라고 한다.(禾之秀實而在野曰稼.)'고 하였다. 場圃: 여름에 채소를 심었던 집 옆의 채전을 곡식을 타작할 마당으로 만드는 것(≪鄭箋≫).

若農服田力**穡**, 乃亦有秋. ≪尙書·商書·盤庚上≫

농사꾼이 밭에서 일하고 힘들여 농사짓고 수확에 힘써야, 또한 풍성한 가을이 있게 된다.

◆孔穎達의 疏에 '穡은 가을걷이하는 것을 말한다.(穡是秋收之名)'라고 했다. 農: 농부, 穡: 농사짓다.

大國省**穡**而用之, 其何實非命? ≪左傳·昭公元年≫

대국이 살펴 아껴 써주신다면, 그 어찌 진실로 명령을 따르지 않겠습니까?

◆楊伯峻의 ≪春秋左傳注≫에 '穡은 嗇과 통하고 사랑하여 아낌이다. 두예의 注에 "어찌 감히 명령을 따르지 않겠는가?"(穡通嗇, 愛惜也. ≪杜注≫'何敢不從命?')'라고 하였다.

또 '稼穡'으로 連用하여 농사일을 뜻한다. 구분하여 말하면, '稼'는 '심다' 곧, 땅을 갈고 파종하는 데에 중점이 있고, '穡'은 '수확'에 중점이 있다. 그러므로 두 글자는 농사일에서 연속되는 두 과정을 나타낸다. 그래서 늘 짝을 이루어 사용된다.

厥父母勤勞稼穡, 厥子乃不知**稼穡**之艱難. ≪尙書·周書·無逸篇≫

그의 부모들이 부지런히 일하며 씨 뿌리고 거둬들이는데, 그 자식들은 씨 뿌리고 거둬들이는 고단함을 알지 못한다.

不**稼**不**穡**, 胡取禾三百廛兮? ≪詩經·魏風·伐檀≫

씨 뿌리지도 않고 거두어들이지도 않거늘, 어찌 수백 호의 田稅 곡식을 거두어들이겠는가?

◆毛亨의 傳에 '씨 뿌리는 것을 稼라 하고 거두는 것을 穡이라 한다.(種之曰稼, 收之曰穡.)'라고 하였다. 廛(전)은 한 농부가 받는 百畝의 땅(≪鄭箋≫).

44 灌[관/guàn]·溉[개/gài]

이 두 글자는 모두 '물을 대다'는 뜻이다. 우리말의 표현에서 '물을 대다'는 (물길을 통해) 물이 흘러 들어가도록 한다는 뜻으로, 灌溉라고 하는 것이다. '물을 주다'는 일반적인 총칭의 의미로 사용한 것이다.

'灌'은 고대에 경작지 안으로 물을 흐르게 하거나 물을 뿌린다는 의미로 사용되었다. 또한 물을 높은 곳에서 낮은 곳으로 流入시킨다는 뜻이다. 그래서 許愼의 ≪說文解字≫에 "灌은 물을 대는 것이다.(灌, 灌水.)"라고 하였고, 段玉裁의 ≪說文解字注≫에는 "오늘날의 글자는 '灌注(물을 붇다.)'·'灌漑(물을 대다)'로 사용되는 글자다.(今字以爲灌注·灌漑之字.)"라고 하였으며, ≪集韻≫에는 또 "漑는 물을 대는 것이다.(漑, 灌也.)"라고 하였다.

時雨降矣, 而猶浸**灌**, 其於澤也, 不亦勞乎? ≪莊子·內篇·逍遙遊≫
제때에 비가 내리는데 여전히 물을 댄다면, 그것은 윤택한 곡식에 있어서 또한 헛된 것이 아니겠는가?

乃刑白雉, 及與驪羊; 以血**灌**龜, 於壇中央. ≪史記·龜策列傳≫
이에 흰 꿩과 검은 양을 잡아, 그 피를 거북에게 뿌려 제단 가운데에서 행하였다.
◆驪(려): 검다.

'灌'은 또 주입하다는 뜻이 있는데, 물건이나 기물을 넣는 것이 아니라 어떤 물건 속으로 주입하는 것이다. '灌'은 또 조상을 제사지낼 때 땅에 술을 붇는 것을 의미한다.

禘自旣**灌**而往者, 吾不欲觀之矣. ≪論語·八佾≫
禘 제사에서 땅에 술을 부어 降神한 다음부터는, 나는 그것을 보고 싶지 않다.
◆이곳의 '灌'은 울창의 향을 곁들인 술(鬱鬯酒)을 땅에 부어 강신시키는 것. 禘는 天子가 정월에 종묘에서 시조와 그 조상되는 선왕들에게 울창주를 땅에 부어 지내는 제사이다.

'漑'는 ≪說文解字≫에 "일설에는 물을 대는 것이다(一曰, 灌注也)"라고 하였다. '漑'는 원래 洗濯이라는 뜻이었다.

誰能亨魚, **漑**之釜鬵. ≪詩經·國風·檜風≫
누가 물고기를 삶을 수 있는가? 큰 가마솥을 씻으리.
◆鬵(심): 큰 가마

'漑'가 灌注에 사용되어 '灌'과 同義가 되었고, 논밭에 물을 대다는 의미를 지니게 되었다. '漑'가 灌漑에 사용된 것은 '灌'보다 늦다. 전국시대 말기에 보이기 시작하는데, '灌'의 方言이 변화된 것으로 추측된다. 그렇지만 '漑'는 引伸된 의미가 없고, 밭에 물을 대는 것에만 專用되었고, 또한 곧잘 '灌漑'로 연용되었다.

'灌''漑'를 대응하여 열거할 때, '灌'은 물을 대는 행위를 가리키고, '漑'는 물을 댄 결과를 가리킨다.

> 西門豹卽發民鑿十二渠, 引河水**灌**民田, 田皆**漑**. ≪史記·滑稽列傳≫
> 서문표는 곧 백성을 동원하여 12개의 도랑을 파고, 황하의 물을 끌어들여 민중들의 논에 대니, 논들은 모두 물이 대어졌다.

'灌'은 引伸되어 '물이 흘러 들어가다'는 뜻이 있다. 이것은 '漑'에는 없는 의미이다.

> 秋水時至, 百川**灌**河. ≪莊子·外篇·秋收≫
> 가을철의 물은 제때에 불어나, 모든 냇물이 황하로 흘러든다.

45 棺[관/guān]·槨[곽/guǒ]·柩[구/jiù]

이 글자들은 모두 죽은 사람을 殮하여 넣는 목재기구이다.

'棺'은 염한 시신을 넣는 것이다.

'槨'은 ≪說文解字≫에 "葬事에는 槨(나무곽)이 있다.(葬有木槨)"라고 하였고, ≪說文解字注≫에서 "木槨은 나무로 만드는데, 棺을 둘러싸는 것으로, 城에 郭이 있는 것과 같다.(木槨者, 以木爲之, 周於棺, 如城之有郭也.)"라고 하였다. 棺의 바깥에 약간 크게 덧 만들어 棺材의 외면을 보호하는 것이, 마치 城에 內城과 外城, 곧 城과 郭이 있는 것과 같다는 것이다. 上古時代에는 棺槨을 사용하여 土葬하는 것이 漢族의 장례풍속이었다.

옛날에는 사람이 死後에 땅속으로 돌아가서 지하생활을 영위하는 것으로 생각하였다. 무덤은 곧 현실세계의 투영으로, 현실세계를 다시 구현한 것이다. '官'의 本義는 조정의 웅대한 방으로 생전에 거주하는 곳이었다. 이곳을 보호하는 것이 城이었듯이, 사후에도 생전처럼 부귀를 누리며 사는 곳을 상징하여 棺을 만들어 안에 염한 시신을 넣은 것이다. 그리고 城의 바깥에 郭을 둘러치고 城을 보호하였듯이, '槨'을 만들어 '棺'을 보호한 것이다. ≪莊子·天下≫에 "천자의 관곽은 7중(天子之棺槨七重)"이라고 하였다. 제후는 三重, 大夫는 二重, 士는 一重으로 一棺一郭을 썼으며, 平民은 三寸의 桐棺만을 사용하였다(≪禮記·喪大記≫).

후대에 시신을 넣는 것을 '棺'이라 하여 안 널[內棺]이 되었고, 棺을 보호하고 직접 외부의 흙과 접하는 것을 '槨'이라 하여 바깥 널[外棺]이 되었다. 이른바 '內棺外槨'이다.

> 喪不過三年示民有終也. 爲之**棺槨**衣衾而擧之. ≪孝經≫
> 喪禮가 삼년을 초과하지 않는 것은 백성들에게 끝이 있음을 보여주는 것이다. 안 널과 바깥 널과 옷과 이불을 만들어 장사지낸다.
> ◆衾(금): 이불. 注에, '주검을 두르는 것은 棺이고, 관을 두르는 것은 槨이다.(周尸爲棺, 周棺爲槨.)'라고 하였다.

> 鯉也死, 有**棺**而無**槨**. ≪論語·先進≫
> 孔鯉가 죽어 장사지낼 때, 안 널은 있었으나 바깥 널은 없었다.
> ◆孔鯉: 孔子의 아들.

'柩'는 시신을 싸서 (염하여) 넣는 관이다. ≪釋名·釋喪制≫에 "상위에 있는 것을 주검이라고 하고, 관에 시신을 넣은 것을 柩라고 한다.(在床曰尸, 在棺曰柩)"고 했다. '棺'은 각종 棺材의 通稱이고, 염한 시신을 넣었을 때 비로서 '柩'라 한다. 그래서 시신을 넣은 관을 묘지로 옮기는 과정을 遷柩라고 하는 것이다.

及火, 里析死矣, 未葬, 子産使輿三十人遷其柩. ≪左傳·昭公18年夏5月≫
불이 났을 때 이석은 이미 죽었으나, 아직 장례를 치르지도 않았는데, 자산은 30명의 사람을 보내어 靈柩를 옮기도록 하였다.

46 關[관/guān]·杜[두/dù]·塞[색/sāi]

이 글자들은 모두 '닫다', '막(히)다'의 뜻을 지닌다.

'關'의 本義는 빗장인데, 인신하여 '문을 닫다'가 되었다. 古漢語에는 현대의 '닫다'는 뜻으로 통상 '閉'를 사용하고, '關'을 사용하지 않았다. '關'은 단지 '문을 닫다'는 뜻에만 사용하였다.

乙亥, 臧紇斬鹿門之關以出, 奔邾. ≪左傳·襄公23年≫
을해일에 장흘은 서울 동문의 빗장을 끊고 나와, 邾나라로 달아났다.

園日涉以成趣, 門雖設而常關. 陶潛, 〈歸去來辭〉
정원을 날마다 거닐어 흥겨운 정취를 이루고, 문은 비록 달아놓았어도 늘 닫혀있네.

'杜'는 ≪正字通≫에 "단절하다.(杜, 絶也.)"라고 하였다. 本義는 팥배나무[棠梨]이다.

有杕之杜, 其葉湑湑. ≪詩經·唐風·杕杜≫
우뚝 선 팥배나무 잎새가 무성하네.
◆杕(체): 나무가 외로이 우뚝 선 모양. 湑湑(서서): 무성한 모양(≪孔疏≫). 湑(서): 거르다. 과일 빛이 붉은 팥배나무[赤棠]를 杜라하고(≪毛傳≫) 흰 것을 棠이라 한다. 棠(당): 팥배나무.

'杜'는 假借하여 '堵'가 되어 '막다'는 뜻을 나타낸다. '杜'는 추상적인 사물에 사용되어 좋지 않은 행위에 대한 制止를 나타낸다.

> 彊公室, 杜私門, 蠶食諸侯. ≪史記·李斯列傳≫
> 秦나라 왕실의 권력을 강화시키고, 귀족들의 사사로운 가문이 강해지는 것을 막으면서, 제후국들을 잠식하였다.

'塞'은 ≪說文解字≫에 "막음이다.(塞, 隔也.)"라고 했다. '塞'의 本義는 구멍, 통로를 막고 안팎을 단절시켜서 서로 통하지 않게 한다는 뜻이다. '塞'의 대상에는 안팎이 서로 통하는 要路가 많다. 그 동작은 '저지', '억제', '금지'에 중점이 있어서 출입을 허용하지 않는다.

> 穹窒熏鼠, 塞向墐戶. ≪詩經·豳風·七月≫
> 집안의 구멍을 막고 불로 그슬려 쥐를 쫓으며, 북쪽으로 난 창을 막고 문을 진흙으로 바른다네.
> ◆穹窒(궁질): 집안의 벽이나 담 같은데 난 구멍을 모두 막는 것. 熏鼠: 불을 때어 불과 연기로 쥐구멍을 그슬려 쥐들을 쫓아내는 것. 穹(궁): 하늘. 窒(질): 막다. 向: 북쪽으로 난 창(≪毛傳≫). 墐: 흙 바르다. 일반 민중들은 대나 싸리를 짜서 만든 문을 썼으므로 그대로 두면 겨울에 찬바람이 많이 들어온다. 이에 진흙을 문에 발라 바람을 막는 것이다(≪孔疏≫).

> 邦君樹塞門, 管氏亦樹塞門. ≪論語·八佾≫
> 임금이 나무를 세워 문을 가리면 관중 역시 나무를 세워 문을 가렸다.

'塞'은 안팎을 단절하는 데에 중점이 있고, '杜'는 一面을 막는 데에 중점이 있다.

47 官[관/guān]·吏[리/lì]·胥[서/xū]·宦[환/huàn]

이 글자들은 모두 관직을 맡은 사람 즉, '官吏', '官員'을 가리킨다.

'官'은 원래 정부의 일을 보는 건축물, 곧 官舍를 뜻하였다. 이로부터 인신되어 관계있는 직무, 직위, 관리 등을 의미하게 되었다. 또 인신되어 '주관하다'라는 뜻이 되었다. 이런 의미는 선진시대에 상용되던 의미였다.

후에 '官'은 또 인신되어 漢代 이후에는 직무를 처리하는 관리를 가리키게 되었는데, 이 의미는 선진시대에는 매우 드물었다. '官'의 행정직무적 의미는 지금까지 계속되고 있다.

> 謹權量, 審法度, 修廢**官**, 四方之政行焉. ≪論語·堯曰≫
> 도량형을 신중히 하고, 法과 제도를 살피며, 피폐해진 官署를 수리하니, 四方의 정치가 바르게 행해졌다.

> **官**治其職, 人處其事, 乃無所陵. ≪莊子·漁父≫
> 관리가 자신의 직분을 다하고, 사람들이 자신의 임무에 충실하면, 서로 넘보는 일은 일어나지 않는다.

'吏'는 先秦時代에 百官의 통칭으로서, 大官이나 小官 모두 '吏'라 칭할 수 있었다. 이때는 '官'에 官員의 의미가 없었다. ≪說文解字≫에 "吏는 남을 다스리는 자이다.(吏, 治人者也.)"라고 하였다. '吏'는 본래 전문적인 官吏를 가리킨다.

'吏'와 '官'이 직무의 高低를 뜻하게 된 것은 관료제도가 성행한 이후의 일이다. 중앙집권제도에서 고위직의 '吏'에는 相國, 太守 같은 전문 이름이나 존칭이 있게 되었고, '吏'는 격이 떨어져서 하급의 小官을 가리키게 되었다.

> 象不得有爲於其國, 天子使**吏**治其國, 而納其貢稅焉. ≪孟子·萬章上≫
> 象은 그 나라를 다스릴 수 없어서, 천자는 관원들을 시켜서 그 나라를 다스리게 하고, 그곳의 공물과 세금을 받아들이도록 하였다.

漢代에는 녹봉이 400석 이하의 관리를 '吏'라고 일컬었고, 明淸代에는 녹봉이 없이 관아에서 일을 돕는 하급관리나 서류처리를 하는 사람을 '吏'라 불렀다. 반면에 '官'은 승격되어 '吏'의 상급자가 되고, '吏'는 '官'에 속하여 일을 처리하는 관원이 되었다.

王使委於三吏. ≪左傳·成公2年≫
周 定王은 三吏(의 관할)로 위임시켰다.
◆三吏: 三公, 곧 司徒·司馬·司空를 가리키는데, 후대에는 三公의 최고 직위를 가리켰다.

暮投石壕村, 有吏夜捉人. 杜甫, 〈石壕吏〉
날이 저물어 석호촌에 투숙하였는데, 관리가 밤에 사람을 잡아가네.

軍吏卒爲官, 賞賜甚多. 而大將軍不得益封, 軍吏卒皆無封侯者. ≪史記·衛將軍驃騎列傳≫
(표기장군 곽거병의) 군관과 병졸들 중에서 官이 되고 상을 받은 자가 매우 많았다. 그러나 대장군(위청)은 封함을 더해 받지 못하였고, 군관과 병사들 중에 侯에 봉해진 자는 없었다.

'胥'는 官署 안에서 공문서를 담당하던 小吏를 가리켰다. 朱駿聲의 ≪說文通訓定聲≫에는 "가차하여 諝가 되는데…… 수를 알고 일을 기록하는 사람이다.(假借爲諝……謂知數記事者也.)"라고 하였다. '胥'는 낮은 관리를 가리켰다.

'宦'은 원래 帝王이나 귀족의 奴僕이었는데, 인신하여 官·宦官을 가리키게 되었다. ≪說文解字≫에 "宦은 벼슬이다.(宦, 仕也.)"고 하였는데, 이것은 引伸義다. 등급제도에서 귀족에게 附庸하는 신분은 모두 奴僕, 家臣이었는데, 노복의 지위가 높았다. '宦'은 선진시대에 다른 가문으로 들어가서 家臣이 될 수 있었으므로, '宦游'라고 하였다. 후에는 주인과 노복의 관계에서 君臣關係로 변화되었다. 곧, 황제, 왕, 제후 手下의 관리가 되었다.

卑事夫差, 宦士三百人於吳, 其身親爲夫差前馬. ≪國語·越語上≫
비천하게 오왕 부차를 侍奉하되, 士人 300명을 오에 보내어 奴僕으로 삼게 하고, 구천 그 자신은 친히 부차의 전마가 되고자 하였다.

◆前馬: 말을 앞에서 인도하는 부하.

本圖宦達, 不矜名節. 李密, 〈陳情表〉
본래 벼슬을 하여 영달하기를 도모하였을 뿐, 명예나 절개를 중히 여기지 않았다.

'官員'은 모두 어떤 직무를 전담하므로, 이에 '官'은 引伸되어 인체에서 어떤 기능을 담당하는 기관이 되었다.

心之官則思, 思則得之, 不思則不得也. ≪孟子·告子上≫
마음이라는 기관은 생각하는데, 생각하면 (사리를) 알게 되고, 생각하지 않으면 알지 못한다.

48

冠[관/guān]·冕[면/miǎn]·巾[건/jīn]·弁[변/biàn]·帽[모/mào]

이 글자들은 모두 머리 위에 써서 머리를 보호하거나 장식하는 '모자'이다.

'冠'은 모자의 총칭이다. ≪說文解字≫에 "冠은 고깔이나 면류관의 총칭이다.(冠, 弁冕之總稱也.)"라고 했으니, 本義는 帽子이다.

관용어 '張冠李戴(장씨의 것을 이씨가 쓰다, 곧 갑을 을로 착각하다)', '彈冠相慶(친구의 임관 승진을 축하하다)', '怒髮衝冠(분노하여 머리칼이 관을 찌르다, 곧 화가 머리끝까지 치밀어 오르다)', '衣冠禽獸(사람 탈을 쓴 짐승)'에서의 '冠'은 이런 뜻을 취한 것이다. 모자의 총칭이 되었으므로 帝王을 막론하고 또한 백성들이 쓰는 모자도 모두 '冠'이라 부를 수 있다.

君子正其衣冠, 尊其瞻視, 儼然人望而畏之, 斯不亦威而不猛乎? ≪論語·堯曰≫

군자가 그 의관을 올바르게 하고, 그가 (자기를) 보는 것을 존엄하게 하면, 엄연히 남이 바라보아 두려워하게 되니, 이 또한 위엄이 있으되 사납지 않은 것이 아니겠는가?

◆瞻: (우러러) 보다. 儼: 의젓하다.

王授璧, 相如因持璧卻立, 倚柱, 怒髮上衝冠. ≪史記·廉頗藺相如列傳≫

秦王이 화씨벽을 내주자, 藺相如가 받아 쥐고는 물러나 기둥에 기대어 섰는데, 격노하여 머리털이 곤두서서 머리에 쓴 관을 찌를 정도였다.

◆和氏璧: 초나라 사람 卞和가 발견한 옥 덩어리를 가공하여 만든 진귀한 둥근 옥.

'모자'라는 뜻과 관련하여 '冠'에는 또 '加冠'의 의미가 있다. 이른 바 '加冠'은 고대 남자가 20세가 되면 관을 씀으로써 成年이 되었음을 나타내는 冠禮(성년식)의 한 의례이다.

冠而字之, 敬其名也. ≪禮記·郊特生≫

관을 씌우고 字를 지어주어, 그 이름을 공경하였다.

'冕'은 ≪說文解字≫에 "대부 이상이 쓰는 관이다.(冕, 大夫以上冠也.)"라고 하였다. '冕'은 명주로 만든 모자로, 天子, 諸侯, 士大夫가 썼다.

我在伯父, 猶衣服之有冠冕, 木水之有本原. ≪左傳·昭公9年≫

나(周 天子 景王)는 백부(晋侯)에게 있어서, 의복에 모자와 면류관이 있고 나무나 물에 뿌리와 근원이 있는 것과 같다.

天子袾裷衣冕, 諸侯玄裷衣冕, 大夫裨冕, 士皮弁服. ≪荀子·富國≫

천자는 붉은 곤룡포에 면류관을 쓰고, 제후는 검은 곤룡포에 면류관을 쓰며, 대부는 관복에 면류관을 쓰며, 士는 흰 사슴 가죽 관에 의복을 입었다.

◆袾(주): 붉은 옷. 裷(권): 버선. 袾裷: 袾는 朱, 裷은 袞. 천자의 袞龍袍. 裨(비): 돕다.

'冕'은 본래 士大夫가 모두 쓸 수 있는 禮帽였으나, 高誘의 ≪淮南子·主術訓≫ 注에 "冕은 王子의 관이다.(冕, 王者冠也.)"고 하였듯이, 후대에 이르러서는 도리어 皇冠만을 가리키게 되어 황제가 쓰는 모자가 되었다. 冕이 皇冠을 가리켰으므로, 또 '加冕'이라 낱말도 출현하였다. 이른바 加冕은 皇冠을 쓰고 황제의 자리에 올라 황제 노릇을 하는 것이다.

'巾'은 ≪玉篇≫에 "허리에 차는 용도의 巾이다. 본래 이로써 물건을 닦았는데, 후대 사람들이 머리에 착용하게 되었다.(巾, 佩巾也. 本以拭物, 後人着之於頭.)"고 하였다. 그러므로 巾은 머리위에 묶는 頭巾으로 볼 수 있다. 형태는 모자와 매우 다르지만 작용은 서로 비슷하다. 이것은 頭巾式의 모자로서, 일반 백성들이 사용하는 경우가 많다. 그러나 大官도 쓸 수가 있어서, 蜀國 제일의 大臣이었던 諸葛亮도 늘 이런 '巾'을 머리에 썼다고 했다.

> 縞衣綦**巾**, 聊樂我員. ≪詩經·鄭風·出其東門≫
> 흰 옷에 파란 수건 쓴 처녀만이 나를 즐겁게 해줄 것이네.
> ◆縞(호): 흰 비단. 縞衣(호의): 흰 옷. 綦(기): 연두 빛 비단. 바란 쑥색(≪毛傳≫). 聊(료(요)): 語助辭. 且의 뜻. 員은 云과 같은 조사(≪孔疏≫). 縞衣와 綦巾은 출가하지 않은 처녀들의 服色(≪通釋≫).

> 長者奉水, 請沃盥, 盥卒, 授**巾**. ≪禮記·內則≫
> 나이 많은 이는 물을 받들고, 물을 부어 세수하기를 청하며, 세수를 마치면 수건을 드린다.
> ◆沃盥(옥관): 물을 부어서 세수함. 盥: 대야. 씻다.

'弁'은 가죽으로 만든 모자이다. 周代 예복의 모자로서, 皮弁은 武人의 모자이다.

> 祝佗父祭於高唐, 至復命, 不脫**弁**而死於崔氏. ≪左傳·襄公25年≫
> 축타보는 高唐(의 사당)에서 제사를 지내고, (조정에) 돌아와 복명하고, 고깔을 벗지도 못한 채 최씨(최무자)의 집으로 달려왔다가 죽었다.

'帽'는 후대에 만들어진 글자로서, 오늘날의 뜻과 대략 같다. 古書 가운데 文人 작품에서는 비교적 적게 사용되었다. 民歌나 樂府의 종류에서 볼 수 있다.

見其所著**帽**, 方屋焉, 問: '此豈古方山冠之遺像乎?' 因謂之方山子. 蘇軾, 〈方山子傳〉

그 착용하는 모자를 보니 네모난 덮개 같았다. 묻기를, '이 어찌 옛날 방산관의 모습인가?'라고 하고는, 이로 인해 그를 방산자라고 불렀다.

◆方山冠: 옛날 樂人들이 쓰던 모자로서 唐宋代에서는 隱士를 이르는 말로 사용되었다.

모자는 머리에 쓰는 것이다. 그래서 또 引伸하여 '首位에 居함'이 되었다.

位**冠**群臣, 聲施後世, 與閎夭 · 散宜生等爭烈矣. ≪史記·蕭相國世家≫

(蘇何의) 지위는 군신 중에서 우두머리가 되었으며, 명성은 후세에까지 이어져, 굉요와 산의생 등과 그 공적을 다투었다.

綸巾은 巾의 일종으로 푸른 실띠를 배치한 頭巾이다.

羽扇**綸巾**, 談笑間. 蘇軾, 〈赤壁懷古〉

손에는 깃으로 만든 부채를 잡고 머리에는 푸른 비단의 두건을 쓰고 담소하고 있다.

49 館[관/guǎn] · 舍[사/shě]

이 두 글자는 모두 손님을 대접하는 곳으로서 '객사', '迎賓館'의 뜻이 있다.

'館'은 ≪說文解字≫에 "객사이다.(館, 客舍也.)"라고 하였고, 徐灝의 注에는 "대개 使者가 가는 곳으로 館을 빌어 음식을 대접하므로, 館자가 食을 따른 것이다.(蓋使者所至, 假館授餐, 故館从食也.)"라고 하였다. 그러므로 館의 本義는 舍와 같이 객사, 영빈관이다. '館'은 引伸

하여 일반 가옥이 될 수 있다. 그러나 '館'은 특별히 초빙하는 客의 고급객사여서, '舍'자가 나타내는 일반객사, 居室과 완전히 같은 것은 아니다.

可以假**館**, 願留而受業於門. ≪孟子·告子下≫
公館을 빌릴 수 있을 것이니, 원컨대 거기에 머물면서 선생의 문하에서 학업을 전수받고 싶습니다.

楚公子圍聘于鄭,……將入**館**. ≪左傳·昭公元年≫
초나라 공자 圍가 정나라에 초빙되어,…… 영빈관에 들어가려고 하였다.

'舍'는 임시로 거주하는 곳으로, 때로는 잠시 머무는 곳이다. ≪說文解字≫에 손님이 거주하는 곳을 舍라 한다.(市居曰舍.)"라고 하였다. 段玉裁의 ≪說文解字注≫에는 다음과 같이 설명하였다.

食部曰: '館, 客舍也.' 客舍者何也? 謂市居也. 市居者何也? ≪周禮·遺人≫曰: '凡國野之道,……五十里有市, 市有候館.……' 鄭云: '一市之間, 有三廬·宿. 候館及廬·宿皆所謂市居曰舍也.' 此市字非買賣所之, 謂賓客所之也.
食部에 '館은 客舍다'고 했다. 客舍란 무엇인가? 市居를 말한다. 市居란 무엇인가? ≪周禮·遺人≫에 '무릇 나라들판 길에는…… 50리마다 市가 있는데, 市에는 候館을 두었다. ……' 鄭玄은 '한 市의 사이에는 세 廬·宿이 있었다. 候館과 廬·宿은 모두 이른바 市居라고 하는 것으로, 舍라고 한다.' 이 市라는 글자는 장사꾼이 가는 곳이 아니라, 賓客이 가는 곳을 말하는 것이다.

≪逸周書·大聚≫에는 "20리마다 舍를 둔다.(二十里有舍.)"라고 하였다. 그러므로 '舍'의 本義는 영빈관으로 일종의 숙박시설이다.

'舍'는 왕왕 단지 하룻밤을 묵는 것을 가리키거나 혹은 특별히 행군 수렵하는 도중의 임시 숙소를 가리킨다. 고대의 行軍은 흔히 30리를 가서 멈추었으므로, 30리를 '一舍'라고 하였다. '退避三舍'는 90리를 후퇴하였다는 뜻이다. '館'이 고정적이고 정중한 빈객접대장소라면, '舍'는 임시숙소이다. 그래서 후대에 화려한 주택을 '~館'이라 한 것이다. 오늘날의 博物館, 圖書館, 文化館 등도 웅장한 건축물이라는 의미에 중점을 둔 것이다.

乃築諸侯之**館**. ≪左傳·襄公31年≫
곧 제후의 客館을 짓게 하였다.

凡師一宿爲**舍**, 再宿爲信, 過信爲次. ≪左傳·莊公3年≫
대체로 군대가 하룻밤 묵는 것은 舍라 하고, 이틀 저녁 묵는 것은 信이라 하고, 信을 넘어서는 것은 次라고 한다.
◆孔疏에 '舍는 행군하여 하루 만에 그치면서 머물러 쉬는 것이다.(舍者, 行軍一日止而舍息也.)'라고 하였다.

初, 宣子田于首山, **舍**于翳桑. ≪左傳·宣公2年≫
처음에 조선자(趙盾)는 수산에서 사냥을 하다가, 예상에서 묵은 일이 있었다.

자기의 집을 謙稱하여 '寒舍', '敝舍'라고 하고, 또한 자기의 낮고 어린 친속을 겸칭하여 '舍弟', '舍侄'이라 할 수 있다. 그러나 이 경우 '館'은 사용할 수가 없다.

50 驕[교/jiāo]·傲[오/ào]

이 두 글자는 '교만하다'는 뜻이다. 각기 '慢', '縱'과 연용하여 '교만하여 무례하다'와 '교만하여 방종하다'는 뜻이 된다. 그러나 의미의 중점은 다르다.

'驕'는 ≪說文解字≫에 "말의 높이가 여섯 자가 되는 것이 驕이다.(驕, 馬高六尺爲驕.)"라고 하였다. 따라서 '驕'의 本義는 六尺 높이의 말, 곧 크고 건장한 말을 뜻하였다. 引伸되어 말이 높고 크고 건장한 모양을 뜻하였는데, 또 다시 引伸되어 말이 제멋대로 굴며 제재를 받아들이지 않음을 의미하게 되었고, 마침내 放縱한 것, 성품대로 행동하여 제약이 가해지지 않은 것을 뜻하게 되었다. 곧 일종의 심리상태로서 內心의 자만, 스스로 잘난 체함을 나타낸다.

王者之兵, 勝而不驕, 敗而不怨. ≪商君書·戰法≫
왕자의 병사들은 승리하여도 자만하지 않고, 패하여도 원망하지 않는다.

使天下之人, 不敢言而敢怒 獨夫之心, 日益驕固. 杜牧, 〈阿房宮賦〉
천하의 사람들로 하여금 감히 말을 하고 감히 원망을 하지 못하게 하니, 홀로 폭군의 마음은 날로 더욱 교만하고 완고해졌네.

時國王驕奢, 不遵典憲. ≪後漢書·張衡列傳≫
당시 국왕은 방종 사치하고, 典章 法制를 존중하지 않았다.

'傲'는 ≪說文解字≫에 "거만함이다.(傲, 倨也.)"라고 하였다. 따라서 傲의 本義는 거만함이다.

'傲'와 '驕' 두 글자를 비교하면, '傲'는 거만함이 바깥 태도로 표현되는 데에 중점이 있고, '驕'는 스스로 교만하여 남을 경시, 조롱하는 것에 중점이 있다. 前者는 오만 無禮하다는 의미가 강하고, 後者는 스스로를 높이 여겨 自滿, 自足하다는 의미가 강하다.

自公卿在位, 朔皆敖弄, 無所爲屈. ≪漢書·東方朔傳≫
公卿大臣이 자리에 있어도, 동방삭은 모두 업신여기고 조롱하며, 몸을 굽히는 일이 없었다.

倚南窓以寄傲, 審容膝之易安. 陶潛, 〈歸去來辭〉
남쪽 창에 기대어 호방함을 부려보고, 좁은 방이지만 편안함을 알겠네.
◆寄傲: 거침없고 호방한 마음을 기탁한다. 審: 알다. 容膝: 무릎을 겨우 들여놓을 정도로 집이 좁음.

令尹甚傲而好兵, 子必謹敬. ≪韓非子·內儲說下·六微≫
영윤은 대단히 오만하고 무기를 좋아하니, 자네는 반드시 삼가고 겸손히 대하여야 한다.

傲小物而志屬於大, 似無勇而未可恐狼. ≪呂氏春秋·士容論≫
작은 일을 가볍게 대하면서도 지향하는 바는 크고, 용기가 없는 듯하면서도 위협을 두려워하지 않는다.

'驕'와 '傲'는 서로 表裏를 이루어 古籍 중에서 곧잘 連用하였다.

保厥美以**驕傲**兮, 日康娛以淫遊. 屈平, 〈離騷〉
그 아름다움을 믿고는 거만 교만하여, 날마다 편히 즐기며 지나치게 노니네.
◆屈平의 屈은 姓이고, 平은 字, 原은 이름. 보통 屈原이라고 부른다. 王逸注에 '거만하고 대수롭지 않게 여기는 것을 驕라 하고, 업신여기고 오만한 것을 傲라 한다.(倨簡曰驕, 侮慢曰傲.)'라고 했다.

51 矯[교/jiǎo]·揉(輮)[유/róu]

대나무나 나무를 재료로 하여 가공하거나 형태를 변화시킨다는 뜻에서 이 두 글자는 동의사이다. 다만 가공방법이나 목적에서 구별된다.

'矯'는 굽은 것을 곧게 하는 것이다. ≪周易·說卦傳≫에 "坎은 물이 되고, 도랑이 되고, 숨어 엎드려 있음이 되고, 곧게 하거나 구부리는 것이 되고, 활과 수레바퀴가 된다.(坎爲水, 爲溝瀆, 爲隱伏, 爲矯輮, 爲弓輪.)"라고 하였고, 疏에는 "굽은 것을 곧게 함은 矯이고, 곧은 것을 굽게 함은 輮이다.(使曲者直爲矯, 使直者曲爲輮.)"라고 하였다.

'矯'는 주로 화살대를 가공하는 것을 가리키는데, 굽은 것을 곧게 펴는 과정이다. 인신되어 굽은 물건을 곧게 하는 것이 되었고, 다시 인신되어 잘못을 바로잡는다(糾正)는 뜻이 되었다. 곧게 할 때는 찌는 방법[蒸]이 많이 사용되고, 굽게 할 때는 불에 쬐는 방법[烤]이 많이 사용되었다. 그래서 ≪玉篇≫에 "烤는 불로써 나무를 굽게(曲) 하는 것이다.

(烤, 以火曲木)"라고 하였다.

枸木必將待檃栝烝矯然後直. ≪荀子·性惡≫
구부러진 나무는 반드시 도지개를 사용하여 반듯하게 잡아 준 연후에야 곧게 된다.
◆檃栝: '도지개'인데, 도지개는 틈이 나거나 뒤틀린 활을 바로잡는 틀.

賢人之所以矯世俗者, 聖人未嘗觀焉. ≪淮南子·俶眞訓≫
현인이 세속을 바로잡는 방법에 성인은 눈길도 주지 않는다.

'揉'는 곧은 것을 굽게 하는 것이다. 곧은 나무를 재료로 彎曲하게 가공하는 과정을 뜻한다. 인신되어 문질러서 변형시키는 뜻이 되었다. 고대에 '矯'는 弓矢에 상용하였고, '揉'는 바퀴제조, 쟁기(耒) 등에 상용하였다.

蓬戶甕牖, 揉桑爲樞. ≪淮南子·原道訓≫
쑥대로 엮은 문과 옹기 조각으로 붙인 창문에, 뽕나무를 구부리어 문지도리를 만들다.

木直中繩, 輮以爲輪. ≪荀子·勸學≫
나무가 곧아서 먹줄과 일치해도 (불에 쬐어) 구부림으로써 바퀴가 된다.

정확하게 말하면 '矯'도 굽게 하는 것부터 시작하고, 굽게 하고나서 곧게 하는 순서를 거치게 된다.

臣聞揉曲木者不累日. ≪漢書·公孫弘卜式兒寬傳≫
저는 나무를 곧게 하고 그을려 굽히는 데는 수일이 걸리지 않는다고 들었습니다.
◆注에 '揉는 곧게 하고 나서 바르게 하는 것이다.(揉謂矯而正之也.)'라고 하였다. "揉曲木"도 곧 "矯曲木"인 것이다.

'矯'와 '揉'의 連用은 '교정하다'로 해석되는 외에 또 '의도적으로 조작하다'는 뜻이 있다.

檃括情理, 矯揉文采也. ≪文心雕龍·鎔裁≫

情理上의 나쁜 버릇을 바로잡고, 문채의 결점을 교정한다.

矯揉造作. (관용어)
일부러 너무 꾸며 몹시 부자연스럽다. 어색하다.

52

教[교/jiào]·化[화/huà]

이 두 글자는 '教育', '教導'를 의미한다. 대상, 내용, 범위, 방법, 결과 등에서 구별된다.

'教'에는 두 가지 뜻이 있는데, '傳授하다', '~하게 하다'는 뜻이다. 처음에는 기능이나 기량의 전승을 뜻하였고, 뒤에는 지식의 전수를 뜻하였다.

與其射御, 教吳乘車, 教之戰陳, 教之叛楚. ≪左傳·成公7年≫
(巫臣은) 射者(전차에서 활쏘는 사람)·御者(전차를 조종하는 사람)와 함께 오나라에 전차 타는 법을 傳授해주고, 전쟁의 陳法을 전수해주었으며, 초나라를 배반하도록 하였다.

'教'는 또 政教, 教化하다, 訓練시키다는 뜻을 갖는다. ≪說文解字≫에 "教는 위에서 베풀고 아래에서 본받는다.(教, 上所施, 下所效也.)"라고 했고, ≪增韻≫에는 "대개 道를 業으로 하여 남을 가르치는 것을 教라고 하고, 윗사람이 몸소 실천하여 그 기풍이 아랫사람을 움직이는 것을 化라 한다.(凡以道業誨人謂之教, 躬行於上, 風動於下, 謂之化.)"라고 하였다. 그러므로 教의 本義는 政教, 教化이다. '教'의 대상은 사람일 수도 있고 짐승일 수도 있다.

生而同聲, 長而異俗, 教使之然也. ≪荀子·勸學≫
태어나면서 같은 소리를 하지만, 성장하면서 풍속을 달리함은 교육이 그들을 그러하게 한 것이다.

大路之馬, 必信至敎順, 然後乘之, 所以養安也. ≪荀子·禮論≫
大路의 말은 반드시 지극한 훈련으로 순종하게 한 후에야 수레를 탈 수 있으니, 임금을 편안하게 받드는 방법이다.
◆大路: 군주가 앉는 수레.

愛其子, 擇師而敎之. 於其身也, 則恥師焉, 惑矣. 韓愈, 〈師說〉
자기의 자식을 사랑하여 스승을 골라 가르치게 하면서도, 그 자신에게 있어서는 스승삼기를 부끄러워하니, 알 수 없는 일이다.

'化'는 ≪說文解字≫에 "가르쳐 행하는 것이다.(化, 敎行也.)"라고 하였고, 徐鍇의 注에는 "化는 가르쳐 감화시키는 것이다.(化, 敎化也.)"라고 하였다. 그러므로 化의 本義는 敎化이다. 교육, 감화의 방법으로써 人心과 風俗을 개변시키는 것이다.

'敎'가 가르침을 '베푸는' 행위라면, '化'는 감화·교화·德으로써 민중들을 감화시키는 것으로, 교육에 의해 '생산된' 효과로, 교육을 받은 자가 은연중에 변화하는 것이다.

夫君子, 所過者化, 所存者神, 上下與天地同流, 豈曰小補之哉? ≪孟子·盡心上≫
무릇 君子가 지나가는 곳은 교화되고, 머물러 있는 곳은 신묘하게 되어, 상하가 천지와 흐름을 같이 하는데, 어찌 조금 돕는다고 하겠는가?

逮奉聖朝, 沐浴淸化. 李密, 〈陳情表〉
지금의 조정을 받들게 되면서, 맑은 교화를 온몸에 입고 있습니다.

'敎'는 有形的인 것이고 '化'는 無形的인 것이다. 교육과 변화는 긴밀한 일이므로, 흔히 '敎化'로 연용하여 교육의 총체적인 의미로 사용한다.

君子之所以敎者五: 有如時雨化之者, 有成德者,…… ≪孟子·盡心上≫
군자가 가르치는 방법에는 다섯 가지가 있으니, 제 때에 내리는 비가 초목을 변화시키는 것같이 하는 것이 있고, 덕을 이루게 하는 것이 있고……

53 教[교/jiào]·訓[훈/xùn]·誨[회/xùn]

이 글자들은 모두 '가르치다', '敎導하다'는 뜻이나, 가르침의 종류로 구별된다.

먼저, '敎'의 대상이 사람일 경우, 그 내용은 주로 道德, 法令의 範疇에 속하는 일이다.

謹庠序之敎, 申之以孝悌之義. ≪孟子·梁惠王上≫
학교의 가르침을 근엄하게 실시하여, 효성과 우애의 뜻을 강조하여 가르친다.
◆謹은 엄함이다.(謹, 嚴也. 焦循, ≪孟子正義≫). 趙岐는 殷代의 교육기관을 庠, 周代의 교육기관을 序라 하였다.

不敎而誅, 則刑繁而邪不勝. ≪荀子·富國≫
가르치지 않고 처벌한다면, 형벌만 번거로워지고 사악함은 감당할 수 없게 된다.

위의 예문 ≪荀子≫에서의 교육은 法令敎育이다. 고대에 '敎'와 '政'은 매우 분리하기 어려운 개념이었기 때문이다. 그래서 '政敎', '法敎'처럼 곧잘 결합하여 사용했다. 통치자는 도덕적인 조치를 사람들에게 준수하도록 하였는데, 이것을 '敎'라 하였다. 이 조치는 法令과 같은 작용을 하였고, 위반 시에는 관리의 징계가 가해졌으므로, 고대의 '敎'와 '令'은 유사하였고, 따라서 때로 '敎令'이라고도 하였다. 후에는 勸諭의 성격을 띠는 경우에도 '敎'라 하였는데, 학교나 종교의 계율 등을 '敎條'라 한 것이 그 예이다.

'訓'은 ≪說文解字≫에 "설교다.(訓, 說敎也.)"라고 하였고, ≪正韻≫에는 "가르침이다.(訓, 誨也)"라고 하였다. 그러므로 敎導하다, 유도하다는 뜻이다. 기왕의 典型, 法則을 인용하여 사람들에게 모방, 준수하게 하거나, 기왕의 잘못된 사례에서 깨달아 경계하도록 하는 것에 중점이 있다. 따라서 '訓'의 목적은 설교를 받는 사람들로 하여금 전통적인 법규, 제도, 도덕, 풍속 등을 준수하고 따르게 하는 것이다.

伊尹乃明言烈祖之成德, 以訓于王. ≪尙書·伊訓≫
이윤은 바로 훌륭한 조상들이 이룬 덕을 밝혀 말함으로써 왕에게 훈계하였다.
◆선조들의 事迹을 인용하여 太甲을 훈계하고 있다.

'誨'는 ≪說文解字≫에 "깨우쳐 가르침이다.(誨, 曉敎也.)"라고 하였고, ≪廣雅≫에는 "誨는 가르침이요, 曉는 설명함이다.(誨, 敎也; 曉, 說也.)"라고 하였다. 誨의 本義는 敎導, 指導이다. 그렇지만 '誨'에서의 교육의 대상은 왕왕 門徒, 子弟이고, 교육을 베푸는 사람은 스승, 父兄이며, 그 내용은 啓蒙으로, 개안하고 깨닫게 하는 것이다.

彼, 孺子也. 吾誨之, 猶懼其不濟. ≪左傳·昭公8年≫
그 애는 아직 어린애다. 내가 그 애를 깨닫게 하여도, 여전히 성공하지 못할까 걱정이다.

下以敎誨子弟, 上以事祖考. ≪荀子·成相≫
아래로는 자제들을 깨우치고, 위로는 조상들을 섬긴다.

'敎'와 '誨'를 비교하면, '敎'는 무엇을 가르치다는 의미가 강하고, '誨'는 가르치되 배우는 사람에게 스스로 깨닫게 한다는 의미가 강하다. 따라서 群衆이나 士兵 등에 대해서는 '敎'(교육훈련)를 사용할 뿐, '誨'를 사용할 수 없다. '誨'는 도덕적인 훈계 이외에 전문지식의 전수에 사용할 수 있다.

飮之食之, 敎之誨之. ≪詩經·小雅·魚藻之什·緜蠻≫
마시게 하고 먹여 주며, 가르쳐 주고 깨우쳐 주네.
◆'敎'는 무엇을 어떻게 할 건지 미리 가르쳐주는 것. '誨'는 일을 할 때 어떻게 하여야 한다고 깨우쳐주는 것이다.(事未至則豫敎之, 臨事則誨之. ≪鄭箋≫)

黙而識之, 學而不厭, 誨人不倦. ≪論語·述而≫
묵묵히 있으면서 새겨두고, 배우면서 싫어하지 않고, 남을 깨우치기에 게을리 하지 않는다.

孟子曰: '羿之敎人射, 必志於彀; 學者亦必志於彀. 大匠誨人, 必以規矩; 學者 亦必以規矩.' ≪孟子·告子上≫

맹자가 말하였다. '羿가 남에게 활쏘기를 가르칠 때에는 반드시 활 당기기에만 뜻을 두었으며, 배우는 사람 역시 반드시 활 당기기에만 뜻을 두었다. 큰 목수는 남을 깨우쳐줄 때 반드시 콤파스와 곱자로써 하며, 배우는 사람 또한 반드시 콤파스와 곱자로 하였다.'

◆羿(예): 전설상의 夏나라 때의 궁술의 명인. 가르친 사람에게 살해당했다. 彀(구): 당기다.

'敎'는 '가르치다', '교도하다'는 뜻에서 引伸하여 '지시하다', '가리키다', '알려주다'는 뜻이 되었다.

汝作司徒, 敬敷五敎, 在寬. ≪尙書·虞夏·堯典≫

그대를 사도로 삼으니, 공경히 五敎를 펴서 관대함을 지키라.

◆司徒: 백성의 교화를 맡은 관직. 敷(부): 베풀다. 五敎: 父義·母慈·兄友·弟恭·子孝의 다섯 가지 덕목.

前世不同敎, 何古之法? ≪商君書·更法≫

前代의 政敎는 똑같지 않으니 어느 옛것을 본받아야 하는가?

此敎我先威衆耳. ≪史記·陳涉世家≫

이것은 우리들에게 먼저 무리의 마음을 굴복시키라고 알려주는 것일 뿐이다.

'訓'은 '가르치다'·'교도하다'는 뜻에서 引伸되어 훈계, 法式, 典範, 訓練의 뜻이 된다.

道德仁義, 非禮不成, 敎訓正俗, 非禮不備. ≪禮記·曲禮上≫

도덕과 仁義도 禮가 아니면 이루어지지 않으며, 교육하고 이끌어주고 풍속을 바로 잡는 일도 禮가 아니면 갖추어지지 않는다.

聽伊尹之訓己也, 復歸于亳. ≪孟子·萬章上≫

이윤은 자기를 훈계하는 말을 듣고, 다시 亳으로 되돌아갔다.

◆亳: 湯王이 도읍한 곳.

【참고】'誨'는 '가르치다'·'교도하다'는 의미에서는 인내심의 요소를 함유하고 있다.

54 謳[구/ōu]·歌[가/gē]·唱[창/chàng]·詠[영/yǒng]·謠[요/yáo]

이 글자들은 '노래(부르다)', '찬양하다', '읊다'라는 뜻에서는 동의사이다. 또한 詩歌, 歌曲 및 그 명칭으로도 말해진다. 謳는 옛 전적에 嘔(구, 노래하다)로, 歌는 謌로도 쓰였다.

'謳'는 ≪說文解字≫에 "齊歌이다.(謳, 齊歌也)"라고 하였다. 段玉裁의 ≪說文解字注≫에는 "齊는 무리다.(齊, 衆也.)"라고 하였다. 그렇다면, '謳'는 함께 노래를 부르는 것이다. ≪漢書·高帝紀≫에 "모두 같이 노래하며 동쪽으로 돌아갈 것을 생각하였다.(皆謳歌思東歸)"라고 했는데, 謳歌는 단체로 노래를 부르다는 뜻이다. 顏師古는 "謳는 함께 노래하는 것으로, 소리를 맞추어 노래 부르는 것이다.(謳, 齊歌也, 齊聲而歌)"라고 하였으니, '謳'는 일종의 합창으로서, 뭇 사람들이 같이 노래를 부르는 것이다.

> 爲平公築臺, 妨於農收. 子罕請俟農功之畢, 公弗許. 築者**謳**曰. ≪左傳·襄公17年≫
>
> (宋나라에서) 평공을 위하여 별장을 짓는데, 추수에 방해가 되었다. 자한은 농사일이 끝나기를 기다려 공사를 시작하자고 요청했으나, 평공은 허락하지 않았다. 이에 집을 짓는 사람들이 함께 노래를 부르기를.

> 宋城, 華元爲植, 巡功. 城者**謳**曰, '睅其目, 皤其腹, 棄甲而復! 于思于思, 棄甲復來!'
>
> 宋나라에서는 城을 쌓았다. 화원은 우두머리가 되어 공사를 순시하였다. 성을 쌓던 사람들이 다음과 같이 노래하였다. '눈딱부리 배불뚝이가 갑옷을 버리고 도망 왔구나! 털보가, 털보가 갑옷을 버린 채 또 왔구나!'
>
> ◆植(치): 우두머리. 于思: 턱수염이 더부룩한 모양. 눈딱부리: 툭 불거지고 큰 눈. 또는 그런 눈을 한 사람.

'歌'는 노래의 總稱이다. 따라서 노래 부를[唱] 수 있는 詩는 모두 歌

라 할 수 있다. <歌行>, <長歌行>, <短歌行> 등 고대에 '歌'는 노래하는 것을 많이 나타내었고, 歌曲이란 뜻은 상대적으로 매우 적었다.

天下**歌**之曰: '生男無喜, 生女無怒, 獨不見衛子夫霸天下!' ≪史記·外戚世家≫
천하사람들이 노래하였다. '아들을 낳았다고 기뻐하지 말고 딸을 낳았다고 노하지 말라. 오직 위자부가 천하를 제패함을 보지 못하였더냐!'

夫也不良, **歌**以訊之. ≪詩經·陳風·墓門≫
저이가 착하지 못함을 노래로써 알려주었네.

위의 예문에서 보듯, 歌는 곧잘 동사로 사용되었다. 그래서 ≪說文解字≫에는 "노래 부르는 것이다.(歌, 咏也)"라고 한 것이다.

倚柱彈其劍, **歌**曰: '長鋏歸來乎! 食無魚.' ≪戰國策·齊策三≫
(馮諼은) 기둥에 기대어 서서 검을 튀기면서 노래 불렀다. '장검이여 돌아가자! 식사에 물고기가 없구나.'
◆鋏(협): 칼.

子與人**歌**而善, 必使反之, 而後和之. ≪論語·述而≫
공자께서 남과 함께 노래를 부르시메 (그 사람이) 잘 부르면, 반드시 다시 한 번 반복하게 하시고, 그런 후에 화답을 하셨다.

楚狂接輿, **歌**而過孔子, 曰: '鳳兮! 鳳兮! 何德之衰?' ≪論語·微子≫
초나라의 미치광이 接輿가 노래를 부르면서 孔子 곁을 지나가며 말하였다. '봉이여! 봉이여! 어찌 덕이 그리 쇠하였소?'

'歌'는 일반적으로 일정한 樂章과 曲譜의 반주가 있는 노래를 뜻한다. ≪漢詩章句≫에 "악장과 곡보가 있는 것을 歌라고 한다.(有章曲曰歌)"라고 하였고, ≪爾雅≫에는 "소리가 금슬과 어울리는 것을 歌라 한다.(聲比於琴瑟曰歌.)"(≪初學記≫卷15 재인용)라고 하였다.

或編曲, 或鼓琴, 相和而**歌**. ≪莊子·內篇·大宗師≫
어떤 이는 가락을 짜고, 어떤 이는 거문고를 타면서, 서로 맞추어 노래 불렀다.

昔者舜鼓五絃**歌**南風之詩而天下治. ≪韓非子·外儲說左上≫

옛날 순임금은 五絃의 거문고를 타고, <南風>의 시를 노래하며 즐겼으나, 천하가 잘 다스려졌다.

歌는 先秦時代에 일반적으로 비교적 장중한 장소에서 사용되었다. 그리하여 '樂'과 '禮'는 한 가지로서 국가를 다스리고 민중을 교육하는 수단이 되었다. 그러므로 '歌'는 흔히 제사 등의 국가 大典과 功을 노래하고 德을 기리며 혼례, 상례나 연회를 베풀 때와 같이 장중한 장소에서 사용되었다.

公飮之酒, 使大師**歌**〈巧言〉之卒章. ≪左傳·襄公14年≫

(衛獻)公이 술을 마시게 하고 大師에게 <巧言>의 끝 장을 노래하게 했다.

◆<巧言>: ≪詩經·小雅≫의 한 편.

歌는 때로 악기의 반주 없이 기타 기물을 가지고 伴奏를 대신하였다. '歌'는 보통 음악을 배경으로 하지만, 그렇지 않은 경우도 '歌'라고 하였고, 또한 걸으면서 노래할 수도 있었다.

莊子妻死, 惠子弔之. 莊子則方箕踞, 鼓盆而**歌**. ≪莊子·至樂≫

장자의 처가 죽자 혜자가 그를 弔問하였다. 장자는 마침 다리를 벌리며 뻗고 앉아 그릇을 두드리며 노래하고 있었다.

'歌'와 '詠'은 긴 소리의 노래를 사용하여 사상을 표현하고 감정을 토로하는 것이다.

詩言志, 歌**詠**言. ≪尙書·虞夏·堯典≫

詩는 뜻을 말한 것이고 歌는 말을 읊은 것이다.

◆孔安國의 傳에 '詩는 뜻을 말함으로써 이끌고, 歌는 그 뜻을 읊음으로써 말을 길게 한다.(謂詩言志以導之; 歌, 咏其義以長其言.)'라고 하였다.

'唱'은 ≪說文解字≫에 "이끄는 것이다.(唱, 導也)"라고 하였다. '導'는 앞에서 인도하는 것으로 노래를 부를 때 먼저 先唱하는 것이다. 고대에 여러 사람들이 함께 노래하거나 일하면서 합창할 때는, 앞에서 선창을 하고 뒤에 응하여 같이 부르는 一唱一和로 이루어졌다.

壹倡而三歎, 有遺音者矣. ≪禮記·樂記≫
한 번 노래하고 세 사람이 和應하니, 餘音이라는 것이 있었다.
◆倡은 唱. 注에 '唱은 노래 구절을 시작하는 것이다.(唱, 發歌句也.)'라고 하였다. 一人이 선창하고 다른 사람이 다시 三重으로 부르는 것이다.

이것이 바로 ≪荀子·樂論≫의 이른바 "唱和有應"이다. 노래 부르다 라는 의미에서 '歌'는 총칭이고, '唱'은 先唱하는 것이며, '謳'는 合唱이다.

'詠'은 ≪說文解字≫에 "노래 부르는 것이다.(詠, 歌也)"라고 하였고, 徐灝의 箋에는 "詠은 길게 하는 것을 말한다. 긴 소리로 노래하는 것으로, 이른바 소리가 길게 나는 것이다. 永과 詠은 古今字이다.(詠之言永也; 長聲而歌之, 所謂聲依永也. 永, 詠古今字.)"라고 하였다. 그러므로 긴 소리로 노래하는 것이다. 또 誦讀에서 긴 소리로 읊는 것을 뜻할 수도 있다. 상고시대에는 詩를 길게 읊었으므로, 聲律에 의하여 선창하는 것도 '詠'이라 하였고, 歌詞를 길게 외우는 것도 '詠'이라 하기도 하였다. 물론 노래하는 것을 뜻하기도 한다.

戛擊鳴球, 搏拊琴瑟以詠. ≪尙書·虞夏書·皐陶≫
가볍고 세게 쳐서 玉磬을 울리고, 금슬을 연주하며 노래를 하네.
◆戛(알): 擊과 같은 뜻이나, 보다 가볍게 치는 것. 球: 玉으로 만든 磬(경, 악기종류). 搏(박): 잡다. 拊(부): 어루만지다. 孔安國의 傳에, '노래를 읊는 소리에 어울리게 하다.(以合咏歌之聲也.)'라고 했다.

'謠'는 민간에서 유행하는 가요로서, <京都謠>, <小麥謠>, <桓靈時謠> 등과 같이 민중들의 입으로 창작된 것이다.

'謠'는 마음에 감흥이 일 때 음악을 배경으로 하지 않고, 마음이 가는 대로 부르는 노래이다.

心之憂矣, 我歌且謠. ≪詩經·魏風·園有桃≫
마음에 시름 있으니, 반주에 맞추어 노래하고 또 맨 소리로 노래해볼까.
◆毛亨의 傳에 '반주에 맞추어 노래하는 것을 歌, 단지 목소리로만 노래하는 것을 謠라고 한다.(曲合樂曰歌, 徒歌曰謠.)'라고 하였다.

≪詩經·魏風·園有桃≫의 孔穎達의 疏에는 다음과 같이 기술하였다.

> 謠가 노래만 부르는 것이라면, '歌'는 노래뿐만이 아닌 것이다. 그래서 '(반주하는) 가락을 음악에 맞추는 것을 歌라고 한다.' '樂'은 琴瑟이다…… ≪논어≫에 '공자는 다른 사람과 노래를 불렀다'라고 하였고, ≪예기·단궁≫에는 공자가 노래한 "'태산이 무너지려는가.'라고 한 종류는 반드시 음악에 맞춰야 하는 것은 아니다."라고 하였다.(謠卽徒歌, 則歌不徒矣, 故曰: '曲合樂曰歌.' 樂則琴瑟……≪論語≫云 '子與人歌' <檀弓>稱孔子歌曰: '泰山其頹乎'之類未必合樂也.)

≪爾雅·釋樂≫의 郝懿行의 疏에는, "謠는 거닌다는 뜻이 있다. ≪禮記·檀弓≫에 '공자가 문 앞에서 거닐며 노래하였다.'라고 하였는데, 이것이 곧 (악기 연주 없이) 노래만 부른 것이다.(謠有消搖矣. <檀弓>云: '孔子消搖於門而歌.' 此歌卽徒歌矣.)"라고 하였다.

55 觀[관/guān]·察[찰/chá]

'觀'과 '察'은 모두 '자세히 보다'는 의미의 同義詞이다. 그러므로 '觀'과 '察'은 곧잘 對應되거나 連用된다.

'觀'은 ≪說文解字≫에 "살펴보는 것이다.(觀, 諦視也.)"라고 하였고, ≪正字通≫에는 "멀리 보는 것이다.(觀, 遠視也.)"라고 하였다. '멀리보다'라는 의미에서 '큰 각도에서 보다', '큰 범위에서 보다', '두루 보다'라는 뜻을 나타내기도 한다. 그러나 반드시 높은 곳에서 내려다 보는 것은 아니다.

'觀'은 또 감상하며 음미하다는 뜻이 있다. 그래서 觀賞하는 景物類도 '觀'이라고 할 수 있다. '奇觀(기이한 광경, 훌륭한 경치)', '洋洋大觀(사물이 복잡, 번다할 뿐만 아니라, 풍부하고 다채롭다.)' 등이 이러한 예이다. 아울러 높은 건축물에서 보는 것도 '觀'이라 할 수 있다.

仰則**觀**象於天, 俯則**觀**法於地. ≪周易·繫辭下≫
우러러 하늘에서 象을 살피고, 굽혀서는 땅에서 법을 살핀다.

故**觀**於海者難爲水. ≪孟子·盡心上≫
그러므로 바다를 본 사람은 물이야기 하기를 어려워한다.

觀水有術, 必**觀**其瀾. ≪孟子·盡心上≫
물을 보는데 방법이 있으니, 반드시 그 물결을 살펴야 한다.

'觀'은 큰 범위에서 보는 것 이외에도, 자세하게 관찰하거나 관측하는 의미도 있다. 이른바 諦視이다. 朱駿聲의 ≪說文通訓定聲≫에 "이것으로써 저것을 보는 것을 '觀'이라 한다. 그러므로 저것으로 하여금 이것을 보게 하는 것도 또한 '觀'이라 한다.(以此視彼曰觀, 故使彼視此亦曰觀.)"라고 하였다. 따라서 '觀'은 目的을 가지고 '자세히 보는 것'이 된다.

質直而好義, **察**言而**觀**色. ≪論語·顔淵≫
곧음을 바탕으로 하면서 義를 좋아하고, 남의 말을 헤아리고 기색을 살핀다.
◆이런 의미에서 '觀'과 '察'은 교차된다.

公將如棠**觀**魚者. 臧僖伯諫曰, '凡物不足以講大事, 其材不足以備器用, 則君不擧焉.' ≪左傳·隱公5年≫
隱公이 棠지방에 가서 고기 잡는 것을 보려고 하였다. 이때 장희백이 간하여 말하였다. '대체로 (사냥을 하여 잡는 짐승 같은) 물건이 (전쟁 같은) 큰일을 강구하기에 부족하고, (사냥에서 얻은) 재료가 (전쟁이나 제사에 쓰이는) 제기와 병기로 사용하기에 부족하면 임금께서는 사용하지 않습니다.'

'察'은 ≪爾雅·釋詁≫에 "살피는 것이다.(察, 審也.)"라고 하였고, ≪廣韻≫에는 "자세히 살피는 것이다.(察, 諦也.)"라고 하였다. 따라서 '察'은 자세하게 보거나 다방면으로 살피는 것으로, 보는 것이 뚜렷하여 크고 작은 일에 남김이 없는 것이다. 引伸하여 '考察'이 되고, 다시

引伸하여 '고찰한 후에 추천, 선발하다'가 된다.

明足以**察**秋毫之末, 而不見輿薪. ≪孟子·梁惠王上≫
밝은 시력은 가을 털끝을 살필 수 있으나, 수레에 실은 땔나무는 보지 못한다.

衆惡之, 必**察**焉; 衆好之, 必**察**焉. ≪論語·衛靈公≫
많은 사람들이 미워해도 반드시 잘 살피고, 많은 사람들이 좋아해도 반드시 분명하게 살펴야 한다.

前太守臣逵, **察**臣孝廉; 後刺史臣榮, 擧臣秀才. 李密, 〈陳情表〉
전 태수 賈逵는 저를 효렴으로 발탁해주었고, 후에 자사 顧榮은 저를 수재로 천거해주었습니다.

'觀'과 '察'은 자세하게 보는 것으로, '觀'은 전체적인 윤곽을 파악하는데에 중점이 있고, '察'은 세밀하고 분명하게 보는 데에 중점이 있다. '觀'은 중첩 사용할 수 없으나, 察은 중첩 사용하여 '분별 辨析하다'라는 뜻을 나타낼 수 있다. 당송시대 이후에는 '觀'도 考察의 뜻으로 사용되었다.

俗人昭昭, 我獨昏昏, 俗人**察察**, 我獨悶悶. ≪老子·20章≫
세속의 사람들은 똑똑하나, 나만 홀로 흐리멍덩하고, 세속의 사람들은 분별력이 뛰어나지만, 나만 홀로 답답하네.
◆王弼의 注에 '분별하고 변석함이다.(分別別析也.)'라고 했다.

故爲之說, 以俟夫**觀**人風者得焉. 柳宗元, 〈捕蛇者說〉
그러므로 이 글을 지어, 民風을 살펴보는 사람이 이 실정을 얻어 알기를 기다린다.

'視'·'觀'·'察' 세 글자의 구별은 다음 문장에서도 볼 수 있다.

子曰: '**視**其所以, **觀**其所由, **察**其所安, 人焉廋哉! 人焉廋哉!' ≪論語·爲政≫
공자께서 말씀하셨다. '(인간됨됨이를 알기 위해서는) 그의 행위를 **주시하여 보고**, 그가 행하는 연유를 **굽어 보며**, 그가 편안히 여기는 바를 **자세히 살펴본다면**, 그 사람됨을 어떻게 숨기겠는가? 어떻게 숨기겠는가?'
◆朱熹의 ≪論語集注≫에 '以는 행함이다. 선을 행하는 사람은 군자이고, 악

을 행하는 사람은 소인이다. 由는 좇음이다. 일은 비록 선이 되지만, 그 의도가 좇는 바에 선이 있지 않으면, 역시 군자가 될 수 없다.(以, 爲也. 爲善者爲君子, 爲惡者爲小人. 由, 從也. 事雖爲善, 而意之所從來者, 有未善焉, 則亦不得爲君子矣.)'라고 하였다.

56 俱[구/jù]·具[구/jù]

두 글자는 '전부', '모두'라는 뜻을 갖는다.

만약 둘 이상의 사람이 한 가지 일을 같이 한다면 일반적으로 '俱'를 많이 사용한다. '함께'의 뜻이다.

> 父母**俱**存, 兄弟無故, 一樂也. ≪孟子·盡心上≫
> 부모가 모두 생존하고, 형제들이 무고한 것이, 첫 번째의 즐거움이다.

> 今兩虎共鬪, 其勢不**俱**生. ≪史記·廉頗藺相如列傳≫
> 이제 두 호랑이가 싸우게 되면, 그 세는 함께 살 수 없다(둘 중 하나는 죽는다).
> ◆'不俱生'은 두 호랑이를 가리키므로 '俱'를 사용하였다.

만일 한 사람이 한 방면에서 한 건의 일을 하면, '具'만 사용하고 '俱'를 사용하지 않는다. '전부', '오로지', '상세하게'의 뜻이다.

> 項伯乃夜馳之沛公軍, 私見張良, **具**告以事, 欲呼張良與**俱**去. 曰: '毋從**俱**死也.' 張良曰: '臣爲韓王送沛公, 沛公今事有急, 亡去不義, 不可不語.' 良乃入, **具**告沛公. ≪史記·項羽本紀≫
> 항백은 이에 밤에 패공의 군영으로 달려가, 은밀히 장량을 만나서, 모든 일을 **상세히** 알리고, 장량에게 **함께** 가자며 말하였다. '(패공을) 따라서 **함께** 죽지 마십시오.' 그러자 장량이 말하였다. '臣은 韓王을 위해 패공을 보냈는데, 패공은 지금 일에 위태로움이 있다고 하여, 도망하는 것은 의롭지 못한 일이니, 아뢰지 않을 수 없군요.' 장량은 이에 바로 들어가서 패공에게 **전부** 고하였다.

위의 예문에는 각각 두 개의 '具'자와 '俱'자가 사용되었다. "具告以

事"한 것은 項伯 한 사람이고, "具告沛公"한 張良은 한 사람이므로 모두 '具'자를 사용하였다. "俱去"한 것은 項伯과 張良 두 사람이고, "俱死"하는 주체는 장량과 패공(劉邦) 두 사람이므로, 모두 '俱'를 사용하였다.

'具'와 '俱'는 공히 '모두', '전부'의 뜻이 있다. 그러나 이러한 뜻으로 先秦時代에서는 '具'를 많이 사용하였다. ≪詩經≫에 많이 보인다. 兩漢 이후에는 '俱'를 많이 사용하였다.

赫赫師尹, 民**具**爾瞻. ≪詩經·小雅·節南山≫
혁혁한 태사 윤씨여, 백성들이 모두 당신을 우러러본다네.
◆赫赫(혁혁): 지위의 높음을 형용한 말. 師尹(사윤): 大師 尹氏. 옛날에는 內史尹과 作冊尹을 尹氏라고도 불렀다(≪詩經釋義≫).

樂**具**入奏, 以綏後祿. 爾殽旣將, 莫怨**具**慶. ≪詩經·小雅·楚茨≫
풍악을 모두 들여와 연주하여 편안히 복을 누리네. 안주 모두 들여오니 아무런 원한 없이 모두 즐기네.
◆綏(수): 편안하다. 祿: 福. 다 안정된 바에야 복을 누린다는 뜻(≪毛傳≫). 殽: 안주. 將: 받들다. 莫怨: 無怨. 모든 일가들 사이에 마무 원망도 없는 것. 具慶: 모두가 경하하며 즐기는 것.

'具'와 '俱'는 형용사로 사용할 수도 있으나 뜻은 다르다. '具'는 '완비되어 있다'는 뜻이고, '俱'는 '동일하다'·'서로 같다'는 뜻이다.

獨有≪秦記≫, 又不載日月, 其文略不**具**. ≪史記·六國年表≫
오직 ≪진기≫만이 있었고, 또 日月이 기재되어 있지 않았으며, 그 문장은 간략하여 완비되어 있지 않았다.

所謂後者, 應不**俱**也. ≪黃帝內徑素問·候論≫
이른바 뒤라는 것은 마땅히 같지 않아야 한다.
◆王冰의 注에 '俱는 同과 같다, 한가지이다.(俱猶同也, 一也.)'라고 하였다.

57 購[구/gòu]·買[매/mǎi]·賣[매/mài]·市[시/shì]·售[수/shòu]·鬻[육/yù]·貿[무/mào]

이 글자들은 모두 '사들이다(매입하다)', '팔아버리다(매출하다)'는 뜻이다.

'購'는 ≪說文解字≫에 "재물을 가지고 구하는 것이다.(購, 以財有所求也.)"라고 하였고, ≪說文解字注≫에는 "높은 가격을 걸어놓고 물건을 구하는 것이다.(懸重價以求得其物也.)"라고 하였다. 本義는 '상을 걸고 널리 구하다'이다.

> 夫樊將軍, 秦王購之金千斤, 邑萬家. ≪史記·刺客列傳≫
> 저 번장군은 진왕이 황금 일천 근과 萬戶의 식읍을 내걸고 찾고 있습니다.

> 吾聞漢購我頭千金, 邑萬戶, 吾爲若德. ≪史記·項羽本紀≫
> 나는 한(왕)이 나의 머리를 千金과 萬戶의 읍으로 구하고 있다고 들었으니, 내 그대를 위해 은혜를 베풀어주겠다.

唐宋時代에 이르러 '購'는 '높은 가격으로 사들이다'는 뜻으로 변하였으나, '買'라는 일반적인 買收와는 여전히 미세한 차이가 있었다. 오늘날 '購'는 기업이나 공공기관에서 대량으로 매입하는 데에 사용된다.

> 予購三百盆, 皆病者, 無一完者. 龔自珍, 〈病梅館記〉
> 나는 매화 300동이를 높은 가격으로 구입하였는데, 모두 병든 것이었고 온전한 것은 하나도 없었다.

'購'는 고대에 '買'·'市'와는 의미 차이가 있었다. '購'는 무거운 상을 걸고 구한다는 뜻이어서, 상뿐만 아니라 갈망하는 것이 모두 해당되었다. 현대 중국어에서 '購'와 '買'는 모두 '賣'와 相對가 되고, '購買'를 구성할 수 있다. 그렇지만 古代에는 同義가 아니었다.

'買'는 화폐를 가지고 물건을 사는 것을 말하는데, 古今의 뜻이 같다. '買'와 '賣'는 서로 對應하는 두 개의 글자로서, 買는 '사들이다', 賣는 '팔다'는 뜻이다. ≪急就篇·一≫에 "나가는 것을 賣라 하고, 들어오는 것을 買라 한다.(出曰賣, 入曰買.)"라고 하였다. 그러므로 '買'의 本義는 돈을 가지고 물건을 교환하는 것이고, '賣'의 本義는 물건을 가지고 돈으로 바꾸는 것이다.

鄭人**買**其櫝而還其珠. ≪韓非子·內儲說左上≫
정나라 사람은 그 상자만 사고 진주는 돌려주었다.

賣炭得錢何所營? 身上衣裳口中食. 白居易, 〈賣炭翁〉
숯 팔아 돈을 벌어 어디에 쓰는가? 몸에 걸칠 옷과 입에 풀칠할 음식을 산다네.

'市'는 ≪說文解字≫에 "사고팔러 가는 곳이다.(市, 買賣所之也.)"라고 했고, 買자의 段玉裁의 注에 "市는 물건을 사는 장소이다. 따라서 물건을 사는 것 또한 市라고 한다.(市者買物之所, 因之買物亦言市.)"라고 하였다. 따라서 '市'의 本義는 시장으로, 시장은 쌍방이 서로 교역하는 곳이므로, '賣買하다'를 의미할 수 있고, 팔거나 사는 것을 가리킬 수 있다. '市'는 목적어를 취할 수도 있다.

鄭賈人弦高將**市**于周, 遇之. ≪史記·晉世家≫
정나라 상인 현고가 周나라에서 장사를 하려고 그들을 만났다.

趙亦不殺田角 · 田閒以**市**於齊. ≪史記·項羽本紀≫
조나라 역시 전각·전간을 죽이지 않고 제나라와 흥정하였다.

曰: '收畢矣.' '以何**市**而反?' ≪戰國策·齊策四≫
'징수를 끝내고 왔습니다.'라고 말하자, '무엇을 사 오셨소?'하고.

乃臣所以爲君**市**義也. ≪戰國策·齊策四≫
이것이 제가 귀공을 위해 義를 산 것입니다.

'售'와 '鬻'은 交易에 사용하는데, 주로 파는 것을 의미한다. ≪左傳·

昭公3年≫의 杜注에 "鬻은 파는 것이다.(鬻, 賣也.)"라고 했고, ≪說文解字≫에 "售는, 팔아서 손을 떠나는 것이다.(售, 賣去手也.)"라고 하였다. 그러나 후에 사들이는 것도 나타낼 수 있어서, 베풀고 거두어들인다는 의미도 되었다.

景公繁於刑, 有**鬻**踊者, 故對曰: '踊貴, 屨賤.' ≪左傳·昭公3年≫
경공이 형벌을 자주 집행하여, 義足을 파는 사람이 있었다. 그래서 (경공이 묻자 안자가) '의족은 비싸고 신발은 쌉니다.'라고 대답하였다.

賣僕妾不出閭巷而**售**者, 良僕妾也. ≪史記·張儀列傳≫
종과 계집종을 팔 때 마을을 벗어나기도 전에 팔리는 것이, 좋은 종과 계집종이다.

欲居之以爲利, 而高其直, 亦無**售**者. ≪聊齋志異·促織≫
그것(귀뚜라미)을 차지하여 이익을 취하려 하여 그 값을 높이 매기니, 역시 사려는 사람이 없었다.

'貿'는 ≪說文解字≫에 "재물을 바꾸는 것이다.(貿, 易財也.)"라고 하였다. ≪小爾雅≫는 "貿는 바꾸는 것이다.(貿, 易也.)"라고 하였으며, ≪爾雅≫는 "貿는 저자이다.(貿, 市也.)"라고 하였다. 따라서 '貿'의 本義는 '교역하다', '매매하다', '교환하다'는 뜻이다.

氓之蚩蚩, 抱布**貿**絲. ≪詩經·衛風·氓≫
어수룩한 남자여, 베를 안고 실을 바꾸러 왔구나.
◆蚩蚩: 어리석은 모양. 貿: 여기서는 사는 것(≪孔疏≫). 베와 교환하는 것.

丈夫不織而衣, 婦人不耕而食, 男女**貿**功, 以長生.
장부는 베를 짜지 않고도 옷을 입고, 여자는 밭을 갈고 않고 먹으니, 남자와 여자가 힘씀을 교환함으로써 오래 살 수 있는 것이다.

58 仇[구/chóu]·讐[수/chóu]·敵[적/dí]

세 글자는 모두 '원수', '원한', '대등하다'는 뜻이 있다.

'敵'의 本義는 적, 원수 또는 '匹敵하다', '역량이 相當하다'이다. ≪說文解字注≫에 "仇는 好惡를 겸하는 말이고, 서로 대등하면 敵이 된다.(仇者, 兼好惡之詞, 相等爲敵.)"라고 했다. 쌍방이 결합하여 피차간 匹敵하는 것은 모두 '仇'라고 할 수 있다.

고대에는 '仇'가 求와 讀音이 같았고, '讐'는 酬(수)와 독음이 같았는데, 뜻도 같았다. '仇'는 逑(구: 짝)와 통하여 배필·배우자에 해당한다. ≪正韻≫에 "仇는 음이 求이고, 짝을 뜻한다.(仇, 音求, 匹也.)"라고 하였다. '仇'의 本義는 '원수', '동반자'가 된다.

> 邇者不惑而遠者不疑也. ≪詩≫云: '君子好**仇**.' ≪禮記·緇衣≫
> 가까운 자는 미혹하지 않고 먼 자는 의심하지 않는다. ≪詩經≫에 '군자는 어진 벗을 좋아한다.'라고 했다.
> ◆≪禮記·緇衣≫의 내용에 따르면 '仇'를 벗으로 해야 적절하다. 벗, 짝, 배우자는 통한다. <關雎>詩 자체로 보면 당연히 배우자가 된다.

'仇'가 逑와 통하기 때문에, 위의 ≪詩經·周南·關雎≫를 인용할 때는 "君子好逑"를 "君子好仇"로 썼다. '仇'에는 배우자의 뜻이 있으므로 引伸되어 同伴이 되며, '원수'의 뜻에서 引伸하여 '원수를 갚다'가 된다.

'讎'는 '讐'와 同字이다. '讎'에 관해서는, ≪說文解字注≫에 "말로서 응대하는 것이다.(讎者, 以言對之.)"라고 하였다. 本義는 '응답하다', '대답하다'이다. 引伸되어 '相應하다', '효험이 있다'가 되었다. ≪史記·封禪書≫의 ≪索隱≫에 "정덕이 이르기를, '상응함이 讎가 된다.'라고 했다.(鄭德云, 相應爲讎.)"라고 하였다. 讎는 假借하여 '원수(에 해당하는 사람)'가 된다.

無言不讎, 無德不報. ≪詩經·大雅·抑≫
응답하지 않는 말이란 없고, 보답하지 않는 恩德이란 없다.
◆讎: 對 또는 答의 뜻(≪通釋≫).

於是上使御史簿責魏其所言灌夫, 頗不讎, 欺謾. ≪史記·魏其武安侯列傳≫
이에 황제가 어사를 시켜 위기가 관부에 대해 한 말을 문서로 조사하게 하였는데, 상당부분 부합되지 않아, 기만(죄)에 해당하였다.

其方盡, 多不讎. 司馬遷, ≪史記·封禪書≫
그 처방을 다했으나 대부분 효험이 없었다.

'敵'은 ≪爾雅·釋詁≫에 "敵은 짝이다.(敵, 匹也.)"라고 하였다. 쌍방이 각 방면에서 모두 우열이 없어서, 서로 필적할 수 있는 것을 '敵'이라 일컫는다.

凡公女, 嫁于敵國, 姊妹, 則上卿送之. ≪左傳·桓公3年≫
대체로 공주가 대등한 나라로 시집갈 경우, (그 공주가) 임금의 姊妹이면 上卿이 (데리고 가서) 배웅한다.
◆이곳의 敵國은 적대하는 나라가 아니라, 爵位, 지위 등이 서로 같은 나라이다.

'敵'은 짝에서 引伸되어 쌍방이 서로 대항하고 게다가 오랫동안 맞서고 있는 것을 의미하게 되었다. 이것이 바로 ≪說文解字≫에서 "敵은 원수이다(敵, 仇也.)"라고 한 뜻이다.

視不勝猶勝也; 量**敵**而後進, 慮勝而後會, 是畏三軍者也. ≪孟子·公孫丑上≫
이기지 못하는 것 보기를 이기는 것같이 한다. 적(의 많고 적음)을 헤아려 본 후에 공격하고, 이기리라고 요량해 본 후에야 싸운다면, 이것은 삼군을 두려워하는 것이다.

'敵'의 대등하고 서로 對抗하고 있다는 뜻은 '當'과 비슷하지만, '當'은 동사로서 대적하는 행위나 대적하는 과정을 가리키고, '敵'은 명사로서, 쌍방이 대등함을 가리킨다.

'仇'와 '敵'의 차이는 '仇'가 好惡를 겸한 말이고, '敵'은 서로 대등할 때 사용하는 말이라는 점이다.

秦地半天下, 兵敵四國, 被山帶河, 四塞以爲固. ≪戰國策·楚策一≫
진나라의 영토는 천하를 반분하였고, 병력은 사방(의 나라를 합친 것)과 대적하며, 산에 둘러싸이고 황하를 끼고 있어, 사방의 요새로 견고함으로 삼는다.
◆注에 '敵은 강약이 대등함이다.(敵, 强弱等也.)'라고 했다.

'仇'와 '讎'는 원수, 원한의 의미에서, 上古時代에는 '讎'를 많이 사용하였고, 후대에는 '仇'를 많이 사용하면서 '讎'는 적게 사용하였다.

'仇'와 '讎'가 결합되어 '仇讎'로 사용될 때는, 적과의 사이에 다툼이 그치지 않는다는 뜻으로, 兩立할 수 없는 敵이다.

赳赳武夫, 公侯好仇. ≪詩經·周南·兎罝≫
늠름한 군인은 임금님의 좋은 동반자.

凡殺人而義者, 令勿仇, 仇之則死. 柳宗元, 〈駁復讎議〉
대개 살인을 했으나 의로운 자에게는 원수를 갚지 말도록 하니, 원수를 갚으면 사형에 처한다.

59 窮[궁/qióng]·極[극/jí]·終[종/zhōng]

이 글자들은 모두 동사로서, '마치다'는 뜻을 지닌다. 그러나 그 本義는 모두 다르다.

'窮'의 本義는 '최고조', '절정'이다. ≪說文解字≫에 "窮은 최고조이다.(窮, 極也.)"라고 하였다. 引伸되어 '마치다', '窮極'이 되었다. 시간의 종결을 강조할 때가 있고, 행위의 종결을 강조할 때가 있다.

縱欲而不**窮**, 則民心奮而不可說也. ≪荀子·富國≫
욕망에 따르되 다함이 없다면, 民心이 떨치고 일어나 (욕망을) 기뻐할 수 없을 것이다.
◆說(열)은 悅과 같다. 기쁘다. 만족하다.

復前行, 欲**窮**其林. 陶 潛, 〈桃花源記〉
다시 앞으로 나아가, 그 숲을 끝까지 조사하려고 했다.

作賓于王家, 與國咸休, 永世無**窮**. ≪尙書·微子之命≫
왕실에 귀빈이 되어, 나라와 더불어 함께 (아름다움을) 누리어, 길이 다함이 없도록 한다.

'極'의 本義는 가옥 정중앙의 대들보[梁]이다. ≪說文解字≫에는 "極은 용마루다.(極, 棟也.)"라고 하였다. 인신되어 '끝에 도달하다', '최고점에 도달하다'가 되었다. ≪說文解字注≫에는 "인신의 뜻에서 모두 지극히 높고 지극히 먼 것을 極이라고 한다.(引伸之義凡至高至遠謂之極.)"라고 하였다. 거리의 끝을 강조한다.

孔子之楚, 舍於蟻丘之漿. 其隣有夫妻臣妾登**極**者. ≪莊子·則陽≫
공자가 초나라에 가는 도중에 의구산 옆 주막에서 묵었다. 그 이웃에 처첩이 함께 용마루에 올라간 사람이 있었다.
◆蟻(의): 개미. 漿(장): 미음. 음료.

北通巫峽, 南**極**瀟湘. 范仲淹, 〈岳陽樓記〉
북쪽으로는 무협에 통하고, 남쪽으로는 소수와 상수에 이른다.
◆巫峽(무협): 湖北省 巴東縣의 서쪽에 있는 협곡. 양안이 절벽으로 된 험준한 곳이다. 瀟湘(소상): 동정호 남쪽에 있는 瀟水와 湘水. 부근에 소상팔경이 있다.

東至於泰遠, 西至於邠國, 南至於濮鈆, 北至於祝栗, 謂之**四極**. ≪爾雅·釋地≫
동쪽으로는 태원에 이르고, 서쪽으로는 빈국에 이르며, 남쪽으로는 복연에 이르고, 북쪽으로는 축률에 이르는데, 이를 四極이라고 한다.

'終'의 本義는 가는 실이다. ≪說文解字≫에 "終은 작은 실이다.(終, 絿絲也.)"라고 했다. 인신되어 '結束', '完了'가 되었고, '始'와 相對가 된다. 段玉裁의 ≪說文解字注≫에 "≪廣韻≫에 이르기를, 마침이고,

다함이고, 궁극이고, 끝냄이라고 했다. 그 뜻은 모두 마땅히 冬이 되어야 한다. 冬은 네 계절이 끝남이다. 그러므로 인신의 뜻이 이와 같은 것이다.(≪廣韻≫云, 終, 極, 窮, 竟也. 其義皆當作冬. 冬者四時盡也. 故引申之意如此.)"라고 하였다. ≪中華大字典≫에는 "始의 의미와 반대된다.(始之對也.)"라고 하였다. 이 글자가 강조하는 것은 한 과정의 종료이다. 흔히 시간을 나타내는 글자와 결합하여 사용된다.

吾嘗**終**日不食, **終**夜不寢, 以思, 無益, 不如學也. ≪論語·衛靈公≫
나는 일찍이 종일토록 먹지 않고, 날이 새도록 자지 않고, 생각해 보았으나 무익하여, 학문을 하느니만 못하였다.

吾嘗**終**日而思矣, 不如須臾之所學也. ≪荀子·勸學≫
나는 일찍이 종일토록 생각에 잠긴 일이 있었으나, 잠시 동안 학문을 하느니만 못하였다.

'終'에 덧붙여지는 것이 시간에 관련된 글자가 아닐 경우에도 나타내는 바는 여전히 시간이다. '결속'·'완료'의 뜻과 서로 관계되고, '終'을 써서 또한 생명의 종결을 가리킬 수 있다.

'有一言而可以**終**身行之者乎?' 子曰: '其恕乎! 己所不欲, 勿施於人.' ≪論語·衛靈公≫
'한 마디 말을 가지고 종신토록 실행할 만한 것이 있습니까?' 공자께서 말씀하셨다. '그것은 恕일 게다! 자신이 바라지 않는 바는 남에게 베풀지 말라.'

君子無**終**食之間違仁, 造次必於是, 顚沛必於是. ≪論語·里仁≫
군자는 밥 먹는 시간이라도 仁을 어김이 없어야 하고, 다급한 순간이라도 반드시 이를 지켜야 하고, 넘어지는 순간이라 할지라도 반드시 이를 지켜야 한다.
◆위 예문에서 終身은 생명의 종결을, 終食은 밥 먹을 시간이다. 이 외에 '終局', '終場', '終結' 등도 이와 같다.

60 弓[궁/gōng]·弩[노/nǔ]

두 글자 모두 화살을 발사하는 무기이다. 사람이 손으로 화살을 발사하는 것을 '弓(활)'이라 하는데, 그 형태는 오늘날과 같으나 활 만드는 재료에 차이가 있다. 그 여섯 가지 재료에 幹·角·筋·膠·絲·膝이 있었다.

기계의 힘으로 발사하는 활을 '弩'라고 한다. '弩'는 戰國時代에 발명되었는데, '弓'을 발전시킨 것으로 '弓'보다 강한 최첨단의 무기였다. 발사거리는 數百步에 도달하였고, 어떤 것은 몇 개의 화살을 발사할 수 있었다. 연달아 발사할 수도 있는 것을 '連弩'라고 하였다.

> 車轔轔, 馬蕭蕭, 行人弓箭各在腰. 杜甫, 〈兵車行〉
> 수레는 삐걱거리고, 말은 슬피 우는데, 장병들은 활과 화살을 허리에 찼네.
> ◆轔轔(인린): 수레가 움직일 때 나는 소리. 蕭蕭(소소): 말이 슬프게 우는 소리.

> 齊軍萬弩俱發. ≪史記·孫子吳起列傳≫
> 제나라 군대는 만개의 쇠뇌를 함께 발사하였다.

61 躬[궁/gōng]·身[신/shēn]·軀[구/qū]

'身體'라는 뜻에서 이 글자들은 동의사이다. 그러나 미세한 차이가 있다.

'躬'은 오로지 사람의 몸만을 가리키며 사물의 몸을 가리키지는 않는다.

臣, 鞠**躬**盡瘁, 死而後已. 諸葛亮, 〈後出師表〉
신은 몸을 굽히고 온갖 노력을 다 바쳐 죽은 후에야 그만둘 것입니다.

'軀'는 일반적으로 사람의 몸을 가리키지만 간혹 사물의 몸을 가리키기도 한다.

儻急難有用, 敢效微**軀**. 李白, 〈與韓荊州書〉
만일 급한 곤경을 당하여 쓰실 일이 있게 된다면 저는 감히 미천한 몸을 바치겠습니다.
◆ 儻(당): 만일. 效(효): 바치다.

龍死**軀**殼在. 孔武仲, 〈松上老藤〉
용은 죽어도 그 몸의 껍데기는 남긴다네.

'身'은 사람의 몸을 가리킬 수도 있고 사물의 몸을 가리킬 수도 있다.

首**身**離兮心不懲. ≪楚辭·九歌·國殤≫
내 머리와 몸이 나뉘어진다 해도 후회하지 않으리.

審視, 巨**身**修尾, 靑項金翅. 蒲松齡, ≪聊齋志異·促織≫
(귀뚜라미를) 유심히 살펴보니, 우람한 몸집에 기다란 꼬리, 푸른색 목덜미에 금빛 날개를 가지고 있었다.
◆ 翅(시): 날개.

'躬', '身'은 모두 의미가 확대되어 '스스로의 몸', '몸소'의 의미로도 사용된다. 그러나 '軀'에는 이런 용법이 없다.

臣本布衣, **躬**耕南陽. 諸葛亮, 〈出師表〉
臣은 본래 평민으로 남양 땅에서 직접 밭을 갈았습니다.

遠者數世, 近者及**身**. 黃宗羲, 〈原君〉
멀다 해도 몇 세대에 불과하고, 가까우면 자기 한 몸에 미친다.

6 2 宮[궁/gōng]·室[실/shì]·房[방/fáng]·屋[옥/wū]·第[제/dì]·宅[택/zhái]·廬[려(여)/lú]·廛[전/chán]

이 글자들은 모두 '집'이나 '방'의 뜻이 있다.

'宮', '室'은 모두 주택의 통칭으로 사용된다.

> 爲治齋宮河上, 張緹絳帷, 女居其中. 《史記·滑稽列傳》
> 재계하는 집을 강가에 만들고 붉은 장막을 둘러서 여자를 그 안에 있게 한다.
> ◆ 緹(제): 붉은 비단. 絳(강): 진홍색.

> 父母妻子, 皆同其宮. 《墨子·號令》
> 부모와 처자가 모두 같은 집에서 거주한다.

'宮'과 '室'의 차이점은 다음 네 가지이다.

1. 外延이 다르다. '宮'은 담장 안의 모든 건축물을 포괄한다. '室'은 사방이 벽으로 둘러싸인 가옥으로서 宮의 일부분이다. 《說文解字注》에 "궁은 외부를 둘러쌓아 그 안쪽에 있는 것들을 가리키고, 室은 그 안에 있는 것을 가리킨다.(宮言其外之圍繞, 室言其內.)"라고 했다.

2. 引伸된 뜻이 다르다. '宮'은 '담장의 안', '테두리 안'을 가리키므로 인신되어 '담(장)'이 된다. '室'은 '사방 벽의 안'이므로 인신되어 '식구', '집', '가족'이 된다.

> 譬之宮牆, 賜之牆也及肩, 窺見室家之好. 《論語·子張》
> 궁궐의 담에다 비유한다면, 저(賜: 자공)의 담은 어깨 높이여서 집 안의 아름다움을 살필 수 있습니다.

> 聚室而謀曰. '吾與汝畢力平險, 指通豫南, 達於漢陰, 可乎?' 《列子·湯問》
> 집안 식구들을 모아놓고서 상의하여 말하였다. '나와 너희들이 힘을 다해 험한 산을 평평히 함으로써 예주의 남쪽으로 곧장 통하고, 한수의 남쪽으로 직접

다다르게 하는 게 좋겠다. 괜찮겠느냐?'

二十曰弱, 冠. 三十曰壯, 有**室**. ≪禮記·曲禮上≫
20살은 弱이라 하고 관례를 행한다. 30살은 壯이라 하고 가족을 이룬다.

與吾父居者, 今其**室**十無二三焉. 柳宗元, 〈捕蛇者說〉
(전에) 저의 아버지와 함께 (이 마을에) 살았던 사람들 중에 지금은 그 열 집에 두셋도 남지 않았다.

3. 후대에 변화된 의미가 다르다. 先秦時代에 '宮', '室'은 모두 일반적인 가옥, 주택을 가리켜 貴賤의 구별이 없었다. 秦漢 이후 '宮'은 오로지 帝王의 주택, 궁전만을 가리키게 되어 귀천의 구별이 생겼다.

宣德間, **宮**中尙促織之戱. 浦松齡, ≪聊齋志異·促織≫
선덕 연간에 궁중에서는 귀뚜라미 놀이가 유행하였다.

4. 복합어의 조합이 다르다. '宮'은 宮牆, 宮女, 宮車, 宮廷, 宮殿, 宮闕 등으로 조합되고 '室'은 家室, 宮室, 妻室, 幽室 등으로 조합된다.

'房', '屋'은 모두 '집'을 가리킨다. ≪廣雅·釋宮≫에 "房과 屋은 집이다.(房室, 舍也.)"라고 했다. '房', '屋'의 차이점은 다음 두 가지이다.

1. 語源이 다르다.

'房'은 '旁'과 어원이 같다. ≪說文≫에 "房은 室의 옆에 있는 방이다.(房, 室在旁也.)"라고 했고, ≪說文解字注≫에는 "堂 안에는 가운데에 正室이 있고 좌우에 房이 있어서 東房, 西房이라 한다.(凡堂之內, 中爲正室, 左右爲房, 所謂東房西房也.)"고 하였다.

'屋'은 '幄(악)'과 어원이 같다. ≪爾雅·釋名≫에 "幄은 屋이다.(幄, 屋也.)"라고 하였다. '屋'은 본래 帳幕을 가리키는 것인데, 후에 집의 방을 가리키게 되었다. 이 때문에 '屋'은 '지붕'의 뜻으로도 사용된다.

齊頃公帷婦人使觀之. 郤子登, 婦人笑於**房**. ≪左傳·宣公十七年≫

제나라 경공은 부인(경공의 어머니)을 장막 속에 숨기고 (절름발이인 郤克을) 구경하게 하였다. 극자[郤克]가 (계단을) 오르자 부인이 방 안에서 웃었다.

亟其乘屋, 其始播百穀. ≪詩經·豳風/七月≫
빨리 지붕을 이어야지 내년이면 여러 곡식을 씨 뿌려야 할 터이니.

2. 引伸義가 다르다. 고대에 '房'에는 처첩이 거주하는 경우가 많았기 때문에 인신되어 첩을 가리키게 되었다. 그러므로 '偏房'은 正妻가 아님을 나타낸다. '屋'이 지붕을 가리킬 수 있었기 때문에 인신되어 위에 덮는 것을 모두 屋이라 하게 되었다.

紀信乘黃屋車. ≪史記·項羽本紀≫
(한나라 장수) 기신은 노란 비단으로 지붕을 덮은 수레를 탔다.

'宅'은 거주하는 집이다. ≪韓非子·大略≫의 注에 "宅은 거주하는 곳이다.(宅, 居住也.)"라고 했다. '第'의 본의는 '차례'이다. ≪廣雅≫에 "第는 차례이다.(第, 次也.)"라고 하였다. 한대 초기에 한 고조가 甲乙의 차례에 따라서 각종 등급의 주택을 지어 공신들에게 하사하였고, '第'는 이때부터 고급주택이라는 뜻을 갖게 되었다.

方宅十餘畝, 草屋八九間. 陶潛, 〈歸田園居〉
네모진 저택은 10여무이고 초가집은 8, 9칸이네.
◆ 畝(무): 이랑. 전답이나 면적의 단위. 6척 사방이 1步가 되고 100보가 1무가 된다.

'廛'은 본래 城邑에 있는 평민의 거주지를 가리켰는데, 인신되어 성읍의 작은 집이 되었다. '廬'는 본래 길을 따라서 설치되어 빈객을 접대하던 가옥, 추위와 더위를 피하던 별장, 밭 가운데에 있는 농막이었는데, 인신되어 시골집이나 누추한 작은 집이 되었다. ≪說文解字≫에 "廬는 기거함이다. 가을과 겨울에는 떠났다가 봄과 여름에는 거주한다.(廬, 寄也, 秋冬去, 春夏居.)"라고 했고, ≪說文解字≫의 段玉裁 注에는 "옛날에는 들에 있는 것은 廬라 했고, 邑에 있는 것을 里라 했다.……

里가 곧 廛이다.(古者在野曰廬, 在邑曰里.……里卽廛也.)"라고 하였다.

凡國野之道, 十里有**廬**, **廬**有飮食. ≪周禮·地官·遺人≫
국도와 교외의 도로에는 10리마다 廬를 두는데, 廬에는 먹을 것과 마실 것이 있다.

先帝不以臣卑鄙, 猥自枉屈, 三顧臣於草**廬**之中. 諸葛亮, 〈出師表〉
선제께서 신을 비루하고 천하다고 여기지 않으시고, 송구스럽게도 몸을 굽히셔서 누추한 초가집으로 신을 세 번이나 찾아오셨습니다.

63 權[권/quán]·衡[형/héng]·度[도/dù]·量[량/liàng]

명사로 사용될 때, 이 글자들은 모두 도량형의 기구를 가리킨다.

'權'은 '저울추'이다. ≪廣雅·釋器≫에 "추를 권이라 한다.(錘謂之權)"고 했다.

'衡'은 '저울대, 저울'이다. ≪九章算術·方程≫에 "오작과 육연을 지금은 통칭하여 衡이라고 한다.(今有五雀六燕, 集稱之衡.)"고 하였다.

爲之**權衡**以稱之, 則幷與**權衡**而竊之. ≪莊子·外篇·胠篋≫
저울추와 저울대를 만들어 무게를 달게 하면 저울추와 저울대까지 훔친다.

'度'는 길이를 재는 단위이자 기구이다. 鄭玄의 注에 "度는 丈, 尺(길이의 단위)이다.(度, 丈尺也.)"라고 하였다.

權, 然後知輕重. **度**, 然後知長短. 物皆然, 心爲甚, 王請**度**之. ≪孟子·梁惠王上≫
달아 본 후에라야 가볍고 무거운 것을 알게 되고, 재 본 후에라야 길고 짧은 것을 알게 됩니다. 사물이 모두 그렇지만 마음은 더욱 그렇습니다. 왕께서는 헤아려 보십시오.

'量'은 부피를 계산하는 단위이자 기구이다. ≪漢書·律歷志上≫에 "양이란 작(0.1홉)·홉·되·말·휘(10말)인데 많고 적음을 계량하는 것이다.(量者, 龠·合·升·斗·斛也, 所以量多少也.)"라고 하였다.

한 마디로 말하면, '權'·'衡'은 무게를, '度'는 길이를, '量'은 부피를 재는 것이다.

願將軍**量**力而處之. ≪三國志·吳書·周瑜魯肅呂蒙傳≫
원컨대 장군께서는 자신의 역량을 헤아려서 처리하십시오.

위의 글자들이 동사로 사용될 때, '權'과 '衡'은 무게를, '度[duò]'는 길이를, '量[liáng]'은 부피를 잰다는 뜻으로 사용된다.

爲之斗斛以**量**之, 則幷與斗斛而竊之. ≪莊子·外篇/胠篋≫
말과 휘를 만들어 부피를 재게 하면 말과 휘까지 훔친다.

聖人**權**其輕重, 出其大利. ≪韓非子·六反≫
성인은 그 경중을 저울질함에 있어 원대한 이익이 되느냐의 관점에서 출발한다.

會天大雨, 道不通, **度**已失期. ≪史記·陳涉世家≫
때마침 큰 비가 내려 도로가 불통되었으므로 (날짜를) 헤아려보니 이미 정해진 기한을 넘겼다.

64

窺[규/kuī]·睨[예/nì]·瞻[첨/zhān]·瞰[감/kàn]·顧[고/gù]·相[상/xiàng]

이 글자들은 모두 '보다'라는 뜻을 갖고 있다.

그러나 '보는' 방법과 태도가 다르다. '窺'는 은밀히 훔쳐보는 것이다. 또한 안에서 밖을 향해 바라봄을 나타내기도 한다. 일반적인 의미에서의 '보다'라는 뜻을 표시할 수도 있다.

不**窺**密, 不旁狎, 不道舊故, 不戲色. ≪禮記·少儀≫
남의 비밀스러운 곳을 엿보지 않으며, 버릇없는 행동을 하지 않으며, 남의 과거의 잘못을 말하지 않으며, 천박한 낯빛을 띠지 않는다.

不出戶, 知天下, 不**窺**牖, 見天道. ≪老子·47章≫
문밖을 나서지 않아도 천하를 알며, 창을 내다보지 않아도 천도를 본다.

'睨'는 흘겨보는 것이다. 인신되어 '비뚤어지다'의 뜻으로도 쓰인다.

旨酒一盛兮, 余與褐之父**睨**之. ≪左傳·哀公13年≫
맛있는 술이 동이에 가득한데, 나는 가난한 노인과 흘겨보며 노리고 있습니다.

日方中方**睨**, 物方生方死. ≪莊子·天下≫
태양이 막 하늘 한 가운데 있는 것은 바야흐로 기울고 있는 것이며, 만물이 막 태어남은 바야흐로 죽어가고 있는 것이다.

'瞻'은 위를 향해 보는 것이다. '瞻'과 '顧'가 연용되거나 대조되어 거론될 때에는 앞을 향해 보는 것을 표시할 수도 있다.

瞻彼日月, 悠悠我思. ≪詩經·邶風·雄稚≫
저 해와 달을 바라보니 내 시름 그지없네.

瞻前而顧後兮, 相觀民之計極. ≪楚辭·離騷≫
앞 시대를 살펴보고 뒷 시대를 돌아보면 사람들의 생각을 살필 수 있다.

'瞰'은 높은 곳에서 아래를 향해 내려다보는 것이다. 또한 먼 곳을 바라보거나 은밀하게 살펴봄을 나타낼 수도 있다.

雲車十餘丈, **瞰**臨城中. ≪後漢書·光武帝紀≫
운거는 10여 장 높이여서 성 안을 내려다볼 수 있다.
◆ 雲車: 사람을 높이 오르게 하여 먼 곳이나 아래 쪽을 살펴볼 수 있게 하는 수레.

陽貨瞰孔子之亡也, 而饋孔子蒸豚. ≪孟子·滕文公下≫
양화는 공자가 없을 때를 은밀히 살펴서 공자에게 삶은 돼지를 보냈다.

'顧'는 머리를 돌려 보는 것이다. 일반적으로 보는 것을 나타낼 수도 있다. '顧'는 또한 인신되어 '(예를 갖춰) 방문하다'의 뜻을 나타낼 수 있다.

莊子持竿不顧曰. ≪莊子·外篇/秋水≫
장자는 낚싯대를 든 채 돌아보지도 않고 말하였다.

先帝不以臣卑鄙, 猥自枉屈, 三顧臣於草廬之中. 諸葛亮, 〈出師表〉
선제께서 신을 비루하고 천하다고 여기지 않으시고 송구스럽게도 몸을 굽혀 누추한 초가집으로 세 번이나 신을 찾아오셨습니다.

'相'은 겉모습을 살펴보는 것이다. 인신되어 '살펴봄'을 나타낼 수도 있다.

相鼠有皮, 人而無儀. ≪詩經·鄘風·相鼠≫
쥐를 보아도 가죽이 있는데, 사람이면서도 체모가 없네.

量力而行之, 相時而動, 無累後人. ≪左傳·隱公11年≫
힘을 헤아려 행하고, 때를 보고 움직여, 후손에게 누를 끼치지 않았다.

65 隙[극/xì]·際[제/jì]

'隙'과 '際'는 모두 담장 벽의 틈을 가리키지만 다음과 같은 차이가 있다.

'隙'은 벽의 갈라진 틈이고, '際'는 벽이 연결되는 부분의 틈이다.

故事有鑿一孔, 而生百隙. ≪淮南子·泰族訓≫
그러므로 일에 하나의 구멍이 뚫리면 백 개의 틈이 생긴다.

孤帆遠影碧空盡, 唯見長江天際流. 李白, 〈黃鶴樓送孟浩然之廣陵〉
외로운 돛의 머언 그림자는 푸른 하늘 속으로 사라지고, 장강이 하늘과 맞닿는 곳으로 흘러가는 것만 보이는구나.

단옥재는 ≪說文解字注≫에서 '隙'과 '際'의 구분에 대해, "際는 나뉜 것으로부터 합쳐짐을 말하고, 隙은 합쳐진 것으로부터 구분된 것을 말한다.(際, 自分而合言之; 隙, 自合而分言之.)"고 하였다.

'隙'과 '際'는 본의에서도 차이가 있고, 引伸義에서도 다음과 같은 차이가 있다.

'隙'은 벽이 '합쳐진 것으로부터 구분된 틈'이라는 의미에서 인신되어 사물이 '합쳐진 것으로부터 구분된 틈'을 널리 가리킨다.

三年之喪, 二十五月而畢, 若駟之過隙. ≪禮記·三年問≫
삼년의 상복은 25개월로 끝나니 네 마리 말이 끄는 수레가 문 틈 앞을 지나가는 것처럼 빠르다.

'隙'은 틈에서 인신되어 '구멍'의 뜻으로도 사용된다. 인신되어 농사철의 틈, 곧 농한기가 될 수도 있고, 논밭에 식물을 심지 않는 휴경지가 될 수도 있다.

不待父母之命媒妁之言, 鑽穴隙相窺. ≪孟子·滕文公下≫
부모의 명령과 중매인의 말을 기다리지 않고 구멍을 뚫고서 서로 엿본다.

四時之隙, 於是乎成之. ≪國語·楚語≫
사계절의 농한기에 건물을 짓는다.

宋·鄭之間有隙地焉. ≪左傳·哀公12年≫
송나라와 정나라 사이에는 휴경지가 있다.

'隙'은 '사물의 틈'으로부터 인신되어 사람과 사람 사이의 관계나 감정의 틈을 표시할 수도 있다.

> 若承命不違, 守業不懈, 寬於死而遠於憂, 則可以上下無隙矣. ≪國語·周語≫
> 임금의 명령을 받들어 어기지 않고, 업무를 맡아 나태하지 않으며, 형벌(사형)에 저촉되지 않고, 근심을 멀리하면 군신 상하 간에 틈(갈등)이 없게 됩니다.

'際'는 두 담장이 '나뉜 것으로부터 합쳐지는 틈'이라는 뜻으로부터 인신되어, 두 사물이 서로 합쳐져서 생긴 틈을 널리 가리킨다. 또 두 곳의 땅이 접한 곳이 될 수도 있다.

> 覆蓋周密無際. ≪後漢書·張衡傳≫
> 뚜껑을 덮은 것이 매우 정밀하여 틈이 없었다.

> 居齊·魯之際而無事, 必不可矣. ≪左傳·定公10年≫
> 제나라와 노나라의 접경지역에서는 (어느 한 쪽을) 섬기지 않으면 안 된다.

'際'는 또 인신되어 두 시기가 합쳐지는 때를 가리킬 수도 있고, 사람과 사람이 만나서 생기는 관계 또는 사람 사이의 왕래나 교제의 뜻으로 사용될 수도 있다.

> 唐虞之際, 於斯爲盛, 有婦人焉, 九人而已. ≪論語·泰伯≫
> 당요와 우순 이후에는 이때 인재가 가장 많았다. (무왕의 뛰어난 신하 열 명 중에는) 부인이 한 명 포함되어 있었으니 (남자만 따진다면) 아홉 명뿐이었다.

> 契興於唐·虞·大禹之際, 功業著於百姓, 百姓以平. ≪史記·殷本紀≫
> 설은 요·순·우의 시대에 흥성하여 공덕이 백성들에게 드러나 백성들이 태평하였다.

> 萬章問曰. '敢問交際, 何心也?' 孟子曰. '恭也.' ≪孟子·萬章下≫
> 만장이 여쭈어 말했다. '감히 교제에 관해서 여쭙습니다. 어떤 마음으로 교제해야 합니까?' 맹자가 말하였다. '공경하는 마음이다.'

'隙'과 '際'는 모두 동사로 사용될 수 있으나, 명사로 사용될 때의 의미 차이 때문에 동사로 사용될 때 '접근'을 표시하는 것을 제외하고는 그 나머지 의미가 각기 다르다. 또한 옛 문헌에 '隙'이 동사로 사용되는 경우는 드물고, '際'가 동사로 사용되는 경우는 자주 보인다.

66 極[극/jí]·至[지/zhì]·甚[심/shèn]·最[최/zuì]

이 글자들은 모두 정도를 표시하는 부사로 사용된다.

'甚'은 정도가 상당히 높음을 나타내지만, 가장 높음, 즉 정점에 도달했음을 표시하지는 않는다. 현대 중국어에서 '很'의 용법과 같다.

'最'는 정점에 도달하였음을 나타낸다. 최상급을 나타낸다.

> **甚**矣, 汝之不惠. ≪列子·湯問≫
> 심하군요, 당신의 똑똑하지 못함이.

> 太守與客來飮于此, 飮少輒醉, 而年又**最**高, 故自號曰醉翁也. 歐陽修, 〈醉翁亭記〉
> 태수는 손님과 더불어 이곳에 술 마시러 오곤 하는데, 조금만 마셔도 곧 취하고, 나이도 가장 많아서 스스로 호를 '술 취한 늙은이'라 하였다.

'至'와 '最'는 동의사이나, 上古時代에는 최상급을 말할 때 일반적으로 '至'를 사용했고 '最'를 사용하지는 않았다.

> 此亦飛之**至**也. ≪莊子·逍遙遊≫
> 이것 또한 날아오름이 가장 뛰어난 것이다.

'極'의 용법은 비교적 복잡한데, 그 本義는 집의 용마루와 대들보[棟梁]를 가리켰다. 대들보는 집의 가장 높은 곳에 있으므로 인신되어 '極

端'·'極點'·'頂點'의 뜻으로 사용되었다. 또한 동사로 '끝에 도달하다', 부사로 '가장', '매우' 등의 뜻으로도 사용된다.

孔子之楚, 舍於蟻丘之漿, 其隣有夫妻臣妾登**極**者. ≪莊子·則陽≫
공자가 초나라에 가서 의구산의 미음 파는 집에 숙박했을 때, 그 이웃집 사람이 처첩과 함께 용마루에 올라갔다.

夫何使我至於此**極**也? ≪孟子·梁惠王下≫
어째서 우리들을 이 지경에까지 이르게 하는 걸까?

登斯樓也, 則有去國懷鄕, 憂讒畏譏, 滿目蕭然, 感**極**而悲者矣. 范仲淹, 〈岳陽樓記〉
이 누각에 오르면, 멀리 서울을 떠나 고향을 그리워하며, 무고를 걱정하고 모략을 두려워하는 마음이 일어, 눈에 보이는 모든 것이 쓸쓸하게 느껴지고 감정이 극점에 이르러 슬퍼질 것이다.

67 勤[근/qín]·勞[로(노)/láo]·劬[구/qú]

고대에 '勤'은 '힘을 다해 일을 하며 게으르지 않다'는 뜻이 아니라 '고생하다'의 뜻으로 흔히 사용되었다. ≪說文解字≫에 "勤은 수고로움이다(勤, 勞也.)"라고 했는데 오직 이런 용법에 있어서만 '勤'과 '勞'는 동의사이다.

勞師以襲遠, 非所聞也. 師**勞**力竭, 遠主備之, 無乃不可乎? 師之所爲, 鄭必知之, **勤**而無所, 必有悖心. ≪左傳·僖公32年≫
군대를 수고롭게 하여 먼 나라를 치는 것은 들어본 바가 없습니다. 군대가 수고로워 힘이 다하였는데 먼 나라 임금이 그것을 대비하였다면 이보다 좋지 않은 것이 없습니다. 우리 군대의 행동은 정나라가 반드시 알게 될 것입니다. 고생을 해도 얻는 바가 없게 되면 반드시 배반하는 마음이 생깁니다.

위 예문 앞부분에서는 '勞師(군대를 피로하게 하다)'라 하고 뒷부분에서는 '勤而無所(군대가 고생하고서도 소득이 없다)'라 하여, '勞'와 '勤'이 서로 호응하고 있는데, 여기에서 두 글자는 같은 뜻으로 사용된 것이다.

四體不**勤**, 五穀不分, 孰爲夫子? ≪論語·微子≫
사지를 수고롭게 하지 않고 五穀조차 분간하지 못하는데 당신의 스승이 누군지 어찌 알겠는가?

'勤'과 '勞'는 또한 '위로하다', '위문하다'의 뜻이 있다.

周公咸**勤**, 乃洪大誥治. ≪尙書·周書·康誥≫
주공은 모두를 위로하고 널리 크게 다스리는 법을 선포하였다.

勞農**勸**民, 無或失時. ≪呂氏春秋·孟夏紀≫
농민들을 위로하고 권장하여 농사철을 잃는 일이 없도록 한다.

두 글자는 모두 사동 용법으로 사용되어 '~를 수고롭게 하다'의 뜻으로도 쓰인다.

秦違蹇叔, 而以貪**勤**民, 天奉我也. ≪左傳·僖公33年≫
진나라는 건숙의 의견을 따르지 않고 탐욕 때문에 백성들을 고생시키고 있습니다. 이것은 우리에게 준 좋은 기회이다.

今民求官爵, 皆不以農戰, 而以巧言虛道, 此謂**勞**民. ≪商君書·農戰≫
이제 백성들은 관작을 구함에 있어 모두 농업과 전쟁에 힘쓰지 않고 교묘한 말과 헛된 도로써 하니 이것을 '백성을 수고롭게 한다.'고 하는 것이다.

그러나 몇몇 관용적인 용법에 있어서 '勤'과 '勞'는 바꾸어서 사용할 수 없다. 또한 '勞'는 '逸'과 상대적으로 사용될 수 있고 연용할 수 있으나 '勤'은 그렇게 할 수 없다.

후에 언어가 발전하면서 '勤'이 '힘을 다해 일을 하며 게으르지 않다'는 뜻으로 사용되면서 '勞'의 뜻과 구별되게 되어 '勞'와 동의사 관계가 성립되지 않게 되었다.

業精于**勤**, 荒于嬉. 韓愈, 〈進學解〉
학업은 부지런함으로 정밀해지고 놀게 되면 황폐해진다.

'劬'는 許愼의 ≪說文解字≫에 "劬는 수고로움이다.(劬, 勞也.)"고 하여 '勞'를 가지고 '劬'를 해석하고 있어서 '劬'와 '勤'과 '勞'가 동의사임을 알 수 있다. 그러나 정도의 차이가 있어서 '劬'의 정도가 좀 더 강하다. '劬'에도 '위로하다', '위문하다'의 뜻이 있으나 사동 용법은 없다.

之子于征, **劬勞**于野. ≪詩經·鴻雁之什·鴻雁≫
우리들은 길을 떠나 들판에서 고생했네.
◆ 之子: 流民들이 자신들을 가리키는 말(≪詩集傳≫). 征: 길을 나서는 것.

食子者, 三年而出, 見於公宮, 則**劬**. ≪禮記·內則≫
임금의 세자를 양육하는 사람은 3년이 되면 집으로 돌아가는데, 公宮에서 임금을 알현하면 임금은 그들의 노고를 위로한다.

68 根[근/gēn]·本[본/běn]

이 글자들은 모두 초목의 주요 부분을 표시한다.

그 차이는 '根'은 초목의 땅 아랫부분을 가리키고, '本'은 땅 윗부분을 가리키기도 하고 땅 아랫부분을 가리키기도 한다는 점이다.

搖其**本**, 以觀其疎密, 而木之性, 日以離矣. 柳宗元, 〈種樹郭橐駝傳〉
그 나무줄기를 흔들어서 심어진 상태가 성긴지 빽빽한지를 본다. 그래서 나무의 본성에서 날로 멀어지는 것이다.

本是同**根**生, 相煎何太急. 曹植, 〈七步詩〉
본래 같은 뿌리에서 낳건만, 어찌 그리 심하게 들볶는가?

伐木不自其本, 必復生. ≪國語·晋語≫
나무를 벨 때 그 뿌리부터 제거하지 않으면 반드시 다시 살아난다.

69 謹[근/jǐn]·愼[신/shèn]

이 글자들은 모두 '삼가하다'는 뜻이 있다. ≪說文解字≫에 "謹은 삼감이다.(謹, 愼也.)", "愼은 삼감이다.(愼, 謹也.)"라고 했다.

그러나 '謹'은 언어적인 정중함에 중점을 두고 있어서 말하는 것이 엄밀하고 주도면밀한 것이며, '愼'은 정신적인 측면에서 조심하거나 일을 처리함에 있어서 타당하고 빈틈없이 하는 데 중점을 두는 것이다. 그래서 "말을 삼가고 행동을 신중히 한다(謹言愼行)"는 표현을 사용하는 것이다.

吾與二主約**謹**矣. ≪韓非子·十過≫
내가 (漢과 魏의) 두 군주와 빈틈없이 상의했다.

弟子入則孝, 出則弟, **謹**而信, 汎愛衆, 而親仁. ≪論語·學而≫
젊은이는 집 안에 들어와서는 효도하고 밖에 나가서는 우애롭게 행동하고, (말을) 삼가하고 믿음있게 하며, 널리 뭇사람들을 사랑하면서 어진 이를 가까이 할 일이다.

故術不可不**愼**也. ≪孟子·滕文公上≫
그러므로 기술(의 선택에 있어서는) 신중히 고려를 하지 않을 수 없다.

실제로 사용함에 있어서 '謹'과 '愼'을 엄격하게 구별하지 않을 때도 있어서, '謹'은 일을 행함에 사용하거나 '愼'을 말하는 데 사용하기도 한다.

君子食無求飽, 居無求安, 敏於事而**愼**於言, 就有道而正焉. ≪論

語·學而≫

군자는 먹음에 배부름을 구하지 않고, 거처함에 편안함을 구하지 않으며, 일에 민첩하고 말에 신중하며, 道있는 사람에게 나아가 (자신을) 바로잡는다.

謹食之, 時而獻焉. 柳宗元, 〈捕蛇者說〉

삼가 뱀을 기르다가 때가 되면 (뱀을) 바친다.

'謹'과 '愼'을 연용하여 언어와 행위를 신중히 하고 마음 내키는대로 하지 않음을 표시하기도 한다.

先帝知臣**謹愼**, 故臨崩寄臣以大事也. 諸葛亮, 〈出師表〉

선제(돌아가신 황제)께서는 臣이 신중함을 아시므로 임종하실 적에 신에게 大事를 맡기셨습니다.

70 禁[금/jìn]·止[지/zhǐ]

'禁'과 '止'는 모두 '금지', '제지', '저지', '정지'의 뜻을 나타내며, 互訓할 수도 있고 함께 사용될 수도 있다.

'禁'과 '止'는 목적어를 수반할 때, 뜻과 용법의 강조점에 미세한 차이가 있다.

'禁'은 경고에 중점을 두어 아직 상황이 발생하지 않았을 때 금지하는 것이다. 따라서 '禁'이 목적어를 동반할 때는 그 목적어가 나타내는 바의 일을 제지하도록 하여, 그것이 발생하지 않도록 한다.

故治民者, **禁**姦於未萌. ≪韓非子·心度≫

그러므로 백성을 다스리는 자는 문제가 아직 싹트지 않았을 때 금한다.

天下之國莫彊於齊·魏, 齊·魏得地葆利而詳事下吏, 一年之後, 爲帝未能, 其於**禁**王之爲帝有餘矣. ≪史記·春申君列傳≫

천하에 제나라와 위나라보다 강한 나라가 없게 되어, 제나라와 위나라가 땅을 얻어 이득을 누리며 하급관리로 하여금 신중하게 일하게 하면, 1년 후에는 비록 스스로 황제가 되기에는 부족하나 왕께서 帝가 되는 것을 저지하기에는 남음이 있을 것입니다.

'止'는 이미 발생한 일을 멈추도록 하는 것이다. 따라서 '止'가 목적어를 동반할 때는 그 목적어가 표시하는 일이 진행 중인 것을 정지하도록 하여, 그것이 더 이상 진행되지 않도록 한다.

當是時也, 周公旦在魯, 馳往**止**之. 比至, 已誅之矣. ≪韓非子·外儲說右上≫
이 때 주공 단이 노나라에 있어서 달려가 그것을 말리려고 하였는데, 그곳에 이르렀을 때는 이미 주살된 뒤였다.

子路請出, 孔子**止**之. ≪史記·仲尼弟子列傳≫
자로가 나서기를 청하였으나 공자는 그를 제지하였다.

71 其[기/qí]·厥[궐/jué]

두 글자는 모두 文言文에서 대명사로 사용되는데, '그(사람이나 사물)', '그들', '그것들', '그의', '그들의 (것)'·'그것들의 (것)'의 뜻이다.

그 차이는 다음과 같다.

1. '其'의 용도는 비교적 넓다. '其' 뒤에는 명사, 동사, 형용사가 올 수도 있고 동사+목적어 구조가 올 수도 있다.

孔子時**其**亡也, 而往拜之, 遇諸塗. ≪論語·陽貨≫
공자는 그가 없는 시간을 틈타서 (그의 집에) 가서 사례하고 돌아오는 길에서 (그를) 마주쳤다.

彼衆我寡, 及**其**未旣濟也, 請擊之. ≪左傳·僖公22年≫
적군은 많고 아군은 적으니 적이 완전히 다 건너기 전에 적을 공격하도록 해주십시오.

孔子曰: '"見善如不及, 見不善如探湯." 吾見**其**人矣, 吾聞其語矣!' ≪論語·季氏≫
공자께서 말씀하셨다. '"선한 일을 보고서는 (그것에) 미치지 못하는 것같이 하고, 선하지 않은 일을 보고서는 끓는 물에 손을 넣었을 때같이 한다." 나는 그런 사람을 보았고 나는 그런 말을 들었다.'

西門豹曰: '呼河伯婦來, 視**其**好醜.' ≪史記·滑稽列傳≫
서문표가 말했다. '하백의 부인을 불러오라. 그녀가 예쁜지 추한지를 보겠다.'

我之不賢與, 人將拒我, 如之何**其**拒人也? ≪論語·子張≫
내가 현명하지 않다면 남들이 나를 거절할 것인데, 어찌 남을 거절할 수 있겠는가?

위의 예문에서 대명사 其의 뒤에 오는 '亡'과 '濟'는 동사이고, '人'과 '語'는 명사이고, '好醜'는 형용사이고, '拒人'은 동사+목적어 구조이다.

'厥'의 용도는 비교적 좁다. '厥'의 뒤에는 단지 명사 혹은 명사구만 올 수 있다.

厥土惟白壤. ≪尙書·夏書·禹貢≫
그곳의 땅은 흰색이었다.

思**厥**先祖父, 暴霜露, 斬荊棘, 以有尺寸之地. 蘇洵, 〈六國論〉
그들의 앞선 조상들을 돌이켜보면, 서리와 이슬을 맞고 가시를 헤치고 찔리면서 조그만 땅덩어리를 갖게 된 것이다.

앞의 예문에서 '土'는 명사, '先祖父'는 명사구이다.

2. 두 글자는 모두 지시대명사, 인칭대명사로 사용된다. 그러나 '其'는 일반적으로 3인칭 대명사나 遠稱 대명사로 사용되고, '厥'은 2인칭 대명사나 近稱 대명사로 사용된다.

天方艱難, 曰喪**厥**國. ≪詩經·大雅/抑≫
하늘이 재난을 주려 하고 있으니, 너희 나라는 멸망할 것이다. (2인칭 대명사)

厥四月, 哉生明, 王來自商, 至于豐, 乃偃武修文. ≪尚書·周書·武成≫
이 해 4월, 달이 밝아지려 할 때에 무왕이 상나라를 멸하고 풍 땅에 이르렀다. 그리고 곧 武를 버리고 文治에 힘썼다. (근칭 대명사)

甘茂至, 王問**其**故. ≪史記·樗里子甘茂列傳≫
감무가 도착하자 秦 武王이 그 이유를 물었다. (원칭 대명사)

3. '厥'은 옛날 어투가 강하며, ≪尚書≫, ≪國語≫, ≪左傳≫, ≪史記≫, ≪漢書≫ 등 옛 책에 자주 사용되고 있다. 후대에 와서는 "克盡厥職(그 직분을 다하다)"에서처럼 관용어에 자주 사용되며, '其'자처럼 자유롭게 사용되지는 않았다.

72 器[기/qì]·械[계/xiè]

단옥재의 ≪說文解字注≫에서 "器는 모든 기구를 통틀어 일컬은 것이다.(器乃凡器之統稱.)"라고 했고, 郭璞의 ≪三蒼解詁≫에서는 "械는 기구의 총괄적 명칭이다.(械, 機之總名.)"라고 했다. '器'와 '械'는 모두 기구의 통칭을 나타낸다.

'器'와 '械'의 차이는 다음과 같다.

'器'는 동일한 종류의 기구의 통칭으로서, 동일한 재료로 만든 기구나 동일한 용도 또는 성질을 갖는 기구에 사용된다. '器'는 또한 容器의 통칭으로도 사용된다. 그러나 '機'에는 이런 용법들이 없다.

玉不琢, 不成**器**. 人不學, 不知道. ≪禮記·學記≫
옥도 다듬지 않으면 그릇이 되지 못하고, 사람도 배우지 않으면 道를 알지 못한다. (동일 재료)

埏埴以爲器, 當其無, 有器之用. 鑿戶牖以爲室, 當其無, 有室之用. ≪老子·11章≫
진흙을 이겨서 그릇을 만드는데 그 비움을 통해서 그릇의 용도가 생기게 되고, 외짝문과 창을 파서 방을 만드는데 그 비움을 통해서 방의 용도가 생기게 된다. (동일 재료)

魯諸儒持孔氏之禮器, 往歸陳王. ≪史記·儒林列傳≫
노나라의 유자들이 공자의 禮器를 가지고 진왕(진섭)에게 귀순하였다. (동일 용도)

秋, 王及鄭伯入于鄔. 遂入成周, 取其寶器而還. ≪左傳·莊公二十年≫
가을에 (주나라) 혜왕은 정나라 제후와 함께 오(鄔)에 들어갔다. (거기서) 마침내 成周로 들어가 주나라의 寶器를 가지고 돌아왔다. (동일 성질)

冰炭不同器而久, 寒暑不兼時而至, 雜反之學不兩立而治. ≪韓非子·顯學≫
얼음과 숯불은 같은 그릇에 오래 있지 못하고, 추위와 더위는 때를 함께하여 오지 않으며, 잡박하여 모순된 학설은 양립될 수 없다. (용기)

위 첫 번째 예문에서 '器'는 각각 玉石을 재료로 만드는 기구인 玉器, 두 번째 예문에서는 진흙을 재료로 해서 만드는 기구인 陶器를 표시한다. 이어서 그 다음 예문들에서도 각각 동일한 용도, 성질을 표시하며, 마지막 예문에서는 물건을 담는 '容器'의 의미를 표시하고 있다.

'器'와 '械'는 引伸義의 용법도 다르다.

'器'는 '容器'의 뜻으로부터 인신되어 사람의 器量(도량)이나 사람의 재능 또는 재능이 있는 사람(人才)의 뜻으로 사용될 수 있으나 '械'에는 이런 용법이 없다. '械'는 '兵器'의 뜻이 있으므로 여기에서 인신되어 수족을 구속하는 형벌의 기구나 농기계의 뜻으로 인신될 수 있으나 '器'에는 이런 용법이 없다.

子曰: '管仲之器小哉!' ≪論語·八佾≫
공자께서 말씀하셨다. '관중의 도량은 작았다.'

有械於此. 一日浸百畦. 用力甚寡, 而見功多. 夫子不欲乎? ≪莊子·外篇·天地≫
여기에 기구가 있다면 하루에 백 필의 밭에 물을 줄 수 있어서 힘을 적게 쓰고서도 효과는 크다. 선생은 (기계 쓰기를) 원하지 않는가?

'器'와 '械'는 모두 동사로 사용될 수 있으나 뜻은 다르다.

'器'에는 '재능'의 뜻이 있기 때문에 '재능을 갖고 있다', '재능에 따라 뽑다', '재능에 따라 사용한다'는 뜻의 동사로 사용된다. '機'는 '刑具'의 뜻이 있기 때문에 동사로 사용될 때는 '형구를 사용하여 구속한다'는 뜻을 나타낸다.

子曰: '君子不器.' ≪論語·爲政≫
공자께서 말씀하셨다. '군자는 한 가지 능력만 갖고 있는 것이 아니다.'

君子易事而難說也; 說之不以道, 不說也. 及其使人也, 器之. ≪論語·子路≫
군자는 섬기기는 쉬우나 기뻐하게 하기는 어렵다. 그를 기뻐하게 하는데 정당한 방법을 가지고 하지 않는다면 그는 기뻐하지 않는다. 그가 사람을 부리게 되면 그 사람의 재능을 살펴서 한다.
◆형병의 소(邢昺疏)에 '사람의 능력을 헤아려 그를 관직에 쓴다.(度人才器而官之.)'고 하였다.

'器'와 '械'는 부사 또는 동사의 상황어로 사용될 수 있지만, 그 의미는 다르다. '器'는 부사로서 '재능에 따라서'의 뜻으로 사용된다. '機'는 부사로서 '兵器를 가지고', '형구를 가지고', '형구를 가하여'의 뜻으로 사용된다.

上曰: '人告公反.' 遂械繫信. ≪史記·淮陰侯列傳≫
한 고조가 '공이 모반하였다고 어떤 사람이 고하였다.'고 하면서, 한신에게 형구를 씌웠다.

73

記[기/jì]·紀[기/jì]

'記'의 本義는 '생각하다', '記憶하다'이다. ≪廣雅·釋詁≫에 "記는 紀이다. 紀는 기록함이다.(記, 紀也. 紀, 識之也.)"라고 하였다.

'紀'는 흩어진 실의 실마리를 찾아내는 것이다. ≪說文解字≫에 "紀는 別絲이다.(紀, 別絲也.)"라고 하였고 ≪說文解字注≫에서는 "別絲라고 한 것은 한 올의 실에 반드시 그 머리가 있어야 하는데 그것을 구별하는 것이 紀이다.(別絲者, 一絲必有其首, 別之是爲紀.)"라고 하였다.

두 글자의 本義는 서로 다르지만, 引伸되어 '記載하다'의 뜻으로 사용되면서 동의사가 되었다.

屬予作文以記之. 范仲淹, 〈岳陽樓記〉
문장을 지어 그 일을 기록해줄 것을 나에게 부탁하였다.

紀事者, 必提其要. 纂言者, 必鉤其玄. 韓愈, 〈進學解〉
일을 기록하는 저작은 반드시 요점을 파악하였고, 사상을 기록한 저작은 반드시 현묘한 이치를 구명하였다.

두 글자 모두 '기재하다'의 의미로 사용되면서 '記錄', '記實', '記事'는 '紀錄', '紀實', '紀事'로도 쓸 수 있게 되었다. 그러나 이 두 글자에는 용법에 있어서 미세한 차이가 있다.

1. 문장의 체재(장르)에 사용될 때, '記'는 記事 文體의 일종이다. 예를 들어, '奏記(상주문)', '遊記(기행문)', '雜記' 등으로 사용된다. '紀'는 사건을 강목으로 삼는 史書의 體裁로서 ≪通鑑紀事本末≫, ≪宋史紀事本末≫ 등의 용법으로 쓰인다.

2. 역사를 기록하는 문장에 있어서, '記'는 인물 중심으로 묘사하는 紀傳體 史書의 책이름으로 쓰인다. ≪史記≫가 그 예이다. '紀'는 紀傳

體 史書 가운데 제왕의 사적을 기술하는 부분을 가리킨다. ≪史記·高祖本紀≫ 등이 그 예이다. 따라서 ≪史記≫는 ≪史紀≫라고 쓰지 않으며, <秦始皇本紀>는 <秦始皇本記>라고 쓰지 않는다. 이것은 書名과 篇名이 뒤섞이는 것을 허용하지 않기 때문이다.

74 祈[기/qí]·禱[도/dǎo]·祝[축/zhù]

'하늘(天)'이나 神에 빌어 복을 구한다'는 뜻에서 이 글자들은 동의사이다. 그러나 이 글자들에는 미세한 차이가 있다.

'祈'는 神에게 복을 비는 것[祈福]이다. ≪說文解字≫에서는 "祈는 복을 구함이다.(祈, 求福也.)"라고 하였다.

'禱'는 일을 고하고 福을 구하는 것이다. ≪說文解字≫에서는 "禱는 일을 고하고 복을 구함이다.(禱, 告事求福也.)"라고 하였다.

'祝'은 神에게 복을 비는 것[祝福]이다. ≪辭海≫에서는 '빌고 기림[祝頌]'이라고 했다.

> 琴瑟擊鼓, 以御田祖, 以**祈**甘雨, 以介我稷黍, 以穀我士女. ≪詩經·小雅·甫田≫
> 금슬 뜯고 북치며 농사의 신을 맞아다가 단비를 빌고, 차기장 메기장 잘되길 빌어 남녀 모두 잘 먹고 살기 바라네.
> ◆ 田祖: 농사를 처음 시작한 인물. 神農氏라고도 한다.

> 子疾病, 子路請**禱**. ≪論語·述而≫
> 공자가 병을 앓게 되자 子路가 (일을 고하고) 기도하기를 청하였다.

> 巫叢旁望空代**祝**. ≪聊齋志異·促織≫
> 무당은 곁에서 (점치는 사람을) 대신하여 허공에 대고 빌었다.

따라서 引伸義도 달라진다.

'祈'는 인신되어 '구하다', '희망하다'가 되는데, 예를 들어 '祈請(기원하다)', '祈求(빌다)', '敬祈(삼가 빌다)' 등으로 쓰인다.

'禱'는 인신되어 '간절히 바라다'가 되는데, 書信의 끝에 많이 사용한다. 예를 들면, '爲禱', '至禱', '是禱' 등으로 쓰인다.

'祝'은 인신되어 '바라다'가 되어 다른 사람이나 어떤 일에 대해 충심으로 잘 되기를 바라는 것이다. 예를 들면 '祝福', '祝願', '祝酒(축하하는 술)' 등으로 쓰인다.

> 憚耕稼采薪之勞, 不肯官人事, 而祈美衣侈食之樂. ≪呂氏春秋·孟冬紀≫
>
> 백성이 농사짓는 일과 나무하는 수고로움을 꺼리고, 관리로서 백성을 잘 다스리는 일을 즐기지 않으며, 사치스러운 옷이나 입고 맛있는 음식이나 먹고자 원한다.

> 吉日維戊, 旣伯旣禱. ≪詩經·小雅·吉日≫
>
> 좋은 날 剛日을 가려 말의 신에게 제사하여 말이 강건하기를 비네.
>
> ◆ 戊(무): 十日 가운데 一·三·五·七·九日이다. ≪毛詩鄭箋≫에 '戊는 剛日이다(戊, 剛日也.)'라고 했다. 天干(十干)의 홀수(奇數) 날은 剛日, 짝수(偶數) 날은 柔日이라고 하는데, 甲乙丙丁戊己辛庚壬癸 중 甲丙戊辛壬일은 剛日이고, 乙丁己庚癸일은 柔日이다. 말타는 일같은 바깥 일은 剛日이 좋다고 한다. 또 ≪詩集傳≫에는 '伯은 말의 조상이다.(伯, 馬祖也.)'라고 했으니 곧 말의 신[馬神]이다.

75 棄[기/qì]·捐[연/juān]·委[위/wěi]

'포기하다', '버리다', '방기하다' 등의 뜻에 있어서 이 글자들은 동의사이다. 그러나 미세한 차이가 있다.

'棄'의 本義는 不孝한 자식을 버리는 것이다. ≪說文解字≫에 "棄는 버림이다.……㐬를 따르는데, 㐬는 아비를 거역한 자식이다.(棄, 損也

.……从㐬, 㐬, 逆子也.)”라고 했고, ≪說文解字注≫에는 “㐬는 불효한 자식으로서 부모가 버린 것이다.(㐬者, 不孝子, 人所棄也.)”라고 하였다. 그리하여 ‘棄兒(자식을 버리다)’, ‘棄婦(아내를 버리다)’라는 용어가 나오게 되었다. 후에 引伸되어 ‘내버리다’, ‘던져버리다’의 뜻으로 사용되었는데, 자신의 물건을 포기함을 뜻하는 것이다.

★ 상고 시대에는 아이를 버리는 일이 흔히 있는 일이었을 것이다. 비정상적으로 낳은 영아는 버림을 받았다. 예를 들면, 周族의 시조 后稷은 전설에서 그 어머니 姜嫄이 거인의 발자국을 밟고서 아이를 잉태하여 낳았으나 황야에 버려지게 되었으며, 그 때문에 그 이름을 ‘棄’라고 하였다고 한다.(李孝定, ≪甲骨文字集釋≫)

> 塡然鼓之, 兵刃旣接, 棄甲曳兵而走, 或百步而後止, 或五十步而後止. 以五十步笑百步, 則何如? ≪孟子·梁惠王上≫
>
> 둥둥하고 북을 울려 병기의 날이 부딪치게 되자, 갑옷을 버리고 병기를 끌고서 달아나는데, 어떤 자는 백보를 달아난 후에 멈추었고, 어떤 자는 오십보를 달아난 후에 멈추었다. 오십보를 달아난 자가 백보를 달아난 자를 비웃는다면 어떻겠는가?

> 鼎鐺玉石, 金塊珠礫, 棄擲邐迤. 杜牧, 〈阿房宮賦〉
>
> 보배인 솥을 밥짓는 솥으로, 보옥을 돌로, 금을 흙으로, 진주를 조약돌로 여기고 버려서 즐비하게 널려있다.

‘委’의 본의는 ‘다른 사람을 따라 뒤에서 걷다’이다. ≪說文解字≫에 “委는 따름이다.(委, 隨也.)”라고 하였고, ≪說文解字注≫에서는 “隨는 좇음이다.(隨, 从也.)”라고 하였다. 인신되어 ‘위탁하다’의 뜻으로 쓰이는데, 자기의 일을 남이 하도록 맡기는 것을 나타낸다. 또한 ‘전가하다’의 뜻으로 쓰여 자신의 책임을 남에게 미루는 것을 표시한다.

> 謋然已解, 如土委地. ≪莊子·養生主≫
>
> 사악사악 (뼈와 살이) 분리되어 흙이 땅에 쌓듯이 한다.

年長色衰, 委身爲賈人婦. 白居易, 〈琵琶行序〉
나이 들고 용모가 시들자, 자신의 몸을 맡겨 상인의 아내가 되었다.

委過於人. (관용어)
허물을 남에게 전가하다.

'捐'의 本義는 '버리다', '포기하다', '헌납하다'인데 능동적으로 자신의 물건을 바치거나 내버리는 것이다. ≪說文解字≫에 "捐은 버림이다.(捐, 棄也.)"라고 하였다.

吾願, 君去國捐俗, 與道相輔而行. ≪莊子·外篇·山木≫
저는 임금님께서 노나라를 떠나 세속을 버리고 道와 서로 보존하여 (그 나라로) 가시기를 원합니다.

唯無鹽氏出捐千金貸, 其息什之. ≪史記·貨殖列傳≫
오직 무염씨만이 천금을 헌납하듯이 빌려주었는데 이자를 원금의 10배로 하였다.

그러므로 죽음을 표현할 때, '委命(목숨을 바치다)'은 목숨을 위탁함을 가리키고, '棄世(세상을 떠나다)'는 죽음을 부드럽게 표현한 말이고, '捐生(목숨을 버리다)'은 생명을 버림이고, '捐軀(숭고한 사업에 목숨을 바치다)'는 생명을 희생함이고, '捐館(살던 집을 버리다: 죽다)'은 꺼리는 말을 돌려 말하는 것[諱稱]이다.

俛首係頸, 委命下吏. 賈誼, 〈過秦論〉
머리를 숙여 목에 새끼줄을 매고, 목숨을 옥리에게 맡겼다.

今奉陽君捐館舍, 君乃今復與士民相親也, 臣故敢進其愚慮. ≪史記·蘇秦列傳≫
이제 봉양군이 작고하여 대왕께서는 곧 백성들과 서로 친하실 수 있게 되었으니, 신은 감히 어리석은 생각을 진언하고자 합니다.

세 글자는 모두 연용하여 2음절 용어를 만들 수 있다. 그러나 '委棄'는 放置의 뜻이고, '委捐'은 放棄의 뜻이고, '捐棄'는 遺棄·축출의 뜻이고, '棄捐'은 포기하여 사용하지 않는다는 뜻으로 각기 의미가 달라진다.

76 飢[기/jī]・餓[아/è]・饑[기/jī]・饉[근/jǐn]

'飢'는 '기아', '굶주림'의 뜻이고, '饑'는 '기근', '흉작'의 뜻이다.

杜洩見, 告之飢渴, 授之戈. ≪左傳・昭公4年≫
두설이 (穆子를) 뵈니 목자는 그에게 굶주림과 갈증을 알리고 창을 주어(밥을 주지 않은 牛를 죽이도록) 하였다.

五穀不收謂之饑. ≪墨子・七患≫
오곡이 거두어지지 않는 것을 饑라고 한다.

故饑歲之春, 幼弟不饟; 穰歲之秋, 疏客必食. ≪韓非子・五蠹≫
그러므로 흉작인 해의 봄에는 어린 아우에게도 밥을 먹이지 않고, 풍년이 든 해의 가을에는 먼 손님까지도 반드시 먹인다.

위 예문 중 ≪墨子・七患≫, ≪韓非子・五蠹≫의 '饑'는 수확이 좋지 않아서 먹을 식량조차 없는 것을 의미한다. ≪左傳・昭公4年≫의 예문은 굶주림으로서, '飽'의 반의어이다.

선진시대의 문헌 가운데 ≪春秋≫ 三傳에서는 '饑'와 '飢'를 뒤섞어 쓰지 않았다. ≪墨子≫, ≪孟子≫에서는 '饑'를 때때로 '기아'의 뜻으로 사용했지만 '飢'를 '기근'의 뜻으로 사용하지는 않았다.

'飢'와 '餓'는 모두 먹을 것이 없어서 발생하는 현상이지만, 정도의 차이가 있는 것이고 원래는 그 구분이 엄격했다. '飢'는 일반적인 굶주림이고, '餓'는 심한 굶주림이다. '飢'는 뱃속이 비어서 먹을 것을 원하는 생리적인 반응이며 현대 중국어의 '餓(배고프다)'에 해당된다. '餓'는 오랫동안 음식물을 먹지 못하여 굶주림이 매우 심해 병적 상황에 이른 것으로 현대 중국어에서의 '餓'의 의미와는 다르다.

> 家有常業, 雖**飢**不**餓**. 國有常法, 雖危不亡. ≪韓非子·飾邪≫
> 집안에 일정한 생업이 있으면 비록 굶주리더라도 기아에 허덕이지는 않으며, 나라에 정해진 법이 있으면 비록 위태로울 때라도 망하지 않는다.
> ◆'飢'는 일반적인 굶주림이기 때문에 배부르게 먹지 못한 사람을 '飢民'이라고 부르며, '餓'는 심한 굶주림이기 때문에 굶어 죽는 사람을 '餓莩'라고 부른다.

선진시대의 漢文에서는 '飢'와 '餓'의 구분이 엄격했는데, 후대로 내려올수록 그 구분이 점차 사라지게 되었다. '餓'는 의미가 확대되어 '飢'를 포함하게 되었으며, '飢' 또한 '餓'의 뜻으로 사용되기도 하였다.

'饑'와 '饉'은 모두 '기근'의 뜻으로, '饑'는 곡식의 수확이 없는 것이고 '饉'은 채소와 야채조차도 먹을 수 없는 것이다.

> 穀不熟爲**饑**, 蔬不熟爲**饉**. ≪爾雅·釋天≫
> 곡식이 여물지 않은 것이 饑이고, 채소가 잘 자라지 않은 것이 饉이다.

고대 漢文에서 '饑'는 단독으로 사용될 수 있지만 '饉'은 일반적으로 단독으로 사용되지 않았다. 흉년은 '饑歲'라고는 할 수 있으나 '饉歲'라고 하지는 않는다.

77 肌[기/jī]·肉[육/ròu]

'肌'와 '肉'은 모두 '고기'의 뜻이지만, 두 글자가 가리키는 대상은 다르다.

'肌'는 사람의 살을 가리키고, '肉'은 짐승의 고기를 가리킨다.

藐姑射之山, 有神人居焉. **肌**膚若氷雪. ≪莊子·逍遙遊≫
막고야의 산에 神人이 살고 있다. 살과 피부는 얼음이나 눈처럼 하얗다.

噲旣飮酒, 拔劍切**肉**食之. ≪漢書·樊噲傳≫
번쾌는 술을 마시고 검을 뽑아 고기를 잘라서 먹었다.

先秦時代에는 '肌'와 '肉'의 구분이 매우 엄격하여, '肌'는 짐승의 고기를 가리킬 수 없었다. '肉' 또한 일반적으로는 사람의 살을 가리킬 수 없었는데, '骨'과 '肉'이 연용되거나 죽은 사람의 살을 표현할 때만 사람의 살을 가리킬 수 있었다.

骨肉歸復于土, 命也! ≪禮記·檀弓下≫
뼈와 살이 흙으로 돌아가는 것이 운명이다!

위 예문에서 골육은 사람의 몸을 가리킨다. 사람을 짐승에 비유할 경우에는 '肉'을 사람의 살을 표현하는 데 사용했고, 그렇지 않을 경우에는 '肉' 앞에 '人'자를 넣어서 사람의 살을 가리키는데 사용했다.

君之所未嘗食唯**人肉**耳, 易牙蒸其子首而進之, 君所知也. ≪韓非子·十過≫
임금이 아직 맛보지 못한 것은 人肉뿐이라고 하자 역아가 자기 자식의 머리를 삶아서 바친 일은 임금께서도 아시는 바입니다.

漢代 이후 '肉'자는 비로소 단독으로 사용되어 사람의 살을 가리킬 수 있게 되었다. 또한 채소와 과일의 껍질과 씨를 제거한 후 먹을 수 있는 부분도 '肉'이라고 칭할 수 있었다. 그러나 '肌'는 한대 이후에도 짐승의 고기를 가리킬 수 없었다.

肉正白, 如鷄子 ≪齊民要術·椰≫
(야자 열매의) 과육이 하얀 것이 계란 같다.

'肌'는 사람의 피부를 가리킬 수도 있고 식물 표피 안쪽의 물질을 가리킬 수도 있다. '肉'에는 이런 용법이 없다. '肌'와 '肉'은 연용되어 피부를 가리킬 수 있다.

不覺寒暑之切肌. 劉伶, 〈酒德頌〉
추위와 더위가 피부에 파고드는 것을 느끼지 못한다.

78 旣[기/jì]·已[이/yǐ]

'旣'와 '已'는 단독으로 사용할 수도 있고 연용될 수도 있으며, 모두 시간부사로서 '이미'의 뜻이다.

'이미'라는 뜻과 서로 연관되어 '已'는 또한 '정지'의 뜻이 있고, '旣' 또한 '다하다', '완전하다'의 뜻이 있어서 두 글자의 의미가 완전히 같지는 않다.

"言未旣(말이 다 끝나지 않다)"나 "言未已(말이 멈추지 않다)" 모두 쓸 수 있지만, 그 의미는 뚜렷한 차이가 있다. "死而後已(죽은 뒤에라야 그치다)"는 "死而後旣"라고 할 수 없으며, "楚人未旣濟(초나라 군대가 아직 완전히 강을 건너지는 않았다.)" 또한 "楚人未已濟로 바꿔 쓸 수 없다.

그 밖에 '旣已'는 부사로 사용될 뿐만 아니라 접속사로 사용되어 병렬관계를 나타내기도 한다. 접속사로 사용될 때는 뒷 구절의 '又且', '而又' 등과 호응하여 '이미'의 뜻으로 사용된다.

舟已行矣, 而劍不行, 求劍若此, 不亦惑乎? ≪呂氏春秋·愼大覽·察今≫
배는 이미 움직여 갔고 칼은 움직이지 않았으니, 칼을 찾는 것이 이와 같다면 이 얼마나 어리석은 일인가?

旣克, 公問其故. ≪左傳·莊公10年≫
이미 승리했는데, (장공이) 그렇게 지휘한 이유를 물었다.

既已變物之形, 又且易人之慮. ≪列子·周穆王≫
물건의 형체를 변화시키는 것은 물론이고, 게다가 사람들의 생각까지도 바꾸어 놓았다.

79 奇[기/qí]·異[이/yì]

두 글자는 다음 몇 가지 점에서 뜻이 비슷하거나 같다.

1. 동사로 사용되어 모두 '놀랍고 이상히 여기다', '경이롭다'의 뜻으로 쓰인다.

每聞琴瑟之聲, 則應節而舞. 益奇之. ≪聊齋志異·促織≫
금과 슬의 소리를 들을 때마다 박자에 맞추어 춤을 추어, 그 귀뚜라미를 더 기이하게 여겼다.

漁人甚異之, 復前行欲窮其林. 陶潛, 〈桃花源記〉
어부는 매우 기이하게 여기고 다시 앞으로 나아가 그 숲의 끝까지 가보려 했다.

2. 형용사로 사용되어 모두 '특별하다'는 뜻이 있으나 '奇'는 '보기 드물다'는 뜻에 중점이 있고 '異'는 '기묘하다'는 뜻에 중점이 있다.

以事秦之心, 禮天下之奇才. 蘇洵, 〈六國論〉
진나라를 섬기는 정성으로 천하의 보기 드문 인재를 예우하다.

令州郡, 察吏民有茂材異等, 可爲將相及使絶國者. ≪漢書·武帝紀≫
주와 군의 관원에게 명령을 내리니, 현지의 관리와 백성을 살펴 우수한 재간과 기묘한 재능을 가진 인물을 추천하여, 장군이나 재상이 되게 하거나 먼 나라로 출사할 수 있게 하라.

이 두 글자는 다음과 같은 차이가 있다.

1. 본의가 다르다. '奇'의 本義는 '다르다'이다. ≪說文解字≫에 "奇는 다른 것이다(奇, 異也.)"라고 했고 ≪說文解字注≫에서는 "무리 짓지 않음을 말한다(不群之謂)"고 했다. '異'의 本義는 '나눔[分]'이다. ≪설문≫에는 "異는 나눔이다(異, 分也.)"라고 했고 ≪說文解字注≫에서는 "나누게 되면 저것과 이것의 차이가 생긴다(分之則有彼此之異.)"고 하였다. '奇異'에서 '奇'는 '평범함과의 다름'을 나타내고 '異'는 '무리[衆]와의 다름'을 나타낸다.

以正治國, 以**奇**用兵, 以無事取天下. ≪老子·57章≫
바름을 가지고 나라를 다스리고, 기이한 방식으로 군대를 지휘하고, 일삼는 것이 없음을 가지고 천하를 얻는다.

永州之野產**異**蛇. 柳宗元, 〈捕蛇者說〉
영주의 들에는 기이한 뱀이 난다.

成述其**異** ≪聊齋志異·促織≫
성명은 그 귀뚜라미가 (일반 귀뚜라미와) 다른 점을 설명하였다.

2. 引伸義가 다르다. '奇'자는 '평범함과의 다름'이므로 引伸되어 되어 珍奇함, 出衆함, 사람들의 예상을 벗어남 등의 뜻으로 쓰인다. '異'자는 '무리와의 다름'이므로 引伸되어 괴이함, 특히 우수함, 다른 것, 자신과 다른 것의 뜻으로 쓰인다.

若兵來, 則出**奇**兵擊之. ≪三國演義·失街亭≫
(적의) 군대가 공격해 오면, 기병(예상 못하는 군대)을 내어 습격한다.

欲以樹藝佐其急, 且備**異**日也. 徐光啓, 〈甘藷疏序〉
그것을 재배하여 위급한 순간에 대처하고, 또 다른 날을 대비하려 하였다.

3. 반의어가 다르다. '奇'의 반대는 '正'이고 '異'의 반대는 '同'이다.

4. 운용 대상도 다르다. '奇'와 '異'는 모두 '놀랍고도 이상하다, 驚異롭다, 놀라며 의아해하다' 등의 의미가 있지만, '異'는 '怪'와 통하여

'奇怪함'의 뜻이 있다. 그러나 '奇'에는 '기괴함'의 뜻이 없다. 예를 들면, "奇其才"는 "그의 재능에 대하여 기괴함을 표시하다"가 아니고, "그의 재능이 출중하다고 생각하다"의 뜻이다.

異哉! 初淅瀝以蕭颯, 忽奔騰而澎湃. 歐陽修, 〈秋聲賦〉
기괴하구나! 처음에는 바스락 바스락 낙엽지고 쓸쓸한 바람 부는 소리더니, 갑자기 물결이 거세게 일고 파도치는 소리같이 변하였다.
◆淅瀝(석력): 낙엽지는 소리. 蕭颯(소삽): 바람소리. 奔騰(분등): 물결이 거세게 임. 澎湃(팽배): 물결이 맞부딪침.

80 忌[기/jì]·諱[휘/huì]·避[피/bì]

이 글자들은 모두 '피하다'라는 뜻이 있다.

글자 조합의 습관을 보면 '忌'와 '諱'는 연용되어 '忌諱'로 사용되므로 두 글자의 뜻이 서로 비슷함을 알 수 있다. 그러나 '忌'는 혐오스러워 피하는 것으로, 그러한 심리적인 상태에 의미의 중점이 놓여 있다. ≪說文解字≫에서는 "忌는 증오이다.(忌, 憎惡也.)"라고 하였다. '諱'는 꺼리는 바가 있어서 감히 직접 말하지 못하거나 말하기를 원하지 않는 것으로, 언어의 측면에 의미의 중점이 있다. 朱駿聲의 ≪說文通訓定聲≫에 "諱는 경계하여 말하지 않는 것을 이른다.(諱, 謂誡而不道者.)"고 하였다.

此所謂'强弩之末勢不能穿魯縞'者也, 故兵法忌之. ≪三國志·吳書·周瑜魯肅呂蒙傳≫
이것이 이른바 '강한 쇠뇌의 화살도 끝에 이르면 힘이 떨어져 노나라의 고운 명주도 꿰뚫지 못한다'는 것이다. 그러므로 병법에서 꺼리는 것이다.

恐卒然不可爲諱. 司馬遷, 〈報任安書〉

갑자기 뜻밖의 변고가 생기는 것을 두려워하다.

◆ 不可爲諱(불가위휘): 여기서는 사형(死刑)을 당함을 가리킨다. 옥에 갇혀 있던 任安이 갑자기 사형에 처해질 수도 있다는 뜻이다. 편지를 쓴 사마천이 편지의 수신자의 죽음을 직접 거론하기 곤란하므로 不可爲諱(피할 수 없는 일)라고 표현한 것이다. 諱는 '피하다'이다.

直言不**諱**(관용어)
꺼리지 않고 솔직히 말하다.

'避'는 행동에 있어서의 피함을 강조한다. ≪說文解字≫에 "避는 회피하다.(避, 回也.)"라고 했다. 그러므로 글자 조합의 관습에서는 늘 '回'와 결합하여 '回避'라는 용어가 사용된다.

望見廉頗, 相如引車**避**匿. ≪史記·廉頗藺相如列傳≫
멀리 염파가 보이면 인상여는 수레를 이끌어 피해서 숨었다.

81 藍[람/lán]·青[청/qīng]·蒼[창/cāng]·碧[벽/bì]

이 글자들은 모두 파란색을 가리킨다.

'青'은 파란색이고, '蒼'은 진한 파란색(남색)이며, '碧'은 옅은 파란색(하늘색)이라는 차이가 있다.

青, 取之於**藍**, 而青於**藍**. ≪荀子·勸學≫
파란색은 쪽에서 나오는 것이지만, 쪽보다 더 푸르다.

染於**蒼**則**蒼**, 染於黃則黃. ≪墨子·所染≫
남색으로 물들이면 진한 남색이 되고, 노란 색으로 물들이면 노란 색이 된다.

閑來垂釣**碧**溪上. 李白, 〈行路難〉
한가로이 옅은 파란색 시냇물에 낚싯대를 드리우네.

'藍'은 원래 '쪽'을 가리키는 것으로 상고시대에는 색깔을 표시하지 않고 물감을 표시하는 데만 쓰였다. 이 물감으로 염색한 색깔이 바로 '靑', 즉 파란색이다. 따라서 '靑出於藍'이라는 용어가 나왔다. 위진남북조시대에 이르러서도 '藍'이 색깔을 표시하는 데 사용되는 경우는 많지 않았다.

옛 사람들은 '靑', '蒼', '碧'을 혼용하기도 했다. 가령 '靑天'을 '蒼天'이라고도 했으며, '碧空'이라는 용어를 사용하기도 했다. '靑草'는 '碧草'라고도 했으며, '靑苔'는 '蒼苔'라고도 했다.

82 囊[낭/náng]·橐[탁/tuó]

이 두 글자의 본의는 모두 '주머니', '자루'의 뜻이다.

이 두 글자의 차이에 대해서는 여러 가지 서로 다른 견해가 있다.

1. 크기에 의해 구분하여, 작은 것을 '橐', 큰 것을 '囊'이라 한다는 견해.

2. 바닥이 있는가에 의해 구분하여, 있는 것을 '囊', 없는 것을 '橐'이라 한다는 견해. 바닥이 없는 것을 '囊', 있는 것을 '橐'이라고 하는 반대의 견해도 있다.

3. 그 안에 무언가가 차 있는 것을 '囊', 안쪽이 비어있는 것을 '橐'이라 한다는 견해.

일반적인 견해로는, '囊'은 크고 바닥이 있는 것이고, '橐'은 작은 것으로서, 처음에는 바닥이 없는 것이었는데 뒤에 양쪽 끝에 바닥이 있고 중간이 열린 것으로서 물건을 가득 채운 후에 가운데를 들어올리는 것을 가리킨다고 한다.

及旦, 盡徙其**囊橐**. 白行簡, 〈李娃傳〉
낡이 밝자 그는 자신의 크고 작은 자루를 모두 가지고 갔다.

乃裹餱糧, 于**橐**于**囊**. ≪詩經·大雅·公劉≫
그리하여 건량을 모두 싸서 크고 작은 자루에 넣었다.

두 글자는 모두 동사로 사용될 수 있지만, '橐'은 '자루에 담는다'는 뜻으로만 쓰이고, '囊'은 이 외에도 '싸다', '덮다', '포괄하다'의 뜻으로도 쓰인다.

伍子胥**橐**載而出昭關. ≪戰國策·秦策三≫
오자서는 자루에 담아 싣고 소관을 나섰다.

有席卷天下, 包擧宇內, **囊**括四海之意, 竝呑八荒之心. 賈誼, 〈過秦論〉
천하를 석권하고 온 세상을 두루 차지하며 사해를 뒤덮고 팔방을 병탄하려는 마음을 갖고 있다.

83 勤[근/qín]·勞[로/láo]

고대에 '勤'의 기본적 의미는 '부지런하다'의 뜻이 아니라 '수고롭다'의 뜻이었다. 이러한 의미에서 '勤'과 '勞'는 동의사이다.

勞師以襲遠, 非所聞也. 師勞力竭, 遠主備之, 無乃不可乎?…… **勤**而無所, 必有悖心. ≪左傳·僖公三十二年≫
피로한 군대로 먼 곳을 기습한다는 것은 들어본 적이 없다. 병사들이 피곤하고 힘이 떨이지면 먼 곳에 있는 주인은 방비할 수 있으니 막지 못할 것이 있겠는가?…… 군대가 피곤하면 소득이 없게 되고, 반드시 반역의 마음을 품게 될 것이다.

이 구절의 앞부분에서는 '勞師(피곤한 군대)'라 하고, 뒷부분에서는

'勤而無所(피곤하면 소득이 없다)'라고 하여 '勞'와 '勤'을 앞뒤로 호응시키고 있으며, 의미 또한 같다.

그러나 몇몇 습관적인 용법에서 '勤'과 '勞'는 서로 바꿔서 사용할 수 없는 경우가 있다. 가령 '克勤克儉(매우 부지런하고 매우 검소함)'에서의 '勤'은 '勞'로 바꿀 수 없다. '勤民'이 '백성을 위해 수고한다'는 뜻으로 쓰일 경우 '勞民'으로 바꿔 쓸 수 없다. 가령 ≪左傳·僖公28年≫의 "非神敗令尹, 令尹其不勤民, 實自敗也(귀신이 영윤을 망하게 한 것이 아니라, 실은 영윤이 백성을 위해 수고하지 않아서 스스로 망친 것이다.)"의 경우가 그 예이다. '勞心'을 두뇌 노동에 종사한다는 의미로 사용하거나 '勞力'을 육체노동에 종사한다는 의미로 사용할 경우에는 '勤心'이나 '勤力'으로 바꿔 쓸 수 없다. 또한 '勞'가 '逸'과 상대되거나 연용할 때도 '勤'으로 바꿔 쓸 수 없다. 가령 '好逸惡勞(편안함을 좋아하고 수고로움을 싫어함)' 등의 경우가 그렇다.

후에 언어가 발전하여 '勤'은 '어떤 일에 진력하여 나태하지 않다', 즉 '부지런하다'의 뜻으로 사용되어 '勞'의 의미와 구별되게 되었으며, 이런 의미로 사용될 때의 '勤'은 '勞'와 동의어가 아니다.

> 業精于勤, 荒于嬉. 韓愈, 〈進學解〉
> 학업은 부지런하면 정밀해지고, 놀게 되면 황폐해진다.

이 경우 '勤'의 반의어는 '惰'이다.

84 腐[부/fǔ]·朽[후/xiǔ]·敗[패/bài]·餒[뇌/něi]

'썩어 문드러짐', '썩는 냄새'의 의미에서 이 글자들은 동의사이다.

그러나 미세한 차이가 있다. '腐'는 통칭으로서 물체가 썩어 문드러지는 것을 가리킨다. 관용어인 '流水不腐(흘러가는 물은 썩지 않는다)'에서의 '腐'자는 바로 이러한 의미를 취한 것이다. '朽'는 나무가 썩어 문드러지는 것을 가리킨다. '敗'는 육류가 변질되는 것을 가리키고, '餒'는 물고기가 변질되는 것을 가리킨다.

> 肉**腐**出蟲, 魚枯生蠹. ≪荀子·勸學≫
> 고기가 썩으면 벌레가 생기고, 물고기가 마르면 좀 벌레가 나온다.

> 鍥而舍之, **朽**木不折. ≪荀子·勸學≫
> 칼로 자르다가 그만두면, 썩은 나무라도 꺾어지지 않는다.

> 魚**餒**而肉**敗**, 不食. ≪論語·鄕黨≫
> 물고기가 상하거나 육류가 상한 것은 먹지 않는다.

이 글자들이 인신되어 사용될 경우에, 네 글자의 의미는 더 큰 차이가 난다. '腐'는 인신되어 사상의 진부함(예: '腐儒', '迂腐')이나 분함이나 원한(예: 腐心) 또는 궁형(예: 腐刑)을 가리킨다. '朽'는 인신되어 쇠락이나 노쇠(예: 老朽, 衰朽), 마멸, 흩어짐(예: 永垂不朽)의 뜻으로 사용된다. '敗'는 인신되어 쓰러져 망가짐(예: 頹垣敗壁)이나 오래되어 낡음(예: 敗絮), 쇠락(예: 衰敗)의 뜻으로 사용된다. '餒'는 인신되어 굶주림이나 기가 꺾임의 뜻으로(예: 凍餒, 氣餒) 사용된다.

85 旦[단/dàn]·晨[신/chén]·朝[조/zhāo]·曉[효/xiǎo]·曙[서/shǔ]

이 글자들은 모두 '아침', '날이 막 밝아짐'의 뜻이 있다. 그 차이는 다음과 같다.

'旦'은 태양이 막 지평선에 떠올랐을 때이다. '晨'은 일반적인 아침을 널리 가리키거나 닭이 울어 새벽을 알림을 가리킨다. '朝'의 본의는 아침이다. '曉'는 날이 막 밝아짐을 뜻한다. '曙'는 해가 뜨거나 동이 트는 것을 가리킨다.

每至晴初霜**旦**, 林寒澗肅, 常有高猿長嘯, 屬引凄異. 酈道元, ≪水經注·三峽≫
날씨가 개거나 상강의 아침이 될 때마다, 숲에는 한기가 가득하고 개울물 소리는 고요하다. 늘 높은 산의 원숭이들이 길게 울어대는데, 그 처량하고 기이한 소리가 끝없이 이어진다.

晨鷄不肯鳴. 陶潛, 〈飮酒〉
새벽이 되어도 닭은 울려하지 않는다.

朝辭白帝彩雲間, 千里江陵一日還. 李白, 〈早發白帝城〉
아침에 채색 구름 사이에 잠겨있는 백제성을 이별하여, 천리길 강릉을 하루에 돌아온다.

春眠不覺**曉**. 孟浩然, 〈春曉〉
봄 잠에 새벽이 오는 줄도 몰랐노라.

鷄鳴外欲**曙**, 新婦起嚴妝. 〈孔雀東南飛〉
닭이 울어 밖엔 동이 트려 하는데, 새색시 일어나 단장하네.

86 當[당/dāng, dàng]·合[합/hé]·宜[의/yí]·應[응/yīng, yìng]

이 글자들은 모두 '마땅히 ~해야 한다', '적당하다'의 뜻을 갖고 있다. 그러나 차이점도 있다.

'當'의 본의는 양자가 서로 맞먹는, 비기는 것이다. 인신되어 '마땅히 ~해야 한다'의 뜻으로 쓰였는데, 이 때의 발음은 [dāng]이며 품사는 동사이다. 사물 발전의 논리나 필연성을 가리킨다. 또 '적당하다'의 뜻으로 인신되어 쓰이기도 한다. 이 때의 발음은 [dàng]이며, 품사는 형용사이다. 사물의 적절한 정도를 가리킨다.

諸將吏敢復有言, **當**迎操者, 如此案同. ≪三國志·吳書·周瑜魯肅呂蒙傳≫
여러 장수와 관리들 중에 조조를 맞이해야 한다고 감히 말하는 자가 또 있으면, 이 죄로 처리하리라.

豈非用賞罰**當**也? ≪呂氏春秋·義賞≫
어찌 상벌을 적절히 사용한 것이 아니겠는가?

'合'의 본의는 '닫다(閉)'이다. '마땅히 ~해야 한다'의 뜻은 나중에 생긴 것이다. 인신되어 동사로서 '부합하다', '적합하다'의 뜻으로 쓰인다. 도리상의 합리성을 가리키는 의미로 사용된다.

好惡不**合**長相蒙. 杜甫, 〈歲晏行〉
좋은 일이든 나쁜 일이든 오랫동안 서로 속여서는 안 된다.

君言當擊, 與孤意**合**. ≪三國志·吳書·周瑜魯肅呂蒙傳≫
군주께서 마땅히 공격해야 한다고 하는 것은 내 뜻과 부합됩니다.

'宜'의 본의는 적절히 제자리를 찾는 것이다. 부사로 쓰이면 '마땅히 ~해야 한다'의 뜻이다. 형용사로 사용되면 '적절하다'의 뜻으로 사용된다. 어떤 사물이 반드시 갖추어야 할 조건의 가장 좋은 선택을 가리킨다.

不**宜**妄自菲薄, 引喩失義, 以塞忠諫之路也. 諸葛亮, 〈出師表〉
망령되게 스스로를 낮추거나 올바르지 않은 비유를 끌어들여 충성된 간언을 막아서는 안됩니다.

臣竊以爲其人勇士, 有智謀, 宜可使. ≪史記·廉頗藺相如列傳≫
그는 용사인데다 지모가 있으니 사신으로 보내는 게 적당하다고 신은 생각합니다.

'應'의 본의는 '마땅히 ~해야 한다', '적절하다' 이다. 참고로 '마땅히 ~해야 한다'의 뜻일 때는 현대 중국어 표준 발음이 [yīng]이고, '적절하다'의 뜻일 때는 발음이 [yìng]이다.

凡所應有, 無所不有. 林嗣環, 〈口技〉
가지고 있어야 할 것은 다 가지고 있다.
◆口技 : 입으로 여러 가지 소리를 흉내내는 중국의 민간 공연 예술. 윗 구절은 口技의 소리 흉내내기 공연을 통해, '당신이 생각할 수 있는 모든 소리는 다 흉내낼 수 있다.'는 의미.

便利此月內, 六合正相應. 〈孔雀東南飛〉
이 달 내에 하는 게 좋겠다. 궁합도 서로 잘 맞는다.

87

黛[대/dài]·黑[흑/hēi]·烏[오/wū]·緇[치/zī]·玄[현/xuán]·墨[묵/mò]

이 글자들은 본래 동의사가 아니었는데, 인신되어 모두 흑색을 가리키는데 사용되고 있다.

'黑'의 본의는 흑색이다. 인신되어, 저녁이 되어 어두워져 빛이 없는 것을 뜻하게 되었다.

滿面塵灰烟火色, 兩鬢蒼蒼十指黑. 白居易, 〈賣炭翁〉
얼굴 전체가 재 먼지와 연기에 그을린 색이요, 양 귀밑머리 빛 바래고 열 손가락 검네.

天陰黑, 自張柴村以東道路皆官軍所未嘗行. ≪資治通鑑·唐紀·

李遡雪夜入蔡州≫
하늘은 흐리고 검게 물들었는데, 장시촌 동쪽 길엔 어디든 관군이 지나간 적이 없었다.

'烏'는 까마귀이다. 까마귀가 검기 때문에 인신되어 흑색이 되었다.

城之破也, 有親見忠烈青衣烏帽乘白馬, 出天寧門投江死者. 全祖望, 〈梅花嶺記〉
성이 함락되자, 푸른 옷에 검은 모자를 쓰고 백마를 탄 충성스런 이가 천녕문을 나가 강에 몸을 던져 죽는 것을 보게 되었다.

'緇'는 고대의 朝服의 일종, 즉 緇衣로서, 검은 베로 만들기 때문에 인신되어 흑색이 되었다.

月光如水照緇衣. 魯迅, 〈無題〉
달빛이 마치 물처럼 검은 옷을 비춘다.

彼都人士, 臺笠緇撮. ≪詩經·小雅·都人士≫
저 도회 양반, 풀로 짠 삿갓이나 검은 천의 관을 쓰셨네.

'玄'의 본의는 深奧, 玄妙이다. 幽遠하면 어둡게 되므로 인신되어 흑색이 되었다.

玄服入廟. ≪漢書·儒林梁丘賀傳≫
검은 옷을 입고 묘당에 들어가다.

'墨'은 글자를 쓰거나 그림을 그리는데 쓰이는 문구용품이다. 인신되어 흑색이 되었다.

細若蚊足, 鉤畫了了, 其色墨. 魏學伊, 〈核舟記〉
가늘기가 마치 모기다리 같고, 갈고리 그림이 분명한데, 그 색깔은 검었다.

'黛'는 본래 青黑色의 물감으로, 고대에 여자들이 눈썹을 그리는데 사용하였다. 인신되어 청흑색이 되었다.

靑黛點眉眉細長. 白居易, 〈上陽白髮人〉
푸른 물감으로 그린 눈썹 가늘고 길었다.

粉白黛綠者, 列屋而閑居. 韓愈, 〈送李愿歸盤谷序〉
흰 분칠하고 푸른 먹으로 눈썹 그린 여자들이 집안에 가득 한가로이 지내다.

88 道[도/dào]·路[로/lù]·途[도/tú]

이 글자들은 모두 수레가 다니는 큰 길을 가리키는 것이지만, 길의 너비, 즉 허용하는 수레의 궤도('軌'는 수레 한 대의 양쪽 바퀴 사이의 거리)에는 차이가 있다. '途'는 一軌만을 허용하며, '道'는 二軌, '路'는 三軌를 허용한다.

君不若引兵疾走大梁, 據其街**路**. ≪史記·孫子吳起列傳≫
장군께서는 병사들을 이끌고 대량으로 급히 달려가서, 그들의 교통로를 점령하는 것이 좋겠습니다.

有狼當**道**, 人立而啼. 馬中錫, 〈中山狼傳〉
(趙簡子가 사냥을 하는데) 이리가 길을 막고 사람처럼 서서 짖었다.

商賈皆欲藏于王之市, 行旅皆欲出於王之**途**. ≪孟子·齊桓晋文之事≫
장사치들이 모두 왕의 저자에 물건을 쌓아두고자 하고, 나그네들이 모두 왕의 길 위를 걷고자 할 것입니다.

위에서 병법가들이 반드시 차지하기 위해 다투는 '路'로부터 趙簡子가 사냥하러 가는 '道', 그리고 상인과 나그네가 출몰하는 '途'에 이르기까지, 비록 명확한 설명은 없지만, 그 길의 넓고 좁음과 크고 작음은 일목요연하게 드러난다.

'道', '路', '途'는 비록 모두 '道路'의 뜻이 있지만, 몇몇 고정된 구절에서는 바꿔 쓸 수 없다. 가령, '前途遠大(앞 길이 원대하다)', '任重道遠(책임은 무겁고 갈 길은 멀다)', '路遙知馬力(길이 멀어야 말의 힘을 알 수 있다.)' 등의 구절은 '前道遠大', '任重路遠', '途遙知馬力' 등으로 바꿀 수 없다.

'道', '路', '途'가 일반적인 도로를 널리 가리킬 때는 넓고 좁음의 구별을 두지 않는다.

89 屠[도/tú]·宰[재/zǎi]

동사로 사용될 때 두 글자는 동의사로서, '도살하다'의 뜻으로 쓰인다. 그러나 '屠'는 희생의 가축을 죽이는 것을 가리키며, 대체로 돼지, 개를 죽이는 것이고, '宰'는 희생물을 죽여 고기를 자르는 것으로, 대부분 소와 양을 도살하는 것을 가리킨다.

以**屠**狗爲事. ≪史記·樊噲列傳≫
개잡는 일로 직업을 삼았다.

烹羊**宰**牛且爲樂. 李白, 〈將進酒〉
양 삶고 소 잡아 즐기네.

명사로 쓰일 때, '屠'는 희생물을 죽이는 사람, 즉 屠夫를 가리키며, '宰'는 '고기를 자르는 사람, 즉 宰夫(廚師)를 가리키거나 제사를 지내고 남은 희생물의 고기를 나누는 것을 주재하는 사람을 가리킨다.

宰夫胹熊蹯不熟, 殺之. ≪左傳·宣公二年≫
요리사가 곰 발바닥을 요리했는데 고기가 잘 익지 않아서, 그를 죽였다.

里中社, 平爲**宰**, 分肉食甚均. ≪史記·陳丞相世家≫

마을에서 두신을 제사지내는데, 진평이 고기를 나누는 것을 주재하여, 고기를 나눔이 매우 공평했다.

90 盜[도/dào]·賊[적/zéi]·寇[구/kòu]

이 글자들은 명사로 사용될 때, 모두 타인의 이익을 침범하거나 손해를 끼치는 사람을 가리킨다. 그러나 각 글자들 간에는 뚜렷한 차이가 있다.

'盜'는 일반적으로 남의 물건을 훔쳐서 다른 사람에게 재산상의 손실을 끼치는 사람이다.

所以遣將守關者, 備他盜之出入與非常也. ≪史記·項羽本紀≫
장수를 파견하여 관문을 지키게 한 것은, 다른 도적의 출입이나 비상 사태를 방비케 하기 위함입니다.

'賊'은 법을 어기고 난동을 부리거나 중대한 나쁜 일을 하는 사람이고, 피해 대상은 백성이나 국가이다.

操雖托名漢相, 其實漢賊也. ≪三國志·吳書·周瑜魯肅呂蒙傳≫
조조는 비록 한나라의 재상이라고 하고 있지만, 사실은 한나라의 도적입니다.

'寇'는 강도이다. 외부로부터의 침략자가 하는 일이 강도와 같으므로 외래 침략자 또한 '寇'라고 한다.

今寇衆我寡, 難以持久. ≪三國志·吳書·周瑜魯肅呂蒙傳≫
지금 강도들은 숫자가 많고 우리는 적으니 오래 버틸 수 없습니다.

중국의 봉건 통치자들은 또한 흔히 '盜', '賊', '寇'를 역대의 농민 반란군의 호칭으로 사용했다.

盜跖衆卒九千人, 橫行天下, 侵暴諸侯. ≪莊子·盜跖≫
도척은 그 무리 구천 명을 이끌고, 천하를 횡행하면서 제후들을 침탈하고 있다.

角等知事已露, 晨夜馳勅諸方, 一時俱起, 皆着黃巾以爲標幟, 故時人謂之黃巾賊. ≪資治通鑑·漢紀≫
장각 등은 일이 이미 탄로난 것을 알고, 주야로 사방에 알려, 일시에 함께 일어나도록 했다. 모두 누런 두건을 써서 표지를 했으므로, 당시 사람들이 그들을 황건적이라 불렀다.

91 悼[도/dào]·弔[조/diào]·唁[언/yàn]

'조문하다', '추모하다', '비통하다'의 의미에서 위의 글자들은 동의사이다. 그 차이는 다음과 같다.

1. '悼', '弔'는 대부분 죽은 자를 추모하는데 사용되며, '唁'은 죽은 자와 관련된 살아있는 사람을 위문하는 데 쓰인다.

小人恥失其君, 而悼喪其親. ≪左傳·僖公十五年≫
아랫사람들은 그 임금을 잃은 것을 부끄러워하고, 그 혈육이 죽은 것을 추모한다.

無祿, 文公卽世, 穆爲不弔. ≪左傳·成公十三年≫
불행하게도 문공이 세상을 떠났는데, 목공이 조문을 하지 않았다.

遭母喪, 帝遣中貴人唁勞. ≪宋史·蘇頌傳≫
어머니의 상을 당하자, 황제께서 중귀인을 보내 위문하였다.

2. '唁'은 나라를 잃은 자 또는 기타 재난을 당한 사람에 대한 위문을 표시하기도 하고, '弔'는 집이 파산하거나 기타 재앙을 당한 사람에 대한 위문을 표시하기도 하며, '悼'는 죽은 아내에 대한 추모를 표시하기도 한다.

載馳載驅, 歸唁衛侯. ≪詩經·鄘風·載馳≫
달리고 달려 위나라 임금을 조문하리라.

齊人獲臧堅, 齊侯使夙沙衛唁之. ≪左傳·襄公十七年≫
제나라 사람들이 장견을 사로잡자, 제나라 임금이 숙사위를 보내 그를 위로하게 했다.

慨遊子之我欺, 悲無人以赴弔. 孔稚珪, 〈北山移文〉
떠나간 자가 날 속였음을 개탄하고, 위로하러 오는 이 없음을 슬퍼한다.

潘岳悼亡猶費詞. 元稹, 〈遣悲懷〉
반악은 아내 잃고 애도시 지었으나 말만 낭비했도다.

3. '弔'는 인신되어, 옛 사람이나 옛 일 또는 옛 유적을 추념하는데 사용되기도 한다.

爲我弔望諸君之墓, 而觀於其市, 復有昔時屠狗者乎? 韓愈, 〈送董邵南序〉
나를 대신하여 망제군 악의의 묘에 조문하고, 그 저자 거리를 살펴 주게. 아직도 옛날처럼 개를 잡으며 은거하는 호걸이 있는지.

92 牖[유/yǒu]·向[향/xiàng]·窓[창/chuāng]

'창문'이라는 뜻에서 이 글자들은 모두 동의사이다. 그러나 미세한 차이가 있다.

'窓'은 고대에 집의 '천장에 있는 창'을 가리키는 것이었다.

屋極有窓以達氣. 方苞, 〈獄中雜記〉
집의 천장에 창문이 있어 공기를 통하게 했다.

위의 뜻에서 인신되어 집 또는 수레나 배 등의 꼭대기 또는 벽에 있는, 빛을 통하게 하고 통풍을 하는데 쓰이는 구멍을 창이라 하게 되었다.

'牖'는 벽에 있는 창을 가리키는 것이었다.

> 窺頭于牖. 劉向, ≪新序 · 雜事≫
> (용이) 창문으로 머리를 들이밀고 엿보았다.

이런 뜻으로부터 인신되어 깨진 항아리로 만든 창도 '牖'라고 하게 되었다.

> 然陳涉甕牖繩樞之子. 賈誼, 〈過秦論〉
> 그러나 진섭은 깨진 항아리로 창을 만들고 새끼줄로 문을 만든 가난한 집안의 자식이었다.

'向'은 북쪽으로 향한 창문이다.

> 穹窒熏鼠, 塞向墐戶. ≪詩經·豳風·七月≫
> 집안의 구멍 막고 쥐를 연기로 쫓으며, 북쪽 창문을 막고 문을 진흙으로 바른다네.

93 豆[두/dòu]·籩[변/biān]·俎[조/zǔ]

이 세 글자는 모두 고대에 제사 또는 연회 때 쓰던 식기이다.

'豆'는 나무로 만든 다리가 높고 원형인 그릇으로 고기나 절인 과일을 담았다. 禮器로도 쓰이고 祭器로도 쓰였다. '籩'은 모양이 '豆'와 비슷했고, 절인 과일만을 담았다. 역시 예기로도 쓰이고 제기로도 쓰였다. '俎'는 청동 또는 나무로 만들어 옷칠을 한 사각형 모양의 그릇인데, 소나 양 등의 고기를 희생물로 담았고, 제기로만 쓰였다.

若所市于人者, 將以實籩豆奉祭祀·供賓客乎? 劉基, 〈賣柑者言〉
당신이 사람들에게 판 것은 변과 두의 제기에 담아 제사에 쓰고 손님들을 접대할 때 사용하는 기구가 아닌가?

孔子爲兒嬉戱, 常陳俎豆, 設禮容. ≪史記·孔子世家≫
공자가 어려서 놀이를 할 때는 늘 조와 두를 늘어놓고 예를 행하는 모습을 흉내냈다.

'俎'와 '豆'를 조합하여 '俎豆'라 하면, '제사' 또는 '공양하다'의 뜻이 되며, '籩'과 '豆'를 조합하여 '籩豆'라 하면 禮儀의 뜻이 된다.

與其餓死道路, 爲群獸食, 毋寧斃于虞人, 以俎豆于貴家. 馬中錫, 〈中山狼傳〉
길거리에서 굶어죽어 뭇 짐승들의 먹이가 되기보다는, 차라리 사냥꾼에게 죽임을 당해 부귀한 집에 바쳐지는게 낫겠다.

籩豆之事, 則有司存. ≪論語·泰伯≫
변과 두의 일(제사의 진설)에 있어서는 유사(책임을 맡은 사람)가 있다.

94 豆[두/dòu]·菽[숙/shū]

본래의 의미로 말한다면 이 두 글자는 서로 관련이 없다. '菽'의 본의는 콩이고, 인신되어 콩 종류의 총칭이 되었다. '豆'의 본의는 식품을 담는 그릇의 일종으로 제사나 연회용으로 쓰였다.

漢代에 들어와서 '豆'는 비로소 콩의 의미로 사용되어 '菽'과 동의사가 되었다.

食菽與鷄. ≪淮南子·時則≫
콩과 닭고기를 먹었다.

種豆南山下, 草盛豆苗稀. 陶潛, 〈歸園田居〉
콩을 남산 아래에 심었더니, 잡초가 무성하여 콩의 싹이 드물었다.

이 두 글자의 차이는 다음과 같다. 상고시대에는 대체로 '菽'을 사용했고, 위진남북조 이후에는 대부분 '豆'를 사용했다. 위진남북조시대 이후에는 모든 경전(經典)들이 대체로 '菽'을 사용하여 콩을 지칭하면서 '豆'는 콩을 가리키기도 하고 팥을 가리키기도 하였으며, 두류(豆類)의 총칭으로 사용하기도 하였다.

95 遁[둔/dùn]·逃[도/táo]

두 글자는 모두 '도주'나 '도피'의 의미가 있다. 그 차이는 다음과 같다.

어떤 지역에서 도주한다는 점에 있어서 '遁'은 '逃' 보다 숨는다는 의미가 더 강하다. 몰래 도망하여 간 곳을 모르게 된다는 의미이다.

他日, 驢一鳴, 虎太駭, 遠遁. 柳宗元, 〈黔之驢〉
어느 날 당나귀가 한 번 울자 호랑이는 크게 놀라 멀리 달아나 숨었다.

물러선다는 의미로 사용될 때, '逃'는 도피의 의미로, '遁'은 회피의 의미로 사용된다.

有罪不逃刑. ≪左傳·襄公3年≫
죄가 있다면 형벌을 피하지 않는다.

上下相遁, 爲蔽彌深. ≪後漢書·杜林傳≫
위 아래가 서로 회피하여 덮어 가림(숨김)이 더욱 심해졌다.

'逃'는 또한 인신되어 '벗어나다'의 의미로 사용되고, '遁'은 인신되어 '숨다'의 의미로 사용된다. 이 때 두 글자는 서로 바꾸어 사용될 수 없다.

不勝其困, **逃**席而去. 元稹, 〈黃明府詩序〉
그 곤란함을 견디지 못하여, 자리를 벗어나 사라졌다.

學**遁**東魯, 習隱南郭. 孔稚珪, 〈北山移文〉
안합의 은둔을 배우고, 남곽자기의 은거를 본받았다.
◆ 東魯는 顔闔을 가리킨다. 안합은 春秋 시대의 魯 나라의 현인이다. 南郭은 南郭子綦를 말하며, ≪莊子·齊物論≫에 나온다.

'遁', '逃'는 연용하여 동사로 사용되거나 使動詞로 사용되어, 도주나 회피의 뜻으로 쓰인다.

牧用趙卒, 大破林胡, 開地千里, **遁逃**匈奴. 李華, 〈弔古戰場文〉
李牧은 趙나라 병사들을 데리고, 숲 속의 이민족을 대파하여, 영토를 천리나 넓히고 흉노를 달아나 숨게 했다.
◆李牧은 전국시대 조나라의 뛰어난 장수. 林胡는 숲에 사는 이민족.

96 俟[사/sì]·待[대/dài]·等[등/děng]

'俟'는 '竢'라고도 쓰는데, ≪說文≫에서는 "待也"라고 풀이했다. '俟'와 '待'는 모두 "기다린다"는 뜻이다.

俟罪長沙. ≪漢書·賈誼傳≫
장사에서 죄를 기다리다.

以**俟**夫觀人風者得焉. 柳宗元, 〈捕蛇者說〉
민간의 풍속을 살피고자 하는 자가 이곳 실정을 알기를 기대한다.

望時而**待**之, 孰與應時而使之. ≪荀子·天論≫
시기를 바라며 기다리는 것과 시기에 맞추어 움직이는 것, 어느 것이 낫겠는가.

위의 각 예문에서 '俟'와 '待'는 서로 바꾸어 사용할 수 있다. '俟'와 '待'는 서로 다른 방언에서 채택한 서로 다른 자형일 것이다. 그러나 두 자를 비교하면, '待'가 더 광범위하게 사용되었고, '俟'가 갖고 있지 않은 인신의들이 탄생하게 되었다.

> 子將何以**待**吾君. ≪戰國策·趙策≫
> 그대는 장차 우리 임금에게 어떻게 대할 것인가?

> 今城郭不完, 兵甲不備, 不可以**待**不虞. ≪韓非子·外儲說左上≫
> 지금 성곽이 완전치 않고 병기와 갑옷은 미비하니 방비할 것을 걱정하지 않을 수 없다.

'待'에서 인신되어 나온 '대응하다, 방비하다'의 뜻은 '俟'에는 없다.

'等'은 선진시대에는 '俟'·'待'와 관련이 없었다. ≪說文≫에서는 "等은 대쪽이 가지런한 것이다.(等, 齊簡也)"라 했는데, 대쪽의 길이가 일치하는 것을 '等'이라고 한 것이다. 흔히 사용된 '等'의 인신의는 '가지런함, 같음'이다.

> **等**死, 死國可乎. ≪史記·陳涉世家≫
> 죽는 것은 한가지이니 나라를 발칵 뒤집어놓고 죽는 것이 어떻겠는가?

위에서 '等死'는 죽음이 오기를 기다린다는 뜻이 아니라, 기일을 어겨서 죽는 것과 起義를 일으켜서 죽는 것이 같은 죽음이라는 뜻이다.

97

幕[막/mù]·帷[유/wéi]·幄[악/wò]·幃[위/wéi]·帳[장/zhàng]

이 글자들은 모두 펼쳐서 가리는 도구로서, 보통 면직물이나 견직물로 만드는 것이다. 차이점은 다음과 같다.

'帷'와 '幕'은 모두 사방을 가리는 장막이며, 그것을 설치하여 담을 만드는 것이지만, '帷'는 지붕이 없는 것이고, '幕'은 지붕이 있는 것이다.

> 披帷西向立, 瞋目視項王. ≪史記·項羽本紀≫
> (번쾌가) 장막을 걷고 서쪽을 향해 서서 눈을 부릅뜨고 항왕을 쳐다보았다.

> 散入珠簾濕羅幕, 狐裘不暖錦衾薄. 岑參, 〈白雪歌頌武判官歸京〉
> (눈꽃이) 주렴 속으로 흩날려 들어와 비단 장막을 적시고, 여우 갖옷 따뜻하게 느껴지지 않고 비단 이불도 얇게 느껴지네.

> 連衽成帷, 擧袂成幕. ≪史記·蘇秦列傳≫
> 옷깃을 이으면 휘장이 되고, 소매를 들면 장막이 된다.

'帳'은 바로 '幕'을 가리키는 것이었다.

> 孔明先喚王平入帳. ≪三國演義·失街亭≫
> 제갈공명은 먼저 왕평을 불러 장막으로 들어오게 했다.

후에 '帳'과 '幕'은 역할 구분이 이루어져 '帳'은 침대 위의 휘장이 되었다.

> 紅羅覆斗帳, 四角垂香囊. 〈孔雀東南飛〉
> 붉은 명주로 만든 이중 휘장, 네 귀에 향 주머니가 매달려 있다.

'幃'는 본래는 '帷'였는데, 후에 침대 위의 휘장을 '幃'라고도 하게 되어, '帷'와 역할 구분이 이루어졌다.

> 明月何皎皎, 照我羅床幃. 〈古詩十九首〉
> 달은 얼마나 희고 깨끗한지. 능라 휘장을 건 우리 집 침상 위를 비추네.

'幄'은 사면이 닫혀 마치 집과 같은 장막을 가리킨다.

> 使將士更休, 而自坐幄幕外. 方苞, 〈左忠毅公逸事〉
> 장수와 병졸들을 번갈아 쉬게 하고는 자신은 상막 밖에 앉아 있었다.

◆<左忠毅公逸事> : ≪方望溪先生全集≫ 권 9에 나옴. 작자는 方苞(1668—1749)이며 만년에 호를 望溪라 했다. 방포는 청대 초기의 산문가로서 桐城派 고문의 창시자 중 하나다. 左忠毅公(1575—1625)은 이름이 光斗이며 명대 桐城 사람이다. 1624년에 魏閹黨이 참형에 처해져야 할 죄목 32개조를 들어 탄핵하다가 하옥되어 혹형을 받고 옥중에서 죽었다. 위충현이 죽은 후에 忠毅라는 시호가 추증되었다. 逸事는 산실되어 전해지지 않는 사적이다.

'帷'와 '幄'은 연용되어, 장막 또는 군대의 장막을 가리킨다.

夫運籌策帷幄之中, 決勝於千里之外. ≪史記·高祖本紀≫
장막 안에서 계책을 내어 천리 밖에서 승패를 결정한다.

98 罵[매/mà]·詈[리/lì]·詬[후/gòu]

이 글자들은 모두 나쁜 말로 사람을 해치는 것을 가리킨다.

'罵'는 ≪說文≫에서 "詈也"라 했다.

劾灌夫罵坐不敬, 繫居室. ≪史記·魏其武安侯列傳≫
(빈객을) 욕하고 불경한 죄로 관부를 탄핵하여 거처하는 집에 묶어 두었다.

'詈'는 ≪說文≫에서 "罵也"라 했다.

乃使勇士往詈齊王. ≪國語·秦語≫
이에 용사를 보내어 제나라 왕에게 가서 욕하게 했다.

≪韻會≫에서는 "정면에서 지적하는 것을 '罵'라 하고, 옆에서 지적하는 것을 '詈'라 한다.(正斥曰罵, 旁及曰詈)"고 하였는데, 이것은 억지로 구분한 것인 듯하다. 용례를 통해 볼 때, '詈'와 '罵'에는 시대적 선후의 차이가 있을 뿐, '정면에서 지적한다'거나 '옆에서 말한다'는 구분은 없는 것 같다. '詈'는 先秦의 전적에 보이고, '罵'는 한대 이후에 들어와서

야 유행되기 시작했다. 두 글자는 흔히 결합되어 사용되기도 했다.

今漢王慢而侮人, 罵詈諸侯羣臣如罵奴耳. ≪史記·魏豹傳≫
한왕은 교만하여 사람들에게 모욕을 주었는데, 제후나 신하들을 모욕하는 것이 마치 노예를 욕하는 것과 같았다.

두 글자를 함께 사용한 상황을 살펴보면, '罵'는 후기에 나타난 방언일 가능성이 높다.

'詬'는 '垢'가 후기에 분화되어 생긴 글자이다. '垢'는 먼지나 흙 또는 더러운 것들을 가리킨다. 사람들은 흔히 '蒙垢'라는 용어를 사용하여 깨끗한 몸이 더럽혀짐에 비유했다. 이때 '詬'라는 글자를 사용하기도 했는데, '치욕'의 뜻이다.

詬莫大於卑賤. ≪史記·李斯列傳≫
비천한 것보다 더 치욕스러운 것은 없다.

'詬'가 동사로 쓰이면 다른 사람에게 모욕을 가한다는 뜻이다.

詬侮上帝山川鬼神. ≪墨子·天志下≫
상제, 산천, 귀신을 모욕하다.

'詬'는 '罵', '詈'보다 더 모욕적인 것으로, 더러운 말을 사용하거나 은밀하고 사적인 일들을 폭로하여 남을 욕하는 것이다. 현대 용어로 바꿔 말해도 입이 더러워질 정도이다. '罵', '詈' 또한 다른 사람에게 나쁜 말을 하여 모욕하는 것이고, 분을 풀거나 상대방을 격노하게 하는 성분이 포함되어 있기도 하며, 때때로 욕하는 자의 조잡한 태도가 반영되기도 하지만, 의도적으로 상대방에게 수치를 안겨주고자 하는 동기가 포함되어 있는 것은 아니다.

99

睡[수/shuì]·寐[매/mèi]

현대의 '睡'는 선진시대에는 일반적으로 '寐'라 했다. ≪說文≫에서는 "寐는 눕는 것이다.(寐, 臥也)"라 했고, ≪增韻≫에서는 "寐는 昧이며, 눈을 감고 의식을 감추는 것이다.(寐, 昧也, 目閉神藏也)"라 했다. '寐'와 '昧'는 동원사로서 의식이 없는 꿈 속에 들어간다는 것이다.

夙興夜寐, 靡有朝矣. ≪詩·衛風·氓≫
새벽에 일어나고 밤중에 잠들어 아침도 몰랐었네.

耿耿不寐, 如有隱憂. ≪詩·邶風·柏舟≫
걱정하며 잠들지 못하니 깊은 근심 있는 듯하다.

秦漢 이전에는 '睡'와 '寐'의 의미가 달랐다. '寐'는 '잠들다'이고, '睡'는 '졸다'에 해당된다. '睡'는 '垂'에서 나온 것으로 고개를 떨구고 가물가물 잠들려고 하는 것이다. ≪說文≫에서는 "睡는 앉아서 자는 것이다.(睡, 坐寐也)"라고 했다. 앉아서 조는 것만이 '睡'이고, 누워서 잠드는 것을 '寐'라 했다.

(蘇秦)讀書欲睡, 引錐自刺其股. ≪戰國策·秦策≫
(소진이) 글을 읽다가 졸리면, 송곳으로 허벅지를 찔렀다.

孝公旣見衛鞅, 語事良久, 孝公時時睡, 弗聽. ≪史記·商君列傳≫
효공이 위앙을 만났는데, 말이 길어지자 효공은 때때로 졸면서 듣지 않았다.

子能得珠者, 必遭其睡也. 使驪龍而寤, 子尙奚微之有哉! ≪莊子·列禦寇≫
그대가 구슬을 얻을 수 있었던 것은 (검은 용이) 조는 때를 만났기 때문이다. 검은 용이 깨어 있었다면, 그대가 살아남지 못했을 것이다.

中古시대 이후 '睡'가 잠잔다는 의미로 많이 사용되면서 '寐'는 거의 사용되지 않게 되었다.

100
眄[면/miǎn]·睇[제/dì]·睥[비/pì]·睨[예/nì]

'眄'은 ≪說文≫에서 "눈을 한쪽만 감는 것이다. 斜視라고도 하는데, 秦의 말이다.(目偏合也; 一曰斜視也, 秦語)"라고 하였다. 한 쪽 눈만 감는다는 의미로 사용된 '眄'은 전적에서 용례를 찾을 수 없다. '斜視'는 '睇'의 뜻과 같다. '眄'과 '睇'는 방언의 변형이다.

陳楚之間·南楚之外曰睇, 自關而西·秦晉之間曰眄. ≪方言·二≫
진과 초 사이·남쪽 초 지역 밖에서는 제라 하고, 함곡관 서쪽·진과 진 사이에서는 면이라 한다.

明月之珠, 夜光之璧, 以闇投人於道路, 人無不按劍相眄者. ≪史記·鄒陽傳≫
명월주와 야광벽을 은밀히 길에 던져두면, 사람들이 검을 어루만지면서 곁눈질로 노려보지 않는 이가 없다.

'睇'는 '䏲'라고도 쓰는데, ≪說文≫에서는 "小斜視也"라 했다. '小斜視'라는 말에는 두 가지 의미가 있다. 첫째는 '小視'로서 실눈을 뜨고 바라보는 것이다. 이것은 주의력을 집중하기 위해 눈동자에 힘을 줘서 눈을 작게 뜨는 것이다. 둘째는 '斜視'로서, 머리를 돌리는 것과는 무관하게 시선의 각도가 기울어져 있는 것이다.

離婁微睇兮, 瞽以爲無明. ≪楚辭·九章·懷沙≫
눈밝은 이루가 실눈을 뜨니, 장님은 눈밝지 못하다고 여긴다네.

在父母舅姑之所, 不敢噦噫·嚏咳·欠伸·跛倚·睇視. ≪禮記·內則≫
부모나 시부모가 계신 곳에서는 감히 구역질하거나 트림하며, 재체기하거나 하품하며 한쪽 다리에만 의지하여 몸을 기울여 서거나 곁눈질하지 않는다.

'睨'는 ≪說文≫에서 "斜視也"라 했다. '睨'의 본의가 바로 斜視이다.

> 相如持其璧睨柱, 欲以擊柱. ≪史記·廉頗藺相如列傳≫
> 인상여가 벽옥을 잡고 기둥을 흘겨보면서 기둥에 던지려고 하였다.

'睥'와 '睨'는 흔히 결합되어 사용되며, '辟睨'·'俾倪'·'僻倪' 등으로 쓰기도 한다. '睥睨'는 聯綿詞이다.

> 今夫毛嬙·西施, 天下之美人也. 若使之銜腐鼠·蒙蝟皮·衣豹裘·帶死蛇, 則布衣韋帶之人過者, 莫不左右睥睨而掩鼻. ≪淮南子·修務≫
> 지금 모장과 서시는 천하의 미인입니다. 그들로 하여금 썩은 쥐를 입에 물고 고슴도치 가죽을 쓰며, 표범 갑옷을 입고 죽은 뱀을 차게 하면, 베옷을 입고 가죽 허리띠를 찬 지나가는 사람들이 좌우를 흘겨보면서 코를 가리지 않는 자가 없을 것입니다.

'睨'는 '睥睨'의 단음절 형식일 뿐이다.

요약하면, 위의 글자들은 '睥睨'·'睨'가 원래부터 눈을 흘겨본다는 뜻인 것을 제외하면, 기타 단어들은 각기 유래가 있다. 어떤 것은 눈동자가 왼쪽이나 오른쪽으로 치우친다는 것에서 나왔고, 어떤 것은 실눈을 뜨고 본다는 것에서 나왔으며, 어떤 것은 한쪽 눈을 감고 본다는 것에서 나왔는데, 거기에는 방언이 관련되어 있기도 하다.

101 命[명/mìng]·令[령/lìng]

'命'과 '令'은 본래 同源詞이었으나 나중에는 近義詞가 되었다.

'命'은 처음에는 동사였으며, '명령을 내린다'는 의미였다.

(鄭莊公)命子封帥車二百乘以伐京. ≪左傳·隱公元年≫
(정나라의 장공이) 자봉에게 명하여 수레 이백 승을 거느리고 경 땅을 정벌하게 했다.

王命虢公伐曲沃. ≪左傳·隱公五年≫
왕이 괵공에게 명하여 곡옥을 정벌하게 했다.

'命'은 '명령을 내린다'는 의미에서 引申되어 '사물에 이름을 붙인다(命名)'는 뜻으로도 사용되게 된다.

晉穆侯之夫人以條之役生太子, 命之曰仇. ≪左傳·桓公二年≫
진 목후의 부인이 조 땅에서의 전쟁 때 태자를 낳아 이름을 구라고 하였다.

名無固宜, 約之以命, 約定俗成謂之宜, 異於約則謂之不宜. ≪荀子·正名≫
이름은 본래부터 옳은 것이 없고, 약속을 통해 이름지어지는 것이다. 약속이 정해져서 널리 사용되면 옳다고 하는 것이고, 약속과 다르면 옳지 않다고 하는 것이다.

동사인 '命'이 명사화되어 '명령'의 의미로 사용된 것이 '令'이다. 그러나 '命'과 '令' 사이에는 복잡한 관계가 발생한다. '命' 자체 또한 내려진 명령을 표시하는 명사로도 사용된다.

使於四方, 不辱君命. ≪論語·子路≫
사방에서 사신으로 나가 임금의 명령을 욕되게 하지 않는다.

棄君之命, 不信. ≪左傳·宣公二年≫
임금의 명령을 저버리는 것은 불신이다.

군주의 지시는 책임을 맡은 자가 완성해야 할 사명이므로 '命'은 또한 '使命'의 뜻으로도 사용된다.

屈節辱命, 雖生, 何面目以歸漢! ≪漢書·李廣蘇建傳≫
절개를 굽히고 사명을 욕되게 한다면, 비록 살더라도 무슨 면목으로 한나라로 돌아가겠는가!

'令'은 처음에는 '命'의 명사적 용법으로서 '내려진 명령'의 뜻으로 사용되었다.

> 立法施令, 莫不順比. ≪荀子·議兵≫
> 법을 만들어 명령을 내리면 따르지 않는 이가 없다.

그러나 '令'이 '命'에서 독립되어 사용되면서 그 동사적 용법도 탄생하게 된다.

> 其身正, 不令而行, 其身不正, 雖令不從. ≪論語·子路≫
> 윗사람이 몸가짐을 바르게 하면 아랫사람은 명령을 받지 않아도 행할 것이요, 윗사람이 올바르지 않다면 아랫사람은 명령을 받는다 하더라도 따르지 않을 것이다.

'命'과 '令'은 의미가 서로 교차되는 부분이 많지만 그래도 구별되는 부분이 있다.

먼저 상고시대에는 '명령을 내린다'는 뜻으로는 주로 '命'을 사용했고, '令'이 사용되는 경우는 적었다. 양자가 모두 동사로 사용될 때, '命'은 술어가 되어 대체로 '어떤 사람을 파견하여 어떤 일을 하게 한다'는 뜻으로 사용되었다. '令'은 보통 목적어를 갖지 않는 自動詞로 사용되어 '명령을 받는다'는 뜻이었다. 앞에서 인용한 '명령을 받는다 하더라도 따르지 않는다(雖令不從)'거나 '명령을 받지 않아도 행한다(不令而行)' 같은 것이 그 예이다.

다음으로 명사가 되면, '命'은 대부분 각 주재자가 내리는 '지시'를 가리킨다. 상제가 내리는 지시는 '天命'이며, 군주가 내리는 지시는 '君命', '王命'이고, 부모가 내리는 지시는 '父命', '母命'이다. '令'은 '軍令' 또는 '政令'처럼 군대 또는 행정장관이 내리는 지시에 사용되었다. 따라서 '命'의 引申義에는 '運命', '生命'(이것들은 하늘에 의해 결정된다.), '使命', '教命'(이것들은 임금이나 스승에 의해 결정된다)같은 것이 있고, '令'은 보통 '縣令', '太史令', '尙書令' 등처럼 장관의 호칭으로 사용된다.

102
範[범/fàn]·型[형/xíng]·模[모/模mú]

'範', '型', '模'는 모두 고대에 기물을 주조하는 데 사용되던 '거푸집' 이었다. '範'과 '型'은 비교적 이른 시기인 先秦時代에 이미 사용되었다.

型範正, 金錫美, 工冶巧, 火齊得, 剖型而莫邪已. ≪荀子·强國≫
모형이 정확하고 사용한 쇠와 주석의 질이 우수하며, 주조 기술이 뛰어나고, 화력이 균형을 얻으면, 거푸집을 열었을 때 막야와 같은 보검이 나올 것이다.

'範', '型', '模'는 모두 거푸집인데, 관습적으로 금속으로 만든 거푸집은 '範'이라 했고, 모래나 흙으로 만든 거푸집은 '型'이라 했으며, 기타 재료로 만든 거푸집은 '模'라 하였다.

거푸집을 사용하여 모양이 같은 물건을 만들어 내었으므로 '範', '型', '模'는 '모범'이나 '표준'을 비유하는 데 사용되었다. '範文'은 표준적 문장이며, '典型', '楷模'는 사람 또는 사물의 본보기이다.

巢林棲一枝, 可爲達士模. 左思, 〈咏史八首〉
숲 속의 나무에 살면서 둥지를 만들어 나뭇가지 하나만을 자지하여 통날한 선비의 모범이 되리라.

이 글자들이 술어로 사용되면 '모범으로 삼아 배우다', '전범을 모방하다'의 의미가 된다.

以身模之. 〈漢武帝內傳〉
몸으로 그를 모범으로 삼다.

◆<漢武帝內傳(한무제내전)>: 漢代의 황제인 武帝의 출생부터 죽을 때까지의 일을 기록한 소설식 자료이다. 後漢의 班固 또는 晉의 葛洪이 지은 것이라고

전해져 왔지만 근거가 없으며, 대체로 魏晉 시대의 인물이 지은 것으로 추정되고 있다.

'模範'은 '배우고 본받을 만한 본보기'를 가리키는데, 고대에도 본받거나 모범으로 삼는다는 뜻으로 사용되기도 했다.

當時後進, 競相模範, 每有一文, 都下莫不傳誦. ≪北史·庾信傳≫
당시의 후진들이 다투어 모방하여, 한 문장이 나오면 수도 일대에서 서로 전하며 외우지 않는 이가 없었다.

103 沐[목/mù]·浴[욕/yù]·沫[매/mèi]·澡[조/zǎo]·盥[관/guàn]·洗[세/xǐ]

현대에는 물로 신체의 각 부분을 닦는 것을 모두 '洗'라고 하지만, 고대에는 인체의 특정 부위를 닦는 데에는 모두 특정한 명칭이 있었다.

'沐'은 ≪說文≫에서 "머리를 감는 것이다(濯髮也)"라고 했다. '沐'은 머리를 씻는 데만 사용했던 글자이다.

新沐者必彈冠. ≪史記·屈原傳≫
새로 머리를 감은 자는 반드시 갓을 턴다.

'浴'은 ≪說文≫에서 "몸을 씻는 것이다(洒身也)"라고 했다. '浴'은 온몸을 씻는 데만 사용했던 용어이다.

浴去身垢. ≪論衡·譏日≫
물을 끼얹어 몸의 때를 제거한다

身浴者必振衣. ≪史記·屈原傳≫
새로 몸을 씻은 자는 반드시 옷을 턴다.

고대 한어에서 '沐浴' 두 글자는 ≪論語·憲問≫에서 "머리를 감고 몸을 씻고 조회에 들어간다(沐浴而朝)"처럼 자주 연용되었다. 처음에는 '목욕'이 머리를 감고 몸을 씻는 것이었지만, 후에 점점 하나의 단어가 되어 현재의 '목욕'의 의미가 되었다.

'沬'는 '靧(회)'나 '頮(회)'로도 쓰인다. ≪說文≫에서는 "매는 얼굴을 씻는 것이다.(沬, 洒面也)"라고 하였다. '沬'는 물을 떠서 얼굴을 씻는 데만 사용된 용어이다. ≪漢書·律曆志下≫에서는 ≪尙書·顧命≫을 인용하여 "왕이 물로 손을 씻고 얼굴을 씻었다(王乃洮沬水)"라 했는데, 顔師古는 注에서 "洮는 손을 씻는 것이고, 沬는 얼굴을 씻는 것이다(洮, 盥水; 沬, 洗面也)"라고 했다.

'澡'는 ≪說文≫에서 "손을 씻는 것이다.(洗手也)"라 했다. '澡'는 손을 씻는 데만 사용했던 용어이다.

> 夏時詣水中澡洒手足. ≪三國志·魏書·管寧傳≫
> 여름에 물가에 가서 손을 씻고 발을 씻었다.

그러나 '澡'는 보통 原義로만 사용되지는 않았으며, 흔히 온 몸을 씻는 데까지 확대되었고, 나아가서 기타 물건을 씻는 데까지 확대되었다. 이처럼 확대된 용법의 '澡'는 현재의 '洗'와 같은 의미로 사용된 것이다.

> 儒有澡身而浴德. ≪禮記·儒行≫
> 유자는 몸을 깨끗이 씻고 덕으로 몸을 닦는다.

> 澡麻帶絰, 五月者. ≪儀禮·喪服≫
> 씻은 마포로 허리에 두르는 요질(腰絰)을 5개월 한다.

'盥' 또한 손을 씻는 데만 사용된 용어이다. ≪說文≫에서 "관은 손을 씻는 것이다(盥, 澡手也)"라 했다. '澡'와 '盥'의 차이는, '澡'는 손을 물 속에 담가서 씻는 것이고, '盥'은 그릇에 물을 담아 손에 끼얹어 씻는 것이다. ≪左前·僖公·二十三年≫에는 重耳가 진나라에 있을 때, 懷嬴이 "주전자를 들고 물을 부으며 손을 씻었다(奉匜沃盥)"는 기록이 있는데, '沃盥'은 물을 끼얹어 손을 씻는 것이다.

'洗'는 ≪說文≫에서 "발을 씻는 것이다(洒足也)"라 했다. '洗'는 발을 씻는 데만 사용된 글자였다.

> 沛公方踞床, 使兩女子洗足. ≪史記·高祖本紀≫
> 패공은 마침 침상에 걸터앉아 두 여자에게 발을 씻게 하고 있었다.

> 洗去足垢. ≪論衡·譏日≫
> 발의 때를 씻었다.

'洗'는 또한 인체의 기타 부분을 씻는 데까지 의미가 확대되었다.

> 堯又召爲九州長, 由不欲聞之, 洗耳於潁水之濱. ≪高士傳·許由≫
> 요가 다시 불러서 구주의 장으로 삼으려 하니, 허유가 그 이야기를 듣고 싶지 않아 영수의 물가에서 귀를 씻었다.

현재에 이르러, '洗'는 위의 '씻는다'는 뜻을 가진 모든 글자들을 대체했을 뿐만 아니라 사람의 몸을 씻는 것 말고도 여러 가지 물건들을 씻는 것까지 포함하게 되었다. 현대의 '洗'에 해당하는 고대의 글자는 '洒'와 '濯'이다. 인체에 관해서는 '洒'를 썼고, '濯'은 주로 물건을 씻는 데 사용되었다.

104 巫[무/wū]·覡[격/xí]·祝[축/zhù]

'巫'·'祝' 등은 모두 巫術과 관련된 미신적 활동을 직업으로 하는 사람이다.

巫術은 원시사회에서 기원했는데, 인류의 생산력이 낮고 대자연의 여러 현상을 이해할 길이 없던 시기의 산물이다. '巫'는 무술에 종사하는 사람으로서, 그들은 신비한 의식, 춤, 기도, 주문을 통하여 여러 자연력의 화신(天地·鬼神)의 환심을 사거나 복을 내려주기를 추구했으며, 그들이 내리는 재앙을 제거할 수 있기를 희망했다.

노예제 사회 시기에도 무술은 유행했다. 최고의 권력자였던 왕은 상제가 임명한 하계의 통치자로 자처했다. 巫, 특히 巫咸같은 大巫들은 상제의 의도를 이해하고 상제의 뜻을 전달하는 사람이라고 자처했다. 따라서 정치적으로 세력이 컸던 통치의 보조집단이 되었다.

殷代 말기와 周代에 이르러 생산력이 높아져서 각 방면의 지식이 축적되면서 '巫'의 직능은 점점 분화되고 분업화된다. '巫'는 민간에 유행했고, 조정에서는 그것이 '祝', '卜', '史', '醫' 등에 의해 대체되어, 그들은 조정의 관리가 되었다.

민간에서 '巫'의 활동에 종사한 사람들은 주로 여자들이거나 장애자들이었다. 따라서 ≪說文≫에서는 '巫'가 "여자로서 무형의 것들을 섬겨서 신을 내리게 하는 자(女能事無形以降神者也)"라고 하였다. 男巫도 있었는데, 이들 남무를 '覡'이라 했다.

조정에서 '巫'를 대체하여 제후나 왕들의 上帝에 대한 기원을 대행하는 존재들을 '太祝'이라 하였다.

105 門[문/mén]·戶[호/hù]·扉[비/fēi]·扇[선/shàn]

현대의 방과 정원에서는 열고 닫을 수 있으며 출입할 수 있는 설비를 '門'이라 하고, '戶'라고 하지는 않는다. 고대에는 그것들 중 어떤 것은 '門'이라 하고, 어떤 것은 '戶'라고 하였다. '門'과 '戶'는 역할이 달랐다. ≪一切經音義·十四≫에서는 "문짝이 하나인 것을 호, 문짝이 둘인 것을 문이라 한다.(一扇曰戶, 兩扇曰門)"고 했고, 또 "방에 있는 것을 호, 집의 영역 내에 있는 것을 문이라 한다.(在於堂屋曰戶, 在於宅區域曰門)"고 하였다. 이 두 가지 해석은 일치하는 것이다. 건물 내부에 설치되어 있는 문은 일반적으로 문짝이 하나이며, 저택의 정원이나 또는 범위가 더 큰 구역에 설치되어 있는 문, 예를 들면 '里門'·'城門' 등은 일반적으로 문짝이 두 개이기 때문이다.

'門'은 ≪說文≫에서 "2개의 戶로 구성되어 있으며, 상형이다.(從二戶, 象形)"이라 했는데, '門'의 옛 자형은 마주보고 열리는 두 문의 형태를 본뜬 것이다.

> 君出魯之四門以望魯四郊. ≪荀子·哀公≫
> 임금이 노나라의 네 문으로 나와서 노나라의 사방 교외를 바라보았다.

> 其閭門壞, 父老方共治之, 于公謂曰. 少高大閭門, 令容駟馬高蓋車. ≪漢書·于定國傳≫
> 그 마을의 문이 부서져서 마을 사람들이 그것을 수리하고 있었는데, 우공이 말하였다. '마을 문을 조금 더 높고 크게 하여, 네 마리 말이 끄는 높은 지붕을 덮은 수레가 드나들 수 있게 하라.'

> 始翟公爲廷尉, 賓客闐門. 及廢, 門外可設雀羅. ≪史記·汲鄭列傳≫
> 전에 적공이 정위가 되었을 때, 손님들이 문에 가득했다. 정위를 그만두자 문 밖에 참새 잡는 그물을 칠 수 있을 정도로 한산하였다.

위 인용문에서 '門'은 각각 城門, 里門, 정원의 문을 가리킨다. 여기에서 알 수 있듯이 '門'은 일반적으로 비교적 높고 커서, 어떤 것은 수레와 말이 출입할 수 있을 정도였다.

'戶'는 거실의 내부에만 설치되는 것이다. ≪禮記·禮器≫편에, "방에 들어가는데 문(戶)을 통하지 않고 들어갈 수 있는 자는 없다.(未有入

室而不由戶者.)"라 했는데, '戶'가 실내로 통하는 출입구임을 알 수 있다.

'扉'는 '문'이나 '호'와는 달리 문짝을 가리킨다. ≪說文≫에서는 "비는 문짝이다.(扉, 戶扇也)"라고 했다. '문'과 '호'는 열고 닫을 수 있으며 출입할 수 있는 설비이고, '비'는 '문' 또는 '호'를 구성하는 부품이다.

'扉'는 또한 '扇'이나 '闔'이라고도 불렀다. ≪禮記·月令≫편에 "음력 2월에 농사짓는 사람들이 조금 틈이 있으면, 합과 선을 수리했다.([仲春之月]耕者少舍, 乃修闔扇)"고 했는데, '합'과 '선'은 모두 '비'를 가리키는 것이다. 鄭玄은 이 구절의 주석에서 "나무를 사용해 만든 것을 합이라 하고, 대나무나 갈대를 사용해 만든 것을 선이라 한다.(用木曰闔, 用竹葦曰扇)"고 했는데, 이것은 그 재료를 말한 것이다. 용도로 말한다면, 수레와 말이 통과할 수 있는 대문의 문짝을 '闔'이라 하고, 작은 문의 문짝을 '扇'이라 한다.

106 美[미/měi]·好[호/hǎo]·麗[려/lì]

'美'와 '好'는 상고시대에 모두 사람의 아름다움을 표현하는데 사용되었다. ≪說文≫에서는 "好, 媄也"라 했는데, '媄'는 '美'의 분화자이다.

'好'가 사람에 대해 쓰일 때는 형용하는 범위가 비교적 좁아서, 일반적으로 여자에게만 사용되었다.

> 以文繡千匹, 好女百人, 遺義渠君. ≪戰國策·秦策≫
> 수놓은 비단 천필과 미녀 백 명을 의거군에게 보냈다.

> 是女子不好, 煩大巫嫗爲入報河伯, 得更求好女, 後日送之. ≪史記·滑稽列傳·西門豹傳≫
> 이 여자는 예쁘지 않다. 번거롭더라도 큰 무당 할미가 들어가 하백에게 일러

라. 예쁜 여자를 다시 구하여 뒷날 보내겠다고.

好色人之所欲也. ≪孟子·萬章上≫
예쁜 용모는 사람들이 원하는 것이다.

如惡惡臭, 如好好色. ≪禮記·大學≫
악취를 싫어하듯이, 미색을 좋아하듯이.

'好'가 여자를 형용하는데 사용될 때, 중점을 두는 것은 용모와 피부색의 아름다움, 즉 외모의 아름다움을 가리키는데 사용되었다.

'美'의 古字는 사람의 머리에 뿔이 있는 양 머리 모양의 장식을 한 冠을 본뜬 것이다. 고대에는 흔히 짐승의 머리 가죽으로 관을 만들어 용감함을 과시했다. 따라서 '美'는 용모의 아름다움을 표시할 수도 있지만, 복식 따위까지 포함하는 儀表(풍채) 당당함의 의미도 아울러 갖고 있다. '美'가 의표까지 아우르는 것이므로 '미'는 여자를 형용하는데만 한정되지는 않으며, 남자를 형용하는데도 자주 사용된다.

(鄒忌)朝服衣冠窺鏡, 謂其妻曰: '我孰與城北徐公美?' ≪戰國策·齊策≫
(추기가) 아침에 옷을 입고 관을 쓰고 거울을 보면서 그 아내에게 물었다. '나와 성북의 서공과는 누가 더 잘 생겼는가?'

따라서 옛 책을 읽을 때, '美人'에 대하여 그 차이를 구분할 필요가 있다. '美人'은 '美女'와 다르다.

'美'가 남녀의 용모에 대한 아름다움을 범칭하는 것이므로 그 반의어는 마찬가지로 범칭인 '惡'이 될 수도 있고, 용모가 아름답지 않은 것만을 가리키는 '醜'가 될 수도 있다. 반면에 '好'의 반의어는 주로 '醜'이다.

≪方言·二≫에서는 "함곡관에서 서쪽으로 秦과 晉 사이에서는 미색을 '好'라고 표현하기도 한다.(自關而西, 秦晉之間, 凡美色, 或謂之好)"고 하였다. '호'는 아마도 처음에는 방언이었을 것이지만, 옛 서적들을 보면

이미 통용어가 되어 있음을 알 수 있다. 또한 단어의 의미가 발전함에 따라서 '호'의 의미는 끊임없이 확대되어 일체의 아름다운 것, 정밀한 것, 사람들의 마음과 눈을 즐겁게 하는 일 등의 형용사가 되었다. 예를 들면, 好花, 好句, 好景, 好漢 등이 그것이다. 사람의 용모의 아름다움은 남녀를 불문하고 주로 '美'를 사용하게 되었다.

'麗'는 '달라붙다(부착)'의 뜻이다.

> 日月麗乎天, 百穀草木麗乎土. ≪周易·離≫
> 해와 달은 하늘에 걸려 있고, 온갖 곡식과 초목들은 땅에 붙어 있다.

'麗'가 아름다움을 표시할 때는 주로 외표의 아름다움, 복식의 아름다움을 표시한다.

107 愈[유/yù]·益[익/yì]·彌[미/mí]

이 정도부사들은 모두 비교급 정도부사로서 '더욱'·'더한층' 등의 뜻으로 사용된다.

'愈'는 ≪廣雅·釋言≫에서는 "낫다(賢也)"라 했고, ≪正字通≫에서는 "넘다(過也)"라 했다. '~보다 낫다'는 뜻을 표시하는 '유'는 '뛰어넘다(超越)'는 뜻을 나타내는 '逾'에서 나왔다. 행동에 있어서의 뛰어넘음을 표시하는 것은 '逾'이고, 일을 행함에 있어서의 뛰어넘음을 표시하는 것은 '愈'이다.

> 子貢問. '師與商也孰賢?' 子曰. '師也過, 商也不及.' 曰. '然則師愈與?' 子曰. '過猶不及.' ≪論語·先進≫
> 자공이 물었다. '사(子張)와 상(子夏) 중에서 누가 낫습니까?' 공자가 대답하

였다. '사는 지나치고 상은 미치지 못한다'. 자공이 말했다. '그렇다면 사가 낫다는 것입니까?' 공자가 대답하였다. '지나친 것은 미치지 못하는 것과 같다.'

丹之治水也, 愈於禹. ≪孟子·告子下≫
내(白圭)가 치수를 함은 우왕보다도 낫다.

'~보다 낫다'나 '뛰어넘음'을 표시하는 '愈'는 다른 동사나 형용사를 수식할 때, 수식하는 대상의 정도가 더 나음을 표시하여, '더욱, 한층'의 의미를 갖게 된다.

公孫段卒, 國人愈懼. ≪左傳·昭公七年≫
공손단이 죽자, 사람들은 더욱 두려워하였다.

'益'은 ≪說文≫에서 "풍요롭다(饒也)"라 했고, ≪廣雅·釋詁≫에서는 "더하다(加也)"라 했다. '益'은 '溢'의 본자로서, 후에 일반적으로 '증가'의 의미를 가리키게 되었다.

損上益下, 民說無疆. ≪周易·益≫
윗사람의 것을 덜어 아랫사람에게 보태주면, 백성들은 끝없이 기뻐한다.

'益'이 부사화된 이후에는 행위·특징·수량에 있어서의 증가를 표시하게 되었고, 그리하여 이전보다 더 심함을 의미하는 단어가 되었다.

如水益深, 如火益熱. ≪孟子·梁惠王下≫
물이 더욱 깊어지듯, 불이 더욱 뜨거워지듯.

'彌'의 유래와 변천 과정은 분명하지 않다. 아마도 '가득차다(滿)·두루 미치다(遍)의 뜻에서 나왔을 것이다. 우리가 볼 수 있는 문헌에서 그것은 일찍부터 부사화된 형태로 나타난다.

仰之彌高, 鑽之彌堅. ≪論語·子罕≫
우러러보면 더욱 높고, 뚫어보면 더욱 굳다.

其出彌遠, 其知彌少. ≪老子≫

그 나아감이 더욱 멀어질수록, 그 앎이 더욱 적어진다.

'愈'·'益'·'彌'의 차이는 '愈'와 '彌'가 보통 전후 대조를 통하여 사물이 한층 더 발전함을 표시하는데 반해, '益'은 대부분 단순히 정도가 깊어짐을 표시할 뿐이다.

108 問[문/wèn]·訊[신/xùn]·詰[힐/jié]·詢[순/xún]

이 글자들은 모두 '問'의 뜻이다. 그러나 미세한 차이가 있다.

'問'은 '물어보다(詢問), 위문하다, 안부를 묻다'의 뜻이다.

且問備曰. '豫州今欲何至?' ≪三國志·吳書·周瑜魯肅呂蒙傳≫
또 유비에게 물었다. "유예주(유비)께서는 이제 어디로 가려 하십니까?"

齊王使者問趙威后. ≪戰國策·齊策四≫
제나라 왕의 사자가 조나라 위후의 안부를 물었다.

'訊'은 대체로 審問의 뜻으로 쓰인다. 후대에 이르러 특히 법정에서의 심문을 가리키게 되었다.

余同逮以木訊者三人. 方苞, 〈獄中雜記〉
나와 함께 체포되어 고문당하고 심문을 당한 사람이 셋이었다.

左右不明, 卒從吏訊. ≪漢書·鄒陽傳≫
좌우가 총명하지 못하여 마침내 형리에게 심문을 당하게 되었다.

'詰'은 대체로 '추궁하다(追問), 조사, 심문(査問)'의 뜻으로 사용되었다.

主者口呿舌撟, 終不敢詰. 方苞, 〈獄中雜記〉

주심 판관이 놀라서 입을 벌리고 말문이 막혀서 끝내 감히 추궁하지 못했다.

'詢'은 '물어보다, 가르침을 청하다'의 뜻이다.

秦大夫不詢於我寡君, 擅及鄭盟. ≪左傳·成公十三年≫
진나라 대부가 우리 임금에게 물어보지도 않고 멋대로 정나라와 맹약을 맺었다.

先民有言, 詢于芻蕘. ≪詩經·大雅·板≫
옛 사람의 말이 있는데, 꼴 베고 땔나무하는 사람에게 물어봐라.

109

文[문/wén]·字[자/zì]

'文'과 '字'는 모두 '文字'의 뜻이다.

故說詩者不以文害辭. ≪孟子·萬章上≫
그러므로 시를 말하는 자는 글자로서 문장의 뜻을 해쳐서는 안된다.

心旣託聲於言, 言亦寄形於字. ≪文心雕龍·練字≫
마음이 소리에 기탁하여 말로 나타난다면, 말 또한 형태에 기탁하여 문자로 나타난다.

'文'과 '字'는 연용되어 '文字'의 의미를 표시한다. 여기에서 인신되어 문자를 연결하여 이루어진 詩文의 뜻으로도 쓰이고, 案卷, 公文, 奏疏, 札子의 의미로도 쓰인다.

'文'과 '字'는 모두 '문자'의 뜻으로 쓰이지만, 이 두 글자의 본의는 서로 다르다.

'文'의 본의는 "색깔이 서로 뒤섞인 것(≪周易·繫辭下≫)"이다. 여기에서 인신되어 '무늬'의 의미를 갖게 되었으며, 다시 인신되어 "무늬를 새기다"의 뜻을 갖게 되었다. '文身'은 바로 몸에 무늬를 새기는 것이다. '무늬를 새기다'에서 다시 인신되어 '문자'의 뜻이 되었는데, 고대의 문자는 칼로 새겨서 쓰는 것이었기 때문이다.

'字'에 대해서 許愼은 ≪說文解字≫에서 "자는 낳는다는 뜻이다.(字, 乳也.)"라고 했다. '字'가 '文字'의 의미로 사용되는 것은 '乳'에서 나온 것이지만, '乳'가 '字'의 본의는 아니다. ≪周易·屯卦≫의 "여자가 정숙했으나 임신을 하지 못했는데, 십년이 지나서 임신을 하게 되었다.(女子貞不字, 十年乃字.)"에서 보이듯, '字'의 본의는 '임신'이다. '임신'의 뜻으로부터 인신되어 '아이를 낳다'의 뜻을 갖게 되었고, '아이를 낳다'에서 다시 인신되어 '문자'의 뜻을 갖게 되었다. 하나의 形符와 하나의 聲符가 결합하여 하나의 글자가 이루어지는데, 이것이 바로 아이를 낳는 것과 같았다. 따라서 '字'는 '아이를 낳다'의 뜻에서 인신되어 '文字'의 의미를 표시하게 되었다.

'文'과 '字'는 모두 인신되어 '문자'의 의미를 갖게 되었지만, 그 두 글자의 본의가 다르므로 인신되어 사용된 '문자'의 뜻도 처음에는 차이가 있었다. '文'은 처음에는 원시적 상형문자를 표시했고, '字'는 '문'의 기초 위에서 탄생된 문자를 의미했다.

> 倉頡之初作書, 皆依類象形, 故謂之文; 其後形聲相益, 卽謂之字. 文者, 物象之本; 字者, 言孳乳而浸多也. ≪說文解字·敍≫
> 창힐이 처음 글자를 만들 때, 사물의 분류에 의거하여 형태를 본떴으므로 이를 文이라 했다. 그 후에 형태와 소리가 더해진 것을 字라고 한다. 문은 사물의 형상의 근본이고, 자는 새끼를 쳐서 갈수록 늘어난다는 것을 말한다.

> 析言之, 獨体曰文, 合體曰字. 統言之, 則文·字可互稱. ≪說文·段玉裁注≫
> 쪼개서 말한다면 하나의 형태로 된 것이 문이고, 형태가 합쳐진 것은 자이다. 뭉뚱그려 말한다면, 문과 자는 서로 바꾸어 사용해도 된다.

> 象形·指事, 文也. 會意·諧聲·轉注, 字也. 鄭樵, ≪通志·六書略≫
> 상형과 지사는 문이다. 회의와 형성, 전주는 자이다.

'文'과 '字'의 위와 같은 구별은 漢代에 이르러서는 이미 사라지게 되었다.

'文'과 '字'의 '문자'의 의미는 각각 아래와 같은 여러 가지 서로 다른 의미로 인신된다.

'文'은 '문자'의 의미에서 인신되어 文字로 연결된 '文章'의 의미, 문장 속의 '文辭·詞句'의 의미로 사용된다. 또한 '法令條文', '禮樂制度', '禮節儀式', '文德', '文化'의 의미로 사용되기도 한다.

> 子以四敎, 文行忠信. ≪論語·述而≫
> 공자는 네 가지를 가르쳤는데, 문장과 덕행과 성실과 신의가 그것이다.

> 儒以文亂法, 俠以武犯禁. 而人主兼禮之, 此所以亂也. ≪韓非子·五蠹≫
> 학자들은 글로 법을 어지럽히고, 협객들은 무술로 금령을 범한다. 그런데도 임금된 자가 그들을 모두 예로 대하니, 이것이 바로 어지러워지는 이유이다.

'文'은 '文字'의 뜻으로부터 인신되어 동사로 사용되기도 하는데, 이 때는 '문자를 새기다'의 뜻이며, 나아가서 '문장을 저술하다'의 의미로 사용되기도 한다.

'字'는 '문자'의 뜻으로부터 인신되어 '글자의 발음'의 뜻으로도 쓰인다. 동사로 사용되어 '편지를 쓰다'의 뜻으로, 명사로 사용되어 '편지'의 뜻이 되기도 한다.

> 親朋無一字, 老病有孤舟. 杜甫, 〈登岳陽樓〉
> 친지나 벗으로부터 편지 한 통 없고, 늙고 병들어 외로이 배 위에 있네.

'文'과 '字'는 본의가 다르므로 각각 서로 다른 뜻으로 인신되어 사용된다.

'文'은 '색채가 뒤섞여 있음'의 의미로부터 인신되어 '화려하고 문채 있음'의 뜻으로 쓰여 '質'과 대응되는 의미로 사용된다. 또한 '화려하고 문채있음'에서 인신되어 '선함과 아름다움'의 뜻으로도 사용된다.

君子質而已矣, 何以文爲? ≪論語·晏然≫
군자는 질박하기만 하면 되지, 꾸밈을 어디에 쓰겠는가?

禮減而進, 以進爲文. 樂盈而反, 以反爲文.(鄭玄注. 文, 猶美也. 善也.) ≪禮記·樂記≫
예가 감해지면 나아가고, 나아가서 문을 이룬다. 악이 차면 돌아가고 돌아가서 문을 이룬다. (정현의 주. 문은 아름다움이며 선함이다.)

'字'는 '아이를 낳다'에서 인신되어 '조수의 생식'을 가리키기도 하며, '양육하다'를 뜻하기도 한다. '양육하다'에서 인신되어 '교화', '사랑'의 의미로 사용되기도 한다.

誕置之隘巷, 牛羊腓字之. ≪詩經·大雅·生民≫
낳아서 좁은 골목에 버리니, 소와 양이 덮어서 길렀다.

于父, 不能字厥子, 乃疾厥子. ≪尚書·康誥≫
아비가 되어서 그 자식을 사랑할 줄 모르고 그 자식을 미워한다.

110 迷[미/mí]·惑[혹/huò]

'迷', '惑'은 모두 '구별이 명료하지 못함'의 뜻이다. 그러나 '迷'는 대체로 시력의 측면에서 '구별이 분명치 못함'을 가리키고, '惑'은 대체로 인식의 측면에서 '구별이 분명치 못함'을 가리킨다.

太守卽遣人隨其往, 尋向所誌, 遂迷, 不復得路. 陶潛, 〈桃花源記〉
태수가 사람을 파견하여 그가 간 곳을 좇아 원래 표시한 곳을 찾았으나 마침내 길을 잃어 갔던 길을 찾지 못했다.

至于幽暗昏惑而無物以相之, 亦不能至也. 王安石, 〈遊褒禪山記〉

어두운 곳에 이르러 혼미해지고 도와줄 물건도 없어서 도달할 수 없었다.

'迷', '惑'은 뒤에 목적어가 와서 사역의 용법으로 사용되어 '~로 하여금 분명하게 구별하지 못하게 하다'의 뜻으로 쓰인다.

亂花漸欲迷人眼, 淺草才能沒馬蹄. 白居易, 〈錢塘湖春行〉
어지러운 꽃들 눈을 흐릿하게 하고, 낮게 깔린 풀들이 말 발자욱을 감춰버리네.

將衒外以惑愚瞽也? 劉基, 〈賣柑者言〉
외물에 현혹되어 어리석은 자나 장님처럼 마음이 미혹되는가?

'구별이 분명치 못함'의 뜻과 관련되어, '迷'는 '흐릿하여 분명치 못함(模糊不淸)'의 뜻으로 인신되고, '惑'은 '어리석고 총명치 못함(糊塗不明)'의 뜻으로 인신되어 사용된다.

高低冥迷, 不知西東. 杜牧, 〈阿房宮賦〉
높고 낮음이 흐릿하여 동서남북을 분간하지 못했다.

求劍若此, 不亦惑乎? ≪呂氏春秋·愼大覽第三≫
검을 찾음이 그와 같으니 또한 어리석음이 아니겠는가?

'惑'은 '사기당하다', 즉 '다른 사람에게 미혹되다'로 인신되고, '迷'는 '깊이 빠지다', 즉 '어떤 사물에 사로잡히다'의 뜻으로 인신된다.

故內惑于鄭袖, 外欺於張儀. ≪史記·屈原列傳≫
그러므로 안으로는 정수에게 미혹되고, 밖으로는 장의에게 속임을 당했다.

千巖萬轉路不定, 迷花倚石忽已暝. 李白, 〈夢遊天姥吟留別〉
온갖 바위들 돌고 돌아 길이 평탄치 않고, 꽃에 미혹되어 돌에 기대니 어느덧 어두워졌더라.

111

憐[련/lián]·閔[민/mǐn]·憫[민/mǐn]·愍[민/mǐn]

'憐'은 ≪爾雅·釋詁≫에서 "아끼다(愛也)"라 했고, ≪說文≫에서는 "슬퍼하다(哀也)"라 했다. '憐'과 '愛'는 서로 다른 방언이었다. ≪方言·一≫에서는 "여와 영 땅에서는 련이라 했고, 송과 노 땅에서는 모 또는 련이라고 했다(憐, 愛也. 汝穎之間曰憐, 宋魯之間曰牟, 或曰憐)"고 하였다. '憐'은 '愛'에 비해 사용 범위가 넓다. '愛'가 좋아하는 사물을 좋아한다는 뜻만을 표시한데 반해서, '憐'은 사물에 대한 동정의 의미까지도 포함하고 있다.

> 世人皆欲殺, 吾意獨憐才. 杜甫 〈懷李白〉
> 세상 사람들은 모두 죽여야 한다고 하지만, 나 홀로 그 재주를 아까워 하노라.

위에서 '憐'은 '愛'의 동의어이다. 만일 아끼는 사물이 불행한 상황에 처한 것이라면 '憐'에는 동정과 애석함의 의미까지 포함된다. 이것이 바로 ≪說文≫에서 말하는 "슬퍼하다(哀也)"의 의미이다.

> 同病相憐, 同憂相救. ≪吳越春秋·闔閭內傳≫
> 같은 병을 앓고 있으면 서로 불쌍히 여기고, 같은 근심을 갖고 있으면 서로 도와 준다.

현대에 와서 '愛'와 '憐'의 기능 분담은 더 명확해져서, '憐'은 동정을 표시하는 의미로만 사용하게 된다.

'閔'은 ≪說文≫에서 "조문하는 자가 문에 있다(吊者在門也)"라고 풀이하였다. 따라서 '閔'의 대상은 대부분 죽거나 다치는 재앙을 당하거나, 그럴 위험에 처한 것이다.

> 閔氏, 謚也, 夭折而死于不道者, 則謚之曰閔. ≪通志·氏族略·以謚爲氏≫

민씨는 시호이다. 예기치 못하게 요절해서 죽은 자에게는 그 시호를 민이라 하였다.

褒于道路病死, 上閔惜之. ≪漢書·王褒傳≫
왕포가 길에서 병들어 죽자, 임금이 그를 불쌍히 여기고 아깝게 여겼다.

臣以險釁, 夙遭閔凶. 生孩六月, 慈父見背. 李密 〈陳情表〉
신은 운명이 기구하여 일찍부터 불쌍하고 흉악한 일을 만났습니다. 태어나서 육개월만에 아버지가 세상을 떠났습니다.

'憐'과 '閔'을 비교하면 양자 사이에 정도의 차이가 있음을 알 수 있다. '憐'과 '閔'은 모두 불행한 자에게 동정을 표시하는 것이지만, '閔'의 대상은 일반적인 불행한 사람이 아니고 사망이나 재앙 또는 고난에 빠진 자이며, 동정을 하는 사람이 깊이 동정을 하긴 하지만 동정의 대상이 되는 자의 상황·운명에 대해 어떻게 할 힘이 없다는 감상의 정서를 띠고 있다.

'憫'은 후대에 이르러 '閔'에서 분화되어 나온 글자로서, '閔'이 보통 동사로 사용되는데 비해, '憫'은 대부분 형용사로 사용되어 '근심하고 슬퍼하다'로 풀이된다.

'愍'은 ≪說文≫에서 "슬퍼하다(痛也)"라 했고, ≪廣雅·釋詁≫에서는 "근심하다(傷也)"라 했다. '愍'은 '閔'의 초기의 異體字로서, 근심하고 슬퍼한다는 뜻이다.

112 剝[박/bāo]·削[삭/xiāo]

이 글자들은 칼로 물체의 바깥 부분을 제거한다는 뜻으로 쓰인다. ≪廣雅·釋詁四≫에서 '剝'은 "분리시킨다(離也)"의 뜻이라 했다. 칼로 희생용 짐승의 껍질과 살을 분리시키는 것을 '剝'이라 한다.

或剝或烹, 或肆或將. ≪詩·小雅·楚茨≫
벗기기도 하고 삶기도 하고 벌여놓기도 하고 바치기도 한다네.

'削'은 ≪說文≫에서 "'가르다'라는 뜻도 있다(一曰, 析也)"라고 하였다. '削'은 본래 물건을 쪼개는 칼의 명칭이었는데, '削'으로 물건을 가르는 행위도 '削'이라고 하게 되었다. '削'은 사물의 표면에서 한 겹을 제거하는 것이다.

削木爲吏, 議不可對. 司馬遷, 〈報任安書〉
나무를 깎아 옥리를 만든다 하더라도 그 심문을 받아서는 안됩니다.

'剝'은 사방에서 한 겹을 균일하게 베거나 깎아내는 것으로 주로 표피를 제거하는 것이다. '削'은 칼로 쓸모없는 부분을 비스듬하게 깎아내는 것이다.

113

歸[귀/guī]·還[환/huán]·回[회/huí]·復[복/fù]·返[반/fǎn]

이 글자들은 모두 '갔다가 돌아온다'는 뜻이다. 이 중에서 歸·還·回는 모두 '去'의 반의어이므로, '한 번 가서 돌아오지 않는다(一去不歸)', '가서 돌아오지 않는다(去而不還)', '가서 돌아오지 않는다(有去無回)' 등의 구문을 만들 수 있다. '去'는 A의 지점을 떠나 B의 지점으로 가는 것이고, 歸·還·回는 B의 지점을 떠나 A의 지점으로 돌아오는 것으로, 양자는 출발점이 반대이고 가는 방향이 다르다.

'歸'는 어떤 지점을 떠나서 짧거나 길게 체류한 다음에 원래의 지점으로 돌아오는 것이다. 그러나 '歸'의 종점은 대부분 집이며, 집의 확대로서 고국·고향이거나 동경·지향하는 장소이다. 歸國·歸家·歸鄕·歸宿 등은 모두 장기간 생활하고 거주하던 곳으로 돌아가는 것이다.

> 歸去來兮, 田園將蕪, 胡不歸. 陶潛, 〈歸去來兮辭〉
> 돌아가자! 전원이 장차 황폐해지려 하는데, 어찌 돌아가지 않겠는가.

> 大風起兮雲飛揚, 威加海內兮歸故鄕. ≪史記·高祖本紀≫
> 큰 바람이 일어나니 구름이 날리는구나. 위엄이 사해에 가득하니 고향으로 돌아오는구나.

> 長安如夢裏, 何日是歸期. 李白 〈送陸判官往琵琶峽〉
> 장안이 꿈과 같은데, 돌아갈 날이 언제일까.

'還'은 갔다가 돌아온다는 의미에 있어서는 '歸'와 같다. 그러나 귀환의 목적지가 집이나 고향일 수도 있고 아닐 수도 있다는 점에서 '歸'와 다르다.

> 居十日, 扁鵲望桓侯還走. ≪韓非子·喩老≫
> 열흘이 지난 뒤에, 편작은 멀리서 환후를 바라만 보다가 몸을 돌려 가버렸다.
> ◆桓侯: 전국시대 제(齊) 나라 환공(桓公, 400~357)을 가리킨다. 전씨(田氏)가 제 나라의 왕권을 탈취한 이후 3대 임금이다. 시호가 제환공(齊桓公)인데, 춘추 오패 중 하나인 제환공 소백(小白)과 시호가 같아서 역사에서는 '전제환공(田齊桓公)'이라고 칭한다.

> 行前者還報曰, 前有大蛇當徑. ≪漢書·高帝紀≫
> 앞으로 갔던 자가 돌아와서 보고했다. 앞에 큰 뱀이 길을 가로막고 있다.

위에서 '還'은 갔던 길을 따라 돌아왔다는 것으로, 이런 용법으로 사용된 '還'은 일반적으로 '歸'로 대치할 수 없다.

'回'는 ≪說文≫에서 "돌다(轉也)"의 뜻이라 하였으니, '回'의 최초의 의미는 '돌다'임을 알 수 있다. ≪荀子·致仕≫편의 "물이 깊으면 돌게 된다(水深則回)"는 구절에, "回는 돌아흐른다(回, 旋流也)"의 뜻이라고

注를 달았다.

回朕車以復路兮, 及行迷之未遠. ≪楚辭·離騷≫
내 수레를 돌려 길을 돌아가자. 길을 잃음이 아직 멀지 않았구나.

黃河之水天上來, 奔流到海不復回. 李白 〈將進酒〉
황하의 물이 하늘에서 흘러 내려와, 거세게 흘러 바다에 이르러서는 다시 돌아오지 않는다.

길을 가는 것을 표시할 때는, 위의 <離騷>의 예문에서와 같이 어떤 지점에서 방향을 돌려서 간다는 뜻이 들어 있다. 위의 <將進酒>의 경우에서처럼 '回'가 원래 있던 곳으로 돌아간다는 의미를 갖게 된 것은 中古 시대 이후에야 생겨난 용법이다.

'復'과 '返' 또한 '去'의 반의어가 될 수 있지만, '가서 돌아오지 않는 것이 없다(無往不復)', '부질없이 왔다 갔다 한다(往返徒勞)'의 경우에서 보듯이 주요 반의사는 '往'이다. 歸·還·回 등은 특정한 지점으로부터 특정한 지점으로 돌아옴을 표시하여 한 방향으로 가는 것(편도)을 표시하는데 중점을 두고 있지만, '復'과 '返'은 어떤 지점으로 갔다가 또 방향을 꺾어 돌아온다는 뜻이다. 돌아온다는 것을 말하고 있기는 하지만, '간다(往)'는 의미까지도 그 안에 포함하고 있다.

'復'은 ≪說文≫에서 "갔다가 오는 것이다(往來也)"라 하여, 갔다가 또 돌아온다는 뜻임을 말하였다. '復'이 가고 또 돌아옴을 의미하기 때문에, '復'의 引申義 또한 대부분 돌아옴을 표시하게 되었다.

有北面復匈奴之志. ≪鹽鐵論·本議≫
북쪽을 향하여 흉노에게 보복하려는 뜻을 갖게 되었다.

王辭而不復. ≪史記·司馬相如傳≫
왕이 거절하고 대답하지 않았다.

'返'은 ≪玉篇≫에서 "돌아간다(復也)"는 뜻이라 하였다. '반'을 길을 걷는다는 의미로 사용할 때, 어떤 지점까지 걸어간 후 방향을 돌려 반대되는 방향으로 걸어간다는 뜻으로 사용된다. ≪韓非子·說林上≫에서 "봄이 가고 겨울이 돌아온다(春往冬返)"고 한 것이나, ≪漢書·伍被傳≫에서 "간 사람들이 돌아올 수 없었다(往者莫返)"고 한 것이 그 예이다.

'返'과 '復'은 모두 간 뒤에 돌아옴을 표시하지만, '復'이 원래의 장소로 돌아온다는 데 의미의 중점을 두고 있다면, '返'은 몸을 돌려 뒤돌아서서 앞서서 간 길과 반대되는 방향으로 간다는 데 의미의 중점을 두고 있다.

114

伴[반/bàn]·侶[려/lǚ]·儔[주/chóu]

'짝', '반려자'의 뜻을 갖고 있다는 점에서 이 글자들은 동의사이다.

> 白日放歌須縱酒, 靑春結伴好還鄕. 杜甫, 〈聞官軍收河南河北〉
> 한 낮엔 멋대로 노래하고 마음껏 술 마시면서, 싱그러운 봄 경치와 함께 고향으로 돌아가기 좋다네.

> 靑松落蔭, 白雲誰侶? 孔稚珪, 〈北山移文〉
> 푸른 소나무는 그늘을 드리우는데, 흰 구름은 누구와 벗하련가?

> 命儔嘯侶, 或戲淸流, 或翔神渚. 曹植, 〈洛神賦〉
> 짝을 부르고 짝을 찾으며, 누군가는 맑은 물 속에서 장난치고, 누군가는 물가를 날아오르네.

위의 예문에서 '伴', '侶', '儔'는 모두 명사로 사용되었고, 의미도 비슷하다. 차이점은 '儔'가 명사로 사용될 때는 '같은 무리', '동년배'의 뜻으로 사용되기도 한다는 점이다.

我聞今相國昆山顧秉謙者, 嚴相國儔也. 侯方域, 〈馬伶傳〉
내가 듣기로 지금의 상국인 곤산 고병겸은 엄상국의 무리라 한다.

'伴', '侶', '儔'는 모두 동사가 될 수도 있는데, 이럴 때는 의미 차이가 크다. '伴'은 '동반하다, 짝이 되다, 초대'의 의미로 쓰이고, '侶'는 '짝하다'의 뜻으로 쓰이며, '儔'는 '필적하다, 비교하다'의 의미로 쓰인다.

二貴酋名曰館伴, 夜則以兵圍所寓舍, 而予不得歸矣 文天祥, 〈指南錄·後序〉
두령 두 명이 관리로서 손님을 모시는 것이라고 하면서, 밤에는 병사들이 묵고 있는 숙소를 포위해서 나는 돌아갈 수 없었다.
◆貴酋: 옛날에 소수민족의 추장을 귀추라 하였다.

況吾與子漁樵於江渚之上, 侶魚蝦而友麋鹿. 蘇軾, 〈前赤壁賦〉
하물며 나와 그대처럼 강가에서 고기잡고 나무하며 물고기나 새우와 짝하고 고라니와 사슴과 벗하는 사람들임에랴.

115 拔[발/bá]·擢[탁/zhuó]·揠[알/yà]

'拔'과 '擢'은 모두 손을 이용하여 위로 또는 밖으로 잡아 당긴다는 뜻이다. '拔'은 ≪說文≫에서 "뽑는다(擢也)"는 뜻이라고 하였다. '拔'과 '擢'은 처음에는 서로 다른 지역에서 사용되던 방언이었다. ≪方言·三≫에서는 "'擢'은 뽑는다는 뜻이다. 함곡관 서쪽에서는 拔이라고도 하고 擢이라도 했다.(擢, 拔也. 自關而西, 或曰拔, 或曰擢)"고 하였다. 그러나 사용되는 과정에서 기능의 분담이 이루어졌다. '擢'은 손을 이용하여 밖으로 또는 위로 잡아당기는 것만을 표시하게 되었다. 따라서 ≪說文≫에서는 "'擢'은 잡아당긴다(擢, 引也)"는 뜻이라고 하였다. '拔'은 밖으로 잡아당기는 것 이외에도, 뽑히는 물건과 그것이 붙어 있던 물건을 분리시킨다는 뜻을 포함한 '뽑아낸다'는 뜻도 표시하게 되었다.

楊子取爲我, 拔一毛而利天下, 不爲也. ≪孟子·盡心上≫
양자는 爲我主義의 입장을 취하여, 털 하나를 뽑아서 천하가 이롭게 된다 하여도 하지 않았다.

力拔山兮氣蓋世. ≪史記·項羽本紀≫
힘은 산을 뽑고 기운을 세상을 뒤덮는다.

'擢' 또한 아래 예문에서처럼 뽑아낸다는 뜻으로 사용되기도 한다.

擢賈之髮以續賈之罪, 尙未足. ≪史記·范雎傳≫
저(須賈)의 머리털을 다 뽑아서 제 죄를 속죄하려 해도 부족합니다.

그러나 '擢'은 밖으로 잡아당긴다는 뜻으로만 쓰이고, 뽑히는 물건과 그것이 원래 붙어있던 물건을 분리시킨다는 것까지는 표시하지 않는 경우에 더 많이 사용된다.

卓齒之用齊也, 擢閔王之筋, 懸之廟梁, 宿昔而死. ≪韓非子·姦劫弑臣≫
탁치가 제나라를 처리함에 있어서, 민왕의 근육을 뽑아 사당의 들보에 걸자, 하룻밤 만에 죽었다.

'揠'은 ≪說文≫에서 "뽑다(拔也)"의 뜻이라 했다. '揠'은 방언으로서 널리 사용되지는 않았다. ≪方言·三≫에서는 "제나라 동쪽의 바다에서 태산 일대에서는 '揠'이라 한다.(東齊海岱之間曰揠)"고 하였다.

116 傍[방/bàng]·近[근/jìn]·沿[연/yán]

"가까이 다가가다", "접근하다"의 의미에 있어서 이 글자들은 동의사이다.

雙兎傍地走, 安能辨我是雌雄? 〈木蘭詩〉
두 토끼가 땅에 붙어 뛰어가는데, 암컷인지 수컷인지 어찌 분별할 수 있으리오.

吾入關, 秋毫不敢有所近. ≪史記·項羽本紀≫
내가 관문을 들어와서는 추호도 감히 가까이한 적이 없다.

劉表治水軍, 蒙衝鬪艦乃以千數, 操悉浮以沿江. ≪三國志·吳書·周瑜魯肅呂蒙傳≫
유표가 수군을 훈련시켜 크고 작은 군함의 수가 천 척을 헤아렸고, 조조는 그것을 모두 강을 따라 띄웠다.
◆蒙衝(몽충): 艨艟(몽동)이라고도 한다. 고대의 戰船이다.

차이점은 다음과 같다. '傍'은 흔히 어떤 것이 어떤 것에 의지한다는 뜻으로 쓰이며, 그 대상은 대부분 구체적인 사람 또는 사물이다. '近'은 흔히 어떤 것이 능동적으로 어떤 것에 접근한다는 뜻이며, 그 대상은 사람이나 사물일 수도 있고, 정도·수량·상황일 수도 있다. '沿'의 본의는 물살을 따라 내려간다는 뜻인데, "접근하다"의 뜻으로 인신되어 사용되며, 그 접근의 대상은 흔히 물이나 길이다.

117 誹[비/fěi]·謗[방/bàng]

≪說文≫에 의하면, '誹'는 "헐뜯다(謗也)"의 뜻이고, '謗' 또한 "헐뜯

다(誹也)"의 뜻이다. '誹'와 '謗'은 모두 등 뒤에서 다른 사람의 잘못을 지적하거나 비난하는 것이지만, 비난 또는 지적의 방식이나 격렬성의 정도에 차이가 있다.

國必有誹譽, 忠臣令誹在己, 譽在上. ≪戰國策·東周策≫
나라에 비판과 칭송이 있을 때, 충신은 비난을 자기에게 오게 하고 칭송은 임금에게 가게 한다.

故趨舍同, 誹譽在俗; 意行鈞, 窮達在時. ≪淮南子·齊俗≫
그러므로 같은 행동을 했다 하더라도 비난을 당하는가 칭찬을 받는가는 시대의 습속에 달려 있으며, 생각과 행동이 같았다 하더라도 실패하느냐 성공하느냐는 시대의 흐름에 달려 있다.

'誹'는 어떤 문제에 대해서 다른 의견을 갖고 있는 것으로서, 배후에서 그 잘못됨을 지적하는 것이지만 악의를 갖고 중상모략을 한다는 의미는 없다.

小雅怨誹而不亂. ≪史記·屈原傳≫
<소아>에는 원망과 비난이 담겨 있지만 어지럽게 하지는 않는다.

<소아>에 '원망과 비난이 담겨 있지만 어지럽게 하지는 않는다.'는 것은, <소아>에 당시 사람들의 불만과 비난이 반영되어 있긴 하지만 윗사람을 범하여 난리를 일으키려는 생각은 없다는 것이다.

'謗' 또한 다른 사람의 문제에 대해 공격하고 지적하는 것이지만, 정도가 더 격렬하고 배후에서 공개적으로 잘못을 지적하고 맹렬하게 공격하는 것이다.

鄭子産作丘賦, 國人謗之, 曰, "其父死於路, 己爲蠆尾, 以令於國, 國將若之何?" ≪左傳·昭公四年≫
정나라 자산이 '구부'라는 세금 제도를 만들어 내니, 나라 사람들이 '제 아버지가 길에서 죽었는데도, 자기는 전갈의 꼬리가 되어 나라에 명령을 내리니, 나라가 장차 어떻게 될 것인가?'라고 비방하였다.

厲王虐, 國人謗王. ≪國語·周語≫

여왕이 포악하여, 나라 사람들이 왕을 비방했다.

'謗'은 직언을 꺼리지 않는 것이며, 배후에서 공개적으로 공격하는 것이다. '誹'는 공개성이 좀 더 작아서 불평을 터뜨리거나 불만을 발설하는 정도에 그치는 것이다. '誹'와 '謗'의 공격은 모두 근거 있는 사실에 기인하는 것이다. 따라서 ≪說文通訓定聲≫에서는 "비방하는 것은 다른 사람의 사실에 대해 말하는 것이어서, 무고나 참소와는 다르다. 공개적으로 말하는 것이 謗이며, 은밀히 말하는 것이 誹이다.(謗者道人之事實, 與誣譖者不同. 放言曰謗, 微言曰誹)"라고 하였다.

118

房[방/fáng]·屋[옥/wū]

이 두 글자 모두 '방(房)'의 뜻이다.

駕而宿于朝房. 崔銑, 〈記王忠肅公翱事〉
수레를 타고 조회를 기다리는 방에 가서 묵었다.
◆崔銑은 明 弘治 년간의 进士. 朝房은 관리들이 조회에 들어가기 전에 쉬는 방.

以二人居屋十間, 食田一頃, 寬然有餘矣. 洪亮吉, 〈治平篇〉
두 사람이 거주하는 집이 열 칸이고, 일 경의 밭에서 나는 양식을 먹으면 넉넉하여 남음이 있다.
◆<治平篇>: 청대 학자 홍량길의 산문으로서, 인구에 관련된 문제를 논의한 글이다. 인구 증가가 지나치게 빠르면 사회의 안정이 저해되고 경제 발전에도 불안정한 요인을 동반하므로 인구의 규모를 조절해야 한다고 주장한다.

'房'과 '屋'의 차이는 다음 두 가지이다.

첫째, 어원이 다르다.

'房'은 '傍'과 어원이 같다. ≪說文≫에서 "방은 양 옆에 있는 방이다.(房, 室在旁也.)"라 했는데, 段玉裁의 注에서는 "집에서 가운데 있는 것은 정실이고, 좌우에 있는 것은 방이다. 이른바 東房, 西房이 그것이다."라고 하였다.

'屋'은 '幄'과 어원이 같다. '屋'은 본래 '휘장'이나 '장막' 등의 뜻이었고, 후대에 이르러서야 방을 가리키게 되었다. 따라서 '屋'은 때로 '지붕'을 가리키기도 하였다.

亟其乘屋, 其始播百穀. ≪詩經·七月≫
지붕을 올리기 바쁘다네. 봄 되면 여러 곡식 씨 뿌려야 하니.

둘째, 인신의가 다르다. 고대에 '房'은 대체로 처첩이 거처하던 곳이었고, 인신되어 姬妾을 가리키기도 했다. 가령 '偏房'은 정실 부인이 아니라는 뜻이다. '屋'은 지붕을 가리키기도 하기 때문에, 여기에서 인신되어 윗 부분을 덮은 것을 모두 옥이라고 하게 되었다.

紀信乘黃屋車. ≪史記·項羽本紀≫
기신은 황옥 수레를 탔다.

위에서 "黃屋車"란 바로 황색 비단으로 지붕을 덮은 수레이다.

119 防[방/fáng]·堤[제/dī]·隄[제/dī]

이 글자들의 본의는 모두 '둑', '제방'의 뜻이다.

以防止水. ≪周禮·地官·稻人≫
둑으로 물을 막는다.

初, 宋芮司徒生女子, 赤而毛, 棄諸堤下. ≪左傳·襄公二十六年≫
당초에 송나라 예사도가 딸을 낳았는데, 온 몸이 붉고 털이 나 있어서 둑 아래에 내버렸다.

千里之隄, 以螻蟻之穴漏. ≪淮南子·人間訓≫
천리에 이르는 둑도 땅강아지나 개미 구멍에 물이 샌다.

'防'과 '堤'는 모두 '제방'의 뜻이지만, 고대에는 서로 차이가 있었다. 큰 제방을 '堤'라 하고, 작은 제방을 '防'이라 하였다.

令甲士作堤大水之旁, ……大者爲之堤, 小者爲之防. ≪管子·度地≫
갑옷을 입은 군사들로 하여금 큰 물 곁에 둑을 쌓게 하였다. ……큰 둑을 제라 하고, 작은 둑을 방이라 한다.

'堤'와 '隄'는 본래 서로 다른 글자였는데, 한자가 간화되면서 '隄'가 '堤'에 병합되어 하나의 글자가 되었다. 이 두 글자는 본의가 같긴 하지만 서로 다른 의미도 갖고 있었다. '堤'는 동사로 쓰여서 '둑을 쌓다'는 뜻으로 사용되기도 한다. '隄'에는 이런 용법이 없다. '隄'는 '한도', '한계'의 뜻이 있다. '堤'에는 이러한 뜻이 없다.

古者河之側無居民, 棄其地以爲水委, 今也堤之而廬民其上. ≪蘇軾集·卷四十八·禹之所以通水之法≫
옛 적에는 강 옆에 사람이 살지 않았는데, 그 땅을 포기하여 물이 굽이치게 했다. 오늘날에는 그곳에 둑을 쌓아 백성들이 그곳에 거주한다.

夫一日之樂, 不足以危無隄之輿. ≪漢書·東方朔傳≫
하루의 즐거움 때문에, 한없이 존귀한 천자를 위태롭게 해서는 안됩니다.

'防'은 "제방"이라는 뜻으로부터 "城의 방벽"이라는 뜻으로 인신되어 사용되기도 하였다. '防'은 또한 동사로 사용되어 "둑을 쌓아 물을 막다"의 의미로 쓰이기도 한다. 여기에서 인신되어 "防備", "防止" 등의 뜻으로도 사용된다. 또 "막아내다"의 뜻으로 인신되기도 한다.

長城巨防, 足以爲塞. ≪韓非子·初見秦≫
긴 성과 거대한 방벽은 요새가 되기에 충분합니다.

然猶防川, 大決所犯, 傷人必多. ≪左傳·襄公三十一年≫
그러나 둑을 쌓아 강물을 막는 것과 같아, 크게 터지면 해를 입는 사람들이 많아진다.

君子以思患而豫防之. ≪周易·旣濟卦≫
군자는 환난을 생각하여 그것을 미리 방비한다.

唯此仲行, 百夫之防. ≪詩經·秦風·黃鳥≫
오. 중행이여! 백 사람을 당해낼만 하였지.

'防'의 위와 같은 의미들은 '隄'나 '堤'에는 없는 것들이다. 후에 '防'은 본의가 점점 사라지고, 인신의가 상용하는 뜻이 되었고, '隄', '堤'는 계속해서 본의가 주로 사용되면서 더 이상 '防'의 동의사로 사용되지 않게 된다.

120

帛[백/bó]·**素**[소/sù]·**縞**[호/gǎo]·**緹**[제/tí]·**綾**[릉(능)/líng]·**縑**[겸/jiān]·**綃**[초/xiāo]·**錦**[금/jǐn]·**綺**[기/qǐ]·**綵**[채/cǎi]·**羅**[라(나)/luó]

이 글자들은 모두 견직물을 가리킨다.

'帛'은 견직물의 총칭이다. 비단이다. ≪說文解字≫에 "帛은 명주이다"(帛, 繒也)라고 하였고, 徐灝의 ≪箋≫에는 "繒은 흰색 명주의 통칭이다"(繒, 素之通名.)라고 하였다.

五畝之宅, 樹之以桑, 五十者可以衣帛矣. ≪孟子·梁惠王上≫
오무의 택지 짜투리 땅에 뽕나무를 심으면, 오십대의 사람들이 비단옷을 입을 수 있다.

'素'는 흰색의 명주다. ≪說文解字注≫에는 "명주가 희면서도 가는 것이다."(繒之白而細者也.)라고 하였다.

十三能織素, 十四學裁衣. 無名氏, 〈孔雀東南飛〉
열세 살에 흰 명주를 짤 줄 알았고, 열네 살에 옷 재단을 배웠다네.

'縞'는 아직 염색하지 않은 가는 생견(細生絹)이다. ≪小爾雅≫에는 "명주의 촘촘한 것을 縞라고 한다."(繒之精者曰縞.)라고 하였다.

此所謂"彊弩之末勢不能穿魯縞者也." ≪三國志·蜀書≫
이것이 이른바 "강궁에서 쏘아진 화살이라도 마지막에는 힘이 다하여 노나라 지역에서 나는 가볍고 얇은 비단조차도 뚫을 수 없다."는 것이다.
◆師古의 注에 "縞는 素이다. 곡부 지역에서 잘 만드는데, 특히 가볍고 가늘기 때문에, 비유해서 사용한 것이다.(縞, 素也. 曲阜之地俗善作之, 尤爲輕細故, 以取喩也.)"라고 하였다.

'緹'는 丹黃色의 비단이다. ≪說文≫에 "緹는 비단이 단황색인 것이다."(緹, 帛丹黃色也)라고 하였다. 緹는 紅色과 黃色의 중간색으로, 색이 선명하여 고대에는 帳幕 등으로 많이 사용하였다.

候氣之法, 爲室三重, 户閉, 塗釁必周, 密布緹縵. ≪後漢書·律歷志上≫
기후에 대처하는 방법은 室을 만듦에는 3중으로 하고, 창문은 폐쇄하고, 진흙으로 틈을 바르되 반드시 골고루 하며, 조밀하게 단황색 비단과 무늬 없는 비단을 편다.

其嫁娶者, 車軿數里, 緹帷竟道. ≪後漢書·王充傳≫
그 시집가고 장가가는 광경이, 수레가 나란히 수 里이고, 담황색 비단의 휘장은 길 끝까지 이어졌다.

'綾'은 무늬가 얼음 같은 가는 명주(細絹)이다. 곧 능라비단이다. ≪釋名≫에 "綾은 凌이다. 그 무늬를 보면 마치 얼음의 결과 같다"(綾, 凌也, 其紋望之如冰凌之理也.)라고 하였다.

半匹紅紗一丈綾, 繫向牛頭充炭直. 白居易, 〈賣炭翁〉
반필의 붉은 깁과 한 길의 능라비단을, 소머리 위에 묶어 놓고 숯 값으로 충당하네.
◆丈: 길이의 단위, 약3m. 充: 충당하다. 直은 値, 값.

'縑'은 細密하고도 물이 새지 않는 합사(合絲: 여러 가닥의 실을 겹친 것) 비단이다. ≪釋名≫에 "縑은 겸한 것이다. 실이 가늘고 치밀해서 명주를 여러 번 꼬고 五色을 물들였는데, 가늘고도 치밀하여 물이 세지 않는다.(縑, 兼也, 其絲細緻, 數兼於絹, 染兼五色, 細且緻不漏水也.)"라고 하였다. '縑'과 '素'는 치밀한 정도에 차이가 있다.

春縑衣, 夏單衣. ≪管子·山國軌≫
봄에는 합사 비단 옷을 입고, 여름에는 홑옷을 입는다.
◆縑衣는 옷이 치밀하여 봄가을에 입는다.

'綃'는 生絲로 짠 명주(綢絹)이다. ≪說文解字≫에 "綃는 生絲다."(綃, 生絲)라고 하였고, ≪說文解字注≫에는 "또 비단의 이름이라고도 한다.(一曰繒名)"라고 하였다.

君子狐青裘豹褎, 玄綃衣以裼之. ≪禮記·玉藻≫
군자는 여우의 푸른 빛 갖옷에 표범의 소매를 달고, 검은 생사로 짠 명주옷을 속에 입는다.

'錦'은 彩色된 큰 꽃무늬가 있는 비단이다. 劉熙의 ≪釋名·釋綵帛≫에는 "錦은 금이다. 그것을 짓는 데 품이 많이 들어가서, 그 가치가 금과 같으므로, 그 글자를 만들 때 帛과 金을 결합시켰다.(錦, 金也, 作之用功重, 其價如金, 故其制字帛與金也.)"라고 하였다.

君子至止, 錦衣狐裘. ≪詩經·秦風·終南≫
우리 님이 오셨는데, 비단 옷에 여우 갖옷 입으셨네.
◆狐裘(호구): 흰 여우 털가죽으로 만든 옷(孔疏).

'綺'는 흰색 무늬가 결을 이루는 비단이다. ≪六書故≫에 "채색한 것을 짜서 무늬가 되면 錦이라고 하고, 흰색을 짜서 무늬가 되면 綺라고 한다."(織采爲文曰錦, 織素爲文曰綺.)라고 하였다.

賈人毋得衣錦繡綺縠絺紵罽, 操兵, 乘騎馬. ≪漢書·高帝紀第一下≫

장사치는 수를 놓은 비단·무늬 있는 비단·고운 칡베·거친 모시베·모직을 입거나, 무기를 잡고 수레를 타거나 말을 타지 못하게 하였다.

◆賈人(가인): 앉아서 파는 장사. 綺縠(기곡): 무늬가 있는 비단. 絺(치): 고운 칡베[葛布]. 紵(저): 모시로 짠 거친 베. 顔師古의 注에 "乘은, 마차에 타는 것이다. 騎는 홀로 말을 타는 것이다.(乘, 駕車也. 騎, 單騎也.)"라고 하였다.

'羅'는 재질이 성긴 비단이다. '綺'의 일종이다. ≪釋名≫에 "무늬가 성기어 새그물 같은 비단이다.(文疏羅也.)"라고 하였다. 꽃무늬가 마치 그물눈과 같으므로 이름이 붙은 것이다. '羅'는 아름다운 고급 견직물로서 다른 비단에 비하여 더욱 가볍고 얇으므로 夏服이나 휘장을 만든다.

蒻阿拂壁, 羅幬張些. 宋玉, ≪楚辭·招魂≫

부들자리 풀어서 침대둘레 사방 벽에 둘러치고 귀퉁이에 굽혀 치고, 흰무늬비단을 드리웠네.

◆漢代 王逸의 ≪楚辭章句≫권9에 "蒻(약)은 부들자리이다. 阿는 귀퉁이를 휘게 하다. 拂은 엷은 것이다. 羅는 흰무늬비단의 종류이다. 張은 설치하는 것이다. 방안은 부들자리를 가지고 침상둘레의 네 벽 및 귀퉁이에 굽혀 치는 것이고, 다시 성긴 비단을 드리워 가볍고 서늘하게 하는 것을 말한다.(蒻, 蒻席. 阿, 曲隅也. 拂, 薄也. 羅, 綺屬也. 張, 施也. 言房內則以蒻席, 薄牀四壁, 及與曲隅, 復施羅幬, 輕且涼也."라고 하였다.

'綵'는 彩色한 견직물이다. ≪類編≫에 "오색이 갖추어졌다.(五采備)"라고 하였고, ≪字彙≫에는 "그림이 있는 비단(繪繒)"이라 하였다.

雜綵三百匹, 交廣市鮭珍. 無名氏, 〈孔雀東南飛〉

온갖 채색 비단 삼백 필로, 갖가지 진귀한 음식으로 널리 잔치를 베풀었다네.

'繒(증)'은 비단인데, 명주실로 광택이 나게 짠 직물의 총칭으로, 明紬의 뜻이 있다. 명주실은 누에고치에서 뽑은 실, 명주는 그 실로 무늬 없이 짠 직물이다. 生絲는 삶아서 익히지 않는 명주실을 말한다.

1 2 1

法[법/fǎ]·律[률(율)/lǜ]

이 두 글자는 모두 '法律'이나 '法令'이라는 뜻을 가지고 있다. 아래 인용문에서 '法'과 '律'은 같은 의미로 사용되었다.

三章之法, 不足以禦姦, 於是相國蕭何攈摭秦法, 取其宜於時者, 作律九章. ≪前漢書·刑法志≫

3장의 法은 간사한 사람들을 제어하기에 부족하였다. 이에 相國(재상)인 소하는 진나라 법을 수습하여 그 가운데 당시 상황에 적절한 것을 취하여 律 9장(≪九章律≫)을 지었다.

그러나 '法'과 '律'은 본래 의미 차이가 있는데, '法'은 '律'에 비해 그 의미 범위가 넓다. '法'은 거의 모든 정책, 법령, 명령, 형법, 禮法 등을 의미한다. 아래 예는 예법을 의미한다.

君子行禮, 不求變俗. 祭祀之禮, 居喪之服, 哭泣之位, 皆如其國之故, 謹修其法而審行之. ≪禮記·檀弓下≫

군자는 예를 행함에 그 본래의 습속을 바꾸지 않는다. 제사의 예나 상중의 복제나 곡읍하는 위치 등 모두 본국의 옛 습속대로 한다. 삼가 하여 그 예법대로 따르며 예법을 자세히 살피고 행한다.

以法掌祭祀·朝覲·會同·賓客之戒具. ≪周禮·小宰≫

禮法으로서 제사, 조회, 회동하거나, 빈객을 접대할 때 갖추어야 할 그릇이나 도구를 관장하였다.

그러나 고대에서는 아래 예문과 같이 '法'의 의미가 刑法에 편중된 경우가 많다.

惟作五虐之刑曰法, 殺戮無辜. ≪尙書·呂刑≫

잔학한 형벌 다섯 가지를 만들어 법이라 하여, 죄 없는 사람들을 살육하였다.

'律'은 본래 아래와 같이 樂律이라는 의미로 사용되었다.

師曠之聰, 不以六律, 不能正五音; 堯舜之道, 不以仁政, 不能平治天下. ≪孟子·離婁上≫

사광의 좋은 청력을 가지고 있더라도 六律을 쓰지 않으면 五音을 바르게 할 수 없으며, 요임금과 순임금의 道가 있어도 仁政을 행하지 않으면 천하를 태평하게 다스릴 수 없다.

그런데 秦나라에 와서 '법률'의 뜻으로 사용되었고 漢나라 때에도 이를 답습하고 있다. '律'은 대개 구체적인 형법조문에 치중하는 경우가 많다.

夫法者, 所以興功懼暴也; 律者, 所以定分止爭也; 令者, 所以令人知事也. ≪管子·七臣七主≫

무릇 法은 공을 세우게 하고 폭력을 행하는 사람들을 위협하는 데에 사용하는 것이고, 律은 명분을 정해서 다툼을 그치게 하는 데에 사용하는 것이고, 令은 사람들로 하여금 사안을 알게 하는 것이다.

이상과 같은 의미상 차이 때문에 '變法'은 '變律'이라고 말할 수 없고, '先王之法'은 '先王之律'로 말할 수 없다.

122 法[법/fa]·術[술/shù]

이 두 글자는 모두 '방법'이나 '방식'이라는 뜻을 가지고 있다.

故用兵之法, 十則圍之. ≪孫子·謀政≫

군사를 운용하는 방법은 병력이 적보다 열 배나 많으면 포위를 한다.

而議事每不合, 所操之術多異故也. 王安石, 〈答司馬諫議書〉

그러나 국사를 의론할 때 자주 의견이 맞지 않았는데, 그 이유는 서로 취한 방법이 달랐기 때문이다.

그 차이점은 다음과 같다. '法'은 일이나 사상 등의 문제를 해결하는 과정 혹은 절차를 말하지만, '術'은 왕왕 수단을 부리거나 다른 사람을 우롱한다는 뜻을 내포하고 있다.

> 其法, 用胶泥刻字. 沈括, 〈活板〉
> 활판을 만드는 방법은 진흙으로 글자를 새긴다.

> 有至誠, 而無權術. ≪宋史·徐誼傳≫
> 지극한 진실함은 있으나 권모술수는 없다.

한비자는 '法'과 '述'에 대하여 다음과 같이 정의를 내렸다.

> <u>法</u>者, 憲令著於官府, 刑罰必於民心, 賞存乎愼法, 而罰加乎姦令者也, 此臣之所師也. ≪韓非子·定法≫
> 법이라는 것에 대해 말하자면, 국법은 관부에 명시되어 있고 형벌은 반드시 민중의 마음에 새겨져 있으며, 賞은 법을 따르는 자에게 있고 罰은 명령을 범하는 자에게 가해진다. 이것이 바로 신하가 마땅히 모범으로 삼아 따라야 하는 것이다.

> <u>術</u>者, 因任而授官, 循名而責實, 操殺生之柄, 課群臣之能者也, 此人主之所執也. ≪韓非子·定法≫
> 術이라는 것은 일을 맡을 수 있는 능력에 따라 관직을 주고 그 직위에 따라서 실적을 책임지게 하며, 살생의 권력을 잡고 여러 신하들의 능력을 평가하는 것이다. 이것은 바로 군주가 마땅히 장악해야 하는 것이다.

'法'은 동사로 사용되어 '본받다'라는 뜻으로 사용되나, '術'은 명사로만 사용되며 '수단', '기술', '직업' 등의 뜻으로 사용된다.

> 矢人, 豈不仁於函人哉. 矢人惟恐不傷人, 函人惟恐傷人. 巫匠亦然, 故<u>術</u>不可不愼也. ≪孟子·公孫丑≫
> 화살 만드는 사람이 어찌 갑옷을 만드는 사람보다 어질지 못하겠는가? 화살 만드는 사람은 오로지 사람을 상하게 하지 못할까 걱정하고, 갑옷을 만드는 사람은 오로지 사람이 다칠까 걱정한다. 무당과 장인도 이와 같으므로, 직업을 선택함에 신중히 하지 않으면 안 된다.

123

變[변/biàn]·易[역/yì]·化[화/huà]

이 글자들은 모두 '변화'라는 뜻을 가지고 있다. 그러나 이들의 본의가 다르다. '變'이 나타내는 '변화'는 점진적인 것이며, 사물의 변화 과정을 의미한다. '化'가 나타내는 '변화'는 본질적인 변화를 말한다. 즉 이 사물이 저 사물로 변화되는 것을 의미한다. '易'은 본래 '변화'라는 뜻이 아니라 '교환'이라는 뜻으로, 한 사물로부터 다른 사물로 바뀌는 것을 말한다.

> 今吾欲變法以治.≪商君書·更法≫
> 이제 나는 법을 바꾸어 나라를 다스리려 한다.
>
> 北冥有魚, 其名爲鯤. 鯤之大不知其幾千里也. 化而爲鳥, 其名爲鵬. ≪莊子·內篇·逍遙遊篇≫
> 북명에 물고기가 있는데 그 이름이 鯤이라 한다. 곤의 크기는 몇 천리가 되는지 알 수 없다. (이 곤이) 변화하여 새가 되는데 그 이름을 鵬이라 한다.
>
> 棄其杖, 化爲鄧林. ≪山海經·海外北經≫
> 그(夸父의) 지팡이를 버렸는데, 이 지팡이가 등나무 숲으로 변했다.
>
> 以粟易械器者, 不爲厲陶冶; 陶冶亦以其械器易粟者, 豈爲厲農夫哉? ≪孟子·滕文公上≫
> 곡식으로 그릇, 쟁기와 바꾸는 것이 도공과 야공을 괴롭히는 것이 아니라면, 도공과 야공 역시 그들의 그릇과 쟁기로 곡식과 교환하는 것이 어찌 농부를 괴롭히는 것이 되겠는가?

'變'은 '변화하다'라는 동사에서 '변화'라는 명사로 인신되었고, 다시 '事變' '兵變' '變故'라는 의미로 다시 인신되었다. 또 '化'는 '변화하다'라는 의미에서 다시 '없애다' '사라지다'라는 뜻으로 인신되었고, 다시 '죽다' '敎化하다' 등으로 인신되었다. 또 '易'은 '바꾸다'라는 의미에서 '변화'라는 의미로 인신되었다.

陛下不圖, 臣恐其爲變也. ≪史記·李斯列傳≫
폐하께서 대책을 세우지 않으시면, 아마도 그가 兵變을 일으키지 않을까 걱정됩니다.

民食果蓏蚌蛤, 腥臊惡臭而傷害腹胃, 民多疾病. 有聖人作, 鑽燧取火以化腥臊. ≪韓非子·五蠹≫
백성들은 과일 열매와 조개를 먹었는데 비린내와 악취로 위와 장을 해쳐서 많은 사람들이 병에 걸렸다. 그런데 한 성인이 나타나 나무 막대기를 서로 마찰시켜 불을 만들어 비린내와 악취를 없앴다.

124 覆[복/fù]·蓋[개/gài]

이 두 글자는 모두 '덮다'라는 뜻을 가지고 있다. 그러나 '覆'은 대상이 일반적으로 '유형의 물건'이지만, '蓋'는 대상이 '유형의 물건' 외에도 '무형의 일'도 될 수 있다.

乃取一葫蘆置于地, 以钱覆其口, 徐以杓酌油瀝之, 自錢孔入, 而錢不濕. 歐陽修, 〈賣油翁〉
호리병을 가져다 땅에 놓고 동전으로 그 주둥이를 덮고 천천히 국자로 기름을 떠서 떨어뜨리는데, 기름이 동전 구멍으로 들어가면서도 동전이 젖지 않았다.

夫妻交友不能相爲棄惡蓋非. ≪商君书·禁使≫
부부나 친구라 하더라도 서로를 위하여 죄와 비리를 덮어주면 안 된다.

위의 끝 예문에서 '蓋非'는 남의 잘못을 덮어주는 것인데, '覆'에는 이런 뜻이 없다.

'覆'의 본래 의미는 동사로서 '가리다'이며, '보호하다'라는 뜻이 내포되어 있다.

誕寘之寒冰, 鳥覆翼之. ≪詩經·大雅·生民≫

찬 얼음위에 버려두자, 새들이 날개로 덮어주고 깔아주었다.

'蓋'의 本義는 '흰 띠(풀)로 엮은 만든 덮개'로 명사이다. ≪爾雅·釋器≫의 "白蓋謂之苫"에 대하여, 郭璞이 注를 달아 "흰 띠(풀)이 '苫(점)'이다. 지금 江東에서는 蓋라고 부른다(白茅, 苫也. 今江東呼爲蓋.)"라고 하였다. 또 '蓋'는 '덮개'라는 뜻에서 '태양이나 비를 막는 도구'라는 뜻으로 사용되었다.

五羖大夫之相秦也, 勞不坐乘, 暑不張蓋. 司馬遷, ≪史記·商君列傳≫
오고(五羖) 대부가 秦나라 재상을 할 때, 피곤해도 수레를 타지 않고, 더워도 傘蓋(양산이나 우산)를 펴지 않았다.

125 福[복/fú]·祿[록/lù]

두 글자는 모두 '복'이라는 뜻을 가지고 있다.

天被爾祿. ≪詩經·大雅·旣醉≫
하늘이 너희들에게 복을 주시었네.

또 '福'의 반대말은 '禍'이며 자주 함께 짝을 이루어 사용한다.

禍兮福所倚, 福兮禍之所伏. ≪老子·58章≫
재앙은 복이 기대는 것이고, 복은 재앙이 엎드려 있는 것이다.

그러나 '福'은 祭祀에 사용하는 술과 고기 같은 '제물'을 말할 수도 있고, '祿'은 '관리의 녹봉'을 가리킬 수 있다.

驪姬受福, 乃置鴆于酒, 置堇于肉. ≪國語·晉語二≫
여희가 祭物을 받지 술 속에 鴆(짐)새의 毒을 타고, 고기 속에 烏頭라는 독을 넣었다.

◆짐새(鴆-: 광동성에 사는 독조(毒鳥). 그 깃을 담근 술을 마시면 죽게 됨.

仲子, 齊之世家也, 兄戴, 蓋祿萬鐘. 以兄之祿爲不義之祿, 而不食也. ≪孟子·滕文公下≫

仲子는 제나라의 世家인데, 친형 戴의 녹봉이 대략 萬鐘이나 되었으나, (중자는) 친형의 녹봉이 도리에 어긋나는 녹봉이라 해서 먹지 않았다.

126 烽[봉/fēng]·燧[수/suì]

두 글자는 모두 고대 국경지방에서 병란이나 사변이 있을 때 신호를 올리던 '봉화'를 말한다. '봉수'는 옛날에 국경의 높은 봉화대에서 '섶'을 태우거나 '이리의 똥[狼糞]'을 태워서 警報를 발령하던 신호로서, 밤에 붙이는 불을 '烽'이라 하고 낮에 태우던 연기를 '燧'라 한다. 밤에는 '불'로 낮에는 '연기'로 신호를 보냈다.

有寇即燃火, 擧之以相告, 曰烽. 又多積薪, 寇至即燔之望其烟, 曰燧. 晝則燔燧, 夜乃擧烽. 范燁, ≪後漢書·光武紀·注≫

도적이 있으면 곧 불을 피우고, 그것을 들어서 서로 알리던 것을 烽이라 한다. 또 땔나무를 많이 쌓아놓고 도적이 오면 곧 그것을 불살라서 연기를 멀리 보이도록 한 것을 燧라 한다. 낮에는 燧를 태우고 밤에는 烽을 든다.

그러나 이와 정반대로 설명하기도 하였다. 張守節은 ≪史記正義≫에서 ≪史記·周本紀≫의 "幽王為熢燧大鼓, 有寇至, 則擧熢火(주나라 유왕이 봉수와 큰 북을 만들고 도적이 쳐들어오면 봉화를 올리도록 하였다)."에 대하여 "낮에는 熢(봉)을 붙여 연기를 멀리서 볼 수 있게 하였고, 밤에는 燧(수)를 올려서 불빛을 멀리서 보게 하였다(晝日燃熢, 以望火煙, 夜擧燧, 以望火光也.)"라고 하였다. 또 司馬貞은 ≪史記索隱≫에서 ≪史記·

司馬相如列傳≫의 "夫邊郡之士, 聞烽擧燧燔, 皆攝弓而馳, 荷兵而走, 流汗相屬, 唯恐居後(변방을 지키는 군사들은 烽을 들거나 燧를 태우는 소식을 들으면 모두 활을 들고 말을 타고 달려가고, 병기를 들고 달려간다. 모두 끊임없이 땀을 흘리며, 남에게 뒤쳐질까만 두려워한다)"에 대하여 "熢은 풀을 묶어서 긴 나무 끝에 매어두는데 마치 桔槹(길고)로 두레박을 올리는 것처럼 적을 발견하면 熢에 불붙여 들어올린다. 燧는 땔나무를 쌓아놓고 난리가 나면 불붙인다. 熢은 주로 낮에 하고 燧는 주로 밤에 한다(韋昭曰: 熢者, 束草置之長木之端, 如挈皐, 見敵則燒擧之; 燧者, 積薪, 有難則焚之. 熢主晝燧主夜)."라는 韋昭의 말을 인용하여 설명하였다.

◆ 挈皐(설고)는 桔槹(길고)를 말하며, '돌을 매달아 그 무게로 물을 긷게 된 두레박 틀'이라는 뜻이다. 이 틀은 우물 옆에 지렛대를 설치하고 한 쪽 끝에는 두레박을 묶고 한 쪽 끝에는 돌이나 무거운 것을 매달아 놓아 큰 힘을 들이지 않고 물이 가득한 두레박을 들어 올릴 수 있다.

'烽火'는 인신되어 '戰火'나 '전쟁'이라는 뜻도 있다.

烽火連三月, 家書抵萬金. 杜甫, 〈春望〉
戰亂은 석 달이나 계속되니, 집에서 오는 편지 만금의 가치가 있네.

127 逢[봉/féng]·遭[조/zāo]·遇[우/yù]

이 글자들은 모두 '만나다'라는 뜻을 가지고 있다. 그러나 이 글자들은 다음과 같은 미세한 차이가 있다. '逢'은 일반적인 '만나다'라는 뜻이고, '遇'는 '우연히 서로 만나다'라는 뜻으로 자주 사용되며, '遭'는 나쁜 일을 당했을 때 비교적 많이 사용한다.

我生之後, <u>逢</u>此百凶. ≪詩經·王風·免爰≫

내가 자란 뒤에는 이런 숱한 흉한 일을 만났네.

汝陽三斗始朝天, 道逢麴車口流涎. 杜甫, 〈飮中八仙歌〉
여양은 술 서 말을 마셔야 조정에 나가고, 길에서 누룩 실은 수레를 만나도 군침 흘리네.
◆汝陽: 여양왕. 당 현종의 조카 李璡인데 현종의 총애를 받았다. 麴車(국거): 술 만드는 누룩을 실은 수레.

邂逅相遇, 適我願兮. ≪詩經·鄭風·野有蔓草≫
우연히 서로 만나니 내 바라던 바와 같네.

遇者何? 不期也. ≪春秋公羊傳·隱公4年≫
遇란 무엇인가? 약속하지 않고 우연히 만나는 것이다.

臣以險釁, 夙遭愍凶. 李密, 〈陳情表〉
臣은 불행하게도 부모를 잃는 흉한 일을 당하였습니다.

是以箕子詳狂, 接輿辟世, 恐遭此患也. ≪史記·魯仲連鄒陽列≫
이러한 까닭에 箕子가 미친 체하고 接輿가 세상을 피한 것도 이런 환난을 당할 것을 두려워하였다.

128 封[봉/fēng]·贈[증/zèng]

이 두 글자는 帝王이 '토지'나 '작위'를 그의 '친속'이나 '공신'에게 준다는 뜻이 있다. 그러나 '封'은 살아있는 사람에게 하사하는 것이고 '贈'은 죽은 사람에게 하사하는 것이다.

≪說文解字≫에 따르면 "封은 작위의 등급에 따라 제후에게 땅을 준다는 뜻이다(爵諸侯之土也)"라고 한다. 이와 같이 '封'은 본래 고대에 帝王이 토지를 '食邑'으로 삼도록 그의 親屬이나 功臣에게 하사하는 것을 말한다.

勞苦而功高如此, 未有封侯之賞, 而聽細說, 欲誅有功之人. 司馬遷, ≪史記·項羽本紀≫
노고가 많고 공이 이처럼 높은 데도 제후에 봉하는 상을 내리지 않고 (소인배의) 자질구레한 말을 듣고 공이 있는 사람을 주살하려고 한다.

以賂秦之地, 封天下之謀臣; 以事秦之心, 禮天下之奇才; 並力西嚮, 則吾恐秦人食之不得下咽也. 蘇洵, 〈六國〉
진나라에 뇌물로 바칠 땅을 천하의 智謀있는 신하에게 하사하고, 진나라를 섬기는 마음으로 천하의 뛰어난 재능을 가진 사람을 우대하고, 힘을 합해 서쪽에 있는 진을 향한다면, 내 생각에는 아마도 진나라 사람들은 밥을 먹어도 밥이 내려가지 않을 것이다.

'贈'은 죽은 후에 爵位를 追封하는 것으로 官吏의 조상을 추봉하는 데에 자주 사용되었다. 후에 생긴 의미이다.

步夫人卒, 追贈皇后. ≪三國志 · 吳主傳≫
보부인이 죽은 후에 황후라는 칭호를 하사하였다.
◆步夫人: 吳나라 孫權의 여러 부인중에서 가장 총애 받던 부인이다.

十五年, 卒官. 贈太子太保, 謚忠介. ≪明史·海瑞傳≫
(해서가) 만력 15년에 관직 임기 중에 죽자, 太子太保라는 관직을 하사하고, 忠介라는 시호를 주었다.

129 婦[부/fù] · 女[녀(여)/nǚ]

이 두 글자는 모두 '여자'라는 뜻이 있지만, 미세한 차이가 있다.

'女'자에는 廣義와 俠義의 두 가지 뜻이 있는데, 광의의 女자는 性別로 구분한 것이고 그 반대말은 '男'이다.

男女同姓, 其生不蕃. ≪左傳·僖公23年≫
남녀가 姓이 같으면 그 자손이 번성하지 못한다.

生女勿悲酸, 生男勿喜歡. 陳鴻, 〈長恨歌傳〉
딸을 낳았다고 슬퍼하지 말고, 아들을 낳았다고 기뻐하지 말라.

협의의 '女'자는 '아직 혼인하지 않은 여자'라는 뜻으로 많이 사용되며, 이에 대응되는 말은 '婦', '婦人'이다.

野有死麕, 白茅包之. 有女懷春, 吉士誘之. ≪詩經·召南·野有死麕≫
들에 죽은 노루가 있어 흰 띠 풀로 싸 들고, 이성을 그리는 아가씨, 멋진 사나이가 유혹하네.
◆麕(균): 노루.

女曷爲或稱女, 或稱婦, 或稱夫人? 女在其國稱女, 在塗稱婦, 入國稱夫人. ≪公羊傳·隱公2年≫
'여자'는 왜 어떤 때에는 '女'라고 하고, 어떤 때에는 '婦'라고 하고, 또 어떤 때에는 '夫人'이라고 하는가? 女가 그 자기의 나라에 있으면 '女'라고 하고, 혼례하러 가는 길에 있으면 '婦'라고 하고, 시집가는 나라에 들어가면 '夫人'이라 부른다.

'婦'에도 광의와 협의의 두 가지 뜻이 있다. 광의의 '婦'는 오늘날의 '부녀자'에 해당하여, '미혼'과 '기혼'을 모두 포함한다.

今秦<u>婦人</u>嬰兒, 皆言商君之法, 莫言大王之法. 劉向, ≪戰國策·秦策一≫
지금 진나라에서는 부녀자와 아이조차 상앙의 법이라고 말하지, 대왕의 법이라 하지 않는다.
◆여기의 婦人는 여성의 통칭이다. 그러나 미혼의 여자를 婦라고 부를 수는 없었다.

<u>婦人</u>有三從之義, 無專用之道. 故未嫁從父, 既嫁從夫, 夫死從子. ≪儀禮·喪服·傳≫
부녀자에게는 三從之道가 있어 제멋대로 하는 법은 없다. 그러므로 시집가기 전에는 아버지를 따르고 시집가서는 지아비를 따르고 지아비가 죽으면 아들을 따라야 한다.

협의의 '婦'는 특별히 이미 혼인한 여인을 가리키는데, 그에 대응하는 것은 '夫'이다. 미혼의 여자에게 '婦'라고는 결코 부르지 않는다.

長老曰: "苦爲河伯娶婦, 以故貧." 司馬遷, ≪史記·滑稽列傳≫
장로들은 "하백을 위하여 그의 부인을 바치는 일로 고통스럽습니다. 이 때문에 가난합니다."라고 하였다.

堯二女不敢以貴驕事舜親戚, 甚有婦道. 司馬遷, ≪史記·五帝本紀≫
요임금의 두 딸은 자기가 귀한 신분이라고 해서 순의 친척에게 감히 오만하게 대하지 않았고, 부인의 도리를 잘 행하였다.

130
扶[부/fú]·**輔**[보/fǔ]·**佐**[좌/zuǒ]·**佑**[우/yòu]·**翼**[익/yì]·**助**[조/zhù]·**弼**[필/bì]

이 글자들은 모두 '돕다'라는 뜻을 가지고 있다. 그러나 각각 의미상 미세한 차이가 있다.

'扶'의 본의는 '부축하다'인데, 인신되어 '돕다', '지원하다'라는 뜻으로 사용되며, 특히 강자가 약자를 돕는다는 뜻으로 자주 사용된다.

蓬生麻中, 不扶而直; 白沙在涅, 與之俱黑. ≪荀子·勸學≫
(본래 곧게 자라지 않는) 쑥대도 (곧게 자라는) 삼밭에서 자라면 부축하지 않아도 스스로 곧게 자라고, 흰 모래도 갯바닥 흙에 속에 섞이면 더불어 검어진다.
◆涅(녈): 개흙, 갯바닥 흙.

若扶梁伐趙, 以害趙國, 則寡人不忍也. 劉向, ≪戰國策·宋衛中山策≫
만일 (우리 송나라가) 양나라를 도와서 (너희) 조나라를 쳐서 (너희) 조나라에 해를 끼친다면, 저는 차마 할 수 없습니다.

'輔'의 본의는 수레에 있는 '바퀴덧방나무'로, 무거운 짐을 실을 때 바퀴에 덧대어 바퀴가 더 많은 하중을 감당하게 하는 나무를 말한다. '輔'가 '바퀴'의 본래 기능을 도와 더 큰 하중을 감당하게 하는 기능이 있기 때문에, 인신되어 '보좌하다'라는 뜻으로 사용된다. 그래서 '輔'는 주로 '황제를 돕는 것'을 의미하며, '호위(護衛)'라는 뜻을 포함하고 있다.

無棄爾輔, 員于爾輻. ≪詩經·節南山之什·正月≫
그대의 바퀴덧방나무를 버리지 말고, 그대의 바퀴살에 덧붙여 튼튼하게 하라.

王曰: 吾惽, 不能進於是矣. 願夫子輔吾志, 明以敎我, 我雖不敏, 請嘗試之. ≪孟子·梁惠王上≫
왕이 말하기를 "나는 도리에 어두워 그렇게까지는 나아갈 수 없습니다. 원컨대 선생께서는 내 뜻을 보필하여 나에게 분명하게 가르쳐주신다면, 내 비록 둔하지만 그것을 시험해보겠습니다."라고 하였다.

'佐'와 '佑'는 각각 '左'와 '右'에서 分化된 글자이다. '左'는 본래 ≪說文解字≫에 의하면 '왼손'이라는 뜻이 아니고 '손으로 돕다(手相左助也)'라는 뜻이며, '右'는 본래 '오른손'이라는 뜻이 아니고, '돕다(助也)'라는 뜻이었다. 후에 '左'와 '右'가 각각 '왼손'과 '오른손'이라는 뜻으로 사용하게 되자, 각 글자에 부수 '人'을 더하여 '佐'와 '佑'라는 글자로 '돕다'라는 의미를 나타내었다. 그런데 고대에서는 '오른손'을 '왼손'보다 귀하여 여겨서 '佐'는 '아랫사람이 윗사람을 돕다'라는 뜻으로 자주 사용되고, '佑'는 '윗사람이 아랫사람을 돕다'라는 뜻으로 자주 사용되었다.

大宰之職, 掌建邦之六典, 以佐王治邦國. ≪周禮·天官·大宰≫
태재의 직책은 나라를 세우는 (필요한) 여섯 가지 法典을 관장하여 왕이 나라를 통치하는 것을 돕는다.

上天孚佑下民, 罪人黜伏. ≪尙書·湯誥≫
하느님은 백성들을 진실로 도우셔서, 죄인을 내쫓고 굴복시키셨다.

'翼'의 본의는 '새의 날개'인데, 인신되어 '날개로 덮다'라는 뜻이 되고, 다시 인신되어 '덮다', '엄호하다'라는 뜻이 되고, 더 나아가 '보좌하다', '돕다'라는 뜻으로 되었다. '翼'도 '아랫사람이 윗사람을 돕다'라는 뜻으로 자주 사용된다.

予欲左右有民, 汝翼; 予欲宣力四方, 汝爲. ≪尙書·虞書·益稷≫
내가 백성을 도와주려 하니 그대는 나를 도와주고, 내가 사방에 힘을 펴려고 하니 그대가 하라.

求賢良以翼之. ≪國語·楚語上≫
현량한 인재를 구하여 그를 보좌하도록 하였다.

'助'는 ≪說文解字≫에 의하면 본래 "돕다(佐也)"라는 뜻이다. '助'가 사용되는 범위가 매우 넓어 '돕다'라는 의미를 가진 거의 모든 단어들을 대신할 수 있다.

得道者多助, 失道者寡助. 寡助之至, 親戚畔之; 多助之至, 天下順之. ≪孟子·公孫丑下≫
바른 길을 얻은 사람은 도와주는 사람이 많고, 바른 길을 잃은 사람은 도와주는 사람이 적다. 도와주는 사람이 적어지는 정도가 극에 달하면 친척조차 등을 돌리고, 도와주는 사람이 많아지는 정도가 극에 달하면 천하의 모든 사람이 따른다.

回也, 非助我者也. 於吾言, 無所不說. ≪論語·先秦≫
안회는 나에게 도움이 되는 사람은 아니었다. 내 말에 대해 기뻐하지 않은 바가 없었다.

'弼'은 '(활)도지개'라고 하며, '틈이 가거나 뒤틀린 활을 바로 잡는 틀'을 말한다. '弼'은 동사로 인신되어 사용될 때는 '바로잡다'라는 뜻이 된다. 즉 군주가 바르게 가도록 돕는 것을 말한다. 또 '弼'은 보통 帝王의 옆에서 통치를 보조하고, 부족한 것을 보충하고 과실을 匡正하는 大臣으로 비유된다.

予違, 汝弼; 汝無面從, 退有後言. ≪尙書·虞書·益稷≫

내가 잘못하였을 때는 그대들이 바로잡아라. 그대들은 面前에서만 따르고, 물러나서는 뒷말이 있어서는 안 된다.

夢帝賚予良弼, 其代予言. ≪尙書·商書·說命上≫
꿈에 하느님이 나에게 훌륭한 보필자를 보내주셨으니, 그가 나를 대신하여 말할 것이다.

'輔弼'은 '군주를 보좌하거나 그러한 사람'이라는 뜻으로 사용된다.

131

父[보/fǔ]·**叟**[수/sǒu]·**公**[공/gōng]·**翁**[옹/wēng]·**丈人**[장인/zhàngrén]·**父老**[부로/fùlǎo]·**父兄**[부형/fùxiōng]

이 글자들은 모두 나이가 많은 사람에 대하여 존칭어로 사용할 수 있다.

'父'는 고대에 나이 많은 사람에 대한 존칭이었다. '田父(농업에 종사하는 나이 많은 사람)', '漁父(어업에 종사하는 나이 많은 사람)'라는 말도 있다.

今吾每飯, 意未嘗不在鋸鹿也. 父知之乎? ≪史記·張釋之馮唐列傳≫
요즘 나는 밥 먹을 때마다 鋸鹿에서의 전투가 생각나는데, 노인께서는 이를 아십니까?

佩玉蘂兮, 余無所繫之; 旨酒一盛兮, 余與褐之父睨之. ≪左傳·哀公13年≫
패옥이 늘어져 있는데 나는 패옥을 걸 데가 없고, 맛있는 술 한 잔을 나와 저 갈옷 입은 가난한 노인은 곁눈질 하고 있네.

'叟'는 또한 '傁(수)'라고도 한다.

孟子見梁惠王. 王曰: "叟不遠千里而來, 亦將有以利吾國乎?" 孟子對曰: "王何必曰利? 亦有仁義而已矣." ≪孟子·梁惠王上≫

맹자가 양혜 왕을 뵈었다. 왕께서 말씀하시길, "노인께서 천리를 멀다하지 않고 오셨으니 또한 장차 내 나라에 이로운 점이 있겠지요?"하자 맹자께서 대답하여 말하였다. "왕께서는 하필이면 이익을 말씀하십니까? 역시 仁義가 있을 뿐입니다."

'公'에는 爵位의 이름(公·侯·伯·子·男, ≪禮記·王制≫)과 公正하다는 등의 뜻이 있으나 또한 어른에 대한 존칭의 뜻도 있다.

田叔, 趙陘城人也. 其先齊田氏也. 叔好劍, 學黃老術於樂鉅公. ≪前漢書·田叔傳≫

田叔은 趙나라의 陘城(형성) 사람이다. 그의 선조는 제나라의 田氏이다. 전숙은 검을 좋아하고 황로술을 악거공에게서 배웠다.

顔師古는 '樂鉅公'에 대하여 그의 注에서 "성은 樂이고, 이름은 鉅이다. 公은 나이 많은 사람을 일컫는 말이다(姓, 樂; 名, 鉅也. 公者, 老人之稱也)"라고 하였다.

'翁'은 ≪玉篇≫에 "노인에 대한 호칭(老稱)"이라고 하였다. 문장 안에서 가리키는 대상에 따라 아버지, 시아버지, 할아버지 등을 가리키기도 한다.

援據鞍顧眄, 以示可用. 帝笑曰: "矍鑠哉! 是翁也." ≪後漢書·馬援傳≫

馬援은 말안장을 손으로 짚고 (황제를) 돌아보며 아직 쓸 만함을 보여주었다. 황제가 웃으면서 말하였다. "기운이 정정하도다! 이 노인장은"

◆ 矍鑠(확삭): 용맹한 모양(矍鑠, 勇貌)

漢王曰: "吾與項羽俱北面, 受命懷王曰; '約爲兄弟.' 吾翁卽若翁, 必欲烹而翁, 則幸分我一桮羹." ≪史記·項羽本紀≫

한왕이 말하기를 "나와 항우는 신하로서 함께 北面하여 회왕의 명령을 받고 '형제가 되기를 약속한다'고 하였으니, (우리는 형제이니) 나의 어르신은 곧 그대의 어르신이다. 반드시 (어르신을) 삶아죽이고자 한다면 나에게 그 고깃국 한

그릇을 나누어주길 바란다.

위 문장은 項羽가 劉邦의 아버지를 포로로 잡고 항복하지 않으면 삶아죽이겠다고 하자 유방이 답변한 내용이다. 여기에서 유방이 '翁'이라고 지칭한 사람은 바로 자기의 아버지를 가리킨다.

'丈人'은 곧 杖人(지팡이를 짚은 사람)으로 또한 老人의 통칭이다.

丈人曰: "四體不勤, 五穀不分, 孰爲夫子?" 植其杖而芸. ≪論語·微子≫

노인은 "사지도 부지런히 움직이지 않고 오곡조차 분간하지 못하는데, 누가 스승이라 하는가?" 하고 지팡이를 세워놓고 풀을 뽑았다.

揚雄의 ≪輶軒使者絶代語釋別國方言≫에 의하면 '노인'에 대한 존칭은 다음과 같이 다양하였다.

艾, 長老也. 東齊魯衛之間凡尊老謂之叟, 或謂之艾. 周晉秦隴謂之公, 或謂之翁. 南楚謂之父, 或謂之父老. 揚雄, ≪方言·六≫ (禮記曰 : "五十爲艾.")

艾는 노인을 말한다. 東齊·魯·衛에서는 노인을 높여 叟라고 하거나 艾라고 하며, 周·晉·秦隴에서는 公라고 하거나 翁이라고 하며, 南楚에서는 父라고 하거나 혹은 父老라고 한다.

'父老'를 '父兄'이라고도 한다. 아래 인용한 문장은 '父兄'으로 되어 있지만, 어떤 판본은 '父老'로 되어 있는 책도 있다. 이로부터 '父老'과 '父兄'은 같은 의미임을 알 수 있다.

且籍與江東子弟八千人渡江而西, 今無一人還, 縱江東父兄憐而王我, 我何面目見之? ≪史記·項羽本紀≫

게다가 내(籍)가 강동의 젊은이 8,000명과 함께 강을 건너 서쪽으로 왔다가, 이제 한 사람도 돌아가지 못하니, 강동의 어르신들이 나를 불쌍히 여겨 왕으로 삼아준다고 하더라도, 내 무슨 면목으로 그들을 대하겠는가?

132 負[부/fù]·敗[패/bài]

이 두 글자는 모두 '(전쟁이나 시합에서) 지다'라는 뜻을 가지고 있다. 그러나 '負'는 일반적으로 '勝'과 함께 사용되며, '敗'는 '勝'과 함께 사용되기도 하고 단독으로도 사용할 수 있다.

知彼知己, 百戰不殆; 不知彼而知己 一勝一負; 不知彼不知己, 每戰必敗. 孫武, ≪孫子·謀攻≫
상대방을 알고 나를 알면 백번 싸워도 위태롭지 않고, 상대방을 모르고 나를 알면 한 번이기고 한 번 패하며, 상대방도 모르고 나도 모르면 싸울 때마다 반드시 패한다.

趙嘗五戰於秦, 二敗而三勝. 蘇洵, 〈六國論〉
조나라는 일찍이 다섯 번 진나라와 싸워 두 번 패배하고 세 번 이겼다.

齊師敗矣. ≪左傳 · 成公二年≫
제나라 군대가 패하였다.

凡師, 敵未陳曰敗某師, 皆陳曰戰, 大崩曰敗績. ≪左傳·莊公十一年≫
전쟁에서 적이 아직 진을 치지 않았을 때 적을 격파하는 것을 '敗某師(아무개 군대를 패배시켰다)'라고 하고, 서로 진을 치고 싸우는 것을 '戰'이라고 말하고, (전차진이) 무너져 패하는 것을 '敗績'이라고 말한다.

또 전쟁이나 시합에서 패배를 뜻하는 말에는 '破', '挫', '折', '潰', 覆 등의 말이 있으며, 그에 관한 완곡한 표현으로는 '北', '奔', '輪' 등이 있다.

吾起兵至今八歲矣, 身七十餘戰, 所當者破, 所擊者服, 未嘗敗北, 遂霸有天下. ≪史記·項羽本紀≫
내가 군사를 일으켜 지금까지 8년이 되었는데, 몸소 70여 차례의 전투를 하여, 나와 맞선 적을 격파시키고 나를 공격한 적을 복종시켰으며, 나는 일찍이 패배한 적이 없어, 드디어 패권자가 되어 천하를 차지하였다.

'敗'는 또 ≪說文解字≫에 의하면 "파괴하다(毁也)"라고 하는 뜻을 가지고 있다.

背盟敗約, 以自相屠滅. 蘇轍, 〈六國論〉
맹세를 저버리고 약속을 깨뜨리고, 서로 죽이고 말았다.

'負'는 또 劉熙의 ≪釋名≫에 의하면 '등지다(背也)'라는 뜻을 가지고 있다.

相如度秦王雖齋, 決負約不償城, 乃使其從者衣褐, 懷其璧, 從徑道亡, 歸璧于趙. 司馬遷, ≪史記·廉頗藺相如列傳≫
인상여는 진나라 왕이 비록 (목욕)재계한다고 하였지만, 틀림없이 약속을 어기고 성들을 돌려주지 않을 것이라 생각하였다. 그래서 그는 그의 수행원에게 허름한 옷으로 갈아입게 하고, 그 옥을 품고 지름길로 도망가게 하여, 옥을 조나라로 되돌려주었다.

133 憤[분/fèn]·忿[분/fèn]·怒[노/nù]

이 글자들은 모두 '분노하다'라는 뜻을 가지고 있다. 그러나 고대에서는 두 글자는 차이가 매우 컸다. '憤'은 마음의 답답함 즉 '煩悶'을 나타내었고, '怒'는 '화를 내다'라는 뜻으로 마음속의 증오뿐만 아니라 바깥으로 표출되는 것을 말한다.

子曰: "不憤不啓, 不悱不發." ≪論語·述而≫
공자께서 말씀하셨다. "알려고 고민하지 않으면 깨우쳐주지 말고, 말로 표현하지 못해 괴로워하지 않으면 일깨워주지 말라."

惜誦以致愍兮, 發憤以抒情. ≪楚辭·九章·惜誦≫
공덕을 칭송하는 것을 아끼다가 근심을 부르니, 마음속의 응어리진 것을 풀어내어 그 마음을 토로한다.

昔者共工與顓頊爭爲帝, 怒而觸不周之山. 天柱折, 地維絶, 天傾西北, 故日月星辰移焉. 劉安, ≪淮南子·天文訓≫

옛날 '공공'은 '전욱'과 帝位를 다투다가 격노하여 부주산을 들이 받아, 하늘의 기둥은 부러지고 땅을 유지하는 끈이 끊어져, 하늘은 서북쪽으로 기울게 되었고 해와 달과 별도 그 방향으로 옮겨졌다.

王授璧, 相如因持璧卻立, 倚柱, 怒髮上衝冠. ≪史記·廉頗藺相如列傳≫

왕이 벽옥을 주자 인상여는 벽옥을 받아가지고 물러나 서서는 기둥에 의지하였는데 노하여 머리털이 곤두서서 관을 찌르는 것 같았다.

'忿'과 '憤'의 차이에 대하여 段玉裁는 ≪說文解字·注≫에서 "'忿'과 '憤'는 뜻이 다르다. '憤'은 '화가 가득하다'라는 뜻이고, '忿'은 '마음이 좁고 성급하다'라는 뜻이다(忿與憤義不同. 憤以气盈爲義, 忿以狷急爲義.)" 라고 하였다.

'憤'과 '怒' 두 글자는 모두 '發'자와 연용하여 '發憤'과 '發怒'가 될 수 있다. '發憤'은 '마음속의 번민을 발설하는 것'이고 '發怒'는 '화를 내다'라는 뜻이므로, 두 글자의 뜻은 전혀 상관이 없었다.

≪詩≫三百篇, 大抵聖賢發憤之所作爲也. 司馬遷, ≪史記·太史公自序≫

≪시경≫의 시 300편은 대체로 성현들이 마음속의 고민을 풀어내어 지은 것이다.

哀王擅興, 發怒諸呂, ≪史記·太史公自序≫

애왕은 독단적으로 군사를 일으켜, 여씨 일족(의 전횡)에 분노하였다.

134
墳[분/fén]·墓[묘/mù]·冢[총/zhǒng]·陵[릉(능)/líng]

이 글자들은 모두 '시신을 매장하는 곳'이라는 뜻을 가지고 있다. 그러나 고대에서는 각각 의미상 차이가 있었다.

段玉裁는 그의 ≪說文解字·注≫에서 '墳'과 '墓'의 차이점에 대하여 "墳을 墓라고 풀이한 것은 넓은 의미에서 말한 것이다. 세분하여 말하면 墓는 낮은 곳이며, 墳은 높은 곳이다. 그래서 ≪禮記·檀弓≫에서 孔子가 옛날 사람들은 사람을 묻기는 했지만 봉분을 만들지는 않았다라고 하였다.(墓也. 此渾言之也. 析言之則墓爲平處. 墳爲高處. 故檀弓孔子曰: 古者墓而不墳.)"라고 하였다.

선진시기에 평민은 일반적으로 모두 봉분[墳]이 없는 墓이었는데, 후에는 평민의 사후에 매장하는 것도 봉분을 하게 되었다. 그러나 등급이 엄격하였던 봉건사회이었으므로 죽은 사람의 신분과 직위에 따라 높이 등급의 차별이 있었다.

> 孔子旣得合葬於防, 曰, "吾聞之, 古也墓而不墳." ≪禮記·檀弓上≫
> 공자는 (어머니를) 防지방에 합장하고 나서 말하기를 "내가 듣기로는 옛날에는 墓만 만들었지 봉분은 만들지 않았다."고 한다.
> ◆鄭玄의 注에 "옛날은 은나라 시대를 뜻한다. 흙이 높은 것을 墳이라고 한다.(古謂殷時也. 土之高者曰墳.)"라고 했다.

> 凡葬而無墳謂之墓. 揚雄, ≪方言·十三≫
> 무릇 매장을 하면서도 봉분이 없는 것을 墓라고 이른다.

> 生時治台榭, 死又修墳墓, 故民苦于外, 府庫單于內. ≪墨子·七患≫
> 살아서는 누대와 정자를 짓고 죽어서는 또 墳과 墓를 만드니, 민중들은 밖에서 고생하고 재물 넣은 창고는 안에서 바닥난다.

> 治霸陵皆以瓦器, 不得以金銀銅錫爲飾, 不治墳, 欲爲省, 毋煩民. ≪史記·孝文帝紀≫
> 패릉(霸陵= 문제의 능묘)을 만들 때 모두 와기(瓦器)를 사용하게 하고, 금, 은, 동, 주석으로 장식하지 못하게 하고, 봉분을 만들지 못하게 했는데, 이는 비용을 줄이고 백성을 번거롭게 하지 않으려고 한 것이다.

'墳'은 일반적으로 '시신을 묻는 구덩이(壙穴)' 위에 높이 돌출한 부분인데, '墓'는 본래 '봉분'이 없는 무덤인데 후에 '봉분'을 하지 않는 경우가 없었으므로 자연스럽게 동의사가 되었다. 오늘날은 '墳'과 '墓'를 연용하여 '墳墓'라고 말한다.

'冢'은 ≪爾雅·釋山≫에 의하면 '산꼭대기(山頂)'이라고 한다. '冢'은 '塚'으로 쓰기도 한다. ≪說文解字≫에서는 "冢은 '높은 분묘'를 말한다(冢, 高墳也.)"라고 하듯이, '墳'보다 높은 '분묘'를 '冢'이라고 한다. 통치자가 사치함에 따라 '봉토'가 갈수록 높고 커져서 '墳'으로는 표현이 부족하여 '冢'과 같은 말을 빌려 쓴 것 같다.

> 百川沸騰, 山冢崒崩. ≪詩經·小雅·節南山之什·十月之交≫
> 온 강물이 넘쳐 올라, 산꼭대기가 무너지네.

'陵'의 本義는 '흙으로 된 큰 山'을 말한다. '陵'이 '墳墓'를 가리킬 때는 항상 '封土'가 높고 커서 마치 山과 같은 帝王의 陵을 가리킨다.

> 秦名天子冢曰山, 漢曰陵, 故通曰山陵矣. 酈道元, ≪水經注≫
> 秦나라에서는 천자의 무덤(塚)을 山이라 하였고, 漢나라에서는 陵이라 하였다. 그래서 이를 일반적으로 '山陵'이라고 한다.

그러나 天子의 '冢'을 '陵'이라고 하는 것이 漢나라부터인지는 불확실하다. 단지 한나라에서는 황제의 무덤을 '陵'이라고 부르지 않은 경우가 없었다.

'墓'를 '陵'이라고 부른 것은 멀리 전국시대에도 있었다.

> 昔者, 聖王之治天下也, 參其國而伍其鄙, 定民之居, 成民之事, 陵爲之終, 而愼用其六柄焉. ≪國語·齊語一≫
> 옛날에 聖王들이 천하를 다스릴 때는 그 도성을 세 구역으로 나누고 교외를 다섯 구역으로 나누어, 민중들의 거주 지역을 정하고 그들의 일을 이루도록 하였으며, 陵(무덤)을 만들어 그들이 돌아갈 곳으로 삼게 하였다. 게다가 여섯 가지 권력을 신중하게 사용하였다.

135

拂[불/fú]·拭[식/shì]

이 두 글자는 모두 '닦다'라는 뜻이 있어, '拂拭'이라고 연용하기도 한다. 그러나 '拂'은 '가볍게 털다', '가볍게 스치다'는 뜻으로 '拂'은 주로 '먼지를 털어낸다'는 뜻이다.

是日也, 拂衣而喜, 奮褎低卬, 頓足起舞. ≪漢書 · 楊敞傳≫
이러한 날에는 옷에 먼지 털어 입고 기뻐하고, 소맷자락을 위 아래로 날리며, 발을 굴려가며 춤을 춥니다.

梧桐楊柳拂金井. 李白, 〈扶風豪士歌〉
오동 버들가지가 아름다운 우물 난간을 스치네.

主人拂几授校, 拜送. ≪儀禮·士昏禮≫
주인이 궤를 가볍게 스치듯 닦아 궤의 다리를 잡아서 빈에게 주고, 절하고 자리에 앉게 한다.

'拭'은 ≪爾雅·釋詁≫에 "깨끗하게 하다라는 뜻이다(淸也.)"라고 하였다. '拭'은 고대에서는 '式'으로도 썼다. 수건 같은 물건을 사용하여 '닦는 것'을 말한다.

不沐則濡櫛三律而止, 不浴則濡巾三式而止. ≪荀子·禮論≫
(屍身의) 머리를 감기지 않으면 젖은 빗으로 세 번 빗고 말고, 몸을 목욕시키지 않으면 젖은 수건으로 세 번 닦고 만다.

'拭'은 '문질러 닦다'라는 뜻으로 '拂'의 '가볍게 스치다'라는 뜻과 약간 비슷하다.

妻孥怪我在, 驚定還拭淚. 杜甫 〈羌村〉
아내와 아이들이 나를 이상하게 보더니, 놀라움이 가라앉자 눈물을 닦는다.

1 3 6

朋[붕/péng]·友[우/yǒu]

이 두 글자는 모두 '벗'이라는 뜻을 가지고 있다. 그러나 선진시기에는 뚜렷한 구별이 있었다. ≪周禮≫의 "(大司徒의 職務가운데)다섯째는 朋友들을 연대시키는 일이다(五曰聯朋友.)"에 대한 鄭玄의 注에 "스승을 같이하는 사람을 朋이라 하고, 뜻을 같이하는 사람을 友라고 한다(同師曰朋, 同志曰友.)"라고 하였다. 그러나 그렇지 않은 경우도 있다.

> 豈不欲往, 畏我友朋. ≪左傳·莊公22年≫
> 어찌 가고 싶지 않겠는가마는, 나의 벗이 (조롱할까) 두렵습니다.

> 子游曰: "吾友張也, 爲難能也, 然而未仁." ≪論語·子張≫
> 자유가 말하기를 "나의 벗 子張은 어려운 일을 잘하지만, 어질다고 할 수 없다."라고 하였다.

子張과 子游는 모두 공자의 제자였으나 '友'라고 하고 '朋'이라고 하지 않았으므로 鄭玄의 말이 모든 경우에 들어맞는다고 하기 어렵다.

'朋'·'友'는 모두 동사로 사용할 수 있으나, '朋'은 '작당하다', '야합하다'라는 뜻으로 부정적인 뜻을 가지고 있다. 반면에 '友'의 자형은 '두 손을 나란히 그린 모습'으로 '서로 함께 한다'는 의미로 '벗하다', '우애가 있다'라는 뜻이 있다.

> 世並擧而好朋兮, 夫何煢獨而不予聽. 屈原, 〈離騷〉
> 세상 사람들은 함께 어울려 패거리 만들기 좋아하는데, 어찌하여 외로이 내말을 듣지 않는가?
> ◆煢獨(경독): 혼자 외로이.

> 交衆·與多, 外内朋黨, 雖有大過, 其蔽多矣. 韓非, ≪韓非子·有度≫
> 교제가 넓고 패거리가 많아 조정 안팎에 붕당이 만들어지면, 설사 큰 죄를 지었나하더라도 그것을 감추어주는 사람이 많게 됩니다.

君子莫若欲爲惠君·忠臣·慈父·孝子·友兄·悌弟, 當若兼之說, 不可不行也. 墨翟, ≪墨子·兼愛下≫
군자가 만일 은혜로운 임금·충성된 신하·자애로운 아비·효성스런 자식·우애 있는 형·공손한 아우가 되게 하기를 원한다면, 마땅히 겸애설을 실천하지 않으면 안 됩니다.

137

崩[붕/bēng]·薨[훙/hōng]·卒[졸/zú]·不祿[불록/bùlù]·死[사/sǐ]·沒[몰/mò]·逝[서/shì]

이 글자들은 모두 '죽다'라는 뜻이 있다. 그러나 각각 미세한 의미 차이가 있다. 예를 들어 고대에서는 신분에 따라 죽음에 대한 호칭이 崩(붕)·薨(훙)·卒·不祿(불록)·死 등으로 다음과 같이 엄격하게 구분되었다.

天子曰崩, 諸侯曰薨, 大夫曰卒, 士曰不祿. ≪公羊傳·隱公3年≫
천자의 죽음은 崩이라 하고, 제후의 죽음은 薨이라 하고, 大夫의 죽음은 卒이라 하고, 선비의 죽음은 不祿이라고 한다.

凡喪, 二品以上稱薨, 五品以上稱卒, 自六品達于庶人稱死. ≪唐書·百官志一≫
무릇 상례에 있어서, 2품관 이상은 薨이라 칭하고, 5품관 이상은 卒이라 칭하고, 6품관에서 평민에 이르기까지는 死라고 칭한다.

'천자의 죽음'을 의미하는 '崩'의 본래 뜻은 '산이 무너지다'라는 뜻인데, 고대에서는 천자의 죽음을 매우 중시하여 '산이 무너지는 것'으로 비유하였다. 周代부터 '崩'은 '천자의 죽음'을 의미하는 뜻으로 사용되었다.

'죽는다'라는 뜻으로 가장 일반적인 말은 '死'일 것이다. '死'는 '生'의 반대말로 사람, 동물, 식물 등에 모두 사용된다.

入則無法家拂士, 出則無敵國外患者, 國恒亡. 然後知生於憂患, 而死於安樂也. ≪孟子·告子下≫

나라 안에는 법도가 되는 가문과 임금을 잘 보필하는 선비가 없고, 나라 밖에는 대적할 만한 국가와 外患이 없다면, 그런 나라는 항상 망했다. 그렇게 된 후에야 우환 속에서는 살아남고 안락 속에서는 죽는다는 것을 알게 된다.

南方有鳥焉, 名曰蒙鳩, 以羽爲巢, 而編之以髮, 繫之葦苕, 風至苕折, 卵破子死, 巢非不完也, 所繫者然也. ≪荀子·勸學≫

남쪽에 새가 있는데, 이름이 '몽구'라고 한다. 깃털로 집을 만들고 머리카락으로 새집을 엮어, 갈대의 이삭에 매달아 놓는다. 바람이 불면 갈대의 이삭은 꺾이고, 알은 깨어지고 새끼는 죽는다. 새집은 완전하지 않은 것은 아니지만, (새집을) 매달아두는 곳 때문에 이렇게 되는 것이다.

◆苕(초): 갈대 이삭.

또 '죽음'에 대한 여러 가지 완곡한 표현이 있다. '沒'은 원래 '물에 빠지다'라는 뜻이다. 후에 '沒'자는 단독으로 사용하여 '물속으로 사라지는 것처럼, 인간세상에서 사라지는 것'을 비유하여 쓰게 되었고, '歿'이라고도 쓴다.

其身未歿, 諸侯倍叛, 法令不行. 司馬遷, ≪史記·秦始皇本紀≫

그들이 아직 죽지도 않았는데, 제후들이 배반하여, 법령은 시행되지 않았다.

'逝'의 본래 뜻은 '간다(往也)'이다. 여기에서 '세상과 영원히 이별하여 간다'로 인신되어 '逝'가 '죽음'을 의미하게 되었다.

徐·陳·應·劉, 一時俱逝. 曹丕, 〈與吳質書〉

徐幹·陳琳·應瑒·劉楨이 모두 거의 동시에 죽었다.

◆徐幹(서간)·陳琳(진림)·應瑒(응창)·劉楨(유정)은 모두 건안칠자(建安七子)에 속하는 사람들이다.

138 備[비/bèi]·完[완/wán]·全[전/quán]

이 글자들은 모두 '갖추다'라는 뜻을 가지고 있다. 그렇지만 각각 강조하는 측면이 다르다. '完'은 '사물의 온전함'을 강조하고, '備'는 '사물의 수량'을 강조하고, '全'은 이 모두를 말할 수 있다.

有孫母未去, 出入無完裙. 杜甫, 〈石壕吏〉
손자가 있어 그 어미 아직 떠나지 못하고, 출입할 때 입을 온전한 치마도 없다오.

此則岳陽樓之大觀也, 前人之述備矣. 范仲淹, 〈岳陽樓記〉
이것이 바로 악양루의 큰 볼거리이니, 이전 사람들의 기술에서 빠짐이 없다(이전 사람들이 이 장관에 대하여 모두 기술하였다).

吾不能擧全吳之地, 十萬之衆, 受制于人. ≪三国志 · 蜀志 · 諸葛亮傳≫
나는 모든 오나라 땅과 십만 대군이 제압당하게 할 수 없다.

全石以爲底. 柳宗元, 〈小石潭記〉
한 덩어리로 된 큰 바위가 못 바닥을 이루고 있다.

'完'과 '全'의 차이점은 다음과 같다. '完'은 이미 파손된 물건에 대하여 '수선하는 것'이고, 그 대상은 건축물에 관계된 것이 많다. '全'은 잘 보관하여 손상되지 않도록 하는 것을 말한다. 그 대상은 수선이 필요한 것이 아니라 그대로 보전해야 하는 물건이다.

父母使舜完廩, 捐階, 瞽瞍焚廩. ≪孟子·萬章上≫
순의 부모는 순으로 하여금 곳집을 수리하라 하고, 사다리를 치우고, 아버지인 고수는 곳집에 불을 질렀습니다.

大叔完聚, 繕甲兵, 具卒乘, 將襲鄭. ≪左傳·隱公元年≫
대숙은 (성벽을) 수리하고 (군량을) 모으며, 갑옷과 무기를 수선하고, 병사와 전차를 갖추어, 정나라를 습격하려고 하였다.

臣本布衣, 躬耕南陽, 苟全性命於亂世, 不求聞達於諸侯. 諸葛亮, 〈出師表〉
신은 본래 평민으로, 남양에서 직접 밭을 갈며, 난세에 구차하게 생명을 보전하면서, 제후에게 나아가 명성이나 벼슬을 구하지 않았습니다.

孫子曰: 夫用兵之法, 全國爲上, 破國次之. 孫武, ≪孫子兵法·謀攻≫
손자가 말하기를 "무릇 군사를 운용하는 방법은 나라를 보전하는 것이 최상이고, 나라를 깨뜨리는 것이 차선이다."라고 하였다.

대략 '完'과 '全'의 차이가 분명한 것 같지만, 다음과 같은 예문은 '完'이 '全'처럼 사용되었다.

子胥智而不能完吳. 司馬遷, ≪史記·范雎蔡澤列傳≫
자서는 지혜로웠으나 오나라를 온전하게 지키지 못하였다.

'備'는 '준비하다'와 '방비하다'라는 뜻을 나타내는데, 부사로 사용될 경우는 '모두' '전부'라는 뜻을 나타낸다.

彊本而節用, 則天不能貧, 養備而動時, 則不能病. ≪荀子·天論≫
농업에 힘쓰면서 씀씀이를 절약하면 하늘은 사람을 가난하게 할 수 없고, 양식을 준비하고 때에 맞게 움직이면 하늘은 사람을 병들게 할 수도 없다.

所以遣將守關者, 備他盜之出入與非常也. 司馬遷, ≪史記 · 項羽本紀≫
군대를 보내 '함곡관'을 지키는 까닭은 다른 도둑들이 출입하는 것과 비상시를 방비하는 것이다.

晉侯在外, 十九年矣, 而果得晉國. 險阻艱難, 備嘗之矣. ≪左傳·僖公28年≫
晉나라 文公은 국외에 19년 동안이나 망명하였으나, 결국 진나라를 얻었다. (문공은) 온갖 험난함과 어려움을 모두 맛보았다.

139
卑[비/bēi]·賤[천/jiàn]·鄙[비/bǐ]

이 글자들은 모두 '경시하다', '업신여기다'는 뜻을 가지고 있으나, 각각 의미상 차이가 있다.

'卑'는 ≪說文解字≫에 의하면 "賤하다. 일을 직접 행하다.(賤也, 執事也)"라는 뜻이라고 한다. 그 자형 구조는 '𠂇(왼손)와 甲(갑옷)'으로 구성되어 있으므로, 이로부터 '왼손으로 갑옷을 들고 있는 신분이 낮은 사람'이라는 뜻이 본의일 것이다. '신분이 낮은 사람'에서 '사람을 낮추어 보다'로 의미가 인신되어 '업신여기다'라는 뜻으로 사용하게 되었다. 이 때 '卑'와 상대되는 말로 '尊'이 사용된다.

然後卑事夫差, 宦士三百人於吳, 其身親爲夫差前馬. ≪國語·越語≫
그렇게 한 후에 저는(句踐은) 신분을 낮추어 부차를 섬기고, 士人 300명을 오나라에 보내어 신하나 노복이 되게 하고, 저 스스로 부차의 前馬가 되고자 합니다.
◆前馬: 말을 앞에서 인도하는 관리.

吏之所卑, 法之所尊也. 晁錯, 〈論貴粟疏〉
관리가 업신여기는 사람(농민)이 오히려 법이 공경하는 사람이네.

'卑'는 '지위'나 '지형'이 낮은 것을 나타내기도 한다. 이때의 반대말은 '高'가 된다.

位卑則足羞, 官盛則近諛. 韓愈, 〈師說〉
스승의 지위가 낮으면 (그에게 배우는 것을) 부끄러운 일이라 여기고, 스승의 벼슬이 높으면 (그에게 배우는 것을) 아첨에 가깝다고 한다.

'賤'은 ≪說文解字≫에 의하면 "가격이 싸다.(賈少也.)"라는 뜻이라고 한다. '賤'의 本義는 '가격이 싸다'인데, 인신하여 '지위가 낮다'라는 뜻이 되었다. 이 때 '賤'과 상대되는 말로 '貴'가 사용된다.

> 糴甚貴, 傷民; 甚賤, 傷農. 民傷, 則離散; 農傷, 則國貧也. 班固, ≪前漢書·食貨志≫
> 쌀을 너무 비싸게 사들이면 백성을 해치게 되고, 너무 싸게 사들이면 농민을 해치게 된다. 백성이 손해 보면 떠나고, 농민이 손해 보면 (농업생산이 잘 되지 않아) 나라가 가난해진다.

> 是故無貴無賤, 無長無少, 道之所存, 師之所存也. 韓愈, 〈師說〉
> 이런 까닭에 신분의 귀천에 상관없이, 나이가 많고 적음에 상관없이, 도가 있는 곳이 바로 스승이 있는 곳이다.

'卑'와 '賤'을 비교하면, 사람에게 사용할 경우, '卑'는 주로 '사회적 지위가 낮음'을 나타내고, '賤'은 '사회적 지위가 낮음'을 나타낼 뿐만 아니라, '품질이 나쁘다' 또는 '인품이 좋지 않다'라는 뜻도 나타낸다. '賤'은 품질이나 인품이 좋지 않고, 사회적 지위가 낮으니 당연히 업신여길 수밖에 없을 것이다. 그래서 '賤'에는 '경시하다' '천히 여기다' 등의 뜻이 파생되었으며, '사람'이나 '물건'에 모두 다 사용할 수 있다.

> 有賤丈夫焉, 必求龍斷而登之, 以左右望, 而罔市利. ≪孟子·公孫丑下≫
> 한 부도덕한 사나이가 있는데, 그는 반드시 깎아 세운 듯이 높은 언덕을 찾아 그곳에 올라가서, 좌우를 살펴보고 시장의 이익을 그물질해갔다.

> 左右以君賤之也, 食以草具. 劉向, ≪戰國策·齊策4≫
> 측근들은 맹상군이 그를 업신여기사 염한 음식을 내집하였다.

> 是故明君貴五穀而賤金玉. 晁错, ≪論貴粟疏≫
> 이 때문에 현명한 임금은 오곡을 귀하게 여기고, 금과 옥을 가볍게 여긴다.

≪說文解字≫의 '鄙'자 아래에 있는 段玉裁의 注를 보면, "춘추 경전에서 '鄙'字는 대부분 '변방(邊)'이라 해석하는데, 그 이유는 아마도 周禮에서 '都鄙(王畿내의 채읍)'는 '國'에서 五百里 떨어져 있으며 '王畿'의 변방에 있기 때문일 것이다. 그래서 '鄙'를 '邊'이라 해석할 수 있으며,

또 인신되어 '경솔하고 천박함'을 말한다(春秋經傳鄙字多訓爲邊者, 蓋周禮都鄙距國五百里, 在王畿之邊, 故鄙可釋爲邊, 又引伸爲輕薄之偁.)"라고 한다. '鄙'는 '경솔하고 천박하다'라는 뜻에서 다시 의미가 인신되어, '업신여기다'라는 뜻으로 사용된다.

其鄕人曰: "肉食者謀之, 又何間焉?" 劌曰: "肉食者鄙, 未能遠謀." ≪左傳·莊公10年≫
그의 고향 사람이 말하기를 "고기를 먹는 높은 관직을 가진 사람들이 도모할 것인데, 또 무엇 때문에 끼어들려 하오?" 조귀가 말하기를 "고기를 먹는 높은 관직을 가진 사람들은 식견이 낮아 원대한 생각을 할 수 없소" 하였다.

子曰: "吾有知乎哉? 無知也. 有鄙夫問於我, 空空如也, 我叩其兩端而竭焉." ≪論語·子罕≫
공자께서 "내가 아는 것이 있는가? 아는 것은 없지만, 식견이 짧은 사람이 나에게 물어올 때, 그의 태도가 성실하다면, 나는 이쪽 끝에서 저쪽 끝까지 들추어 내어 가르쳐 줄 것이다."라고 말씀하셨다.

過我而不假道, 鄙我也. 鄙我, 亡也. ≪左傳·宣公14年≫
우리나라를 지나가면서 길을 빈다는 인사를 하지 않은 것은, 우리나라를 깔보는 것이다. 우리나라를 깔보는 것은 (우리나라를) 멸망한 (나라로 보는) 것과 같다.

140 賓[빈/bīn]·客[객/kè]

두 글자는 모두 '손님'이란 뜻이 있지만, 약간의 차이가 있다. ≪說文解字≫에 의하면 "賓은 공경 받는 것이다(賓, 所敬也.)"라고 하였고, "客은 임시로 얹혀살다(客, 寄也.)"라고 한다.

'賓'의 本義는 '공경 받는 사람'이니, 곧 '귀빈'이다.

臼季使過冀, 見冀缺耨, 其妻饁之, 敬, 相待如賓. ≪左傳·僖公

33年≫
(晋나라의) 구계가 사자가 되어 冀 지방을 지날 때, 기결이 김을 매고 그 아내가 밭으로 밥을 내오는 것을 보니, 귀한 손님을 대하는 것처럼 서로 공경하였다.

出門如見大賓, 使民如承大祭. ≪論語·顔淵≫
집 대문을 나서서는 공경하는 귀빈을 뵙듯이 하고, 백성에게 일을 시킬 때에는 큰 제사를 모시듯 하여라.

'客'은 '일반적인 손님'을 가리키는 경우가 많으며, 지위고하를 구분하지 않는다.

大夫士相見, 雖貴賤不敵, 主人敬客, 則先拜客; 客敬主人, 則先拜主人. ≪禮記·曲禮下≫
대부와 士가 서로 만날 때에는, 비록 귀하고 천함이 대등하지 않더라도, 주인이 손님을 공경하면 주인이 먼저 손님에게 절하고, 손님이 주인을 공경하면 손님이 먼저 주인에게 절한다.

季氏飮大夫酒, 臧紇爲客. ≪左傳·襄公23年≫
계씨는 대부들을 초대하여 술을 마시게 하면서, 장흘을 主賓으로 삼았다.
◆두예의 주에는 "주빈으로 삼은 것이다.(爲上客)"이라고 했다.

또 '客'은 또 '門客', '食客', '외부에서 온 사람', 등을 의미한다.

諸侯以公子賢多客, 不敢加兵謀魏十餘年. 司馬遷, ≪史記·信陵君傳≫
제후들은 공자가 현명하고 식객도 많아서, 십여 년 동안 감히 병사를 보내 魏나라를 치려는 계획을 도모하지 못했다.

臣聞吏議逐客, 竊以爲過矣. 李斯, 〈逐客書〉
신이 들으니, 관리들이 외부에서 온 고위관리를 내쫓으려고 한다는데, 저는 이렇게 하는 것은 잘못이라고 생각합니다.

'賓'은 동사로 사용되면 '복종하다' 또는 '귀빈의 예로 대하다'라는 뜻이 있고, '客'은 동사로 사용되면 '손님으로 대하다'라는 뜻이 있다.

諸侯咸來賓從. 司馬遷, ≪史記·五帝本紀≫

제후들이 다 와서 복종하였다.

賓於四門, 四門穆穆. ≪尙書·舜典≫
그는 明堂의 네 개 문에서 사방에서 오는 제후들을 귀빈의 예로 대하니, 사방에서 오는 제후들도 신중하게 행동하고 그를 공경하였다.
◆明堂: 고대에 제왕이 의식 등의 행사를 거행하던 곳.

於是乘其車, 揭其劍, 過其友曰: "孟嘗君客我." 劉向, ≪戰國策·齊策4≫
그래서 그는 수레를 타고 자기의 검을 들고, 그의 친구들 옆을 지나가면서 "맹상군이 나를 食客으로 대우를 해주었네."라고 하였다.

141 貧[빈/pín]·窮[궁/qióng]·困[곤/kùn]

이 글자들은 모두 '가난하다'라는 뜻을 가지고 있다. 그러나 이런 뜻은 나중에 생긴 뜻이고, 고대에서는 완전히 다른 뜻이었다.

'貧'은 '재물이 적다'라는 뜻으로 반대말은 '富'이다.

强本而節用, 則天不能貧. ≪荀子·天論≫
근본인 농사에 힘쓰고 쓰는 것을 절약하면, 하늘도 사람을 가난하게 할 수 없다.

'窮'은 '형편이나 처지가 좋지 않다' 또는 '지위에 오르지 못함'을 의미하며, '窮'의 반대말은 '通'과 '達'이다. 과거 봉건사회에서는 먹고 마실 것이 있어도 지위가 높고 귀하지 못한 것을 '窮'이라 하였다.

窮不失義, 達不離道. ≪孟子·盡心上≫
처지가 좋지 않더라도 의로움 잃지 말고, 지위가 높게 되더라도 정도를 벗어나지 않는다.

'困'은 어떤 사물에 포위되거나 어려운 환경에 빠져 탈출할 도리가 없는 것을 가리키며, 또 이 때문에 '괴로워하는 것'을 말한다. 여기에서 아마도 '가난하다'라는 의미가 파생된 것 같다.

困獸猶鬪, 況國相乎? ≪左傳·宣公12年≫
곤경에 빠진 짐승도 죽을힘을 다해 싸우는데, 하물며 한 나라의 재상임은 어떻겠는가?

君子之學, 非爲通也, 爲窮而不困, 憂而意不衰也, 知禍福終始而心不惑也. ≪荀子·宥坐≫
군자가 학문을 하는 것은 영달을 위한 것이 아니고, 어려운 처지에서도 괴로워하지 않고, 근심이 있다하더라도 의지가 꺾이지 않으며, 禍福의 시작과 끝을 알아 마음이 현혹되지 않기 위해서이다.

四海困窮, 天祿永終. ≪論語·堯典≫
온 세상의 백성들이 가난해지면, 하늘이 내린 복도 영원히 끊어질 것이다.

142 憑[빙/píng]·據[거/jù]·依[의/yī]·倚[의/yǐ]

이 글자들은 모두 '기대다', '의지하다'는 뜻을 가지고 있다.

怒髮衝冠, 憑欄處, 瀟瀟雨歇. 岳飛, 〈滿江紅〉
머리카락이 곤두서서 관을 찌를 정도로 격노하여, 난간에 기대서니, 내리던 비가 그치네.

據億丈之城, 臨不測之淵, 以爲固. 賈誼, 〈過秦論〉
억 길이나 되는 높은 성벽에 의지하여, 깊이를 알 수 없는 물을 바라보며, (이를) 견고한 장벽으로 삼았다.

惟極貧無依, 則械繫不稍寬, 爲標準以警其餘. 方苞, 〈獄中雜記〉
오로지 극히 가난하고 의지할 데 없는 사람만 형구를 차고 조금도 늦추어 주지 않고, 오히려 이들을 표본으로 삼아 다른 나머지 죄인들에게 경각심을 갖게 한다.

軻自知事不就, 倚柱而笑, 箕踞以罵. 劉向, ≪戰國策·燕策≫
형가는 일을 이룰 수 없다는 것을 알고, 기둥에 기대어 웃으면서, 두 다릴 뻗고 앉아서 (진왕을) 꾸짖었다.

이 글자들의 차이점은 다음과 같다. '憑'자와 '據'자는 '의지하다'라는 뜻에서 '근거'라는 뜻으로 引伸되었고, '依'와 '倚'는 '기대다'라는 뜻에서 '따르다'라는 뜻으로 인신되었다.

委巷浮說, 不足憑據. 顔師古, 〈封禪儀〉
골목길에 돌아다니는 뜬소문은 근거로 삼기 어렵다.

依乎天理, 批大卻, 導大窾, 因其固然. ≪莊子·養生主≫
자연의 이치에 따라, 고기와 뼈 사이를 밀치고, 뼈마디 사이로 칼을 움직이는데, 이 모두가 소 본연의 모습을 그대로 따라가는 것입니다.

使愼夫人鼓瑟, 上自倚瑟而歌. 司馬遷, ≪史記 · 張釋之馮唐列傳≫
(漢 文帝는) 신부인으로 하여금 비파를 치게 하고, 자신은 비파의 선율에 따라 노래 불렀다.

'憑'자는 고대에서는 '馮'으로 주로 썼으며 '凴'과 '凭'으로도 썼다. 오늘날 중국의 簡體字로는 '凭'으로 쓴다. '凭'자는 몸이 한 쪽으로 기울어져 손이나 팔꿈치로 몸을 지탱하는 것이다. '凭'자의 자형 구조가 '任'과 '几'로 되어 있고, 그 뜻도 '任几' 즉 '몸을 안석에 맡기다'이다. 즉 아래의 '几'(궤)는 고대에 앉았을 때 사용하는 案席으로, 안석을 사용하여 몸을 지탱하는 경우는 '凭'으로만 썼다.

'據'의 본래 뜻은 ≪說文解字≫에 의하면 "지팡이로 짚다(杖持也)"라고 한다.

左手據膝, 右手持頤以聽. 莊周, ≪莊子·雜篇·漁父≫
왼손은 무릎 위에 놓고, 오른손으로는 턱을 괸 채로 듣는다.

援據鞍顧眄, 以示可用. 范燁, ≪後漢書·馬援傳≫
馬援은 말안장을 손으로 짚고 (황제를) 돌아보며 아직 쓸 만함을 보여주었다.

위 예문에서 '據膝'은 '손으로 무릎을 짚은 것'이고, '據鞍'은 '손으로 말안장을 짚고 있는 것'을 말한다. 후에 '憑'자와 '據'자의 위와 같은 구별은 점차 없어졌다. '凭'자와 '據'자는 引伸하여 '의거하다' 또는 '근거'라는 뜻이 생겼다.

'依'의 갑골문 자형은 '사람이 옷 안에 있는 모양'을 그리고 있다. 즉 '依'는 사람이 옷을 입고 있을 때 사람과 옷은 밀착되어 있으며, 사람은 옷에 의지하고 있다. 그래서 '依'자에는 '근접하여 의지하다'라는 뜻이 있다.

> 若交軍于斥澤之中, <u>依</u>水草而背衆樹. 此處斥澤之軍也. 孫武, ≪孫子兵法·行軍≫
> 염분이 많은 습지(斥)나 늪(澤) 가운데에서 교전하게 되면, 수초에 근접하여 숲을 등져야 한다. 이것이 斥澤의 군대를 배치하는 원칙이다.

> 諺所謂輔車相依, 脣亡齒寒者, 其虞虢之謂也. ≪左傳·僖公5年≫
> 속담에 '수레 덧방나무와 수레는 서로 가까이 의지하고, 입술이 없으면 이가 시리다'라는 말이 있는데, 이것은 바로 虞(우) 나라와 虢(괵) 나라의 관계를 말하는 것입니다.

'倚'는 '몸을 ~에 기대다'라는 의미를 나타낸다.

> 其母曰: "女朝出而晚來, 則吾倚門而望; 女暮出而不還, 則吾倚閭而望." ≪戰國策·齊策六≫
> 그(王孫賈)의 어머니가 말하기를 "네가 아침에 나가서 저녁에 돌아올 때는 나는 대문에 기대어 (네가 오는 곳을) 바라본다. 네가 저녁에 나가서 돌아오지 않을 때는 나는 (마을 어귀의) 문에 기대어 (네가 오는 곳을) 바라본다."라고 하였다.

143 寺[사/sì]·廟[묘/miào]·觀[관/guàn]·庵[암/ān]

이 글자들은 모두 '종교 활동을 하는 장소'라는 뜻을 가지고 있다.

그러나 先秦時代에는 뚜렷한 구별이 있었다.

'廟'는 최초에는 宗廟를 가리켰는데 宗廟는 조상들을 받들던 장소이다.

> 因此以見天子至于士, 皆有廟. ≪穀梁傳·僖公15年≫
> 이로 부터 천자에서 士에 이르기까지 모두 廟가 있다는 것을 알 수 있다.

> 然後以六合爲家, 郩函爲宮, 一夫作難而七廟墮, 身死人手, 爲天下笑者, 何也? 司馬遷, ≪史記·秦始皇本紀≫
> 그런 후에 온 천하를 한 집으로 삼고 '효산'과 '함곡관'을 궁전으로 삼았던 것인데, 일개 필부가 난을 일으키자 七廟가 무너지고, 몸은 남의 손에 죽임을 당하여, 천하의 웃음거리가 된 것은 무엇 때문인가?
> ◆六合: 天地四方, 곧 온 천하. 七廟: 秦 孝公에서 진시황까지의 宗廟라고 보기도 하는데 고대 종법제도에서 天子는 七廟가 있었으므로 七廟가 무너진 것은 천하를 잃어버린 것이다.

후에 '廟'는 흔히 '신'이나 '성현'을 모시는 장소를 가리키게 되었다. 예를 들면, '龍王廟', '山神廟', '孔廟(文廟: 공자의 위패를 모신 곳)', '武廟(關帝廟: 關羽를 모신 곳)' 등이 있다.

'寺'의 본래 뜻은 ≪說文解字≫에 의하면 "관청(廷也)"이라는 뜻으로, 본래 종교와는 상관이 없다. 이 때 우리나라 한자음에서는 '시'라고 읽어야 한다. 또 孔穎達은 '寺'를 '九卿이 거주하던 곳'이라고 하였다(≪左傳·隱公7年≫의 "初, 戎朝于周, 發幣于公卿, 凡伯弗賓/처음에 戎이 周나라로 조견하려 왔을 때 公卿에게 폐백을 바쳤으나 범백은 귀빈으로 대우하지 않았다/"이라는 문구 아래의 疏에서 "한나라 이래로 三公이 거주하는 곳을 府라고 하고 九卿이 거주하던 곳을 寺라고 하였다/自漢以來, 三公所居謂之府, 九卿所居謂之寺/"라고 하였다).

또한 관직 중에 '寺人(시인)'이라고 있는데, 이들은 '왕을 곁에서 모시는 관리'로 주로 '내시'가 이 일을 맡았다.

> 齊寺人貂始漏師于多魚. ≪左傳·僖公2年≫

제나라 환관(寺人) 豎貂(수초)가 多魚라는 곳에서 군사기밀을 누설하기 시작하였다.

후에 '寺'가 '관청'이라는 뜻에서 '절'이라는 뜻으로 되었다. 그 유래는 ≪廣韻≫에 따르면, "한나라 때 서역에서 불경을 백마의 등에 지고 들어와서 '홍려시(鴻臚寺: 국빈을 머물게 하는 일을 관장하는 관청)'에 머물러서, '寺'라는 이름을 취하여 '白馬寺'를 처음 만들었다(漢西域白馬駝經來, 初止於鴻臚寺, 遂取寺名, 創置立白馬寺)"고 한다. 그 뒤로 '절'을 '寺(사)'라고 부르게 되었다고 한다.

'觀'은 ≪爾雅·釋宮≫에 따르면 "闕也"라고 하고, ≪說文解字≫에서는 '闕'을 "門觀"이라 하고, 段玉裁는 이에 대해 "여기에서 闕을 門觀이라고 풀이한 것은 門에 두 개의 觀이 있는 것을 闕이라는 것을 말하는 것이다(此云闕門觀也者, 謂門有兩觀者偁闕)"라고 설명하였다. 즉 '觀'은 고대에 궁정의 大門 밖, 양쪽 옆에 관찰하기 위하여 만들어 놓은 고대 건축물인 '망루'를 말한다. 후에는 궁정안의 일반적인 樓臺도 '觀'이라 일컬었다.

昔者, 仲尼與於蠟, 賓事畢, 出遊於觀之上, 喟然而嘆. ≪禮記·禮運≫

이전에 공자가 陪祭官으로 蠟 제사에 참여하여, 일이 끝나고, 나와서 쉬러 觀 위로 올라가서, 한숨을 쉬며 탄식하였다.

◆陪祭官: 제사(祭祀)에서 일을 맡은 집사관(執事官) 이외(以外)의 일반(一般) 제관(祭官).

今臣至, 大王見臣列<u>觀</u>, 禮節甚倨. 司馬遷, ≪史記·廉頗藺相如列傳≫

이제 臣이 (秦나라에) 도착하여, 대왕께서는 臣을 (사신을 접견하는 공식적인 장소인 大殿이 아닌) 일상적인 장소(궁전)에서 접견하시는데, 예절을 너무 소홀히 하십니다.

후에 '觀'은 '도교의 사원'이라는 뜻으로 변하였다. 예를 들면, '白雲觀', '靑龍觀', '興隆觀' 등이 있다.

'庵'은 ≪釋名·釋宮室≫에 따르면 "둥근 초가집(草圓屋謂之庵)"이라고 하고, ≪廣韻≫에서는 "작은 초가집(小草舍也)"이라고 한다.

> 數年, 始克結廬於西峰之左, 名曰復庵. 顧炎武, 〈復庵記〉
> 몇 년 후 비로소 서쪽 봉우리의 왼쪽에 집을 지었는데, '復庵'이라 이름 지었다.

> 軍中大疫, 死者十三四, 規親入菴廬, 巡視將士, 三軍感悅. 范燁, ≪後漢書·皇甫規傳≫
> 군대에 크게 전염병이 돌아, 죽은 자가 열 중 3, 4명이었는데, 황보규가 친히 야전용 초가에 들어가 장졸들을 돌아다니며 보살피니, 三軍이 감격하여 기뻐하였다.

위 예문에서 '庵(암)'이 '廬(오두막집 려)'와 함께 사용되는 것으로 보아, 꼭 '초가집'은 아니더라도 '허름한 집' '임시의 거처'등의 의미로 사용된 것 같다. 특히 '菴廬'는 '초가집'이라는 뜻도 있지만, '군대의 막사'라는 뜻도 있다.

후에 '庵'은 '허름한 거처'라는 뜻에서 '庵子(암자: 작은 절)'라는 뜻으로 변하였고, 이곳에는 일반적으로 여승들이 거주한다. 그러나 다음 예문을 보면 '도사'도 같이 지낸 것 같다.

> 且說水月庵中小女尼女道士等, 初到庵中, 沙彌與道士原系老尼收管, 日間敎他些經懺. ≪紅樓夢·九三≫
> 각설하고, '수월암' 안의 어린 여승과 여자 도사 등, 처음에 암자에 오면, 어린 남자 승과 도사는 본래 나이 든 여승이 맡아 관리하여, 낮에는 그들에게 약간의 經과 懺悔文을 가르쳤다.

또 옛날에는 文人들이 자기의 書齋를 '庵'이라 부르기도 하였는데, 陸游의 '老學庵'이 있다.

144 慍[온/yūn]·怏[앙/yàng]·怒[노/nù]

이 글자들은 모두 '원망하다'라는 뜻을 가지고 있지만, 미세한 차이가 있다. 張順徽의 ≪說文解字約注≫를 보면, "마음에 불평이 있어 안에서 쌓이면 원망이 되고, 바깥으로 표현되면 분노가 된다. '원망'과 '분노'는 사실 서로 원인이 된다. 그래서 경전과 그 해석에서 어떤 때에는 '분노'라고 하고, '원망'이라고 해석하였다(凡心有不平, 蘊於內則爲怨, 發於外則爲怒. 怨與怒實相因, 故經傳慍字, 或釋爲怒, 或釋爲怨耳)"라고 한다는 말을 보면, '원망'과 '분노'의 관계를 쉽게 이해할 수 있다.

'慍'은 '성내다'라는 뜻도 있지만, 불만스럽고 원망도 하지만 겉으로는 별로 화내는 내색을 하지 않는 것을 말한다.

> 子路慍見曰: "君子亦有窮乎?" ≪論語·衛靈公≫
> 자로가 불만을 품고 스승님을 뵙고 말하였다. "군자도 곤궁할 때가 있습니까?"

> 人不知而不慍, 不亦君子乎? ≪論語·學而≫
> 남들이 나를 알아주지 않아도 원망하지 않으면, 이 또한 군자가 아니겠는가?

'怒'는 원망이 쌓여서 겉으로 화를 내는 것을 말한다.

> 昔者共工與顓頊爭爲帝, 怒而觸不周之山. 天柱折, 地維絶, 天傾西北, 故日月星辰移焉. 劉安, ≪淮南子·天文訓≫
> 옛날 '공공'은 '전욱'과 帝位를 다투다가 격노하여 부주산을 들이 받아, 하늘의 기둥은 부러지고 땅을 유지하는 끈이 끊어져, 하늘은 서북쪽으로 기울게 되었고 해와 달과 별도 그 방향으로 옮겨졌다.

> 王授璧, 相如因持璧卻立, 倚柱, 怒髮上衝冠. ≪史記·廉頗藺相如列傳≫
> 왕이 벽옥을 주자 인상여는 벽옥을 받아가지고 서서는 기둥에 의지하였는데 노하여 머리털이 곤두서서 관을 찌르는 것 같았다.

'怏'은 ≪說文解字≫에 의하면 "불만스러워 원망하다(不服懟也)"라는 뜻이다.

> 辛垣衍怏然不悅. 劉向, ≪戰國策·趙策三≫
> 신원연은 매우 불만스럽고 불쾌하였다.

위 예문에서 보듯이 이미 불만스럽고 불쾌했다면 화가 난 것이 아니겠는가? 이처럼 '불만'이 쌓여서 '원망'이 되고, '불만'과 '원망'이 쌓여서 바깥으로 분출되면 '분노'가 되는 것이기 때문에, 이들은 서로 의미상 다른 것 같지만 그 경계가 애매하다고 말할 수 있겠다.

145 辭[사/cí]·謝[사/xiè]·讓[양/ràng]

이 글자들은 모두 '받지 않다(不受)'라는 뜻을 가지고 있지만, 그 의미와 용법이 각각 다르다. '辭'는 '다른 사람이 주는데 스스로 받지 않는 것'을 말하며, '謝'는 '완곡하게 거절하여 받지 않는 것'을 말하고, '讓'은 '다른 사람과 다툼이 없이 받지 않고 양보하는 것'을 말한다.

> 原思爲之宰, 與之粟九百. 辭. ≪論語·雍也≫
> 원사가 공자의 가신이 되어, 공자가 그에게 곡식 900을 주었는데, 거절하며 받지 않았다.

> 子退而休之, 謝醫卻藥, 而進所嗜, 氣全而食美矣, 則夫藥之良者, 可以一飲而效. 蘇軾, 〈蓋公堂記〉
> 당신은 집에 돌아가 쉬면서, 의사와 약을 정중하게 물리치고, 좋아하는 음식을 먹고, 원기가 온전해지고 잘 먹을 수 있을 때, 좋은 약을 마시면 효과를 볼 수 있다.

> 是以君子恭敬撙節退讓以明禮. ≪禮記·曲禮上≫

이 때문에 군자는 공경하고 절도를 지켜 물러나고 양보하여 예의를 밝힌다.

위 예문 ≪禮記·曲禮上≫의 "退讓以明禮"에 대한 孔穎達의 疏를 보면 "마땅히 나아가야 하는데 물러나는 것을 '退'라고 하고, 마땅히 받아야 하는데 물리치는 것을 '讓'이라 한다(應進而遷曰退, 應受而退曰讓)"라고 설명하고 있다. 여기에서 '양보'란 내가 받을 수 있는 것을 받지 않고 남에게 미루어 주는 것이라는 것을 알 수 있다. '讓'은 '받지 않는다'는 뜻보다 '남에게 준다'는 뜻이 강하다.

'辭'는 '거절하다'라는 뜻으로는 일반적으로 뒤에 오는 목적어는 '사물'이며, 목적어가 사람일 경우 '거절하다'라는 뜻이 없고 '작별을 고하다'라는 뜻이 있다.

子發之致命也恭, 其辭賞也固. ≪荀子·强國≫
자발이 명령을 수행한 것은 직분을 다 한 것이나, 임금의 상을 사양한 것은 고집스러운 것이다.

遂辭平原君而去, 終身不復見. 劉向, ≪戰國策·趙策三≫
마침내 평원군에게 작별인사를 하고서 떠난 후, 일생을 마칠 때까지 다시 보지 않았다.

'讓'은 목적어가 사물이든 사람이든 의미 변화가 없다.

堯讓天下於許由. ≪莊子·內篇·逍遙遊≫
요임금이 허유에게 천하를 넘겨주려 하였다.

146 思[사/sī]·想[상/xiǎng]·懷[회/huái]·念[념/niàn]

이 글자들은 모두 '생각'이라는 뜻을 가지고 있다. 사람의 '생각'은 대략 두 가지로 나누어 볼 수 있는데, 하나는 '이미 알고 있는 것'을 바탕으로 해서 '미지의 것'에 대하여 思考하는 것이고, 또 하나는 '이미 알고 있는 것'에 대하여 回想하는 것이다. '思'와 '想'은 전자에 해당되고, '懷'와 '念'은 후자에 해당된다.

'思'는 일반적으로 이미 알고 있는 것을 기초로 하여 사고하는 것을 나타내는데, 간혹 과거의 '회상'을 나타내기도 한다.

> 子曰: "學而不思則罔, 思而不學則殆." ≪論語·爲政≫
> 스승님께서 말씀하셨다. "배우기만 하고 생각하지 않으면 미혹되고, 생각하기만 하고 배우지 않으면 위태롭다.

> 吾嘗終日而思矣, 不如須臾之所學也. ≪荀子·勸學≫
> 나는 일찍이 종일토록 생각만 한 적이 있었는데, 잠시 동안 배운 것만 못하였다.

> 擧頭望明月, 低頭思故鄕. 李白, 〈靜夜思〉
> 머리 들어 밝은 달 바라보고, 고개 숙여 고향을 생각한다.

'想'은 비교적 늦게 사용하기 시작한 글자인데, 전국말기 이후부터 비로소 통용되기 시작하였다. '想'은 ≪說文解字≫에 의하면 "바라며 생각한다(冀思也)"라고 한다. '想'에는 '바람' 즉 어떻게 되기를 바라는 '희망'과 어떻게 되면 좋겠다는 '假說的인 요소'가 있다.

> 有道之主, 因而不爲, 責而不詔, 去想去意, 靜虛以待. ≪呂氏春秋·審分覽≫
> 道를 터득한 군주는 신하에 의지하여 일을 하고 직접 행하지 않으며, 신하에게 책임을 지도록 하면서 명령을 내지 않으며, 상상과 추측을 버리고, 조용히 마음을 비우고 때를 기다린다.

> 余讀孔氏書, 想見其爲人. 司馬遷, ≪史記·孔子世家贊≫
> 나는 공자의 글을 읽고, 그의 사람 됨됨이를 보고 싶었다.

'想'도 '思'처럼 간혹 과거의 '회상'을 나타내기도 하지만, '상상'이라는 요소가 내포되어 있다.

覽物想故國, 十年別荒村. 杜甫, 〈客居〉
주변 경치를 보니 고향 생각이 난다. 황폐해진 고향을 떠난 지 십 년이 되었구나.

'懷'는 처음에는 '품' 또는 '품다'라는 뜻이었다.

子曰: "予之不仁也! 子生三年, 然後免於父母之懷." ≪論語·陽貨≫
스승님께서 말씀하셨다. "宰我는 어질지 못하구나! 자식은 나은 지 3년이 지나야 비로소 부모의 품에서 벗어나는데."

此三子者, 皆布衣之士也, 懷怒未發, 休祲降于天. 劉向, ≪戰國策·魏策四≫
이 세 사람은 모두 벼슬이 없는 선비입니다. 노여움을 가슴에 품고 밖으로 표출하기도 전에 하늘에서 징조를 내려주셨다.
◆休祲(휴침): 休는 좋은 징조, 祲은 나쁜 징조.

段玉裁는 ≪說文解字≫의 '懷, 念思也'에 대하여 "잊지 않고 생각하다(不忘之思也)"라고 풀이하였다. 위에 '懷'가 '품'이라고 사용된 용례와 함께 생각해보면, '懷'는 '마음에 품고 잊지 않고 생각하는 것'을 말한다고 볼 수 있다.

仲可懷也, 人之多言, 亦可畏也. ≪詩經·鄭風≫
그대도 그립지만, 사람들이 말 많은 것도 두렵습니다.

'念'에 대하여 ≪說文解字≫는 "늘 생각하다(常思也)"라고 해석하였고, 劉熙는 ≪釋名·釋言語≫에서 "念은 黏(점, 달라붙다)이다. 감정이 서로 친밀하고 소중히 여겨, 마음이 달라붙어 잊을 수 없다(念, 黏也. 意相親愛, 心黏著不能忘也)"라고 해석하였다. 즉 '念'은 끊임없이 시시각각 반복하여 회상하고 잊지 못하는 것을 말한다.

每念斯恥, 汗未嘗不發背霑衣也. 司馬遷, 〈报任安書〉
매번 이 수모를 생각할 때마다 식은땀이 등에서 나와 옷을 적시지 않은 적이 없었다.
◆霑(점): 젖다. 적시다.

요컨대, '思'는 추리에 중점을 두어 '思考', '思索' 등이라는 말이 있고, '想'은 추리, 상상, 희망 등에 중점을 두어 '空想', '理想', '幻想' 등이라는 말이 있는데 이런 단어에서 '想'은 모두 '思'나 '念'으로 바꿔 쓸 수 없다. '懷'는 지나간 일을 오랫동안 생각한다는 뜻이 있으므로 '懷古', '懷鄕' 등이라는 말이 있다. '念'은 '懷'와 뜻이 매우 비슷하여, 항상 끊임없이 회상한다는 뜻이 있어서 '掛念', '眷念(그리워하다)' 등으로 사용된다.

147 斧[부/fǔ]·斤[근/jīn]·鉞[월/yuè]

이 글자들은 모두 '도끼'라는 뜻을 가지고 있지만, 용도와 형태에 있어서 차이가 있다.

'斧'는 가장 오래된 도구의 하나로서, 그 형태는 오늘날과 크게 다르지 않은데, '곧은 날(나무 손잡이와 같은 방향의 날)'·'두터운 등'·'나무 손잡이'가 있는 것이다. 그러나 초기의 '斧'는 나무 손잡이가 도끼날의 구멍에 끼어 있는 것이 아니고, 줄로 나무 손잡이에 동여매거나 나무 손잡이 사이(안)에 도끼날을 넣고 단단히 묶은 것이었다. '斧'의 용도는 매우 넓었다. 아래 ≪詩經≫의 '斧'는 나무를 베고 벌목하던 도구이고, ≪韓非子≫의 '斧'는 형을 집행하는 도구이다.

伐柯如何, 匪斧不克. ≪詩經·豳風·伐柯≫
도끼자루를 베려면 어떻게 하지? 도끼 아니면 안 되지.

豹自請曰: "臣昔者不知所以治鄴, 今臣得矣, 願請璽, 復以治鄴. 不當, 請伏斧鑕之罪." ≪韓非子·外儲說左下·說四≫
서문표가 자청하여 말하였다. "신이 옛날에는 업 땅을 다스리는 방법을 알지 못하였으나, 이제야 臣이 알게 되었습니다. 청컨대 관인(官印)을 주시어 다시 업 땅을 다스리게 해주십시오. 잘 다스리지 못한다면 극형도 받겠습니다."

◆斧鑕(부질): '도끼'와 '철로 된 바침 대'를 말함. 죄인을 바침 대 위에 놓고 도끼로 그 허리를 친다.

'斤'은 가로날(날의 방향이 나무 손잡이와 十자 형이 되는 날)을 가진 도끼이다. ≪說文解字≫에서는 "斤은 나무를 찍다(斤, 斫木也)"라고 하였고, 徐灝는 ≪說文解字注箋≫에서 "斧와 斤은 같은 물건이나 斤은 斧보다 작다(斧斤同物, 斤小于斧)"고 하였고, 단옥재는 ≪說文解字注≫에서 "무릇 물건을 패는 데 사용하는 것은 모두 '斧'라고 하고, 나무를 패는 '斧'를 '斤'이라고 한다(凡用砍物者皆曰斧, 砍木之斧, 則謂之斤)"고 하였다. 이와 같이 '斧'의 용도는 넓어서 농기구이면서 兵器로서 형구로도 사용되었으나, '斤'은 일반적으로 木工 도구로 사용되었다. 번역에 있어서 '斧'와 '斤' 모두 '도끼'로밖에 말할 수 없으나, 편의상 '斤'은 '자귀'와 모양이 비슷한 '도끼'이므로 편의상 '자귀'로 번역하는 것이 문장을 이해하는 데에 오히려 도움이 될 것 같다.

作亂, 皆執利兵, 無者執斤. ≪左傳·哀公25年≫
난을 일으켰는데 모두 날카로운 병기를 잡았고, 병기가 없는 사람은 자귀를 잡았다.

斧斤以時入山林, 材木不可勝用也. ≪孟子·梁惠王上≫
도끼와 자귀를 가지고 때에 맞추어 산림에 들어가면, 목재는 다 써먹을 수 없을 만큼 많을 것이나.

'鉞'은 고대에는 '戉[월/yuè]'로 썼는데, 도끼의 일종이다. '鉞'은 '斧'와 비슷하지만 '斧'보다 크고 날도 넓고 얇으며 '부채꼴' 모양(弧形)이다. '鉞'은 주로 형을 집행하는 도구로 사용되어, '權威'와 '법'의 상징이 되었다.

大刑用甲兵, 其次用斧鉞, 中刑用刀鋸. ≪國語·魯語上≫
大刑(반란죄)은 군대를 동원하여 토벌하는 것이고, 그 다음으로는 斧鉞을 사용하여 斬刑을 집행하는 것이고, 中刑은 칼과 톱을 사용하여 신체의 일부를 자르는 것이다.

王左杖黃鉞, 右秉白旄以麾. ≪尙書·周書·牧書≫
왕은 왼손에는 누런 큰 도끼를 잡고, 오른 쪽에는 흰 기를 잡고 지휘하였다.

一人冕執鉞, 立于西堂. ≪尙書·周書·顧命≫
한 사람이 면류관을 쓰고 큰 도끼를 잡고 堂의 서쪽에 서 있다.

148 賜[사/cì]·錫[석/xī]·與[여/yǔ]·予[여/yǔ]·獻[헌/xiàn]

이 글자들은 모두 '주다'라는 뜻이 있지만, 누가 누구에게 주는지 그 상황이 다르다. '賜'는 지위나 연배가 높은 사람이 낮은 사람에게 주는 것을 말하고, '與'는 일반적이고 평등한 관계에서 준다는 뜻이다. '獻'은 '賜'와 반대로 지위나 연배가 낮은 사람이 높은 사람에게 주는 것을 말한다. '賜'는 '錫'과 동원사 관계이고, '與'는 '予'와 동원사 관계에 있다.

'賜'와 '獻'을 비교해보면 다음과 같다.

策勳十二轉, 賞賜百千强. 〈木蘭辭〉
공훈으로 열 두 차례나 승급을 기록하였고, 상으로 백 천 가지를 하사하셨네.

獻羔祭韭. ≪詩經·豳風·七月≫
희생 염소 바치고, 부추 나물로 제사 지내네.

'錫'은 ≪說文解字≫에 의하면 "은과 납 사이의 금속(銀鉛之間也)"이라고 해석하고 있으나, 段玉裁는 ≪說文解字注≫에서 "經典에서는 대부분 '錫'을 빌어 '하사하다'라는 뜻으로 사용하였다. '錫予'라는 말은

'하사하다'라는 뜻의 '賜'를 가차한 것이다(經典多叚錫爲賜字. 凡言錫予者, 卽賜之叚借也)"라고 설명하고 있다.

王使榮叔來錫桓公命, 錫者何? 賜也. ≪公羊傳·莊公元年≫
王이 榮叔을 보내서 환공에게 명령을 내렸다. '錫'이란 무엇인가? 賜(하사하는 것)이다.

孝子不匱, 永錫爾類. ≪詩經·大雅·生民之什·旣醉≫
효자가 끊이지 않으니, 영원토록 너희에게 복을 내려주시리.

'與'와 '予'는 '동원사'이므로 같은 의미로 사용되었다.

今謂人曰: "予子冠履, 而斷子之手足, 子爲之乎?" 必不爲. ≪墨子·貴義≫
지금 어떤 사람에게 "그대에게 冠과 신을 줄 것이니, 그대의 손과 발을 자르라고 한다면, 그대는 그것을 하겠는가?"라고 말한다면, 반드시 하지 않을 것이다.

知伯說, 又令人請地於魏. 魏宣子欲勿與, 趙葭諫曰: "彼請地於韓, 韓與之. 今請地於魏, 魏弗與, 則是魏內自强, 而外怒知伯也. 如弗予, 其措兵於魏必矣. 不如予之" ≪韓非子·十過≫
지백은 기뻐하여, 또 사신에게 위나라에 땅을 요구하도록 명령하였다. 위나라 선자는 주지 않으려고 했으나, 조하가 간언하여 "그가 한나라에 땅을 요구하여 한나라가 그에게 땅을 주었습니다. 이제 위나라에 땅을 요구하니 위나라가 주지 않는다면 위나라는 안으로 스스로 강하다고 여기겠지만, 밖으로는 지백을 노하게 할 것입니다. 만일 주지 않는다면 그는 병사를 위나라로 보낼 것이 뻔합니다. 그에게 주는 것만 못합니다."라고 말하였다.

≪韓非子·十過≫의 문장을 보면 모두 '주다'라는 뜻인데, 앞에서는 3번 모두 '與'자를 사용하였고 뒤에서는 2번 모두 '予'자를 사용하였다.

'賜'와 '與'의 의미 차이는 대비되어 사용될 때 더욱 분명히 나타난다.

項王曰 : "壯士! 賜之卮酒." 則與斗卮酒. 噲拜謝, 起, 立而飮之. 項王曰 : "賜之彘肩." 則與一生彘肩. 司馬遷, ≪史記·項羽本紀≫
항왕이 "장사로구다! 그에게 술 한 잔을 내려라"라고 말하자, 즉시 한 말 들이 술을 주었다. 번쾌는 절하여 사례하고 일어나 선 채로 그것을 마셔버렸다. 항왕이 "그에게 돼지 어깻죽지를 내려라"라고 말하자, 즉시 안 익힌 돼지 어깻죽지

하나를 주었다.

항우는 王의 신분으로 번쾌에게 '하사하는 것'이니 항우의 말에는 모두 '賜'자를 사용하였고, 실제로 술과 고기를 주는 것은 그의 부하이었기 때문에 모두 '與'자를 사용하였다.

149 僞[위/wěi]·詐[사/zhà]·欺[기/qī]·騙[편/piàn]

이 글자들은 모두 '속이다'라는 뜻을 가지고 있지만, 의미상 약간의 차이가 있다.

'僞'는 ≪說文解字≫에 의하면 "詐也"라 하고, '詐'는 "欺也"라 하고, '欺'는 "詐欺也"라고 해석하고 있어, 모두 '속이다'라는 뜻으로 의미상 차이를 알 수 없다.

하지만 徐鍇는 ≪說文解字繫傳≫에서 '僞'에 대하여 "사람의 힘이 가해지는 것은 자연 그대로의 참이 아니다. 그러므로 사람의 힘이 가해지는 것이 '僞'이다(人爲之. 非天眞也. 故人爲爲僞是也)"라고 풀이하였다. '僞'의 본래 뜻은 '인위적인 것'을 말하며, 뒤에 引伸되어 '참(자연본연의 것)'이 아닌 '거짓'으로, 다시 '속이다'라는 뜻으로 사용하게 되었다.

> 人之性惡, 其善者僞也. ≪荀子·性惡≫
> 사람의 본성은 악한 것이며, 선한 것은 인위적인 것이다.
>
> 此夫魯國之巧僞人孔丘非邪? ≪莊子·性惡≫
> 이 사람은 노나라의 위선자 공구가 아니냐?

'詐'는 위에서 말한 바와 같이 '僞'나 '欺'와 별 차이가 없어 보인다. 하지만 ≪荀子≫는 다음과 같이 '詐'에 대하여 정의를 내리고 있다.

是謂是非謂非曰直, 竊貨曰盜, 匿行曰詐. ≪荀子·修身≫
옳은 것을 옳다고 하고 그른 것을 그르다고 하는 것을 直이라고 하고, 남의 재물을 훔치는 것을 盜라고 하고, 자신의 행동을 숨기는 것을 詐라고 한다.

久矣哉, 由之行詐也! 無臣而爲有臣, 吾誰欺? 欺天乎? ≪論語·子罕≫
오래 되었구나! 자로가 거짓을 행한 지가! 家臣이 없으면서 家臣이 있는 것으로 하였으니, 내가 누구를 속이겠는가? 하늘을 속이겠는가?

荀子는 '행동을 숨기는 것'을 '詐'라고 정의하고 있고, 그 아래 ≪論語≫에서도 子路가 孔子가 家臣이 없는 것을 숨기는 장면을 묘사하고 있다. 그러나 '詐'는 아래 문장과 같이 '仁義(어질고 의로움)'와 상대되는 말로 사용되고 있다.

秦王懷貪鄙之心, 行自奮之智, 不信功臣, 不親士民, 廢王道而立私愛, 焚文書而酷刑法, 先詐力而後仁義, 以暴虐爲天下始. 司馬遷, ≪史記·秦始皇本紀≫
진시황은 탐욕스럽고 야비한 마음을 품고, 스스로 과대평가한 개인의 지략을 행동으로 옮기고, 공신을 믿지 않고, 선비와 백성을 가까이 하지 않고, 왕도를 버리고 개인적인 권위를 세우고, 서적을 불태우고 형벌을 가혹하게 하여, 속임수와 권세를 먼저 하고 仁義는 뒤로 하고, 포학함이 천하를 다스리는 시작이라 생각하였다.

'欺'는 '남을 속이는 것'을 말하며, 특히 지위가 높은 사람이 대상이 된다. 위에서 예로 들은 ≪論語≫의 "欺天乎?"를 "詐天乎?"로 말할 수는 없다.

天下莫敢欺犯其主. 司馬遷, ≪史記·范雎蔡澤列傳第十九≫
당신은 천하 사람으로 하여금 감히 당신의 군주를 속이고 범하지 못하게 해야 합니다.

王衍之爲人, 容貌言語, 固有以欺世而盜名者. 蘇洵, 〈辨姦論〉
왕연의 사람됨은 용모와 언어에 있어서 진실로 세상 사람들을 속이고 명예를 훔칠만한 점이 있었다.

'騙'은 늦게 생긴 글자이다. ≪集韻≫을 보면, '騙'은 "騗(편)자와 같다(同騗)"라고 하였다. '騗'자를 다시 찾아보면 "말에 뛰어올라 탄다는 뜻이다. '騙'자로 쓰기도 한다(躍而乘馬也. 或作騙)"라고 말하고 있다. 현재 중국에는 '張飛騙馬(장비가 말에 뛰어올라 타다)'라는 말이 있다. '騙'가 '속이다'라는 뜻에 대해서는 明代의 ≪正字通≫에 "요즘 속자로 '誆騙(속이다)'이라는 뜻으로 가차하여 사용한다(今俗借爲誆騙字)"라는 말이 처음 보인다.

150 士[사/shì]·卒[졸/cù]·徒[도/tú]·兵[병/bīng]·甲[갑/jiǎ]·介[개/jiè]

이 글자들은 모두 '군사'라는 뜻을 가지고 있지만, 의미상 많은 차이가 있다.

漢代 高誘의 ≪呂氏春秋·仲秋紀·簡選≫에 있는 "晉文公造五兩之士五乘銳卒千人, 先以接敵, 諸侯莫之能難(진나라 문공은 다섯 가지 재주를 가진 전차병 75명[高誘 注: 兩, 技也. 五技之人, 兵車五乘, 七十五人也]과 정예의 보병 천명을 양성하여, 선봉에서 적과 싸우게 하였는데, 이들을 막을 수 있는 제후가 없었다)"에 대한 注를 보면 "전차위에서 싸우는 병사를 '士'라 하고, 보병을 '卒'이라 한다(在車曰士, 步曰卒)"라고 하였다. 이처럼 본래 '士'는 '전차병'으로, '卒'은 '보병'으로 병과가 다른 군사들이었는데, 후에 '군사'라는 일반적인 뜻으로 사용하게 되었다.

> 將不勝其忿, 而蟻附之, 殺士三分之一, 而城不拔者, 此攻之災. ≪孫子·謀攻≫
> 장군이 자신의 분노를 참지 못하고, 군사들을 개미처럼 적의 성벽을 기어오르

게 하여, 군사 3분의 1을 죽게 하고도, 城을 쳐서 빼앗지 못하니, 이것이 성을 공략함으로 생기는 재앙이다.

比至陳, 車六七百乘騎千餘, 卒數萬人. 司馬遷, ≪史記·陳涉世家≫
陳현에 도달할 때가 되니, 전차 6, 7백대 기병 천여 명 병졸 수만 명이 되었다.

'兵'의 본래 자형은 '두 손으로 도끼(斤)를 들고 있는 모습'으로 본래 뜻은 '兵器'인데, 인신되어 '무기를 잡고 있는 사람' 즉 '병사'라는 뜻으로 사용한다.

墮名城, 殺豪俊, 收天下之兵, 聚之咸陽. 賈誼, 〈過秦論〉
(6국의) 이름 있는 성들을 함락시켰고, (각국의) 호걸과 준재들을 살해하였고, 천하의 무기를 거두어드려, 함양에 모아 놓았다.

'徒'는 ≪說文解字≫에 의하면 본래는 "(마차를 타지 않고) 걸어가다(步行也)"라는 뜻이다. 그런데 후에는 전쟁에서 전차를 타지 않고 그 뒤를 따르던 '보병'이라는 뜻으로 사용되었다.

帥徒以往, 陷西北隅以入. ≪左傳·昭公25年≫
司馬鬷戾(사마종려)가 보병을 이끌고 가서, (계씨 집의) 서북쪽 귀퉁이를 무너뜨리고 들어갔다.

'甲'의 본래 자형은 '가죽으로 된 고대 갑옷의 모양'과 관련이 있다고 하며, '介'의 자형도 '사람이 갑옷을 걸치고 있는 모양'으로 역시 '갑옷'과 관련이 있다. '甲'과 '介'의 本義는 '鎧甲(갑옷)'인데 나중에 引伸되어 '갑옷을 입은 사람' 즉 '군사'라는 뜻으로 사용되었으며, 또한 동사로 사용되어 '갑옷을 입(히)다'라는 뜻으로도 사용되었다.

今戰士還者及關羽水軍精甲萬人. 陳壽, ≪三國志·蜀志·諸葛亮≫
지금 戰士로서 돌아온 자와 관우의 水軍이 정예병으로 만 명이다.

國平養儒俠, 難至用介士, 所利非所用, 所用非所利. 韓非, ≪韓非子·五蠹≫
나라가 평안하면 선비와 협객을 양성하고, 혼란함이 닥치면 갑옷 입은 병사를 쓰게 되니, 이익을 얻고 있는 사람들은 쓸모없고, 쓸모 있는 사람들은 이익을 얻지 못하고 있다.

不介馬而馳之. ≪左傳·成公2年≫
(제나라 임금은) 말에 갑옷을 입히지도 않은 채 (진나라의 軍中으로) 말을 달려 들어갔다.

151
山[산/shān]·**峰**[봉/fēng]·**丘**[구/qiū]·**陵**[릉/líng]·**嶺**[령/lǐng]·**岑**[잠/cén]·**岡**[강/gāng]·**巒**[란/luán]

이 글자들은 모두 '산'이라는 뜻을 가지고 있지만, 각각 의미상 차이가 있다.

≪說文解字≫에 의하면, '山'은 "돌이 있고 높다(有石而高)"라고, '峰'은 "산꼭대기(山耑也)"라고, '丘'는 "흙으로 된 높은 곳이다. 인위적인 것이 아니다(土之高也. 非人所爲也.)"라고 설명하고 있다.

其妻獻疑曰: "以君之力, 曾不能損魁父之丘, 如太形王屋何? 且焉置土石?" ≪列子·湯問≫
그의 처가 의심스러운 점을 아뢰었다. "당신의 힘을 가지고서는 작은 흙 언덕조차도 헐어낼 수가 없는데, 태항산이나 왕옥산 같은 산을 어찌하겠어요? 또 (거기에서 나오는) 그 돌과 흙을 어디에다 두겠어요?"

≪說文解字≫에 의하면, '陵'은 "큰 阜이다(大阜也)"라고 하고 '阜'는 "돌이 없는 산이다(山無石者)"라고 한다. 이 말들을 정리해보면, 결국 '陵'은 '돌이 없는 큰 산'을 말하는 것이다.

至于夏, 水襄陵. 酈道元, ≪水經注·江水≫
여름에 이르면 물이 구릉까지 차오른다.

'嶺'은 ≪說文解字≫에 의하면 "산길(山道也)"이라고 하고, ≪廣韻≫에 의하면 "산비탈(山坡也)"이라고 하고, ≪正字通≫에 의하면 "산의 어깨와 목으로 길이 나있는 곳(山之肩領, 可通道路者)"이라고 한다. 즉 '嶺'은 '재(길이 나 있어서 넘어 다닐 수 있는, 높은 산의 고개)'를 의미한다. 또 '嶺'은 '領(옷깃 령)'과 어원이 같아, 옷의 옷깃처럼 산을 휘돌아 난 산길을 '領(옷깃 령)'이라고 말하기도 한다. 산길은 일반적으로 산등성이에 나 있으므로, 끊임없이 이어진 山脈을 '嶺'이라고 불렀다. 넓은 의미에서는 '嶺'이 바로 산이다.

自嶺外望之, 都無所見. 沈括, ≪夢溪筆談 · 雁蕩山≫
산 고개 밖에서 그것을 바라보면, 모두 보이는 것이 없다.

淸月出嶺光入扉. 韓愈, 〈山石〉
밝은 달이 고개 마루에서 나와 달빛이 사립문 안으로 들어오네.

'岑'은 ≪說文解字≫에 의하면 "산이 작으면서 높은 것(山小而高)"이라고 하였다. 또한 山峰을 가리킨다.

幽谷嶜岑, 夏含霜雪. 張衡, 〈南都賦〉
깊은 산골짜기와 가파른 산봉우리는 여름이지만 서리와 눈을 머금고 있네.

'岡'은 ≪爾雅·釋山≫에 의하면 "산등성이(山脊)"를 말한다.

陟彼高岡, 我馬玄黃. ≪詩經·國風·周南·卷耳≫
저 높은 산등성이에 올라, 내말이 병이 들어 누렇게 되었네.

'巒(란)'은 ≪說文解字≫에 의하면 "산이 작고 뾰족하다(山小而銳)"라고 한다. 또 ≪正字通≫에 의하면 "'연이어져 있는 산'이라고도 한다(一說, 聯山也)"라고 한다.

層巒聳翠, 上出重霄, 飛閣流丹, 下臨無地. 王勃, 〈滕王閣書〉
중첩한 산봉우리들이 비취빛을 띠고 솟아, 높이 하늘을 찌르고, 높은 누각의 단청 빛이 강물에 비춰 붉게 흐르고, 아래로는 바닥이 보이지 않는 깊디깊은 강물에 임해 있다.

152 殺[살/shā]·弑[시/shì]·戕[장/qiāng]·戮[륙(육)/lù]·刺[자/cì]·誅[주/zhū]

이 글자들은 모두 '죽이다'라는 뜻을 가지고 있지만, 의미가 조금씩 다르다. 가장 일반적으로 '죽이다'라는 의미로 사용되는 글자는 '殺'이다. '弑'와 '戕'은 대부분 아랫사람이 윗사람을 죽인다는 의미를 나타내고, '戮'과 '刺'는 대부분 윗사람이 아랫사람을 죽인다는 의미를 나타내며, '誅'는 대부분 죄 있는 사람을 죽일 때 사용한다.

'弑'는 ≪說文解字≫에 의하면 "신하가 군주를 죽이다(臣殺君也)"라는 뜻이며, '戕'은 "빼앗다. 다른 제후국의 신하가 군주를 죽이다(搶也。他國臣來弑君曰戕)"라는 뜻이라고 한다. 즉 '弑'는 신분이 낮은 사람이 신분이 높은 사람을, 신하가 임금을, 아들이 아버지를 죽이는 등 하극상을 자행하는 경우에 일반적으로 사용된다.

萬乘之國弑其君者, 必千乘之家; 千乘之國弑其君者, 必百乘之家. ≪孟子·梁惠王上≫

만승의 수레를 가진 제후국에서 그 군주를 시해하는 자는 틀림없이 천승의 수레를 가진 대부이며, 천승의 수레를 지닌 제후국에서 그 군주를 시해하는 자는 반드시 백승의 수레를 가진 대부일 것이다.

世衰道微, 邪說暴行有作, 臣弑其君者有之, 子弑其父者有之. ≪孟子·滕文公下≫

세상 기울고 도가 미약해져서, 사악한 학설과 포악한 행동이 만들어지니, 신하로서 자기 임금을 죽이는 일이 생기고, 자식이 자기 아버지를 죽이는 일이 생긴다.

‘戕’은 본래 ‘다른 제후국의 신하가 군주를 죽이다’라는 뜻이었으나, 후에 일반적인 ‘죽이다’라는 뜻으로 사용되었다.

邾人戕鄫子於鄫. ≪春秋·宣公十八年≫
주나라 사람이 증 나라에서 증자를 살해하였다.

勢利使人爭, 嗣還自相戕. 曹操, 〈蒿里行〉
세력과 이익이 사람들로 하여금 다투게 하여, 이어 오히려 서로 죽이기 시작하였다.

‘戮’은 ≪說文解字≫에 의하면 “죽이다(殺也)”라 하고, 段玉裁의 ≪說文解字·注≫에 의하면 “아랫사람을 죽이다(殺下曰, 戮也)”라고 한다.

無罪而殺士, 則大夫可以去; 無罪而戮民, 則士可以徙. ≪孟子·離婁下≫
죄가 없는데도 선비를 죽인다면, 대부는 그 나라를 떠나가게 될 것이며, 죄가 없는데도 백성을 살육한다면 선비는 다른 나라로 옮겨가게 될 것이다.

하지만 아래 예문을 보면 ‘범죄자들에게 벌을 주다’ 또는 ‘시체에게 형벌을 주다’ 또는 ‘죽여서 다른 사람들이 보도록 하다’라는 뜻으로 사용되었다.

防淫除邪, 戮之以五刑. ≪荀子·王制≫
음란함을 방지하고 사악함을 없애고, 다섯 가지 형벌로 범죄자들을 처벌한다.

棺椁過度者戮其尸, 罪夫當喪者. ≪韓非子·內儲說上≫
내관과 외곽을 과도하게 한 자는 그 안의 시체를 꺼내 참할 것이고, 상주도 죄를 물어 처벌할 것이다.

禹致群神于會稽山, 防風氏後至, 禹殺而戮之. 司馬遷, ≪史記·孔子世家第十七≫
우가 회계산에서 여러 신을 소집하였는데, 방풍씨가 늦게 도착하자, 우는 그를 죽이고 시체를 다른 사람들이 보도록 내 놓았다.

‘誅’는 ≪說文解字≫에 의하면 본래 “성토하다(討也)”라고 한다.

宰予晝寢. 子曰, 朽木不可雕也. 糞土之牆不可圬也. 於予與何誅. ≪論語·公冶長≫
재여가 낮잠을 자니, 공자가 '썩은 나무는 조각할 수 없고, 썩은 흙으로 된 담은 흙손으로도 어쩔 수 없으니. 재여에게 무엇을 나무라겠는가?

'誅'는 위와 같이 스승이 제자가 잘못한 것을 말로 꾸짖는 것을 말한다. 그러나 段玉裁의 ≪說文解字·注≫에 의하면 '말'뿐만 아니라 "모든 살육과 질책이다(凡殺戮, 糾責皆是)"라고 한다.

周公相武王誅紂, 伐奄三年討其君, 驅飛廉于海隅而戮之. 滅國者五十, 驅虎·豹·犀·象而遠之. 天下大悅. ≪孟子·滕文公下≫
주공은 무왕을 도와 紂를 죽이고, 奄 나라를 정벌한지 3년 만에 엄 나라의 제후들을 죽였으며, 비렴을 바닷가 모퉁이로 몰아내어 처형하였다. 이때 멸망시킨 나라가 50국에 이르렀으며, 호랑이, 표범, 물소, 코끼리 등 맹수를 멀리 몰아내어, 천하가 크게 기뻐하였다.

위 예문에서 '誅'는 '죽이다'라는 뜻으로 사용되었으며, 특히 공자가 그의 제자 재여의 잘못을 꾸짖듯이, 周公이 紂의 잘못을 꾸짖고 심판하는 의미에서 죽인다는 의미를 내포하고 있다. 특히 아래 예문을 보면 '벌하여 죽인다'는 '誅'와 '아랫사람이 윗사람을 죽인다'는 '弑'가 잘 대비되어 있다.

聞誅一夫紂矣, 未聞弑君也. ≪孟子·梁惠王下≫
필부 紂를 죽였다는 말을 들었지만, 임금을 시해했다(하극상이라)는 말을 듣지 못했다.

'刺'는 ≪說文解字≫에 의하면 "군주가 대부를 죽이다. 찌르다(君殺大夫曰刺. 刺, 直傷也)"라고 한다.

丁未, 入绛, 即位于武宫, 戊申, 刺懷公于高梁. ≪國語·晉語四≫
(重耳는) 丁未日에 수도 絳城으로 들어가, 진무공 묘에서 (군주로) 즉위하고, 戊申日에 고량에서 회공을 죽였다.

是何異于刺人而殺之, 曰: "非我也, 兵也." ≪孟子·梁惠王上≫

이것은 사람을 찔러 죽이고 "내가 한 짓이 아니고 병기가 한 짓이오."라고 말하는 것과 무엇이 다르겠는가?

153 商[상/shāng]·賈[고/gǔ]

이 글자들은 모두 '상인'이라는 뜻을 가지고 있지만, 의미상 차이가 있다. 段玉裁의 ≪說文解字·注≫에 의하면 "넓게 말하면 '商'과 '賈'는 바꿔 말할 수 있다. 세밀하게 말하면 '돌아다니며 물건을 파는 것'을 '商'이라 한다(渾言之, 則商賈可互偁. 析言之, 則行賈曰商)"고 하였다. 또 ≪說文解字≫에 의하면 '賈'는 "'팔다'라는 뜻이다.……또한 앉아서 파는 것을 말한다(市也.……一曰, 坐賣售也)"라고 하였다. 또 ≪周禮·天官·大宰≫에 "여섯 번째로 商과 賈인데 물건을 풍부히 하고 잘 통하게 한다(六曰商賈, 阜通貨賄)"라는 문구가 있는데, 鄭玄이 주를 달아 "돌아다니면 물건을 파는 것을 商이라 하고, 한 곳 거주하며 파는 것을 賈라 한다(行曰商, 處曰賈)"고 풀이하였다.

> 鄭商人弦高將市於周, 遇之. ≪左傳·僖公33年≫
> 정나라 商人 현고가 주나라에 가서 장사를 하려다가 (도중에 秦나라 군사를) 만났다.

> 賈人夏則資皮, 冬則資絺, 旱則資舟, 水則資車, 以待乏也. ≪國語·越語一≫
> 장사하는 사람은 여름에는 가죽제품을 비축해두고, 겨울에는 삼베제품을 비축해두고, 가뭄 때에는 배를 사두고, 홍수 때에는 수레를 사두고, 부족할 것에 대비한다.

위 예문에서 鄭나라 商人 현고가 周나라로 가서 장사하려하는 것으로 '商'이 돌아다니며 물건을 파는 것이라는 것을 알 수 있다. '賈人'은 한 곳에서 장사하므로 물건을 사서 비축해둘 수 있다.

그러나 漢 나라 때에 이르러서는 '商'과 '賈'의 구분이 모호하게 되었다.

> 豪吏富商積貨儲物以待其急, 輕賈姦吏收賤以取貴. 桓寬, ≪鹽鐵論·本議第一≫
> 권세가 있는 관리와 부자 상인들은 물건을 쌓아두고 물건이 급할 때를 기다리고, 간악한 상인과 탐관오리들은 싸게 사서 비싸게 판다.

'賈'는 '파는 것'을 나타낼 수 있고, 또 '사는 것'도 나타낼 수 있으며, 賣買행위를 하는 것을 나타낼 수도 있다.

> 旣阻我德, 賈用不售. ≪詩經·國風·邶風·谷風≫
> 내 호의를 거절하니, 팔리지 않는 물건과도 같은 신세로다.

> 欲勇者, 賈余餘勇! ≪左傳·成公2年≫
> 용기를 원하는 자는 나에게 남아있는 용기를 사가라!

> 鄙諺曰: "長袖善舞, 多錢善賈." 韓非, ≪韓非子·五蠹≫
> 항간의 속담에 "긴 소맷자락은 춤추기에 좋고, 많은 돈은 장사하기에 좋다"는 말이 있다.

154

生[생/shēng]·活[활/huó]·存[존/cún]

이 글자들은 모두 '살아 있다'라는 뜻을 가지고 있지만, 의미상 차이가 있다.

'生'자의 본래 자형은 '땅에서 싹이 나오는 모양'을 하고 있어, '生'에는 '나오다'라는 뜻이 있고, 또 싹이 땅 위로 나와 존재하고 있는 것 자체가 바로 '살아 있는 것'이므로 '살다' '삶' 등이라는 뜻도 있고, 또 '애가 나오는 것'에서 '낳다'라는 뜻도 있다.

深山大澤, 實生龍蛇. 彼美, 余懼其生龍蛇以禍女. ≪左傳·襄公21年≫
깊은 산과 연못에서는 실로 용이나 뱀이 나오기 마련이다. 그녀가 아름다우니, 나는 그녀가 용이나 뱀 같은 아이를 낳아 너희들에게 화를 끼칠까 두렵다.

生亦我所欲, 所欲有甚於生者, 故不爲苟得也. ≪孟子·告子上≫
삶도 내가 바라는 것이지만, 내가 바라는 것에 삶보다 더한 것이 있으니, 구차하게 삶을 구하지는 않겠다.

'活'은 ≪說文解字≫에 의하면 본래 "물 흐르는 소리(水流聲)"이며 발음은 '괄[guō]'이다. 또 段玉裁의 ≪說文解字·注≫에 의하면 '活'은 "인신되어 죽지 않음을 말한다(引伸爲凡不死之稱)"이다. 즉 '活'은 '死'와 반대말이 된다.

河水洋洋, 北流活活. ≪詩經·國風·衛風·碩人≫
강물은 넘실거리며, 북쪽으로 콸콸 흐른다.

于嗟闊兮, 不我活兮. ≪詩經·國風·衛風·擊鼓≫
아 멀리 떨어져 있어, 나를 살려주지 않네.

'活'은 '물이 흐르는 것'처럼 늘 유동적이고 활발하게 움직인다는 뜻을 가지고 있다.

問渠那得淸如許, 爲有源頭活水來. 朱熹, ≪觀書有感≫
연못의 물이 어찌 그리도 맑은가 그에게 물으니, 수원(水源)에서 끊임없이 흘러오는 물이 있기 때문이네.

'存'은 ≪爾雅·釋詁≫에 의하면, "徂와 在는 存이다(徂, 在, 存也)"라고 한다. 즉 '存'은 '在'나 같은 뜻으로, '있다' '존재하다'라는 뜻이다. 존재한다는 것은 죽지 않고, 사라지지 않아야 존재할 수 있으므로, '존재하다'라는 뜻에서 '살아 있다'라는 뜻으로 인신되었다.

順天者存, 逆天者亡. ≪孟子·離婁上≫
하늘에 순응하는 자는 생존하고, 하늘을 거스르는 자는 소멸된다.

또 '存'은 '살아 있다'에서 '살아남아 있게 하다'라는 뜻으로도 사용된다.

龍蛇之蟄, 以存身也. ≪周易·繫辭下≫
용과 뱀은 동면함으로써 자신의 몸을 보존한다.

'存'은 상대되는 말 '亡'과 함께 사용되어 위 예문처럼 '생존'과 '소멸' 또는 아래 예문처럼 '존재하다'와 '사라지다'라는 뜻으로 대비된다.

操則存, 舍則亡, 出入無時, 莫知其鄕. ≪孟子·告子上≫
마음이란 잡으면 남아있고, 놓치면 사라진다. 들어오고 나감이 시도 때도 없어 그 방향을 종잡을 수 없네.

'存'과 '亡'이 함께 사용되기도 하지만, '亡' 대신에 '沒'과 '歿'을 사용하기도 한다.

其存其沒, 家莫聞知. 李華, 〈弔古戰場文〉
그가 살아있는지 그가 죽었는지, 집에선 알 길이 없다.

155 逝[서/shì]·去[거/qù]

이 두 글자는 모두 '가다'라는 뜻을 가지고 있지만, 의미상 차이가 있다.

大江東去, 浪淘盡, 千古風流人物. 蘇軾, 〈赤壁懷古〉
장강은 동으로 흘러가고, 장강의 파도에 천고의 영웅들을 다 쓸어 갔네.

'逝'는 ≪說文解字≫에 의하면 본래 "가다(往也)"라는 뜻이고, '去'는 본래 "사람이 떠나다(人相違也)"라는 뜻으로 의미가 서로 다르다. 그런데 위의 예문은 '逝'와 같은 뜻으로 '가다'라는 뜻으로 사용되었다.

子在川上曰: "逝者如斯夫! 不舍晝夜." ≪論語·子罕≫
스승님께서 냇가에서 말씀하셨다. "(흘러)가는 것이 이와 같도다! 밤낮을 가리지 않고 가는구나.

登斯樓也, 則有去國懷鄕, 憂讒畏譏. 范仲淹, 〈岳陽樓記〉
이 누각에 오르면, 조국을 떠났지만 고향을 생각하고, 비방이 걱정되고 조롱이 두렵다.

逝將去女, 適彼樂土. ≪詩經·國風·魏風·碩鼠≫
이제 너를 떠나, 저 낙토로 가려하네.

'去'는 '就'와 대비하여 함께 사용하면 '버리고 취하다'라는 뜻을 나타내고, '留'나 '住'와 함께 사용이 되면 '떠나감과 머물음' 또는 '生과 死'를 의미한다.

察盛衰之理, 審權勢之宜, 去就有序, 變化有時, 故曠日長久而社稷安矣. 司馬遷, ≪史記·秦始皇本紀≫
성쇠의 이치를 살펴보고, 변화하는 형세가 시의에 맞는지 살피고, 버리고 취하는 선택에 순서가 있고, 변화에는 때가 있어, 오래도록 지속되고도 社稷이 안정되었다.

寓形宇內復幾時, 曷不委心任去留. 陶潛, 〈歸去來辭〉
천지간에 몸담고 있는 것이 얼마나 더 될까? 어찌 자신의 마음대로 가고 머무르고를 하지 않는가?

'去'는 또 '來'와도 대비하여 함께 사용할 수도 있는데, 이때에는 '떠나고 오다'라는 의미를 나타낸다.

去者日以疎, 來者日以親. 〈古詩十九首·十四首〉
떠난 사람은 날이 갈수록 멀어지고, 온 사람은 나날이 친해지는가!

地來而民去, 累多而功少, 雖守者益, 所以守者損, 是以大者之所以反削也. ≪荀子·王制≫

토지를 빼앗아 와도 민중은 떠나고, 번거로운 일이 많으나 이루어 놓은 공적은 적고, 비록 지킬 것(영토)은 불어나지만 지키는 민중은 줄어든다. 이 때문에 大國도 오히려 영토가 줄어들 수 있는 것이다.

156 盟[맹/méng]·誓[서/shì]·約[약/yuē]

이 두 글자는 모두 '약속하다'라는 뜻이 있지만, 의미가 매우 다르다.

'盟'에 대하여 ≪說文解字≫는 "≪周禮≫에서 "제후국 간에 서로 의심스러우면 盟會를 거행한다"라고 한다. 제후들은 두 차례 조회 기간에 한 차례 만나고, 12년에 한 번 盟會를 거행한다. 盟會할 때에는 모두 북쪽을 향해서 하늘의 司愼과 司命 신에게 고한다. 盟은 제사에 사용된 희생을 죽여 피를 마시고, 붉은 소반과 옥으로 만든 제기(敦[대])에 소 귀를 세워 놓는다(≪周禮≫曰 : "國有疑則盟。"諸侯再相與會, 十二歲一盟。北面詔天之司愼司命。盟, 殺牲歃血, 朱盤玉敦, 以立牛耳)"라고 풀이하고 있다. 이로부터 우리는 '盟'이 제후국 간에 의심이 생겨 이를 해소하기 위하여 맹약할 때 거행하는 의식이라는 것을 알 수 있다.

爲檀而盟, 祭以尉首. 司馬遷, ≪史記·陳涉世家≫

단을 만들어 盟會를 거행하며, 尉라는 관직을 가진 관리의 머리를 제물로 제사지낸다.

諸侯恐懼, 會盟而謀弱秦. 賈誼, 〈過秦論〉

제후들은 두려워서 盟會를 거행하여 맹약을 하고, 진나라를 약하게 하기 위하여 모의하였다.

'誓'는 ≪說文解字≫에 의하면 "약속하다(約束也)"라고 한다. 또 段

玉裁의 ≪說文解字·注≫에 의하면 "≪周禮≫에 五戒가 있는데 첫 번째가 誓이며, 군대에 사용된다. 식언하지 않겠다고 자발적으로 밝히는 말을 모두 誓라고 한다. 또한 약속이라는 뜻도 있다(≪周禮≫五戒, 一曰誓. 用之於軍旅. 按凡自表不食言之辭皆曰誓. 亦約束之意也)"라고 한다. 즉 '誓'(맹서)는 군대가 출발하거나 전투를 하기 전에 결의를 다지는 말이다. ≪尙書≫의 <牧誓>, <甘誓> 등등은 모두 군사들을 경계하는 말이다.

> (楚子)曰: "皆乘矣, 左右執兵而下矣." 曰: "聽誓也." ≪左傳·成公16年≫
>
> (楚子가) "모두 수레를 탔다가, 좌우의 병사들은 병기를 잡고 내렸다"라고 말하자, (伯州犁가) "군사들이 전투 전에 결의를 다지는 장수의 말을 들으려 하는 것입니다."라고 하였다.

'誓'는 '전투 전에 결의를 다지는 장수의 말'에서 引伸되어 '꼭 지켜야 할 말이나 규정'으로도 사용되었다.

> 楚公子棄疾出使晉國, 路經鄭國, 對其隨從誓曰: "有犯命者, 君子廢, 小人降!"≪左傳·昭公6年≫
>
> 초나라 공자 棄疾이 진나라로 사신으로 나갈 때, 정나라를 지나가면서, 그 시종에게 "명령을 거스르는 자가 있으면 君子는 그 직위를 파면하고, 평민은 노예로 강등시켜라!"라고 경계의 말을 하였다.

'誓'는 더 의미가 확대되어, 일반적인 맹서 즉 개인적인 자신에 대한 맹서라는 의미로 사용하게 되었다.

> 郤子登, 婦人笑于房, 獻子怒, 出而誓曰: "所不此報, 無能涉河." ≪左傳·宣公17年≫
>
> 郤克(극극)이 계단으로 오르는데, 부인의 웃음이 방에서 흘러나오자, 극극은 화가 나서, 나오면서 "이 치욕을 갚지 않으면, 황하를 건너갈 수 없다."라고 맹서하였다.

그러나 '盟'과 '誓'의 차이에 대해 ≪禮記≫에서는 다음과 같이 정의 내리고 있다.

> 諸侯使大夫問於諸侯曰聘, 約信曰誓, 涖牲曰盟. ≪禮記·檀弓下≫
> 제후가 (자기의) 대부를 시켜 다른 제후를 방문하게 하는 것을 '聘'이라고 하고, 서로 성실히 지키자고 약속하는 것을 '誓'(맹서)라고 하고, 희생에 임하여 맹서하는 것을 '盟'(맹약)이라고 한다.

'盟'과 '誓'의 차이는 '희생'의 유무이다. 註釋에 의하면 '盟'의 의식은 먼저 제단을 쌓아야 하고, '희생'은 신분에 따라 다르다. '희생'을 죽인 후 그 희생의 왼쪽 귀를 잘라 붉은 색 쟁반(朱盤)에 놓고, 그 피는 玉敦(옥대)에 담아 입술에 피를 바르고 맹약하는 글을 읽는다. 의식이 끝나면 제단 아래에 '희생'과 '맹약'을 묻는다. 그것을 '載書'라고 한다. 이때 희생을 제단 아래에 묻고, 희생을 향해 맹서하기 때문에 '涖牲(이생)'이라고 한다. 후에 일정한 의식을 거쳐서 의형제를 맺는 것도 '盟'이라고 하였다. 그래서 盟兄, 盟弟 같은 단어도 있고, 오늘날에는 국가, 계급, 집단 사이의 연합을 同盟, 聯盟이라고 한다.

'約'은 ≪說文解字≫에 의하면 "얽어 묶다(纏束也)"라는 뜻이다. 후에는 다른 사람과 앞으로의 일을 어떻게 할 것인가를 미리 정하여 서로 묶어 두는 것을 즉 '약속'을 의미하게 되었다.

> 約之閣閣, 椓之橐橐. ≪詩經·小雅·鴻雁之什·斯干≫
> 나무판을 꼭꼭 묶고, 탁탁 흙을 친다.

> 臣聞足下約, 先入咸陽者王之. 司馬遷, ≪史記·高祖本紀≫
> 저는 당신이 함양에 먼저 진입하는 사람이 왕이 되기로 약속하였다고 들었습니다.

또 '約'은 '盟'과 함께 사용된 예도 있는데, 그 차이가 분명히 나타난다.

> 獻公曰: "子苟納我, 吾請與子盟." 喜曰: "無所用盟. 請使公子鱄約之." ≪左傳·襄公27年≫

헌공이 "그대가 진실로 나를 받아들이려한다면, 나는 그대와 盟會를 거행하여 맹약하기를 청합니다"라고 하자, 영희(寧喜)는 "맹약까지 할 필요는 없습니다. 公子 鱄에게 약속하게 하십시오"라고 대답하였다.

'約'은 의식을 거행하지 않고 말로만 하는 약속이며, '盟'보다 간단하다는 것을 알 수 있다. 또 '約'과 '誓'는 모두 '약속하다'라는 뜻이지만, '約'이 더 광범위하고 일반적이다. '誓'는 보통 군대 등에서 사용되는 것 이외에 개인의 맹서를 하는 것일 수도 있으나, '約'은 오직 상호간, 쌍방 간에만 할 수 있는 것이다. 이 외에 '誓'의 뜻은 '約'에 비해 무겁다.

157 筮[서/shì]·卜[복/bǔ]·占[점/zhān]

이 글자들은 모두 '점을 치다'라는 의미를 가지고 있지만, 점칠 때 사용하는 매개체나 방법이 다르다.

'筮'는 蓍草(시초)를 사용하여 점괘를 산출한다. '시초'는 다년생 식물로서 한 구루에 여러 줄기가 있다. 점칠 때 시초의 줄기를 오른손과 왼손으로 나누어 잡으면서 생기는 '시초' 개수의 여러 가지 숫자 배열을 가지고 점을 친다. 나중에는 '시초' 대신에 대나무 가시를 사용하였다.

爾卜爾筮, 體無咎言. ≪詩經·衛風·氓≫
그대는 거북점을 치고 시초 점을 쳐보아, 점괘에 나쁘다는 말이 없었네.

≪毛詩正義≫에 위 문장에 대하여 "거북이 배딱지로 점치는 것을 '卜'이라고 하고, 점대로 점치는 것을 '筮'라고 한다(龜曰卜, 蓍曰筮)"라고 설명하고 있다.

'卜'은 일반적으로 거북이 배딱지나 소 견갑골을 사용하며, 불로 지질 때 갈라지는 금을 보고 점치는 방법이다. 이 갈라진 무늬를 '兆'라고 한다. 이들 뼈에는 글을 쓴 것도 있고 쓰지 않은 것도 있다.

> 太保朝至于洛, 卜宅. ≪尙書·周書·召誥≫
> 태보는 아침에 洛땅에 이르러, 살 곳에 대하여 거북점을 쳤다.

> 卜世三十, 卜年七百, 天所命也. ≪左傳·宣公3年≫
> 거북점을 쳤는데 (주나라가) 30대 700년을 간다고 하였으니, 이것은 하늘이 명하신 것이다.

'占'은 ≪爾雅·釋言·疏≫에 의하면 "占이라는 것은 징조를 보고 그 길흉을 아는 것이다(占者, 視兆以知吉凶也)"라고 한다. 그러나 나중에는 갑골이나 시초 등으로 점괘를 묻고 그 결과를 관찰하는 전체 과정을 '占'이라고 하였다.

> 索瓊茅以筳篿兮, 命靈氛爲余占之. 屈原, 〈離騷〉
> 경모 초와 대가지를 찾아와 점을 쳐보자. 영분에게 명하여 날 위해 길흉을 알아보게 하자.
> ◆瓊茅(경모): 신령스러운 풀. 점복에 사용됨. 筳(정): 小竹으로 만든 점가지. 篿(전): 점치는 것. 靈氛(영분): 옛날에 점을 잘 치던 사람이름.

> 召彼故老, 訊之占夢. ≪詩經·小雅·正月≫
> 저 옛날 노인을 불러, 묻고 꿈을 점치는구나.

'占'과 '卜'은 일이 발생하기 전에 점쳐서 예측하는 것이다. 그래서 '占'과 '卜'에는 추측의 의미가 있다.

158
書[서/shū]·寫[사/xiě]

이 두 글자는 모두 '글씨를 쓰다'는 뜻을 가지고 있지만, 의미상 차이가 있다.

'書'는 段玉裁의 ≪說文解字·注≫에 의하면 "죽간이나 비단 위에 쓰는 것을 '書'라 한다(箸於竹帛謂之書)"고 한다.

子張書諸紳. ≪論語·衛靈公≫
자장은 (스승의 말씀을) 허리띠 자락에 적어두었다.

大史書曰: "崔杼弑其君." 崔子殺之. 其弟嗣書而死者, 二人. 其弟又書, 乃舍之. ≪左傳·襄公25年≫
태사가 "최저가 그 임금을 시해하였다"라고 적자, 최무자는 이 사관을 죽였다. 그 동생이 (그런 내용을) 적는 것을 계속하여 죽은 자가 두 명이나 되었다. 나중에 또 다른 그의 동생이 또 그렇게 적으니, 최무자는 이를 내버려 두었다.

'寫'는 ≪說文解字≫에 의하면 본래 "물건을 옮겨 놓다(置物也)"라는 뜻이다.

御食於君, 君賜餘, 器之漑者不寫, 其餘皆寫. ≪禮記·曲禮≫
임금이 식사하는 것을 모실 때, 임금이 남은 음식을 하사하시면, 씻을 수 있는 그릇에 담긴 것은 다른 그릇으로 옮기지 않고, 그 나머지는 다 옮긴다.

段玉裁의 ≪說文解字·注≫에 의하면 "내 생각에는 '쏟아내는 것'을 '寫'라 한다. 그래서 글씨를 쓰고 그림을 그리는 것 모두를 '寫'라고 한다. '瀉'로도 쓰는데 '寫'의 속자이다(按凡傾吐曰寫, 故作字作畫皆曰寫. 俗作瀉者, 寫之俗字)"라고 한다. 段玉裁는 아마도 '쏟아내다'라는 뜻에서 '쓰다'라는 뜻으로 인신되었나고 생각하고 있는 것 같다.

我覯之子, 我心寫兮. ≪詩經·小雅·北山之什·裳裳者華≫
내가 그대를 만나, 내 속마음을 쏟아놓는다.

爲官寫書受直, 以養老母. ≪後漢書 · 班超傳≫
관을 위해서 책을 베껴 쓰고 보수를 받아, 노모를 봉양하고 있습니다.

159 夕[석/xī]·夜[야/yè]

이 두 글자는 다음과 같이 모두 '저녁, 밤'이라는 뜻을 가지고 있지만, 각각 의미상 차이가 있다.

> 今日割五城, 明日割十城, 然後得一夕安寢. 蘇洵, 〈六國論〉
> 오늘 성 5개를 잘라주고, 내일은 성 10개를 잘라주고, 그런 후에야 하루 밤 편안하게 잘 수 있었다.

> 行六十里, 夜至張柴村. 司馬光, ≪資治通鑑·卷二百四十·唐紀五十六·唐憲宗元和十二年≫
> 60리를 걸어, 밤에 장시村에 이르렀다.

'夕'은 ≪正字通≫에는 "해가 막 들어가기 시작할 때이다(日始入時也)"라고 하였다. '夕'과 대응되는 말은 '旦(아침에 해가 뜨는 시간)'이지만, 좀 더 의미를 확대하여 '朝'·'晨'과 대응하여 사용할 수 있다. '夕'은 시간적으로 조금 애매하다. 때로는 해가 졌는데도 달이 아직 뜨지 않은 때일 수 있고, 때로는 해도 아직 지지 않았는데 달이 이미 높이 떠 있을 때일 수도 있다. 그러므로 해가 산으로 들어가기 시작할 때부터 日沒한 뒤까지를 가리킨다.

> 雞棲于桀, 日之夕矣, 羊牛下括. ≪詩經·王風·君子于役≫
> 닭은 횃대로 올라가 앉고, 날은 저물어 소와 양도 내려왔으니.

위의 예문에서 '夕'은 바야흐로 해가 지기 시작했지만 아직 해가 완전히 사라지지 않은 때이다. 그래서 서쪽에 기우는 해를 '夕陽'이라고 한다. 그러나 다음 예문에서 '夕'은 해가 진 이후의 저녁이나 밤을 말한다.

> 今夕何夕, 見此良人. ≪詩經·唐風·綢繆≫

오늘 저녁은 얼마나 좋은 저녁인가, 우리 좋은 임을 만났다네.

'夜'는 ≪說文解字≫에 의하면 "멈추다. 천하가 쉰다.(舍也. 天下休舍)"라고 하고, ≪洪武正韻≫에 의하면 "해가 들어간 것을 '夜'라 하고, '晝'와 상대된다(日入爲夜, 與晝對)"라고 하였다. 또 ≪左傳·莊公七年≫에 "여름 4월 신묘일 밤에 恒星이 보이지 않았다. 밤중에 별이 비 오듯 떨어졌다(夏, 四月辛卯, 夜恒星不見, 夜中, 星隕如雨)"라는 말에 대하여 孔穎達은 疏에 "夜는 해가 질 때부터 뜰 때까지 통틀어서 부르는 말이다(夜者, 自昏至旦之總名.)"라고 하였다.

夙興夜寐, 靡有朝矣. ≪詩經·衛風·氓≫
새벽 일찍 일어나고 밤늦게 자서, 아침이 있는지도 몰랐었네.

'夜'는 위와 같이 '夙'과 함께 사용하여 '夙夜'는 '이른 아침과 늦은 밤'이라는 뜻으로 사용되고, '日'과 함께 사용하여 '日夜'는 '낮과 밤'이라는 뜻으로 사용된다.

또 '夜'는 아래와 같이 중첩해 쓸 수 있는데, 이때는 '매일 밤'의 뜻이다.

雞鳴入機織, 夜夜不得息. 無名氏, 〈孔雀東南飛〉
닭이 울면 베틀에 들어앉아 베를 짜느라, 밤마다 쉴 수도 없었습니다.

160 善[선/shàn]·良[량/liáng]

이 두 글자 모두 '좋다'라는 뜻을 가지고 있지만, 그 의미는 약간 다르다.

'善'은 주로 도덕적으로 훌륭한 것을 말한다.

國君得善人而賞之, 得暴人而罰之也. ≪墨子·尙同下≫

나라의 임금은 선한 사람을 알게 되면 그에게 상을 주고, 포악한 사람을 알게 되면 그에게 벌을 준다.

滕文公爲世子, 將之楚, 過宋而見孟子. 孟子道性善, 言必稱堯舜. ≪孟子·滕文公上≫

등문공이 세자였을 때 초나라로 가는 길에 송나라에 들러서 맹자를 만났다. 맹자는 사람의 본성은 선하다고 말하였는데, 말할 때마다 반드시 요임금과 순임금을 말씀하셨다.

窮則獨善其身, 達則兼善天下. ≪孟子·盡心上≫

처지가 어려울 때에는 스스로 선하게 살 수 있도록 자신만을 수양하고, 지위가 높아지면 천하의 사람들이 모두 선하게 살아갈 수 있도록 한다.

孔子曰: "'見善如不及, 見不善如探湯.' 吾見其人矣, 吾聞其語矣!" ≪論語·季氏≫

공자께서 "'선행을 보면 늘 부족한 것처럼 하고, 좋지 않은 일을 보면 뜨거운 물에 들어가기 전에 손으로 만져보듯이 하라.' 나는 그런 사람을 보았고 나는 그런 말을 들었다."라고 말씀하셨다.

積土成山, 風雨興焉; 積水成淵, 蛟龍生焉; 積善成德, 而神明自得, 聖心備焉. ≪荀子·勸學≫

흙을 쌓아 산을 이루면 그곳에서 비바람이 일어나고, 물을 가두어 못을 이루면 그곳에서 교룡이 생겨난다. (이런 것처럼) 선행을 쌓아 德을 이루면 지혜가 저절로 얻어지고 그곳에서 성인의 마음이 갖추어진다.

위 예문에서 첫 번째와 두 번째는 '선하다'라는 형용사로, 세 번째는 '선하게 살게 하다'로 동사형으로, 네 번째와 다섯 번째는 '선행'으로 명사로 사용되었다.

또 '善'은 마음에 들어 좋은 것을 말하기도 한다.

子貢曰: "有美玉於斯, 韞匵而藏諸? 求善賈而沽諸?" ≪論語·子罕≫

자공이 "아름다운 옥이 여기에 있다면 궤 속에 넣어서 감춰둘 것입니까? 아니면 좋은 값을 쳐서 팔 것입니까?"라고 물었다.

◆韞(온): 감추다. 匵(독): 궤, 상자. 賈를 '고'(장사)로 보는 경우와 '가'(값)로 보는 경우의 해석에 차이가 있다. 값으로 볼 경우 심리적으로 만족하는 값이다.

또 '善'은 정통하고 있음을 나타낸다.

孟子曰: "有人曰: '我善爲陳, 我善爲戰.' 大罪也." ≪孟子·盡心下≫
맹자가 "어떤 사람이 '나는 (싸움에) 陣치기를 잘하고 나는 싸움을 잘 한다'고 말한다면, 이것은 큰 죄이다."라고 하였다.

'良'은 사람의 기술이나 물건의 성능이 '좋다'라는 의미로, 고대에서는 대개 형용사로 사용되었다.

譬之若良醫, 病萬變, 藥亦萬變. ≪呂氏春秋·愼大覽·察今≫
비유하자면 좋은 의사(가 병을 고치는 것)와 같아서, 병이 변하는 대로 약 또한 변해야 한다.

良弓難張, 然可以及高入深; 良馬難乘, 然可以任重致遠. ≪墨子·親士≫
좋은 활은 시위를 당기기가 어려우나, 화살이 높게 날아가 깊게 박히게 할 수 있다. 좋은 말은 타기가 어려우나, 무거운 것을 싣고 멀리 갈 수 있다.

臣曰: '君之楚, 將奚爲北面?' 曰: '吾馬良.' 劉向, ≪戰國策·魏策四≫
臣이(제가) "당신은 초나라로 간다면서, 어찌 북쪽을 향합니까?"라고 말하자, (그 사람은) "내말은 좋은 말입니다."라고 하였습니다.

孟子曰: "存乎人者, 莫良於眸子; 眸子不能掩其惡. ≪孟子·離婁上≫
맹자가 말하였다. "사람에게 존재하는 선악을 살피는 데에는, 눈동자보다 더 좋은 것이 없다. 눈동자는 자기의 악을 숨기지 못한다."
◆漢 趙岐의 注에 "存人은 사람에게 존재하는 善惡이라는 뜻이다."(存人, 存在人之善惡也.)라고 하였다.

위의 예문에서 '良醫'는 실력이 있는 의사이고 '良弓'은 성능이 좋은 활이며, '馬良'은 말이 훌륭해서 잘 달린다는 뜻이다. 또 마지막 예문은 사람의 마음을 살피는 데에는 사람의 눈을 보는 것이 가장 좋다는 뜻으로, 이 모든 예는 道德과는 상관없으므로, '善'을 사용할 수 없다.

'善'의 반대말은 '惡'이며 도덕적인 측면을 말하는 글자이다. 그러나

'良'의 반대말은 뚜렷하지는 않지만 대략 '賤(良工:賤工)', '駑(良馬:駑馬)', '劣(良種:劣種)' 등이 있다.

161 覺[각/jué]·醒[성/xǐng]

이 두 글자는 모두 '깨닫다'라는 뜻을 가지고 있지만, 의미상 차이가 있다.

'覺'은 ≪說文解字≫에 의하면 "깨닫다"(覺, 悟也.)라고 하였으나, 段玉裁의 ≪說文解字·注≫에 의하면 "悟는 다른 판본에 '寤'로 되어있어 지금 바로 잡는다(悟各本作寤. 今正)"라고 하였다. 즉 '寤'는 바로 '잠에서 깨는 것'으로 '寐(잠자다)'와 반대가 된다. '醒'은 ≪說文解字·新附≫에 의하면 "취기가 풀리다(醉解也)"라 한다. 즉 '술에 취한 상태에서 심신이 온전한 상태로 회복하는 것'으로 '醉(취하다)'와 반대가 된다.

晉侯夢大厲, 被髮及地,…… 公覺, 召桑田巫, 巫言如夢. ≪左傳·成公10年≫

晉侯(景公)가 꿈을 꾸었는데 厲鬼가 머리를 땅에까지 풀어 헤치고……경공이 꿈에서 깨어나서 桑田의 무당을 불렀는데 무당의 말이 꿈과 같았다.

鐘鼎玉帛不足貴, 但願長醉不願醒. 李白, 〈將進酒〉

훌륭한 음악, 좋은 음식에 옥이나 비단도 귀한 줄 모르겠다. 다만 언제나 취하여 깨지 않기를 바랄 뿐.

屈原曰: "擧世皆濁, 我獨淸; 衆人皆醉, 我獨醒, 是以見放." 屈原, ≪楚辭·漁父≫

굴원이 말하였다. "온 세상이 탁하고 흐린 속에서 나만이 홀로 맑고, 군중들이 모두 취하여 있거늘 나만이 홀로 깨어나 있었기 때문에 추방되었소."

◆'醒'은 술에서 깨는 것에서부터 引伸되어, 뭇사람들이 꿈에서 깨는 것을 비유하고 있다. ≪增韻≫에는 "醒은 꿈에서 깨는 것이다.(醒, 夢覺也.)"라고 하였다.

'醒'은 나중에 '술에서 깨어나는 것'에서 引伸되어 '잠에서 깨어나는 것'을 나타내게 되었다.

朝曦入牖來, 鳥喚昏不醒. 韓愈, 〈東都遇春〉
아침 햇살이 창으로 들어오고, 새가 우는데 혼미하여 깨지 못하네.

'醒'이 '잠에서 깨어나다'라는 뜻으로 '覺'을 대신하게 된 후에, '覺'은 주로 迷惑으로부터 깨어나는 것 즉 '깨닫다'라는 의미로 사용되었고, 또 다시 引伸되어 '감각을 느끼다', '알아차리다' 등의 뜻으로 사용하게 되었다.

然, 往來視之, 覺無異能者, 益習其聲. 柳宗元, 〈三戒·黔之驢〉
그러나 왔다 갔다 하면서 당나귀를 살펴보고, 당나귀가 특별한 능력이 없음을 깨달았고, 그 소리도 더욱 익숙해졌다.

如有地動, 尊則振龍, 機發吐丸, 而蟾蜍銜之.……嘗一龍機發而地不覺動. 范燁, ≪後漢書·張衡傳≫
지진이 일어나면, 술동이처럼 생긴 기계가 밖에 있는 용을 움직이고, 기관을 움직이게 하여 용의 입에 물고 있던 동 구슬을 토해내고, 두꺼비가 그것을 삼킨다.……한 번은 일찍이 (용이 8마리 중에) 용 모양의 한 기관이 발동하였으나 (사람들은) 땅이 흔들리는 것을 느끼지 못하였다.

주의할 것은, 고대 전적 가운데 '睡覺'이란 말은 '잠자다'라는 뜻이 아니라 '잠에서 깨어나다'라는 뜻을 나타낸다.

睡覺東窓日已紅. 程顥, 〈秋日偶成〉
잠에서 깨어나니 해가 동창을 이미 붉게 물들이고 있었다.

162 城[성/chéng]·郭[곽/guō]

이 두 글자는 모두 '城'이라는 뜻을 가지고 있지만, 의미상 약간 다르다.

고대의 城은 일반적으로 겹으로 쌓았는데, '城'은 '內城'을 뜻하고 '郭'은 '外城'을 뜻한다.

> 三里之城, 七里之郭, 環而攻之而不勝. ≪孟子·公孫丑下≫
> 3리가 되는 城과 7리가 되는 郭을 에워싸고 공격하여도 이기지 못한다.

> 內爲之城, 城外爲之郭. ≪管子·度地≫
> 안에는 城을 쌓고, 밖에는 郭을 쌓는다.

> 鯤築城以衛君, 造郭以守民, 此城郭之始也. 趙曄, ≪吳越春秋≫
> 곤은 성을 쌓아 임금을 지키고, 곽을 지어 백성을 지켰다. 이것이 성곽의 시초이다.

위 예문 중에서 마지막 예문을 보면 '城'과 '郭'에 사는 사람들의 신분에 차이가 있었다는 것을 알 수 있다.

또 '城'이 동사로 사용될 때는 '城을 쌓는다(築城)'는 뜻을 나타낸다.

> 天子命我, 城彼朔方. ≪詩經·小雅·鹿鳴之什·出車≫
> 천자께서는 나에게 명령하시어, 저 삭방에 성을 쌓도록 하셨네.
> ◆朔方(삭방): 地名.

또 '城'은 성으로 둘러싸여 있는 성 안쪽 지역을 나타낸다. 물론 城이란 말 자체에 곧 '城邑'이란 의미도 포함되어 있다.

> 秦昭王聞之, 使人遺趙王書, 願以十五城請易璧. 司馬遷, ≪史記·廉頗藺相如列傳≫
> 진나라 소왕이 그 소식을 듣고, 사람을 시켜 조나라 왕에게 서신을 보내, 15개의 성(읍)과 (楚和氏의) 玉을 교환하기를 바란다고 하였다.

일반적으로 '내성'과 '외성'을 구분하지 않고 사용할 때에는 '城'자만을 사용하며, 분명하게 구분할 필요가 있을 때에만 '郭'자를 쓴다. '郭'자는 또 '廓'으로도 쓴다.

食者, 國之寶也; 兵者, 國之爪也; 城者所以自守也. 此三者國之具也. ≪墨子·七患≫
식량은 나라의 보배요. 병기는 나라에 있어서 맹수의 발톱과 같은 것이요. 城은 자기를 지키는 데에 사용된다. 이 세 가지는 나라를 유지시키는 도구이다.

爺孃聞女來, 出郭相扶將. ≪樂府詩集·木蘭詩≫
(목란의) 부모는 딸이 돌아온다는 소식을 듣고, 外城 밖까지 나와 서로 손을 부여잡고 맞이하였다.

(高)瑀召集州民, 繞郭立堤塘一百八十里. 劉煦 등, ≪舊唐書·高瑀傳≫
고우는 州의 민중들을 소집하여서, 外城의 둘레를 따라 180리의 제방을 쌓았다.

두 글자를 결합하여 '城郭(廓)'으로 사용할 때에는 때로는 '城邑'을 가리키고 때로는 '성곽'을 가리킨다.

城郭爲山林, 庭宇生荆艾. 范曄, ≪後漢書·列女傳·董祀妻≫
성읍은 숲이 되었고, 뜰에는 가시나무와 쑥이 무성하였다.

大夫曰: "匈奴無城廓之守." 桓寬, ≪鹽鐵論·論功≫
대부가 "흉노는 성곽의 방비가 없다."고 말하였다.

163
音[음/yīn]·聲[성/shēng]·響[향/xiǎng]·籟[뢰/lài]

이 글자들은 모두 '소리'라는 뜻을 가지고 있지만, 의미상 각각 차이가 있다.

'音'과 '聲'에 대하여 ≪說文解字≫에 의하면 "音은 聲이다. 마음속에서 생겨나와 밖(구강)에서 제약을 받는데, 이를 '音'이라 한다. 궁, 상, 각, 치, 우 각각의 소리는 '聲'이다. 絲, 竹, 金, 石, 匏, 土, 革, 木으로 된 악기에서 나오는 소리는 '音'이다(音, 聲也. 生於心, 有節於外, 謂之音. 宮

商角徵羽, 聲也. 絲竹金石匏土革木, 音也)"라고 하였고, 또 "聲은 音이다(聲, 音也)"라고 하였다. 이에 대하여 段玉裁는 ≪說文解字·注≫에서 ≪樂記≫의 말을 인용하여 "'聲'을 알면서 '音'을 모르는 것은 짐승이다(知聲而不知音者, 禽獸是也)"라고 하였다.

위 내용을 종합하여 생각해보면, '音'과 '聲'은 넓게 말하면 서로 바꿔 사용할 수 있지만, 세밀하게 말하면 '자연의 소리'를 '聲'이라 하고, '인위적으로 조절된 소리'를 '音'이라 할 수 있다.

예를 들어 '音'과 '聲'은 서로 바꿔 사용할 수 있으므로, 宮·商·角·徵·羽는 '五聲'이라 부를 수도 있고 '五音'이라 부를 수도 있다.

> 師曠之聰, 不以六律, 不能正五音. ≪孟子·離婁上≫
> 사광의 예민한 청력으로도 六律을 쓰지 않으면 五音을 바르게 할 수 없다.
> ◆趙岐의 注에 "五音은 궁·상·각·징·우이다.(五音, 宮·商·角·徵·羽.)"라고 하였다.

세밀하게 구분하여 말하면 '聲'은 '자연의 소리'를 말한다.

> 干·越·夷·貉之子, 生而同聲, 長而異俗, 教使之然也. ≪荀子·勸學≫
> 한국·월국·이족·맥족의 아이들이라도 태어나면 똑같은 울음소리를 내지만, 성장하면서 습속이 달라지는데 이것은 교육이 그들을 그렇게 한 것이다.

> 夫目察秋毫之末, 耳不聞雷霆之聲. 劉安, ≪淮南子·俶眞訓≫
> 눈으로는 가을의 짐승 털처럼 매우 가는 것을 세밀히 보면서도, 귀로는 천둥소리처럼 큰 소리도 듣지 못한다.

그러나 다음과 같이 '聲'이 '음악'을 나타내는 경우도 있다.

> 惡紫之奪朱也, 惡鄭聲之亂雅樂也, 惡利口之覆邦家者. ≪論語·陽貨≫
> 간색인 자주 빛이 정색인 붉은 빛을 빼앗는 것을 미워하며, 정나라의 음란한 음악이 雅樂을 문란하게 하는 것을 미워하며, 말재주로 나라를 뒤엎는 것을 미워한다.

그리고 '音'은 '인위적으로 조절된 소리' 즉 '樂音'을 말한다.

情動於中, 故形於聲, 聲成文, 謂之音. ≪禮記·樂記≫
감정이 마음속에서 움직이어, '聲'으로 나타내게 되고, '聲'이 문채를 이루면, 이것을 '音'이라고 한다.

樂者, 通倫理也. 是故知聲而不知音者, 禽獸是也; 知音而不知樂者, 衆庶是也. 惟君子爲能知樂. ≪禮記·樂記≫
'樂'이란 윤리와 통한다. 그러므로 '聲'은 알지만 '音'을 모르는 것은 짐승이 이러하고, '音'은 알지만 '樂'을 알지 못하는 것은 뭇 서민이 이러하다. 오로지 군자만이 '樂'을 알 수 있다.

그러나 '音'도 '聲'과 같이 '자연의 소리'를 나타내는 경우도 있다.

淸水音小, 濁水音大. 劉安, ≪淮南子·地形訓≫
맑은 물은 소리가 작고, 탁한 물은 소리가 크다.

'響'은 ≪玉篇≫에 의하면 "響은 응하는 소리라는 뜻이다. 그러므로 사람들이 서로 응하여 화답하는 것을 響應이라고 부른다고 이른다(響, 應聲也. 故謂人相應和曰響應也.)"라고 하였다. 또한 일반적인 소리를 가리키기도 하였다.

大人之敎, 若形之於影, 聲之於嚮, 有問而應之, 盡其所懷, 爲天下配. 莊周, ≪莊子·在宥≫
대인의 가르침은 그림자가 형체를 따르고, 메아리가 소리를 따르는 것과 같이, 질문이 있으면 그에 대해 응답하는데, 알고 있는 바를 다해야 하며, 천하의 사람들의 짝이 되어야 한다.

枹止響騰, 餘韻徐歇. 蘇軾, 〈石鍾山記〉
북채로 치는 것을 멈추어도 울림이 계속 올라가면서, 여음이 서서히 사라졌다.

고대에는 늘 '形影'·'聲響'을 가지고 인과관계, 주종관계를 비유하였는데, '形(형태)'이 있어야 비로소 '影(그림자)'이 있게 되고, '聲(소리)'를 발해야 비로소 '響(메아리)'이 있게 되므로 이것들은 피차 相應하는 것이고 그래서 후세에는 '影響(그림자와 메아리)'·'響應'으로 항상 연용한다.

‘籟’는 ≪說文解字≫에 의하면 “세 구멍 피리(三孔龠也)”라고 한다.

> 地籟則衆竅是已, 人籟則比竹是已. 莊周, ≪莊子·齊物論≫
> 땅의 피리란 땅위에 있는 수많은 구멍이고, 사람의 피리란 통소를 말한다.

위 문장에서 引伸되어 ‘籟’에는 피리에서 나는 ‘소리’라는 뜻으로 사용된다. ‘天籟’와 함께 일반적으로 바람소리, 새소리, 물소리 등 자연계의 소리를 가리킨다.

164 聖[성/shèng]·賢[현/xián]

이 두 글자는 모두 ‘뛰어난 사람’이라는 뜻을 가지고 있지만, 의미상 차이가 있다.

‘聖’은 ≪說文解字≫에 의하면 “통하다(聖, 通也)”라는 뜻이라고 한다. 이 의미는 ‘지혜롭고 똑똑함’을 나타낸다.

> 凱風自南, 吹彼棘薪. 母氏聖善, 我無令人. ≪詩經·邶風·凱風≫
> 따스한 남풍이 저 대추나무 가지에 불고 있네. 어머니는 지혜롭고 어진 분이시지만, 우리 형제에겐 훌륭한 자 없네.

> 是故聖益聖, 愚益愚. 聖人之所以爲聖, 愚人所以爲愚, 皆出於此乎? 韓愈, ≪師說≫
> 이러한 까닭으로 똑똑한 사람은 더욱 똑똑해지고, 어리석은 사람은 더욱 어리석어진다. 똑똑한 사람이 똑똑해지는 이유와 어리석은 사람이 어리석어지는 이유는 모두 여기에서 나오는 것이 아닐까?

> 然亡國破家相隨屬, 而聖君治國累世而不見者, 其所謂忠者不忠, 而所謂賢者不賢也. ≪史記·屈原賈生列傳≫
> 그러나 국가가 망하는 경우는 계속 생기지만, 현명한 임금이 나라를 잘 다스

리는 예는 여러 세대가 지나도 보이지 않는 것은, 충신이라 하는 사람들이 충성스럽지 못하고 현자라 하는 사람들이 현명하지 못하기 때문이다.

또 ≪莊子·雜篇·徐無鬼≫에서는 '聖'과 '賢'에 대하여 "德을 나눠주는 사람을 '聖'이라 하고 재물을 나눠주는 사람을 '賢'이라 한다(以德分人, 謂之聖, 以財分人, 謂之賢)"고 하였다. 그러나 후에 儒家에서는 '지혜롭고 덕도 높은 사람'을 '聖人'이라는 부르게 되었다.

子貢曰: "學不厭, 智也; 敎不倦, 仁也. 仁且智, 夫子旣聖矣!" ≪孟子·公孫丑上≫

자공이 "배우는 것에 물리지 않으시니 이것은 지혜로운 것이고, 가르치는 것에 지치지 않으시니 이것은 어진 것입니다. 어질고 또 지혜로우시니 스승님께서는 이미 聖人이십니다"라고 하였다.

宰我 · 子貢, 善爲說辭. 冉牛 · 閔子 · 顔淵, 善言德行. 孔子兼之, 曰: "我於辭命, 則不能也." 然則夫子旣聖矣乎? ≪孟子·公孫丑上≫

재아와 자공은 말을 언어에 뛰어났었고 염우와 민자, 안연은 德行에 뛰어났었는데, 공자께서는 두 가지를 겸하시고서도 '나는 외교사령에는 자신이 없다'고 말씀하셨습니다. 그러고 보면 맹자께서는 이미 성인이 되신 것이지요?

'賢'은 ≪說文解字≫에 의하면 "재능이 많다(多才也)"라고 한다. 그러나 段玉裁는 '多才也'를 '多財也'로 고친 후에, ≪說文解字·注≫에서 "'財'는 여러 판본에서는 '才'로 되어 있으나 지금 수정한다. '賢'은 본래 '재산이 많다'라는 말인데, 인신되어 일반적으로 '많다'고 할 때 '賢'이라고 한다. 사람에게 '재능이 많다'라고 하는데, 그것은 그 인신의가 익숙해지고 그 본의가 없어졌기 때문이다(財各本作才, 今正. 賢本多財之偁, 引伸之凡多皆曰賢. 人偁賢能, 因習其引伸之義而廢其本義矣)"라고 하였다. '賢'의 本義는 아마도 글자에 '貝'가 있듯이 '재산이 많다'인 것 같다. 또 '賢'은 '많다'에서 '우수하다', '뛰어나다'는 뜻으로 인신되어 사용되었다.

孟施舍似曾子, 北宮黝似子夏. 夫二子之勇, 未知其孰賢. ≪孟子·公孫丑上≫
맹시사는 증자와 닮았고, 북궁유는 자하와 닮았다. 이 두 사람의 용기는 누가 더 뛰어난지 알지 못하겠다.

또 '賢'은 ≪玉篇≫에 의하면 "훌륭한 품행이 있다(有善行也)"라고 한다. 이 뜻에서 인신되어 일반적으로 '슬기롭고 덕행이 있는 사람'으로 사용된다.

人君無愚智賢不肖, 莫不欲求忠以自爲, 擧賢以自佐. 司馬遷, ≪史記·屈原賈生列傳≫
임금이 어리석거나 지혜롭거나 덕행이 있거나 없거나 막론하고, 충신을 구하여 자기를 위하도록 하고, 덕행이 있는 자를 등용하여 자기를 보좌하도록 하지 않는 임금이 없다.

次之, 又不能拾遺補闕·招賢進能, 顯巖穴之士. 司馬遷, ≪漢書·司馬遷傳·補任安書≫
다음으로, 또한 황제를 보좌하여(잃어버린 것을 줍고, 빠진 것을 채워주어) 현명하고 능력 있는 선비를 추천하거나, 암굴 속에서 은거하는 선비를 세상에 드러내게 할 수도 없습니다.

나중에는 '聖'·'賢'이 점차 변하여 마침내 同義詞가 되어, 모두 '슬기롭고 덕행이 높은 사람'을 가리키게 되었다. 그러나 '賢'은 노력하여 이룰 수 있는 수준이고, '聖'은 선천적으로 "배우지 않고서도 알고, 배우지 않고서도 할 수 있는(不學而知, 不學而能)" 수준을 가리키게 되었다. 이 때문에 孔子는 '至聖'으로 孟子는 '亞聖'으로 일컬어지고, 공자의 72제자는 '72賢人'으로 일컬어진다.

또 '聖'은 또한 황제와 관련 있는 것에 대하여 아첨하는 칭호로 사용되었으니 예를 들어 '聖旨', '聖駕', '聖誕', '聖明' 등이 있고, '賢'도 남에 대한 敬稱으로 사용되었으니 예를 들어 '賢姪', '賢弟', '賢妻', '賢臣' 등이 있다.

165 笑[소/xiào]·哂[신/shěn]·嗤[치/chī]

이 글자들은 모두 '웃다', '조롱하다'라는 뜻을 가지고 있지만, 의미가 조금씩 다르다.

'笑'는 ≪增韻≫에 의하면 "기뻐서 얼굴을 활짝 펴고 입을 벌리고 웃다(喜而解顔啓齒也)"라고 한다.

> 夫子時然後言, 人不厭其言; 樂然後笑, 人不厭其笑; 義然後取, 人不厭其取. ≪論語·憲問≫
> 그 분은 제때가 된 후에야 말하므로 사람들이 그 분의 말을 싫어하지 않고, 즐거워진 후에야 웃으므로 사람들이 그 분의 웃음을 싫어하지 않고, 義로운 것임을 안 후에야 재물을 받으므로 사람들은 그가 가져도 싫어하지 않는다.

또 '笑'에는 '비웃다'라는 뜻도 있다.

> 一夫作難而七廟墮, 身死人手, 爲天下笑者, 何也? 仁誼不施, 而攻守之勢異也. 賈誼, 〈過秦論〉
> 한 사내(陳涉)가 난을 일으키자 7개의 宗廟가 무너지고, 황제의 몸은 남의 손에 죽어, 천하의 조롱거리가 된 것은 무슨 까닭인가? 인의를 베풀지 않았고, 공격하고 수비하는 상황이 달랐기 때문이다.

'哂'은 ≪康熙字典≫에 의하면 ≪正韻≫을 인용하여 "'빙긋이 웃다'라는 뜻이다. 또 '크게 웃다'라는 뜻도 있다(微笑, 一曰, 大笑)"라고 한다. 또 '吲'에 대해 ≪康熙字典≫은 "본래 '弞'으로 쓴다. ≪說文≫에 '웃지만 활짝 웃지 않는 것'을 '弞'이라 한다. '弞'은 '哂'이나 '吲'으로도 쓴다(本作弞。≪說文≫笑不壞顔曰弞。或作哂吲)"라고 한다.

이를 종합해보면, '哂'자는 본래 '弞(신)'자의 속자이었으며, '吲'자로도 사용했고, 의미는 '빙긋이 웃다'라는 뜻으로 주로 사용되었다는 것을 알 수 있다. 그러나 '哂'자도 때로는 조롱하는 의미를 띠기도 한다.

(曾晳)曰: "夫子何哂由也?" 曰: "爲國以禮, 其言不讓, 是故哂之." ≪論語·先秦≫

(증석이) "스승님께서는 어찌하여 子路의 말에 대하여 빙긋이 웃으셨는지요?"고 묻자, 공자는 "나라를 다스리는 것은 禮로 해야 하는데, 그의 말은 겸양함이 없어서, 그래서 빙긋이 웃은 것이다"라고 말씀하셨다.

謨上疏固讓, 謂所親曰, "我若爲司徒, 將爲後代所哂, 義不敢拜也." ≪晉書·蔡謨傳≫

채모는 상소를 올려 굳게 사양하고, 친한 사람들에게 "내가 만약에 사도가 된다면 후대 사람들이 비웃을 것이니, 도리 상 감히 배수 받을 수 없습니다"라고 말하였다.

'嗤'는 부정적 의미가 '哂'보다 강하여, 더욱 경멸하고 조롱하는 내용을 포함한다. 冷笑와 비슷하다. 그래서 '嗤之以鼻(코웃음 치다)'라는 관용어가 있다.

世人讀書者, 但能言之, 不能行之,…… 軍國經綸, 略無施用, 故爲武人俗吏所共嗤詆. 顔之推, ≪顔氏家訓·勉學篇≫

세상에서 지식인이란 단지 말하는 것만 잘하고 그것을 실천할 수 없다.…… 군대와 나라를 다스리는 데에 거의 쓸 모가 없으니, 武人과 속된 관리에게 조롱당하고 비난받는다.

166 召[소/zhào]·招[초/zhāo]

이 두 글자는 모두 '남을 부르다'는 뜻이 있지만, 의미상 차이가 있다. ≪楚辭章句·招魂≫에 있는 王逸의 해제에 "招는 '부르는 것'이다. 손으로써 부르는 것을 '招'라 하고 말로써 부르는 것을 '召'라고 한다(招者, 召也. 以手曰招, 以言曰召)"고 하였다.

'召'는 '입으로 부르는 것'을 말한다.

父召無諾, 先生召無諾, 唯而起. ≪禮記·曲禮上≫
아버지가 부르시면 '諾'이라고 대답하지 말고, 선생님이 부르시면 '諾'이라고 대답하지 말고, 즉시 '唯'라고 대답하고 일어나야 한다.

召彼僕夫, 謂之載矣. 王事多難, 維其棘矣. ≪詩經·小雅·鹿鳴之什·出車≫
저 마차 병사를 불러, 전차를 몰게 하고, 나라일은 많고 어려우니, 급히 서둘러야 하지요.

'招'는 '손으로써 부르는 것'을 말한다.

君子陽陽, 左執簧, 右招我由房. ≪詩經·王風·君子陽陽≫
군자는 의기양양하여, 왼손으로 생황 잡고 오른손으로 나를 방으로 부르네.

登高而招, 臂非加長也, 而見者遠. ≪荀子·勸學≫
높은 곳에 올라가서 손짓을 하면, 팔이 더 길어지는 것도 아닌데, 멀리서도 보게 된다.

말로 불러들이는 '召'나 손으로 불러들이는 '招'나 결국 '불러들이는 것'이므로, 그 방법이 무언이든지 간에 모두 引伸되어 '불러들이다'라는 뜻이 생기게 되었다. 이런 뜻에서 '召'와 '招' 서로 통용하게 되었다.

言有召禍也, 行有招辱也, 君子愼其所立乎. ≪荀子·勸學≫
말은 화를 불러들이고, 행동은 곤욕을 불러들인다. 그래서 군자는 처신을 신중히 해야 한다.

禍福無門, 唯人所召. ≪左傳·襄公23年≫
화와 복은 들어오는 문이 따로 정해져 있지 않다. 오직 사람이 불러들이는 것이다.

167 束[속/shù]·縛[박/fù]

이 두 글자는 모두 '묶다'라는 뜻을 가지고 있다. ≪說文解字≫에서도 "'束'은 '縛'이다.(束, 縛也)", "'縛'은 '束'이다.(縛, 束也)"라고 설명하고 있으나, 의미상 차이가 있다.

'束'의 자형은 徐鍇의 ≪說文解字繫傳≫에 의하면 "땔감나무를 묶어 놓은 것이다(束薪也)"라고 하였다. 그래서 '束'은 주로 '흩어져 있는 것'이나 '가늘고 긴 것'을 묶는 경우에 주로 사용된다.

> 牆有茨, 不可束也. ≪詩經·鄘風·牆有茨≫
> 담장에 찔레가 났는데, 묶어둘 수 없네.

> "赤也何如?" 子曰: "赤也, 束帶立於朝, 可使與賓客言也; 不知其仁也." ≪論語·公冶長≫
> "赤(公西華)은 어떻습니까?" 스승님께서 "赤은 띠를 매고(의관을 갖추고) 조정에서 賓客들과 대담할 만합니다. 그러나 그가 어진지는 모르겠습니다"라고 말씀하셨다.

위 예문에서 '찔레'를 '묶는다'는 것은 바로 '흩어져 있는 덩굴'을 묶는 것이고, '띠를 매는 것'은 '가늘고 긴 신체'의 허리 부분에 띠를 묶는 것을 말한다.

'縛'의 묶는 대상은 대부분 사람이며, 주로 사람의 팔을 묶어놓아 활동의 자유를 없애는 것을 말한다. 또 '縛'은 '묶다'에서 인신되어 사람이나 물건을 묶는 '줄'이라는 뜻도 있다. 그러나 '束'에는 이러한 뜻이 없다.

> 州綽曰: "有如日!" 乃弛弓而自後縛之. ≪左傳·襄公18年≫
> 주작이 "태양을 걸고 맹세한다!"라고 하고, 곧 활을 내려놓고 뒤에서 그를 결박했다.

> 夜半, 童自轉, 以縛卽爐火燒絶之, 雖瘡手勿憚. 柳宗元, 〈童區寄傳〉
> 한 밤중에 동구기는 몸을 돌려 묶인 줄을 화롯불에 대어 불로 태워 줄을 끊었다. 비록 손은 다쳤지만, 두려워하지 않았다.

때로는 '束'이 사람을 묶는 데에 사용되고 '縛'이 물건을 묶는 데에 사용된다.

今君乃亡趙走燕, 燕畏趙, 其勢必不敢留君, 而<u>束</u>君歸趙矣. 司馬遷, ≪史記·廉頗藺相如列傳≫

지금 임금께서 조나라를 버리고 연나라로 달아나도, 연나라는 조나라를 무서워하여, 아마도 상황은 틀림없이 감히 임금님을 머물러 있게 할 수 없어서, 임금님을 포박하여 조나라로 돌려보낼 것입니다.

申豐從女賈, 以幣錦二兩, <u>縛</u>一如瑱, 適齊師, 謂子猶之人高齮, "能貨子猶, 爲高氏後, 粟五千庾." ≪左傳·昭公26年≫

(계씨의 가신) 신풍은 女賈를 좇아가서, 비단 두 량을 폐백으로 삼아, 瑱圭처럼 묶어서, 제나라 군대에 가서 子猶의 가신 고의에게 "자유에게 뇌물로 주어 설득시킬 수 있으면, 너를 高氏의 계승자로 만들어 주고, 양식 5천유를 주겠다"고 말하였다.

◆瑱(진)은 바로 瑱圭로서 제후들이 조현할 때 왕이 손으로 잡고 있는 물건이며, 천하 사방이 안정됨을 상징한다.

'束'은 '約'과 함께 사용되어 '맹약'이라는 뜻으로 사용되지만, '縛'에는 이런 의미가 없다.

秦自繆公以來二十餘君, 未嘗有堅明<u>約束</u>者也. 司馬遷, ≪史記·廉頗藺相如列傳≫

진나라에는 목공 이래로 20여명의 군주가 나왔지만, 여태껏 맹약을 굳게 지킨 임금은 없었습니다.

168 衰[쇠/shuāi]·弱[약/ruò]

이 두 글자는 모두 '약해지다'라는 뜻을 가지고 있지만, 의미상 차이가 있다. '衰'는 盛'과 함께, '弱'은 '强'과 함께 자주 사용된다.

'衰'는 '줄어들다'라는 뜻이 있다.

余幼好此奇服兮, 年旣老而不衰. 屈原, ≪離騷·九章·涉江≫
난 어릴 때부터 이런 기이한 복장을 좋아했는데, 나이가 들어 늙어서도 이런 마음이 줄어들지 않네.

(左師)曰: "日食飮得無衰乎?" 劉向, ≪戰國策·趙策4≫
(左師가) "매일 먹고 마시는 것이 감소하지는 않으셨겠지요?"라고 하였다.

또 '衰'는 인신되어 '기력이 줄어들다'에서 '노쇠하다', '늙어가다'라는 뜻도 있다.

左師公曰, "老臣賤息舒祺最少, 不肖. 而臣衰, 竊愛憐之. 願令得補黑衣之數, 以衛王宮, 沒死以聞." 劉向, ≪戰國策·趙策4≫
좌사공이 "老臣의 천한 자식 중에 舒祺가 가장 어린데, 인재가 되지 못합니다. 그러나 제가 늙어가니 저는 남몰래 그를 가엽게 여기고 사랑합니다. 원컨대 그에게 궁정위사의 수나 채워, 왕궁을 지키도록 해주시길 바랍니다. 죽음을 무릅쓰고 아룁니다."라고 하였다.

'弱'은 段玉裁의 ≪說文解字·注≫에 의하면 "橈(요)는 굽은 나무라는 뜻이다. 이 뜻에서 인신되어 모든 굽은 것을 말한다. 곧은 것은 대부분 강하고, 굽은 것은 대부분 약하다(橈者曲木也. 引伸爲凡曲之偁. 直者多强. 曲者多弱)"라 한다. 즉 '弱'의 본의는 '굽은 나무'이고, 인신의는 '약하다'라는 뜻으로 '强'자와 반대되는 의미이다.

姜族弱矣, 而嬀將始昌. 二惠競爽猶可, 又弱一个焉, 姜其危哉! ≪左傳·昭公3年≫
강 씨족이 약해졌고, 규 씨족이 장차 번창하기 시작하려한다. 二惠(子尾와 子雅)가 영리하고 강하여 강 씨족이 그런대로 괜찮았는데, 또 子雅를 잃게 되니, 강 씨족은 위태롭습니다!

因利乘便, 宰割天下, 分裂河山, 彊國請服, 弱國入朝. 賈誼, 〈過秦論〉
秦나라는 유리한 형세를 타고, 천하를 유린하고, 국토를 찢어놓으니, 강한 제후국은 항복을 청하고 약한 제후국은 (신하의 예를 갖추어) 조회에 참가한다.

蒲且子之弋也, 弱弓纖繳, 乘風振之, 連雙鶬於靑雲之際. ≪列

子·湯問篇≫

포저자의 주살은 약한 활에 가는 줄인데, 바람을 타고 활을 쏘면, 높은 하늘에 있는 왜가리 두 마리를 연이어 맞춘다 했습니다.

◆蒲且子: 주살을 잘 쏘던 옛사람. 繳(격): 주살의 줄. 鶬(창): 왜가리.

또 '弱'은 '약하다'에서 인신되어 '나이가 어리다'는 뜻을 나타낸다.

慈母之於弱子也, 愛不可爲前. 然而弱子有僻行, 使之隨師; 有惡病, 使之事醫. 韓非, ≪韓非子·八說≫

어린 자식에 대한 애정은 자모보다 더 앞설 수 없다. 그러나 어린 자식이 잘못을 행하면 스승을 따르게 하고, 나쁜 병이 있으면 의원을 섬기도록 한다.

北山愚公長息曰, "汝心之固, 固不可徹, 曾不若孀妻弱子." ≪列子·湯問篇≫

북산의 우공은 길게 탄식하면서 "당신 마음은 고루하여 진실로 통할 수 없으니, 과부나 어린 아이만 못하군요"라고 하였다.

169

恥[치/chǐ]·辱[욕/rǔ]·羞[수/xiū]·慚[참/cán]·愧[괴/kuì]·赧[난/nǎn]·忝[첨/tiǎn]

이 글자들은 모두 '부끄럽다'라는 뜻을 가지고 있지만, 의미상 약간의 차이가 있다.

'恥'와 '辱'은 ≪說文解字≫에 의하면 '恥'는 "辱也"라 하고 '辱'은 "恥也"라고 하지만, 의미상 차이가 있다. '恥'는 '부끄럽게 생각하다' 또는 '부끄러움'이라는 뜻으로 사용되었고, '辱'은 '(상대를) 욕되게 하다' 또는 '치욕'이라는 뜻으로 사용되었다.

子曰: "敏而好學, 不恥下問, 是以謂之文也." ≪論語·公冶長≫

스승님께서 "영민하면서도 배우기를 좋아하고, 아랫사람에게 묻기를 부끄럽게 생각하지 않았기 때문에 (시호를) 文이라고 부른 것이다"라고 말씀하셨다.

子曰: "好學近乎知, 力行近乎仁, 知恥近乎勇. 知斯三者, 則知所以修身. ≪中庸·20章≫

스승님께서 "배우기를 좋아하는 것은 智에 가깝고, 힘써 실천하는 것은 仁에 가깝고, 부끄러움을 아는 것은 勇에 가깝다. 이 세 가지를 알게 되면, 修身의 방법을 알게 되는 것이다"라고 말씀하셨다.

子曰: "行己有恥, 使於四方, 不辱君命, 可謂士矣." ≪論語·子路≫

스승님께서 "자기의 행동에 부끄러워 할 줄 아는 마음이 있으며, 사방에 사신으로 가서, 임금의 명령을 욕되게 하지 않으면 선비라고 할 수 있다"라고 말씀하셨다.

子殿國師, 齊之辱也. ≪左傳·襄公18年≫

당신 우리 군대의 후군이 되는 것은 제나라의 치욕이오.

또 '辱'은 '(상대를) 욕되게 하다'라는 뜻에서 인신되어 '상대를 욕되게 해서는 안 되는데, 욕되게 하여 미안하다'라는 의미로 '상대방에 대한 공경'을 나타낸다.

寡君之師徒不足以辱君矣. ≪國語·越語上≫

저희 군주의 군대는 대왕(부차)이 욕되게 친히 토벌하러 올 가치도 없습니다.

君惠徼福於敝邑之社稷, 辱收寡君, 寡君之願也. ≪左傳·僖公4年≫

임금님께서 은혜롭게도 폐읍의 사직을 위해 복을 기원해주시고, 욕되게도 저희 임금을 받아주시려 하시, 우리 임금께서 바라던 바입니다.

그리고 '辱'은 '榮'과 대비하여 자주 사용된다. '榮辱'은 '영광'과 '치욕'을 의미한다.

'羞'는 ≪說文解字≫에 의하면 "바치다(進獻也)"라고 하고, ≪廣韻≫에 의하면 "'부끄러워하다'라는 뜻이다. '바치다'라는 뜻이다. 또 '맛있는 음식을 바치다'라는 뜻이다(恥也. 進也. 又致滋味爲羞)"라고 한다. 이 글자의 본래 자형은 '손으로 양을 잡고 있는 모양'이다. 이것을 종합해 보면, '羞'는 '손으로 맛있는 양고기를 바치는 모습'에서 '바치다', '음식'이라는 의미가 생겼고, '부끄럽다'라는 뜻은 아마도 후에 가차된 의미인 것 같다.

信由此日夜怨望, 居常鞅鞅, 羞與絳灌等列. ≪史記·淮陰侯列傳≫
한신이 이 날부터 밤낮으로 (한 고조를) 원망하며 집에서 늘 불평불만하며, 강후나 관영과 동등한 반열인 것을 부끄럽게 생각하였다.

先生不羞, 乃有意欲爲收責於薛乎? 劉向, ≪戰國策·齊冊4≫
선생께서는 부끄러워하지 마시고, 설 땅에 가서 부채를 받아올 의향이 있으시오?

十四爲君婦, 羞顔未嘗開. 李白, 〈長干行〉
열네 살에 당신의 아내가 되어, 부끄러워 얼굴을 들지 못했다.

'부끄럽다'라는 뜻에는 두 가지 의미가 있다. 하나는 '일을 잘 못하거나 양심에 거리끼어 볼 낯이 없거나 매우 떳떳하지 못하다'라는 의미와 또 하나는 '수줍다'라는 의미가 있는데, 위 예문에서 세 번째가 바로 '수줍다'는 의미이다.

본래 '慚'과 '愧'라는 자형은 ≪說文解字≫에 보이지 않는다. '慚'은 '慙'으로 '愧'는 '媿'로 수록되어 있다. 이 또한 '恥'와 '辱'처럼 "慙, 媿也", "媿, 慙也"라고 풀이(互訓)하고 있다. '慚'과 '愧'는 모두 '자신에게 결점이나 잘못으로 인해 떳떳하지 못해 부끄럽다'라는 의미를 가지고 있다.

延陵季子不受吳國, 而訟間田者慙矣; 子罕不利寶玉, 而爭券契者媿矣. 劉安, ≪淮南子·精神訓≫
연릉의 계자가 오나라 받기를 거절하자 전답의 경계를 다투던 사람들 스스로가 부끄러워하였고, 子罕이 보옥을 탐하지 않자 문건을 가지고 다투던 사람들 스스로가 부끄러워하였다.

'赧'은 ≪說文解字≫에 의하면 "부끄러워 얼굴이 붉어지다(面慙赤也)"라는 뜻이다.

子路曰: "未同而言, 觀其色赧赧然, 非由之所知也." ≪孟子·滕文公下≫

자로가 말하기를 "뜻이 같지 않으면서 어울려서 말하는 그 사람의 얼굴빛을 보면 수치를 느껴서 그런지 붉어져 있는데, 그것은 내(由)가 알 바가 아니다."라고 하였다.

'忝'은 ≪說文解字≫에 의하면 "욕되다(辱也)"라고 한다.

夙興夜寐, 毋忝爾所生. ≪詩經·小雅·節南山之什·小宛≫
일찍 일어나고 늦게 자면서 (열심히 일해서), 낳아주신 분들을 욕되게 말아야지.

岳曰: "否德忝帝位." ≪尙書·虞夏書·堯典≫
四岳이 "저희는 부덕하여 (임금이 된다면) 임금 자리를 욕되게 할 것이옵니다"라고 말하였다.

'忝'은 후대에 와서는 겸손의 의미에서 '부끄럽다'라는 뜻으로 사용되었다. 사실 '욕되다'와 '부끄럽다'도 나누어 생각하기 어려운 점이 있다. '욕되어 부끄럽게 되다', '치욕 때문에 부끄럽다', '수모를 당하여 부끄럽다' 등으로 보면, 이 두 의미는 인과관계로 서로 연결되어 있다고 볼 수 있다.

李杜齊名眞忝竊, 朔雲寒菊倍離憂. 杜甫, 〈長沙送李十一銜〉
이(백)두(보)라고 함께 부르는데 정말 부끄럽다. 북쪽 구름과 겨울 국화를 보니 이별과 시름이 더해지는구나.

170 樹[수/shù]·木[목/mù]

이 두 글자는 모두 '나무'라는 뜻이지만, 고대에서는 의미상 차이가 있었다.

'樹'는 ≪說文解字≫에 의하면 "생물 중에 서있는 것의 총명이다(生植之總名)"이라고 한다. 그러나 실제 용례들을 살펴보면, 동사로 사용된 경우가 많다.

荏染柔木, 君子樹之. 往來行言, 心焉數之. ≪詩經·小雅·節南山之什·巧言≫
부드럽고 연약한 나무, 군자가 심었네. 왔다갔다 떠도는 말을 마음으로 따져보네.
◆荏染(임염): 부드러운 모양. 부드러울 임, 유약할 염.

五畝之宅, 樹之以桑, 五十者可以衣帛矣. ≪孟子·梁惠王上≫
택지 5묘에 뽕나무를 심으면, 오십대 되는 사람들이 비단옷을 입을 수 있습니다.

焉得諼草, 言樹之背. 願言思伯, 使我心痗. ≪詩經·衛風·伯兮≫
어디에서 망우초를 얻어다 그것을 뒤꼍에 심어봤으면. 임 생각에 내 마음만 병드네.
◆諼(훤): 잊을 훤. 痗(매): 병 매. ≪詩集傳≫에 "훤초는 사람들에게 근심을 잊게 한다. 背는 北堂이다. 痗는 병이다.(諼草, 令人忘憂. 背, 北堂也. 痗, 病也)"라고 한다.

'樹'의 '생물 중에 서있는 것'이라는 뜻에서 '세우다'라는 뜻으로 인신되고, 또 '나무'라는 뜻으로도 인신되었다.

樹德務滋, 除惡務本. ≪尙書·泰誓下≫
덕을 세울 때에는 잘 자라도록 힘쓰고, 악을 없앨 때에는 뿌리째 뽑도록 힘써야 한다.

樹成蔭而衆鳥息焉. ≪荀子·勸學≫
나무가 자라서 그늘이 져야 뭇 새들이 서식하게 된다.

'木'은 '살아있는 나무'와 '목재'를 의미한다.

將及華泉, 驂絓於木而止. ≪左傳·成公2年≫
(戰車가) 장차 華泉까지 이르렀을 때, 좌우측 말이 나무에 걸려 멈추어버렸다.
◆驂(참): 마차를 끄는 네 필의 말 중에서 바깥의 두 말. 絓(괘): 걸리다.

林木茂而斧斤至焉. ≪荀子·勸學≫
숲의 나무가 무성하면, 도끼가 나무를 친다.

子曰: "朽木不可雕也, 糞土之墻, 不可杇也." ≪論語·公冶長≫

스승님께서 "썩은 나무에는 조각할 수 없고, 썩은 흙으로 된 담장은 흙손질할 수 없다."말씀하셨다.

工人斲木而成器. 然則器生於工人之僞, 非故生於人之性也. ≪荀子·性惡≫
목수는 나무를 깎아서 목기를 만든다. 그렇다면 목기는 목수의 노력의 결과로서 만들어진 것이지, 본래 사람의 선천적 능력으로써 만들어지는 것은 아니다.
◆斲(착): 깎을 착. 唐나라 楊倞의 註에 "故는 本과 같다(故猶本也)"고 하고, "僞는 '爲'이다(僞, 爲也)"라고 하였다. ≪荀子≫에서 '僞'는 거짓의 뜻이 아니라 '作爲(후천적 노력의 결과)'의 뜻이다.

오늘날 '木'은 '목재'라는 뜻으로 대부분 사용되고, '살아있는 나무'라는 뜻은 단지 '伐木', '緣木求魚' 등에만 남아있을 뿐이다.

171 隨[수/suí]·從[종/cóng]

이 두 글자는 모두 '따르다'라는 뜻을 가지고 있지만, 의미가 약간 다르다.

'隨'는 피동적이어서 '따라가는 사람'의 주관적인 의지를 강조하지 않는다. '앞서가는 사람'이 어디로 가든 뒤에서 따라간다는 의미이다.

自吾執斧斤以隨夫子, 未嘗見材如此其美也. ≪莊子·人間世≫
제가 도끼를 들고 스승님을 따라다닌 때부터 지금까지 일찍이 이처럼 좋은 재목을 본 일이 없습니다.

太守卽遣人隨其往, 尋向所誌. 遂迷, 不復得路. 陶潛, 〈桃花源記〉
태수는 즉시 사람을 파견하여 그(어부)를 따라 전에 표시해놓은 것을 찾았으나 끝내 길을 잃고 다시는 길을 찾아내지 못했다.

'從'은 '따라가는 사람'이 자발적이고 의식적으로 다른 사람의 뒤를 따라간다는 의미를 포함하고 있다.

子路從而後, 遇丈人以杖荷蓧. ≪論語·微子≫
子路가 (스승님을) 따라가다가 뒤처졌다가, 지팡이를 짚고 대삼태기를 지고 있는 노인을 만났다.

乃令國中諸從重耳亡者與期, 期盡不到者盡滅其家. 狐突之子毛及偃從重耳在秦, 弗肯召. 司馬遷, ≪史記·晉世家≫
이에 명령을 내려 나라 안에서 重耳를 따라 망명한 자들에게 기한을 주고, 기한이 지나도 도착하지 않는 자는 그 가족을 몰살시키겠다고 하였다. 호돌의 아들 狐毛와 狐偃(호언)이 중이를 따라 진나라에 있었는데, (호돌은) 그들을 불러들이지 않았다.

'隨'와 '從'의 이러한 의미상의 차이는 그 引伸義에서 뚜렷하게 나타난다. '隨'는 '남이 원하는 대로 몸을 맡기고 따르다'라는 뜻이 있고, '從'은 '주관적인 판단을 거친 후 다른 사람을 믿고 따르다'라는 뜻이 있다.

擧世混濁, 何不隨其流而揚其波? ≪史記·屈原賈生列傳≫
온 세상이 모두 혼탁한데, 어찌 그 흐름에 몸을 맡기고 따르며 물결을 일으키지 않으십니까?

對曰, "小惠未徧, 民弗從也." ≪左傳·莊公10年≫
(조귀가) 대답하여 "작은 은혜는 두루 미치지 못하므로, 민중들은 믿고 따르지 않을 것입니다"라고 하였다.

172

誰[수/shéi]·何[하/hé]·孰[숙/shú]

이 글자들은 모두 의문대명사인데, '誰'는 '사람'만을 가리키고, '何'는 '사물'만을 가리키고, '孰'은 '사람'과 '사물' 모두 가리킨다.

'誰'는 '누구'라는 의미이다.

子曰: "誰能出不由戶? 何莫由斯道也!" ≪論語·雍也≫

스승님께서 "어느 누가 나가는데 문을 거치지 않을 수 있겠는가? 어찌하여 (꼭 거쳐야 할 門과 같은) 이 道를 따르지 않는가?"라고 말씀하셨다.

子曰: "吾之於人也, 誰毁誰譽? 如有所譽者, 其有所試矣. 斯民也, 三代之所以直道而行也." ≪論語·衛靈公≫

스승님께서 "내가 다른 사람에 대해서 누구는 비난하고 누구는 칭찬하던가? 칭찬한 사람이 있다면 그것은 시험해본 바가 있기 때문이다. 지금의 백성들은 三代에 정도를 따라 행했던 그런 백성들이기 때문이다"라고 말씀하셨다.

'何'는 '무엇'이라는 의미이다.

其殽維何? 炰鼈鮮魚. ≪詩經·大雅·韓奕≫

안주는 무엇이었나? 구운 자라와 생선이었네.

◆殽(효): 안주. 炰(포): 싸서 굽다. 鼈(별): 자라.

子曰: "內省不疚, 夫何憂何懼!" ≪論語·顔淵≫

스승님께서 "자신을 돌이켜 보아 양심의 가책이 없다면, 대체 무엇을 근심하고 무엇을 두려워하겠느냐?"라고 말씀하셨다.

'孰'은 '어느 사람' 또는 '누구', '어느 것' 또는 '무엇'이라는 의미로, 두 가지 혹은 몇 가지 중에서 하나를 선택한다는 의미를 가지고 있다.

季康子問, "弟子孰爲好學?" 孔子對曰, "有顔回者好學, 不幸短命死矣! 今也則亡." ≪論語·先秦≫

계강자가 "제자들 중에 어느 제자가 배우기를 좋아한다고 생각하시는지요?"라고 물었다. 공자께서 대답하여 "안회라는 사람이 배우기를 좋아했으나, 불행하게도 젊은 나이에 죽었습니다. 그래서 지금은 없습니다"라고 말씀하셨다.

人非生而知之者, 孰能無惑? 韓愈, 〈師說〉

사람은 나면서부터 아는 것이 아닌데, 어느 누가 의아함이 없을 수 있겠는가?

任人有問屋廬子曰, "禮與食孰重?" 曰, "禮重." ≪孟子·告子下≫

임나라 사람이 옥려자에게 "예와 음식 중에 어느 것이 더 중요합니까?"라고 묻자, 옥려자는 "예가 중요합니다"라고 말하였다.

孔子謂季氏: "八佾舞於庭. 是可忍也, 孰不可忍也?" ≪論語·八佾≫

공자께서 季氏에 대하여 "八佾舞를 뜰에서 추게 하다니, 이런 짓을 감히 할 수 있다면, 그 어떤 짓인들 못할 것인가?"라고 말씀하셨다.

173

魂[혼/hún]·魄[백/pò]·精[정/jīng]·神[신/shén]·靈[령/líng]

이 글자들은 모두 눈에 보이지 않는 '혼백' '영혼' '정신'을 말하는데, 눈에 보이지 않아 그 차이를 말하기가 매우 쉽지 않다. 간단히 말하면 '魂'은 정신을, '魄'은 육체를 주관하는 눈에 보이지 않는 존재를 말한다. '精'은 사람의 '육체'와 상대되어 말하는 '정신'을 말하고, '神'은 처음에는 '山神', '江神'과 같은 '자연신'을 말하고, 나중에는 '神農', '伏羲', '黃帝'와 같은 선조를 신으로 한 '祖上神' 등을 말한다. '靈'은 본래 '神을 청하여 내리게 하는 사람' 즉 '무당'이라는 뜻에서 '영혼'이라는 뜻으로 사용된다.

'魂'과 '魄'은 ≪說文解字≫에 의하면, 음양으로 나누어 "魂은 陽氣다(魂, 陽氣也)"라고 하였고 "魄은 陰神이다(魄, 陰神也)"라고 하였다. 다음은 '魂'과 '魄'에 대한 고대 사람들의 기록이다. 우리는 이를 통해 '魂'과 '魄'의 의미 차이를 알 수 있을 것이다.

> 心之精爽, 是謂魂魄. 魂魄去之, 何以能久? ≪左傳·昭公25年≫
> 마음의 精靈을 혼백이라고 한다. 혼백이 몸을 떠나가면 어떻게 오래살 수 있겠는가?

> 魂氣歸于天, 形魄歸于地. ≪禮記·郊特牲≫
> 혼의 기운은 하늘로 돌아가고, 육신의 백은 땅으로 돌아간다.

위 예문을 통해 '魂'과 '魄'은 사람이 죽으면 몸을 떠나, '魂'은 하늘로 '魄'은 땅으로 돌아간다는 것을 알 수 있다.

> 人生始化曰魄, 旣生魄, 陽曰魂. ≪左傳·昭公7年≫
> 사람이 태어나면서부터 먼저 형성되는 것이 魄이고, 魄이 생겨난 뒤 생기는

陽氣를 魂이라고 한다.

위 예문을 통해 '魂'보다 '魄'이 먼저 사람이 태어나면서 생기고, 그 다음에 '魂'이 생긴다는 것을 알 수 있다. '魂'과 '魄'의 역할에 대해서는 위 예문에 대하여 唐代 孔穎達은 다음과 같이 疏를 달았는데, 그의 ≪左傳正義≫에서 살펴볼 수 있다.

> 人之生也, 始變化為形, 形之靈者, 名之曰魄也. 既生魄矣, 魄內自有陽氣, 氣之神者, 名之曰魂也. 魂魄, 神靈之名, 本從形氣而有. 形氣既殊, 魂魄亦異. 附形之靈曰魄, 附氣之神曰魂. 初生之時, 耳目心識, 手足運動, 啼呼為聲, 是魄之靈也. 精神性識漸有所知, 則附氣之神也. 孔穎達, ≪左傳正義≫
>
> 사람이 태어난다는 것은 처음에 '形'으로 변화하고, 이 '形'에 '靈'이 있는데 이를 바로 '魄'이라 한다. '魄'이 생긴 다음에 '魄'에 자연스럽게 '陽氣'가 생기게 되고, 이 '氣'에 '神'이 있는데, 이를 '魂'이라 한다. '魂魄'은 '神靈'의 이름이며, 본래 '形氣'를 따라 생긴다. '形'과 '氣'는 서로 다르며 '魂'과 '魄' 역시 다르다. '형체'에 붙은 '靈'을 '魄'이라 하고, '氣'에 붙은 '神'을 '魂'이라 한다. 처음 태어날 때 귀와 눈의 인식과 식별기능, 손과 발의 운동능력, 울고 숨을 내쉬어 소리가 되는데, 이것이 '魄'의 '靈'이다. 정신과 의식이 점점 아는 바가 생기게 되는데, 이것이 '氣'에 붙은 '神'이다.

위의 예문과 같이 '魄'은 '인체의 각종 기능'을 관장하고, '魂'은 '정신'을 관장하는 존재이다.

'精'은 ≪說文解字≫에 의하면 "고르다(擇也)"라는 뜻이다. 이에 대해 段玉裁는 그의 ≪說文解字·注≫에서 ≪說文解字≫의 "擇也"를 "擇米也(골라낸 쌀)"로 고치고, "각 판본에 '米'字가 빠져있어 지금 보충한다. 司馬는 '쌀을 가려내는 것을 精이라 한다'고 하였다. '簡'은 바로 '柬'인데, 속자로 '揀'으로 쓰는 것이 바로 이것이다. 精은 인신되어 '가장 좋다'는 말이다(米字各本奪, 今補. 司馬云, 簡米曰精. 簡卽柬, 俗作揀者是也. 引伸爲凡取好之偁)"라고 하였다.

위의 설명을 정리하면, '精'의 본래 뜻은 '골라낸 좋은 쌀'을 의미하고 인신되어 '가장 좋다'라는 뜻이 생겼다. 또 여기에서 精華, 精髓, 精

銳, 精密, 精通, '정제되다'라는 뜻까지 인신되었다.

食不厭精, 膾不厭細. ≪論語·鄕黨≫
밥은 정제된 것을 싫어하지 않으시며, 회는 가늘게 썬 것을 싫어하지 않으셨다.

또 '精'은 다음 예문과 같이 사람의 '육체'와 상대되는 '정신'을 의미하게 되었다.

精也者, 氣之精也.………凡人之生也, 天出其精, 地出其形, 合此以爲人. ≪管子·內業≫
정신이란 '氣'의 정수이다.………사람의 태어남은 하늘이 그 정신을 내놓고, 땅은 그 육체를 내놓아, 이들을 합하면 사람이 된다.

管子는 위 예문과 같이 '정신'을 '氣의 정수'라고 정의내리고 있다.

'神'은 ≪說文解字≫에 의하면 "天神이다. 만물을 이끌어 내는 존재이다(天神, 引出萬物者也)"라고 한다. 이는 천지만물의 造物主이며 주재자를 말하는 것이다. 그러나 다음 예문에서는 '神'이 '自然神'을 의미하고 있다.

山林川谷丘陵, 能出雲, 爲風雨, 見怪物, 皆曰神. 有天下者祭百神. ≪禮記·祭法≫
산과 숲, 하천, 계곡, 구릉은 구름을 만들어내고, 비바람을 일으켜서, 괴물이 보이니, 이 모두를 신이라 한다. 천하를 다스리는 자는 여러 신들을 제사지낸다.

山川之神, 則水旱癘疫之災, 於是乎禜之. 日月星辰之神, 則雪霜風雨之不時. 於是乎禜之.≪左傳 · 昭公元年≫
산과 하천의 신은 수해와 한발, 돌림병 같은 재해가 있을 때에 재앙을 막는 제사를 이 신들에게 지냅니다. 일월성신의 신은 눈, 서리, 바람, 비가 제 때에 맞지 않을 때에 재앙을 막는 제사를 이 신들에게 지냅니다.

또 '神'은 '聖人'보다 더 뛰어난 경지를 말하였다.

大而化之之謂聖, 聖而不可知之之謂神. ≪孟子 · 盡心下≫
위대하면서 천하의 사람들을 감화시킬 수 있는 것은 '聖人'이라 하고, 聖人이면서 그 깊고 오묘함을 헤아릴 수 없는 것을 '神'이라 한다.

'神'은 '육체'를 의미하는 '形'과 대비하여 '정신'이라는 뜻을 나타낸다.

形具而神生. 好惡喜努哀樂臧焉. 荀子, ≪荀子·天論≫
육체가 갖추어지고 정신이 생겨나서, 좋아함과 싫어함, 기쁨과 노여움, 슬픔과 즐거움의 감정이 정신에 잠재하게 된다.

不能爲君者, 傷形費神, 愁心勞意, 然國逾危, 身逾辱. 墨翟, ≪墨子·所染篇≫
임금노릇을 할 능력이 없는 사람은 몸을 상하게 하고 정신을 소모하며, 근심하고 신경 쓰지만, 나라는 날이 갈수록 위태롭게 되고, 몸은 날이 갈수록 욕되게 된다.

'靈'은 ≪說文解字≫에 의하면 "靈巫이다. 이들은 玉으로 神明(하늘과 땅의 신령)을 모신다(靈巫. 以玉事神)"라고 한다. 이와 같이 '靈'은 본래 '神을 내리게 하는 사람', 곧 '무당'이라는 뜻이다.

靈偃蹇兮姣服, 芳菲菲兮滿堂. 屈原, ≪東皇太一≫
무당이 춤을 추니 아름다운 옷이 빛나고, 향기가 방안에 가득하네.

또 '靈'은 다음 예문을 보면 '신령'이라는 뜻으로 사용되었다.

合五嶽與八靈兮, 訊九鬿與六神. 劉向, ≪楚辭 · 九嘆 · 遠逝≫
오악과 팔방의 신령을 모아, 하늘의 北斗九星과 여섯 神에게 묻는다.

陽之精氣曰神, 陰之精氣曰靈. 神靈者, 品物之本也. ≪大戴禮·曾子天圓≫
陽의 정기는 '神'이라 하고, 陰의 정기는 '靈'이라 한다. 神靈이라는 것은 모든 사물의 근본이다.

위 두 예문을 종합해보면, '陽의 정기'는 '하늘에 있는 神'이고 '陰의 정기'는 '땅에 있는 靈'을 말하는 것 같다. 그래서 '神靈'이라는 뜻은 '陰과 陽을 합하여, 하늘에 있는 神과 땅에 있는 靈'을 말한다. 다시 말하면 위 예문에서 '靈'은 '陰의 정기'로서 '땅에 있는 신령'을 의미한다.

또 다음 예문은 사람의 '영혼'도 나타내고 있다.

故不足以滑和, 不可入於靈府. 莊周, ≪莊子·德忠符≫
그러므로 (사물의 변화나 자연 법칙의 운행은) 우리 本性의 平和를 어지럽힐 수 없고, 우리의 마음속으로 침입할 수도 없습니다.

愁歎苦神, 靈遙思兮. 屈原, ≪楚辭·九章·抽思≫
근심하고 탄식하며 괴로운 마음, 이 내 영혼은 멀리 고향만 생각하네.

'靈'이 사람의 '영혼'을 의미하는 경우에 또한 이미 사망한 사람의 '영혼'을 말할 때도 있다. 예를 들어 靈位, 靈柩 같은 낱말은 모두 '죽은 사람'과 관련이 있다.

平公之靈, 尙輔相余! ≪左傳·昭公21年≫
(죽은) 평공의 영혼이 나를 도우리라!

174 時[시/shí]·世[세/shì]·代[대/dài]

이 글자들은 모두 '시간'을 나타내고 있지만, 의미상 차이가 있다.

'時'는 ≪說文解字≫에 의하면 "네 개의 계절이다(四時也)"라고 하였고, 段玉裁의 ≪說文解字·注≫에 의하면 "본래 춘하추동을 말한다. 인신되어 모든 연·월·일·시각으로 사용된다(本春秋冬夏之稱. 引伸之爲凡歲月日刻之用)"라고 하였다.

子曰: "天何言哉? 四時行焉, 百物生焉, 天何言哉?" ≪論語·陽貨≫
스승님께서 "하늘이 무슨 말을 하더냐? 사계절이 운행되고, 만물이 생장하니(행동으로 보여주니), 하늘이 무슨 말을 말하더냐?"라고 말씀하셨다.

不違農時, 穀不可勝食也. ≪孟子·梁惠王上≫

농사철을 어기지 않으면 곡식은 먹고도 충분히 남을 것이다.

'時'는 상고시대부터 매우 광범위하게 사용되어 파생의미가 매우 많다. 예를 들어 時間, 時代, 時機 등이 있다.

'世'는 ≪說文解字≫에 의하면 "삼십년이 一世이다(三十年爲一世)"라고 한다. 小篆의 자형을 보면 十자 세 개를 연결시켜 三十을 나타냈다. '世'는 인신되어 한 세대를 나타낸다.

> 子曰: "如有王者, 必世而後仁." ≪論語·子路≫
> 공자께서 "성인이 나타난다고 하더라도, 한 세대 이후에야 세상이 어질게 될 것이다"라고 말씀하셨다.

> 君子之澤, 五世而斬; 小人之澤, 五世而斬. 予未得爲孔子徒也, 予私淑諸人也. ≪孟子·離婁下≫
> 군자의 은택도 다섯 세대가 지나면 끊기고, 소인의 유풍도 다섯 세대가 지나면 끊긴다. 나는 공자의 제자가 될 수 없어서, 나는 다른 사람을 통해서 공자(의 도덕과 학문)를 배웠다.

> 孫權據有江東, 已歷三世. ≪三國志·蜀書·諸葛亮傳≫
> 손권은 강동에 터전을 잡은 지 이미 세 세대가 지났다.

또 '世'는 '一生'과 '時代'이라는 뜻을 나타낸다.

> 人生一世間, 安能邑邑如此? 司馬遷, ≪史記·淮南衡山列傳≫
> 사람이 태어나 한평생을 어찌 이와 같이 근심하며 우울하게 살겠는가?

> 上古之世, 人民少而禽獸衆, 人民不勝禽獸蟲蛇. 韓非, ≪韓非子·五蠹≫
> 상고시대에는 사람들은 적고 날짐승과 길짐승이 많아, 사람들이 날짐승·길짐승·벌레·뱀을 이기지 못하였다.

'代'는 ≪說文解字≫에 의하면 "바꾸다(更也)"라는 하고, 段玉裁의 ≪說文解字·注≫에 의하면 "이것으로 저것으로 바꾸는 것을 '代'라고 한다.………'世'자 대신에 '代'자를 사용한 것은 唐나라의 '避諱'부터 시작되었다. '世'와 '代'의 뜻이 다르지만, 唐나라에서는 世를 말하는 것을 피하였다.………(凡以此易彼謂之代.………假代字爲世字, 起於唐人避諱. 世與代義不同也, 唐諱言世.………)"라고 한다. 唐 태종의 이름이 李世民이기 때문에 그의 이름에 사용된 '世'와 '民'을 사용하는 것을 피하여, '世' 대신에 '代'를, '民' 대신에 '人'을 사용하였다. 그 이후 본래 의미가 다르던 '世'와 '代'는 의미를 혼동하게 되었다.

> 子曰: "周監於二代, 郁郁乎文哉！ 吾從周." ≪論語·八佾≫
> 공자께서 "주나라는 夏나라와 殷나라 두 왕조를 거울삼아 문화가 찬란하였도다! 나는 주나라(의 문화)를 따르겠다"라고 말씀하셨다.

> 且越言乃三代之事, 何足法也? 司馬遷, ≪史記·秦始皇本紀≫
> 하물며 (淳于)越의 말은 (하, 은, 주) 세 왕조의 일인데 어찌 본받을 만하겠습니까?

위 예문에서 '代'가 말하는 의미는 '왕조'를 의미한다. '代'의 '교체'라는 의미에서 '왕조의 교체'로, 너 나아가 '한 왕조가 다른 왕조로 대체되는 것'을 '一代'라고 하였다. 이른바 '朝代'를 의미한다. 오늘날에 와서는 '代'의 의미가 확대되어 지질학에서는 더욱 긴 시간을 나타내는 데, 예를 들면 '古生代', '新生代' 등과 같은 지질학 용어가 있다.

175
豕[시/shǐ]·彘[체/zhì]·豚[돈/tún]·豬[저/zhū]

이 글자들은 모두 '돼지'라는 뜻을 가지고 있지만, 의미상 차이가 있다.

'豕'는 고대 돼지의 통칭으로서 '야생돼지'와 '집돼지'를 모두 가리켰고, 오늘날의 '猪'에 해당한다.

冬十二月, 齊侯游于姑棼, 遂田于貝丘. 見大豕.……. 射之. 豕人立而啼. ≪莊公8年≫

겨울 12월에 제나라 양공은 '고분'으로 나들이 나갔다가 바로 '패구'에서 사냥을 했다. (그 때) 큰 돼지가 나타났다.……(양공은) 그 돼지를 활로 쏘니, 그 돼지는 사람처럼 서서 울었다.

大家伐其小家, 殺其人民, 取其牛馬狗豕布帛米粟貨財, 則何若? ≪墨子·魯問≫

큰 집안이 작은 집안을 공격하여 그 사람들을 죽이고, 소, 말, 개, 돼지, 베, 비단, 쌀, 벼, 온갖 재물을 빼앗는다면 어떻게 하겠습니까?

위 두 예문에서 '豕'를 보면, 앞의 예문에서는 사냥할 때 나타난 돼지이니 '야생돼지'이라는 것을 알 수 있고, 뒤의 예문에서는 작은 집안에서 빼앗는 가축 중에 있는 돼지이니 '집에서 키우는 돼지'이라는 것을 알 수 있다.

'彘'는 다음 예문을 보면 '豬'의 방언으로 '豕'와 별 차이가 없다는 것을 알 수 있다.

豬, 北燕朝鮮之間謂之豭, 關東西或謂之彘, 或謂之豕, 南楚謂之豨. 其子或謂之豚, 或謂之豯. 揚雄, ≪方言·八≫

돼지는 北燕과 朝鮮의 사이에서는 豭(가)라고 부르고, 관동 관서 지역에서는 彘라고 부르거나 豕라고 부르고, 南楚에서는 豨(희)라고 부른다. 그 새끼를 豚이라고 부르거나 豯(혜)라고 부른다.

다음 예문에서도 '彘'는 일반적으로 새끼돼지 '豚'과 상대되는 '다 자란 돼지'를 말하고 있다고 한다.

鷄豚狗彘之畜, 無失其時, 七十者可以食肉矣. ≪孟子·梁惠王上≫

닭, 새끼돼지, 개, 다 자란 돼지 등 가축을 제 때를 놓치지 않고 잘 키운다면, 나이가 칠십 되는 노인이 고기를 먹을 수 있게 된다.

그러나 '彘'의 갑골문 자형은 '화살에 맞은 돼지'의 모양을 하고 있고, 현재 해서체에서도 '矢'가 상존하고 있다. 이것으로 보아 아무래도 '彘'는 본래 '멧돼지' 종자가 아닌지 의심스럽다.

'豚'은 위에서 언급한 ≪方言·八≫의 예문이나 ≪說文解字≫에 의하면 "새끼돼지이다(小豕也)"라고 한다. '豚'은 '豕'와 대비하여 '새끼'와 '다 자란 돼지'로 구분한다.

> 至入人欄廄, 取人馬牛者, 其不義, 又甚攘人犬豕雞豚. ≪墨子·非攻≫
> 남의 집 마구간에 들어가 남의 말이나 소를 훔친 자는 그 부도덕함이 또한 남의 개, 큰 돼지, 닭, 새끼돼지를 훔친 자보다 더욱 심하다.

'豬'는 본래 ≪廣雅·釋獸≫에 의하면 "돼지의 새끼(豕子)"라고 한다.

> 今人之生也, 方知畜鷄狗猪彘, 又畜牛羊. 然而食不敢有酒肉 ≪荀子·榮辱≫
> 요즘 사람들의 삶은 닭, 개, 새끼돼지, 다 자란 돼지를 기를 줄 알고, 또 소와 양까지 기르고 있다. 그러나 식사 때에는 감히 술과 고기를 먹지 못한다.

위 예문에서는 '豬'와 '彘'를 같이 열거하여, '豬'는 '새끼돼지'를, '彘'는 '다 자란 돼지'를 대비하고 있다.

176 食[사/shí]·飯[반/fàn]·粥[죽/zhōu]·餌[이/ěr]·糗[구/qiǔ]

이 글자들은 모두 '쌀로 만든 음식'이라는 뜻을 가지고 있지만, 각각 의미상 차이가 있다.

'食'의 갑골문 자형은 '위에 뚜껑이 있고, 아래에는 음식물(밥)이 담겨져 있는 식기' 모양을 하고 있다. 여기에서 '음식물' 또는 '밥'이라는 뜻이 생겼다.

賢者之治邑也, 蚤出莫入, 耕稼樹藝聚菽粟. 是以菽粟多而民足乎食. ≪墨子·尙賢中≫

현자가 고을을 다스리는 것은 일찍 출근하고 늦게 퇴근하면서, 밭을 갈고 씨뿌리고 곡식이나 나무를 심어 가꾸어 곡식을 거두도록 한다. 이 때문에 곡식은 많아지고 백성들은 식량이 넉넉하게 된다.

公曰: "衣食所安, 弗敢專也, 必以分人." ≪左傳·莊公10年≫

莊公이 "옷이나 음식 같은 기거하는데 필요한 것을 감히 독점하지 않고 반드시 사람들에게 나누어 줄 것이다"라고 말하였다.

'飯'은 주로 '밥'을 의미하고, '밥을 먹다'라는 동사로도 사용되었다.

共食不飽, 共飯不澤手. 毋摶飯, 毋放飯. ≪禮記·曲禮上≫

남과 함께 음식을 먹을 때에는 배부르게 먹지 말고, 남과 함께 밥을 먹을 때에는 손을 적시지(손으로 먹지) 말고, 밥을 뭉쳐서 먹지 말고, 먹던 밥을 다시 밥통에 놓지 말아야 한다.

趙襄子攻翟, 勝老人·中人, 使使者來謁之, 襄子方食摶飯, 有憂色. ≪呂氏春秋·愼大≫

조양자가 (辛穆子에게) 적나라를 공격하게 하였는데, 신목자는 노인성과 중인성을 공격하여 함락시키고 사자를 보내 그 사실을 보고하였는데, 조양자는 마침 주먹밥을 먹고 있었는데, (그 소식을 듣고) 염려스러운 낯빛이 되었다.

廉頗老矣, 尙能飯否? ≪史記·廉頗藺相如列傳≫

염파가 늙었는데, 아직 밥을 잘 먹을 수 있습니까?

'粥'은 본래 徐鍇의 ≪說文解字繫傳≫에 의하면 '鬻'의 속자이었다고 한다. 또 ≪爾雅·釋言≫에서는 "鬻, 糜也"라고 하였는데, 여기에 晉의 郭璞은 注를 달아 "진 죽(淖糜)"라고 하였다. 이로 보아 '粥'은 좀 '질척한 죽'이고, 糜(미)는 '된 죽'이라는 것을 알 수 있다. 즉 곡식을 물게 풀어 오래 끓인 음식으로 '미음' 같은 것이라 할 수 있다. 죽은 좋은 음식을 아니어서 노예나 가난한 사람, 또는 치아가 좋지 않거나 喪中에 있는 사람들이 밥 대신 먹었다.

三年之喪, 齊疏之服, 飦粥之食, 自天子達於庶人, 三代共之. ≪孟

子·滕文公上≫

삼년 동안의 喪期에 자소(齊疏)라는 喪服과 전죽(飦粥)이라는 죽 음식은, 天子로부터 庶人에 이르기까지 하, 은, 주 세 왕조가 함께 하여 왔다.

‘餌’는 ≪說文解字≫에 의하면 “쌀가루로 만든 떡(粉餠也)”이라고 한다. 또 ‘餌’는 ‘약이 되는 음식’이라는 뜻도 있다.

粔籹蜜餌,有餦餭兮. 屈原≪楚辭·招魂≫

거여와 밀이(꿀떡)에 장황(엿)도 있다.

◆粔籹(거여): 중배끼. 유밀과의 하나. 밀가루를 꿀과 기름으로 반죽하여 네모지게 잘라 기름에 지져 만든다.

然得而腊之, 以爲餌, 可以已大風攣踠瘻癘, 去死肌殺三蟲. 柳宗元, 〈捕蛇子說〉

그렇지만 그 뱀을 잡아 포로 만든 뒤 약으로 먹으면 심한 中風이나 손발이 뒤틀리거나 부스럼과 악성종기 등을 치료할 수 있고 썩은 피부나 三尸蟲도 없앨 수 있다고 한다.

◆腊(석): 乾肉, 말린 고기. 攣踠(연원): 팔 다리가 굽어져 펴지지 않는 병. 瘻癘(누려): 목에 난 종기와 문둥병. 死肌(사기): 혈액순환이 안 되어 죽은 피부.

‘糗’는 ≪說文解字≫에 의하면 “볶은 쌀과 보리(熬米麥也)”라고 한다. 이것은 각종 쌀이나 보리를 볶아서 찧거나 맷돌에 갈아서 만든 미숫가루 종류로서, 멀리 가거나 군대가 행군할 때 휴대하여 길에서 먹는 ‘말린 음식(乾糧)’이다.

峙乃糗糧, 無敢不逮, 汝則有大刑. ≪尙書·周書·費誓≫

그대들의 건량을 준비하시오. 감히 제때 준비하지 못함이 없도록 하시오. 만약 늦으면 너희들은 큰 형벌을 받을 것이오.

寡君固聞大國之將至久矣. 大國不至, 寡君與士卒竊爲大國憂, 日無所與焉, 惟恐士卒罷弊與糗糧匱乏. ≪呂氏春秋·先識·悔過≫

저의 군주는 본래 귀국의 군대가 오려고 한다는 것을 들은 지 오래되었는데, 귀국의 군대가 도착하지 않아, 저의 군주와 병사들은 마음속으로 귀국을 위해 걱정하고, 날마다 즐겁지 않았습니다. 오로지 (귀국의) 병사들이 피로하고 건량이 부족하지 않을까 걱정하고 있습니다.

177

神[신/shén]·祇[기/qí]·鬼[귀/guǐ]

이 글자들은 모두 '신'과 관련이 있지만, 각각 의미가 조금씩 다르다.

'神'은 처음에는 '山神', '江神'과 같은 '자연신'을 말하고, 나중에는 '神農', '伏羲', '黃帝'와 같은 선조를 신으로 한 '祖上神' 등을 말한다. 자세한 사항은 '[174] 魂[혼/hún]·魄[백/pò]·精[정/jīng]·神[신/shén]·靈[령(영)/líng]'을 참조하시오.

'祇'는 ≪說文解字≫에 의하면 "地神으로 모든 만물을 발생시킨다(地祇, 提出萬物者也)"라고 한다.

> 子路對曰: "有之. 誄曰: '禱爾于上下神祇.' ≪論語·述而≫
> 자로가 대답하여 "있었습니다. 그 뇌사에 '너를 위하여 위로는 하늘의 신에게 아래로는 땅의 神에게 기도하노라'라는 말이 있습니다"라고 하였다."
> ◆誄(뇌): '뇌사'를 말하며, '뇌사'는 죽은 사람의 생전의 공덕을 칭송하며 조상(弔喪)하는 말이다.

> 天神曰靈, 地神曰祇, 人神曰鬼. ≪尸子≫
> 하늘의 신을 靈이라 하고, 땅의 신을 祇라 하고, 사람(죽어서 된) 신을 鬼라 한다.

'鬼'에 대하여 ≪說文解字≫는 "사람이 돌아가 귀신이 된다(人所歸爲鬼)"라고 설명하고 있고, ≪正字通≫에서는 "사람이 죽어서 그 혼백이 鬼가 되는 것이다(人死, 魂魄爲鬼)"라고 하였다.

> 衆生必死, 死必歸土, 此之謂鬼. ≪禮記·祭義≫
> 뭇 생명은 반드시 죽고, 죽으면 반드시 흙으로 돌아가는데, 이것을 鬼라고 한다.

> 大事于大廟, 躋僖公, 逆祀也. 於是夏父弗忌爲宗伯, 尊僖公, 且明見曰: "吾見新鬼大, 故鬼小. 先大後小, 順也.……" ≪左傳·文公2年≫
> 태묘에서 제사지내는데, 희공의 신위를 (閔公보다) 위로 올렸다. 이에 이것은

순서가 맞지 않는 제사라고 하자, 夏父弗忌가 종백의 직위를 맡고 있었는데, 그는 희공을 (閔公보다) 더 존중하여, 게다가 분명히 보았다고 하면서 "나는 새로운 귀신이 크고 오래된 귀신이 작다. 큰 것을 앞에 놓고 작은 것을 뒤에 놓는 것이 순서입니다. ……"라고 말하였다.

◆宗伯: 주(周)나라 때 육관(六官)의 하나로서 예악(禮樂)과 제사(祭祀)를 맡아보았다.

위 예문에서 노희공은 노민공이 재위에 있을 때 신하이었기 때문에 신위가 노민공의 신위 아래에 두어야 그 순서가 맞다고 지적하고 있는 것으로 보아, 생전에 지위가 높으면 사후에 그 '鬼'조차도 높은 대우를 받았다는 사실을 알 수 있다.

178 薪[신/xīn]·柴[시/chái]·樵[초/qiáo]·蕘[요/ráo]

이 글자들은 모두 '땔감'이라는 뜻을 가지고 있지만, 의미상 차이가 있다. '薪'과 '柴', '樵'는 땔감용 '나무'만을 의미하고, '蕘'는 땔감용 '나무'나 '풀' 모두를 의미한다.

'薪'은 '장작'을 의미하고, '柴'는 '섶나무'를 의미한다.

乃命四監收秩薪柴, 以共郊廟及百祀之薪燎. ≪禮記·月令≫
이에 四監에게 명령하여 관례에 따라 바치는 땔나무를 거둬들이게 하여, 천지신과 조상에게 지내는 제사(郊廟)와 온갖 제사의 땔감과 횃불의 용도로 공급하게 한다.

위 예문에 대한 鄭玄의 注에 의하면 "四監은 산림과 내, 못을 주관하는 관직이다. 큰 것은 쪼갤 수 있는데 이것을 薪이라고 부르고, 작은 것으로 같이 묶을 수 있는데 이것을 柴라고 한다(四監, 主山林川澤之官也. 大者可析謂之薪, 小者合束謂之柴)"라고 하였다. 이것으로 미루어보아, '薪'

은 '장작'으로 '통나무를 길쭉하게 잘라서 쪼갠 땔나무'이고, '柴'는 '섶나무'로 '잎나무, 풋나무, 물거리 따위의 땔나무를 통틀어 이르는 말'이다. '섶나무'는 잡목의 잔가지 같은 것으로 묶어서 횃불로 쓰면 적당할 것 같다.

또 '柴'는 '섶나무를 태워서 하늘에 지내는 제사'라는 뜻도 있다. 후에는 '柴'자의 '木'을 '示'로 바꾼 '祡'자를 사용하였다.

> 歲二月, 東巡守, 至于岱宗. 柴而望祀山川. ≪禮記·王制≫
> (천자가 順守하는) 해의 2월에는 동쪽을 순수하여, 岱宗(泰山)에 이르러 섶나무를 태우면서 멀리 산천을 우러르며 望祀를 올린다.
> ◆望祀: 음식을 차리고 불을 피우고 멀리 산천을 우러르며 神에게 제사를 드리는 것을 말한다.

'樵'는 ≪說文解字≫에 의하면 "쓸모없는 나무(散木也)"라고 하였지만, '땔나무'라는 의미로 사용된다.

> 樵蒸焜上, 配藜四施. ≪漢書·揚雄傳≫
> 땔나무와 마 줄기가 불이 붙어 타오르며, 사방으로 흩어지네.

顔師古의 주에 의하면 "樵는 땔나무이다. 蒸은 麻의 줄기이다. 焜은 '함께'라는 뜻이다. 이는 땔나무와 마의 줄기로 된 횃불의 불꽃이 하늘까지 올라가 사방으로 흩어진다는 것을 말하고 있다(樵, 木薪也. 蒸, 麻幹也. 焜, 同也. 言以樵及蒸燎火, 炎上於天, 又披離四出)"라고 한다.

> 君使士射, 不能則辭以疾, 言曰: "某有負薪之憂." ≪禮記·曲禮下≫
> 임금이 士에게 활쏘기를 시킬 때에 쏠 줄 모르면 병이 있다고 사양하고, "아무개는 땔나무를 져서 근심(통증)이 있습니다"라고 말한다.

위 예문에 대한 孔穎達의 ≪正義≫에 의하면 "薪은 '땔나무'다. 큰 '땔나무'를 薪이라고 한다(薪, 樵也. 大樵曰薪)"라고 하였으므로, 땔나무 중에서 아주 굵은 것을 뜻하는 것 같다. '樵'와 '薪'은 모두 '땔나무'이지만 그 굵기나 크기가 다른 것 같다.

'樵'는 명사로 사용되는 경우는 드물며, 일반적으로 동사로 사용된다. '섶나무를 베어내다', '땔감을 구하다'는 뜻으로 해석된다. 나무를 하는 사람을 樵夫(나무꾼)라 한다. 아래 예문에서 '樵'가 두 번 사용되었는데, 앞의 것은 '땔나무'로 사용되고 뒤의 것은 '베어내다'라는 뜻으로 사용되었다.

> 禁芻牧採樵, 不入田, 不樵樹, 不采蓺, 不抽屋, 不強匄. ≪左傳·昭公6年≫
> (楚나라 公子 棄疾은) 풀을 베어 방목하고 땔나무를 채취하는 것도 금하고, 밭에 들어가지도 못하게 하고 나무도 베어내지도 못하게 하고, 심은 채소와 과일도 따지 못하게 하고, 집을 헐지 못하게 하고, 강제로 구걸하지 못하게 하였다.

'蕘'는 땔감으로 사용되는 '나무'나 '풀' 모두를 의미한다.

> 先民有言, 詢于芻蕘. ≪詩經·大雅·板≫
> 옛 사람들의 말씀이 있는데, 풀 베고 땔나무 하는 사람에게 물어보라 하네.

> 萬乘之國, 千乘之國, 不能無薪而炊. 今北澤燒, 莫之續, 則是農夫得居裝而賣其薪蕘. 一束十倍. ≪管子 · 輕重甲≫
> 만승지국이든지 천승지국이든지 땔나무 없이는 밥을 지을 수 없다. 지금 북쪽 소택초지가 불에 타서 땔나무로 쓸 풀이 계속될 수 없는데, 우리 농부가 여유롭게 마차에 땔나무와 풀을 실어다 파니, 한 묶음에 열 배가 되었습니다.

위 예문 중에서 두 번째 예문에 대하여 尹知章은 注를 달아 "큰 것은 '薪'이라 하고, 작은 것은 '蕘'라 한다(大曰薪, 小曰蕘)"라고 하였다. 이 말로 보면 '蕘'는 '땔나무'가 옳은 것 같으나, '沼澤(소택)草地(초지)에 불이 났다'라는 말과 '蕘'의 의부가 '艸(초)'인 것으로 보아 '땔나무로 쓸 풀'이라는 의미인 것 같다. 또 '薪'은 앞에서 '樵'와 비교할 때에도 '樵'에 비해 크다고 한 것으로 보아, '薪'은 틀림없이 가장 크고 굵은 '땔나무'인 것 같다.

≪說文解字≫에 의하면 '蕘'는 '薪也'라고 하고 '薪'은 '蕘也'라고 한다. 이 말을 따르면 '蕘'와 '薪'은 같은 뜻으로 땔감으로 사용되는 '나무'

나 '풀' 모두를 의미해야 한다. 그러나 사실상 '薪'은 땔감용 '풀'이라는 뜻으로 사용된 용례가 보이지 않는다. 왜냐하면 '薪'의 본래 글자는 '新'이었기 때문이다. '新'의 자형은 '斤'과 '木' 그리고 聲符 '辛'으로 이루어진 글자로 '도끼로 찍어 얻은 나무(取木)'라는 뜻이다. 이 '新'자는 본래 '풀'과는 별 관계가 없었으나, '新'이 '새롭다'라는 뜻으로 사용하게 되어, '땔나무'라는 의미를 보존하기 위하여 '新'에 '艸(초)'를 더하여 '薪(신)'자를 만들었기 때문이다.

179

齒[치/chǐ]·牙[아/yá]

이 두 글자는 모두 '이'라는 뜻을 가지고 있지만, 의미상 차이가 있다.

'齒'는 '앞니'를 의미하고, '牙'는 '어금니'를 의미한다.

諺所謂'輔車相依, 脣亡齒寒' 者, 其虞虢之謂也. ≪左傳·僖公5年≫
속담에 이른바 "수레 덧방나무와 수레는 서로 의지하고, 입술이 없어지면 이가 시리다"고 한 것은 우리 우 나라와 괵 나라 사이를 두고 한 말이다.

領如蝤蠐, 齒如瓠犀. ≪詩經·衛風·碩人≫
목은 흰 나무벌레처럼 희고, 이는 박 씨처럼 가지런하지요.
◆蝤蠐(추제): 나무굼벵이. 蝤蠐는 나무에서 나무를 갈아먹는 희고 긴 굼벵이 같은 벌레.
瓠犀(호서): 박의 살과 씨.

鳥獸之肉不登於俎, 皮革齒牙骨角毛羽不登於器, 則公不射, 古之制也. ≪左傳·隱公5년≫
날짐승과 길짐승의 고기도 제기에 담아 올리지 못하고, (그 짐승들의) 모피나 가죽, 앞니와 어금니, 뼈나 뿔, 털과 깃털들도 기물의 장식에 사용하지 못하면 임금이 (직접 그 짐승을) 사냥 않는 것이 옛날부터의 제도입니다.

誰謂鼠無牙? 何以穿我墉? ≪詩經·召南·行路≫
누가 쥐는 어금니가 없다고 했소? (없는데) 어떻게 우리 담을 뚫었나요?

'齒'는 사람의 연령에 따라 많아지거나 변화하게 되므로 引伸하여 사람의 연령을 나타낸다. 또 '말'은 어릴 때에 一年에 이빨이 하나씩 생기므로 인신하여 '齒'는 '소나 말의 나이를 계산하다'라는 뜻으로 사용한다고 한다.

天下有達尊三: 爵一, 齒一, 德一. ≪孟子·公孫丑下≫
세상 사람이 모두 존경할 만한 것이 셋 있는데, 작위가 그 하나요, 연령이 그 하나요, 덕망이 그 하나다.

以足蹙路馬芻有誅, 齒路馬有誅. ≪禮記·曲禮上≫
임금이 타는 수레를 끄는 말(路馬)의 꼴을 발로 차면 벌을 받게 되고, 路馬의 이를 세어보면 벌을 받게 된다.

'牙'는 동물의 이빨을 가리키는 경우가 많기 때문에 통상 동물의 '爪'와 함께 사용된다. 또한 동물은 '爪'와 '牙'를 가지고 공격과 방어를 하므로 引伸되어 '勇士'나 '武臣'라는 뜻도 있고, 다시 인신되어 '輔佐하는 사람'이라는 뜻도 있다.

螾無爪牙之利, 筋骨之强, 上食埃土, 下飮黃泉, 用心一也. ≪荀子·勸學≫
지렁이는 날카로운 발톱과 이빨이 없고, 강한 근육과 뼈도 없는데, 땅 위로 올리기 티끌과 흙을 먹고 땅 아래로 내려가 땅속의 물을 마시는데, 그것은 마음을 쓰기 것이 한결같기 때문이다.

擇郡中豪敢任吏十餘人, 以爲爪牙. ≪史記·酷吏列傳≫
郡에서 용감한 사람 10여명을 골라 관리로 삼아, 자신의 심복으로 삼았다.

'牙'는 '어금니'라는 뜻이지만, '코끼리의 어금니' 즉 '象牙'라는 의미로 자주 사용된다. 이런 경우에 일반적으로 '상아'로 만든 장식물이나 제품을 의미한다. '齒'도 간혹 '象牙'라는 뜻으로 사용되는 경우도 있다.

戈茅若林, 牙旗繽紛. 張衡, 〈東京賦〉
창에 묶는 띠가 마치 수풀처럼 많고, 象牙로 장식한 旗는 어지러이 휘날리도다.

羽毛齒革, 則君地生焉. ≪左傳·僖公23年≫
새의 깃털, 짐승 털, 상아, 가죽은 임금의 땅에서 생산됩니다.

180

濱[빈/bīn]·滸[호/hú]·浦[포/pŭ]·岸[안/àn]·涯[애/yá]·垠[은/yín]

이 단어들은 모두 '물가'나 '끝·한도'라는 뜻과 관련되며, 두 항목으로 나누어 설명할 수 있다.

'濱'·'滸'·'浦'는 물가를 표시한다. 이른바 물가란 물과 접하거나 또는 물 근처의 지역을 포괄한다.

'濱'은 원래 동사로서, 근접하거나 이웃하고 있다는 뜻이다.

夫管夷吾射寡人中鉤, 是以濱于死. ≪國語·齊語≫
관중(관이오)이 활을 쏘아 과인의 허리띠 고리를 맞춰 거의 죽을 뻔 했다.

이것은 관중이 제환공이 귀국하는 것을 저지하기 위해, 제환공을 좇아가 화살을 쏘아 허리띠 갈고리를 맞춘 일을 말한 것으로, "濱于死"는 죽음에 가까이 갔다, 거의 죽을 뻔 했다는 뜻이다.

≪公羊傳·僖公四年≫ 항목에는 제환공이 초를 정벌하고 회군할 때 어떤 사람이 다음과 같이 건의하는 구절이 있다.

君旣服南夷矣, 何不還師濱海而東, 服東夷且歸.
임금께서 이미 남쪽 오랑캐(초나라)를 복종시키셨는데, 어찌하여 군대를 돌려 바닷가를 따라 동쪽으로 가서 동쪽 오랑캐를 복종시키고 돌아오시지 않습니까?

여기에서 '濱海而東'은 해변을 따라 동으로 가는 것이다. 동사로서의 '濱'은 '瀕'이라고도 쓴다.

'물가'의 의미로서의 '濱'은 육지와 江·河·호수·바다와 근접한 지역을 총괄하여 가리키는 것이다.

> 普天之下, 莫非王土. 率土之濱, 莫非王臣. ≪詩·小雅·北山≫
> 하늘 아래 모든 곳이 왕의 땅 아닌 곳이 없고, 온 땅의 끝까지 왕의 신하 아닌 자가 없다.

하늘로 둘러싸인 곳 아래이기만 하면 모두 왕의 땅이며, 사해의 안쪽이기만 하면 모두 왕의 노예라는 뜻이다. '率土之濱'은 바다와 인접한 땅에까지 이른다는 뜻이다.

> 河濱之漁者爭坻, 舜往漁焉, 期年而讓長. ≪韓非子·難一≫
> 황하 가의 물고기 잡는 자들은 모래섬(물 위의 높은 땅, 물고기 잡기 좋은 장소)을 다투는데, 순이 그곳에 가서 고기를 잡다가 일년이 지나서 연장자에게 양보했다.
> ◆坻(저): 모래섬

'河濱'은 황하 강변이다. '江濱'·'湖濱' 등등과 같이 물가는 어느 곳이든 모두 '濱'이라고 할 수 있었다.

'滸' 또한 물가를 가리킨다.

> 朝從北岸來, 泊船南河滸. 高適, 〈黃河途中〉
> 아침에 북쪽 언덕으로부터 와서 남쪽 황하 가에 배를 정박했다네.

> 萬人鑿盤石, 無由達江滸. 李白, 〈丁都護歌〉
> 만 명이 반석을 깨뜨려도 강가에 도달할 길이 없네.

위 두 시에서, '滸'는 모두 물과 언덕이 접하는 부분을 가리키는 것이다. 고적의 시는 물쪽에서 말한 것이고, 이백의 시는 육지의 관점에서 말한 것이다.

≪宋史·石保典傳≫에는 석보선이 순행을 나간 것을 西夏 사람들이

알고 수천의 기병을 이끌고 황하를 건너 싸우기를 요구하였는데, 석보전이 부하를 지휘하여 다음과 같이 말하는 대목이 기록되어 있다.

> 伏于河滸, 俟其半渡急擊之.
> 강가에 잠복하고 있다가 그들이 반쯤 건너기를 기다려 급히 공격하라.

'河滸'는 황하 부근을 가리킨다. ≪水滸傳≫은 현대어로 번역하면 양산박 근처의 영웅전설이라는 뜻이 된다.

'浦' 또한 물가를 가리킨다.

> 率彼淮浦, 省此徐土. ≪詩·大雅·常武≫
> 저 회수의 강가를 따라, 이 서나라의 영토를 살피네.

'率彼淮浦'는 회수 물가를 따라 전진한다는 뜻이다.

그러나 '浦'가 물가의 뜻으로 사용된 경우는 비교적 적고, 대부분은 지류가 강이나 호수로 흘러들어가는 입구를 표시하거나, 하천의 분기점을 가리킨다. ≪風土記≫에서는 "큰 강에 달리 통하는 지류의 입구가 있는 곳을 포라 한다(大水有小口別通曰浦)"고 하였다.

> 尋親舊還, 雨風, 停浦中. ≪宋書·徐寧傳≫
> 친척을 찾아 옛 곳으로 돌아오다 풍랑을 만나 포구에 정박했다.

'浦'가 강의 지류라야 배를 정박하고 풍랑을 피할 수 있는 것이다. 인공으로 굴착한 지류 또한 '浦'라고 할 수 있다.

'浦'는 지류의 河口로서 언덕을 가리키는 것은 아니다. '浦'가 물가의 뜻을 나타내는 것은 하구까지 함께 포함하여 지칭하기 때문이다.

'浦'는 흔히 장강 수계와 관련이 있는데, 현대의 장강 중하류에는 아직도 '浦'라고 명명된 지명이나 '浦'라고 명명된 강이 많다. 예를 들면, '浦口'·'黃浦江' 등등이다. '浦'가 장강 유역의 방언일 가능성이 높다는 것을 알 수 있다. 북방인들이 '浦'라는 글자를 사용하는 것은 해당 연고 지역 사람들의 용어를 따르는 습관 때문이다.

'岸'과 '涯'는 또 다른 항목이다. 이 글자들은 물과 접하고 있는 육지만을 표시할 뿐, 물가와 연결되어 있는 지역을 표시하지는 않는다. 따라서 바다로부터 10~20리 떨어진 지역은 海濱이라고 할 뿐, 海岸이라고 할 수는 없고, 강 기슭에 닿다(靠岸)·강 언덕에 오르다(登岸)라고 하지 물가에 닿다(靠濱)·물가에 오르다(登濱)라고 할 수는 없다.

'岸'의 形旁은 山으로서, 처음에는 산의 가에 있는 가파른 낭떠러지를 뜻했다.

> 高岸爲谷, 深谷爲陵. ≪詩·小雅·十月之交≫
> 높은 언덕이 계곡이 되고, 깊은 계곡이 높은 언덕이 된다.

> 三尺之岸而虛車不能登也, 百仞之山, 任負車登焉. ≪荀子·宥坐≫
> 석 자의 언덕이라도 빈 수레로 오를 수 없고, 백 길의 산이라도 (경사가 완만하면) 짐 실은 수레도 오를 수 있다.

'岸'이 강 언덕(河岸)의 의미로 쓰일 경우에는, 강물에 부딪쳐 만들어진 가파른 강 언덕만을 가리킨다. 가파른 강 언덕은 그 자체가 본래 산의 낭떠러지(山崖)인 것도 있고, 어떤 것은 흙언덕(土岸)이기는 하지만 산 언덕과 비슷하기 때문에 '岸'이라고 한다.

> 兩岸猿聲啼不住, 輕舟已過萬重山. 李白, 〈早發白帝城〉
> 양쪽 언덕의 원숭이 소리 그치지 않는데, 가벼운 배는 이미 만겹 산을 넘어왔네.

白帝城은 지금 四川省 奉節縣에 있다. 봉절현에서 宜昌까지 장강의 양쪽 언덕은 모두 높은 산이다. 따라서 '兩岸'이라고 한 것이다.

'涯'는 처음에는 '崖'와 동원사였으며, 동의사가 되었다. 山崖는 본래 물에 접한 것과 물에 접하지 않은 것 두 가지였다. 처음에는 모두 '厓'라고 했는데, 후에 분화되어 산에 있는 것은 '崖'라 하고 물에 접한 것은 '涯'라고 하게 되었다.

秋水時至, 百川灌河, 涇流之大, 兩涘渚崖之間不辨牛馬. ≪莊子·秋水≫
가을에 물은 계절에 따라 불어나는데, 모든 시내가 황하로 흘러들어와, 물의 흐름이 크고 넓어서, 양쪽 물가의 언덕 사이에서는 소와 말이 구분되지 않는다.
◆涘(사); 물가, 渚(저); 물가, 崖(애); 벼랑

위에서 '渚'는 모래섬(沙洲)이며, '崖'는 높은 언덕(高岸)이다. 여기에서의 '崖'는 후에 '涯'로 쓰게 된다.

'涯'와 '岸'은 후대에 이르러 나뉘어 쓰이게 된다. '岸'은 평탄한 강가도 포함한 물가의 육지만을 가리키게 되고, '涯'는 하늘 끝(天邊) 또는 물의 끝(海邊)처럼 물에 한정되지 않고 넓고 광대한 사물의 변두리를 통칭하게 된다.

相去萬餘里, 各在天一涯. ≪古詩十九首≫
서로 떨어지기 만여 리, 각자 하늘 끝에 있네.

大海亦有涯, 高山亦有岑. 孟郊, 〈病客行〉
큰 바다에도 끝이 있고, 높은 산에도 봉우리가 있다.
◆岑(잠); 봉우리

여기에서는 바다의 끝 부분을 가리킨다. 이밖에 '涯'는 또한 추상적인 사물에 흔히 사용되어 끝부분을 가리키기도 한다.

吾生也有涯, 而知也無涯. ≪莊子·養生主≫
내 삶에는 끝이 있지만, 앎에는 끝이 없다.

시간과 지식은 끝을 말할 수 없다. 이러한 점 때문에 '涯'는 한계나 극한의 의미도 갖게 된다.

'涯'와 의미가 연관된 글자로 '垠'이 있다. '垠' 또한 '岸'·'涯'와 동원사인데, 흔히 '無'字와 연용된다. '涯'와 다른 점은, '涯'가 육지를 말하는데 쓰지 않는 것과 같이 '垠'은 물을 말하는데 사용하지 않는다는 점이다.

山峻高以無垠兮. ≪楚辭·九嘆·遠遊≫
산이 험하고 높아서 끝이 없다.

浩浩乎平沙無垠. 李華, 〈弔古戰場文〉
넓고 넓도다. 끝없는 평평한 사막이여.

其小無內兮, 其大無垠. ≪楚辭·遠遊≫
그(道를) 작다고 하면 들어가지 못하는 곳이 없을 정도로 작으며, 크다고 하면 끝이 없을 정도로 크다.

위 첫 인용문에서는 산을 말하고 있고, 두 번째 인용문에서는 사막을 말하고 있으며, 세 번째 인용문에서는 道를 말하고 있다. "無垠"은 끝이 없다, 끝이 보이지 않는다는 뜻이다. "一望無垠"이라는 것이다.

181

眼[안/yǎn]·目[목/mù]

'眼'의 本義는 '눈알'이다.

比干剖心, 子胥抉眼, 忠之禍也. ≪莊子·盜跖≫
비간의 심장이 도려내어지고, 오자서의 눈알이 뽑힌 것은 충성을 바치다 당한 재앙이다.

太后遂斷戚夫人手足, 去眼. ≪史記·呂太后本紀≫
태후는 마침내 척부인의 손과 발을 자르고 눈알을 뽑아냈다.

見禮俗之士, 以白眼對之. ≪晉書·阮籍傳≫
속된 예의에 사로잡힌 인물을 만나면 흰 눈으로 그를 대했다.

譬如人眼中有瞳子, 無此必不明. ≪世說新語·言語≫
비유하자면 (그것은) 사람의 눈에 눈동자가 있는 것과 같아서, 그것이 없으면 반드시 밝지 않을 것입니다.

雄兎脚撲朔, 雌兎眼迷離. 〈木蘭詩〉
숫토끼는 때때로 앞발을 마구 움직이고, 암토끼는 실눈을 뜨곤 한다네.

何時眼前突兀見此屋, 吾廬獨破受凍死亦足. 杜甫, 〈茅屋爲秋風所破歌〉
언제나 눈 앞에 우뚝한 이런 집이 나타날까. 내 오두막집만 부서져 (내가) 얼어죽어도 괜찮으리라.

여기에서 의미가 확대되어 '구멍'의 뜻을 갖게 된다.

古來相傳是海眼, 苔蘚食盡波濤痕. 杜甫, 〈石筍行〉
옛적부터 전해지기를 '바다의 구멍'이라 했는데, 이끼가 파도의 흔적을 다 잠식했다네.

또한 샘이나 우물을 세는 양사로도 사용된다.

湖中又有泉數十眼. 白居易, 〈錢塘湖石記〉
호수 가운데 또 샘 수십 개가 있다.

'目'은 象形字로서, 고문자의 자형이 눈과 비슷하다. 본의는 '눈'이다. ≪說文≫에서는 "목은 사람의 눈이다.(目, 人眼)"라고 하였다.

相如張目叱之. ≪史記·廉頗藺相如列傳≫
인상여가 눈을 부릅뜨고 그를 꾸짖었다.

事不目見耳聞而臆斷其有無, 可乎? 蘇軾, 〈石鐘山記〉
그 일을 눈으로 직접 보고 귀로 듣지 않고, 그것의 유무를 억측하는 것이 옳겠는가?

이로부터 인신되어 '보다'의 뜻이 되었다.

旦日, 卒中往往語, 皆指目陳勝. ≪史記·陳涉世家≫
다음 날, 병사들은 이곳저곳에서 말하면서, 모두 진승을 손가락으로 가리키며 눈으로 바라보았다.

또한 눈짓으로 가리키거나 눈짓으로 뜻을 표시하는 것을 가리키기도 한다.

范增數目項王, 擧所佩玉玦以示之者三. ≪史記·項羽本紀≫
범증이 여러 차례 항왕에게 눈짓을 하고, 차고 있던 패옥을 들어 뜻을 알린 게 여러 번이었다.

여기에서 의미가 확대되어 '품평, 간주'의 뜻으로도 사용된다.

山公擧阮咸爲吏部郞, 目曰. '淸眞寡欲, 萬物不能移也.' ≪世說新語·賞譽≫
산공이 완함을 이부랑에 천거하고, 그에 대해 '맑고 진실되며 욕심이 적어 세상의 무엇이라도 그를 흔들 수 없다.'고 품평하였다.

또한 "항목"의 뜻으로도 사용된다.

請問其目. ≪論語·顔淵≫
청컨대 그 세목에 대해 묻고자 합니다.

요약하면, '안'과 '목'은 모두 '눈'의 뜻이다. ≪說文≫에서는 두 글자를 互訓하고 있다. 또한 동의복합어가 되어 '眼目'이라고 쓰이기도 한다. 차이점은 눈이라는 뜻으로 상고 한어에서는 '目'만을 썼고, '眼'은 魏晉 이후에야 비로소 눈의 뜻으로 사용되기 시작했다는 점이다. 또한 '眼'은 의미의 범위가 비교적 좁고, '目'은 의미 범위가 비교적 넓다는 점에서 차이가 있다.

182 安[안/ān]·定[정/dìng]

이 두 글자는 모두 '平靜'이나 '평온하면서도 정상적'이라는 뜻이다. 그러나 '安'은 '危'에 상대되는 것으로, 평정하며 위험스럽지 않다는 데에 의미의 중점이 있고, '定'은 '亂'과 상대되는 것으로 평온하고 동란이 없다는 데에 의미의 중점이 있다.

風雨不動安如山. 杜甫, 〈茅屋爲秋風所破歌〉
비바람에도 흔들리지 않아 산처럼 편안하다네.

今南方已定. 諸葛亮, 〈出師表〉
이제 남방은 이미 평정되었습니다.

'安'이 동사로 쓰여 빈어를 동반하면 '평정하게 하다'의 뜻을 갖게 된다. '定'이 동사로 쓰여 빈어를 동반하면 '평온하게 하다'의 뜻을 함유한다.

可以爲富安天下, 而直爲此廩廩也. 賈誼, 〈論積貯疏〉
본래 천하를 부유하고 편안하게 할 수 있었는데, 오히려 이렇게 위태로운 상황을 만들었습니다.

當獎率三軍, 北定中原. 諸葛亮, 〈出師表〉
마땅히 삼군의 장수와 병졸들을 격려하여 북으로 중원을 평정해야 할 때입니다.

'安'은 '平靜'의 뜻이 확장되어 "安逸, 安樂"의 의미가 나오고, '평정하게 하다'의 뜻을 확장하여 "잘 놓아두다, 편안하게 거처하다'의 뜻이 나온다.

今日割五城, 明日割十城, 然後得一夕安寢. 蘇洵, 〈六國論〉
오늘 성 다섯 개를 넘겨주고 내일 성 열 개를 넘겨준 후에, 하루 저녁의 안락한 잠을 얻다.

公曰, 衣食所安, 弗敢專也, 必以分人. ≪左傳·莊公十年≫
莊公이 말하였다. '옷이나 음식 같이 기거하는데 필요한 것을 감히 독점하지 않고 반드시 사람들에게 나누어 줄 것이다.'

'定'은 '평온'에서 의미가 확대되어 '고정'의 뜻이 생기고, '평온하게 하다'는 데서 의미가 확장되어 '결정, 확정, 규정'의 뜻이 생긴다.

計未定, 求人可使報秦者, 未得. ≪史記·廉頗藺相如列傳≫
계책도 확정되지 않았고, 진나라에 가서 보고할 사람도 구하지 못했다.

山高風巨, 霧氣來去無定. ≪徐霞客遊記·遊黃山記≫
산은 높고 바람은 거세며, 안개가 오고가는 것도 일정하지 않았다.

183 狎[압/xiá]·褻[설/xiè]

이 두 글자는 모두 '존중하지 않다'라는 뜻이다.

'狎'은 '친근하면서 장중하지 않다'라는 뜻이다. ≪玉篇≫에서는 "압은 가깝다는 뜻(狎, 近也.)"이라 했고, ≪廣雅≫에서는 "압은 가볍다는 뜻(狎, 輕也.)"이라 했다.

'褻'은 '거만하면서 더럽다'의 뜻이다. ≪實用大字典≫에서는 "오만하다의 뜻(慢也)"이라 했고, ≪康熙字典≫에서는 "설은 더럽다는 뜻(褻, 穢也.)"이라 했다.

稍近, 益狎, 蕩倚冲冒. 柳宗元, 〈黔之驢〉
점차 가까이 다가가다가 더 가까이가서 흔들고 기대고 부딪치고 함부로 하였다.

香遠益清, 亭亭靜植, 可遠觀而不可褻玩焉. 周敦頤, 〈愛蓮說〉
향기는 멀리서 더욱 맑고 꼿꼿하고 깨끗이 서있어 멀리서 바라볼 순 있어도 더럽히거나 희롱할 수는 없다.

동사로 사용되면, '狎'은 '경시하다'라는 뜻이고, '褻'은 '모욕하다'라는 뜻으로 쓰인다.

輕霜露而狎風雨, 是故寒暑不能爲之毒. 蘇軾, 〈敎戰守策〉
(농부와 평민들은) 서리와 이슬을 가벼이 여기고 비바람을 가벼이 여긴다. 그러므로 추위와 더위가 장애가 되지 않는다.

反爲後輩褻. 杜甫, 〈八哀诗·故秘書少監武功蘇公源明〉
도리어 후배들에게 모욕을 당하다.

184 踴(踊)[용/yǒng]·躍[약/yuè]

이 글자들은 모두 두 다리에 힘을 모아 몸을 지면으로부터 떨어뜨리는 동작이지만, 그 방식과 특성에 차이가 있다.

'踴'과 '躍'은 모두 현대 한어의 '跳'에 해당된다. 그러나 '踴'은 원래의 땅에서 위로 뛰는 것을 가리킨다는 점에서 차이가 있다. 물이 위로 올라오는 것은 湧이며, 사람이 위로 뛰는 것은 踴이라고 한다.

跛者不踴. ≪禮記·喪服四≫
다리에 장애가 있는 이는 뛰지 않는다.

고대에는 부모가 돌아가신 후에 아들들은 두 다리를 굴러 뛰어 오르면서 가슴을 치며 통곡해야 했다. 그러나 다리를 저는 사람은 뛰지 않아도 되었다.

'躍'은 앞으로 뛰는 것이다. ≪六書故≫에서는 "큰 것은 '躍'이고 작은 것은 '踴'이다. '躍'은 그 장소를 벗어나는 것이고, '踴'은 그 장소를 벗어나지 않는 것이다.(大爲躍, 小爲踴; 躍離其所, 踴不離其所)"라고 하였다. ‘躍’은 앞으로 일정한 거리를 뛰어나가야 하는 것이다.

騏驥一躍, 不能十步. ≪荀子·勸學≫
천리마가 (앞으로) 뛴다고 해도 한 번에 열 걸음을 뛸 수는 없다.

蟲躍去尺有咫. ≪聊齋志異·促織≫
벌레가 앞으로 뛴다 해도 그 거리가 아주 짧다.

위 예문에서 ‘尺有咫’는 뛰는 거리를 말한 것이다.

≪左傳·僖公二十八年≫에는 상처 입은 魏仇가 晉文公의 명령을 어기자, 진문공은 그를 죽이고 싶었으나 차마 그렇게 하지 못하고 사람을 보내 위구의 병세를 살피게 하는 대목이 나온다. 상세가 중하면 죽여 없애려 하고, 상세가 가벼우면 죽이지 않으려 한 것이다.

魏仇束胸見使者, ……距躍三百, 曲踴三百.
위구는 가슴(의 상처)을 감싸고 사신을 만나서,……멀리뛰기 삼백 번, 높이뛰기 삼백 번을 했다.

‘距躍’은 앞으로 뛰는 것, 즉 멀리 뛰는 것이다. ‘曲踴’은 위로 뛰는 것, 즉 높이 뛰는 것이다. ‘踴’과 ‘躍’을 연용할 때의 뜻은, 현대의 跳躍에 해당된다.

擊鼓其鏜, 踴躍用兵 .≪詩·邶風·擊鼓≫
북소리 둥둥 울리면 이리저리 뛰어다니며 무기 들고 연습하네.

오늘날 ‘踴躍’은 ‘기꺼이 지원하다(踴躍報名)’처럼 정서(감정)의 열렬함만을 표시한다.

185
哀[애/āi]·慟[통/tòng]·慘[참/cǎn]·悲[비/bēi]·戚[척/qī]

이 글자들은 모두 상심(傷心)을 표시하는 동의사이다.

'哀'는 목 놓아 크게 울 때 나오는 소리로서, '哀'를 사용하여 방성통곡할 때의 감정을 표시하시도 한다. 흔히 가까운 친척이 죽거나 또는 신세가 불행할 때 흘러나오는 아주 큰 슬픔과 상심이다.

> 哀哀父母, 生我劬瘁. ≪詩·小雅·蓼莪≫
> 슬프다, 부모님이여! 나를 낳으시느라 수고하고 고달프셨도다.

> 聲哀哀而懷高丘兮, 心愁愁而思舊邦. ≪楚辭·九嘆·逢紛≫
> 그 소리 구슬프게 높은 언덕을 그리워하는구나. 그 마음 수심에 잠겨 옛 나라를 그리워하는구나.

> 有婦人哭于墓而哀. ≪禮記·檀弓≫
> 무덤에서 곡 하면서 슬퍼하는 부인이 있었다.

위에서 '哀'는 모두 매우 비통함을 나타낸다. '哀'가 비통을 표시하기 때문에 과거에 부모가 죽은 사람은 스스로를 '哀子'라고 칭했고, 부고 뒤에 붙인 끝말에도 '哀啓'라 하였으며, 상을 치르면서 예를 다하는 것을 '슬픔이 몸을 해쳐 뼈만 남게 한다(哀毁骨立)'고 표현했다.

'哀'가 타동사로 사용될 때는, 다른 사람의 불행한 처우에 대한 연민·동정을 표시한다. ≪說文≫에서는 "애는 불쌍히 여김이다.(哀, 憫也)"라고 했다.

> 吾哀王孫而進食, 豈望報乎? ≪史記·淮陰侯列傳≫
> 내가 왕손을 불쌍히 여겨 먹을 것을 준 것이지, 어찌 보답을 바랐겠는가?

> 君將哀而生之乎, 則吾斯役之不幸, 未若復吾賦不幸之甚也. 柳

宗元, 〈捕蛇者說〉

당신은 불쌍히 여겨서 나를 살려주시려 하는 것입니까? 내가 이 일을 하는 것의 불행함이 조세를 내는 것을 회복하는 불행만큼 심하지 않습니다.

'慟'의 비통한 정도는 '哀'보다 더 커서 극도의 비애를 표시한다. 애통하여 심장이 울리는 정도에까지 이르는 것이다.

顔淵死, 子哭之慟. ≪論語·先秦≫

안연이 죽자 공자가 그를 위해 통곡했다.

≪論語集解≫에서는 "'慟'은 슬픔이 지나친 것이다.(慟, 哀過也)"라고 하였다.

歡早孤, 讀詩至哀哀父母, 輒執書慟泣. 由是受學者廢蓼莪篇, 不復講焉. ≪南齊書·顧歡傳≫

고환은 어려서 고아가 되었는데, 시경을 읽다가 '애애부모'의 대목이 나오면 곧 책을 들고 통곡하면서 눈물을 흘렸다. 이로 말미암아 배우는 자들이 <蓼莪> 편을 없애서 다시는 가르치지 않았다.

'哀'는 주로 소리로 표현되지만, '痛'은 폐부에서 나오는 비통함이다.

'慘'은 ≪說文≫에서 "혹독하다.(毒也)"라 했고, '憯'은 ≪說文≫에서 "가슴 아프다(痛也)"라 했다. '慘'과 '憯'은 실제로는 異體字로서 모두 애통을 표시한다. 그러나 이 두 글자는 보통 애통하여 가슴이 끊어질 듯 간절한 상태를 묘사한다.

人窮則反本, 故勞苦倦極, 未嘗不呼天也. 疾痛慘怛, 未嘗不呼父母也. ≪史記·屈原傳≫

사람이 궁하면 근본으로 돌아가게 된다. 그래서 힘들고 고달픈 것이 극에 달하게 되면 일찍이 하늘을 부르지 않는 사람이 없다. 괴롭고 슬프게 되면 일찍이 부모를 부르지 않는 사람이 없다.

慘戚氷雪裏, 悲號絶中腸. 李白, 〈北上行〉

얼음 얼고 눈 쌓인 곳에서 애통하고 슬퍼하며, 구슬피 울부짖어 창자가 끊어지는 듯하다.

그러나 '憯'과 '慘'은 후에 분화되는 추세가 나타난다. '憯'은 주로 '참담한 고통'에 사용되고, '慘'은 '악랄하다, 암담하다' 따위의 뜻으로도 사용된다.

'悲'는 ≪說文≫에서는 "痛也"라 했다. '悲'는 내심의 슬픔이나 비애를 표시하기도 한다. '悲'가 '哀'와 다른 점은, '哀'가 가슴 속으로부터 일어난 슬픔이라면, '悲'는 대체로 외부 사물에 근원하는 것, 외부 사물의 자극 때문에 생긴 슬픔이라는 점이다.

"눈물 흘리면서 우는 소리는 사람의 마음을 슬프게 한다.(哭泣之聲, 使人心悲.)"(≪荀子·樂論≫)의 '悲'는 눈물을 흘리면서 곡하는 데 대한 반응이고, "彭祖는 요즘 오래 산 사람으로 유명한데, 뭇 사람들이 그(의 긴 수명)와 비교하려 하니, 또한 슬프지 아니한가(彭祖乃今以久特聞, 衆人匹之, 不亦悲乎)"(≪莊子·逍遙遊≫)에서의 '悲'는 많은 사람들이 억지로 비교함으로 말미암아 생긴 것이다.

'悲'는 또한 哀憐·同情으로 의미가 확대되기도 하지만, '哀'보다 그 정도가 가볍다.

> 媼之送燕后也, 持其踵爲之泣, 念悲其遠也. ≪戰國策·趙策≫
> (조나라의) 태후가 딸을 연나라 왕후로 시집보내면서 그 발을 붙잡고 우는데, 딸이 멀리 시집가는 것을 걱정하고 슬퍼해서이다.
> ◆媼(온): 長老의 존칭.

> 言之, 貌若甚戚者. 余悲之. 柳宗元, 〈捕蛇者說〉
> 그렇게 말하는데 그 모습이 매우 슬퍼하는 것 같았다. 내가 그를 불쌍히 여겼다.

'哀'와 '悲'에 정도상의 차이가 있기 때문에, ≪荀子·性惡≫편에서 "好惡喜怒哀樂之情"이라고 한 것처럼, '哀'의 반의어는 '樂'이 된다. '哀'와 '樂'은 모두 내심으로부터 나와 울거나 웃는 것으로 표현된다. '悲'의 반의어는 '悲歡離合'이나 '悲喜交集'처럼 '歡'이나 '喜'가 된다. '悲'와 '歡'·'喜'는 반드시 큰소리로 울거나 웃는 것으로 표현되기만 하는 것은 아니다.

'戚' 또한 비통을 표시하지만, 비통의 정서가 '悲'보다는 조금 약해서 '傷心'이라고 해석될 수 있다.

哭泣無涕, 心中不戚. ≪莊子·大宗師≫
울면서 곡을 하는데 눈물을 흘리지 않았다. 마음속에 상심함이 없다는 것이다.

喪, 與其易也, 寧戚. ≪論語·八佾≫
상례를 치르는데 의식절차를 빈틈없이 하는 것보다는 차라리 슬퍼하는 마음을 갖는 게 낫다.
◆易: 의식절차를 주도면밀하고 적절하게 하다.

及至葬, 四方來觀之, 顔色之戚, 哭泣之哀, 弔者大悅. ≪孟子·滕文公上≫
장례를 치르는데 사방에서 사람들이 와서 (세자의) 안색에 슬픔이 드러나고 슬프게 곡을 하는 것을 보고, 조문하러 온 사람들이 (감복하여) 크게 기뻐했다.

'戚'은 안색과 표정에 드러나고, '哀'는 울며 곡하는 것으로 드러난다. '戚'은 슬픔을 표시하는 것이기도 하지만 번뇌의 표시이기도 하다.

君子坦蕩蕩, 小人長戚戚. ≪論語·述而≫
군자는 마음이 평온하여 넓고 너그러우며, 소인은 항상 근심에 싸여 마음이 초조하다.

財積而無用, 服膺而不舍, 滿心戚醮, 求益而不止, 可謂憂矣. ≪莊子·盜跖≫
재물을 쌓아놓았지만 쓸 데도 없고, 늘 마음속에 두고 버리지 못하면서, 마음속 가득히 걱정하면서 초췌해지고, 끊임없이 늘어나기만을 바라기만 하니, 가히 근심스럽다고 할 수 있다.
◆服膺: 교훈 같은 것을 늘 마음에 두어 잊지 아니함. 戚醮(척초): 번뇌하여 초췌하다.

그렇기 때문에 ≪說文≫에서는 "戚, 憂也"라 하였다.

'戚'의 반의어는 '休'이다. '休戚相關', '休戚與共'처럼 쓰인다. '休'는 경사스럽고 좋은 일로 인하여 생기는 내심의 즐거움이며, '戚'은 마음에 맞지 않는 일로 말미암아 생기는 상심과 번뇌이다.

186 兩[량/liǎng]·再[재/zài]·復[부/fù]

'兩'은 고대의 양사로서 쌍을 이룬 물건을 가리킨다. ≪辭源≫에 "둘씩 세는 것은 모두 '兩'이라 한다"고 했다. ≪詩經≫에서는 바퀴가 두 개인 수레를 '兩'(후기의 輛)으로 세고, 둘이 짝을 이루는 신발 역시 '兩'(후기의 緉)으로 셈하였다.

'再'는 고대의 수사로서 '두 번'과 '두 번째'를 가리킨다. ≪說文≫에서는 "'再'는 같은 행동을 두 번 하는 것이다(再, 一擧而二也.)"고 하였다.

'復'는 동사일 때는 '복'으로 부사일 때는 '부'로 읽는다. 부사로서는 '다시, 더'를 뜻한다. 동사로서는 '되돌리다(返), 귀환하다(還), 돌아오다(回來)'를 뜻한다. ≪說文≫에서는 '갔다 오다(往來也)'라고 하였다.

이들 셋은 본의가 전혀 다른 글자들이었는데, 후에 부사의 기능을 하면서 서로 비슷한 점이 많아져 동의사가 되었다.

'兩'과 '再'는 공통적으로 '둘(二, 兩)'의 의미로 부사어가 되지만, 그 구체적 내용에는 약간의 차이가 있다.

'兩'은 양쪽 인물에게 나란히 발생하는 동일한 행위동작을 지칭한다.

> 目不能兩視而明. ≪荀子·勸學≫
> 눈은 두 개의 물건을 각각 볼 수가 없어서 뚜렷하게 볼 수 있다.

> 兩全其美. (成語)
> (무슨 일을 할 때) 양쪽 모두를 고려하여 두루 좋게 하다.

> 兩敗俱傷. (成語)
> 싸우는 쌍방이 모두 상처를 입다. 싸우는 양측 모두 손실을 입다.

‘再’는 두 차례 및 두 번째의 행위동작 즉, 같은 물건을 두 번 얻었거나 같은 동작을 두 번 하는 것을 지칭한다.

寓逆旅, 主人日再食. 宋濂, 〈送東陽馬生序〉
여관에 들었는데, 주인이 식사를 하루에 두 번 주었다.
◆<送東陽馬生序>: 明代의 송렴이 자신의 고향인 浙江 東陽縣의 청년 馬君則의 고생스러운 학업을 격려하기 위해 쓴 글이다.

夫戰, 勇氣也. 一鼓作氣, 再而衰, 三而竭. ≪左傳·莊公十年≫
전쟁은 용기이다. 첫 번째 북에는 용기가 (크게) 나지만, 두 번째에는 용기가 쇠약해지고, 세 번째에는 용기가 고갈됩니다.

田忌一不勝而再勝. ≪史記·孫子吳起列傳≫
(춘추시대 제나라 장군) 전기는 (손빈의 계책으로) 처음 한 번은 지고 두 번을 이겼다.

‘再’와 ‘復’는 모두 중복을 표시하지만, 상당한 차이가 있다. ‘再’는 두 차례의 횟수에 주목하지만, ‘復’는 행위동작의 중복에 주목하며, 따라서 세 번 이상의 행위에는 ‘復’를 쓴다.

一之謂甚, 其可再乎? ≪左傳·僖公五年≫
한 번도 심하다 하는데 어떻게 두 번을 한단 말인가?

人情, 一日不再食則饑. 晁错, 〈論貴粟疏〉
인지상정으로는 하루에 두 끼를 먹지 못하면 굶주리는 것입니다.
項王曰, ‘壯士, 能復飮乎?’ ≪史記·項羽本紀≫
항우 왕이 말했다. ‘장사로군! 더 마실 수 있겠나?’

復行數十步, 豁然開朗. 陶潛, 〈桃花源記〉
다시 수십 보를 더 가자 갑자기 활짝 트였다.

현대 중국어에서는 ‘再’가 고대의 ‘復’의 역할을 하여 ‘다시 또, 더 이상’의 의미를 표시한다.

187 稍[초/shāo]·頗[파/pō]·略[약(략)/lüè]·少[소/shǎo]

이 네 글자는 보통 '경미한, 가벼운 정도'를 표시하는 부사이다.

'稍'의 본의는 '곡식의 싹이 조금씩 땅 위로 나옴'이었는데, 나중에 '점차, 점점, 조금씩'의 시간부사로 인신되었다. ≪說文≫에서는 "곡물이 조금씩 자라 나온다(出物有漸也)"라고 풀이했고, 이것을 단옥재는 "고대의 稍稍라는 말은 모두 漸進을 뜻한다"고 하였다. 이것은 '略'과는 전혀 다른 뜻이다.

> 項王乃疑范增與漢有私, 稍奪其權. ≪史記·項羽本紀≫
> 항우 왕은 이내 범증이 한나라 쪽과 몰래 내통하고 있는 것으로 의심하게 되어, 점차 그 권력을 빼앗았다.
> '稍'가 '조금, 약간'의 정도부사로 쓰인 것은 唐·宋 이후이다.

> 不敢稍愈約. 宋濂, 〈送東陽馬生序〉
> 조금이라도 감히 기약을 어기지 못합니다.

> 夫妻心稍慰. ≪聊齋志異·促織≫
> 부부 두 사람의 마음에 조금 위안이 되었다.

'頗'는 정도부사로서 양 극단을 표시한다. 때로는 '少, 略'과 같이 '조금, 미미하게'라는 뜻으로 쓰이며, 또 때로는 '殊, 甚'과 같이 '꽤, 매우'라는 뜻으로도 쓰인다.

> 絳侯得釋, 盎頗有力. ≪史記·袁盎晁錯列傳≫
> 강후가 석방되는 데는 원앙이 상당한 힘이 되었다.

> 初至北營, 抗辭慷慨, 上下頗驚動. 文天祥, 〈指南錄後序〉
> 북쪽 나라 여진의 군영에 처음 도착해서는 강개한 언사로 맞버텨 상하의 모든 사람들이 매우 놀랐다.

'略'과 '少'는 '조금, 미미하게'의 뜻으로만 쓰인다.

太后之色少解. ≪戰國策·趙策四≫
태후의 안색이 조금 풀렸다.

少有連, 必多方鈎致. 方苞, 〈獄中雜記〉
조금이라도 연계가 있으면 온갖 수단을 다해 반드시 붙잡아 끌고 온다.

人物略不相睹. 周密, 〈觀潮〉
사람과 경물이 좀 잘 보이지 않는다.

略知其意, 又不肯竟學. ≪史記·項羽本紀≫
대략 그 대의만 이해할 뿐 또한 끝까지 다 배우려 하지 않았다.

'略無'는 '조금 결핍되다·부족하다'가 아니라 '조금도 없다'의 뜻이다.

西岸連山, 略無闕處. ≪水經注·三峽≫
서쪽 강변은 산이 이어지는데 빈 틈이 전혀 없다.

王室不肯微, 凶徒略無憚. 杜甫, 〈舟中苦熱遣懷〉
왕족이 평복으로 갈아입고 나가려고 하지 않으면, 흉포한 자들이 아무 것도 꺼리지 않는다.

그리고 '略'은 '대체로, 대략, 얼추'의 뜻으로도 쓰인다.

今操芟夷大難, 略已平矣. ≪三國志·吳書·周瑜魯肅呂蒙傳≫
이제 조조는 큰 난적들을 제거하고 진압하여 (북방은) 대체로 다 평정되었습니다.

188 愛[애/ài/]·恩[은/ēn]·惠[혜/huì]

이들 세 글자는 모두 '은혜'를 뜻한다.

'愛'의 본의는 남에게 은혜를 베품인데, 이런 뜻으로 사용되는 빈도가 매우 낮고 대부분 '恩, 惠'를 쓴다. '恩'은 보통 큰 이익·호의를 베품을 뜻하며, '은혜, 은덕'의 뜻으로 인신되기도 한다. '惠'는 보통의 혜택을 말하며 늘 수식어 '小(작은)'가 붙는다.

吳廣素愛人. ≪史記·陳涉世家≫
오광은 평소 사람들에게 은혜를 베풀었다.

夫人有恩而背之, 不祥莫大焉. 馬中錫, 〈中山狼傳〉
사람이 은덕을 입고도 배반하는 것, 그보다 더 큰 불상사는 없다.

小惠未徧, 民弗從也. ≪左傳·莊公十年≫
그것은 작은 혜택에 불과해서 백성에게 두루 미치지 못하여, 백성들이 따르지 않을 것입니다.

189 言[언/yán]·語[어/yǔ]

'言'과 '語'는 동사와 명사 두 가지로 쓰인다.

동사로는 둘 다 '말하다(說)'의 뜻이다. 그런데, '言'은 자발적으로 말을 꺼내 남에게 하는 것이고, '語'는 남의 물음에 대답하거나 어떤 일을 두고 나누는 담론이다. ≪說文≫은 "거리낌없이 말하는 것을 '言', 따지고 비평하고 반박하는 것을 '語'라 한다(直言曰言, 論難曰語.)"고 하였다. 鄭玄은 ≪周禮·春官·大司樂≫의 주석에서 "말을 처음 꺼내는 것을 '言', 응답 진술하는 것을 '語'라 한다(發端曰言, 答述曰語.)"고 하였고, 또 ≪雜記≫의 주석에서는 "'言'은 자신의 일을 말하는 것이고, '語'는 남을 위해 말해주는 것이다(言, 言己事; 爲人說爲語.)"라고 하였다.

魯肅聞劉表卒, 言於孫權. ≪三國志·吳書·周瑜魯肅呂蒙傳≫
노숙이 유표가 죽었다는 말을 듣고 손권에게 말했다.

自言本是京城女, 家在蝦蟆陵下住. 白居易, 〈琵琶行〉

자신의 말로는 그녀는 본래 서울 사람으로 집이 하마릉 아래에 있었다고 한다.

尋聲暗問彈者誰? 琵琶聲停欲語遲. 白居易, 〈琵琶行〉
비파 소리를 찾아가 어둠 속에서 타는 이가 누군가를 물었다. 비파 소리를 멈추고 말을 할 듯 말 듯 머뭇거렸다.

擧言謂新婦, 哽咽不能語. 〈孔雀東南飛〉
말을 꺼내 신부에게 얘기하려 하니 목이 메여 말을 잇지 못하네.

人有亡鈇者, 意其隣之子, 視其……言語, 竊鈇也. ≪列子·說符≫
도끼를 잃어버린 어떤 사람이 이웃집 아이에 혐의를 두었다. 그리고 그 아이를 살펴보니……말을 건네고 대답하는 기색이 도끼를 훔쳐간 것이었다.

명사로는 둘 다 '말(話)'의 뜻이다. 그런데 인신의에 약간의 차이가 있다. '言'은 '글자, 언사, 의견'을 말하며, '語'는 '언론, 成語(俗語, 諺語)'를 말한다.

今吾且死, 而侯生曾無一言半辭送我. ≪史記·魏公子列傳≫
이제 내가 죽게 되었는데도 후생은 나를 전송하는 일언반구조차 없었다.

言之無文, 行而不遠. ≪左傳·襄公二年≫
언사에 문채가 없으면 멀고 길게 통하지 못한다.

陛下亦宜自謀, 以咨諏善道, 察納雅言. 諸葛亮, 〈出師表〉
폐하께서는 스스로 생각하셔서 올바른 방법을 물어 찾으시고 바른 말을 헤아려 받아들이셔야 합니다.

無先王之語, 以吏爲師. ≪韓非子·五蠹≫
선왕의 말씀이 없으면 관리를 스승으로 삼게 된다.

語曰, '力能勝貧, 謹能勝禍.' ≪濟民要術·序≫
'노력하면 가난을 이길 수 있고, 조심하면 화를 이길 수 있다.'는 말이 있다.

190

逆[역/nì]·迎[영/yíng]·迓[아/yà]

이들 세 글자는 모두 '맞이하다, 영접하다'로 쓰인다. 이들 유의어는 방언에서 유래한 것으로 보인다. ≪說文≫에는 "함곡관 동쪽에서는 逆으로, 서쪽에서는 迎으로 말한다(關東曰逆, 關西曰迎.)"고 하였다.

公如齊逆女. ≪公羊傳·莊公二十四年≫
노 장공이 제나라에 가서 제후의 딸을 맞이하여 데려왔다.

寓逆旅. 宋濂, 〈送東陽馬生序〉
여관(여행자를 맞이하는 곳)에 들었다.

公子從車騎, 虛左, 自迎夷門侯生. ≪史記·魏公子列傳≫
魏 공자(신릉군)는 기병을 이끌고 (마차의 오른쪽 좌석에 앉아) 왼쪽의 상석을 비워두고 (위나라 도성의 동쪽) 직접 夷門의 후생을 맞이하였다.
◆夷門(이문): 전국시기 魏나라의 도성인 大梁의 동쪽 門의 이름이다.

有屋三楹, 東向以迎日出. 顧炎武, 〈復庵記〉
기둥이 셋인 두 칸짜리 집이 있는데, 동쪽을 향하여 뜨는 해를 맞이할 수 있다.

迓晉侯于新楚. ≪左傳·成公十三年≫
晉侯를 신초 땅에 맞이하였다.

이들 유의어는 함께 사용되면서 미세한 차이를 나타낸다. 똑같이 '맞이하다'에서 출발하였지만, '逆'은 '맞아 치고(迎擊) 버팀'으로, '迎'은 '맞아들이고 순종함'으로 의미가 파생되었다. '迓'는 이와 같은 의미 파생이 발생하지 않았다.

以周瑜程普爲左右督, 將兵與備并力逆操. ≪三國志·吳書·周瑜魯肅呂蒙傳≫
주유와 정보를 각각 좌우 도독으로 삼아 군대를 이끌고 유비와 힘을 합하여 조조와 맞섰다.

將軍迎操, 欲安所歸乎? ≪三國志·吳書·周瑜魯肅呂蒙傳≫
손 장군께서는 조조를 맞이하여 항복한 다음에는 어디에 의지할 생각이십니까?

그리고 반의어를 보면 '迎-送', '逆-順'의 쌍을 이룬다. 예를 들면 '送舊迎新: 지난 것을 보내고 새 것을 맞이하다', '逆取順守: 폭군에게 반역하여 빼앗고 법에 따라 지킨다' 등이 있다. '迓'는 이러한 반의어의 짝이 없다.

191 然[연/rán]·諾[낙(락)/nuò]·唯[유/wéi]

이 세 글자는 모두 同意를 표시하는 응락의 소리를 나타낸다.

'諾(그러자!)'은 느긋한 소리의 대답이며, 윗사람이 아랫사람에게 또는 나이 많은 사람이 젊은 사람에게 사용한다. '唯(옛!)'는 급한 소리의 대답이며, 아랫사람이 윗사람에게 또는 젊은 사람이 나이 많은 사람에게 사용한다. ≪禮記·玉藻≫에서는 "아버지가 부르고 시키면 '唯(예!)' 해야 하며 '諾(그러지요!)' 하면 안 된다.(父命呼, 唯而不諾.)" '然'에는 이와 같은 구분이 없고 수긍하고 확인하는 의미로 쓰인다.

太后曰. '諾, 恣君之所使之.' ≪戰國策·趙策四≫
태후가 말했다. '그럽시다. 그대 뜻대로 그(조왕의 동생)를 부려 쓰시오.'

子曰. '參乎! 吾道一以貫之.' 曾子曰. '唯!' ≪論語·里仁≫
공자가 말했다. '증삼아, 나의 길은 하나로 꿰어진다.' 증자가 말했다. '예, 그렇습니다!'

公勞之曰. '若翁廉, 若輩得無苦貧乎?' 皆曰. '然!' 崔銑, 〈記王忠肅公翱事〉
공께서 위로하며 말했다. '너희 할아버지가 청렴하니, 너희들이 가난 때문에

힘들지 않을 리가 없겠지?' 모두들 대답했다. '그렇습니다!'

아랫사람이 윗사람에게 '諾'을 쓸 경우는 반드시 존경표시의 부사 '謹'을 써야 한다.

曰. '我持白璧一雙, 欲獻項王, 玉斗一雙, 欲與亞父, 會其怒, 不敢獻. 公爲我獻之.' 張良曰. '謹諾.' ≪史記·項羽本紀≫
'내가 항왕에게 바칠 흰 벽옥 한 쌍과, 아부(범증)에게 줄 옥 국자 한 쌍을 가져왔소. 마침 그들이 화가 나 있어서 감히 내놓지를 못했는데, 공께서 내 대신 그들에게 바쳐주시오.' 장량이 말했다. '그러겠습니다.'

192 沿[연/yán]·緣[연/yuán]·循[순/xún]

이들 세 글자는 공통적으로 '연하다, 따르다, 잇다, 이어받다'의 뜻을 가진다.

'沿'의 본의는 물길을 타고 내려가는 것이다. ≪書經·禹貢≫의 "강과 바다를 따라, 회수와 사수에 이른다(沿于江海, 達于淮泗.)"에 대해 孔穎達은 "물 흐름을 따라 내려가는 것을 '沿'이라 한다"고 주석하였다.

至於夏水襄陵, 沿溯阻絶. ≪水經注·三峽≫
여름이 되어 강물이 불면 작은 산봉우리가 물에 잠겨 강을 따라 내려가고 거슬러 올라가는 뱃길이 끊긴다.

'沿'은 또 노선을 따라감(沿途, 沿線)의 뜻으로 인신되어 쓰인다.

劉表治水軍, 蒙衝鬬艦乃以千數, 操悉浮以沿江. ≪三國志·吳書·周瑜魯肅呂蒙傳≫
유표는 수군을 훈련시켰는데, 그 전함만도 수천 척으로, 조조가 그것을 모두 띄워 장강을 따라 내려올 것입니다.
◆蒙衝: 고대 전함 이름. 鬬艦: 고대 대전함.

'緣'은 본래 옷 귀퉁이의 가장자리 장식을 뜻하는 글자였다. ≪說文≫의 "緣은 옷의 가장자리에 명주를 덧댄 부분이다(緣, 衣純也)"에 대해 段玉裁는 "緣이란 그 가장자리를 따라가며 장식한 것을 말한다(緣者, 沿其邊而飾之也.)"라고 주석하였다. 나중에는 가장자리 장식에서 가장자리의 뜻으로 인신되었고, 다시 '따르다, 잇다'로 인신되었다. '沿'과 다른 점은 물길을 타고 내려가는 것이 아니라 물길이나 물가를 따라 간다는 것이다.

> 緣溪行, 忘路之遠近. 陶潛, 〈桃花源記〉
> 계곡 물을 따라가느라 얼마나 멀리 왔는지를 잊고 있었다.

> 起, 緣澗觀魚. 楊士奇, 〈遊東山記〉
> 깨어 일어나서, 계곡물을 따라가며 물고기를 구경하였다.

'循'의 본의는 '따라감'이며, '산길을 따름', '옛 길을 따름' 등으로 인신되었다.

> 澭水暴益, 荊人弗知, 循表而夜涉, 溺死者千有餘人. ≪呂氏春秋·愼大覽第三≫
> 옹수가 갑자기 불어났는데 초나라 군사들은 그것을 모르고 있었다. 미리 표시해 놓은 표지를 따라 밤에 건너다 빠져죽은 자가 천명이 넘었다.

193

憐[연(련)/lián]·憫[민/mǐn]

두 글자 모두 '동정하다, 연민하다'의 뜻으로 쓰인다.

> 公子縱輕勝, 棄之降秦, 獨不憐公子姊邪? ≪史記·魏公子列傳≫
> 공자(신릉군)께서 설령 나 趙勝(평원군)은 가벼이 여겨 나를 포기하고 나로 하여금 진나라 군대에게 항복케 하신다 하더라도, 과연 공자의 누나에 대해서조

차 연민함이 없단 말입니까?

憫弱摧强眞丈夫. 周曇, 〈詠史詩〉
약자를 동정하고 강자를 꺾는 사람이라야 진짜 장부다.

'憐'의 상용 의미는 '사랑하다, 어여삐 여기다, 가엾어 하다' 등이다. ≪爾雅·釋詁≫에서는 "憐은 사랑함이다(憐, 愛也)"라고 하였다. '憐'은 아껴 귀중히 여김의 뜻을 가지는데, '憫'은 그렇지 않다. 아래 예문의 '愛憐'은 동의어의 결합으로 '아끼고 사랑하다'의 뜻이며, '좋아하고 가엾어 하다'로 해석할 수 없다.

丈夫亦愛憐其少子乎? ≪戰國策·趙策四≫
남아 대장부도 제 어린 아들은 아끼고 사랑한단 말인가?

'憫'의 본의는 '근심, 우수(憂愁)'이다. ≪集韻≫에서는 '憫은 근심(憂)이다'라고 하였는데, '憐'은 이런 뜻으로는 쓰이지 않는다.

曲罷憫然, 自敍少小時歡樂事, 今漂淪憔悴, 轉徙於江湖間. 白居易, 〈琵琶行序〉
곡이 끝나자 근심스러운 모습으로, (그녀는) 스스로 젊었을 때 즐거웠던 일과 지금은 이리저리 떠돌아다녀 몰골이 초췌해졌고, 강호를 전전하고 있다고 이야기하였다.

194 筵[연/yán]·席[석/xí]

두 글자 모두 '자리, 좌석, 술자리' 등의 뜻으로 쓰인다.

고대에 사람들은 바닥에 앉았기 때문에 깔개나 방석이 필요하였다. 그것을 세분하면, 바닥 밑에 펴는 것을 '筵(대자리, 깔개)'이라 하고, 그 위에 얹어 펴놓는 것을 '席(자리)'이라 하였으며, 이를 통칭하여 '筵席'

이라 하였다. ≪周禮·春官≫에 대한 鄭玄의 주석은 다음과 같다. "筵 또한 자리이다. 깔아 펼치는 것을 筵이라 하고, 얹어 기대는 것을 席이라 한다.(筵, 亦席也. 鋪陳曰筵, 藉之曰席.)"

或肆之筵, 或授之几. ≪詩經·行葦≫
그들을 위해 자리를 깔아도 주었고, 그들을 위해 안석을 놓아도 주었네.

要一領淨席, 等我竇娥站立. 關漢卿, 〈竇娥冤〉
깨끗한 방석 하나 가져와 주세요, 저 두아가 (참수형 당할 때) 밟고 서게요.

깔개 및 방석인 '筵, 席'은 다시 '좌석, 앉는 위치, ~하는 자리'의 뜻으로도 쓰였다.

正見嘗預講筵, 請決疑義. ≪陳書·張正見傳≫
장정견이 한번은 (梁 簡文帝의) 강학 자리에 참여하여 의문이 남은 주제의 해결을 제안하였다.

賓客無不變色離席. 林嗣環, 〈口技〉
빈객들이 하나같이 안색이 변하여 자리를 떠나지 않은 사람이 없다.

'筵, 席'은 다시 먹고 마시며 연회하는 자리, 즉 '술자리, 연회'의 뜻으로 인신되었다.

朝分尙食, 張筵列鼎. 周容, 〈芋老人傳〉
조정에서 황제의 음식을 나눠주어 연회를 열고 많은 음식들을 먹었다.

五里一換馬, 十里一開筵. 李商隱, 〈行次西郊作〉
오 리에 한 번씩 말을 바꾸고, 십 리에 한 번씩 연회를 열었다.

195 年[년(연)/nián]·歲[세/suì]·載[재/zǎi]·祀[사/sì]

네 글자 모두 '일 년 열두 달'의 의미로 쓰인다. ≪爾雅·釋天≫에서는 "하나라는 歲, 상나라는 祀, 주나라는 年, 요임금과 순임금 때는 載라 하였다(夏曰歲, 商曰祀, 周曰年, 唐虞曰載.)"라고 하였다. 시대의 발전과 언어의 변화에 따라 '祀'는 '일 년'의 뜻이 없어졌고, '載'도 그 용례가 드물어졌으며, '年'과 '歲'는 늘 동의사로 사용되었다.

> 三歲貫女, 莫我肯顧. ≪詩經·碩鼠≫
> 삼 년 동안 너를 보살폈는데도, 나를 돌보려 하지 않는구나.

> 惟十有三祀, 王訪于箕子. ≪尚書·洪範≫
> (즉위한지) 십삼 년이 되는 해에 왕이 기자를 방문하였다.

> 今吾嗣爲之十二年, 幾死者數矣. 柳宗元, 〈捕蛇者說〉
> 이제 내가 이 일을 이어 맡아 십이 년을 하였는데, 죽을 뻔한 것이 여러 번입니다.

> 漢興, 至孝文四十有餘載. ≪史記·孝文本紀≫
> 한나라가 일어나서 효문제까지는 사십여 년이다.

'年'과 '歲'는 '(농산물의) 작황, 수확'의 뜻으로도 쓰인다. ≪說文≫에서는 "年은 곡식이 익은 것이다(穀熟也)"라고 하였고, 단옥재는 "오곡이 다 익으면 '有年'이라 하고, 오곡이 다 잘 익으면 '大有年'이라 하였다"고 풀이하였다. ≪康熙字典≫에서는 "한 해 곡식의 작황을 歲라고도 한다"고 하였다. 이에 따라 '豐年, 樂歲, 飢歲'등의 말이 사용되었다.

> 樂歲終身飽, 凶年免於死亡. ≪孟子·梁惠王上≫
> 풍년에는 종신토록 배불리 먹게 해주고, 흉년이 들면 굶겨 죽이지는 않도록 한다.

年饑, 用不足, 如之何? ≪論語·顔淵≫
흉년이 들어 재정이 부족하면 어찌하나요?

歲惡不入, 請賣爵子. 賈誼, 〈論積貯疏〉
작황이 나빠 수확이 부족하면 관청은 벼슬자리를, 백성은 아이를 판다.

'年'과 '歲'는 또 '나이, 연령'으로도 쓰인다. 그런데 관습적 용법에 따라 보통, '年'은 숫자 앞에 쓰이고, '歲'는 숫자 뒤에 쓰인다.

太后曰. '敬諾. 年幾何矣?' 對曰. '十五歲矣……' ≪戰國策·趙策四≫
태후가 말했다. '좋아요, 나이가 몇 살이나 되었지요?' 대답하기를, '열다섯 살입니다.'

北山愚公者, 年且九十. ≪列子·湯問≫
북산의 우공이라는 자가 있는데 나이가 곧 구십이 된다.

196 領[영(령)/lǐng]·項[항/xiàng]·頸[경/jǐng]

세 글자 모두 '목'을 표시한다.

及君之嗣也, 我君景公引領西望. ≪左傳·成公十三年≫
임금께서 계승자가 되신 후 우리 임금 경공은 목을 빼고 서쪽을 바라보고 있습니다.

五步之內, 相如請得以頸血濺大王矣! ≪史記·廉頗藺相如列傳≫
다섯 걸음 안에서 저 인상여가 제 목의 피를 대왕께 뿌리겠습니다!

審視, 巨身修尾, 靑項金翅. ≪聊齋志異·促織≫
(귀뚜라미를 잡아) 자세히 보니 큰 몸집에 꼬리가 길고, 푸른 목에 금색 날개가 달렸다.

다른 점은, '領'은 '목'의 통칭으로, ≪釋名≫에 "領은 목 부분(頸) 전부를 말한다"고 하였다. 때에 따라 '頸'은 목의 앞 쪽만을, '項'은 목의 뒤 쪽만을 특정하여 지칭한다. ≪廣韻≫에 "頸은 앞이고, 項은 뒤이다(頸在前,項在後.)"라고 하였다. 예를 들면 성어 '刎頸之交(목을 베어도 후회하지 않을 정도의 친구)'와 '項背相望(목덜미와 등을 서로 바라보다. 사람이 붐비다)'에 쓰인 '頸'과 '項'은 서로 맞바꿀 수 없다.

197

永[영/yǒng]·恒[항/héng]·長[장/cháng]·常[상/cháng]·久[구/jiǔ]

이들 다섯 글자는 모두 긴 시간을 표시하는데, 각각 다음과 같은 차이가 있다.

'永'은 끊임없이 길게 이어짐을 강조한다.

雖與府吏要, 渠會永無緣. 〈孔雀東南飛〉
비록 府吏와 약속은 했지만, 그이와의 만남은 끝내 인연이 없군요.

發在十八層地獄, 永不得翻身. ≪儒林外史·范進中學≫
십팔 층 지옥에 보내져 영원히 몸을 뺄 수 없다.

'恒'은 변함없이 시종여일함을 강조한다.

嗟爾君子, 無恒安處. ≪詩經·小雅·小明≫
아, 여러 군자들이여, 마냥 편히 지내려 하지 마라.

無恒產而有恒心者, 惟士爲能. ≪孟子·梁惠王上≫
일정한 생업이 없으면서 일정한 마음을 가지는 것, 그것은 선비만 할 수 있다.

'長'은 길이를 가진 공간으로서의 긴 시간, 즉 '短'의 반대를 표시한다.

天長地久有時盡, 此恨綿綿無盡期. 白居易, 〈長恨歌〉
하늘과 땅이 오래도록 지속된다고 하더라도 다할 때가 있지만, 끊임없이 이어지는 이 한은 다할 기약이 없네.

'常'은 '항상, 늘'의 뜻을 강조하며 긴 시간을 표시한다.

相如每朝时, 常稱病, 不欲與廉颇爭列. ≪史記·廉藺列傳≫
인상여는 조회 때면 늘 병이 났다고 말하며 염파와 서열을 다투려하지 않았다.

千里馬常有而伯樂不常有. 韓愈, 〈馬說〉
천리마는 늘 있지만 (그것을 알아보는) 백락은 늘 있는 게 아니다.

'久'는 어떤 상태가 오래 감, 즉 '暫(잠시, 잠깐)'의 반대를 표시한다.

天下苦秦久矣. ≪史記·陳涉世家≫
천하 사람들이 진나라에게 고통을 당한 것이 오래되었다.

師道之不傳也久矣. 韓愈, 〈師說〉
師道가 계승되지 않은 지가 오래 되었다.

198 銳[예/ruì]·利[리/lì]·鋒[봉/fēng]

이들 세 글자는 '예리하다, 날카롭다'는 의미에서 동의사이다.

그런데, 본의를 보면 '鋒'은 병기의 날카로운 끝으로, ≪釋名·釋兵≫에서는 "칼의 끝을 鋒이라 한다(刀, 其末曰鋒.)"고 하였다. '銳'는 날 끝이 뾰족하고 잘 드는 것을 말한다. ≪說文≫에서는 "銳는 (바늘이나 보리까끄라기 같은) 날카로운 끝이다(銳, 芒也.)"라고 하였다. '利'는 '칼이 잘 듦', '칼이 잘 먹음'이다. 다음 예문들에 의하면, '鋒'은 명사이고,

'銳, 利'는 형용사이다.

兌則若莫邪之利鋒, 當之者潰. ≪荀子·議兵≫
(군대가) 모이면 마치 막야검의 예리한 칼끝과도 같아, 그것을 가로막으려는 자는 뚫려 허물어집니다.

柔而不剛, 銳而不挫. ≪淮南子·時則訓≫
부드러우면서 굳세지 않으며, 예리하면서 꺾이지 않는다.

金就礪則利. ≪荀子·勸學≫
쇠가 숫돌에 이르면 날카로와 잘 들게 된다.

六國破滅, 非兵不利戰不善. 蘇洵, 〈六國論〉
전국시대의 여섯 나라가 파멸에 이른 것은 병기가 잘 들지 않거나 싸움을 잘 못해서가 아니다.

두 글자를 이어 쓰면, '鋒利'는 무기나 도구의 머리가 뾰족하거나 날이 얇음을 말하며, "談吐鋒利(언사가 날카롭다)" 등으로 언론이나 문필이 날카로운 것을 가리킨다. '銳利'로 이어 쓰면 날 끝이 뾰족하여 잘 듦을 말하며, 견해나 언론이 명쾌한 것을 가리킨다.

199 慍[온/yùn]·怒[노/nù]

이들 두 글자는 '분노, 미워함'의 의미에서 동의사이다. '慍'의 본의는 미워함과 성냄이며, '怒'의 본의는 성내고 기분나빠함이다. ≪說文≫은 '慍'은 '원한(怨也)'이고, '怒'는 '성냄(恚也)'이라고 풀이한다. 단옥재는 "원망이 있으면 분노하게 되고, 따라서 미워서 성을 낸다(有怨者必怒之, 故以慍爲恚)"라고 해석하였다.

人不知而不慍, 不亦君子乎? ≪論語·學而≫
남들이 알아주지 않아도 화내지 않으면, 그 또한 군자가 아니겠는가?

阿母得聞之, 槌床便大怒. 〈孔雀東南飛〉
어머님 그 말 들으시고, 걸상을 치면서 큰 화를 내시네.

이들 두 글자는 동의사이지만 미세한 의미 차이가 있다.

'慍'은 안에 감춰진 원한이다. 원한이 마음속에 맺혀있어서 암암리에 화가 나는 것이다.

令尹子文三仕爲令尹, 無喜色. 三已之, 無慍色. ≪論語·公冶長≫
(춘추시대 초나라의) 영윤 자문은 영윤 벼슬을 세 번 하였는데, (벼슬을 맡을 때도) 기쁜 기색이 없었고, 세 번을 그만 두면서도 성난 기색이 없었다.

憤馮亭之不遂兮, 慍去疾之遭惑. ≪後漢書·馮衍傳≫
(나의 조상 한나라 장군) 풍정이 뜻을 펴지 못하고 (秦軍에게) 죽은 일이 분하고, (진시황의 우승상) 풍거질이 (간신 조고로 인하여) 곤혹스런 죽음을 당한 것이 한스럽구나.

'怒'는 밖으로 드러난 원한이다. 마음 속으로 성냄에 그치지 않고 안색에 나타나는 것이다.

怒而觸不周之山, 天柱折, 地維絶. ≪淮南子·天文訓≫
(共工이) 분을 터뜨려 부주산(둘레를 다 돌 수 없는 산)을 들이받자, 하늘을 받친 기둥이 부러지고, 땅을 매단 (사방의) 밧줄이 끊어졌다.

相如因持璧卻立, 倚柱, 怒髮上衝冠. ≪史記·廉藺列傳≫
인상여는 이어서 벽옥을 들고 물러나 서서 기둥에 기대었다. 노하여 머리털이 곤두서서 관을 찌르는 것 같았다.

若士必怒, 伏尸二人, 流血五步, 天下縞素. ≪戰國策·魏策四≫
만약 용사가 기어이 분을 터뜨리게 되면, (秦王과 나)두 사람의 시체가 엎어질 것이고, 다섯 걸음 사이에 피가 흘러 (秦王이 죽어) 온 천하 사람이 다 소복을 입게 될 것입니다.

200

媼[온/ǎo]·姥[로/lǎo]·嫗[구/yù]

이들 세 글자는 모두 연로한 부인에 대한 칭호라는 의미에서 동의사이다.

'媼'은 연로한 부인에 대한 존칭으로 '노마님(老太太), 할머님(老奶奶)'에 해당한다. ≪說文≫은 "媼은 연로하신 어머니에 대한 호칭이다(媼, 母老稱也)"라고 풀이한다.

老臣竊以爲媼之愛燕后, 賢於長安君. ≪戰國策·趙策四≫
늙은 신하인 제 생각으로는 할머님(태후)께서 연나라로 시집간 딸을 사랑함이 장안군보다 더한 것 같습니다.

'姥'는 연로한 부인에 대한 보통 호칭으로, '노파, 할멈(老媽媽)'에 해당한다. ≪集韻≫은 "姥는 연로한 여자에 대한 호칭이다(姥, 女老稱.)"라고 풀이한다.

見一姥垂白上僂, 卽娃母也. 白行簡, 〈李娃傳〉
흰 머리에 등이 굽은 한 노파가 보였는데, 바로 이와의 어머니였다.

'嫗' 역시 연로한 부인에 대한 보통 호칭으로 '노부인(老太婆)'에 해당한다. ≪正字通≫은 "지금은 연로한 부인을 嫗로 속칭한다(今俗稱老婦曰嫗.)"고 풀이한다.

家有老嫗, 嘗居於此. 歸有光, 〈項脊軒志〉
집에 한 노부인이 있었는데, 일찍이 이곳에서 기거하였다.

그리고 '媼'과 '嫗'는 부인(성인인 여성)의 통칭으로도 쓰인다.

與侯妾衛媼通, 生靑. ≪史記·衛將軍驃騎列傳≫
(위청의 아버지 鄭季가) 평양후의 첩 위부인과 통정하여 위청을 낳았다.

神仙魏夫人忽來臨降, 乘雲而至, 從少媪三十, ……年皆可十七八許. ≪南史·鄧鬱傳≫
신선 위부인이 홀연 강림하였다. 구름을 타고 왔으며, 젊은 부인 삼십 명이 따라왔는데……나이가 다 십칠팔 세 쯤이었다.

'媪'는 또 연로한 '자기 아내'를 지칭하기도 한다.

子傭出, 獨與媪居渡口. 周容, 〈芋老人傳〉
아들은 고용살이 나가고 (늙은) 부인과 둘이서만 나루 어귀에 살고 있었다.

'姥'는 '母'로 통용되기도 한다. ≪一切經音義≫에서는 "姥는 어머니이다(姥, 媽母也.)"라고 풀이한다.

便可白公姥, 及時相遣歸. 〈孔雀東南飛〉
바로 시부모께 말씀드려, 때 늦지 않게 어서 돌려보내 주세요.

201 緩[완/huǎn]·慢[만/màn]·徐[서/xú]

이 세 글자는 완만함의 의미에서 동의사이다.

'徐'는 행동이 급하지 않고 침착함 즉, '천천히 움직임'을 뜻한다. ≪說文≫은 "徐는 편안하게 걷다(徐, 安行也.)"라고 풀이한다.

入而徐趨, 至而自謝. '老臣病足, 曾不能疾走.' ≪戰國策·趙策四≫
들어가서 느린 속도로 잔걸음질으로 걸어가, (조태후 앞에) 이르러 스스로 사과의 말을 하였다. '이 늙은 신하가 발이 불편하여 빨리 걸을 수 없습니다.'

淸風徐來, 水波不興. 蘇軾, 〈前赤壁賦〉
맑은 바람 서서히 불어오고, 물엔 파도도 일지 않는구나.

'緩'은 급박하지 않고 느긋함, 편함을 뜻한다. ≪玉篇≫은 "느리고 편함(遲緩也)"이라 풀이한다. 그리고, '널찍함[寬], 느슨함[鬆]'의 뜻도 표시한다.

緩步從直道, 未行先起塵. 李白, 〈嘲魯儒〉
느긋한 느린 걸음으로 곧은 길을 가려는데, 출발도 하기 전에 (넓은 옷소매로) 먼지를 일으키는구나.

布袍緩帶, 冒雨衝風, 往來於荒樹野水之間. 錢泳, 〈治水必躬親〉
무명 외투에 허리띠를 늦추고서 비바람을 무릅쓰고 황야의 숲과 물 사이를 돌아다녔다.

'慢'은 상고시대에는 보통 '오만함, 공경스럽지 못함'을 뜻했다. ≪廣韻≫은 "업신여김, 거만함(怠也, 倨也.)"이라 풀이했다.

其辭悖慢. ≪三國志·魏書·荀彧傳≫
그 언사가 도리에 어긋나고 오만했다.

'慢'이 '느림'을 뜻한 것은 나중의 일이다.

輕攏慢撚抹復挑, 初爲霓裳後六幺. 白居易, 〈琵琶行〉
가볍게 누르고, 천천히 뜯고 다시 퉁기는데, 먼저 예상우의곡을 하고 다시 육요의 곡을 연주하였다.
◆예상우의(霓裳羽衣): 당 현종의 舞曲. 육요(六幺): 중앙아시아에서 전래된 당나라의 음악.]

慢慢地打火吃了飯. ≪水滸傳·第十六回≫
천천히 불을 지펴 밥을 지어 먹었다.

202 戲[희/xì]·弄[롱/nòng]·玩[완/wán]

이들 세 글자는 '놀다, 장난하다'의 의미에서 동의사이다.

'玩'은 義符 玉과 聲符 元으로 구성된 형성자로서 '옥을 가지고 놀다'가 본의이다. '弄'은 玉을 두 손으로 받들고 있는 모양으로 역시 '옥을 가지고 놀다'가 본의이다. 두 글자의 '놀다, 장난하다'의 뜻은 모두 '옥을 갖고 놀다'의 본의에서 인신된 것이다. '玩'과 '弄'은 옥을 갖고 논다는 본의에서 인신되었기 때문에 '손동작에 의한 놀이, 장난'의 뜻에 편중되었다.

弄兒床前戲, 看婦機中織. 鮑照, 〈擬行路難〉
걸상 앞에서 재롱떠는 아이들과 놀아주며, 베틀에 앉아 베 짜는 아내를 바라본다.

郎騎竹馬來, 繞床弄青梅. 李白, 〈長干行〉
그대는 죽마 타고 와서 내 침상을 맴돌며 푸른 매실을 갖고 놀았어요.

可遠視而不可褻玩焉. 周敦頤, 〈愛蓮說〉
멀리서 바라볼 순 있어도 더럽히거나 희롱할 수는 없다.

'戲'는 본의가 '兵器'인데, 병장기를 가지고 놀기도 또 싸우기도 할 수 있기 때문에 서로 장난질 한다는 '戲謔'의 뜻으로 쓰이게 되었다(≪說文≫段玉裁注). '戲'는 병장기라는 본의에서 인신되었기 때문에 '몸 동작에 의한 놀이'로 편중되었고, 다시 '언어를 구사하는 놀이'로 의미가 확대되었다.

初七及下九, 嬉戲莫相忘. 〈孔雀東南飛〉
(부녀자들이 모이는) 초이렛날과 열아흐레 밤에 함께 장난하며 놀 때 나를 잊지 말아요.

軍中無戲言. ≪三國演義·失街亭≫
군대에서는 농담으로 하는 말이 있을 수 없다.

逢場作戲. (成語)
적당한 자리를 만나면, 바로 공연을 한다(기회가 생긴 틈을 타 끼어들어 한바탕 놀다).

두 글자를 이어 쓸 경우, '戲弄'은 '농간하다, 희롱하다, 놀리다'를 뜻하여, 부당한 사용이나 엄숙하지 못한 대접의 의미를 갖는다. 그런데 '玩弄'은 '장난하다, 놀리다'의 뜻 이외에 '파고들다, 탐닉하다'로도 쓰인다.

得璧, 傳之美人, 以戲弄臣. ≪史記·廉藺列傳≫
벽옥을 받고나서는 그것을 궁중 여인에게 돌려 보이며 저 인상여를 희롱하였습니다.

劉子政玩弄左氏, 僮僕妻子皆呻吟之. ≪論衡·案書≫
유향(子政)이 춘추좌씨전을 깊게 연구하자, 그 동복과 처자들도 다 그걸 읊조렸다.

203

容[용/róng]·貌[모/mào]

이 두 글자는 '용모, 생김새, 얼굴' 등의 의미에서 동의사이며 늘 통용된다. 그 차이점은, '容'은 흔히 얼굴에 나타난 '표정'과 '기색'을 가리키고, '貌'는 흔히 '생김새, 겉모습'을 말한다는 점이다.

年且百歲, 猶有壯容. ≪後漢書·華佗傳≫
나이가 곧 백 살이 되는데도 여전히 장년의 얼굴이었다.

整頓衣裳起斂容. 白居易, 〈琵琶行〉
의상을 정돈하고 일어나 용모를 단정히 하였다.

鄒忌修八尺有餘, 而形貌昳麗. ≪鄒忌諷齊王納諫≫
추기는 신장이 팔 척이 넘고 몸매와 얼굴이 아름다웠다.

又有一人, 披紫裳, 執青玉, 貌聳神溢, 立於君左. 李朝威, 〈柳毅傳〉
또 한 사람이 있었는데, 자주색 치마를 입고 청옥을 들었으며, 용모가 출중하고 기색이 충만하였으며, 임금의 왼쪽에 서 있었다.

204 寓[우/yù]·寄[기/jì]

이 두 글자는 '기거하다'의 의미를 가진다.

老妻寄異縣. 杜甫, 〈自京赴奉先詠懷五百字〉
늙은 아내는 멀리 다른 현에 기거한다.

夜則以兵圍所寓舍. 文天祥, 〈指南錄後序〉
밤이 되면 기거하는 객사를 군사들로 포위한다.

'寄'는 '의탁하다, 依附하다'라는 인신의를 갖지만, '寓'에는 이런 뜻이 없다.

寄人籬下. (成語)
남의 울타리 밑에 의탁한다(다른 사람에게 의지하며 생활하다).

常從人寄食飮. ≪史記·淮陰侯列傳≫
늘 남을 따라다니며 먹고 마시는 것을 의탁하였다.

'寓'는 명사로 쓰여 '거처, 숙소'의 의미가 갖는데, '寄'에는 이런 용법이 없다.

時余方訪君寓. 梁启超, 〈譚嗣同傳〉
그 때 마침 내가 담사동 군의 거처를 찾아갔다.

그리고 '寄'와 '寓' 모두 '기탁하다'를 뜻하는데, '寓'는 '의취, 의의' 등의 추상적인 사물을 어떤 다른 사물에 기탁하는 경우에만 사용된다.

山水之樂, 得之心而寓之酒也. 歐陽脩, 〈醉翁亭記〉
산수의 즐거움을 마음속에 깊이 느끼고, 술을 빌어 표현한다.

'寄'는 추상적인 사물 외에도 구체적인 사물에도 사용되어, '기탁한 바가 있음' 외에도 '몸을 맡기다', '맡겨놓다'의 의미로도 쓰인다.

乃作思玄賦, 以宣寄情志. ≪後漢書·張衡傳≫
그리하여 思玄賦를 지어 자신의 뜻을 표현하고 기탁하였다.

蟹六跪而二螯, 非蛇鱔之穴無可寄托者, 用心躁也. ≪荀子·勸學≫
게는 여섯 개의 발과 두 개의 집게 팔이 있지만, 뱀이나 두렁허리의 구멍이 아니면 몸을 기탁할 곳이 없는데, 이는 마음 씀씀이가 조급하고 경박해서이다.

또, '寄'와 '寓'는 모두 '부치다, 맡겨 전달하다(寄遞)'의 뜻으로 쓰여, 예를 들면 '서신을 부치다'를 '寄書'와 '寓書'로 함께 표현한다.

自寄一封書, 今已十月後. 杜甫, 〈述懷〉
서신 한 통을 보낸 지 이제 벌써 열 달이 지났다.

子産寓書於子西. ≪左傳·襄公二十四年≫
(정나라의) 자산이 자서에게 서신을 보냈다.

그런데 일부 관습적 용법에 차이가 있어, 예를 들면 '寄言, 寄語'는 '말을 전하다'의 뜻이고, '寓言, 寓語'는 '말을 기탁하다'의 뜻이다.

女寄言於母. 崔銑, 〈記王忠肅公翱事〉
딸이 사람을 시켜 어머니께 말씀을 전하였다.

寄語惡少年, 黃金且休擲. 杜甫, 〈驅豎子摘蒼耳〉
악행을 하는 젊은이들에게 말을 전하노니, 황금을 던지듯 막 쓰지 말게나!

205 羽[우/yǔ]·翼[익/yì]·翅[시/chì]

이 세 글자는 '날개'라는 뜻에서 동의사이다.

글자의 본의를 보면, '翼'과 '翅'만 동의사로서 새와 곤충의 날개를 말한다. 그런데 '翼'이 '翅'보다 흔히 쓰인다.

其翼若垂天之雲. ≪莊子·逍遙遊≫
그 날개가 마치 하늘에 드리운 구름 같다.

審視, 巨身修尾, 青項金翅. ≪聊齋志異·促織≫
자세히 보니 큰 몸집에 꼬리가 길고, 푸른 목덜미에 금색 날개가 달렸다.

'羽'의 본의는 새의 날개에 난 긴 깃털이다. ≪說文≫은 "羽는 새의 긴 털이고 상형이다(羽, 鳥長毛也, 象形.)"라고 풀이했고, 단옥재는 "깃털마다 다 짝이 있으므로 羽를 병렬했다"고 해석한다.

羽扇綸巾, 談笑間, 强虜灰飛煙滅. 蘇軾, 〈念奴橋·赤壁懷古〉
깃 부채와 푸른 두건으로 웃으며 얘기하는 동안에 강포한 적들은 재가 되어 날아가고 연기가 되어 사라졌다.

夢一道士, 羽衣翩躚. 蘇軾, 〈後赤壁賦〉
꿈에 한 도사를 봤는데, 새 깃털 옷이 하늘하늘 흔들렸다.

언어의 발전에 따라 '羽'는 다시 새털에서 인신되어 조류와 충류의 날개에도 사용되었다.

六月莎鷄振羽. ≪詩經·七月≫
유월이면 베짱이가 날개를 떤다.

鳴鳩拂其羽. ≪禮記·月令≫
산비둘기가 그 날개를 턴다.

그런데 관습적 용법에 따라, '翼蔽(덮어 가리다)'를 '羽蔽'라고 하거나 '比翼鳥'를 '比羽鳥'라고는 말하지는 않는다. 또 '翼'은 깃털을 말하지는 않기 때문에, '羽毛'를 '翼毛'라고 하거나 '羽扇'을 '翼扇'라고 말하지는 않는다.

206 憂[우/yōu]·患[환/huàn]

이 두 글자는 '걱정하다, 우려하다'의 의미에서 동의사이다.

居廟堂之高, 則憂其民; 處江湖之遠, 則憂其君. 范仲淹, 〈岳陽樓記〉
조정 높은 곳에 있으면 백성들을 걱정하고, 강호 먼 곳에 있으면 임금을 걱정한다.

可憐身上衣正單, 心憂炭賤願天寒! 白居易, 〈賣炭翁〉
가엾다, 몸에는 홑옷 한 벌 입고서, 마음으로는 숯 값이 내릴까봐 걱정에 날씨 춥기를 비는구나!

欲勿予, 卽患秦兵之來. ≪史記·廉頗藺相如列傳≫
(벽옥을) 주지 말자니, 진나라 군대가 쳐들어올 일이 걱정이다.

且人患志之不立, 亦何憂令名不彰邪? ≪世說新語·周處≫
대체로 사람이 제 뜻을 못 세울까 걱정이지, 어찌 명예를 드날리지 못할까 걱정한단 말인가?

'憂'는 비교적 심각한 경우에 많이 쓰여 두려움의 의미를 풍긴다.

杞國無事憂天傾. 李白, 〈梁甫吟〉
기 나라에는 별 일이 없어서 하늘 무너질 것을 걱정했다.

人病則憂懼, 憂懼見鬼出. ≪論衡·訂鬼≫
사람이 병이 나면 걱정되고 두려우며, 걱정되고 두려우면 귀신이 나타난다.

'憂'는 또 부모의 상을 가리키기도 하여, 예를 들면 '부모상을 당하다'를 '丁憂'라고 표현한다.

朝臣丁父憂者假滿赴職. ≪三國志·魏書·李彪傳≫
조정 신하 중 부친상을 당한 자들은 말미를 다 채운 후에 부임케 하였다.

'患'은 '우환', '질병', '~병을 얻다'를 뜻한다.

死亦我所惡, 所惡有甚於死者, 故患有所不辟也. ≪孟子·告子≫
죽음도 내가 싫어하는 것인데, 싫어하는 것 중에는 죽음보다 더 심한 것도 있다. 그러므로 우환에도 피하지 않을 경우가 있는 것이다.

時有患瘧疾者. ≪晉書·桓石虔傳≫
그 때 학질을 앓는 자가 있었다.

두 글자를 이어 쓴 '憂患'은 다음 두 가지를 뜻한다.

1. '患難'을 말한다.

然後知生於憂患, 而死於安樂也. ≪孟子·告子≫
그렇게 된 후에야 우환 속에서는 살아남고, 안락 속에서는 죽는다는 것을 알게 된다.

2. '憂慮'를 말한다.

是故憂患不能入也, 而邪氣不能襲. ≪淮南子·情神訓≫
그러므로 근심걱정이 끼어들지 못하고, 삿된 기운이 끼쳐 들지 못한다.

207

郵[우/yóu]·置[치/zhì]·傳[전/chuán]·驛[역/yì]

이 네 글자는 '驛站'과 '역참 전송'의 뜻에서 동의사이다. 이들은 의미가 거의 같아서 모두 다 서로 연용할 수 있는데, 예를 들면 '置郵, 置傳, 郵傳, 郵置, 郵驛, 驛傳' 등이다.

'郵'는 '역[驛站]'이다. ≪說文≫은 "郵는 변방의 문서를 보내는 驛舍이다. 邑과 垂의 회의자인데, 垂는 변방을 뜻한다(郵, 竟上行書舍. 從邑垂. 垂, 邊也.)"라고 풀이한다. ≪爾雅·釋言≫에서는 "지나가는 것을 郵라 한다(經過曰郵)"고 풀이한다.

使人未返, 復獲郵書. ≪後漢書·張奐傳≫
사신은 아직 돌아오지 않았고 다시 역참으로 전해온 서신을 얻었다.

燔燒郵亭. ≪後漢書·南匈奴傳≫
역참을 불태웠다.

'置' 역시 '역참'과 '역참 전송'의 뜻이며, 사용 시기만 달랐다. 東漢 應劭의 ≪風俗通≫은 "한나라 때 郵를 置로 바꾸었다. 置란 원근의 거리를 재어 설치한다는 것이다(漢改郵爲置. 置者, 度其遠近之間置之也.)"라고 풀이하였다. 지금의 우편제도가 바로 이것이다.

太僕見馬遺財足, 餘皆以給置傳. ≪史記·孝文本紀≫
태복은 말을 딱 알맞은 만큼만 남겨두고 나머지는 모두 역참에 대주도록 하라.

十里一置飛塵灰. 蘇軾, 〈荔枝嘆〉
십리에 한 번씩 역참에 들어 (말을 바꾸고) 먼지를 날리며 달렸다.

'驛'의 본의는 '역참 전송'인데 '역참'으로 인신되었다. 고대의 역참에는 관리자인 '驛丞'이 있어서, 국가 공문서나 왕명을 전달하러 가는 사람들을 접대하고 일꾼과 말을 제공하였다.

後數日驛至, 果地震隴西. ≪後漢書·張衡傳≫
며칠 뒤 파발마가 도착하였는데, 과연 농서 지역에 지진이 있었다.

'傳' 역시 '역참 전송'과 '驛舍'의 뜻이다.

繕理亭傳. ≪後漢書·陳忠傳≫
역참을 수리하였다.

傳車送窮北. 文天祥, 〈正氣歌〉
역참 전송의 수레가 북쪽 끝까지 간다.

208 謂[위/wèi]·曰[왈/yuē]

이 두 글자는 '말하다, ~라고 부르다'의 의미에서 동의사이다.

차이점은 세 가지이다.

1. 대화상대의 표시가 다르다. '謂'는 '~에게 말함, ~한테 대고 말함'이고, '曰'은 그냥 '말함'이다. ≪說文≫에서는 "謂는 마주 말하는 것(謂, 報也.)"이고, "曰은 말하는 것(曰, 詞也)"이라고 풀이하였는데, 단옥재는 그 주석에서 "詞는 속에 품은 뜻을 말로 꺼내는 것(詞者, 意內而言外也)"이라고 풀이하였다.

> 請往謂項伯, 言沛公不敢背項王也. ≪史記·項羽本紀≫
> 제가 가서 항백에게 일러 패공께서는 감히 항왕을 배반하지 못한다고 말하도록 하겠습니다.

> 子曰. '學而時習之, 不亦說乎?' ≪論語·學而≫
> 배우고 나서 때때로 연습하면 이 또한 기쁘지 아니한가?

고대한어에서 '謂'와 '曰' 뒤에는 이야기한 말이 오는데, '曰'은 말이 바로 이어지지만, '謂'는 보통 '曰'이나 '대화상대+曰'이 온 다음에 언급 내용이 이어진다.

> 獄具矣, 胥某謂曰. '予我千金, 吾生若' 叩其術, 曰. '是無難, 別具本章….' 方苞, 〈獄中雜記〉
> 조서가 다 꾸며지고 나자 아전 모씨가 말했다. '나에게 금 천냥을 주면 내가 당신을 살려주겠다.' 그 방법을 캐물으니 말하기를, '그건 어렵지 않아, 따로 보고서를 만들어…'

> 太后明謂左右曰. '有復言令長安君爲質者, 老婦必唾其面.' ≪战国策·赵策四≫
> 조태후가 좌우 신하들에게 언명하였다. "이후로 다시 장안군을 인질로 보내자고 말하는 자가 있다면, 이 늙은 부인이 반드시 그 얼굴에 침을 뱉어주겠다."

2. '말'의 의미와 관련하여, '謂'는 '평론, 인정'의 뜻이 들어 있는데, '曰'에는 그런 뜻이 없다. 그리고 '曰'은 열거항목 표시의 용법이 있는데 '謂'에는 없다.

子謂子産, 有君子之道四焉. ≪論語·公冶長≫
공자가 정 자산에 대해 말씀하셨는데, 그는 군자의 도리 네 가지를 가지고 있다고 하셨다.

順於民心, 所補者三. 一曰主用足, 二曰民賦少, 三曰勸農功. 晁錯, 〈論貴粟疏〉
민심에 순응하면 보탬이 되는 바가 셋인데, 하나는 임금의 용도가 풍족해지고, 둘은 백성들의 세금이 줄어들고, 셋은 농사를 장려하게 된다.

3. 고서의 주석에 이 두 글자가 다 사용되는데, '謂'는 흔히 추상을 구체로 해석하고, 특수를 일반으로 해석하며, 해석 대상의 어구가 '謂' 앞에 온다.

肉食, 謂在位有祿者. (≪左傳·莊公十年≫의 '肉食者謀之, 又何間焉'에 대한 주석)
'고기를 먹는다'는 말은 벼슬자리에 있어 녹봉을 받는 것을 말한다.

'曰'을 쓸 때는 해석 대상 어구가 항상 '曰'의 뒤에 온다. 그리고 '曰'은 의미 해석에도 사용되고, 또 동의사나 近義詞들의 차이를 구별하는데도 사용된다.

大崩曰敗績. (≪左傳·僖公二十二年≫의 '宋師敗績'에 대한 주석)
크게 무너진 것을 敗績이라 한다.

種之曰稼, 斂之曰穡, 一夫之居曰廛. (≪詩經·魏風·伐檀≫의 '不稼不穡,胡取和三百廛兮'에 대한 주석)
곡식을 심는 것을 稼, 거두는 것을 穡, 장정 한 사람의 터(몫)를 廛이라 한다.

209
危[위/wēi]·險[험/xiǎn]·殆[태/dài]

이 세 글자는 모두 '위험'의 의미에서 동의사이다. 셋 가운데 '危'의 사용범위가 가장 넓고 '殆'가 가장 좁다. 상고시대에는 위험을 표시하는 말로 주로 '危'를 썼다.

'危'는 본래는 '高(높다)'의 뜻이었고, '위험함, 위급함, 불안정함'으로 인신되었다. ≪說文≫은 "危는 높은 곳에 있어 겁내는 것이다. 구성요소인 产(첨)은 사람이 절벽 위에 있는 모습이다(危, 在高而懼也. 从产, 人在厓上.)"라고 풀이했다.

使子路去其危冠. ≪莊子·盜跖≫
자로로 하여금 제 높은 벼슬을 벗어버리게 하였다.

危邦不入. ≪論語·泰伯≫
위태로운 나라에는 들어가지 않는다.

'險'은 지세가 험준하고 도로가 험악함 등만을 표시한다. ≪說文≫은 "險은 험준하고 옹색함(險, 阻難也.)"이라고 풀이했다.

吾與汝畢力平險. ≪列子·湯問≫
나와 네가 힘을 다하여 험준한 산을 평평하게 고르자.

此爲長江之險已與我共之矣. ≪三國志·吳書·周瑜魯肅呂蒙傳≫
이는 장강이라는 험한 요새를 이미 우리와 함께 한 것입니다.

'殆'는 '위험'과 '불안'의 뜻이었고, 나중에 인신되어 '아마도, 거의(그럴 것이다)'의 뜻으로 쓰였다. ≪說文≫은 "殆는 위태로움(殆, 危也.)"이라 풀었다.

知彼知己, 百戰不殆. ≪孫子兵法≫
상대와 자신을 알면 백번 싸워도 위태롭지 않다.

且燕趙處革滅殆盡之際, 可謂智力孤危, 戰敗而亡, 誠不得已. 蘇洵, 〈六國論〉
게다가 연나라와 조나라는 (진나라에 의해 주변 제후국들이) 모두 패망해가는 시기에 처하여 있었는데, 지략도 역량도 다 고갈되어 전쟁에 지고 멸망하는 것이 참으로 부득이한 상황이었다 할 수 있다.

210 幽[유/yōu]·冥[명/míng]

이 두 글자는 '어두움', '어두운 밤', '귀신이 사는 곳' 등의 의미에서 동의사이다.

'幽'는 '그윽한 어두움(深暗)'의 뜻으로, '明' 및 '顯'과 반대의 의미이다. ≪說文≫은 '숨음(隱也)'이라 풀이했고, 단옥재는 "山의 의미를 취하였는데, 이는 隱이 阜방을 쓴 것과 같다. 덮어 가려진 곳의 의미를 취하였다. 어릴 요(幺)를 겹쳐 쓴 '丝'를 취한 것은 미약하면 숨어 안 보임에 의해서다."라고 주석하였다.

哀吾生之無樂兮, 幽獨處乎山中. ≪楚辭·涉江≫
내 삶의 괴로움을 애잔해하며, 그윽히 산 중에 홀로 지내리라.

舞幽壑之潛蛟, 泣孤舟之嫠婦. 蘇軾, 〈前赤壁賦〉
그윽한 골짜기 물 속에 잠긴 교룡을 일어나 춤추게 하고, 외딴 배 한 척의 과부를 흐느끼게 한다.

'冥'은 '해가 진 저녁의 어두움(昏暗)'이다. 또, 그믐 밤의 어둠이나, 눈을 가리운 사람의 어두움에 견주어 설명된다.

冥行百餘里. ≪聊齋志異·席方平≫
어둠 속을 백여 리를 갔다.

'幽'와 '冥'은 모두 '음계, 귀신이 사는 곳'(幽冥, 陰間)을 지칭하는데, 세분하면 '幽'는 神이 사는 곳이고, '冥'은 鬼가 사는 곳이다.

俯馮夷之幽宮. 蘇軾, 〈後赤壁賦〉
물의 신 풍이의 그윽한 궁을 굽어본다.

胥某一夕暴卒, 人皆以爲冥謫云. 方苞, 〈獄中雜記〉
아전 모씨가 어느 날 저녁 갑자기 죽자 사람들은 모두 음계의 징벌이라고 하였다.

心期冥遇. 汪中, 〈哀鹽船文〉
마음 속으로 음계에서 만나기를 기약하였다.

'冥冥'으로 중첩하면 어두운 모습과 그윽한 모습의 두 뜻을 가진다.

薄暮冥冥, 虎嘯猿啼. 范仲淹, 〈岳陽樓記〉
옅은 어둠이 깔린 해거름에 호랑이의 포효와 원숭이 떠드는 소리가 들려온다.

太空冥冥, 不可得而名. 蘇軾, 〈喜雨亭記〉
하늘의 그윽하고 아득한 모습을 무어라 이름붙일 길이 없다.

'幽幽'의 중첩 형태는 그윽한 모습을 말한다.

秩秩斯干, 幽幽南山. ≪詩經·小雅·斯干≫
맑게 흐르는 저 개울물, 그윽한 저 남산.

【참고】 '暝'과 '冥'은 古今字의 관계이다. '冥'이 본의에서 인신된 '그윽한 어둠(幽暗)'의 뜻으로 흔히 쓰이게 되자, 다시 날 일(日)을 붙인 '暝'자를 만들어, '날이 어두워지다(天黑)', '해가 지다(日暮)', '초저녁(傍晚)', '저녁의 어둠(昏暗)'을 지칭하게 되었다.

晻晻日欲暝, 愁思出門啼. 〈孔雀東南飛〉
어둑어둑 해가 지려하면 시글픈 생각에 문밖에 나와 우네.

迷花倚石忽已暝. 李白, 〈夢遊天姥吟留別〉
꽃에 취하여 바위에 기대 있노라니 어느새 날이 어두웠다.

2 1 1

乳[유/rǔ]·産[산/chǎn]

이 두 글자는 '출산, 생육'의 뜻에서 동의사이다. ≪說文≫에서는 "사람이나 새가 새끼를 낳는 것을 '乳'라 하고, 짐승이 새끼를 낳는 것은 '産'이라 한다.(人及鳥生子曰乳, 獸曰産.)"고 풀이했는데, 나중에는 이와 같은 구분이 없어졌다.

婦人疏字者子活, 數乳者子死. ≪論衡·氣壽≫
부인이 간격을 두어 출산하면 아이가 살고, 자주 낳으면 아이가 죽는다.

使牧羝, 羝乳乃得歸. ≪漢書·蘇武傳≫
(소무로 하여금) 숫양을 치게 하고, 숫양이 새끼를 낳으면 돌려보내 주겠다 하였다.

有私牛於官舍産犢. ≪晉書·羊祜傳≫
어떤 개인 소유의 소가 관가 축사에서 송아지를 낳았다.

'乳'는 '育(기르다)'의 의미에서 인신되어 '유방, 젖먹임' 등의 의미가 생겨났다. '産'은 '生(낳다)'의 의미에서 인신되어 '산출, 물산, 재산' 등의 의미로 확대되었다.

佛印絶類彌勒, 袒胸露乳, 矯首仰視, 神情與蘇黃不屬. 魏學洢, 〈核舟記〉
소동파의 친구인 佛印은 미륵과 매우 비슷하여, 젖가슴을 드러내놓고 머리를 들어 위로 쳐다보는데, 기색과 표정이 소동파나 황정견과는 다른 종류였다.

婦撫兒乳. 林嗣環, 〈口技〉
부인이 아이를 어루만지며 젖을 먹였다.

永州之野産異蛇. 柳宗元, 〈捕蛇者說〉
영주의 들에서는 특이한 뱀이 난다.

此物故非西産. ≪聊齋志異·促織≫

이 물건은 본래 섬서성에서 생산되는 것이 아니다.

每責一頭, 輒傾數家之產. ≪聊齋志異·促織≫
(귀뚜라미) 한 마리 가격을 분담하게 할 때마다 몇 집이 파산하였다.

212 游[유/yóu]·泳[영/yǒng]·泅[수/qiú]

이 세 글자는 '헤엄치다'의 의미에서 동의사이다.

'游'는 물위에 뜨는 헤엄이다. ≪說文≫은 "'游'는 물 위에 떠 감(游, 浮行水上也)"이라 풀이한다.

潭中魚可百許頭, 皆空游無所依. 柳宗元, 〈小石潭記〉
못 안의 고기는 대략 백여 마리인데, 모두가 마치 공중을 떠다니듯 헤엄쳐 다니며 기대 의지하는 곳이 없다.

此其父善游. ≪呂氏春秋·愼大覽第三≫
이는 그의 아버지가 헤엄을 잘 쳐서이다.

'泳'은 수면 아래로 잠기는 헤엄이다. ≪說文≫은 "'泳'은 물 속에 잠겨 감(泳, 潛行水中也)"이라 풀이한다.

漢之廣兮, 不可泳思. ≪詩經·周南·漢廣≫
한수는 넓고 넓어 잠겨 헤엄쳐 갈 수가 없네.

沙鷗翔集, 錦鱗游泳. 范仲淹, 〈岳陽樓記〉
모래톱에 갈매기들은 날아올랐다 내려앉았다 하고, 비늘 반짝이는 고기들은 물위로 떠올랐다 가라앉았다 한다.

'泅'는 보통 물품을 가지고 강물을 건너는 '도하(泅度)'를 뜻한다.

吳兒善泅者數百, 皆披髮文身, 手持十幅大彩旗, 爭先鼓勇, 溯

迎而上. 周密, 〈觀潮〉
오나라 사람들에 헤엄을 잘 치는 자가 수백 명인데, 모두가 더벅머리에 문신을 하였다. 손에 열 폭의 큰 깃발을 들고 앞 다퉈 북을 쳐 용기를 돋우며 조수를 거슬러 타고 올라갔다.

人有濱河而居者, 習於水, 勇於泅. ≪列子·說符≫
사람들 중에 강가에 사는 사람이 있는데, 물에 익숙하고 헤엄치는데 용감하다.

213 戎[융/róng]·兵[병/bīng]

이 두 글자는 '병기'의 의미에서 동의사이다.

'戎'은 고대 병기의 총칭이다. 예를 들면 활(弓矢), 팔모봉(殳), 긴창(矛), 갈고리창(戈) 양날창(戟)을 '五戎(다섯 가지 무기)'이라고 한다. ≪說文≫에서는 "戎은 병기이다(戎, 兵也)"라고 하였다.

是月也, 天子乃教於田獵, 以習五戎, 班馬政. ≪禮記·月令≫
이 달에는 천자가 교지를 내려 전렵을 나가서, 다섯 가지 무기를 연습케 하고, 말의 관리 지침을 반포한다.

'兵'은 손에 드는 무기이다. ≪說文≫에서는 "兵은 무기·형구이다. 두 손(廾)이 도끼를 들고 함께 힘을 쓰는 모습이다.(兵, 械也. 从廾持斤并力之貌.)"라고 풀이하였다.

收天下之兵, 聚之咸陽. 賈誼, 〈過秦論〉
천하의 병기를 수거하여 함양에 모아 놓았다.

六國破滅, 非兵不利戰不善. 蘇洵, 〈六國論〉
전국시대의 여섯 나라가 파멸에 이른 것은 병기가 잘 예리하지 않거나 싸움을 잘 못해서가 아니다.

두 글자는 언어 발전에 따라 '군인(軍旅), 군대(軍隊)'로 인신되었다.

그런데 '兵'은 손에 무기를 드는 사병을 말하는 경우가 많고, '戎'은 군대 전체를 가리키는 경우가 많다.

瑜得精兵五萬, 自足制之. ≪三國志·吳書·周瑜魯肅呂蒙傳≫
저 주유가 정예병 오만을 얻으면 스스로 저들(조조군)을 충분히 제어할 수 있습니다.

史公治兵, 往來桐城, 必躬造左公第. 方苞, 〈左忠毅公逸事〉
사가법 공은 군대를 훈련하면서 동성을 왕래하였는데, 그 때마다 친히 좌충의 공의 집에 뵈러 갔다.

可汗大點兵. 〈木蘭詩〉
가한(유목족의 왕)이 많은 병사를 징집하였다.

投筆從戎. (成語)
붓을 내던지고 군대에 참가하다.

그리고 또 '전쟁, 군사'의 뜻으로도 인신되었다.

凡用兵之法, 全國爲上, 破國次之. ≪孫子·謀攻≫
무릇 전쟁의 방법은, 적의 도성을 온전하게 빼앗는 것이 최선이고, 도성을 파괴하는 것은 차선이다.

兵旱相乘, 天下大屈. 贾誼, 〈論積貯疏〉
전쟁과 한발이 겹치면 천하의 민생이 크게 상한다.

214 應[응/yīng]·答[답/dá]·對[대/duì]

이 세 글자는 '대답, 회답'의 의미에서 동의사이다.

北山愚公長息曰. '而山不加增, 何苦而不平?' 河曲智叟亡以應. ≪列子·湯問≫

북쪽 산의 우공이 긴 한숨을 쉬며 말했다. '그렇지만 산은 보태지지 않는데 어떻게 평평하게 깎이지 않을 수가 있겠는가?' 황하 굽이의 지수는 대꾸할 말이 없었다.

曰. '苟富貴, 無相忘.' 庸者笑而應曰. '若爲庸耕, 何富貴也?' ≪史記·陳涉世家≫
'나중에 부귀하게 되거든 당신을 잊지 않겠소.' 일꾼이 웃으며 대꾸했다. '네가 고용살이 농사꾼 주제에 부귀는 무슨 부귀냐?'

蘭芝仰頭答. '理實如兄言.' 〈孔雀東南飛〉
난지가 고개를 들고 대답했다. '도리로는 참으로 오빠 말씀이 맞아요.'

見漁人, 乃大驚, 問所從來, 具答之. 陶潛, 〈桃花源記〉
어부를 보고는 깜짝 놀라며 어디서 왔는가를 물었다. 어부는 그들에게 모두 다 대답해주었다.

暴見於王, 王語暴以好樂, 暴未有以對也. ≪孟子·梁惠王下≫
제(장포)가 왕을 뵈었을 때 왕이 저에게 음악의 즐거움을 말씀하시는데, 저는 아무 대꾸도 못하였습니다.

公曰 '衣食所安, 弗敢專也, 必以分人.' 對曰. '小惠未徧, 民弗從也.' ≪左傳·莊公十年≫
魯 莊公이 말했다. '마음에 맞는 옷과 음식을 독차지하지 않고 반드시 귀족들과 나누어 가졌소.' 대답하기를, '잔 혜택이 고루 다 돌아가지 않았더라면 백성을 복종시킬 수 없었을 것입니다.'

'應'의 본의는 '화답, 호응'이다. ≪廣韻≫은 "應은 물건이 서로 응답하는 것(應, 物相應也.)"이라 풀이한다. 여기서 인신되어 '이어서 회답하다' '당장 회답하다'의 의미가 생겼다.

'答'은 '솔직히 회답하다'의 의미를 가지며 비교적 정중하고 엄숙한 회답의 경우에 상용되는데 예를 들면 ≪答司馬諫議書(간의대부 사마광에게 회답하는 글)≫ 등이다.

'對'는 '마주하다[相對]'의 의미에서 '회답'으로 인신되었으며, 아랫사람이 윗사람에게 하는 회답에 상용된다.

이들은 회답 내용의 인용문을 붙이는 방식에서 차이를 보인다. '答'

은 인용문을 직접 붙이지만, '應'과 '對'는 직접 붙이지 못하고 '應曰', '對曰'의 형식을 써야 한다.

215 衣[의/yī]·裳[상/cháng]·常[상/cháng]

이 두 글자는 '의복, 의상'의 의미에서 동의사이다.

人情, 一日不再食則饑, 終歲不制衣則寒. 晁錯, 〈論貴粟疏〉
인지상정이, 하루에 두 끼를 못 먹으면 배를 곯고, 세모에 옷(외투)올 못 해 입으면 추위에 떤다.

新浴者必振衣. ≪史記·屈原列傳≫
방금 목욕을 마친 이는 반드시 옷을 털어 입는다.

脫我戰時袍, 著我舊時裳. 〈木蘭詩〉
(사내들과 뒹굴던) 전포를 벗고, 옛날의 치마를 꺼내 입었네.

巴東三峽巫峽長, 猿鳴三聲漏霑裳! ≪水經注·三峽≫
巴의 동쪽 삼협에서 무협이 긴데, 원숭이 울음소리 세 번이면 눈물이 옷을 적신다.

고대에는 '衣'는 상의를, '裳'은 하의를 지칭했다. ≪說文≫에 "衣는 의지할 것이다. 위는 衣, 아래는 裳이라 한다(衣, 依也. 上曰衣, 下曰裳.)"고 하였고, 段玉裁는 "常은 하부의 치마(常, 下裙也)"라고 하였다. 고대의 '裳'은 둘러입는 앞치마의 일종으로서, 남녀귀천을 가리지 않고 모두 입었다.

東方未明, 顚倒衣裳. ≪詩經·齊風·東方未明≫
동이 아직 트지 않아 위아래 옷을 바꿔 입었네.

製芰荷以爲衣兮, 集芙蓉以爲裳. ≪離騷≫
마름과 연 잎 엮어서 웃옷을 삼고, 활짝 핀 부용 묶어 치마를 삼았네.

'衣'는 '입다, 덮어가리다, 싸서 묶다(포장하다)'의 동사적 용법이 있는데, '裳'에는 그런 용법이 없다.

乃使其從者衣褐, 懷其璧, 從徑道亡. ≪史記·廉藺列傳≫
이내 시종을 시켜 삼베옷을 입고 벽옥을 품에 감추고 지름길을 통해 도망치게 하였다.

裂裳衣瘡, 手注善藥. 柳宗元, 〈段太尉逸事狀〉
옷자락을 찢어 상처를 싸고 손수 좋은 약을 발라주었다.

연용 형태 '衣裳'은 고대에는 '깊은 옷[深衣]'을 말하여 현대의 의미와는 달리 쓰였다. '깊은 옷[深衣]'은 고대의 제후, 대부, 사 계급이 평상시 집에서 그리고 밤에 입는 옷으로서 상의와 하의가 이어진 것이었다.

216

履[이(리)/lǚ]·**屨**[구/jù]·**屣**[사/xǐ]·**屧**[섭/xiè]·**屐**[극/jī]·**屩**[교(갹)/juē]·**扉**[비/fèi]·**舄**[석/xì]·**鞋**[혜/xié]·**靴**[화/xuē]

이들 열 글자는 모두 '신발'을 지칭한다.

'履'는 밑창이 한 겹인 '홑신'이고, '舄'은 밑창이 여러 겹인 '겹신'이다.

足下躡絲履, 頭上玳瑁光. 〈孔雀東南飛〉
발에는 비단 신발을 신었고, 머리에는 대모 비녀가 반짝인다.

履舄交錯, 杯盤狼藉. ≪史記·滑稽列傳≫

홑신 겹신이 뒤섞여 있고, 술잔 접시가 널부러져 있다.

‘屣’는 끌며 신는 ‘끌신’이고, ‘屝’는 ‘삼신’ 및 ‘짚신’이다.

舜視棄天下, 猶棄敝屣也. ≪孟子·盡心≫
순은 천하 버리기를 마치 헌 끌신 버리는 것처럼 보았다.

共其資糧屝屨, 其可也. ≪左傳·僖公四年≫
그들의 식량과 신발을 공급하는 일은 아마 가능할 것입니다.

‘屧’은 본래는 신발의 나무 밑창을 가리키는 말이었는데 나중에 신발로 인신되었다. ‘屐’은 나무 밑창을 댄 신발을 가리킨다.

入閤而躍, 屧爲之破. ≪南史·盧陵威王續傳≫
궁중 합문을 들어오며 뛰어넘다가 신발의 나무 밑창이 부서졌다.

脚著謝公屐, 身登靑雲梯. 李白, 〈夢遊天姥吟留別〉
발에는 사령운의 나무밑창 신발을 신고, 몸은 푸른 구름에 닿은 층계를 오른다.

‘屩’는 짚신이고, ‘屨’는 삼이나 칡으로 만든 홑신이다.

躡屩而見之. ≪史記·孟嘗君列傳≫
짚신을 신고 가서 그를 만났다.

有餓者, 蒙袂輯屨, 貿貿然來. ≪禮記·檀弓下≫
한 굶주린 자가 옷소매로 얼굴을 가리고 삼신을 끌며 (눈이 안 보이는 듯) 비틀비틀 다가왔다.

‘鞋’는 가죽 신이고, ‘靴’는 복사뼈 위까지 올라오는 목이 긴 장화이다.

小頭鞋履窄衣裳. 白居易, 〈上陽白髮人〉
(칠지닌) 코 직은 가죽 홑신을 신고 몸에 꼭 끼는 옷을 입었다.

嘗有人著靴, 騎驢, 到兆門外. ≪晉書·劉兆傳≫
일찍이 어떤 목긴 가죽 구두를 신고 나귀를 탄 사람이 유조의 문 앞에 이르렀다.

신발류를 총칭하는 데는 이들 중 '鞋, 履, 舃, 屧' 등이 사용되었는데, 당송 시대까지는 '履'가 가장 흔히 사용되었다.

217 離[이(리)/lí]·別[별/bié]

이 두 글자는 '떠나다, 헤어지다'를 뜻하는 동의사이다.

이들은 의미에 정도 차이가 있는데, '離'보다 '別'의 정도가 심하다. 王逸은 ≪楚辭·離騷≫ 주석에서 "가까운 것을 離, 먼 것을 別이라 한다(近曰離, 遠曰別.)"고 했다.

> 賓客無不變色離席. 林嗣環, 〈口技〉
> 빈객들이 하나같이 안색이 변하여 자리를 떠났다.

> 天明登前途, 獨與老翁別. 杜甫, 〈石壕吏〉
> 날이 밝아 길을 떠나오는데 노인이 혼자 나와 작별하더라.

> 生人作死別, 恨恨那可論. 〈孔雀東南飛〉
> 산 사람이 죽은 사람처럼 작별을 하니 그 한을 어찌 다 말하리오.

연용하여 '離別'로 쓰면 여러 종류의 헤어짐을 총칭한다.

> 府吏聞此事, 心知長別離. 〈孔雀東南飛〉
> 관리가 이 일을 듣고는 마음에 이미 영원히 헤어질 것을 알았다.

> 商人重利經離別, 前月浮梁買茶去. 白居易, 〈琵琶行〉
> 상인은 이익을 중시하고 이별은 가벼이 여겨, 지난 달 부량현에 차를 사러 갔다.

218
隣[인(린)/lín]·里[리/lǐ]·鄕[향/xiāng]·黨[당/dǎng]

이 네 글자는 '鄕里', '同鄕', '이웃'의 뜻으로 쓰인다.

與之粟九百, 辭. 子曰, '毋! 以與爾鄰里鄕黨乎!' ≪論語·雍也≫
좁쌀 구백 말을 주자 사양하였다. 공자가 말씀하셨다. '그러지 마라! 너의 고향 이웃 사람들에게 주거라!'

其家甚智其子, 而疑隣人之父. ≪韓非子·說難≫
집안 사람들이 그 아이를 매우 지혜롭다 여기며 이웃 사람의 아버지를 의심하였다.

不農則不地著, 不地著則離鄕輕家. 晁錯, 〈論貴粟疏〉
농사를 못 지으면 땅에 정착하지 못하고, 정착하지 못하면 고향을 떠나고 가족을 가벼이 합니다.

이 글자들은 고대의 주민조직을 표시하기도 한다. ≪漢書·食貨志≫에서는 "다섯 가구가 隣이 되고, 다섯 隣이 里가 되고, 네 里가 族이 되고, 다섯 族이 黨이 되고, 다섯 黨이 州가 되고, 다섯 州가 鄕이 된다.(五家爲隣, 五隣爲里, 四里爲族, 五族爲黨, 五黨爲州, 五州爲鄕.)"라고 하였다.

또한 이 네 글자들이 서로 조합되어서 마찬가지로 '고향마을, 동향'의 뜻을 표현하는데, 예를 들면 '鄕隣, 鄕黨, 鄕里, 里黨, 隣里鄕黨' 등이다.

豈若吾鄕隣之旦旦有是哉! 柳宗元, 〈捕蛇者說〉
어찌 내 이웃 사람들이 아침마다 그러는 것(죽어나감)과 비교하겠습니까?

今肅迎操, 操當以肅還付鄕黨. ≪三國志·吳書·周瑜魯肅呂蒙傳≫
이제 저 노숙이 조조를 맞이하여 투항하면 조조는 저를 고향으로 돌려보내주겠지요.

奴隷優伶皆與飮, 里黨乞求, 不靳與. ≪聊齋志異·樂仲≫
노예나 광대들과 함께 술을 마시고, 마을 사람들이 요청하면 아낌없이 베풀었다.

2 1 9

籍[적/jí]·藉[자/jiè, jí]

이 두 글자는 고대 문헌에서는 다음 몇 가지 의미에서 서로 통용된다.

1. 독음 '자'(jiè)로 '의지하다, 도구로 이용하다'의 뜻에 쓰인다.

北方有侮臣, 願藉子殺之. ≪墨子·公輸≫
북방에 어떤 사람이 나를 모욕했는데 그대에게 기대어 그를 죽이고 싶소.

籍刑以去刑. ≪商君書·開塞≫ (藉의 오자로 보아 교정한 예가 많음)
형벌에 의하여 형벌을 제거한다.

2. 독음 '자'(jí)로 '짓밟다, 깔고 앉다'의 뜻에 쓰인다.

羸兵爲人馬所蹈籍. ≪三國志·吳書·周瑜魯肅呂蒙傳≫
지친 병사들이 사람과 말들의 발밑에 짓밟혔다.

往往而死者相藉也. 柳宗元, 〈捕蛇者說〉
죽은 시체가 서로 깔고 누워있는 경우도 가끔 있다.

3. 독음 '자'(jí)로 '낭자하다(狼藉, 狼籍)'의 뜻에 쓰인다.

이리는 늘 풀을 깔고 누우며 일어나면 풀을 밟아 헝클어 흔적을 없앴다 한다. 여기서 '이리가 짓밟은 모습'인 '狼藉'가 '마구 흐트러진 모습'과 '수습할 수 없는 사태'의 뜻으로 인신되었다.

履舃交錯, 杯盤狼藉. ≪史記·滑稽列傳≫
홑신 겹신이 뒤섞여 있고, 술잔 접시가 널부러져 있다.

惡聲狼藉, 布於諸國. ≪史記·蒙恬列傳≫
나쁜 이야기가 마구 엉켜 여러 나라에 퍼져 있다.

聞其兒爲吏, 放縱狼籍. ≪後漢書·張酺傳≫

그 아들이 관리를 하는데 방종하기 이를 데 없다 합니다.

4. 독음 '자'(jí)로 '자심하다(藉甚, 籍甚)', '자자하다(藉藉, 籍籍)' 등에서 '크다, 심하다'의 뜻을 표시한다.

陸生以此遊漢廷公卿間, 名聲籍甚. ≪史記·陸賈列傳≫
육가는 이후 한 조정의 공경들과 교유하여 명성이 자자하였다.

賈以此游漢廷公卿間, 名聲藉甚. ≪漢書·陸賈傳≫
육가는 이후 한 조정의 공경들과 교유하여 명성이 자자하였다.

그런데, '籍'의 본의는 '명부, 호구명부'이다. ≪說文≫에는 "籍은 장부다(籍, 簿也.)"라고 하였고, ≪玉篇≫에는 "호적이다(戶籍也)"라고 하였다. 여기에서 '登記'의 의미가 인신되었다. 그러므로 '戶籍, 典籍, 書籍, 籍沒' 등의 경우에는 '藉'로 통용되지 않는다.

'藉'의 본의는 제사 때 쓰는 짚으로 만든 깔개, 거적이다. ≪說文≫에는 "제사용 깔개(祭藉也.)"라 하였다. 따라서 '거적, 멍석'의 경우에는 '籍'을 쓰지 않는다.

위에 든 '藉'와 '籍' 두 글자의 통용 용법은 모두 '藉'의 인신의로 볼 수 있다. 즉, 초두 '艹'와 대죽머리 '竹'의 비슷한 필획모양과 독음의 일치에 의한 혼동으로 '籍'이 '藉'의 인신의 용법에 통용된 것이다. 이 두 글자는 오자에 의한 통용으로 볼 수 있지만, 문자를 읽는 독자로서는 같은 뜻을 표시하는 다른 말, 즉 동의사의 특수사례로 간주할 수 있다.

220

適[적/shì]·之[지/zhī]·如[여/rú]·往[왕/wǎng]·赴[부/fù]

이들 다섯 글자는 '(어디로) 가다'의 의미에서 동의사이다. 이들 중 '之, 適, 如'는 '가다'의 의미에서는 거의 동일하게 쓰이며 방언의 차이만 가진 것으로 보인다. ≪爾雅·釋詁≫에는 "如, 適, 之……는 往을 말한다"고 하였고, ≪義疏≫에서는 "춘추 경문에 쓰인 '如晉(진에 가다), 如齊(제에 가다), 如盟(맹약하러 가다), 如會(회합하러 가다)' 등은 모두 如를 往으로 쓴 것이다"라고 하였다.

我欲之南海, 何如? 彭端淑, 〈爲學〉
나는 (부처님께 예배하기 위해) 남해로 가려하는데, 어떤가?

逝將去女, 適彼樂土. ≪詩經·碩鼠≫
갈 거야 너를 떠날 거야, 저 낙토로 갈 거야.

沛公起如厠. ≪史記·項羽本紀≫
패공 유방이 일어나 측간에 갔다.

주목되는 것은 이들 '갈 之' 류와 '갈 去'의 관계이다. '去'는 현대에는 '(어디로) 가다'로 쓰여 고대의 '之' 류와 같지만, 고대에는 '(어디에서) 떠나가다'로 쓰였다.

莊辛去楚之趙. ≪戰國策·楚策≫
장신은 초나라를 떠나 조나라로 갔다.

'往' 역시 '(어디로) 가다'의 뜻인데, 문법적으로 차이가 있다. 上古시대에는 '之, 適, 如' 뒤에는 빈어가 붙었는데, '往'에는 붙지 않았다.

先自度其足而置之其坐. 至之市而忘操之. ≪韓非子·鄭人買履≫

미리 발 길이를 재어 좌석 위에 놓아두었는데, 장에 가면서는 그것을 잊고 안 가져갔다.

孔子適衛, 因嬖臣彌子瑕以見衛夫人, 子路不說. ≪鹽鐵論·論儒≫
공자는 위나라에 가서 총신 미자하를 통해 위령공 부인(南子)을 알현하였다. 자로가 좋아하지 않았다.

楚子使屈完如師. ≪左傳·僖公四年≫
초나라 왕이 굴완을 (齊나라) 군영에 (협상 사신으로) 보냈다.

昔我往矣, 楊柳依依. ≪詩經·采薇≫
내가 (전방에) 가던 그 때는 버들가지가 하늘하늘 했었지.

그리고 '往'은 '返, 來'의 반의어로 쓰이는 점에서 '之, 適, 如'와 다르다.

出不入兮往不反. ≪九歌·國殤≫
나가면 못 들어오고, 가면 못 돌아오네.

然往來視之, 覺無異能者. 柳宗元, 〈黔之驢〉
그런데 왔다 갔다 하며 나귀를 자세히 보니, 특별한 재주가 있어 보이지 않았다.

'赴'의 의미는 약간 특수하다. 단순히 '어디로 가다'가 아니고, '(어디로) 달려가다(奔向)', '(어디로) 뛰어들다(投向)'로서 서둘러 힘들고 급한 곳으로 간다는 특수한 의미로 쓰인다. ≪說文≫에서는 "赴는 달려감(趨)이다"라 하였고, 단옥재는 "온 마음으로 내달려 나아가는 것이다(一心趨向之也)"라고 해설하였다. 그리고 '赴'는 '之' 류와 같이 목적지를 빈어로 붙일 수 있다.

無他端而欲赴秦軍, 譬若以肉投餒虎. ≪史記·信陵君列傳≫
아무런 다른 대비도 없이 진나라 군대 앞에 달려가는 것은 마치 굶주린 호랑이한테 고기 덩이를 던져주는 것과 같습니다.

寧赴湘流, 葬於江魚腹中. ≪楚辭·漁父≫
차라리 湘水 물에 뛰어들어 장강 물고기 뱃속에 몸을 묻으리.

赴湯火, 視死如生. ≪漢書·晁錯傳≫
뜨거운 불과 끓는 물에 뛰어들며, 죽고 사는 것을 같은 것으로 여긴다.

221 箭[전/jiàn]·矢[시/shǐ]·鍭[후/hóu]

이 세 글자는 모두 '화살(弓弩에 매겨 발사하는 무기)'를 말한다. 이들은 같은 물건을 지역 방언에 따라 달리 부른, 방언에 의한 동의사이다. ≪方言≫에서는 "화살[箭]을 함곡관 동쪽에서는 '矢'라고 하고, 長江과 淮水 사이에서는 '鍭'라고 하며, 함곡관 서쪽에서는 '箭'이라고 한다"고 하였다. 郭璞은 "지금은 천하 각 지역에서 모두 '矢'를 '箭'이라고 사용한다"고 하였다.

222 切[절/qiē]·磋[차/cuō]·琢[탁/zhuó]·磨[마/mó]

이 네 글자는 그릇이나 계측기를 제작하는 정밀한 수공예라는 뜻에서 동의사이다.

이들 각 글자는 그 본의에 따라 서로 다른 재료 및 가공방법을 표시한다. 즉, 뼈를 깎는 것은 '切'이고, 상아를 쏠아 윤내는 것은 '磋'이며, 옥을 쪼아 새기는 것은 '琢'이고, 돌을 갈아 다듬는 것은 '磨'이다.

骨曰切, 象曰瑳, 玉曰琢, 石曰磨. 切瑳琢磨, 乃成寶器. ≪論衡·量知≫
뼈는 '切'하고 상아는 '瑳'하며, 옥은 '琢'하고 돌은 '磨'한다. 깎아 윤내고 쪼아 다듬으면 보배로운 기물이 된다.

如切如磋, 如琢如磨. ≪詩經·淇奧≫
(상아를) 깎아 윤을 낸 듯, (옥을) 쪼아 다듬은 듯.

玉不琢, 不成器. ≪禮記·學記≫
옥은 쪼아 다듬지 않으면 그릇이 되지 않는다.

연용 형태로는 '切磋'와 '琢磨'가 사용된다. '切磋'는 사고나 행동의 방면에서 서로 장점을 취하는 것이고, '琢磨'는 이론이나 작품에 수정과 퇴고를 거듭하여 더욱 정채롭게 하는 것이다.

言君臣邪, 固當諫爭. 語朋友邪, 應有切磋. ≪後漢書·馬援傳≫
군신 사이라고 말한다면 응당 간쟁을 해야 하고, 붕우 사이라고 말한다면 응당 절차(견주어 보태줌)를 해야 한다.

人之於文學也, 猶玉之於琢磨也. ≪荀子·大略≫
사람에 있어서 글과 배움은 마치 옥에 있어서의 탁마(쪼아 다듬음)와도 같다.

223 旌[정/jīng]·旗[기/qí]·旛[번/fān]·麾[휘/huī]·幟[치/zhì]

이들 다섯 글자는 모두 고대의 깃발을 표시하는데, 글자마다 미세한 차이가 있다.

'旗'는 곰이나 호랑이를 그린 대장기로서, 군대의 장군을 표시한다.

趙果空壁爭漢鼓旗. ≪史記·淮陰侯列傳≫
조나라 군대는 과연 영채를 비워놓고 모두 나와 앞 다투어 한나라의 군기와 전고를 주웠다.

'幟'는 채색의 천을 기워 만든, 소속을 인식하기 위한 표시용의 기이다.

立漢赤幟二千. ≪史記·淮陰侯列傳≫
한나라 군대의 붉은 기치 이천 개를 세웠다.

'麾'는 군대를 지휘 통솔하는 깃발이다.

城上以麾指之. ≪墨子·號令≫
성 위에서 지휘기로 그들에게 지시를 하였다.

'旌'은 야크(旄牛) 꼬리와 오색 새 깃으로 장식한 기로서, 지휘나 길잡이에 사용된다.

旌蔽日兮敵若雲, 矢交墜兮士爭先. ≪九歌·國殤≫
정기가 해를 가리고 적은 구름처럼 밀려오네, 화살 엇섞여 떨어지고 용사들은 용맹을 앞 다투네.

'旛'은 길게 늘어뜨리는 장방형의 깃발로서, '幡'으로도 쓴다.

青雀白鵠舫, 四角龍子幡. 〈孔雀東南飛〉
青雀과 고니를 그린 집배, 네 모서리엔 꽃 수놓은 용왕 아들 깃발.

224 停[정/tíng]·泊[박/bó]

이 두 글자는 '멈춰 머물다(停留)'의 의미에서 동의사이다.
차이점은, '停'은 수레에, '泊'은 배에 많이 쓰인다는 점이다.

停車坐愛楓林晚, 霜葉紅於二月花. 杜牧, 〈山行〉
수레 멈춰 앉아 숲의 단풍 보노라니 날 저물었는데, 서리 내린 붉은 잎이 이월 꽃보다 곱구나.

士大夫終不肯以小舟夜泊絶壁之下, 故莫能知. 蘇軾, 〈石鍾山記〉
사대부들은 밤에 작은 배로 절벽 아래 정박할 생각을 끝내 하지 않았고, 따라서 아무도 그것을 알 수 없었다.

연용 형태인 '停泊'은 배의 정박에만 사용된다.

行至瓜洲, 大船停泊岸口. ≪今古奇觀·杜十娘怒沉百寶箱≫
과주에 이르러 큰 배를 나루 어귀에 정박하였다.

225 祭[제/jì]·祀[사/sì]·奠[전/diàn]

이 세 글자는 '조상이나 귀신에게 제사를 지내 존경을 표시하고 보우를 비는 행사'라는 점에서 동의사이다.

옛날에는 하늘 신에게는 '祀'를, 땅 신에게는 '祭'를 지낸다고 보았다. 당나라 사람 賈公彦은 ≪周禮·地官≫의 주석에서 "천신에게는 祀라고, 地祇에게는 祭라고 한다"고 하였다. 그런데 실제 사용에서는 그리 엄격하게 구분하지 않았으며, '天神地鬼'에 대한 제사로 통칭할 수 있다.

王師北定中原日, 家祭無忘告乃翁. 陸游, 〈示兒〉
왕의 군대 북으로 가 중원을 평정하거든, 집안 제사 때 잊지 말고 이 아비에게 알리거라.

身以放遷, 宗廟絶祀. ≪鹽鐵論·誅秦≫
자신은 쫓겨나 떠돌고, 종묘는 제사가 끊어졌다.

'奠'은 분묘나 관 앞에 죽은 이의 영혼을 위해 제물을 진설하는 의식이다. ≪說文≫에서는 "奠은 제물을 놓는 것이다(奠, 置祭也)"라고 하였고, 단옥재는 "置祭란 술과 음식을 진설하고 제사를 모시는 것이다(置

祭者, 置酒食而祭也)"라고 해석하였다. ≪釋名≫에서는 "장례의 제사를 奠이라 하는데, 奠은 멈춤이다. (망자를) 오래 머물게 함이다(喪祭曰奠. 奠, 停也. 言停久也.)"라고 설명하였다.

哭汝既不聞汝言, 奠汝又不見汝食. 袁枚, 〈祭妹文〉
너를 위해 곡하지만 네 말소리 들리지 않고, 너를 위해 음식 차렸지만 네가 먹는 것 볼 수 없구나.

226 濟[제/jì]·渡[도/dù]·涉[섭/shè]

이 세 글자는 '물을 건너다', '강을 건너다'의 의미에서 동의사이다.

哀南夷之莫吾知兮, 旦余濟乎江湘. ≪楚辭·涉江≫
슬프다 南夷가 나를 몰라주는구나, 아침이면 나는 長江과 湘水를 건너가리.

故五月渡瀘, 深入不毛. 諸葛亮, 〈出師表〉
그래서 오월에 瀘水를 건너 깊이 불모의 땅에까지 들어갔습니다.

楚人有涉江者, 其劍自舟中墜於水. ≪呂氏春秋·愼大覽第三≫
어떤 초나라 사람이 장강을 건너는데, 배에서 검을 떨어뜨려 물 속으로 들어갔다.

'涉'의 본의는 물을 걸어서 건너는 것이다. ≪說文≫에서는 "涉은 발로 걸어 물을 건너는 것이다(涉, 徒行厲水也.)"라고 하였는데, 이에 대해 段玉裁는 "濿는 砅의 或字다. 砅는 본래 돌을 밟고 물을 건너는 것이다(濿或砅字也, 砅本履石渡水之稱.)"라고 해석하였다.

惟郢路之遼遠. 江與夏之不可涉. ≪楚辭·哀郢≫
아, 郢으로 가는 길은 멀고도 길고, 장강과 하수는 깊어 건널 수 없네.

跋涉山川. ≪左傳·襄公二十八年≫
산 풀숲을 헤치며 다니고, 하천 물 속을 걸어 다녔다.
◆跋: 풀 속 걸음. 涉: 물 속 걸음.

'濟'는 하천 이름이 '하천을 건너다'로 인신된 특별한 경우인데, 흔히 배를 이용하는 것을 지칭한다.

夫吳人與越人相惡也, 當其同舟共濟而遇風, 其相救也如左右手. ≪孫子兵法·九地≫
오 사람들과 월 사람들은 서로 미워하였지만 같은 배를 함께 타고 건너다 바람을 만나게 되자, 서로 도와주는 것이 마치 좌우 양 손 같았습니다.

'渡'는 '(여기서 저기로) 건너가다, 지나가다, 넘기다'의 의미도 표시한다. ≪說文≫에서는 "渡는 건너는 것이다(渡, 濟也)"라 하였고, ≪方言≫에서는 "건너 지나가는 것을 涉濟라 한다(過渡謂之涉濟)"고 풀이하였다.

我欲因之夢吳越, 一夜飛渡鏡湖月. 李白, 〈梦游天姥吟留别〉
나는 그 (天姥의 전설)에 따라 꿈에 오월 땅을 노닐어, 하루 밤에 달빛 거울처럼 비치는 경호를 날아 건너리라.

昔毛寶放龜而得渡. 馬中錫, 〈中山狼傳〉
옛날에 모보라는 사람은 거북이를 방생하였다가 (그 거북의 도움으로) 강을 건너 목숨을 건졌다.

227
除[제/chú]·拜[배/bài]·授[수/shòu]·封[봉/fēng]

이 네 글자는 모두 '벼슬자리에 임명해 준다'는 의미에서 동의사이다.

'除'는 옛 관직을 '거두고' 새 관직에 임명함을 말한다. 顏師古는

≪漢書≫ 주석에서 "除라는 말은, 옛 관직을 벗겨내고 새 관직에 나아가게 함을 말한다.(凡言除者, 除故官就新官也.)"고 하였다.

詔書特下, 拜臣郎中. 尋蒙國恩, 除臣洗馬. 李密, 〈陳情表〉
특별히 조서를 내려 저에게 낭중 벼슬을 주셨으며, 얼마 후 국은을 입어 저에게 다시 태자선마의 벼슬이 내려졌습니다.

'拜'는 임명된 자가 '절하고' 벼슬을 받음을 말한다. 그래서 '除'와는 달리 정중한 경례와 치하의 느낌이 있다.

至拜大將, 乃韓信也, 一軍皆驚. ≪史記·淮陰侯列傳≫
대장을 임명하기에 이르렀는데 바로 한신이었다. 온 군대의 장병들이 다 깜짝 놀랐다.

相如旣歸, 趙王以爲賢大夫使不辱於諸侯, 拜相如爲上大夫. ≪史記·廉藺列傳≫
인상여가 귀국하자, 조나라 왕은 현명한 대부가 사신으로 나가 제후에게 국가적 모욕을 당하지 않게 하였음을 들어 인상여를 상대부로 삼았다.

또한 '벼슬을 주다'가 아닌 '벼슬을 맡다', '취임하다'의 뜻으로도 사용된다.

於是辭相印不拜. 翌日, 以資政殿學士行. 文天祥, 〈指南錄後序〉
이리하여 승상 인수를 사양하여 취임하지 않고, 다음날 자정전학사의 자격으로 (원나라 사신 길을) 출발하였다.

'授'는 관직과 작위를 부여함 즉, '줌'을 말한다.

國以功授官予爵, 則治省言寡. ≪商君書·靳令≫
국가가 공적에 의해 관작을 수여하면 정치가 간명해지고 말이 적게 된다.

德以敍位, 能以授官. ≪荀子·致士≫
덕에 의해 작위를 정하고, 능력에 의해 관직을 부여한다.

'封'은 제왕이 신하나 친척에게 '한정된 범위의 땅'을 관할하는 작위를 부여하는 것이다. ≪說文≫에서는 "封은 제후의 땅에 작위를 주는 것이다(封, 爵諸侯之土也.)"라고 설명한다.

以賂秦之地, 封天下之謀臣. 蘇洵, 〈六國論〉
진나라에 선물로 바친 땅을 온 천하의 꾀 좋은 신하에게 나누어 준다.

勞苦而功高如此, 未有封侯之賞. ≪史記·項羽本紀≫
애쓰고 수고하여 이렇게 높은 공적을 세웠는데 아직 제후로 봉하는 포상이 내리지 않았습니다.

'封'은 왕족이나 신하의 봉토의 의미에서 '영역을 구분함' '둘러막아 한정지음' 등의 의미가 인신되어, '봉쇄하다(封鎖)' '국경(封疆)' '封套' '封印' 등의 단어에도 사용된다.

228 朝[조/cháo]·覲[근/jìn]·會[회/huì]·同[동/tóng]

이 네 글자는 '제후가 천자를, 신하가 제왕을 알현한다'는 의미에서 동의사이다.

相如每朝時, 常稱病. ≪史記·廉藺列傳≫
인상여는 조회 때면 늘 아프다 말하며 입조하지 않았다.

强國請服, 弱國入朝. 賈誼, 〈過秦論〉
강한 나라는 고개 숙여 (진나라에) 복종하기를 청하였고, 약한 나라는 신하가 되어 배알하였다.

周나라 때에는 제후의 천자 알현을 시기와 형태에 따라 달리 말하였다. '朝'는 봄, '覲'은 가을의 알현이고, '會'는 정사를 위해 수시로 보는 것이었으며, '同'은 사방의 다수 제후가 모여 천자를 회견하는 것이었다.

以賓禮親邦國. 春見曰朝, 夏見曰宗, 秋見曰覲, 冬見曰遇, 時見曰會, 殷見曰同, 時聘曰問, 殷覜曰視. ≪周禮·春官宗伯≫
손님을 맞이하는 빈례로 방국들을 가까이 하였는데, 봄에 알현하는 것을 조, 여름에 알현하는 것을 종, 가을에 알현하는 것을 근, 겨울에 알현하는 것을 우라 한다. 시기를 정하지 않고 알현하는 것을 회, 여러 제후들과 함께 알현하는 것을 동, 일 년에 한번 예물을 바치고 알현하는 것을 문, 삼 년에 한번 예물로 알현하는 것을 시라 한다.

'제왕 알현'과 관련된 의미로, '覲'은 '만나보다(會見)'의 뜻으로도, '會'는 '회합(會合), 회견(會見), 회맹(會盟)'의 의미로도 쓰인다.

宣子私覲於子産, 以玉與馬. ≪左傳·昭公十六年≫
趙宣子 韓起는 (속국인) 鄭나라의 재상 子産을 사적으로 방문하여 옥과 말을 예물로 주었다.

臣嘗從大王與燕王會境上. ≪史記·廉藺列傳≫
제가 일찍이 대왕께서 연나라 왕과 국경에서 회합하실 때 모시고 간 적이 있습니다.

'朝'는 다음과 같은 다양한 용법들이 있다.

1. 군소 제후가 方伯이나 강대한 제후에게 신하로 섬겨 入朝하는 것을 표시하기도 한다.

割地而朝者三十有六國. ≪韓非子·五蠹≫
땅을 잘라 귀부한 것이 삼십육 개 나라였다.

燕趙韓魏聞之, 皆朝於齊. ≪戰國策·齊策≫
연, 조, 한, 위 네 나라가 소식을 듣고 모두 제나라에 入朝하였다.

2. 방백이나 강대한 제후가 군소 제후를 입조시키는 것을 표시하기도 한다.

欲辟土地, 朝秦楚. ≪孟子·齊桓晉文之事≫
영토를 넓히고 강국인 秦나라와 楚나라의 입조를 받고 싶다.

武丁朝諸侯, 有天下, 猶運之掌也. ≪孟子·公孫丑≫

商나라 무정은 제후들을 입조시키고 천하의 주인노릇 하는 것을 마치 손 안에 쥐고 움직이는 것처럼 하였다.

3. 제왕이 신하나 백성 및 봉호가 내린 부녀자의 배알을 받는 '接見'에도 쓰인다.

楚子朝其大夫. ≪左傳·昭公五年≫
초나라 왕(작위는 子)이 대부를 접견하였다.

是皆率民而出於孝情者也, 胡爲至今不朝也？此二士弗業, 一女不朝, 何以王齊國, 子萬民乎？≪戰國策·齊策≫
이들은 백성을 효와 인정에로 이끌 사람들인데, 어찌하여 지금까지 (왕이) 불러 접견하지 않는가? 이 두 선비가 업으로 삼을 관직을 받지 못하고, 이 한 여자가 접견하여 봉호를 내림을 얻지 못하는데, 그러고도 어떻게 제나라를 다스리고 만민을 자식삼을 수 있겠는가?

4. 제왕이 '조회에 나가' 정무 보고를 받는 것에도 쓰인다.

從此君王不早朝. 白居易, 〈長恨歌〉
이 이후로 임금님이 아침 조회에 나오지 않으셨다.

梁孝王朝. ≪史記·魏其武安侯列傳≫
양나라의 효왕이 조회에 나가 정무를 처리하였다.

5. 아랫사람이 윗사람에게 하는 일반적인 인사 방문, 神佛에 대한 제사·예배에도 쓰인다.

臨邛令繆爲恭敬, 日往朝相如. ≪史記·司馬相如列傳≫
임공령 王吉이 지나치게 공경하며 나날이 사마상여를 찾아왔다.

項羽晨朝上將軍宋義, 即其帳中斬宋義頭. ≪史記·項羽本紀≫
항우는 이른 아침 상장군 송의에게 인사하러 갔다가 바로 장막 안에서 송의의 목을 베었다.

忽來與我作別, 說要去南海朝觀音. 魏子安, 〈花月痕〉
갑자기 와서 나에게 작별인사를 하며 관세음보살을 예배하러 남해에 갈 거라 하였다.

229 調[조/diào]·退[퇴/tuì]

이 두 글자는 모두 관직의 이동을 뜻한다.

'調'는 일반적인 이동으로 승진, 강등 및 수평이동 모두를 표시한다.

事文帝, 十年不得調. ≪漢書·張釋之傳≫
문제를 모셨는데 십년 동안 승진을 얻지 못했다.

然盎亦以數直諫, 不得久居中, 調爲隴西都尉. ≪史記·袁盎列傳≫
그러나 원앙 역시 잦은 직간으로 인해 중앙에 오래 있지 못하고 농서의 도위로 이동되었다.

'退'는 해임이나 강등에 많이 쓰이며, 사퇴를 표시하기도 한다.

不敢以其不勝任而輒退之. 王安石, 〈上皇帝萬言書〉
그가 임무를 감당 못한다 하여 바로 해임시키는 일은 감히 못합니다.

旣退, 又無相知有氣力得位者推挽, 故卒死於窮裔. 韓愈, 〈柳子厚墓誌銘〉
좌천당하고 나서도 그를 알아보고 당겨 도와주는 유력한 고관이 없어서 끝내는 사람 없는 변방에서 죽었다.

是進亦憂, 退亦憂. 范仲淹, 〈岳陽樓記〉
이처럼 나아가도 걱정이고, 물러나도 걱정이다.

230 尊[존/zūn]·尙[상/shàng]·貴[귀/guì]·崇[숭/chóng]

이 네 글자는 모두 '존경, 존중'의 의미를 표시한다.

'尊'의 본의는 '제례용의 술통'인데, 제사나 빈객 접대를 위한 禮器

인 술통을 귀중히 다룬 데서부터 사람에 대한 존경의 뜻으로 인신되었다. ≪說文≫에서는 "尊은 술통이다(尊, 酒器也)"라고 하였고, ≪廣雅·釋詁≫에서는 "존경, 공경이다(敬也)"라고 하였다.

泰, 有虞氏之尊也. 山罍, 夏后氏之尊也. ≪禮記·明堂位≫
泰는 유우씨(순임금)의 술통이고, 山罍는 하후씨(우임금)의 술통이다.

此四君者, 皆明智而忠信, 寬厚而愛人, 尊賢而重士. 賈誼, 〈過秦論〉
이들 네 公子는 모두 지혜롭고 믿음 있고 관후하고 인정 있으며, 현자를 존경하고 선비를 중시하였다.

'尙'의 본의는 '높이다·오르다(上)'인데, '숭상하다'로 인신되었다. 대부분 사물에 대한 숭상을 표시하고, 때로는 사람에 대한 존경도 표시한다. 段玉裁는 ≪說文≫ 주석에서 "尙은 높임이다. 쌓아올림을 뜻한다(尙, 上也, 皆積累加高之意)"라고 하였고, ≪爾雅·釋詁≫에서는 "尙은 오른손으로 함(올림, 도움)이다(尙, 右也.)"라고 하였다.

是故君子不自大其事, 不自尙其功. ≪禮記·表記≫
그러므로 군자는 제 일을 스스로 과장하지 않고, 제 공적을 스스로 높이지 않는다.

尙之以瓊英乎而. ≪詩經·齊風·著≫ 朱熹注: 尙, 加也.
그 위에 더하여 아름다운 경영 옥돌까지 몸에 차셨다네. (주희의 주석: 尙은 '올려놓음'이다.)

欲立功名, 則莫若尙賢使能矣. ≪荀子·王制≫
공적과 명예를 세우려 한다면 현자를 존중하고 능력자에게 임무를 주는 것이 최선이다.

'貴'의 본의는 '비싸다'인데, '귀중하다, 고귀하다'로, 다시 나아가 '존경·중시하다'로 인신되었다. ≪說文≫은 "貴는 물건 값이 싸지 않은 것이다(貴, 物不賤也.)"라고 하였고, ≪玉篇≫에서는 "가치가 많음(多價)"이라고 하였으며, ≪廣雅·釋言≫에서는 "높이 모심(尊)"이라 하였다. '貴'는 물건과 사람에 다 쓰이는데 모두가 가치판단에 관한 것이다.

> 錢益多而輕, 物益少而貴. ≪漢書·食貨志≫
> 돈은 많을수록 값이 덜나가고, 물건은 적을수록 비싸진다.

> 民爲貴, 社稷次之, 君爲輕. ≪孟子·盡心≫
> 서민이 귀중하고 사직이 그 다음이며, 임금은 싸고 가볍습니다.

> 時無魏公子, 豈貴抱關人. 李白, 〈送侯十一〉
> 그 때 위나라의 공자 신릉군이 없었으면 누가 관문지기를 귀중히 여겼겠는가?

> 俗之所貴, 主之所賤也. 吏之所卑, 法之所尊也. 晁錯, 〈論貴粟疏〉
> 세속에서 귀중히 하는 것을 임금께서는 천시하고 있고, 관리들이 낮춰 보는 것을 법에서는 높이 보고 있습니다.

'崇'의 본의는 '크고 높은 산'인데, '공경, 존중'의 의미로 인신되었다. ≪說文≫에서는 "崇은 산이 높고 큼이다(崇, 山大而高也)"라고 하였고, ≪廣韻≫에서는 '敬'이라고 말했다. '崇'은 항상 사람을 표현한다.

> 夫宮室不崇, 器無彤鏤, 儉也. ≪國語·周語≫
> 궁중 건물이 높지 않고, 기물이 붉은 칠에 문양을 새기지 않았으면, 그것은 검소한 것이다.

> 拔去凶邪, 登崇俊良. 韓愈, 〈進學解〉
> 흉험하고 사악한 자를 가려내 제거하고, 준걸과 재주있는 자를 등용하고 존중한다.

'존경'의 의미와 관련하여 이 글자들은 모두 '높음(高)'의 의미를 가지는데, '尊, 貴, 崇'은 모두 형용사 '높다'로 쓰여 지위·물가·형세의 높음을 표시한다. 그런데 '尙'은 동사로서 '초월하다, 넘어서다'의 의미를 표현한다.

또한 '尊'과 '貴'는 경칭에 사용되어 '尊府, 尊容'과 '貴姓, 貴子弟, 貴校' 등으로 쓰인다.

231
種[종/zhòng]·植[식/zhí]·樹[수/shù]·藝[예/yì]

이 네 글자는 모두 '심다, 재배하다'의 의미를 표시한다. '種'의 본의는 '파종'이고, '植'과 '樹'는 '나무 심다'이고, '藝'는 '농작물을 심고 가꾸다'이다.

東西植松柏, 左右種梧桐. 〈孔雀東南飛〉
동쪽 서쪽에 송백을 심고, 좌우에는 오동을 심었네.

五畝之宅, 樹牆下以桑, 匹婦蠶之, 則老者足以衣帛矣. ≪孟子·盡心≫
다섯 묘의 집터에 담장 아래 뽕나무를 심고, 며느리가 그것으로 누에를 친다면, 노인이 비단 옷을 입기에 족할 것이다.

二水已治, 二山已可種藝. ≪尚書 · 禹貢 孔穎達 傳≫
(淮와 沂) 두 강물이 다스려지고 나자, (蒙과 羽) 두 산에 작물을 심어 기를 수 있게 되었다.

'種'은 '곡물 파종'의 본의에서 '덕행의 전파'의 의미로 인신되었다.

皐陶邁種德. ≪尚書·大禹謨≫
고요씨는 덕을 심는데 매진하였다.

'樹'와 '植'은 '나무 심다'의 본의에서 '(어떤 물건이나 일을) 세우다, 일으키다'의 의미로 인신되었다.

樹竿測之, 深淺可度. ≪論衡·須頌≫
간대를 세워 재면 깊고 얕은 것을 헤아릴 수 있다.

大臣貴重, 敵主爭事, 外市樹黨. ≪韓非子·內儲說≫
대신이 현귀하고 권세를 누리면 임금과 맞서 정사를 다투며 궁 밖 저자에 당파를 세운다.

斷者架木通之, 懸者植梯接之. 袁枚, 〈遊黃山記〉
길이 잘려 끊어진 곳은 나무를 걸쳐 통하게 했고, 가파른 절벽에는 사다리를 세워 이어 놓았다.

232 從[종/cóng]·自[자/zì]·由[유/yóu]

이 세 글자는 모두 출발점을 표시하는 '~로부터'의 전치사로서 동의사인데, 용법상 약간의 차이가 있다.

'自'는 시간·사건·사람·장소를 이끈다.

自古及今, 未之嘗聞. 賈誼, 〈論積貯疏〉
옛날부터 지금에 이르기까지 그런 일이 있었다고 들어본 적이 없습니다.

自幼好武術, 習無不精. 徐珂, 〈馮婉貞〉
어려서부터 무술을 좋아하여, 익혔다 하면 정통하지 않은 적이 없었다.

自天子以至於庶人, 壹是皆以修身爲本. ≪禮記·大學≫
천자에서 서민에 이르기까지 하나같이 다 자신을 닦는 것을 근본으로 한다.

有朋自遠方來, 不亦樂乎! ≪論語·學而≫
친구가 있어 먼 데로부터 오면 그것 또한 즐거운 일이 아니겠는가!

'由'는 시간과 장소에도 쓰인다. 그리고 '由'는 원인을 이끌어 '~ 때문에'로도 사용된다.

由文王至於孔子, 五百有餘歲. ≪孟子·盡心≫
문왕에서 공자에 이르기까지는 오백 여 년이 된다.

道德之行, 由內及外, 自近者始. ≪漢書·匡衡傳≫
도덕의 실천은 안에서 바깥으로 이어지며, 가까운 데부터 시작한다.

國家之敗, 由官邪也. ≪左傳·桓公二年≫

국가의 패망은 관리들이 비뚤어짐에서 말미암는다.

'從'은 시간과 장소에 쓰인다.

從今有雨君須記, 來聽蕭蕭打葉聲. 韓愈, 〈盆池〉
이제부터 비가 오면 그대는 반드시 잊지 말고, 이파리에 뚝뚝 듣는 소리 와서 듣거라.

從臺上彈人, 而觀其辟丸也. ≪左傳·宣公二年≫
누대 위에서 사람들에게 탄환을 쏘아 그것을 피하는 모습을 구경하였다.

이들 중 '由'와 '從'은 출발점 외에 경유 지점을 표시하는 점에서도 공통적이다.

由山以上五六里, 有穴窈然. 王安石, 〈遊褒禪山記〉
산을 따라 오륙 리를 올라가니 그윽한 깊은 굴이 있었다.

桓大司馬病. 謝公往省病, 從東門入. ≪世說新語·賞譽≫
환 대사마가 병이 났다. 사공이 문병을 갔는데, 동문으로 들어갔다.

233

坐[좌/zuò]·跪[궤/guì]·跽[기/jì]·踞[거/jù]·蹲[준/dūn]

이 다섯 글자는 모두 앉는 자세를 말하는 동의사이다.

'坐'는 두 무릎을 바닥에 꿇고 둔부를 발 뒤꿈치에 얹는 자세이다. ≪釋名≫에는 "坐는 꺾음이다. 뼈 마디를 꺾고 굽힌다.(坐, 挫也. 骨折挫詘也.)"라고 하였다.

項王項伯東向坐, 亞父南向坐. ≪史記·項羽本紀≫
항왕과 항백은 동향하고 앉고, 아부 범증은 남향하고 앉았다.

秦王色僥, 長跪而謝之曰. '先生坐! 何至于此! 寡人渝矣.' ≪戰國策·魏策四≫
진왕이 안색이 흔들리며 장궤하고 사과하며 말했다. '선생 앉으시오. 어찌 이렇게까지 한단 말이오! 내가 지나쳤소.'

'跪'는 두 무릎을 구부려 하나 또는 두 무릎을 바닥에 대고, 상체를 곧게 편 자세이다. ≪釋名≫에는 "跪는 위태로움이다. 두 무릎을 땅에 기대고 있어 몸이 불안정하고 위태롭다(跪, 危也, 兩膝隱地, 體危隉也.)"라고 하였다.

於是相如前進缻, 因跪請秦王. ≪史記·廉藺列傳≫
그러자 인상여가 앞으로 나아가 질장구를 바치며 장궤하고 진왕에게 (연주를) 요청했다.

'跽'는 두 무릎을 바닥에 대고 상체를 곧게 편 자세이다. ≪正字通≫에는 "跽는 두 무릎을 땅에 대고 선 것이다(跽, 兩膝着地立身也.)"라고 하였다.

項王按劍而跽曰. '客何爲者?' ≪史記·項羽本紀≫
(앉아있던) 항왕이 검에 손을 대고 몸을 일으키며 말했다. '그대는 뭐하는 사람인가?'

秦王跽而請曰. '先生何以幸教寡人?' ≪史記·范雎列傳≫
진왕이 장궤하고 요청했다. '내가 어떻게 하면 선생의 가르침을 얻을 수 있겠습니까?'

'坐'와 '跪, 跽'의 차이는, '坐'는 몸을 자연스럽게 이완시키지만 '跪, 跽'는 둔부를 발꿈치에서 떼고 상체를 곧게 펴 긴장시킨 자세이다.

'跪'와 '跽'의 차이는 '跽'는 공경이나 특별한 주의를 표시하는 자세인데, '跪'는 절하기의 선행 동작이라는 점이다.

'踞'는 두 다리를 벌리고 무릎을 세우고 앉는 자세이다. ≪廣韻≫은 "踞는 蹲이며 또 踑踞라고도 한다. 큰 앉음새이다(踞, 蹲; 又踑踞; 大坐.)"

라고 하였다. ≪正字通≫은 "물건에 걸터앉는 것을 踞라 한다(據物坐曰踞)"고 하였다. '箕踞'는 둔부를 땅에 대고 두 다리는 앞으로 펴되 무릎을 조금 구부려 마치 키의 모습을 한 것으로, 약간 오만스런 자세이다. '蹲'은 두 종아리를 바짝 구부리고 둔부를 바닥에 대지 않은 채 쪼그려 앉는 자세이다.

> 沛公方踞床, 使兩女子洗足. ≪史記·高祖本紀≫
> 패공은 두 다리를 벌리고 탁상에 걸터앉아 두 여자에게 발을 씻기고 있었다.

> 軻自知事不就, 倚柱而笑, 箕踞而罵. ≪史記·荊軻刺秦王≫
> 형가는 일을 이루지 못할 것을 스스로 알고 기둥에 의지하고 웃더니, 다리를 벌리고 주저앉아 소리를 내어 꾸짖었다.

234
舟[주/zhōu]·**船**[선/chuán]·**舲**[령(영)/líng]·**舫**[방/fǎng]·**舸**[가/gě]·**舶**[박/bó]·**艇**[정/tǐng]·**艦**[함/jiàn]·**艨艟**[몽동/mèngtóng]

이들 아홉 글자는 모두 배를 표시하는 말이다.

'舟'와 '船'은 漢代에는 방언에 의한 차이를 갖는 어휘였다. 함곡관 서쪽에서는 '船'을, 동쪽에서는 '舟'를 썼다. 시간적으로는 '舟'가 '船'보다 오래되었다고 본다.

> 楚人有涉江者, 其劍自舟中墜於水. ≪呂氏春秋·愼大覽第三≫
> 어떤 초나라 사람이 장강을 건너는데, 배에서 검을 떨어뜨려 물 속으로 들어갔다.

> 假舟楫者, 非能水也, 而絕江河. ≪荀子·勸學≫
> 배와 노를 빌리는 자는 물질을 못하지만 황하나 장강을 건넌다.

船容與而不進兮, 淹回水而疑滯. ≪楚辭·涉江≫
배는 배회하며 나아가지 못하고, 빙빙 도는 소용돌이에 갇혀 머뭇거리네.

有漁父者, 下船而來. ≪莊子·漁父≫
한 어부가 배에서 내려 다가왔다.

'舲'과 '舫'은 선실이 있는 작은 배이다. ≪玉篇≫에서는 "舲은 작은 배 집이다(舲, 小船屋也)"라고 하였다. 東漢의 王逸은 ≪楚辭·涉江≫ 주석에서 "舲船은 창문을 가진 배이다(舲船, 船有窓牖者.)"라고 하였다.

乘舲船余上沅兮, 齊吳榜以擊汰. ≪楚辭·涉江≫
집배를 타고 나는 沅水로 나아가리, 오나라 노를 나란히 저어 물을 때리네.

靑雀白鵠舫, 四角龍子幡. 〈孔雀東南飛〉
靑雀과 고니 그린 집배, 네 모서리엔 꽃 수놓은 용왕 아들 깃발.

'舸'는 큰 배이다. ≪方言≫에서는 "南楚, 장강과 상수 지역에서는 큰 배를 舸라 부른다(南楚江湘, 凡船大者謂之舸)"라고 하였다. 때로는 일반적인 작은 배를 지칭하기도 한다.

弘舸連舳, 巨檻接艫. 左思, 〈吳都賦〉
큰 배들이 고물을 잇고 있고, 큰 함선이 이물을 대고 있다.

又豫備走舸, 各繫大船後. ≪三國志·吳志·周瑜傳≫
또 빠른 배를 준비하여 각각 큰 배 뒤에 묶는다.

'舶' 역시 보통 바다에서 쓰이는 큰 배를 말한다. ≪廣韻≫에는 "舶은 바다의 큰 배이다(舶, 海中大船.)"라고 하였다.

樊口之北有灣. 昔孫權裝大船, 名之曰長安, 亦曰大舶, 載坐直之士三千人. ≪水經注·江水≫
樊口의 북쪽에 만이 하나 있다. 전에 손권이 이곳에 '長安'과 '大舶'이라 불리는 큰 배를 두었다 하는데, 그 배에는 앉아 대기하는 용사 삼천 명을 실을 수 있었다 한다.

'艇'은 가볍고 빠른 배이다. ≪增韻≫에서는 "艇은 작고 긴 배이다(艇, 船小而長.)"라고 하였다.

艇子搖兩槳, 催過石頭城. 溫庭筠, 〈西州詞〉
쾌속정 모는 이 양손에 노 저어 석두성을 서둘러 지나네.

'艦'은 전투에 쓰는 큰 배이다. ≪廣韻≫에는 "적을 막는 배(御敵船)"라고 하였고, ≪釋名·釋船≫에서는 "상하로 상판이 둘 있는 것을 艦이라 한다. 사방에 판을 대어 돌과 화살을 막게 되어 있는데, 그 안이 마치 감옥 같다(上下重床曰艦, 四方施板以御矢石, 其內如牢檻也.)"고 하였다.

操軍連船艦, 首尾相接. ≪三國志·吳書·周瑜魯肅呂蒙傳≫
조조의 군대는 함선들을 연결하여 이물과 고물이 서로 닿아 있습니다.

戰艦森森羅虎士, 征帆一一引龍駒. 李白, 〈永王東巡歌〉
전함에는 호랑이 같은 용사들이 삼엄하게 서있고, 정벌 가는 범선들엔 하나같이 준마 龍駒가 매여 있네.

'艨衝'(또는 艨艟) 역시 전함이다. ≪釋名·釋船≫에는 "폭이 좁고 긴 것을 몽충이라 하는데, 적선에 부딪쳐 돌파하는 데 쓰인다(狹而長曰艨衝, 以衝突敵船也.)"고 하였다.

蒙衝鬥艦, 乃以千數, 操悉浮以沿江. ≪三國志·吳書·周瑜魯肅呂蒙傳≫
몽충 등의 전투함이 수천 척인데, 조조가 그것을 다 차지하여 다고 장강을 다고 내려올 것입니다.

東吳兵至, 艨艟上鼓響, 弓弩齊發. ≪三國演義≫
동오의 병사들이 닿자 몽동에서 북소리가 울리며 일제히 궁노를 쏘았다.

235 洲[주/zhōu]・渚[저/zhǔ]・沚[지/zhǐ]・島[도/dǎo]・嶼[서/yǔ]

이 다섯 글자는 모두 물로 둘러싸인 땅을 지칭한다.

'洲, 渚, 沚'는 하천이나 호수 속의 육지인 경우가 많다. ≪爾雅・釋水≫에서는 "물 속에 사람이 살 수 있는 곳을 洲라 하고, 작은 洲를 渚라고(水中家居者曰洲, 小洲曰渚.)" 하며, "작은 渚를 沚라 한다(小渚曰沚.)"고 하였다.

關關雎鳩, 在河之洲. ≪詩經・關雎≫
꽝꽝 우는 징경이, 황하의 모래톱에 있네.

帝子降兮北渚, 目眇眇兮愁予. ≪楚辭・湘夫人≫
천제의 딸 湘夫人 북쪽 모래톱에 내려 오시리, 아득히 실눈 뜨고 바라보는 내 마음 수수롭네.

朝遊江北岸, 夕宿瀟湘沚. 曹植, 〈雜詩〉
아침에는 양자강 북안을 거닐고, 저녁엔 소상강의 모래톱에 묵다.

'島'는 보통 바다 속의 섬을 말한다. ≪說文≫에서는 "바다 속에는 가끔 의지하여 쉴 수 있는 산이 있는데 이를 島라 한다.(海中往往有山可依止者曰島.)"고 하였다.

與其徒屬五百餘人入海, 居島中. ≪史記・田儋列傳≫
그 도제 오백 여 명과 함께 바다로 나가 섬에서 살았다.

'嶼'는 작은 섬을 말한다.

孤嶼媚中川. 謝靈雲, 〈登江中孤嶼〉
외로운 작은 섬 강 속에 예쁘게 떠있다.

236

住[주/zhù]·駐[주/zhù]

이 두 글자는 모두 '멈춰 머물다'의 뜻을 표시한다.

'住'는 사람이 머무는 것이고, '駐'는 마차가 머무는 것이다. 단옥재는 ≪說文≫ 주석에서 "사람이 멈춰 서는 것을 侸(두, 逗와 통용됨)라 하며, 속체는 住로 쓴다(人立曰侸. 俗作住.)"고 하였다. ≪說文≫에서는 "駐는 말이 멈춰 서는 것이다. 말의 뜻과 主의 소리를 따랐다(駐, 馬立也. 從馬主聲.)"고 하였다.

> 見者呼之曰. '薊先生小住.' ≪後漢書 · 薊子訓傳≫
> 그를 본 사람이 소리쳐 불렀다. "계선생님 잠시 멈추십시오."

> 今旦明府早駕, 久駐未出. ≪漢書·韓延壽傳≫
> 오늘 새벽 韓 태수님의 아침 행차 때 마차가 오래 지체하며 출발을 못했습니다.

'머물다'의 의미가 인신되어, '住'는 '居住하다', '駐'는 '주둔하다'의 뜻으로도 쓰였다.

> 自言本是京城女, 家在蝦蟆陵下住. 白居易, 〈琵琶行〉
> 자신의 말로는 그녀는 본래 서울 사람으로 집이 두꺼비 릉 아래에 살았었다고 한다.

> 分兵屯田, 爲久駐之基. ≪三國志·諸葛亮傳≫
> 군대를 나눠 둔전을 하면 장기간 주둔의 기초가 됩니다.

그리고, '駐'는 '住'의 通假字로도 쓰인다.

> 行人駐足聽, 寡婦起彷徨. 〈孔雀東南飛〉
> 길 가던 사람이 발을 멈추어 듣고, 외로운 과부는 일어나 서성인다.

237
衆[중/zhòng]·群[군/qún]

이 두 글자는 모두 '많은 수'를 표시한다.

'衆'의 본의는 '많은 사람'인데 '많은 수'로 인신되었다. 수량의 의미에 치중하여 '寡'의 반대말로 쓰인다.

'群'의 본의는 '양 떼'인데 '물건 및 사람의 무리'로 인신되었고, 거기서 다시 '많은 수'로 인신되었다. 회합의 의미에 치중하여 '孤'의 반대말로 쓰인다.

今寇衆我寡, 難與相持. ≪三國志·吳書·周瑜魯肅呂蒙傳≫
지금 적은 수가 많고 우리는 적어 버티기 어렵습니다.

恐孤秀而成危, 每群居而自守. 王勃, 〈慈竹賦〉
홀로 빼어나 위태로울 것을 걱정하여 늘 무리지어 살며 스스로를 지킨다.

238
池[지/chí]·塘[당/táng]·沼[소/zhǎo]

이 세 글자는 모두 '물이 고인 작은 못[池塘]'을 지칭한다.

일반적인 구분으로는, '池'는 둥글고[圓], '塘'은 네모지고[方], '沼'는 구불구불[曲]하다.

土地平曠, 屋舍儼然, 有良田美池桑竹之屬. 陶潛, 〈桃花源記〉
땅이 고르고 넓었고, 가옥들이 엄연하였고, 기름진 논밭과 예쁜 못에 뽕밭과 대밭 등이 있었다.

細柳夾道生, 方塘含淸源. 劉楨, 〈贈徐幹〉
실버들은 길 양쪽에 줄 서 있고, 네모진 塘 못엔 맑은 물 출렁인다.

'池'는 때로는 작은 못[池塘]이 아닌 큰 호수[湖] 또는 성을 둘러싸고 있는 하천이나 해자를 지칭한다.

江海雖廣, 池澤雖博, 魚鼈雖多, 罔罟必有正. ≪管子·八觀≫
강과 바다가 넓고 호수와 택지가 커 물고기가 많다 하더라도 그물질은 관리하여야 한다.

鑿斯池也, 築斯城也, 與民守之. ≪孟子·梁惠王下≫
못을 파고 성을 쌓아 백성들과 함께 지킨다.

'塘'은 못, 호수의 둔덕이나 강과 보의 제방을 가리키기도 한다.

池塘生青草, 園柳變鳴禽. 謝靈運, 〈登池上樓〉
못 둔덕엔 파란 풀 자라나고, 뜰 버드나무엔 우는 새가 바뀌었다.

239 瞋[진/chēn]·瞠[당/chēng]·瞿[구/jù]

이 세 글자는 모두 '눈을 크게 뜨다'의 의미를 가진다.

'瞋'은 흔히 화내며 눈을 부릅뜨는 것을 표시한다. ≪說文≫에서는 "瞋은 눈을 크게 뜨는 것이다(瞋, 張目也.)"라고 하였다. '瞠'은 어쩔 줄 몰라 하며 뻔히, 멍하니 뜨고 바라보는 눈을 말한다. ≪廣韻≫에서는 "瞠은 뻔히 바라보는 모습이다(瞠, 直視貌.)"라고 하였다. '瞿'는 놀라 두리번거리는 것을 표시한다.

噲遂入, 披帷西向立, 瞋目視項王. ≪史記·項羽本紀≫
번쾌는 곧장 들어가 휘장을 젖히고 서쪽을 향해 서서 눈을 부릅뜨고 항우를 보았다.

夫子奔逸絶塵, 而回瞠若乎後矣! ≪莊子 · 田子方≫
선생님(공자)께서는 빠르게 내달리며 먼지조차도 끊어내시니 저 안회는 그 뒤에서 눈만 멍하니 뜨고 있습니다.

始死, 充充如有窮; 既殯, 瞿瞿如有求而弗得. ≪禮記 · 檀弓上≫
죽고 난 초기에는 충충하여 마치 꽉 막힌 듯 하고, 대렴을 마치면 멍한 눈을 두리번거리며 마치 뭔가를 찾는 것 같다.

'瞿'는 '놀라 사방을 돌아봄'에서 '놀라다, 겁먹다[懼]'의 의미로 인신되었다.

免喪之外, 行於道路, 見似目瞿, 聞名心瞿. ≪禮記 · 雜記≫
상복을 벗은 다음에는 길을 가다 비슷한 이만 봐도 놀라 눈을 크게 뜨고, 같은 이름자만 들어도 가슴이 깜짝 놀란다.

耳目不瞿, 視聽不深, 則善言不往焉. ≪尸子≫
눈과 귀가 겁먹어 커지지 않으면 보고 듣는 게 깊지 못하고, 그러면 좋은 말이 들어가지 않는다.

240 陳[진/chén] · 述[술/shù] · 說[설/shuō] · 敍[서/xù]

이 글자들은 모두 '말하다'라는 뜻을 가지고 있지만, 의미상 차이가 있다.

'陳'은 徐灝의 ≪說文解字注箋≫에 의하면 "陳의 본래 뜻은 '진열하다'이다. 그래서 '阜'와 '木'을 義符로 하고 '申'을 聲符로 하고 있다. 대략 '평평한 땅에 넓게 벌이다'라는 뜻이 있는 것 같다(陳之本義爲陳列, 故从阜从木申聲, 蓋於平陸中布列之義)"라고 한다. '陳'자는 '진열하다'에서 '군사와 전차를 적재적소에 죽 벌여 놓다'로 인신되어 사용하다가, '陳'자에서 '東'을 '전차'를 의미하는 '車(차)'로 바꾸어 '陣'자를 만들어 '陣

地' 또는 '陣을 치다'라는 뜻으로 전용하였다.

이처럼 '陳'은 '군사나 마차를 조리 있게 늘어놓는 것'처럼 '말을 조리 있게 늘어 설명하는 것'을 말한다. 즉 '陳述하다'라는 뜻으로 '일이나 상황에 대하여 자세하게 조리 있게 설명함'을 의미한다.

> 我非堯舜之道, 不敢以陳於王前. 故齊人莫如我敬王也. ≪孟子·公孫丑下≫
> 나는 요순의 道가 아니면 감히 왕 앞에서 펼쳐놓지 못합니다. 그러므로 제나라 사람은 내가 왕을 공경하는 것처럼 하는 사람은 없습니다.

> 韓非欲自陳, 不得見. 秦王後悔之, 使人赦之, 非已死矣. ≪史記·老莊申韓列傳≫
> 한비는 스스로 (秦王에게) 조리 있게 말하고자 하였으나 만날 수가 없었다. 진왕이 후회하고 사람을 보내 그를 사면하였으나 한비는 이미 죽은 뒤였었다.

위의 두 예는 모두 지위가 높은 사람에게 진술하는 것을 뜻하고 있다. 곧 자기의 견해, 주장, 희망을 상대방이 이해하고 받아들이도록 자세하게 조리 있게 설명하는 것이다.

'述'은 ≪說文解字≫에 의하면 "뒤따르다(循也)"라고 한다. 또 朱駿聲은 이에 대하여 ≪說文通訓定聲≫에서 "옛길을 뒤따라가는 것을 '述'이라 하므로, 옛것을 뒤따라 설명하는 것도 述'이라 한다(由故道爲述, 故凡循其舊而申明之亦曰述)"라고 설명하였다. 이처럼 述'은 '옛것을 서술한다'는 뜻이어서, 다른 사람이 과거에 한 일이나 한 말, 그리고 과거 자기가 한 일이나 한 말을 상세히 밝혀 설명하는 것이다.

> 子曰: "述而不作, 信而好古, 竊比於我老彭." ≪論語·述而≫
> 스승님께서 "옛것을 밝혀 전할 뿐 창작하지 않고, 옛것을 믿고 좋아함은 슬며시 우리 老彭에 비겨본다"라고 말씀하셨다.

> 此則岳陽樓之大觀也, 前人之述備矣. 范仲淹, 〈岳陽樓記〉
> 이것이 바로 악양루에서 바라본 장관으로, 옛사람들의 서술이 빠짐없이 아주 상세하다.

'說'은 자신의 견해나 주장, 학설 등을 잘 설명하여 남이 믿기 바라는 것을 말한다.

孟子曰: "博學而詳說之, 將以反說約也." ≪孟子·離婁下≫
맹자께서 "넓게 공부하고 상세하게 풀이하는 것은 장차 이로서 간단명료한 요지를 설명하는 것으로 되돌아가려는 것이다"라고 말씀하셨다.

實不喩然後命, 命不喩然後期, 期不喩然後說, 說不喩然後辨. ≪荀子·正名≫
실물에 대하여 깨닫지 못해 명명하고, 명명해도 깨닫지 못해 종합하고, 종합해도 깨닫지 못해 풀어 설명하고, 풀어 설명해도 깨닫지 못해 옳고 그름을 가려 사리를 밝힌다.

또 '說(설)'은 '세/shuì'라고 읽을 때도 있는데, 이 경우에는 '설득하다'라는 뜻이다.

鯫生說我曰, "距關, 毋內諸侯, 秦地可盡王也." 司馬遷, ≪史記·項羽本紀≫
어느 변변치 못한 놈이 나를 설득하여 "함곡관을 막고 제후들이 들어오지 못하게 하면, 진 지역의 사람들이 모두 당신을 왕이라 할 것이오"라고 하였다.

'陳'은 대략 '지위가 높은 사람에게 事實을 진술하여 상대방이 이해하게 하는 것'을 의미하고, '說'은 대략 '평등하거나 지위가 비교적 낮은 사람에게 자신의 주장을 선양하여 상대방이 이를 받아들이도록 하는 것'이라고 할 수 있다.

'敍'는 ≪說文解字≫에 의하면 "순서(次弟也)"라고 한다.

四時不失其敍, 風雨不降其虐. 劉安, ≪淮南子·本經訓≫
사계절이 그 순서를 잃지 않는다면, 바람과 비는 그 포학함을 드러내지 않을 것이다.

또 '敍'는 ≪康熙字典≫에서 ≪釋名≫을 인용하여 "敍는 '펴다'라는 뜻이다. 그 사실을 풀어내어 널리 보이게 하는 것이다(敍, 抒也. 抒洩其

實, 宣見之也)"라고 하였다. '敍'는 이미 발생한 과거의 일을 또 순서대로 이야기하는 것을 말한다.

自敍少小時歡樂事, 今漂淪憔悴, 轉徙於江湖間. 白居易, 〈琵琶行〉
스스로 젊었을 때 즐거웠던 일과 지금은 이리저리 떠돌아다녀 몰골이 초췌해졌고, 강호를 전전하고 있다고 이야기하였다.

紀言以敍之, 述意以導之, 明曜以昭之. ≪國語·晉語三≫
예언을 기록하여 차례대로 말하고, 백성의 민의를 소상히 밝혀 인도하고, 밝은 빛으로 명백하게 선포한다.

'敍'와 '述'은 모두 '과거의 일을 말하다'라는 뜻이 있는데, '敍'는 '순서'에 중점을 두고 있고, '述'은 '재현'에 중점을 두고 있다. 그래서 '敍'는 敍事(일의 전후경과를 기록함), 敍說(차례를 따라 차근차근 설명함), 追敍(사람이 죽은 뒤, 그의 생전의 공훈에 따라 敍勳 · 敍任함) 같은 말이 있다.

241 塵[진/chén]·埃[애/āi]

이 두 글자는 모두 '흙먼지'이다. 공기 속의 아주 작은 알갱이가 낙하한 것이 '塵'이다.

潘黨望其塵, 使騁而告曰, '晉師至矣!' ≪左傳·宣公十二年≫
반당은 그 먼지를 보고 말을 달려 (초군에게) "진나라 군대가 온다!"고 알려주었다.

≪一切經音義·二十四≫에 "埃는 바람에 티끌이 날리는 것을 이른다.(埃, 謂風揚塵也.)"라고 하였으니, '埃' 또한 '흙먼지'이다. 그러나 '埃'의 이 뜻은 뒤에 나타난 것이었고 처음에는 형용사로서 흙먼지가 날리는 상황을 묘사하는데 사용되었다. 그러므로 늘 '塵'을 수식하거나 설

명하는 의미로 사용되었다.

> 埃塵連天, 鉦鼓之聲聞數百里. ≪後漢書·光武紀≫
> 먼지가 하늘에 맞닿고, 징과 북소리가 수 백리 밖에서도 들렸다.
> ◆鉦(정): 징

> 螾無爪牙之利, 筋骨之强, 上食埃土, 下飮黃泉, 用心一也. ≪荀子·勸學≫
> 지렁이는 발톱과 이빨의 날카로움이 없고, 근육이나 뼈의 강함도 없으며, 위로는 塵土를 먹고 아래로는 땅속의 물을 마시는데, 그것은 한결같이 마음을 쓰기 때문이다.
> ◆埃土는 塵土와 같다. 塵土는 '티끌과 흙'의 뜻도 있지만 여기서는 '알갱이가 작은 흙'이다.

'塵'과 '埃'는 어원이 다른 동의사이다. 그런데 古人들이 이 두 문자를 구별할 때 어원의 관점에서 보지 않고 용법의 차이라는 측면에서 구별하여 "흙이 날리는 것을 塵이라고 하고, 塵 가운데 작은 것을 埃라고 한다.(揚土曰塵, 塵之細者曰埃.)" 등으로 구분했다. 사실은 어원의 차이 외에는 다른 차이가 없다. ≪孔數通考≫에서 "10묘가 埃이고, 10애가 塵이다.(十渺爲埃, 十埃爲塵.)"(渺는 1의 천 억분의 1)라고 한 것도 전혀 의미가 없는 것은 아니지만, '埃'가 형용사에서 유래하였으므로 더 허황되게 느껴진다.

'塵'은 '흙먼지'의 원래 명칭이므로 응용 범위가 매우 넓다. '埃'는 '塵'과 연용되는 용법으로 사용되는 것 외에 단독으로 사용되는 경우는 매우 드물다. '塵'은 引伸하여 '塵世(俗世)', '塵迹(人生行路의 자취)'으로 사용되지만, '埃'는 이런 용법으로 확대되어 사용되는 경우가 드물다. '塵'·'埃'는 연용되어 일반적으로 알갱이가 가는 흙을 나타낸다.

> 思追巢許之餘塵. ≪宋史·南唐李氏世家≫
> (隱士이던) 巢父·許由가 남긴 자취를 따라가리라 생각하고 있다.

> 爺孃妻子走相送, 塵埃不見咸陽橋. 杜甫, 〈兵車行〉
> 부모·처자들은 달려 나오며 전송하매, 먼지가 자욱하여 함양교도 보이지 않네.

242 進[진/jìn]·入[입/rù]

오늘날 '進'과 '入'은 모두 '나가다[出]'의 반대말로 쓰이고 있으나 고대에 두 글자의 뜻은 교체될 수 없었다. 곧, '進'의 반대말은 '退'이고, '入'의 반대말은 '出'이었다.

'進'의 本義는 앞을 향하여 걸어가거나 뛰어가는 것이고 또는 얼굴이 향하고 있는 방향으로 진행하는 것을 말하기도 한다.

鼓而進之, 遂滅若敖氏. ≪左傳·宣公4年≫
(楚의 莊王은) 북을 치면서 진격하게 하여 마침내 약오씨를 멸망시켰다.

子曰: "孟之反不伐, 奔而殿, 將入門, 策其馬, 曰: '非敢後也, 馬不進也!'" ≪論語·雍也≫
스승님께서 말씀하셨다. "맹지반은 자랑하지 않는 사람이다. 후퇴하면서 맨 뒤에 뒤처져 오고는 성문에 들어갈 무렵에 자기 말들을 채찍질하며, '감히 뒤처지려 한 것은 아니었다. 말들이 나아가지 않았다'고 말하였다."
◆何晏의 ≪論語集解≫에 "殿은 군대의 뒤에 있는 것이다.(殿, 在軍後者也.)"라고 하였다.

'入'은 밖에서 안으로 향하는 과정을 뜻한다.

入竟而問禁, 入國而問俗, 入門而問諱. ≪禮記·曲禮上≫
(국경 밖에서) 국경 안으로 들어가면서 (그 나라의) 금기를 묻고, (國外에)서 國都로 들어가면서 (그 나라의) 풍속을 물으며, (대문 밖에서) 안으로 들어가면서 (그 가문이) 꺼리는 것을 묻는다.
◆竟(경)은 국경[境].

數罟不入洿池, 魚鼈不可勝食也. ≪孟子·梁惠王上≫
촘촘한 그물을 웅덩이와 못에 넣지 않으면 물고기와 자라는 먹고 남을 만큼 잡을 수 있게 될 것이다.
◆數罟(촉고). 數은 '촘촘하다[密]'는 뜻. 촘촘한 그물.

이 밖에 '進'의 방향이 얼굴이 향하는 방향을 기준으로 삼는 반면에,

'入'이나 '出'의 기준은 보어 역할을 하는 곳의 안으로 들어가거나 밖으로 나가는 것을 말한다.

요컨대, 우리말로 訓하면, '進'은 '(앞으로) 나아갈 진', '入'은 '(안으로) 들어갈 입'이 된다.

243 振[진/zhèn]·震[진/zhèn]

이 두 글자는 '요동치다'는 뜻에서는 동의사여서 서로 바꿔서 사용할 수 있으나 다른 뜻은 차이가 크다.

> 燕王誠振畏慕大王之威, 不敢興兵以拒大王. ≪戰國策·燕策3≫
> 연왕은 대왕이 위세를 떨치는 것을 진심으로 두려워하고 흠모하여 감히 무력으로 대왕에게 대항하려고 하지 않습니다.
> ◆이곳의 '振'은 '震'과 通用하거나 假借할 수 있다.

'振'의 本義는 '들다[擧]'는 뜻인데 무거운 물건을 들 때 흔들릴 수밖에 없으므로 引伸하여 '요동치다', '흔들다', '떨다', '振動하다', '振作시키다', '救濟하다'는 뜻이 되었다.

'震'은 원래 '우레[雷]'를 가리켰는데, 迅雷로부터 引伸하여 우레가 발출하는 천둥소리가 되었다. 후에는 거대한 진동도 '震'을 사용하여 표현하였다.

'진동하다', '흔들다'는 뜻에서 말하면 '振'은 대개 손으로 흔드는 것을 뜻하고, '震'은 거대한 요동 곧 지진같은 것을 뜻한다.

> 及至秦王, 續六世之餘烈, 振長策而御宇內. 賈誼, 〈過秦論〉
> 진시황대에 이르자 여섯 선왕의 유업을 계승하여, 긴 채찍을 휘두르며 천하를 제어하였다.

幽王二年, 西周三川皆震. ≪國語·周語上≫

周 幽王 2년에 西周의 도읍 부근을 흐르는 三川 일대에서 일시에 지진이 발생하였다.

◆三川: 西周의 도읍인 鎬京 부근을 흐르는 漢水·渭水·落水를 가리킨다.

'振'은 구체적인 사물에 많이 쓰이고, '震'은 추상적인 사물에 사용할 수 있으므로 '몹시 놀라다'는 것처럼 內心의 움직임을 나타낸다.

屈原曰: "吾聞之, 新沐者必彈冠, 新浴者必振衣" ≪史記·屈原列傳≫

굴원이 말하기를 "내가 듣기로는, 새로 머리를 감은 사람은 반드시 관을 털어서 쓰고, 새로 목욕을 한 사람은 반드시 옷을 털어서 입는다고 하였소"라고 하였다.

皇天震怒, 命我文考, 肅將天威, 大勳未集. ≪(僞)古文尚書·泰誓上≫

하늘이 크게 노하시어 나의 先王인 文王에게 명하시어 하늘의 위엄을 삼가 행하시도록 하셨으나, 큰 공훈을 이루시지는 못하고 말았소.

◆集: 이루다.

'振'은 일반적으로 규칙 있는 움직임, 반복되는 움직임, 중심이 전후좌우로 움직이는 것을 나타내고, '震'은 규칙적이지 않은 움직임, 강렬한 움직임을 나타낸다.

及以燕·趙起而攻之, 若振槁然, 而身死國亡, 爲天下大戮. ≪荀子·王霸≫

연나라와 조나라가 일어나 그들을 공격함에 이르러서는 마치 마른 나뭇잎을 흔들어 떨어트리듯이 하여 (그들의) 몸은 죽고 나라는 멸망하여 천하의 대치욕을 당하였다.

履至尊而制六合, 執棰拊以鞭笞天下, 威振四海. ≪漢書·陳勝項籍列傳≫

스스로 至尊의 자리에 올라서 천하를 제어하였고 회초리로 천하의 사람들을 채찍질하니 진나라의 위세는 천하에 떨쳐지게 되었다.

◆六合: 하늘·땅과 東·西·南·北의 사방

244

桎[질/zhì]·梏[곡/gù]·枷[가/jiā]·械[계/xiè]·杻[뉴(유)/chǒu]·鐐[료(요)/liáo]·銬[고/kào]

이 글자들은 모두 범인의 자유로운 행동을 제한하는 形具이다. 그러므로 이 글자들은 구금과 속박이라는 점에서 통한다.

盡其道而死者, 正命也; 桎梏死者, 非正命也. ≪孟子·盡心上≫
자기의 道에 진력하고 죽는 것이 正命이며, 질곡에 매여서 죽는 것은 정명이 아니다.

工倕旋而蓋規矩. 指與物化, 而不以心稽. 故其靈臺一而不桎. ≪莊子·外篇·達生≫
공수라는 목수는 맨손으로 둥근 것이나 모난 것을 그리는데 컴퍼스나 곱자 이상으로 잘 되니 손가락이 만물과 동화되어 마음을 기울여 생각하지 않고도 그려진다. 그러므로 그 정령(과 사물)은 하나 되어 거리끼지 않는 것이다.
◆成玄英의 疏에 "그 영대가 하나 되어 거리낌이 없는 것이다.(故其靈臺一而不桎梏也)"라고 하였고, 宣穎 注에는 "靈臺는 정신의 집이니, 정신이 뭉쳐서 구속의 고통이 없는 것이다.(靈臺, 神舍也, 神凝而無拘束之苦.)"라고 했다.

구체적으로 말하면 이 형구들은 모두 각각의 뜻이 있다.

'桎梏'의 뜻이 '桎'과 '梏'으로 나누어지는 것은 분명하지만 구체적으로 가리키는 것에 관해서는 鄭司農과 鄭玄의 설이 다른데, 정현의 설이 널리 받아들여지고 있다.

凡囚者, 上罪梏拲而桎, 中罪桎梏, 下罪梏; 王之同族拲, 有爵者桎, 以待弊罪. ≪周禮·秋官·掌囚≫
죄수가 상죄에 해당하면 양손을 하나로 묶어 수갑을 채우고 발에 차꼬를 채우며, 중죄에 해당하면 두 손을 각각 따로 묶고 발에 차꼬를 채우며, 하죄에 해당하면 수갑만 채운다. 왕과 동족이면 수갑만 채우고, 벼슬이 있는 자는 차꼬만 채워서 판단을 기다리게 한다.

이에 대해 두 사람의 주석은 다음과 같다. 江永의 ≪禮書綱目≫72

권을 보자.

鄭司農云: ‘拲者, 兩手共一木也; 桎梏者, 兩手各一木也.’ 玄謂: ‘在手曰梏, 在足曰桎. 中罪不拲, 手足各一木耳. 下罪又去桎, 王同族及命士以上, 雖有上罪或拲或桎而已. 弊猶斷也.’

정사농이 이르기를, ‘拲은 양손에 한 나무를 채우는 것이며, 질곡은 두 손에 각각 한 나무를 채우는 것이다.’고 하였다. 정현이 이르기를 ‘손에 채우는 것이 곡이고 발에 채우는 것이 질이다. 중죄에는 공을 쓰지 않고 손발에 각기 한 나무만을 채운다. 하죄는 또 질도 없고, 왕과 동족 및 명사 이상은 비록 상죄가 있더라도 공이나 질을 할 뿐이다. 弊는 판단과 같다.’고 하였다.

≪一切經音義≫는 정사농을 따랐다. ≪說文解字≫는 정현의 견해를 따라 桎은 발에 채우는 형틀이고 梏은 손에 채우는 형틀이라고 하였다.(桎, 足械也. 梏 手械也.) 桎梏은 목재로 만들었다. ‘桎’은 발에 채우는 ‘차꼬’를 가리키고, ‘梏’은 손에 채우는 ‘수갑’이다.

子蕩怒, 以弓梏華弱于朝. ≪左傳·襄公6年≫

(어느 날) 자탕이 분노하여 조정에서 활을 가지고 화약(의 목)에 수갑처럼 씌웠다.

◆注에 “활을 펴서 목에 걸은 것이 마치 형틀을 손에 맨 것 같으므로 梏이라고 표현한 것이다.(張弓以頸, 若械之在手, 故曰梏.)”고 하였다.

昔者, 管夷吾射桓公中其鉤, 簒也; 遺公子糾不能死, 怯也; 束縛桎梏, 辱也. ≪史記·魯仲連鄒陽列傳≫

옛날 관이오가 환공을 활로 쏘아 허리띠의 고리를 맞추었으니 찬탈이며, 공자 규를 버리고 그를 위해서 죽지 않은 것은 비겁이며, 오라에 묶여 수갑과 차꼬를 찬 것은 치욕이었소.

‘桎’이나 ‘梏’은 左手, 右手, 左足, 右足의 구분이 없다.

‘械’는 ‘桎’과 ‘梏’을 합하여 하는 말이다. ≪說文解字≫에는 “械는 질곡이다.(桎梏也.)”라고 하였다.

械在手曰梏, 兩手同械曰拲, 在足曰桎. ≪漢書·刑法志·顏師古注≫

형틀을 손에 채우는 것을 梏이라 하고, 양손에 동시에 형틀을 채우는 것을 拲

이라 하고, 발에 채우는 것을 桎이라고 한다.
◆拲(공)[gǒng]은 양 손 모두에 수갑[桎]을 채우는 것을 뜻한다.

漢代 이후에 '關三木'이라는 말이 유행하였는데 손발에 채우는 桎梏 이외에 목에까지 목재의 형틀을 채우는 것을 뜻하였다. 이 중 나무 판자로 만들어 목에 씌우는 형구를 '枷'라고 한다. 우리말로 하면 '칼'에 해당한다. 긴 나무 판자의 한 쪽에 목이 들어갈 만하게 도려내어 죄인의 목에 끼우고 양쪽에서 나무 비녀장을 지르게 만든 것으로 춘향이가 옥에서 썼던 것이다.

후대에 桎梏은 역사적인 용어가 되었고, 三木을 나누어 枷·杻·械로 부르게 되었다. 이 가운데 杻와 械는 泛稱으로 사용하는 것을 제외하고, 杻는 足械(차꼬)를 가리키고 械는 手械(수갑)를 가리키게 되었다.

'桎梏'을 鐐銬라고 부르게 된 것은 훨씬 뒤의 일이다. '鐐'는 원래 白金을 가리켰는데, '鐐'를 사용하여 足械 곧 이른바 脚鐐로 표현하게 된 것은 明代에 나타난다. 이것은 나무 차꼬가 불편하여 쇠로 쇠사슬을 만들어 발에 채우는 것이다.

'銬'자의 발생은 더욱 늦다. '銬'는 '梏'의 變音이다. ≪新方言·釋言≫에 "오늘날 사람들은 보통 수갑을 말하는 경우 靠[고, kào]라고 한다.(今人通言手梏, 音如靠)"고 하였다. 여기에서 음이 비슷한 '銬'라는 글자를 빌려 手梏의 뜻으로 사용한 것임을 알 수 있다.

> 理應嚴加監禁, 鐐金靠牢固. ≪淸會典·事例·刑部·刑律捕亡≫
> 이치로 보아 엄격히 감금하여 차꼬와 수갑을 채우고 牢獄에 가두어야 한다.

245
疾[질/jí]·病[병/bìng]·症[증/zhèng]

병, 질병이라는 뜻에서 이 세 글자는 동의사이다.

고대의 訓詁學者들은 보통 '疾'은 가벼운 병, '病'은 重病이라고 구분하여 왔으나 일반적으로 적용되기 어렵다. 인류와 더불어 질병은 존재하여 왔고, 질병에 관한 한자도 오랫동안 사용되었으므로 구별이 애매한 경우가 대부분이어서 상황에 따라 구별해서 이해하여야 한다. 여기에서는 일반적인 의미에서 우리말로 '병'이라 통일하여 사용한다.

字源에서 보면 '病'의 古字는 한 사람이 병석에 누워서 일어나지 못하는 형상이므로 '病'의 古義는 만성병에 중점이 있었음을 알 수 있다. '疾'의 古字는 겨드랑이 아래에 화살의 형상을 하고 있으므로 초기에는 外傷이나 急病을 의미하였다고 추측할 수 있다.

병의 輕重을 말할 경우, '疾'은 비교적 가벼운 병을 나타내고, '病'은 비교적 중병을 나타낸다.

> '君有疾在腠理, 不治將恐深.'…… '君之病在肌膚, 不治將益深.' …… 居十日, 扁鵲復見曰. '君之病在腸胃, 不治將益深.'≪韓非子·喩老≫
>
> '임금님의 병은 피부에 있습니다. 치료하지 않으면 깊어질 것이 두렵습니다.' …… '임금님의 병은 살과 피부의 사이에 있으니 고치지 않으면 더욱 깊어질 것입니다.'…… 열흘이 지나서 편작이 다시 (환후를) 뵙고 말씀드렸다. '임금님의 병은 장과 위에 있으니 고치지 않으면 더욱 깊어질 것입니다.'

또한 重病을 나타내는 경우는 '疾'과 '病' 두 글자를 連用하거나 대응시킬 때, '死', '卒', '歿', '終' 등 죽음과 관련된 말과 같이 쓸 때, '大'자로 수식될 때 등이다.

> 子疾病. ≪論語·子罕≫
>
> 스승님께서 병이 나시 위중하셨다.

◆何晏의 ≪論語集解≫에 "포함이 말하기를 '질병이 심한 것을 病이라 한다.'(苞曰: 疾深曰病也)"고 했다."

初, 魏武子有嬖妾, 無子. 武子疾, 命顆曰, "必嫁是." 疾病, 則曰, "必以爲殉!" 及卒, 顆嫁之, 曰, "疾病則亂, 吾從其治也." ≪左傳·宣公15年≫

처음에 위무자에게는 애첩이 있었으나 (애첩에게는) 아들이 없었다. 무자가 병에 걸리자 아들인 魏顆에게 명하여 "반드시 이 사람을 시집보내야 한다."고 말했다. 병이 위독하게 되자 "반드시 이 여자를 (나와 같이) 순장시켜라."고 하였다. (그가) 죽자 위과는 그녀를 시집보내고 말하였다. "위독하게 되면 (정신이) 혼란해지는 법이니 나는 아버지가 올바른 정신(이 있을 때 한 말)을 따르겠다."

◆앞의 疾은 병이 가벼운 것을 나타내고, 뒤의 疾病은 병이 이미 위중하였음을 나타내고 있다. 이러한 차이는 후대에 갈수록 점점 희석되게 되었다.

'疾'은 急性病, 전염병, 상처난 병에 사용되고, '病'은 오래된 병, 속병, 열병, 체력의 소모가 극히 심한 병에 사용된다.

水潦方降, 疾瘧方起. ≪左傳·定公4年≫

장마가 내리려 하고 전염병이 퍼지려고 하고 있다.

◆水潦(수료): 장마. 疾瘧(질학): 전염병

오늘날 '足疾', '殘疾(불구자)', '痢疾', '瘧疾 등은 '疾' 자의 古義의 흔적이다.

今之欲王者, 猶七年之病, 求三年之艾也. ≪孟子·離婁上≫

오늘날 왕이 되려고 하는 사람은 마치 7년 된 병을 고치려고 3년 묵은 쑥을 구하는 것과 같다.

생리적인 면에서 보아, '疾'은 통증이나 고통을 수반하는 병을 나타내고, '病'은 피로가 과도한 병, 굶주림이 지나쳐서 생긴 병, 무기력한 상태의 병을 나타낸다.

在陳絶量. 從者病, 莫能興. ≪論語·衛靈公≫

陳나라에서 양식이 떨어졌다. 수행하던 사람들은 병이 나서 일어서지를 못했다.

今日病矣! 予助苗長矣! ≪孟子·公孫丑上≫

오늘은 지쳤다! 나는 싹이 자라나는 것을 도와주어서!

비유적으로 말할 때나 단점이나 결점을 말할 때는 '疾'을 사용하는 경우가 적고, '病'을 사용하는 경우가 대부분이다. 引伸하여 심리상태를 나타낼 때, '疾'은 강렬함이 많고, 원한, 질투 등의 종류를 많이 표현하며, '病'은 우려, 고민, 곤란, 염려 등의 뜻을 나타낸다.

屈平疾王聽之不聰也, 讒諂之蔽明也, 邪曲之害公也, 方正之不容也. ≪史記·屈原列傳≫
굴평(굴원)은 왕이 (신하의 말을) 듣는 것이 총명하지 못하는 것과, 아첨하는 무리들이 왕의 총명을 가로막는 것과, 사악하고 불공정한 무리가 공명정대한 사람을 해치는 것과, 단정하고 정직한 사람을 받아들이지 않는 것을 애통하게 생각하였다.

子曰: "君子病無能焉, 不病人之不己知也." ≪論語·衛靈公≫
스승님께서 말씀하셨다. "君子는 자기가 無能함을 우려하지 남이 자기를 알아주지 않는 것을 우려하지 않는다."

'症'은 ≪辭源≫에 "병의 징험인데, 옛날에는 모두 証자를 썼다.(病之徵驗也, 古皆作証.)"고 하였다. '証'과 '症'은 발병 시의 각종 증상, 예를 들어 구토, 해소, 발열, 발한 등을 나타낸다.

秦人逄氏有子, 少而惠, 及壯而有迷罔之疾.…… 其父之魯, 過陳, 遇老聃, 因告其子之證. ≪列子·周穆王≫
진나라 사람 방씨에게 아들이 있었는데, 어려서는 총명하다가 장성함에 이르러 정신착란의 증세가 있게 되었다.…… (증세를 고치려고) 그의 아버지가 노나라로 가는 도중에 진나라를 지나다가 노담을 만나서 그 아들의 증세를 알려주었다.

중국의 唐宋時代 이후로는 '症'자를 사용하게 되었다. 그러나 응용하여 쓴 기간이 오래되어 병의 상태도 병 자체와 때로는 혼동하여 사용하게 되었디.

對症下藥. (관용어)
증세에 따라 약을 쓰다.

陶氏 黃龍湯 云: 此症下與不下皆死, 用此或可回生. 吳有性, 〈溫疫論〉

도씨의 ≪황룡탕≫에 이르기를 "이 병에는 (약을) 쓰든 안 쓰든 모두 죽는데, 이것을 쓰면 회생할 수 있을지 모른다."고 하였다.

246

顚[전/diān]·**倒**[도/dǎo]·**頓**[돈/dùn]·**踣**[복(부)/bó]·**仆**[부/pū]·**斃**[폐/bì]·**僨**[분/fèn]·**僵**[강/jiāng]·**偃**[언/yǎn]·**躓**[지/zhì]·**跌**[질/diē]·**蹶**[궐/jué]

이 글자들은 모두 '넘어지다', '쓰러지다'의 뜻이다. 그러나 고대에는 글자에 따른 의미가 매우 세밀하게 나누어져 있었다.

'顚'은 원래 정수리를 가리켰으나 引伸되어서 산 꼭대기[山頂], 지붕 꼭대기[屋頂] 등은 모두 '顚'이라고 칭할 수 있다. '顚'은 높은 곳에서 추락하는 것을 나타낸다. 또한 引伸되어서, 사람이 직립 상태에서 넘어지는 것도 '顚'이라고 칭하는데, 이 글자는 서 있다가 넘어지는 과정에 중점이 있다.

日康娛而自忘兮, 厥首用夫顚隕. 屈原, 〈離騷〉

날마다 편안히 즐기면서 나 자신마저 잊었기에, 그 머리 잘려 떨어졌어라.

◆王逸 注에 "康은 편안함이다. 首는 머리다. 위에서 아래로 (넘어지는) 것을 顚이라 한다. 隕은 떨어짐이다.(康, 安也. 首, 頭也. 自上下曰顚. 隕, 墜也.)"라고 하였다.

危而不持, 顚而不扶, 則將焉用彼相矣? ≪論語·季氏≫

위태로워졌는데도 보전해 주지 않고 넘어지는데도 붙잡아주지 않는다면 그런 도우미를 어디에 쓰겠느냐?

'倒'는 처음에는 대개 '뒤집다'는 뜻으로 사용되었다. '倒'가 '엎드려 넘어지다'는 뜻으로 사용된 것은 唐宋時代 이후의 일이다. '倒'는 비교적 널리 사용되었는데, 생명이 있는 사람, 동물 이외에 또한 무생물에게도 사용되었고, 넘어져가는 동작·과정 이외에 넘어져 누운 상태도 나타낸다.

前徒倒戈, 攻于後, 以北. 血流漂杵, 一戎衣天下大定. ≪(僞)古文尚書·周書·武成≫
앞선 무리가 창을 거꾸로 돌려 뒤를 공격하여 패배시켰다. 피가 흘러 절구공이가 뜰 정도였으나 한 번 갑옷을 입어서 천하가 크게 안정되었다.

狂狡輅鄭人, 鄭人入于井. 倒戟而出之, 獲狂狡. ≪左傳·宣公2年≫
(송나라 대부) 광교는 鄭나라 사람을 맞아 싸우는데 정나라 사람이 우물에 빠졌다. (광교는) 창을 거꾸로 내려서 그를 구출해 주었으나 (그 사람은) 광교를 사로잡았다.

屏風倒, 壓其背. ≪南史·齊高帝諸子下·宜都王鏗≫
병풍이 넘어져서 그의 등을 눌렀다.

'頓'은 ≪說文解字≫에 "머리를 조아리는 것이다.(下首)"라고 하였다. '頓'은 머리가 땅에 닿는 것인데, 실은 머리에 제한되지 않고 다리를 굽히는 것도 나타낼 수 있다. 때로는 '넘어지다', '엎어지다'는 뜻으로 해석된다.

九頓首而坐. 秦師乃出. ≪左傳·定公4年≫
아홉 번 머리를 조아리고 앉았다. 이에 진나라 군대가 출병하였다.

士卒傷病, 流曳道路, 或頓仆坑壑. 司馬光, ≪資治通鑑·魏紀·邵陵厲公下≫
병사들이 부상당하고 병들어, 행군하던 길에 방치하거나 혹은 구덩이나 도랑 속으로 쓰러져 일어나지 못하였다.
◆注에 "流는 방치하여 스스로 거둘 수 없는 것이다. 曳(예)는 여위고 고되어 스스로 돕지도 못하고 서로 이끌어 부축해주지도 못하여 쓰러지거나 넘어지는 것이다. 壑(학)은 도랑이다.(流者, 放而不能自収也. 曳者, 羸困不能自扶·相牽引, 而行顛仆顛頓而僵仆也. 壑, 溝也.)"라고 하였다.

'踣'은 後代에는 '仆'라고 썼는데 音도 변하여 [pū]가 되었다. 특히 앞을 향하여 엎어지는 것을 나타낸다.

譬如捕鹿, 晉人角之, 諸戎掎之, 與晉踣之. ≪左傳·襄公14年≫
비유하자면 사슴을 사로잡는데 진(晉)나라 사람은 뿔을 잡고 우리 융족은 뒷다리를 잡아 晉나라와 같이 그것을 엎어뜨리는 격입니다.

申徒狄因以踣河. ≪莊子·雜篇·外物≫
신도적(이라는 隱士)는 (紀他의 이야기를) 듣고 나서 황하에 몸을 던져 자살했다.

'仆'와 '偃'이 나타내는 것은 넘어지는 방식이고, '斃'와 '僵'은 넘어진 결과다.

'仆'는 앞을 향하여 넘어지는 것이다. 단옥재의 ≪說文解字注≫에는 "인신하여 전복되다는 말이 되었다(引伸而顚覆之辭.)"고 하였다.

距洞百餘步, 有碑仆道. 王安石, 〈遊褒禪山記〉
동굴 속으로 100여 보 들어갔을 때, 하나의 비석이 길에 엎어져 있었다.

樊噲側其盾以撞, 衛士仆地. 司馬遷, ≪史記·項羽本紀≫
번쾌는 자기의 방패를 들고 옆면으로 쳐서 호위병들을 땅에 넘어트렸다.

'偃'은 넘어져 눕거나 넘어져 누운 상태를 일반적으로 가리킨다. '偃'과 '抑'은 同源字이므로 '抑'은 특히 얼굴이 위를 향하여 드러누운 것을 나타낸다.

君子之德, 風也; 小人之德, 草也; 草尙之風必偃. ≪孟子·滕文公上≫
(공자께서 말씀하셨다.) 군자의 德은 바람이고, 소인의 德은 풀이니, 풀은 그 위에 바람이 불어오면 반드시 눕게 마련이다.

紀昌歸, 偃臥其妻之機下, 以目承牽挺. ≪列子·湯問≫
기창은 (집에) 돌아가 그의 처가 짜는 베틀 아래에 누워서 눈으로 북이 왔다 갔다 하는 것을 보고 있었다.

'斃'는 '敝'字와 同源字다. '敝'가 썩어서 부서진다는 뜻이므로 '斃'는 땅에 넘어지는 경우에 넘어진 후에도 일어나지 못한다는 뜻이다.

射其左, 越於車下. 射其右, 斃于車中. ≪左傳·成公1年≫
그 전차의 왼쪽을 맡은 자를 쏘아 전차 아래로 떨어뜨렸고 그 오른쪽을 맡은 자를 쏘아 전차 안으로 쓰러트렸다.
◆注에 "斃는 넘어트림이다.(斃, 踣也.)"라고 하였다.

日有孳孳, 斃而后已. ≪禮記·表記≫
날마다 진력하여 힘써서 넘어져 (죽은 후에)야 그만둘 것이다.
◆孳孳(자자): 부지런히.

'偾'의 本義도 '넘어지다'의 뜻이고, 후에는 '偃'·'僵'과 같이 引伸하여 '엎어지다'의 뜻이 되었다.

牛雖瘠, 偾於豚上, 其畏不死? ≪左傳·昭公13年≫
소가 비록 말랐어도 돼지 위에 넘어지면 돼지가 압사당하지 않겠는가?

'斃'는 다만 넘어져서 일어나지 못할 뿐 꼭 죽은 것은 아니다. 그러나 일어나지 못하면 태반이 죽음에 이르므로 후대에는 죽음을 뜻하기도 하였다.

陽州人出, 顔高奪人弱弓, 籍丘子鉏擊之, 與一人俱斃. ≪左傳·定公8年≫
양주 사람이 나오므로 안고는 남의 약한 활을 빼앗아 구자저를 향해서 치니 다른 한 사람과 함께 넘어졌다.

'僵'도 땅에 넘어지는 것이어서 꼭 눕는 것은 아니며, 다른 점은 '僵'이 누워서 움직이지 않음을 나타내는 것이다. 후에는 사람이 죽은 후에 그곳에 누워 움직이지 못하는 것을 '僵'이라 칭하였다.

於是乎詳僵而弃酒. ≪史記·蘇秦傳≫
그래서 거짓으로 쓰러지면서 술을 엎질러버렸습니다.

死者不可勝數, 僵尸千里, 流血頃畝, 百姓力竭, 欲爲亂者十家而五. 司馬遷, ≪史記·淮南衡山列傳≫

죽은 자가 이루 헤아릴 수 없었으며 죽어 넘어진 시신이 천리에 가도록 있었고 흐르는 피가 밭고랑을 넘어 흐르고 백성의 힘은 고갈되어 반란을 일으키려는 자가 열 가구에 다섯 가구나 되었다.

'跌'과 '躓'는 넘어지는 원인에 차이점이 있다. '躓'는 물건이나 줄 같은 것에 걸려 넘어짐을 나타낸다.

顆見老人結草以亢杜回. 杜回躓而顚, 故獲之. ≪左傳·宣公15年≫

魏顆는 (어느) 노인이 풀을 엮어서 杜回를 가로막는 것을 보았다. 두회는 (풀에) 걸려 넘어졌으므로 그를 생포하였다.

意之所屬著, 其行足躓株埳, 頭抵植木, 而不自知也. ≪列子·說符≫

생각이 (사물에) 저촉되어버리면 그 발걸음이 그루터기에 걸려 넘어지고, 머리가 서있는 나무에 부딪쳐도 스스로 알아채지 못한다.

'躓'는 장애물에 걸려서 넘어지는 것인데 반해 '跌'은 발을 헛디뎌 넘어지는 것이다. '跌'은 '躓'의 뒤에 만들어진 글자일 가능성이 있다.

夫以人之死爭勝, 跌而不振, 則悔之亡及也. ≪漢書·晁錯傳≫

다른 사람의 죽음을 이용하여 승리를 얻게 되다가 실족하여 넘어져 일어서지 못하면 후회할 기회도 없을 것이다.

◆복건이 말하기를 "넘어져서 다시 일어나지 못함이다.(服虔曰: 蹉跌不可復起也.)"고 하였다. 顔師古가 말하기를 "跌은 바닥을 잘못 디디는 것이다.(跌, 足失據也.)"라고 하였다.

'蹶'은 '僵'에서 근원하였을 가능성이 있다. 그러므로 '蹶'은 '까무러치다'는 뜻이 있으니 이른바 昏蹶(의식을 잃다)이다. 그러나 더욱 常見되는 것은 걸려서 넘어진다는 뜻이다.

人之情不蹶於山, 而蹶於垤. ≪呂氏春秋·似順論·愼小≫

사람의 정은 산에 걸려 넘어지지 않아도 개미 둑에 걸려 넘어진다.

◆垤(질): 개미 둑. 작은 흙무더기.

247

質[질/zhì]·典[전/diǎn]·當[당/dàng]·貼[첩/tiē]·贅[췌/zhuì]

이 글자들은 모두 '저당하다, 저당잡히다'라는 뜻에서 서로 가깝다.

'質'은 ≪說文解字≫에 "물건을 가지고 서로 저당 잡힘이다.(以物相贅也.)"고 하였듯이 財物을 가지고 남에게 저당을 잡히고 돈을 빌리는 것을 '質'이라고 한다. 이 글자는 후대에 만들어졌다. '質'은 先秦時代에는 사람을 가지고 저당 잡히는 것에 제한되었는데, 이런 저당은 쌍방의 경제관계를 반영하지 않고, 정치관계를 반영하였다.

> 隣人有被誣爲盜者,…… 詵矜之, 乃以書質錢二萬, 令門生詐爲其親, 代之酬備. ≪梁書·庾詵傳≫
>
> 이웃 사람 중에 도둑 누명을 쓴 자가 있었는데…… 庾詵은 그를 불쌍히 여겨서 서적을 가지고 돈 2만량에 저당 잡히고, 문하생들에게 그의 친척이라고 속이게 하고 그를 대신하여 갚아주도록 하였다.

> 燕太子丹質於秦, 亡歸. ≪戰國策·燕策3≫
>
> 연나라 태자 丹은 진나라에 인질로 가 있다가 도망쳐 돌아왔다.
>
> ◆여기의 '質'은 맹약 등의 대가로 가는 人質이다.

'質'이 인질로 가는 것은 후대에도 있었으나 정치적인 인질 이외에 또한 사람을 돈 대신 인질로 하거나 사람을 채무대신 인질로 저당 잡힌 것도 포함하게 된다.

'贅'는 '質'에서 分化한 글자로서 秦漢代 이후에 생겨난 글자다. 처음에는 사람을 가지고 저당 잡혀 돈을 빌리는 것에만 專用하였는데 단지 경제관계에만 한하여 저당 잡혔으므로 정치적인 인질을 나타내지는 않았다.

> 歲比不登, 民得賣爵贅子以接衣食. 班固, ≪漢書·嚴助傳≫

수년 동안 여러 차례 흉년이 들어 백성들은 자식을 노비로 주고 衣食을 해결하고 있다.

◆注에 如淳이 말하기를 "회남의 풍속에 자식을 팔아서 남에게 주어 奴婢를 삼는데 贅子라고 부른다. 삼년 동안 갚지 못하면 마침내 奴婢가 된다.(如淳曰: 淮南俗, 賣子與人作奴婢, 名爲贅子, 三年不能贖, 遂爲奴婢.)"라고 하였다.

家貧子壯則出贅. 班固, ≪漢書·賈誼傳≫
집안이 가난하여 자식이 장성하면 노비로 보낸다.

'贅子'나 '贅婿'를 막론하고 처음에는 몸을 저당 잡히고 돈을 빌리는 반노예 상태였으나 후에는 독립적인 인격을 갖춘 남자가 여자 가문에 成婚하는 것도 '贅婿'라고 일컬었는데 이것은 비교적 뒤의 일이다.

'貼'은 물건을 가지고 저당 잡히는 것이다. '첩'의 이런 용법은 비교적 적게 보인다.

아래 예문도 사람을 저당 잡히고 돈을 빌리는 경우이다.

時有尹嘉者, 家貧, 母熊自以身貼錢, 爲嘉償責. (梁) 沈約, ≪宋書·何承天傳≫
당시 윤가란 사람이 있었는데 집안이 가난하여 어머니 웅씨는 스스로 자신을 저당 잡히고 돈을 빌렸는데 윤가를 위하여 빚을 대신 갚아주었다.

◆責(책)은 債(채)와 같다.

그러데 이런 '貼'은 몸을 저당 잡혀 고용인[傭]이 되는 것과 비슷하여 몸을 팔거나 남의 '贅子'·'贅婿'가 되는 것과는 다름이 있다.

'典'의 本義는 중요한 문헌이다. ≪辭源≫에 "법칙·전장제도를 기록한 중요 전적"이라 하였다. 唐宋時代에 '典'은 '典當', '저당'이라는 뜻이 생겨났다. '典'의 내력은 분명하지 않은데 그것은 주로 물건을 가지고 저당 잡히고 돈을 빌리는 것으로, 일반적으로 사람을 저당 잡히고 돈을 빌리는 데에는 사용되지 않는다.

朝回日日典春衣, 每日江頭盡醉歸. 杜甫, 〈曲江〉
아침이 돌아와 해가 뜨면 봄옷을 저당 잡히고, 매일 곡강 언덕에서 만취되어 돌아온다.

저당물의 뜻과 서로 관계하여, '質'·'當'은 모두 명사로 사용되어 저당물을 가리킨다. '質'이 저당물로 사용될 때는 사람을 가리킬 수도 있다.

'當'이라는 명칭은 분명히 '相殺'하거나 '일치한다'는 뜻에서 나왔다. '當'도 唐宋時代에 생겨났는데 '典'에 비하여 늦다.

'當'이 단지 물건을 가지고 저당 잡혀서 돈을 빌리는 경우에만 사용되었는데, 사람을 인질로 하는 내용을 제외하고, 사람을 가지고 저당 잡히는 것에서부터 물건을 저당 잡히는 전환과정까지로 완성되었다.

> 以一儀而當漢中地, 臣請往如楚. 司馬遷, ≪史記·屈原列傳≫
> 저 張儀 한 사람으로서 한중 지역이 상쇄된다면, 臣을 초나라로 가도록 하여 주십시오.

> 以王子姑曹當之, 而後止. 吳人盟而還. ≪左傳·哀公8年≫
> (吳나라의) 왕자 고조를 (대등한) 인질로 삼아 (서로 교환하려) 하였으나 후에 그만두고 오나라 사람은 동맹만 맺고 돌아갔다.

역사 자료에 근거하면 전당포 업은 南朝의 寺院에서부터 발전되어 나온 것이다. '當鋪'는 최초에는 '質庫'라고 하였고, 唐代에는 '柜坊'·'僦柜'·'寄附鋪'라고 불렀고, '當鋪'라는 명칭은 宋代에 비로소 있게 된 것이다.

248 斟[짐/zhēn]·酌[작/zhuó]·舀[요/yǎo]·挹[읍/yì]

이들 글자는 액체를 한 곳에서 떠서 다른 곳으로 옮긴다는 뜻이다. 구별을 하지 않을 경우 '斟'과 '酌'은 모두 하나의 용기에서 다른 용기로 술을 넣는 것이므로 이 두 글자는 늘 결합하여 사용된다.

이 두 글자는 미세한 차이가 있다. '斟'은 斗를 따른 글자이고 '酌'은 勺을 따른 글자로서, 둘 다 고대에 액체를 퍼낼 때 쓰던 기구이다. 일반적으로 斗는 크고 勺은 작으며, 斗는 술뿐만 아니라 茶나 기름, 물 같은 액체를 푸는데 사용되고 勺은 주로 술그릇 안에서 술을 푸는데 사용하는 기구다. 斗는 국자이고, 勺은 구기로서 국자보다 작다. 그러므로 '斟'의 용도는 비교적 넓고 '酌'은 주로 술을 따르는데 사용된다.

彭鏗斟雉, 帝何饗 ? ≪楚辭·天問≫
팽조가 꿩죽을 퍼주자 요임금은 어떻게 맛보았나?
◆彭鏗(팽갱)은 彭祖(팽조)다. 斟雉(짐치)는 야생 닭을 고아 만든 湯을 푸는 것을 뜻한다.

引壺觴以自酌, 眄庭柯以怡顔. 陶潛, 〈歸去來辭〉
술병과 잔 들고 자작하며 뜰의 나뭇가지 바라보며 흐뭇한 얼굴 짓네.
◆壺觴(호상): 술병과 술잔. 眄(면): 바라보다. 怡顔(이안): 흐뭇해하다. 이곳의 '酌'은 술그릇 안에서 술을 푸는 것이다. 自酌(자작)은 自酌自飮의 준말.

≪說文解字≫에 의하면 "酌은 술을 따르고 마시도록 권하다.(酌, 盛酒行觴也.)"라고 한다.

先秦時代에 술을 담는 그릇은 주로 罍·壺를 사용하였고 술을 마시려고 하면 먼저 자루가 긴 斗를 써서 술을 술통 안에 퍼 담는데, 주둥이가 크고 뚜껑이 없어서 술을 따르기에 편하다. 마시기 전에 다시 勺을 가지고 술통 안에서 술을 盉·斝 안으로 퍼 담고 데워서, 다시 爵, 觚, 觶 등의 술그릇에 따른 다음 마시는 것이었다. 때문에 술을 마시려면 '斟'하고 '酌'해야 한다. 번거롭게 '斟'·'酌'하는 것을 피하기 위해 용기 안에서 직접 술그릇으로 술을 따르면서, 후대에는 술을 담는 용기에 주둥이가 있는 '壺'가 만들어졌다. 계속하여 형태가 발전하면서 '斟'·'酌'도 새로운 변화가 생겼다. '斟'은 사용범위가 비교적 넓어 후대에는 다른 용기에서 술그릇, 예를 들어 杯나 碗 등으로 기우려 따르는 것도 '斟'이라 불렀고, 또 茶 등에도 사용할 수 있었다. '酌'은 주로 술에 사용되었다.

主人有酒且莫斟, 聽我一曲悲來吟. 李白, 〈悲歌行〉
주인장, 술이 있으니 이제 망설이지 말고, 나의 한 곡조를 듣고 슬프거든 노래하시게.

嘗居山陰,…… 獨酌酒, 詠左思〈招隱詩〉 房喬 等, ≪晉書·王羲之列傳≫
일찍이 山陰에 살면서…… 홀로 술잔을 기울이면서 좌사의 <招隱詩>를 읊조렸다.

'斟酌'도 이전에 술의 양을 헤아리던 뜻에서 引伸하여 상황에 따라 去就를 결정한다는 뜻이 되었고, 후대에는 이런 뜻이 주로 '酌'으로 이어졌는데, 예를 들어 '酌定(일을 짐작하여 결정하다)', '酌量(짐작하여 헤아리다)' 등이 있다.

'挹'은 현대의 '舀'에 해당하는 일반적인 호칭을 고대에는 '挹'자를 사용하였다. '挹'은 또한 기타의 액체에 사용할 수 있다.

譬若挹水於河, 而取火於燧也. ≪戰國策·齊策3≫
비유하면 황하에서 물을 푸고 봉화대에서 불을 얻는 것과 같다.

維北有斗, 不可以挹酒漿. ≪詩經·小雅·大東≫
북쪽에는 국자모양의 북두성이 있어도 그것으론 술과 국을 뜨지도 못하네.

'舀'는 찧은 쌀을 절구통[臼] 안에서 퍼내는 것인데, 고대에 '舀'는 매우 적게 사용되었다. 오늘날에는 '舀'는 '挹'을 대체하여 瓢, 勺 등 물건으로 퍼내는 것을 통칭하여 부른다. 段玉裁는 ≪說文解字注≫에서 "오늘날 사람들은 일반적으로 저곳에서 퍼내어 이곳으로 붓는 것을 모두 舀라고 부른다.(今人酌彼注此皆曰舀)"고 하였다. 예를 들어 舀水, 舀酒, 舀米 등이다.

249
執[집/zhí]·持[지/chí]·操[조/cāo]·捉[착/zhuō]·把[파/bǎ]·秉[병/bǐng]·握[악/wò]·援[원/yuán]

이 글자들은 우리말 訓으로는 '잡다'로 해석된다. 모두 손으로 물건을 잡는다는 뜻이다.

'執'의 本義는 '사로잡다'라는 뜻인데, 고대에는 광범위하게 잡는다는 뜻에 사용되었다. 길고 짧음을 막론하고 한 손이나 양손으로 잡는 것은 모두 '執'을 쓸 수 있다. 예를 들어 執筆, 執戟, 執牛耳 등이다.

> 師還, 館于虞, 遂襲虞, 滅之, 執虞公及其大夫井伯. ≪左傳·僖公5年≫
>
> (晉나라) 군대가 돌아올 때 잠시 (우나라의) 객사 안에 머물다가 마침내 우나라를 습격하여 멸망시키고 우공과 그 대부 정백을 사로잡았다.

> 子曰: "富而可求也, 雖執鞭之士, 吾亦爲之; 如不可求, 從吾所好." ≪論語·述而≫
>
> 공자께서 말씀하셨다. "부유함이 구할 만한 가치가 있는 것이라면 비록 채찍을 잡는 사람이라도 나 역시 그것을 하였을 것이다. 만일 구할 가치가 없는 것이라면 내가 좋아하는 것을 따르겠다."

'執'은 또 보통 추상적 사물에 사용되어 意見을 발표하는 것을 執言이라 하고, 正義를 堅持하는 것을 執義라고 하고, 책임을 계승하는 것을 執咎라고 하고, 일을 담당하는 것을 執事라고 하고, 법령을 집행하는 것을 執法이라고 한다. '執'이 추상적 의미에 사용될 때는 왕왕 끝까지 견지하다, 잡고서 놓지 않다는 뜻이 있다.

'持'는 '執'과 같이 고대에 손에 관련하여 가장 널리 응용되던 글자여서, 무릇 손과 유관한 것이면 거의 모두 '持'자를 사용할 수 있었다. '持' 역시 추상적 사물에 사용될 수 있어서 보호, 維持 등의 뜻을 나타낸다(持久, 持操 등).

秦王謂軻曰: "取舞陽所持地圖." 司馬遷, ≪史記·刺客列傳≫
진왕이 형가에게 "진무양이 가지고 있는 지도를 가져오라"고 말하였다.

故治國無法則亂, 守法而弗變則悖, 悖亂不可以持國. ≪呂氏春秋·愼大覽·察今≫
그러므로 나라를 다스림에 법이 없으면 혼란되고, 법을 지킴에 고침이 없으면 어그러지는데, 혼란되고 어그러지면 나라를 유지할 수 없다.

'秉'은 字形이 손으로 벼[禾]를 잡고 있는 모양이다. '秉'이 일반화된 후 손으로 잡고 있는 것을 가리킨다.

彼有遺秉, 此有滯穗, 伊寡婦之利. ≪詩經·小雅·大田≫
저기엔 남은 벼 다발 있고 여기에 빠트린 벼이삭 있으니 과부 같은 이들 차지일세.
◆遺秉(유병): 논안에 아직 거두어들이지 않고 남아있는 벼 다발. 滯(체): 세다. 빠지다. 穗(수): 이삭. 伊(이): 저. 이(발어사)

左手執籥, 右手秉翟. ≪詩經·邶風·簡兮≫
왼손에 피리잡고 오른손엔 꿩의 깃을 들었네.
◆籥(약): 피리. 翟(적): 산 꿩[山雉]의 깃.

'操'는 손안에 잡고 있거나 손안에 잡는다는 뜻이다. '操'의 대상은 대개 工具이다. 무기도 공구의 일종이다. 그러므로 引伸하여 操作, 操演의 뜻이 되었고, 또 引伸하여 掌握의 뜻이 되었다.

今夫輪人操其規,…… 匠人亦操其矩, 將以量度天下之方與不方也. ≪墨子·天志中≫
지금 수레바퀴 만드는 사람은 그의 그림쇠(콤파스)를 들고서…… 목수도 역시 그의 굽자(직각자)를 들고서 천하의 모난 것과 모나지 않은 것을 잰다.

操吳戈兮被犀甲, 車錯轂兮短兵接. 屈原, ≪楚辭·九歌·國殤≫
오나라 창을 들고 무소 갑옷을 입고, 차축을 맞부딪고 도와 검이 난무하는 접전.

'操'가 견고하게 손안에 잡고 있음을 나타내므로 引伸하여 자기의 신앙, 품위 등을 굳건히 지킬 수 있음을 나타내게 되었고, 이것이 바로

操守, 節操의 뜻이 되었다.

> 湯之客田甲, 雖賈人, 有賢操. 司馬遷, ≪史記·酷吏列傳≫
> 張湯의 빈객인 전갑은 비록 장사꾼이었으나 현명하고 지조가 있었다.

'捉'은 ≪說文解字≫에 "握이라고도 한다.(一曰握也.)"고 하였다.

'秉'은 구체적인 사물뿐만 아니라 추상적인 사물에도 운용할 수 있다. '秉'은 초기부터 사용되었으므로 후대에 비록 '秉國(나라를 휘어잡다)', '秉政(정권을 잡다)', '秉筆直書(붓을 잡고 사실대로 기록하다)' 등의 관용어가 있게 되었는데 이것은 古辭의 襲用이다. 후대에는 '秉'의 뜻을 주로 '把'를 써서 나타내었다.

'把'는 손 안에 잡아 쥐다는 뜻으로, 잡는 물건은 손잡이가 있어서 잡을 수 있다. 요컨대, 손으로 잡을 수 있는 것은 모두 '把'자를 사용할 수 있다.

> 湯自把鉞以伐昆吾, 遂伐桀. 司馬遷, ≪史記·殷本紀≫
> 탕은 스스로 도끼를 잡고 곤오를 정벌하였고, 마침내 하나라 傑을 정벌하였다.

> 臣左手把其袖, 而右手揕抗其匈. ≪戰國策·燕策3≫
> 저는 왼손으로 그(진시황)의 소매를 잡은 채로 오른손으로 그의 가슴을 찌릅니다.

'把'가 손으로 물건을 잡는 데에 중점이 있으므로 반드시 목적어가 있어야 하는 데, '握'은 다섯 손가락을 모아서 주먹을 쥐는 것이므로 목적어가 꼭 필요하지는 않다. '握'이 목적어를 수반할 때는 '把'가 일반적으로 어떤 물건을 잡고 있는 것과 달리 '握'은 (비교적 작은) 물건을 손바닥 안에 잡는 것이다. 그러므로 '把臂(팔을 잡다)'라고 할 수 있지만 '握臂(팔을 손안에 잡다)'라고 할 수는 없고 단지 握手만 가능하다.

> (嬰兒)終日握而手不掜. ≪莊子·雜篇·庚桑楚篇≫
> (갓난아기는) 온종일 손을 쥐고 있어도 손가락이 굽어지지 않는다.

懷瑾握瑜兮, 窮不知所示. 屈原, ≪楚辭·九章·懷沙≫
곱디 고운 구슬을 안고 쥐고 있지만 역경에 몰려 누구에게 보여줄지 몰라라.
◆瑾(근)과 瑜(유)는 모두 아름다운 옥.

만일 '握'을 비교적 긴 물체에 사용한다면 그 용법은 '把'에 해당한다. 握管은 곧 把筆이다. 量詞로 사용되어 '把'는 비교적 긴 물건을 가리키는 반면, '握'은 손으로 잡을 수 있는 것을 가리킨다. 오늘날에는 '一握'도 '一把'라고 부른다. '握'은 추상적인 사물에 사용되며 掌握하다라는 뜻도 있다.

視爾如荍, 貽我握椒. ≪詩經·國風·陳風·東門之枌≫
그대를 보니 금규화 같네, 내게 한 웅큼의 산초를 주네.
◆荍(교): 錦葵花(금규화), 葵花(규화). 貽(이): 주다. 椒(초): 후추. 여기서는 山椒.

謹執其柄而固握之. 韓非, ≪韓非子·主道≫
신중하게 (賞罰이란) 權柄을 잡고서 확고하게 그것을 장악한다.

'援'는 물건을 쥐되 '자기 몸의 방향으로 잡는다' 곧, 당겨 잡다는 뜻이다. 그 잡는 물건은 일반적으로 체중에 비하여 작은 것이다.

左幷轡, 右援枹而鼓. ≪左傳·成公2年≫
왼손으로는 고삐를 모아 쥐고 오른손으로는 북채를 당겨 잡고 북을 쳤다.
◆轡(비): 고삐. 枹(포): 떡갈나무, 북채.

만일 잡아당기는 대상이 곤경에 처한 사람이나 국가라면 '援'은 '구원하다', '돕다'는 뜻이다. 만일 잡아당기는 대상이 先例, 증거의 뜻이라면 '인용하다', '인증하다'는 뜻이다.

曰: "嫂溺不援, 是豺狼也. 男女授受不親, 禮也; 嫂溺援之以手者, 權也." ≪孟子·離婁上≫
맹자가 말하였다. "형수가 물에 빠졌는데 (끌어당겨) 구하지 않는다면 그것은 승냥이나 이리요. 남자와 여자가 주고받는데 직접 하지 않는 것은 禮이고, 형수가 물에 빠져 손으로 (끌어당겨) 구하는 것은 융통성의 발휘요."

秦人援魏以拒楚, 楚人援韓以拒秦, ≪戰國策·秦策五≫
진나라 사람은 위나라를 구원하여 초나라에 방비하고, 초나라 사람들은 한나라를 구원함으로써 진나라를 방비한다.

250 澄[징/chéng]·淸[청/qīng]·澈[철/chè]·淨[정/jìng]·潔[결/jié]

'물이 맑다'는 뜻에서 이 글자들은 동의사이다. '澄'과 '淸'의 뜻이 비슷하고, '潔'과 '淨'의 뜻이 비슷하다. '淨'의 반대말은 汚이다.

다른 점은 '澄'이 맑으면서도 흘러 움직이지 않는 물을 가리킨다는 점이다. '澄'이 동사로서 사용될 때는 [dèng]으로 발음되며, '탁한 물 안에서 이물질을 없애다'는 의미로 사용되는데 '淸'에는 이런 용법이 없다. 형용사[chéng]로 사용되어 물이나 액체가 고요하여 맑은 상태로 변화됨을 뜻한다.

人莫鑑於沫雨, 而鑑於澄水者, 以其休止不蕩也. 劉安, ≪淮南子·說山訓≫
사람이 물방울이 튀는 빗물을 거울로 삼지 않고 맑은 물을 거울로 삼는 것은, 그 물이 움직이지 않기 때문이다.

澄之不淸, 淆之不濁, 不可量也. 范燁, ≪後漢書·周黃徐姜申屠列傳≫
맑은 가운데에서는 깨끗함을 드러내지 않고, 혼탁한 가운데에서도 탁하지 않아, 헤아릴 수 없다.
◆注에 "淆는 섞여있는 것이다.(淆, 混也.)"고 하였다.

'淸'은 항상 '濁'과 반대말로 물이 깨끗함을 나타낸다. ≪釋名·釋言語≫에는 "淸은 푸른 것이다. 탁한 것을 제거하고 더러운 것을 멀리하니 색이 마치 푸른 색 같다.(淸, 靑也. 去濁遠穢, 色如靑也.)"고 하였다. 오염과 더러움이 제거된 물은 푸르고 맑은 특징을 가진다. '淸'의 사용 범위는 '澄'에 비하여 넓고 많다. '澄'은 물이나 술 등의 액체의 맑음만을 가리키지만, '淸'은 보다 여러 방면에서 사용할 수 있어서 구체적인 것, 추상적인 것도 나타낸다.

坎坎伐檀兮, 寘之河之干兮, 河水淸且漣猗. ≪詩經·魏風·伐檀≫
쾅쾅 박달나무 베어, 황하 가에 놓고 보니, 황하물만 맑게 잔물결 치누나.
◆寘(치): 두다(置). 漣(연): 잔물결. 猗(의): 조사.

原濁者, 流不淸. ≪墨子·修身≫
근원이 흐린 것은 흐름이 맑아 지지 않는다.

'澈'은 물이 투명하게 맑아서 바닥을 볼 수 있는 것을 일컫는 말이다. '澈'과 '澄'은 모두 물의 투명한 것을 나타내는데 지역에 따른 方言일 가능성이 있다.

灣狀半月, 淸潭鏡澈. 酈道元, ≪水經·沅水注≫
灣은 반달 모양이고 물은 맑고 깊어서 거울처럼 속이 들여다보인다.

'潔'과 '淨'은 同義로서 모두 淸潔하여 오염 되지 않은 것을 가리킨다. 이 또한 方言일 가능성이 매우 높다. 그렇지만 후대에 응용되면서 각각 중점이 달라졌는데, '潔'은 사람에게 많이 사용되어 사람의 품행이 淸廉, 純正하여 아직 오염되지 않았음을 나타내고, '淨'은 사물에 많이 사용되어 이미 남김없이 깨끗해졌음을 나타낸다.

公曰: "吾享祀豐絜, 神必據我." ≪左傳·僖公5年≫
虞公이 말하였다. "내가 받드는 제사에는 제물을 풍족하고 청결하게 차리므로 神은 반드시 우리에게 依支가 될 것이다."

其文約, 其辭微, 其志絜, 其行廉. 司馬遷, ≪史記·屈原列傳≫
그의 문장은 간략하되 그 내용은 자세하고, 그의 뜻은 고결하며, 그의 행동은 정렴하다.

'澄'과 '淸'은 물이 맑아서 이물질이 없음을 나타내고 반대말은 '濁'·'渾'이며, '潔'과 '淨'은 물건에 이물질이 묻어있지 않은 것에 중점이 있고 반대말은 '汚'·'垢'다. 不澄하고 不淸한 것은 가라앉혀야 맑아지고, 不潔하고 不淨한 것은 닦아내고 씻어내야 청결함이 회복되므로, 양자의 구별은 분명하다. 단지 인품을 나타낼 경우에만 '淸'과 '潔'은 교체 사용할 수 있다. 淸潔로 連用되는 것은 뜻이 가깝기 때문이다.

屈原曰: "擧世混濁, 而我獨淸, 衆人皆醉, 而我獨醒, 是以見放." ≪史記·屈原列傳≫
굴원이 말하였다. "세상이 모두 혼탁하나 나만이 홀로 맑고, 뭇사람이 모두 취하였으나 나만이 홀로 깨어있어서 추방당하였소."

鮑叔牙之爲人也, 淸廉潔直, 視不己若者, 不比於人, 一聞人之過, 終身不忘. ≪呂氏春秋·孟春紀·貴公≫
포숙아의 됨됨이는 청렴하고 고결하고 곧지만, 자기보다 못한 사람은 대우하지 않고 한 번 남의 과실을 들으면 평생 잊지 않습니다.

251

次[차/cì]·舍[사/shè]·館[관/guǎn]

이 글자들은 동사로 사용되어, 行軍이나 여행 도중에 정지하여 머물다는 뜻에서 공통되는 점이 있다.

'次'는 古字는 帳幕, 帷幄(지휘소 군막)의 형태로서 실외에 거주할 때 임시 설치한 시설이다. 이 때문에 '次'는 引伸되어 여행이나 행군 도중에 머무르거나 묵는다는 뜻이 있다.

朝日祀五帝, 則張大次·小次. ≪周禮·掌次≫
춘분날에 五帝에게 제사를 지내려면 큰 장막과 작은 장막을 친다.

楚子次于乾谿, 以爲之援. ≪左傳·昭公12年≫
초나라 임금은 건계지방에 머무르면서 그들을 위하여 지원하기로 하였다.

'次'·信·'舍'는 춘추시대에는 또한 아래와 같은 특유한 용법이 있었다.

凡師一宿爲舍, 再宿爲信, 過信爲次. ≪左傳·莊公3年≫
대체로 군대가 출병했을 경우 하루 저녁 묵는 것은 舍라고 하고, 이틀 저녁 묵는 것은 信이라 하고, 信을 넘어서는 것은 次라고 한다.

'舍'는 처음에는 居室을 가리켰는데 이것은 명사다. 동사로 사용되어 '舍'는 또한 머물러 묵는 것을 나타낸다. ≪釋名·釋宮室≫에는 "舍는 안에서 휴식함이다.(舍, 於中休息也.)"라고 하였다. '舍'와 '宿'의 다른 점은 '宿'이 일반적으로 밤을 지내는 것을 나타내는데 어디에서 밤을 지내는가를 막론하고 또 사람이건 禽獸나 星辰 등을 막론하고, 밤을 지내는 것에는 모두 '宿'을 사용한다는 점이다. '舍'는 실내에서 밤을 지내는 것에 한정되어 사용된다.

子釣而不綱, 弋不射宿. ≪論語·述而≫
스승님께서 낚시는 하셨으나 주낙을 쓰지는 않으셨고, 주살로는 깃들은 새를 쏘지 않으셨다.
◆綱을 王引之는 그물로 보았다. 弋(익): 줄이 달린 화살. 宿: 잠을 자는 새.

至夫差之身, 北而攻齊, 舍于汶上. ≪墨子·非攻中≫
부차의 시대에 이르러서 북으로 제나라를 공격하여, 문수 가에서 진영을 치고 머물렀다.

'館'은 '舘'으로도 쓴다. ≪說文解字≫에는 "館은 客舍다.(館, 客舍也)"라고 하였다. '館'과 '舍'는 같은데, 동사의 용법은 명사로부터 파생된 것이다. '舍'와 '館'의 구별은 밤을 지내는 장소에 있다. '舍'는 실내에서 밤을 지내는 것을 널리 가리키고, '館'은 특별히 전용으로 마련된 客舍안에서 밤을 지내는 것을 가리킨다.

未至井陘口三十里, 止舍. ≪史記·淮陰侯列傳≫
정형어귀에서 30리 떨어진 곳에 이르기 전에 멈추어서 야영하였다.

孟子之滕, 館於上宮. ≪孟子·盡心下≫
맹자께서 등나라로 가셔서 上宮에 유숙하였다.
◆上宮은 빈객이 유숙하는 여관으로 2층으로 되어있다(趙岐說). ≪集注≫는 別宮으로 보았다.

252 簒[찬/cuàn]·奪[탈/duó]·褫[치/chǐ]

이 글자들은 모두 '탈취하다'는 뜻을 가지고 있다.

'簒'은 法에 맞지 않게 탈취하는 것이고 또 특별히 신하가 임금의 지위를 빼앗는 것을 가리킨다.

行可奪之道, 而非簒弑之行, 無益於持天下矣. 劉安, ≪淮南子·泰族訓≫
당신은 멸망의 길을 가면서, 도리어 찬탈시역의 행위를 비난하는 것은, 천하를 보존하는 데 무익한 것이다.

王莽簒位. 王應麟, ≪困學紀聞·卷8≫
왕망이 (황제의 직위를) 찬탈하였다.

'簒'은 ≪說文解字≫에 "(순리를) 거슬러 탈취하는 것을 簒이라고 한다.(逆而奪取曰簒)"고 하였으니, 상대방의 뜻을 어기고 강제로 빼앗는 것이다. 또 직위를 빼앗는 것을 가리킬 수 있는데, 직위를 빼앗는 자가 꼭 신하인 것만은 아니다.

行數百步, 以騶爲不疾, 奪轡代之御. ≪韓非子·外儲說左上≫
(齊景公은) 수백 보를 달려가다가 한추가 빨리 몬다는 생각이 들지 않아 고삐를 낚아채 대신 말을 부렸다.
◆騶(추): 마부, 騎士. 轡(비): 고삐.

奪項王天下者, 必沛公也. 司馬遷, ≪史記·項羽本紀≫
항왕에게서 천하를 빼앗을 사람은 반드시 패공이리라.

'褫'는 ≪說文解字≫에 "옷을 빼앗는 것이다.(褫, 奪衣也)"라고 하였으니, 本義는 옷을 빼앗는 것이다. '褫'는 특히 강제적으로 상대방이 입고 있는 의복을 빼앗는 것이다. 古代의 관직·작위는 늘 衣服·冠帶에 반영되었기 때문에 그 의복을 褫奪하는 것은 그 官職·封爵을 빼앗는 것과 같다.

上九: 或錫之鞶帶, 終朝三褫之. ≪周易·訟卦≫
上九는 왕에게서 하사받은 가죽 띠일지라도 아침이 끝나기 전에 세 번 빼앗긴다.

秦牛缺徑於山中 而遇盜, 奪之車馬, 解其橐笥, 拖其衣被. 劉安, ≪淮南子·人間訓≫
진나라 우결이 산속을 지나가다가 도적을 만났다. 車馬를 빼앗고 짐을 풀고 옷을 벗겼다.
◆牛缺(우결): 진나라의 隱士. 橐笥(탁사): 전대와 상자. 車馬에 실은 짐을 뜻한다. 拖(타): (漢) 高誘 注에는 "拖는 빼앗는 것이다.(拖, 奪也.)"라고 하였다. '拖'는 褫로 된 판본도 있다.

'탈취'의 뜻과 관계하여 '奪'·'褫'은 모두 引伸하여 '罷免시키다'가 될 수 있다. 그러나 '奪'은 잃어버리게 하는 것이고 '褫'는 철저하게 실각시켜버려서 다시는 復位하지 못하는 것이다.

253
倉[창/cāng]·囷[균/qūn]·廩[름(늠)/lǐn]·府[부/fǔ]·庫[고/kù]

이 한자들은 모두 곳집이나 창고를 가리킬 수 있다. 倉·囷·廩은 곡물을 저장하는 창고이고, 府·庫는 재물을 저장하는 창고이다.

'倉'은 ≪釋名·釋宮室≫에 "倉은 저장함이니, 곡물을 저장하는 것이다.(倉, 藏也, 藏穀物也.)"라고 하였다. 倉은 '저장하다'에서 근원한 글자로서 곡물을 저장하는 곳이다.

乃求千斯倉, 乃求萬斯箱. ≪詩經·小雅·甫田之什≫
이에 많은 창고 장만해놓고 많은 수레 준비하네.
◆≪鄭箋≫에서는 "이에 천 개의 창고를 마련하여 그곳에 두고 만 개의 수레를 마련하여 그곳에 싣고 있네(於是求千倉以處之, 萬車以載之.)"라고 하였다. 이 시는 풍성하게 수확하기를 기원하는 시로서 천 개의 창고 만 개의 수레에 차는 식량을 수확하기를 바라고 있다.

府庫兩虛, 國弱. 歐陽詢, ≪藝文類聚·권85≫
府와 庫가 모두 비어있으면 국력이 약화된다.
◆≪商君書·去强≫에는 "倉府兩虛, 國弱."이라고 되어 있다. '倉'은 양곡을 저장하는 설비이고, '庫'는 財物·武器를 저장하는 건축물이다.

고대에 '倉'字는 위가 뾰쪽하고, 높은 곳에 出入을 위한 지게문[戶]이 있고, 아래에는 네모진 방으로 만들어진 곡식창고를 본 뜬 글자이다.

'囷'은 일종의 원형의 식량창고다. 둥글게 빙 둘러 묶는 방법으로 지은 식량저장 창고를 '囷'이라고 한다. 기실은 현대의 '囤[돈/dùn], 통가리'에 해당한다. '囷'은 일반적으로 껍질이 있는 곡물을 담는 것으로 사용하며, 또한 쌀을 담는 데도 사용한다. 통가리[桶-가리]는 뜸을 엮어 둘러치고 그 안에 곡식을 채워 쌓은 더미이다.

不稼不穡, 胡取禾三百囷兮? ≪詩經·國風·魏風·伐檀≫
씨 뿌리지도 않고 거두어들이지도 않으면서, 어찌 수백 곳집의 곡식을 거두어들이는가?

是月也, 可以築城郭, 建都邑, 穿竇窌, 修囷倉. ≪呂氏春秋·仲秋紀≫
이 달에는 성곽을 쌓고 도읍을 건설하며 토굴을 파고 창고들을 수리할 수 있다.
◆(漢) 高誘 注에는 "창고가 둥근 것을 囷이라 하고 네모진 것을 倉이라 한다.(圓曰囷, 方曰倉)"고 하였다.

'廩'도 곡식창고이다. '廩'이 '倉'과 다른 점은 '倉'이 껍질 있는 곡식 예를 들어, 벼(나락, 正租) 같은 곡식을 거두어 저장하는 것에만 사용되고, '廩'은 껍질을 벗긴 쌀[米]을 저장하는 곳으로 사용된다는 것이다.

참고로 껍질을 벗겨낸 양식을 통칭하여 米라고 한다. 이것은 황하유역에서 일상적으로 식용하던 것은 조[粟]와 쌀[米]이었으므로 밥을 짓기 위한 양식을 米라 하게 되었던 것에서 유래한다. 粒은 껍질을 벗겨내지 않은 곡물을 뜻하고, 糧은 米·粒의 총칭으로 식용으로 사용되는 곡물을 일반적으로 가리키는데, 오늘날에는 糧食, 식량이라고 부른다.

(季春之月)天子布德行惠, 命有司發倉廩, 賜貧窮, 振乏絶. ≪禮記·月令≫

(계춘의 달에) 천자는 덕을 베풀고 은혜를 행하는데 유사에게 명령하여 곡물곳집과 알곡곳집의 식량을 내어서 빈궁한 자에게 하사하며 끼니를 굶는 자를 구휼한다.

◆鄭注에 "振은 구원함과 같다.(振, 猶救也.)"고 하였고, ≪禮記注疏≫에, "채씨가 이르기를 '(껍질 있는) 곡식을 저장하는 곳을 倉이라 하고 밥 짓는 알곡식을 저장하는 곳을 廩이라 한다.'(蔡氏云: '穀藏曰倉, 米藏曰廩.')"라고 했다.

劉向以爲御廩, 夫人八妾所舂米之臧以奉宗廟者也. 班固, ≪漢書·五行志上≫,

유향은 御廩이란 1명의 정부인과 8명의 첩이 쌀의 껍질을 벗겨 종묘에 제사지낼 것을 보관한 것이라고 생각하였다.

◆안사고가 말하기를 "한 家長이 장가감에 9명의 여자를 취하는데 정부인이 1인이고 나머지는 첩이므로 8첩이라고 이른 것이다.(一娶九女, 正嫡一人, 餘者妾也, 故云八妾.)"라고 했다.

≪左傳·昭公22年≫에 "향승과 향행을 잡아다가 보리쌀 곳집에 가두었다.(拘向勝·向行於其廩.)"라는 기록으로 보아 廩은 이미 사람을 구류하는 데에도 사용하고 있다는 것을 알 수 있다. 그러나 '府'의 本義는 文籍이나 圖書를 보관하는 곳집이었다. 나아가 귀중품을 넣어두는 곳, 또한 각종 정부문서, 기록을 넣어두는 곳이고, 정치, 군사, 외교상의 증거가 되는 符節, 인장 등을 보관하는 곳이다. 府는 引伸하여 문서를

관장하는 관원이 되었고, 또 引伸하여 물건 등이 집결하는 곳이 되었다. 예를 들어, 怨府(≪史記·趙世家≫)는 원한이 쌓인 곳이라는 뜻이다.

司城蕩意諸來奔, 效節於府人而出. ≪左傳·文公8年≫
사성 직위의 탕의저는 노나라로 망명하여왔는데, 그의 符節을 곳집지기에게 물려주고 나왔었다.

君之府藏珍珠寶玉, 君之駿馬盈外廏, 美女充後庭. ≪戰國策·秦策≫
그대의 곳집에는 희귀한 보석이 가득 차 있고 그대의 준마는 마굿간을 채우고 있으며 미녀들은 후궁을 가득 채우고 있습니다.

'庫'의 本義는 병기와 차량을 보관하는 창고이었으나, 引伸하여 일반적으로 각종 貨物을 보관하는 창고가 되었다. 현대 중국어에서는 더욱 널리 사용되어 자연물과 각종 물품을 보관하는 장소가 되었으니, 예를 들면, 水庫, 金庫, 材料庫 등이 있다.

人主有伐國之志, 邑太羣嘷, 雄鷄夜鳴, 庫兵動, 而戎馬驚. 劉安, ≪淮南子·泰族訓≫
군주에게 타국을 정벌하려는 의지가 있기만 해도, 마을의 개들이 무리지어 짖어 대고, 수탉은 밤중에 울며, 창고 속의 무기가 저절로 움직이고, 兵馬는 소동을 부리게 된다.
◆庫는 武庫로서 병기가 보관되어 있으므로 곧 武器庫가 된다.

在庫言庫, 在朝言朝. ≪禮記·曲禮下≫
무기고에서는 무기를 말하고 조정에서는 조정의 일을 말한다.
◆鄭玄의 注에는 "庫는 거마나 병기를 두는 곳을 이른다.(庫, 謂車馬兵甲之處也.)"고 하였다.

春秋時代 이후에는 府와 庫의 구분은 점차 소실되어 갔다. 춘추 이전에는 戰車戰이 성행하였으므로 주요무기인 수레를 보관하는 곳이 필요했던 것이다. 전국 이후에는 농민이 병역제도의 주요 구성원이 되었으므로 방대한 무기를 보관하는 창고는 재물, 의복, 갑옷 등을 보관하는 곳이 되었던 것이다.

兵革器械者, 彼將日日暴露毁折之中原, 我今將修飾之, 拊循之, 掩蓋之於府庫. ≪荀子·王制≫

(폭군은) 무기와 갑옷과 장비들을 매일처럼 드러내놓고 들판 가운데서 부수고 꺾지만, 나는 지금 그것을 잘 수선하고 거두어 창고에 잘 넣어둔다.

254

遷[천/qiān]·**徙**[사/xǐ]·**拜**[배/bài]·**除**[제/chú]·**貶**[폄/biǎn]·**謫**[적/zhé]·**罷**[파/bà]·**免**[면/miǎn]·**斥**[척/chì]

이 한자들은 모두 官職의 변동을 나타내는 것이다. 그러나 변동 상황에서 다른 점이 있다.

'遷'은 昇職을 나타내는데, 낮은 직급의 관리에서 높은 직급의 관리로 승진하는 것이다. '遷'은 또한 降職을 나타내기도 하는데 이 경우 앞에 '左'자를 붙인다. 古人은 오른쪽을 높이고 왼쪽을 낮게 보았으므로 '左遷', 곧 왼쪽으로의 이동은 직위의 하강을 나타내는 것이다.

그렇지만 이러한 오른쪽을 높이는 尙右의 문제는 左遷과 같이 제한되게 사용되었다. 왜냐하면 陰陽思想이 일반화된 漢代 이후에는 전반적으로 尙左로 바뀌었기 때문이다. 음양사상에서 왼쪽은 陽의 방향이고 生起, 男性 등의 방향이므로 왼쪽을 높인다.

慶自沛守爲太子太傅, 七歲遷爲御史大夫. 司馬遷, ≪史記·萬石張叔列傳≫

石慶은 沛군의 太守에서 태자태부로 승진되었고, 7년이 되자 어사대부로 승진하였다.

高祖曰: "吾極知其左遷, 然吾私憂趙王, 念非公無可者." 司馬遷, ≪史記·張丞相列傳≫

고조가 말하였다. "나도 그것(공이 조왕에게 가는 것)이 左遷인 것을 잘 알고 있다. 그러나 내가 가만히 조왕을 걱정하다보다 공이 아니면 할 만한 사람이 없다고 생각하게 되었다."

'徙'는 수평이동 혹은 降職을 나타낸다.

項籍已死, 天下定, 漢王爲皇帝, 韓信徙爲楚王. 司馬遷, ≪史記·趙相國列傳≫

항우가 죽자 천하가 평정되었고 한왕은 황제가 되어 한신을 (齊王에서) 초왕으로 옮겨 임명하였다.

於是徙御史大夫周昌爲趙相. 司馬遷, ≪史記·張丞相列傳≫

이에 (황실의) 어사대부를 주창을 옮겨서 조나라의 승상을 삼았다.

◆이 경우는 降職에 해당한다.

'拜'는 어떤 官銜(관함)을 授與하는 것이다. 관함은 姓 밑에 붙여 부르던 벼슬이름이다.

相如旣歸, 趙王以爲賢大夫, 使不辱於諸侯, 拜相如爲上大夫. 司馬遷, ≪史記·廉頗藺相如列傳≫

인상여가 (조나라로) 돌아가자, 조왕은 그가 현명한 대부이지만, 제후들에게 창피당하지 않도록 상여를 上大夫로 삼았다.

商字伯夏, 雍之子也. 少以外戚拜郎中, 遷黃門侍郎. 范燁, ≪後漢書·商伯夏傳≫

商은 자가 백하로서 옹의 자식이다. 어려서 외척이어서 낭중에 拜受되고 황문시랑으로 승진하였다.

위 예문에서 '拜'와 '遷'의 구분은 뚜렷한데, 無官에서 처음 벼슬을 받을 때 '拜'를 사용하였고, 낭중에서 황문시랑을 승직하였을 때 '遷'을 사용하였다.

'除'는 원래의 관직을 없애고 새로운 관직에 취임하는 것으로, '任命'의 뜻이 있다.

上乃曰: "君除吏已盡未? 吾亦欲除吏." 司馬遷, ≪史記·魏其武

安侯列傳≫

황제가 이에 말하였다. "그대는 관리를 임명하는 것이 다 끝났나? 나도 관리를 임명하려고 하는데"

臣以供養無主, 辭不赴, 會詔書特下, 拜臣郎中, 尋蒙國恩, 除臣洗馬. 李密, 〈陳情表〉

臣은 (조모의) 공양을 맡아줄 사람이 없어서 사퇴하고 부임하지 않았는데, 마침 조서가 특별히 내려져서 저를 낭중으로 임명하시었고, 얼마 있지 않아 나라의 은혜를 입어 저에게 선마의 벼슬이 내려졌습니다.

◆"除臣洗馬"의 除도 '임명되다'는 뜻을 나타낸다.

'貶'의 本義는 '깎아낸다'는 뜻이다. 말로는 깎아냄이지만 실제로는 억압이다. 예를 들어 '褒善貶惡(선을 기리고 악을 깎아냄)'이 있다. 爵位나 官職에서는 降等시키는 것을 많이 나타낸다.

一不朝, 則貶其爵; 再不朝, 則削其地; 三不朝, 則六師移之. ≪孟子·告子下≫

(제후가) 한 번 입조(하여 述職)하지 않으면 그 작위를 강등시키고, 두 번 입조하지 않으면 그 땅을 깎고, 세 번 입조하지 않으면 6軍을 그곳으로 이동시킨다.

明年當封禪, 式又不習文章, 貶秩爲太子太傅, 以兒寬代之. 班固, ≪漢書·公孫弘蔔式兒寬傳≫

다음해 봉선의식에 임하여, 卜式은 또 문장예의를 학습하지 않아서 태자태부로 강등되었고, 兒寬이 그것을 대신하였다.

'謫'은 降職시키면서도 밖으로 추방하는 것이다. '謫'의 응용범위는 매우 광범위하여 과실이 있으면 문책을 받고, 죄가 있으면 벌을 받으며 또한 神意를 위배하였으면 災禍를 받는 것이다.

慶克久不出, 而告夫人曰: "國子謫我." 夫人怒. ≪左傳·成公17年≫

경극은 오랫동안 외출을 하지 않다가 부인에게 "國子들이 나를 譴責하였다"고 말하였다. 부인이 노하였다.

我從去年辭帝京, 謫居臥病潯陽城. 白居易, 〈琵琶行〉

나는 지난해 서울을 떠난 뒤로부터 귀양살이로 심양성에 병들어 누워있다네.

'貶'과 '謫'은 降職이라는 뜻에서는 유사한 곳이 있으나, '謫'은 일반적으로 사용되고 '貶'은 특별한 의미로만 사용된다.

'罷'는 罷職, 罷免되는 것이다. '罷'는 上古時代에는 단지 停止하다라는 뜻으로만 사용되었으나 漢 이후 비로소 파면이라는 뜻이 출현하였다.

竇太后大怒, 乃罷逐趙綰, 王臧等, 而免丞相太尉. 司馬遷, ≪史記·魏其武安侯列傳≫
두태후는 크게 노하여 조관, 왕장 등을 파면시켜 쫓아버리고 승상·태위를 직위해제 시켰다.

灌將軍熟視笑曰: "人謂魏勃勇, 妄庸人耳, 何能爲乎!" 乃罷魏勃. 司馬遷, ≪史記·齊悼惠王世家≫
관장군은 그를 뚫어지라 쳐다보고 웃으며 "사람들은 위발이 용감하다고 하는데, 망령되고 용렬한 사람일뿐이니 어찌 무슨 일을 할 수 있겠는가!"라고 말하고는 위발을 파면하였다.

'免'은 免職으로 임명과 반대의 뜻이다. '免'은 상고시대에는 除去, 避免의 뜻이었다. '免'의 解職이라는 뜻은 '제거'에서 引伸하여 나온 것이다.

勝其任者處官, 不勝其任者廢免. ≪管子·明法≫
자기의 임무를 잘 처리하는 자는 관직에 있게 하고 자기의 임무를 처리하지 못하는 자는 면직시킨다.

梁車爲鄴令, 其姊往看之, 暮而後, 閉門, 因踰郭而入. 車遂刖其足. 趙成侯以爲不慈, 奪之璽而免之令. 韓非, ≪韓非子·外儲說左下·右經·說六≫
양거가 업 땅의 장관이 되었다. 그의 누이가 가서 그를 찾아보았는데 날이 저물어 성문이 닫혔기 때문에 성문을 넘어 들어갔다. 양거가 끝내 (그녀를 벌주어) 발뒤꿈치를 자르는 형에 처하였다. 조성후가 무자비하다고 여겨 관인을 빼앗고 그 장관직을 면직시켰다.

'罷'와 '免'은 관료제 아래에서 직무를 해제하는 용어이다. '罷'은

'免'보다 무거워서 '罷'는 관직에서 파면된 후 권한과 俸祿 받지 못하는 파면에 해당하고, '免'은 현재 맡고 있는 직무에서 해임되는 것으로 다른 직위를 맡을 수 있는 직위해제에 해당한다.

'斥'은 버리어 쓰지 않는 것으로 아울러 몰아서 쫓아내는 것이다.

> 與聞國政而無益於民者斥. 班固,≪漢書·武帝紀·元朔元年≫
> 국정에 참여하고서도 백성을 위하여 이익을 도모하지 않는 자는 추방한다.
> ◆顔師古가 말하기를 "斥은 버려 쫓아내는 것을 이른다.(斥謂棄逐之)"고 하였다.

> 朝拜而不道, 夕斥之矣. 柳宗元, ≪柳河東集卷三·封建論≫
> 아침에 벼슬자리에 임명되어 道를 행하지 않으면 저녁에 쫓아내 버린다.

255
享[향/xiǎng]·祀[사/sì]·薦[천/jiàn]·祭[제/jì]

이 네 글자에는 모두 물품을 鬼神에게 바친다는 뜻이 있다.

'享'과 '祀'는 일반적으로 모두 제수(祭羞)를 귀신에게 받들어 올리는 것을 가리키는데, 連用하거나 對擧하여도 뜻은 변하지 않는다.

> 王用享于帝, 吉. ≪周易·益卦·六二爻辭≫
> 왕이 써서 하느님께 제사지내면 길하다.

> 冬日至, 祀天於南郊, 迎長日之. 司馬遷, ≪史記·封禪書≫
> 동지가 되면 남쪽 교외에서 하늘에 제사를 지내, 長日이 다가옴을 맞이하였다.

'享'은 引伸하여 君王에게 물품을 바친다는 뜻이 될 수 있고, 引伸하여 먹을 것을 가지고 남을 초대하는 뜻이 될 수 있고, 또 引伸하여 귀신이 禮物을 享受하는 것이 될 수 있다. 이러한 引伸義는 '祀'에는 없는 것이다.

'祀'는 引伸하여 귀신에게 제사하는 곳이 될 수 있다. '祀'는 또한 '年'에 해당할 수 있다. 이런 뜻은 '享'에는 없는 것이다.

如是, 則非德, 民不和, 神不享矣. ≪左傳·僖公5年≫
이렇게 볼 때 덕이 아니면 민중들은 화합하지 않고 신도 제물을 흠향하지 않는다.

吳侵陳, 斬祀, 殺厲. ≪禮記·檀弓下≫
吳나라가 陳나라를 침공하여 祠祀의 나무를 베고 역병으로 앓고 있는 사람들을 죽였다.
◆鄭玄의 注에 "祀는 神位가 있는 집에 심은 나무.(祀, 神位有屋樹者.)"라고 하였다. 厲는 疫病, 전염병.

'薦'은 귀신에게 禮物을 올리는 뜻으로 사용될 경우 犧牲이 없는 祭羞이다.

苟有明信, 澗·溪·沼·沚之毛, 蘋·蘩·薀藻之菜, 筐·筥·錡·釜之器, 潢·汙·行潦之水, 可薦於鬼神 ≪左傳·隱公3年≫
진실로 公明한 신용이 있다면 설사 산의 봇도랑·못 안에서 자라는 식물, 蘋·蘩·薀藻 유의 나물이라도, 일반적인 대나무로 만들어 기물을 담고 금속에 삶은 기구, 크고 작은 것이나 나아가 도로위에 고인 물이라도 모두 귀신에게 올릴 수 있다.
◆毛는 풀. 筐(광)은 네모진 대나무그릇. 筥(거): 원형의 대나무그릇. 錡(기)는 다리가 있는 금속의 기물. 釜(부): 다리가 없는 금속 기물. 潢(황)·汙(오): 정체되어 있는 죽은 물. 行潦(행료): 흐르는 물. 이곳의 毛·菜·器·水의 종류는 모두 희생이 아니다.

有薦新, 如朔奠. ≪禮記·檀弓上≫
薦新의 奠이 있을 때에는 그 절차를 삭전과 같이 한다.
◆薦新: 처음 수확하여 익힌 五穀, 제철에 새로 나온 과일.

그런데 때로는 또한 희생이 있는 제사에도 사용될 수 있다. '薦'은 또한 引伸하여 군주에게 賢才를 薦擧하거나 추천한다는 뜻이 되었다.

君賜食, 必正席先嘗之; 君賜腥, 必熟而薦之; 君賜生, 必畜之. ≪論語·鄕黨≫
임금께서 음식을 내리시면 반드시 자리를 바로 깔고 먼저 그 맛을 보았다. 임금께서 날고기를 내리시면 반드시 익혀서 (제물로) 올렸다. 임금께서 산짐승을 내리시면 반드시 그것을 기르셨다.

◆何晏의 ≪論語集解≫에 "그 先祖에게 올리는 것이다.(薦其先祖)"라고 하였다.

曰: "天子能薦人於天, 不能使天與之天下. ≪孟子·萬章上≫

맹자가 말하였다. "천자는 하늘에 인재를 천거할 수 있으나 하늘로 하여금 그에게 천하를 주도록 할 수는 없다.

'祭'는 귀신에게 예물을 올리는 뜻으로 사용할 경우, 犧牲이 있는 제수이다. 許愼의 ≪說文解字≫에 "祭는 제사다. 示를 좇아서 만든 글자로서 손으로 고기를 잡는 형상이다.(祭, 祭祀也. 从示, 以手持肉.)"라고 하였다.

四之日其蚤, 獻羔祭韭. ≪詩經·國風·豳風·七月≫

二月이면 이른 아침에 염소를 올리고 부추로 제사지낸다네.

◆'獻'과 '祭'는 同義 互文이다. 고대의 풍속에 四月 初에 작은 羊과 韭菜(구채, 부추)를 써서 司寒의 神(≪左傳昭公4年≫)에게 제사지내는 것으로 희생이 없다.

爲壇而盟, 祭以尉首. 司馬遷, ≪史記·陳涉世家≫

제단을 쌓고 맹서하는 뜻으로 將尉의 머리를 사용하여 제사를 지냈다.

◆將尉(장위): 군관벼슬이름.

그러므로 ≪穀梁傳·桓公8年≫의 范寧 注에 "희생이 없으면서 제사지내는 것을 薦이라 하고 薦에 희생을 더한 것을 祭라고 한다.(無牲而祭曰薦, 薦而加牲曰祭.)"라고 하였다. 그러나 '薦'과 '祭'의 이러한 구별은 後世에 이르러서는 다시 나누어지지 않았다.

256
踐[천/jiàn]·蹋(踏)[답/tà]·履[리(이)/lǚ]·蹈[도/dǎo]·躡[섭/niè]

이 글자들은 모두 '밟다'는 뜻을 가지고 있다.

'踐'은 밟다라는 뜻이다. 그렇지만 踐은 다리가 땅에 닿아있음을 일반적으로 가리키고 있어서 대체로 오늘날의 '밟다[踩/cǎi]'에 해당한다.

有後入者, 闔而勿遂. 毋踐屨, 毋踖席. ≪禮記·曲禮上≫
뒤에 들어오는 사람이 있으면 닫기는 하되 다 닫지는 않는다. 남의 신을 밟지 말아야 하며 남의 자리를 밟지 않아야 한다.

冠雖穿弊, 必戴於頭; 履雖五采, 必踐之於地. 韓非, ≪韓非子·外儲說左下·右經≫
모자는 비록 구멍이 뚫리고 낡았어도 반드시 머리에 써야하고 신발은 비록 다섯 색깔의 고급이어도 반드시 땅을 밟아야 한다.

'踏'은 '蹋'으로도 쓴다. 땅에 밀착해 있다는 뜻에서는 '踏'은 '踐'과 같다. 그러나 '踏'의 평상시 용법은 '힘을 주어 밟는 것'이어서 그 힘의 강도는 '踐'보다 무겁고, 발을 드는 것이 '踐'보다 높다. '踏'에는 또 '친히 현장으로 가서 보다', '답사(踏査)하다'라는 뜻이 있는데, 현대 중국어에도 유지되고 있다.

常以五月田竟祭鬼神, 晝夜酒會, 羣聚歌舞, 舞輒數十人相隨蹋地爲節. 范曄, ≪後漢書·東夷傳·韓≫
늘 5월이 되어 밭갈이가 끝나면 귀신에게 제사를 올리고, 밤낮으로 모여서 술 마시고 무리가 모이면 노래하고 춤을 추는데 춤을 추면서 매번 수 십 명이 서로 따르면서 (껑충껑충) 땅을 밟는 것이 절도가 있다.

'履'의 本義는 '밟는다[踏]'는 뜻이다. '踏'으로부터 引伸하여 명사 '鞋'(혜, 목이 짧은 신)가 될 수 있다. '履'는 명사로 사용되어, 구멍 뚫린

단화[穿鞋]를 가리킨다.

儒者冠圜冠者, 知天時, 履方屨者, 知地形. ≪莊子·外篇·田子方≫
儒者가 둥근 관을 쓰고 있는 것은 하늘의 때를 안다는 의미이고, 모나고 구멍 난 신을 신고 있는 것은 땅의 형상을 안다는 의미다.

糾糾葛屨, 可以履霜. ≪詩經·小雅·谷風之什·大東·≫
총총한 칡 신으로 서리 위를 밟고 다녀야 하네.

'履'는 또 행동을 하지는 않고 단지 발로 땅을 밟고 있는 것만을 나타낼 수 있는데, 이런 상황아래에서 '踐'과 '履'의 뜻은 서로 같다.

去秦而歸. 羸縢履蹻, 負書擔橐. ≪戰國策·秦策一≫
(蘇秦은) 秦나라를 떠나 (고향으로) 돌아왔다. 脚絆을 치고 짚신을 신고, 책 꾸러미를 지고 보따리를 어깨에 메었다.
◆(元) 吳師道 補正의 ≪戰國策校注≫권3에 "蹻은 짚신이다. 蹻(교)와屩(교)는 통하는 글자다(蹻, 注草履也, 蹻與屩通.)"라고 하였다. 橐(탁): 전대.

履士會之足於朝. ≪左傳·文公13年≫
(郤成子는) 조정에서 사회의 발을 밟았다.
◆士會: 사람이름.

'履'는 행동을 위주로 하므로 引伸義에도 실행·집행의 뜻이 있다.

處其位而不履其事, 則亂也. ≪禮記·表記≫
어떤 지위에 있으면서 (그 직위에) 맞는 일을 행하지 않는다면 亂이다.
◆鄭注에 "履는 실행과 같다.(履, 猶行也.)"고 하였다.

'踐'과 '履'는 모두 발로써 땅위를 밟거나 다른 물건의 위를 밟는다는 뜻이 있다. 그래서 이 두 글자는 늘 결합하여 사용된다. '踐'과 '履'의 다른 점은 '踐'이 중점을 두는 것은 발(목) 아래에 있고, '履'는 발과 밟히는 물건이 서로 접촉하는 데에 있다. '踐'과 '履'는 '~위를 (걸어)가다'는 뜻이 있다.

寡人始行縣, 過番吾, 當子爲子之時, 踐石以上者, 皆道子之孝.

≪戰國策·趙二≫

과인이 처음 현을 순시하면서 번오를 지나갈 때 그대는 어렸지요. 높은 지위에 있는 자는 모두 그대의 효를 (칭찬하여) 말하였다.

◆踐石은 乘石이라고도 하는데 말을 타기 위해 디딤돌을 밟고 오르는 것이다. 馬驌의 ≪繹史≫권127에, "踐石은 말을 탈 능력이 있는 사람을 이른다.(踐石, 謂能騎乘者.)"라고 하였다.

以馬踐過爲種. 賈思勰, ≪齊民要術·收種≫

말을 사용하여 위에서 걸어가면서 씨를 뿌리다.

'蹈'도 힘을 써서 발을 구르는 것으로 방향과 힘에서 '踏'과 서로 가깝다.

故不知手之舞之, 足之蹈之也. ≪禮記·樂記≫

그래서 나도 모르는 사이에 손이 덩실거리고 발이 겅중거린다.

◆이곳의 '蹈'는 다리를 굽히고 춤추기 시작하는, 춤추면서 하는 무용의미다.

赴湯蹈火. (관용어)

끓는 물, 타는 불에 뛰어들다.

一旦出身而蹈死地. 子瞻, 〈教戰守策〉

하루아침에 몸을 내어 戰場에 투입되다.

'蹈'(도)는 踏과 달리 '踏'이 '내려 밟다'는 뜻 이외에 또한 '내려 밟는 반작용의 힘을 빌려서 높은 곳이나 앞을 향하여 뛰어오르거나 뛰어간다는 뜻이 있다.

魯人之皐, 數年不覺, 使我高蹈. ≪左傳·哀公21年≫

노나라 사람의 緩慢함이여, 數年이 되도록 (稽首로 답례할지) 깨닫지 못하니, 우리가 遠行하게 하였도다.

◆杜林은 "皐는 완만함이다.(皐, 緩也.)", "高蹈는 遠行과 같다.(高蹈, 猶遠行也.)"라고 하였다.

經紀山川, 蹈騰崑崙. ≪淮南子·原道訓≫

산을 넘고 강을 건너 곤륜산을 밟고 올라간다.

이외에 고대에는 뒤를 돌아다보거나 옛것을 법으로 삼은 경우가 많았으므로 옛사람을 답습하는 것은 完美를 추구하는 것과 동의어가 되었다. 그러나 후대에는 이 때문에 '규율을 잘 지키다'라는 뜻이 있게 되었고 강력한 創新의 뜻이 있을 때 '蹈'는 '옛것을 답습한다'는 뜻이 있게 되었다.

> 不襲蹈前人一言一句. 韓愈, 〈南陽樊紹述墓誌銘〉
> 앞사람의 말 한 마디, 한 구절도 답습하여 지키지 않았다.

'躡'도 아래로 밟다 뜻이어서 '蹈'와 서로 비슷하고, 또한 '물건을 밟으면서 위로 오른다', '높은 지위에 오르다'는 뜻이 있다. 다른 점은 '蹈'가 위로 도약한다는 뜻이 있으나 '躡'은 단지 디디고 높은 곳에 오를 뿐이다.

> 張良·陳平躡漢王足. 司馬遷, ≪史記·淮陰侯列傳≫
> 장량과 진평은 의도적으로 한왕의 발을 밟았다.
> ◆위의 경우는 '躡'에 意識的으로 밟다는 뜻이 있는 경우다.

> 漢王大怒而罵, 陳平躡漢王. 司馬遷, ≪史記·陳丞相世家≫
> 한왕은 크게 노하여 욕을 하였고 진평은 한왕을 밟고 올라갔다.

'밟다'라는 뜻과 관련하여, '履'에도 오르다[登]는 뜻이 있고, '躡'에는 고위직에 오르다라는 뜻이 있으며, '踐'에는 帝王이 즉위하다라는 뜻이 있다.

257
阡[천/qiān]·陌[맥/mò]

이 두 글자는 밭 사이에 난 작은 길[小路]이다. ≪史記·秦本紀≫에 "爲田, 開阡陌"이라는 기록이 있는데, ≪史記索隱≫은 다음과 같이 설명하고 있다.

≪풍속통≫에 말하기를 "남북으로 낸 小路를 阡이라 하고 東西로 낸 小路를 陌이라고 한다. 黃河의 동쪽에서는 동서로 낸 소로를 阡이라 하고 남북으로 낸 소로를 陌이라 한다.(≪風俗通≫曰: '南北曰阡, 東西曰陌; 河東以東西爲阡, 南北爲陌.')"라고 한다.

고대전적 중에서는 항상 두 글자는 결합하여 '阡陌'으로 사용한다. 이때는 대개 두 가지 의미를 나타낸다. 1)밭 사이의 小路, 또는 일반적인 小路를 가리킬 수 있다. 2)논밭과 들·土地를 가리킨다.

<u>阡陌</u>交通, 雞犬相聞. 陶淵明, 〈桃花源記〉

밭 사이 종횡으로 난 작은 길이 서로 교차해 있고, 닭이 울고 개가 짓는 소리를 서로 들을 수 있네.

(陳涉) 躡足行伍之間, 而免起<u>阡陌</u>之中, 率疲弊之卒, 將數百之衆, 轉而攻秦. 賈誼, 〈過秦論〉

진섭은 병사의 행렬을 따르고 있었는데, 농촌의 밭고랑 사이에서 힘써 일어나 피로에 지치고 피폐해진 졸병을 이끌고 수 백 명의 민중을 거느리고 되돌아서 진을 공격하였다.

258
諂[첨/chǎn]·諛[유/yú]·佞[녕(영)/nìng]

'아첨하다', '비위를 맞추다', '추어올리다'는 뜻에서 이 글자들은 同義詞다. 곧, 자기의 의견을 말함에 있어서 정직하지 않은 말로써 거리낌 없이 본래의 의미를 굽히고 상대방의 마음씀씀이를 추종하는 것이다. 그래서 늘 결합하여 사용된다.

두 글자를 구별해 보면, '諂'은 '諛'보다 더욱 무겁다.

'諂'은 상대방이 들어주기를 바라는 말을 하는 것이다. 상대방의 부당한 의도와 원망이 표현되기 전에 상대방에게 영합하여 먼저 말하는 것이다. '諂'은 각종의 비열한 수단을 써서 남에게 비위를 맞추는 것이고 결코 언어에 제한되지 않는다.

公子翬諂乎隱公. 謂隱公曰: "百姓安子, 諸侯說子, 盍終爲君矣?" ≪春秋公羊傳·隱公4年≫
공자 휘(翬)가 隱公에게 아첨하였다. 그가 은공에게 일러 말하기를 "백성들이 당신을 편안히 여기고 제후들은 당신을 기뻐해하고 있사온데 어찌 끝내 임금 노릇을 하지 않으십니까?"고 하였다.

子曰: "事君盡禮, 人以爲諂也." ≪論語·八佾≫
공자께서 말씀하셨다. "임금을 섬김에 예를 다하는데 사람들은 아첨한다고 한다."

'諛'는 상대방의 말에 대하여 是非善惡을 구별하지 않고 비위를 맞추어 말하는 것이다.

希意道言, 謂之諂. 不擇是非而言, 謂之諛. ≪莊子·雜篇·漁父≫
남의 비위를 맞추려고 말하는 것을 諂이라고 하고, 是非를 가리지 않으면서 말하는 것을 諛라고 한다.
◆希: 바라다[望也]. 意: 남의 意氣.

以不善先人者謂之諂, 以不善和人者謂之諛. ≪荀子·修身≫
선하지 않을 것으로써 남의 말에 앞서는 것을 諂이라고 하고, 선하지 않은 것으로써 남에게 응하는 것을 諛라고 한다.
◆이 경우는 '諂'과 '諛'의 보다 치밀한 구별이다. '남의 앞에 선다는 것'은 앞서서 선도한다는, 즉 미리 말하는 것을 뜻하고, '남과 화합하는 것'은 남의 한 말에 대하여 후에 비위를 맞추는 것이다.

'佞'은 ≪經典釋文≫에 "말재간을 佞이라 한다(口才曰佞)"이라고 하였듯이 '佞'의 本義는 말재간이 있고 말주변이 뛰어나 말을 잘하는 것이다. 처음에는 나쁜 뜻이 아니었는데, 말재간에 의지하여 君主나 上司를 기쁘게 해줄 수 있었다면 이것이 바로 '諂'에 가까운 것이었으므로 마침내 ≪韓詩外傳四≫에 "佞은 아첨함이다(佞, 諂也)"라고 하게 되었다.

或曰: "雍也, 仁而不佞." 子曰: "焉用佞? 禦人以口給, 屢憎於人. 不知其仁, 焉用佞?"

어떤 이가 "雍은 어질기는 하나 말재주가 없습니다."라고 하자, 공자께서 말씀하셨다. "말재주를 어디에 쓰겠는가? 구변으로써 남의 말을 막아서 남에게 자주 미움을 받는다. (옹이) 어진가는 모르겠으나 어찌 말재주를 쓰겠는가?"

◆禦(어): 응대하다, 상대하다. 口給: 口辨. 屢(루): 자주. ≪論語集注≫에 "禦는 해당함이니, 응답과 같다. 給은 변별함이다.(禦, 當也, 猶應答也. 給, 辨也.)"라고 하였다.

以正輔人謂之忠, 以邪導人謂之佞. 桓寬, ≪鹽鐵論·刺議≫

正義로써 남을 돕는 것을 忠이라 하고, 삿됨으로써 남을 이끄는 것을 佞이라고 한다.

'諂'과 '佞'의 구별은, '佞'이 甘言利說로써 윗사람에게 신임을 얻는 데에 편중되어 있고 '諂'은 '善하지 않은 것'으로써 남의 앞장을 서는 것에 중점이 있다는 점이다. 곧 '佞'은 機智나 高明함으로써, 높이 받들어지는 자에게 옳은듯하면서도 옳지 않은 구실을 대줄 수 있어서 아첨을 받는 자가 심리적으로 편안하게 하는 것이다.

佞言似忠, 奸言似信. 托克托 等, ≪宋史·李伉傳≫

감언이설은 충성된 듯하고, 간사한 말은 믿을만한 듯하다.

259
聽[청/tīng]·聞[문/wén]·聆[령(영)/líng]

소리가 귀에 전해지거나 귀가 소리에 감응한다는 뜻에서 이 조항의 글자는 동의사이다.

'聽'은 귀에 소리가 전해지는 것이고, '聞'은 귀가 소리를 感知하는 것이다.

目不能兩視而明, 耳不兩聽而聰. ≪荀子·勸學≫
눈은 두 개의 물건을 각각 볼 수 없어서 뚜렷하게 볼 수 있고, 귀에는 두 가지 (소리가 동시에) 들을 수 없을 때 잘 들린다.

順風而呼, 聲非加疾也, 而聞者彰. ≪荀子·勸學≫
바람을 따라 소리치면 소리를 더 크게 하지 않더라도 들리는 것이 분명하다.

또한 소리를 내어 상대방이 소리를 듣는 것을 '聽'이라고 하고, 소리를 내 쪽에서 듣는 것을 '聞'이라고 한다.

'聽'은 구체적인 동작·행위이고, '聞'은 들은 결과다.

居於陵, 三日不食, 耳無聞, 目無見也. ≪孟子·滕文公下≫
오릉에 살면서 사흘 동안 먹지 않아서 귀가 들지 못하고 눈이 보이지 않았다.

心不在焉, 視而不見, 聽而不聞, 食而不知其味. ≪禮記·大學≫
마음이 (거기에) 있지 않으면 봐도 보이지 않고 들어도 들리지 않고 먹으면서도 그 맛을 모른다.

◆"聽而不聞"이 말하는 것은 주의력이 집중되지 않았기 때문에 듣기는 들었으나 도리어 들어 알지는 못했다는 것이다.

'聆'은 '聽'에서 분리되어 나온 것이다. '聽'·'聞'과 다른 곳은 '聆'이 듣는 상태를 나타내어 오직 고요히 듣고, 자세히 듣고, 敬意와 관심을 가지고 듣는 것이어서, 듣지 못하는 것을 두려워하고 분명하게 듣지 못하는 것을 두려워하는 것이다.

260

遞[체/dì]·傳[전/chuán]

이 두 글자는 '번갈아 들다', '이것과 저것을 교체하다'라는 뜻이다.

'遞'는 처음에는 하나의 폐쇄된 계통 안에서의 秩序, 차례대로의 상호 교체를 많이 나타내므로 轉送의 뜻으로 선환될 때 '遞'도 차례대로

서로 전달됨을 나타내었다.

天下有道, 無急患, 則曰靜, 遽傳不用. 韓非, ≪韓非子·喩老≫
천하에 正道가 행하여지고 시급한 우환도 없으면, 평정하다고 말하고 역말이나 수레가 쓸모없게 된다.

列星隨旋, 日月遞炤. ≪荀子·天論≫
뭇별들이 따라서 돌고 해와 달이 서로 번갈아 비춘다.
◆炤(소): 비추다[照].

'傳'은 ≪說文解字≫에 "傳은 역마이다(傳, 遽也.)"라고 하였고, ≪釋名·釋宮室≫에는 "傳은 전하는 것이니 사람이 멈추고 쉬어가고 뒷사람이 다시 오는 것으로 轉轉하여 서로 전하고 일정한 주인이 없는 것이다.(傳, 傳也, 人所止息而去, 後人復來, 轉轉相傳, 無常主也.)"라고 하였다. 처음에는 驛車의 명칭으로 이른바 '遽(역마, 파발마)'인데, 후에는 驛舍의 명칭이 되었다. 동사로 사용되어 왕래가 끊이지 않는 것을 상징하였으니 이것이 바로 '傳'의 傳送, 傳達의 뜻인 것이다.

成禮兮會鼓, 傳芭兮代舞. ≪楚辭·九歌·禮魂≫
禮를 갖추어 일제히 북을 치고, 파초를 건네며 번갈아 춤을 추네.

'傳'과 '遞'는 모두 차례대로 傳送하는 것을 나타낸다. 그러나 '遞'가 일정한 범위 안에서 서로 유전하거나 순환 교체하는 것에서 유래하였으므로 '傳送한다'는 뜻에서 '遞'는 동시에 傳達, 옆 빈 공간에로의 전달을 가리킨다. '傳'은 交替의 성질을 띠지 않으므로 여러 사람의 손을 거쳐서 떠도는 것을 나타낼 수 있고 實物의 전달뿐만 아니라 또한 思想, 學術, 名聲, 소식 같은 추상적 개념의 전달, 傳授를 나타낼 수 있다.

及秦禁學, ≪易≫爲筮蔔之書, 獨不禁, 故傳受者不絶也. 班固, ≪漢書·儒林傳序≫
秦나라가 儒學을 금지하게 되었으나 ≪易經≫은 점치는 책이어서 유독 금지하지 않았으므로 傳授하여 학습하는 사람이 끊이지 않았다.

安息長老傳聞條支有弱水·西王母, 亦未嘗見也. 班固, ≪漢書·西域傳≫
安息의 노인들이 전하는 바로는 條支에는 弱水와 西王母가 있다고 하였으나 또한 아직 본 적이 없다.

'傳'은 광범위하게 오랫동안 사용되었으므로 각종 사물의 流轉, 전파를 나타낼 수 있고 게다가 다른 시기의 流傳이나 후세에 전하는 것에도 사용할 수 있다.

五帝之外無傳人, 非無賢人也, 久故也. ≪荀子·非相≫
오제 이외에는 전해지는 사람이 없는데, 賢人이 없어서가 아니라 (세월이) 오래되었기 때문이다.

功如丘山, 名傳後世. 桓寬, ≪鹽鐵論·非鞅≫
공덕은 언덕이나 산과 같고 이름은 후세에 전해진다.

261 逮[체/dài]·捕[포/bǔ]·捉[착/zhuō]

이 글자들은 모두 '붙잡다', '체포하다'라는 뜻을 가지고 있는데 상황에 따라 다르다.

'逮'의 本義는 '뒤쫓아 이르다', '도달하다'인데, 引伸되어 (뒤)쫓다가 되고, 다시 引伸하여 체포(하다)가 되었다. '逮'는 오직 사람을 붙잡는 데에만 사용된다.

子曰: "古者言之不出, 恥躬之不逮也." ≪論語·里仁≫
공자께서 말씀하셨다. "옛날에 말을 (함부로) 입 밖에 내지 않은 것은 몸이 (말에) 미치지 못함을 부끄러워하여서였다."

天子遣大行騫驗王后及問王勃, 請逮勃所與姦諸證左, 王又匿之. 司馬遷, ≪史記·五宗世家≫

천자는 大行직위에 있던 장건을 파견하여 왕후(의 행실)을 확인하고, 王勃을 심문하도록 하였고, 왕발과 더불어 놀아난 자들을 체포하여 증거로 삼으려고 요청하였으나 왕발이 또 그들을 숨겨버렸다.

'捕'이 本義는 '붙잡다'이다. '捕'·'捉'의 대상은 사람일 수도 있고 물건일 수도 있다. 사람에게 사용될 때에는 '捕'의 비유적인 용법으로 사용되어 '추적하여 붙잡다'는 뜻이 된다.

去齊之曹, 曹共公視其駢脅, 使袒而捕池魚. 呂不韋, ≪呂氏春秋·離俗覽·上德≫

제나라를 떠나 조나라로 갔는데, 조나라의 共公은 그(公子 重耳)의 통뼈를 보려고 웃옷을 벗고 연못의 고기를 잡도록 하였다.

遂按其前事, 遣吏分曹逐捕諸灌夫支屬, 皆得棄市罪. 司馬遷, ≪史記·魏其武安侯列傳≫

마침내 그의 이전 일까지 조사하고, 관리를 파견하여 패를 나누어 마침내 관부의 일족을 추적 체포하였는데, 모두 棄市의 죄를 얻었다.

◆棄市의 죄: 저자거리에서 처형하여 사람들에게 본보기를 보여 내버려 두는 형벌의 종류.

'逮'와 '捕'는 '범죄자를 붙잡다'는 뜻에서는 서로 비슷하므로 항상 결합되어 '逮捕하다'로 사용된다.

'捉'이 세 글자들 중에 가장 널리 일반적으로 사용되었고 일체의 동물, 물건에 적용할 수 있다. '捉'의 本義는 '쥐다'인데 예를 들어, 捉筆(붓을 쥐다)이 그것이다. 체포, 나포는 인신된 것으로, 붙잡고 놓아주지 않는 것이다. '促'의 '붙잡다'는 뜻은 漢代 이후 만들어진 것이다.

叔武將沐, 聞君至, 喜, 捉髮走出, 前驅射而殺之. ≪左傳·僖公28年≫

숙무는 머리를 감으려고 하는데 임금이 도착했다는 소식을 듣고 기뻐하며 머리를 움켜쥐고 뛰어나오는데 先驅가 활을 쏘아 살해하였다.

◆先驅: 행렬의 앞에 서서 인도하는 사람.

昔者禹一沐而三捉髮, 一食而三起, 以禮有道之士, 通乎己之不足也. 呂不韋, ≪呂氏春秋·有始覽·謹聽≫

옛날 우임금이 한 번 머리감으면서 세 차례나 머리를 움켜잡았고 한 번 식사하면서 세 차례나 일어나서 道 있는 선비를 禮遇하였는데 자신이 부족한 점을 꿰뚫어 알고자 하였기 때문이다.

262 通[통/tōng]·達[달/dá]

이 두 글자는 도로가 휑하니 뚫려 있어서 사람이 통행하는 데 장애가 없는 것을 뜻한다. 반대말은 둘 다 '塞'으로, 장애가 있거나 막히는 것이다.

'通'의 本義는 '(~에) 통하다'는 뜻인데 引伸이 거듭되어 장애가 없다, 순조롭다, 통보(전달)하다, 이해하다, 지식이 넓다, 보편적이다 등등으로 변화되었다.

'達'의 本義는 '막힘없이 잘 통하다'는 뜻인데 引伸이 거듭되어 도달하다, 이해하다, 뜻을 얻다[得志], 활달하다, 공통적이다 등으로 변화되었다.

勞心者治人, 勞力者治於人; 治於人者食人, 治人者食於人; 天下之通義也. ≪孟子·滕文公上≫
마음을 수고롭게 하는 사람은 남을 다스리고, 몸을 수고롭게 하는 자는 남에게 다스려 지며, 남에게 다스려 지는 사람은 남을 먹여주고, 남을 다스리는 사람은 남에게서 먹게 되는 것이 천하의 보편적인 현상이다.

夫仁者, 己欲立而立人, 己欲達而達人. 能近取譬, 可謂仁之方也已. ≪論語·雍也≫
무릇 仁이란 자기가 서고 싶으면 남도 세워주고 자신이 달성하고 싶으면 남도 달성하게 하여주는 것이다. 능히 가까이에서 비유를 취할 수 있다면 그것이 바로 仁을 실천하는 방법이라 할 수 있겠다.

'通'과 '達'의 구별은 '通'이 단지 상황만을 나타내고 가능성을 나타내는 반면에, '達'은 결과를 나타내고 현실성을 나타낸다. 즉, '通'은 중간에 장애가 없다는 것이고, '達'은 과정을 거쳐 終點에까지 간다는 終點에 중점이 있다.

(北山愚公) 聚室而謀曰: "吾與汝畢力平險, 指通豫南, 達於漢陰, 可乎?" ≪列子·湯問≫

(북산의 우공은) 집안사람들을 모아놓고서 상의하여 말하였다. "나와 너희들은 힘을 다해 험한 산을 평평히 함으로써 예주의 남쪽으로 곧장 통하고, 한수의 남쪽으로 곧장 다다르게 하려는데, 괜찮겠느냐?"

子曰: "無欲速, 無見小利; 欲速則不達, 見小利則大事不成." ≪論語·子路≫

공자께서 말씀하셨다. "(일을) 서두름이 없도록 하고 작은 이익만을 살피지 마라. 서두르면 목표에 도달하지 못하고 작은 이익만 살피면 큰 일을 이루지 못한다."

◆不達은 不通이 아니라 전 과정을 完走하기가 어렵다는 뜻이다.

'通'과 '達'의 引伸義도 완전히 같지는 않으나 비교해보면 대부분 차이가 드러난다. 예를 들어, 認識 측면에서 '通'은 깨닫다, 이해하다에 중점이 있고, '達'은 규율을 장악하다, 융회관통하다, 일체를 통찰하다라는 뜻을 많이 나타낸다. 시간 측면에서 '通'은 단지 일정한 시간을 整頓하는 것만을 나타내고, '達'은 머리부터 끝까지 관통하고 있음을 나타낸다.

湯·武通於此論, 故功名立. ≪呂氏春秋·離俗覽·適威≫

탕임금과 무왕은 이런 議論을 깨달았으므로 功名이 섰던 것이다.

小智自私, 賤彼貴我; 達人大觀, 物亡不可. 范燁, ≪漢書·賈誼傳≫

작은 지혜는 스스로 사사로이 하여 상대방을 천하게 여기고 나를 귀하게 여기며, 통달한 사람은 넓게 보고 만물에 차별을 두지 않는다.

형용사로 사용되어, 공통적이거나 일반적이라는 뜻을 나타내는 경우, '通'은 通行하는 것, 일반적인 것만을 나타내어 通義, 通則 등으로

連用되며, '達'은 '道'와 많이 결합하여 어디가나 도달하지 않은 곳이 없다 등의 뜻을 띠고 있다.

> 少事長, 賤事貴, 不肖事賢, 是天下之<u>通</u>義也. ≪荀子·仲尼≫
> 젊은이는 어른을 섬기고 (신분이) 낮은 이는 귀한 이를 섬기며, 못난이는 현명한 이를 섬기는 것은 천하에 통용되는 의리다.

> 知·仁·勇三者, 天下之<u>達</u>德也. ≪禮記·中庸≫
> 智·仁·勇 셋은 천하에 으뜸가는 덕이다.

通人은 학식이 넓은 사람이고, 達人은 세속의 사람들에게 구애되지 않는 사람이다.

263
超[초/chāo]·越[월/yuè]·過[과/guò]·逾[유/yú]

이 글자들은 '뛰어넘다', '초과하다'라는 뜻에서는 서로 비슷하다.

'超'의 本義는 뛰다, 뛰어넘다라는 뜻이다. 引伸하여 超越하다, 超脫하다가 되었다.

> 三十三年春, 秦師過周北門, 左右免冑而下, <u>超</u>乘者三百乘. ≪左傳·僖公33年≫
> 희공33년 봄에 秦나라 군사가 周나라 북문을 지나갔다. 兵車의 (어자로서) 좌우에 탄 자들이 투구를 벗고 (兵車에서) 내려서 (天子에게 경의를 표하고 그것이 끝나자) 兵車로 뛰어오른 것이 3백대나 되었다.

'過'의 本義는 걸어가다, 지나가다는 뜻이다. 引伸하여 過去, 超過하다, 한도를 넘다, 過失, 나무라다 등의 뜻이 되었다.

'逾'는 옛날에는 '踰'로 썼다. '逾'의 本義는 넘어가다라는 뜻인데, 引伸하여 超過하다가 되었다. '逾'와 '踰'는 처음에는 비록 異體字였으나 사용해가는 과정에서 점점 분리되어, 구체적인 행위 일반은 '踰'를 사용하고 추상적 관념에는 '逾'를 사용한다. 특히 시간의 거리와 부사적으로 추가하다는 뜻에서는 거의 '逾'를 사용한다.

然國逾危, 身逾辱. ≪墨子·所染≫
그러나 나라는 날이 갈수록 위태롭게 되고 몸은 날이 갈수록 욕되게 된다.

'逾'와 '越'의 차이는, '逾'는 실질적이지만 '越'는 허상적이며, '逾'는 (뛰어) 넘는 행위의 과정에 중점이 있고 '越'는 행위의 결과(의 까닭)에 중점이 있다.

'越'의 本義는 넘다, 뛰어넘다는 뜻이다. 引伸하여 경과하다, 범위를 초과하다, 추락하다, 멀리하다, 흩어지다 등이 되었다.

去邠, 踰梁山, 邑于岐山之下居焉. ≪孟子·梁惠王下≫
빈을 떠나 양산을 넘어서 기산 아래에 고읍을 세우고 살았다.

越國以鄙遠, 君知其難也, 焉用亡鄭以陪鄰? ≪左傳·僖公30年≫
다른 나라를 건너 뛰어 먼 나라인 정나라를 영토로 삼는 일은 임금님도 그 어려움을 알고 있습니다. 어찌 정나라를 멸망시켜서 이웃나라에 보태게 하겠습니까?

子爲正卿, 亡不越竟, 反不討賊, 非子而誰? ≪左傳·宣公2年≫
그대는 (한 나라의) 正卿이면서 달아났으나 국경을 넘지 못하였고, 돌아와서는 역적을 토벌하지 않으면 그대가 아니면 누가 이 죄명을 받겠는가?

'逾'와 '越'은 추상적인 의미에서 한도·규범·서열·節氣를 앞지르다는 뜻은 차이가 없으나 단지 사용상의 습관에서 차이가 생기게 되었다. 후대에 '逾'는 점차 文言成分이 되었으므로, 뛰어넘다, (등반하여) 넘다는 뜻에서는 늘 '越'을 常用한다.

'經過하다'라는 뜻을 나타내는 경우, '超'는 뛰어넘는 공간이 비교적 크고, '過'는 일반적인 '지나가다'라는 의미를 가지며, '逾'·'越'은 비교적 작은 공간·거리에 사용되고, '超'·'逾'의 의미범위가 좁고, '過'·'越'

의 의미범위가 넓다.

264
攻[공/gōng]·擊[격/jī]

'타격하다', '두드리다'라는 뜻에서 두 글자는 동의사이다.

'攻'과 '擊'이 다른 점은, '攻'이 남의 事前 계획에 따르거나 특정 목적을 달성하기 위하여 진행시키는 타격이다. 물건에 대하여는 加功과 정돈을 행하는 것으로, 그 동작의 특징은 연속적, 반복적인 타격이어서 최후에는 대상의 특징, 屬性이나 형태를 변화시키는 것이다. 구체적으로 치료의 의미, 책임의 지적, 집중적인 연구 등을 가리킨다.

> 它山之石, 可以攻玉. ≪詩經·小雅·鴻鴈之什·鶴鳴≫
> 다른 산의 돌도 이곳의 옥을 갈 수 있다네.
> ◆攻玉: 옥을 갈다.

> 子曰: "非吾徒也! 小子鳴鼓而攻之可也." ≪論語·先秦≫
> 공자께서 말씀하셨다. "(冉求는) 나의 제자가 아니다! 너희들이 북을 울리며 그를 공격해도 괜찮다."
> ◆攻之: 책임을 지적하다. 위의 두 예문은 모두 비유적인 용법으로 사용되었다.

'擊'은 단순하게 '두드리는' 행위를 나타내는 것일 뿐 事前에 설계하거나 계획된 것이 아니다. 또 타격되는 사물의 성질이나 특징을 변화시키는 목적이 아니고 그 동작의 특징도 꼭 반복적인 진행은 아니다.

> 故或祿天下而不自以爲多, 或監門御旅, 抱關擊柝, 而不自以爲寡. ≪荀子·榮辱≫
> 그러므로 어떤 사람은 천하를 봉록으로 받지만 스스로 많다고 여기지 않고, 어떤 사람은 문지기나 여관을 돌보는 사람·관문지기·야경꾼이 되어도 스스로

적다고 여기지 않는다.

◆연속적이거나 간헐적으로 치는 것이지만 물건의 성질이 개변되는 뜻은 없다. 여기의 '擊'은 引伸義다.

援乃擊牛釃酒, 勞饗軍士. 范燁, ≪後漢書·馬援傳≫

마원은 이에 소를 (쳐서)잡고 감주를 내어 군사들에게 勞苦를 위로하고 잔치를 열어주었다.

265

追[추/zhuī]·逐[축/zhú]

'追'와 '逐'은 '쫓아가다', '추격하다'는 뜻에서는 일반적으로 어떤 구별도 없으나, 쫓아가는 대상이 다르다.

'追'의 本義는 군대를 쫓아가는 것이다. '逐'의 本義는 들짐승[獸]을 쫓아가는 것이다. 그렇지만 引伸過程을 거치는 동안 서로 같은 뜻이 있게 되었다.

楚令尹子玉追秦師, 弗及. ≪左傳·僖公25年≫

초나라 영윤 직위의 자옥은 진나라 군사를 추격하였으나 미치지 못하였다.

◆令尹: 벼슬이름.

有衆逐虎, 虎負嵎, 莫之敢攖. 맹자, ≪孟子·盡心下≫

무리들이 범을 쫓다가 범이 (몰리자) 산모롱이를 등지고 버티고 있어서 감히 아무도 다가서지 못하였다.

◆負嵎(부우): 산모롱이를 뒤에 접하고 있다.

'追'는 추격하는 군대로부터 引伸하여 추격하는 사람을 널리 가리키고 나아가 들짐승을 가리키게 되었으며, 아울러 은연중 주관적인 추격을 희망하는 뜻이 함유되어 있다.

'逐'는 추격하는 들짐승으로부터 引伸하여 추격하는 사람을 가리키고 나아가 특별히 '추격하는 군대'를 가리키게 되었으며 또 사람 이외의 물건을 가리킬 수 있으며, 아울러 은연중 주관적으로 추격을 희망하는 뜻을 함유하고 있다.

鄭人使子濯孺子侵衛, 衛使庾公之斯追之. ≪孟子·離婁下≫
정나라 사람들이 자탁유자에게 위나라를 침범하게 하였고, 위나라에서는 유공지사에게 그를 추격하게 하였다.

捐彈而反走, 虞人逐而誶之. ≪莊子·外篇·山木≫
탄궁을 내던지고 되돌아가는데, 과수원지기가 쫓아와서 그에게 욕하였다.
◆誶(수): 注에는 묻다(問也)라고 하였으나 상황으로 보아 '욕하다'로 보았다.

이 외에 '追'와 '逐'의 구별은, 일반적으로 '追'는 추격하는 대상으로 하여금 되돌아오게 하는 것이고, '逐'은 추격하는 대상이 떠나버리거나 없어져 버리게 하는 것으로 보기도 한다.

然侍衛之臣不懈於內, 忠志之士忘身於外者, 蓋追先帝之殊遇, 欲報之於陛下也. 諸葛亮, 〈出師表〉
그러나 (폐하를) 모시고 지키는 신하들이 국내에서 게으름을 피우지 않고, 충성하고 뜻있는 義士들이 국외에서 자신의 몸을 잊고 (충성하고) 있으니, 아마도 先帝의 특별한 대우를 추모하여 그것을 폐하께 갚고자 함일 것이옵니다.
◆追: 추념하다.

故五子謀, 將逐荀寅, 而以梁嬰父代之; 逐范吉射, 而以范皐夷代之. ≪左傳·定公13年≫
그래서 다섯 사람이 모의하여 순인을 추방하고 양영보로 그를 대신하게 하고, 범길역을 추방하고 범고이로 그를 대신하려고 하였다.

266 馳[치/chí]·驅[구/qū]·騁[빙/chěng]

이 글자들은 '말을 달려서 빨리 가다'라는 뜻에서 동의사이다.
'馳'와 '驅'는 수레나 말을 달려서 前進하다라는 뜻에서 同義이다.

그렇지만 구별이 있는데, 段玉裁는 ≪說文解字注≫에서 "馳 역시 驅인데, 비교적 크면서 빠를 뿐이다.(馳亦驅也, 較大而疾耳.)"라고 하였다. 앞의 구절은 同義라는 내용이고, 뒤 구절은 차이를 나타내고 있다.

'驅'는 단지 일반적으로 수레나 마차를 운전하여 나아가는 것일 뿐이지만, '馳'는 억지로 수레나 말을 달려 빨리 달리는 것이다.

長驅到齊, 晨而求見. ≪戰國策·齊策4≫
오랫동안 말을 몰아 제나라에 도착하여 새벽이 되어 뵙고자 청하였다.

項伯乃夜馳之沛公軍, 私見張良. 司馬遷, ≪史記·項羽本紀≫
항백은 이에 밤에 패공의 군영으로 급히 달려가서 사적으로 장량을 만났다.

先秦時代 漢語 중에서 '馳'는 사람의 행위였는데, 후대에 이르러 '馳'는 말의 동작이 되었다. '驅'는 古今漢語에서 모두 사람의 행위다.

'馳'와 '驅'는 連用이 발전되어 雙音詞인 '馳驅'와 '驅馳'가 되었고, 둘 다 '수레나 말을 빨리 달리다'는 뜻이다. 그리고 '馳驅'의 引伸義는 '放縱하다'라는 뜻이 되고, '驅馳'의 引伸義는 '奔走하게 명령을 받들다(奔走效命)'라는 뜻이 된다.

吾爲之範我馳驅, 終日不獲一; 爲之詭遇, 一朝而獲十. ≪孟子·滕文公下≫
내가 그를 위하여 법도대로 빨리 몰아주니 종일토록 한 마리의 새도 잡지 못하고, 그를 위하여 법도에 어긋나게 몰아주니 아침나절까지 열 마리를 잡았다.

敬天之渝, 無敢馳驅. ≪詩經·大雅·板≫
하늘의 노여움을 공경하여 감히 멋대로 행동하지 말라.
◆毛亨의 傳에 "馳驅는 스스로 방자한 것이다.(馳驅, 自恣也.)"고 하였다. 孔穎達의 疏에 "마땅히 하늘의 災變을 공경하여 항상 두려워하고 감히 소홀히 하여 방자함이 없도록 하다(當敬天之災變, 以常戰慄, 無敢忽之而馳驅自恣也.)"라고 하였다.

諮臣以當世之事. 由是感激, 遂許先帝以驅馳. 諸葛亮, 〈出師表〉
신에게 當世의 일을 자문하셨습니다. 이러한 것에 감격하여 마침내 선제께 분주하게 명령을 받들 것을 허락해 드렸습니다.

267

治[치/zhì]·理[이(리)/lǐ]

'다스리다', '관리하다'는 뜻에서 이 두 글자는 동의사이다.

來源에서 볼 때 '治'와 '理'의 차이는 매우 크다. '治'의 本義는 '물을 다스리다'인데 둑을 쌓든 주위를 둘러쌓든 도랑을 파고 흐름을 유도하는 것은 모두 '治'라고 부를 수 있다. '理'의 本義는 '玉을 가공하다'인데 옥을 자르고, 가공하고, 새기고, 쪼는 것을 '理'라고 부른다.

> 孟子曰: "子過矣! 禹之治水, 水之道也." ≪孟子·告子下≫
> 맹자가 말하였다. "당신이 잘못하였소! 禹가 治水한 것은 물이 제 길로 가도록 한 것이요."

> 王乃使玉人理其璞而得寶焉, 遂命曰: "和氏之璧." 韓非, ≪韓非子·和氏≫
> 왕은 이에 玉人에게 원석을 다듬게 하여 보물을 얻게 되었고, 마침내 명명하기를 '화씨의 벽옥'이라 하였다.

來源이 다르기 때문에 '治'와 '理'가 일반화된 후에도 여전히 구별이 있다.

'治'는 물길[水道]에 대하여 다듬어 정돈을 가한 것이고, 때문에 무릇 다듬고 정돈할 수 있는 것은 모두 '治'를 쓸 수 있다. 그래서 '治'가 언급되는 대상은 특별히 광범위 하고, 이 점이 바로 수많은 명사와 대응할 수 있게 한 것이다. 예를 들어 治學은 학문을 닦는 것이고, 治病은 병을 고치는 것이고, 治罪는 범죄를 처벌하는 것 등등이다.

> 上下肅然, 稱爲政理. 范爗, ≪後漢書·張衡列傳≫
> 윗사람과 아랫사람이 모두 숙연하니 잘 다스렸다고 일컬었다.

> 以木爲之者, 木理有疎密. 沈括, ≪夢溪筆談·技藝≫
> 나무로 만드는 것인데, 나무의 결에는 성긴 것과 치밀한 것이 있다.

'理'가 언급하는 대상은 비교적 좁은 경우가 많고 게다가 언급하는 것은 紛亂이나 혼란한 상태의 사물을 처리하는 경우가 많으나, 引伸하여 물건의 무늬나 일의 조리를 가리키고 다시 引伸하여 일의 道理, 原理, 規律을 가리킨다. 예를 들어 理財은 재물을 유리하게 다루는 것이고, 理髮은 머리털을 깎고 다듬는 것이다.

受時與治世同, 而殃禍與治世異, 不可以怨天, 其道然也. ≪荀子·天論≫
(하늘의) 때를 따르는 것과 태평한 세상은 같으나, 재난과 태평한 세상은 다른 것이니, 하늘을 원망할 수 없는 것이 그 道의 본연이다.

不效, 則治臣之罪, 以告先帝之靈. 諸葛亮, 〈出師表〉
실효를 거두지 못하면 신의 罪를 다스려서 돌아가신 황제의 영전에 告하시옵소서.

268 致[치/zhì]·至[지/zhì]

'至'의 本義는 새가 높은 곳에서 地上으로 날아 내리는 것이다. '致'의 본의는 (목적지에) 送達하는 것이다. 이 두 글자는 본래 同義詞가 아니었는데 후에 언어가 발전하여 到達하다, 오다는 뜻에서 同義詞가 되었다. 두 글자는 미세한 구별이 있다.

'至'는 대개 自動詞로 사용되어 일반적으로 목적어를 수반하지 않는데, 도달하다, ~에 도착하다라는 뜻이다.

百發失一, 不足謂善射, 千里蹞步不至, 不足謂善御. 荀子, ≪荀子·勸學≫
백번 쏘아 한 번이라고 실수하면 최고의 射手라고 하기에 부족하고, 천리 길에 반보라도 도달하지 못하면 최고의 수레꾼이라고 하기에 부족하다.
◆蹞(규): 반걸음.

起視四境, 而秦兵又至矣. 蘇洵, 〈六國〉
일어나서 사방의 국경을 살펴보니 秦나라 군대가 다시 쳐들어오는 것이었다.

'致'는 대개 他動詞로 사용되어 일반적으로 목적어를 수반한다. 뜻에 있어서는 '至'에 비하여 넓은 경우가 많다. 도달하다, 나타내다, 이루다라는 뜻이 된다.

與子尾邑, 受而稍致之. ≪左傳·襄公28年≫
子尾에게 邑을 주자 (먼저) 받고 나서 후에 (경공에게) 그곳을 돌려주었다.
◆子尾: 人名.

假輿馬者, 非利足也, 而致千里; 假舟檝者, 非能水也, 而絶江河. 荀子, ≪荀子·勸學≫
수레와 말을 이용하는 사람은 발이 빠른 것은 아니지만 천리 길을 가며, 배와 노를 이용하는 사람은 물에 익숙하지 않더라도 강과 바다를 건넌다.

용법으로도 뚜렷이 구별되는데, 형용사의 뜻으로 사용되어 '至'는 궁극의 지점에 도달한 것, 가장 完美한 것, 가장 좋은 것, 가장 큰 것이다. '致'는 정밀하다, 세밀하다는 뜻이 된다.

雖有至道, 弗學不知其善也. 是故學然後知不足, 敎然後知困. ≪禮記·學記≫
비록 지극히 훌륭한 도가 있더라도 배우지 않으면 그 좋음을 알지 못한다. 이렇기 때문에 배운 후에야 부족함을 알게 되고 가르친 후에야 곤란함을 알게 된다.

毋或作爲淫巧, 以蕩上心, 必功致爲上. ≪禮記·月令≫
혹은 기물을 터무니 없이 이상하게 만들어서 임금의 마음을 흔들지 말고, 반드시 기물은 정교하고 세밀하게 만든 것을 최상으로 한다.

269

親[친/qīn]·眷[권/juàn]·戚[척/qī]

이 글자들은 모두 親族, 피붙이를 가리킬 수 있다.

先秦時代에 '親'이 나타내는 親屬關係는 광범위하였다. 자녀가 부모에 대하여, 부모가 자녀에 대하여 '親'이라 할 수 있다. 이 밖에 '親'은 直系親族에 제한되지 않고 관계가 소원한 親族, 母族, 妻族 등 혼인관계에 의한 친척도 안에 포괄할 수 있다. 漢代 이후 '親'은 단독으로 사용되어 뜻이 축소되어 오로지 父母만을 가리키기도 하였다. 段玉裁의 ≪說文解字注≫에 "情意가 간절한 것을 親이라 한다. 父母는 情이 가장 지극한 존재이므로 그를 일러 親이라고 한다.(情意懇到曰親. 父母者, 情之最至者也, 故謂之親.)"라고 하였다.

儒者曰: "親親有術, 尊賢有等." 言親疏尊卑之異也. ≪墨子·非儒下≫

유자들은 말하기를 "일가친척과 혈족 사이에는 방법(의 다름)이 있고 현명한 이를 존중하는 데에도 등급이 있다."고 하는데, 혈연이 가까운 사람과 먼 사람, 신분이 높은 사람과 낮은 사람의 차이가 있음을 말하는 것이다.

◆"親親有術"은 "親親有殺"로 된 곳도 있다. 등급의 뜻이다.

孝子不諛其親, 忠信不諂其君, 臣子之盛也. ≪莊子·外篇·天地≫

효자는 그의 부모에게 잘 보이려 들지 않고, 충신은 그의 임금에게 아첨하지 않는데, (이것이) 신하와 자신의 훌륭한 태도다.

◆여기의 親은 부모를 가리킨다.

其禮曰: "喪父母三年, 妻后子三年, 伯父·叔父·弟兄·庶子其(期), 戚族人五月." ≪墨子·非儒下≫

그(儒者)들의 禮에 "부모의 喪期는 3년이고, 妻와 후사를 이을 아들의 喪期는 3년, 백부·숙부·형제·서자들의 喪期는 1년, 일가친척들의 喪期는 5개월 동안이다."라고 하였다.

◆이곳의 "戚族人"은 혈연관계가 부모형제보다 더 먼 族人을 가리킨다.

'眷'은 '睠(권)'으로도 쓴다. '眷'은 형용사이지 동사가 아니다. '眷'이 수식하는 것은 대부분 思慕함을 나타내거나 감정을 나타내는 동사이다. '眷'과 '顧'는 同義詞이지만 回顧하다는 뜻에서는 다르고, '眷'이 더 깊이가 있다. 또 '眷'이 형용사이므로 '顧'를 수식한다.

'眷'은 또한 眷屬, 親眷의 뜻으로 親族이나 親戚을 가리키는데, 뜻이 변화하여 名物化된 것이다. 妻子를 家眷이라 하고, 아내의 친족을 女眷이라고 한다. '眷'의 대상은 또한 '眷'이다.

> 裴氏自晉魏以來世爲名族, 居燕省者, 號東眷. 歐陽修, ≪五代史·雜傳≫
> 배씨는 晉魏 이래 대대로 명문귀족인데, 燕省地域에 거주하는 사람들은 東眷이라 부른다.

> 眷屬幸團圓. 白居易, 〈自咏老身示諸家屬〉
> 친척들이 모두 흩어졌다가 다행히도 다시 모였네.

'戚'은 처음에는 戰時에 사용되는 일종의 도끼[斧]였다. 그러나 親近하다는 뜻에서는 '親'과 동의사가 된다.

'親'과 '戚'은 고대에 항상 결합하였는데 父系와 母系·長幼를 구분하지 않았다. '親'과 '族'은 漢代 이후 비로소 두드러진 分化가 이루어져, 봉건제왕은 母族·妻族의 親屬을 '外戚'이라 구분하여 일컬었다.

> (孟子)曰: "國君進賢, 如不得已, 將使卑踰尊, 疏踰戚, 可不愼與? ≪孟子·梁惠王下≫
> 맹자가 말했다. "國君이 현자를 등용할 때에는 부득이 해서 (등용)하는 것과 같이 하는데, 장차 낮은 이가 높은 이를 넘어서 등용하게 하고 생소한 사람이 가까운 사람을 넘어서 등용하게 되니 신중하지 않을 수 있겠습니까?
> ◆'疏'와 '戚'는 대응되는 글자다.

> 楚之南. 有炎人國者. 其親戚死, 朽其肉而棄之. 然後埋其骨, 乃成爲孝子. ≪墨子·節葬下≫
> 초나라의 남쪽에 염인국이라는 나라가 있다. 그의 부모가 죽으면 그 육신을 썩히면서 버려둔다. (썩은) 후에야 그 뼈를 묻어야 비로소 孝子가 된다.
> ◆親戚과 孝子는 대응한다. 親戚은 부모를 가리키고 있음을 알 수 있다.

270

侵[침/qīn]·襲[습/xí]·伐[벌/fá]·征[정/zhēng]·討[토/tǎo]·攻[공/gōng]

이 글자들은 모두 출병하여 상대방을 공격하는 뜻을 가지고 있다. 이중에서 '侵'·'襲'·'伐'은 군대의 세 가지 進攻方式을 나타낸다.

'侵'은 일종의 進攻方式이다. '侵'은 군대가 마침내 조금씩 점령하는 것이다. '侵'은 또한 특별히 공개하여 선전포고를 하지 않거나 종과 북을 치지 않고 進攻함을 뜻한다.

> 四年春, 齊侯以諸侯之師侵蔡. 蔡潰, 遂伐楚. ≪左傳·僖公4年≫
> 4년 봄, 齊侯는 諸侯의 군사로써 蔡나라에 침입하였다. 채나라가 무너지자 마침내 초를 침입하였다.
> ◆채나라에 진공할 때는 '侵'을 썼는데, 채나라는 楚나라의 동맹군이어서 進攻의 목표가 아니므로 선전포고를 하지 않고 進攻한 것이다. 초나라를 進攻할 때에는 '伐'을 썼는데 죄상을 선포하고 공개적으로 진군하였기 때문이다.

'侵'은 선전포고를 하지 않고 進軍하는 것이기 때문에 전쟁에서 왕왕 약탈성을 띠기도 한다. 그래서 '侵'은 引伸하여 '약탈', '얕보다'라는 뜻이 있게 되었다.

> 奉之彌繁, 侵之愈急. 蘇洵, 〈六國〉
> 보내주는 것이 빈번하면 할수록 침략도 그에 따라 급하여졌다.

'伐'의 고문자는 창[戈]을 가지고 남을 공격하는 모습을 형상화한 글자로서 베면서 공격하는[砍擊] 뜻이다. '伐'은 또한 나무를 베는 경우에도 사용한다. '伐'의 대상이 國家, 敵人, 죄 있는 자일 경우 討伐의 뜻이다. '伐'은 당당히 출진하여 正旗를 앞세우고 치고나와 상대방의 죄상을 선포하고 進攻의 정당성을 밝히는 것이기 때문이다. 또 引伸하여 과시하다라는 뜻이 있게 되었다.

(公叔)段入於鄢, 公伐諸鄢. ≪左傳·隱公元年≫

공숙단이 언 지방으로 (도망해) 들어갔고 莊公은 또 언 지방까지 쫓아가 공격하였다.

孔子曰: "天下有道, 則禮樂征伐自天子出." ≪論語·季氏≫

공자께서 말씀하시길, "천하에 正道가 행하여지면 禮樂과 征伐이 천자로부터 나온다."고 하셨다.

顔淵曰: "願無伐善, 無施勞." ≪論語·公冶長≫

안연이 말하였다. "원컨대 나의 장점을 남에게 자랑하지 않고 (나의) 공로를 남에게 과장하는 일이 없기를 바랍니다."

古代에는 '伐'이 마땅히 天子로부터 나와야 하는, 정벌성의 전쟁이다. 때문에 褒貶의 뜻이 있고 討伐이 되고 민중을 위로하고 죄를 벌주는 전쟁이라고 생각하였다.

'襲'은 전투에 사용되어 기습·비밀스러운 進攻을 나타낸다. '侵'에 비하여 더욱 비밀스러운 공격이고 상대방이 준비되지 않은 상태를 공격하는 것이다.

大叔完·聚, 繕甲·兵, 具卒·乘, 將襲鄭, 夫人將啓之. ≪左傳·隱公元年≫

대숙은 (성벽을 단단히) 수리하고 (군량을) 모으며, 갑옷과 무기를 수선하고 조직과 兵車를 갖추어 정나라를 습격하려고 하였고 부인이 그들을 안내하기로 하였다.

◆'襲鄭'은 정나라가 준비되지 않은 틈을 타고 비밀리에 접근하여 돌연히 공격을 가하는 것이다.

凡師, 有鐘鼓曰伐, 無曰侵, 輕曰襲. ≪左傳·莊公29年≫

무릇 군사를 움직이는 데에는 종과 북을 울리면서 공격하는 것을 伐이라 하고, 종과 북을 울림이 없이 공격하는 것을 侵이라 하고 가벼운 武裝으로 공격하는 것을 襲이라 한다.

'征'은 褒貶의 뜻을 가진 글자다. 최초에는 上(天子)이 아래(諸侯)를 공격하는 것으로, 죄 없는 쪽에서 죄 있는 쪽을, 有道한 쪽에서 無道한 쪽을, 중국이 외국을 공격한다는 뜻에 사용되었다. 그리고 引伸하여

出征이 되었다. '征'은 먼 곳으로 가든지, 먼 지방에까지 가는 것을 '征'이라고 부른다. 그런데 널리 사용되면서 '征'은 '伐'과 同義詞가 되었다. 후에 征戰이 戰爭을 가리키고, 征馬가 戰馬가 되었다.

征者, 上伐下也; 敵國不相征也. ≪孟子·盡心下≫
정벌은 위의 천자가 아래의 제후를 치는 것이다. 대등한 제후국간에는 서로 정벌하지 않는다.

濟沅湘以南征兮, 就重華而陳詞. 屈原, 〈離騷〉
원수와 상수를 건너 남으로 가 중화님께 나아가 말씀드리노라.
◆濟는 건너다[渡也]. 沅은 상수의 이름[湘水名也]. 征은 가는 것이다[行也]. 重華: 순임금의 별호. 구의산에 순임금의 묘가 있다. 陳은 陳의 뜻, 진술하다.

'討'는 다스리다, 훈계하다는 뜻으로 윗사람이 아랫사람을 관리하는 것이다. 그러므로 이런 뜻으로 전쟁에서는 쌍방의 身分을 나타낸다. '討'가 일반화된 후에는 그 罪를 聲討하면서 공격을 가하는 용어가 되었다. 聲討는 그 죄를 비판하고 규탄하여 공격하는 것이다.

凡侯伯, 救患·分災, 討罪, 禮也. ≪左傳·僖公元年≫
무릇 제후의 우두머리는 환란을 구원하고 재앙을 나누고 죄 있는 제후를 訓戒하는 것이 禮다.

是故, 天子討而不伐, 諸侯伐而不討. ≪孟子·告子下≫
이 때문에 천자는 죄를 묻는 것이지 공격하는 것이 아니고, 제후는 공격하는 것이지 죄를 묻는 것은 아니다.
◆趙岐의 注에 "討는 (위의) 천자가 (아래) 제후의 죄를 묻는 것이고, 伐은 동등한 위치에 있는 나라가 서로 공격하는 것이다.(討者, 上討下也; 伐者, 敵國相征伐也.)"고 하였다.

'征'은 오직 아래 신분을 치는 것에만 사용되고 '討'는 罪를 벌주기 위해 치는 것에 사용된다. 이외에 '征'은 나라와 나라 사이의 공격[伐]이고, '討' 또한 內部의 범죄자에 대하여 聲討하고 처벌하는 데에 사용할 수 있다.

宣子曰: "不然." 對曰, "子爲正卿, 亡不越竟, 反不討賊, 非子而誰?" ≪左傳·宣公2年≫

宣子(趙盾)가 "그렇지 않다"고 말하자 大史(董狐)가 말하였다. "그대는 한 나라의 正卿(직위)에 있으면서 (난리에) 망명하려고 하였으나 국경을 넘지 못하고 돌아와서는 역적을 다스리지도 않았으니 그대가 아니라면 누구(가 죄인이)란 말이요?"

◆越竟은 越境 곧, 국경을 넘는 것이다.

晉侯之弟揚干亂行於曲梁, 魏絳戮其僕.…… (晉侯曰)"吾子之討, 軍禮也."

晉侯의 아우 揚干이 (晉나라의) 曲梁에서 行軍의 대열을 어지럽게 하였기에, 위강은 양간의 御者를 죽였다.…… (진후가 말하기를) "그대가 (죄 있는 자를) 친 것은 군례(를 따른 것)이다."

◆僕人: 임금의 御者.

'攻'은 進攻하다, 공격하다는 뜻으로 軍事的 공격의 일반적인 말이다. 후에 다른 사람의 과실이나 착오를 비판하고 책임을 묻는 것으로 引伸하였다.

子曰: "非吾徒也! 小子鳴鼓而攻之可也." ≪論語·先秦≫

공자께서 말씀하셨다. "나의 제자가 아니다! 너희들이 북을 울리며 그를 공격해도 괜찮다."

271 沈[침/chén]·溺[닉(익)/nì]

이 두 글자는 물속으로 잠기다는 뜻을 가지고 있다.

'沈'은 사람 혹은 물건이 물속에서 아래로 가라앉아가는 것을 나타내는 데 중점이 있다 '溺'은 사람이나 물건이 침몰하거나 (물이 붙이) 물에 잠기는 것을 나타내는 데에 중점이 있다.

이 두 글자는 각각 다른 점에서 引伸하여, '沈'은 落下의 뜻이 파생되어 나왔고, 또 파생되어 일정한 중량이 있어서 가라앉다는 뜻이 되었다. '溺'은 깊이 빠져서 정신을 차리지 못하다라는 뜻이 파생되었다.

沈吟收撥揷絃中, 整頓衣裳起斂容. 白居易, 〈琵琶行〉
생각에 잠겨 있다가 줄 채로 거두어 줄 가운데 꽂아놓고, 옷매무새 고치고는 일어나 얼굴빛 바로 한다.

夫禍患常積於忽微, 而智勇多困於所溺. 歐陽脩, 〈五代史伶官傳論〉
무릇 災禍와 患難은 아주 작은 것이 쌓여 생기는 것이고, 지혜 있는 자와 용기 있는 자는 깊이 빠져 사랑하는 것에 곤란을 당하는 일이 많다.

≪釋名·釋喪制≫에는 "물에서 죽는 것을 溺이라고 한다.(死於水者曰溺)"고 하였다.

人馬溺死者甚衆. 曾公亮, ≪武經總要後集·火攻≫
사람과 말이 빠져 죽은 경우가 매우 많았다.

272
快[쾌/kuài]·迅[신/xùn]·速[속/sù]·疾[질/jí]·捷[첩/jié]·急[급/jí]

이 글자들은 '빠르다'는 뜻에서는 서로 가깝다.

'快'자는 先秦時代에는 빠름을 나타내지 않고 감정의 고조됨, 심경의 상쾌함을 나타내었다. '快'자를 사용하여 쾌속함을 나타낸 것은 六朝時代 이후에 비로소 있게 되었다.

抑王興甲兵, 危士臣, 構怨於諸侯, 然後快於心與? ≪孟子·梁惠王上≫
그런데 왕께서는 전쟁을 일으켜 武士와 신하들을 위태롭게 하고, 제후들과 원수를 맺은 후에라야 마음이 통쾌하시겠습니까?

고대에 빠르다는 뜻에서는 일반적으로 '速'과 '疾'을 사용하였고, 고대에 단위시간 내에 일을 빠르게 진행시킬 때 일반적으로 '速'자를 사용하였다.

子曰: "無欲速, 無見小利; 欲速則不達, 見小利則大事不成." ≪論語·子路≫
공자께서 말씀하셨다. "(일을) 서둘러 하려하지 말고 작은 이익만을 살피지 마라. 서두르면 목적에 도달하지 못하고 작은 이익만을 살피면 큰 일을 이룰 수 없다.

子必速行. ≪國語·晉語≫
그대는 빨리 실행해야 한다.

'迅'은 처음에는 새가 빠르게 나는 것을 가리켰다. 고대 사람들의 관념에서 새의 속도는 가장 빨랐으므로 '迅'은 속도라는 점에서 '速'보다 빠르다.

夫九蒼之高, 迅羽不能尋其巓. 阮籍, 〈答伏義書〉
높고 푸른 하늘에 빨리 나는 새들은 그 산꼭대기를 찾을 수 없다네.
◆여기에서 '迅'은 모두 추세가 급속하게 하거나 눈 깜작할 사이에 지나가버림을 가리킨다.

水勢速急. 酈道元, ≪水經注·江水≫
江水의 물살은 매우 빠르고도 급하다.

迅雷不及掩耳. (관용어)
천둥소리의 빠름이 귀를 막을 틈도 없다.

'疾'은 처음에는 빠르게 진행되는 병을 가리켜서 형용사로 사용되었으나 속도가 빠른 것도 나타내게 되었다.

老臣病足, 曾不能疾走. ≪戰國策·趙策四≫
저의 몸은 늙고 다리에 병이 나서 빨리 달릴 수 없었습니다.

孟嘗君怪其疾也, 衣冠而見之 ≪戰國策·齊策四≫
맹상군은 그(의 사무처리)가 빨리되었음을 이상하게 여기었으나 의관을 갖추고 그를 접견하였다.

來源關係 때문에 '疾'은 속도에서 왕왕 부가적인 긴박, 강렬함, 추세가 흉맹한 색채를 나타낸다.

登高而招, 臂非加長也, 而見者遠; 順風而呼, 聲非加疾也, 而聞者彰. ≪荀子·勸學≫
높은 곳에 올라가서 손짓을 하면 팔을 길게 하지 않더라도 멀리서도 보게 되며, 바람을 따라 소리치면 소리를 더 크게 하지 않더라도 들리는 것이 분명하다.

策馬疾駛. (관용어)
말을 채찍질하여 빨리 달리게 하다.

'捷'도 신속한 뜻을 나타내지만 대개는 사람의 행위가 신속함, 곧 동작이 빠르고 민첩함을 나타낸다.

요컨대 '捷'은 빠르다는 뜻으로 해석될 때 대개 사람들의 신체 내지는 智力의 영민함과 관련이 있어서 왕왕 교활하다, 약삭빠르다라는 의미가 있다.

親疏有分, 則施行而不悖, 長幼有序, 則事業捷成而有所休. ≪荀子·君子≫
친함과 소원함에 분별이 있으면 (정책을) 시행하여도 어긋나지 않고, 어른과 어린이의 차례가 있으면 사업은 빨리 이루어져도 쉴 틈도 있게 된다.

吳起之智, 可謂捷矣. ≪呂氏春秋·開春論·貴卒≫
오기의 지혜는 민첩하다고 이를 수 있다.
◆(漢) 高誘의 注에 "捷은 빠름이다. 지모를 발휘하여 그의 원수를 갚음이 매우 빨랐음을 말한다.(捷, 疾也. 言發謀, 以報其讐之速疾也.)"고 하였다.

'急'은 사람의 성격이 급한 것을 나타낸다. 來源關係 때문에 긴장, 긴박, 즉각적이어서 느림을 용납하지 않는다는 의미가 함축되어 있어서 느릿느릿하다, 여유가 있다는 뜻과 반대가 된다.

西門豹之性急, 故佩韋以自緩已; 董安于之心緩, 故佩弦以自急. ≪韓非子·觀行≫
서문표의 성격은 급하였으므로 부드러운 가죽띠를 허리에 띠고 다니면서 스스로 (성격을) 부드럽게 늦추었으며, 동안우는 마음이 느긋하였으므로 팽팽한 활을 허리에 차고 다니면서 스스로 (성격을) 성급하게 하였다.

今怠而不急就, 諸侯復彊, 相聚約從, 雖有黃帝之賢, 不能幷也. 司馬遷, ≪史記·李斯列傳≫
이제 태만히 하면서도 빨리 성취되지 않으니, 제후들은 다시 강성해지고 서로 모이고 맹약하고 좇아서, 비록 황제의 현명함이 있더라도 아우르기가 불가능하다.

成益愕, 急趁逐之. 蒲松齡, ≪聊齋志異·促織≫
성명은 더욱 경악하여 황급히 그것을 좇아갔다.

273 投[투/tóu]·擲[척/zhì]·拋[포/pāo]

투척하다, 던진다는 뜻에서 이 세 글자는 同義詞이다.

대체적으로 '投'의 목적성은 강하고 특정한 목적이 있는 경우가 많다. 그러므로 항상 던져지는 장소가 언급된다.

이외에 던지는 힘의 정도가 크지 않아서 일반적으로 비교적 가까운 곳에 던지거나 아래로 떨어뜨리는 것이다. 引伸하여 추상적 의미로 사용되어 서로 한 쪽이 다른 한 쪽에 投合하는 것을 나타낸다.

卽使使卒共抱大巫嫗投之河中. 司馬遷, ≪史記·滑稽列傳≫
곧 吏卒을 시켜 늙은 큰무당을 함께 안아서 황하 속으로 던져버렸다.

暮投石壕村, 有吏夜捉人. 杜甫, 〈石壕吏〉
저물어 석호촌에서 투숙했는데 밤에 관리가 사람을 잡아갔다.
◆投: 투숙하다.

'拋'는 먼 곳이나 높은 곳에 던지는 것을 가리키는데, 힘을 쓰는 정도가 상대적으로 크고 목적성도 명확하지 않은 경우가 많아서 왕왕 고정된 목표가 없다.

食頃, 簾動, 一紙拋下. 蒲松齡, ≪聊齋志異·促織≫
밥 먹을 시간이 되자 두렴이 움직이면서 한 장의 종이가 떨어졌다.

(李)勣列拋車飛大石, 過三百步, 所當輒潰. 宋祁, ≪唐書·東夷傳·高麗≫
이적이 拋車를 벌려 놓고 큰 돌을 날리게 하니 三百步를 지나서 떨어지는 곳은 번번이 무너졌다.
◆拋車(포거): 먼 곳으로 큰 돌을 날리는 武器.

'擲'은 '投'와 '拋'의 중간으로서 먼 곳을 향해 던지는 것인데, 拋棄하는 뜻이 많다.

(董)卓拔手戟擲之. 范曄, ≪後漢書·呂布傳≫
동탁은 손으로 창을 빼서 던졌다.

卿試擲地, 當作金石聲也. 房喬 等, ≪晉書·孫綽傳≫
卿이 시험 삼아 땅에 던졌는데 금속과 돌의 소리가 났다.

이 세 글자 중, '投'가 사용된 것은 매우 일찍부터 이었기 때문에 引伸義도 많다. 투척이라는 뜻에서 말하면 '擲'과 '拋'는 결코 뚜렷한 구별이 없다. '投'는 그 목적성을 보유하고 있으나 힘을 쓰는 정도로 말해 '擲'을 쓰면 더욱 적합하다.

投之於冰上, 鳥何燠之? 屈原, ≪楚辭·天問≫
(后稷을) 얼음위에 버렸는데 새들은 왜 그를 날개로 덮어 따뜻하게 보호했나?
◆王逸의 補注에 "投는 버린 것이다. 燠(욱)은 따뜻하게 하는 것이다. 강원은 후직이 아비 없이 태어났으므로 그를 얼음위에 버렸는데 새가 날개로 덮어서 따뜻하게 하였다.(投, 棄也. 燠, 溫也. 言姜嫄以后稷無父而生, 棄之於冰上, 有鳥以翼覆薦溫之.)"라고 하였다.

274 破[파/pò]·碎[쇄/suì]

이 글자들은 동사로 사용되어, 모두 온전한 물건에 외부의 힘을 가하여 깨뜨리는 것을 나타낸다. 두 글자의 本義는 다르나 후에 引伸되어 同義詞가 되었다.

'破'의 本義는 '돌을 깨뜨리다'이다. '破'는 최초에는 돌이나 돌과 비슷한 물건을 깨뜨리는 것을 나타낸다.

'碎'의 本義는 미세하게 깨뜨리는 것 곧, 粉碎다.

項羽乃悉引兵渡河, 皆沈船, <u>破</u>釜甑, 燒廬舍, 持三日糧, 以示士卒必死. 司馬遷, ≪史記·項羽本紀≫
항우는 이에 병사들을 모두 이끌고 강을 건너는데 (다른) 배들을 모두 침몰시키고 가마솥과 시루를 깨뜨리고 임시거처를 불태우고 3일치 식량만을 휴대하게 하여 士卒들에게 반드시 죽을 각오를 하고 있음을 보여주었다.
◆이곳의 '破'는 여러 조각으로 깨뜨리는 것이다.

轂已<u>破碎</u>, 乃大其輻. ≪荀子·法行≫
물굽이가 깨어지고 부서져도 그 흐르는 폭은 광대하구나.
◆破는 손상된 것을 가리키고, 碎는 자잘한 것을 가리킨다.

275 鞭[편/biān]·策[책/cè]

두 글자는 모두 가축을 부리는 도구이며, 명사로 쓰인다. 차이점은 '鞭'은 가죽으로 만든 채찍이고, '策'은 대나무로 만든 채찍이라는 점이다.

馬上遇所交識, 即揚鞭語曰. '適自相公家來, 相公厚我, 厚我!' 宗臣, 〈報劉一丈書〉

말 위에서 우연히 아는 사람을 만나자 곧 채찍을 휘두르면서 말했다. '마침 상공의 집에서 오는 길인데, 상공께서 나를 후하게 대하셨어요. 날 후하게 대하셨어요.'

執策而臨之, 曰. '天下無馬.' 韓愈, 〈馬說〉
채찍을 잡고 그 앞에 서서, "천하에 천리마가 없다."고 말한다.

이 두 글자는 모두 동사로 활용되기도 하는데, 그때는 "채찍으로 때리다"의 뜻으로 사용된다.

日夕策馬, 候權者之門. 宗臣, 〈報劉一丈書〉
주야로 말에 채찍질하여 가서 권세있는 자의 대문 앞에서 기다리다.

乃掘楚平王墓, 出其尸, 鞭之三百, 然後已. ≪史記·伍子胥列傳≫
초 평왕의 무덤을 파헤쳐서 그 시신을 꺼내서는 삼백 번 채찍질을 하고서야 그만두었다.

'鞭'과 '策'은 "채찍으로 때리다"의 뜻으로부터 "몰다", "부리다" 등의 뜻으로 인신되어 사용된다.

執捶拊而鞭笞天下. 賈誼, 〈過秦論〉
칼과 몽둥이를 들고 천하 백성들을 채찍질하여 부렸다(가혹한 형벌로 다스렸다).

策之不以其道, 食之不能盡其材. 韓愈, 〈馬說〉
채찍을 하는 것도 있어서는 정확한 방법으로 하지 않고, 먹이를 먹이는 것도 그 재능을 다 발휘하게 하지 못한다.

276 貶[폄/biǎn]·謫[적/zhé]·降[강/jiàng]

관직이 강등된다는 뜻에 있어서 이 글자들은 동의사이다. 차이점은 다음과 같다.

‘貶’의 본의는 “덜다”이다. ≪說文≫에서는 “덜다(損也)”라 하였다. 여기에서 인신되어 직급이 낮춰진다는 의미가 되었다. ‘貶’되는 자는 일반적으로 외직으로 쫓겨나며, 다시 원래의 지역에서 직분을 맡을 수 없게 된다.

未至, 又例貶永州司馬. 韓愈, 〈柳子厚墓誌銘〉
아직 도착하지도 않았는데, 다시 관례에 따라 영주사마로 더 쫓겨났다.

其後修貶夷陵, 太夫人言笑自若. 歐陽修, 〈瀧岡阡表〉
그 후에 관직이 강등되어 외지로 쫓겨났는데, 모친께서는 웃으면서 말씀하시며 태연자약하셨다.

‘謫’의 본의는 “처벌”이다. ≪說文≫에서는 “적은 벌 받다이다(謫, 罰也)”라고 하였다. 이로부터 인신되어 관직이 강등됨을 의미하게 되었다. ‘謫’되는 자는 일반적으로 외지로 추방되는 동시에 譴責이 가해진다.

慶曆四年春, 騰子京謫守巴陵郡. 范仲淹, 〈岳陽樓記〉
경력 4년 봄, 등자경은 관직이 강등되어 파릉군수가 되었다.
◆騰子京(등자경): 이름은 宗周. 경력 연간에 司諫으로서 죄를 지어 파릉 군수로 폄적되었다.

是夕始覺有遷謫意. 白居易, 〈琵琶行序〉
이날 저녁 비로소 멀리 귀양 와 있다는 느낌이 들었다.

‘降’의 본의는 높은 데서 낮은 데로 떨어짐이다. ≪說文≫에서는 “降, 下也.”라 하였고, 이로부터 인신되어 직급이 강등된다는 뜻이 되었다. ‘降’은 관직이 강등되기만 하고, 일반적으로는 외지로 추방되지 않으며 견책을 받지도 않는다.

日夜縱酒, 後例降爲公. ≪北史·景穆十二王傳上≫
주야로 방탕하게 술을 마시다가, 후에 관례에 따라 관직이 강등되어 공이 되었다.

277
蔽[폐/bì]·掩[엄/yǎn]

두 글자는 모두 "덮다", "가리다"의 뜻이다. 그러나 '엄'은 대체로 구체적 대상을 덮어 가리는 것이지만, '폐'는 구체적 대상을 가리킬 수도 있고 추상적 대상을 가리킬 수도 있다.

掩口胡盧而笑. ≪後漢書·應劭傳≫
입을 가리고 조용히 웃었다.

重巖疊嶂, 隱天蔽日. 酈道元, ≪水經注·江水≫
첩첩이 쌓인 산봉우리가 하늘을 가리고 해를 가린다.

讒諂之蔽明也. ≪史記·屈原列傳≫
아첨이 총명을 가리는구나.

'蔽'가 추상적 사물에 사용될 수 있기 때문에, "기만하다"의 뜻으로 인신된다. '掩'에는 그런 의미가 없다.

由此觀之, 王之蔽甚矣! ≪戰國策·鄒忌諷齊王納諫≫
이로 미루어 살펴보건데, 왕께서 남에게 속임을 당함이 심합니다.

278
蔽[폐/bì]·蔭[음/yìn]

두 글자는 모두 "덮어 가리다"의 뜻이다. '蔽'는 전후좌우로 가리는 데 사용될 수 있고, 위에서 아래로 가리는 데도 사용될 수 있다. 그러나 '蔭'은 위에서 아래로 가리는 데만 사용될 수 있으며, 태양을 가리는 것에 주로 사용된다.

項伯亦拔劍起舞, 常以身翼蔽沛公. ≪史記·項羽本紀≫
항백 또한 검을 뽑아 일어나 춤을 추었는데, 늘 패공을 몸으로 호위하여 가렸다.

去村四里有森林, 陰翳蔽日. 徐珂, 〈馮婉貞〉
마을로부터 4리 떨어져 삼림이 있는데, 그늘이 해를 가렸다.

楡柳蔭後檐, 桃李羅堂前. 陶潛, 〈歸田園居〉
느릅나무와 버드나무가 집 뒤 처마를 덮고, 복숭아나무와 자두나무가 대청 앞에 늘어서 있네.

위의 예에서 '蔽'와 '掩'은 모두 정확하게 사용이 된 것이다. 전후좌우로 가리는 것이든 아니면 위에서 아래를 가리는 것이든 모두 분명하게 나뉘어져 있다.

279 陛[폐/bì]·除[제/chú]·階[계/jiē]

"계단"이라는 뜻에서 이 글자들은 모두 동의사이다.

故陛九級上. ≪漢書·賈誼傳≫
그러므로 계단 아홉 개를 올라가다.

淸夜置酒臨前除. 杜甫, 〈送孔巢父病歸〉
맑은 날 밤에 계단 앞에 술을 벌여 놓다.

沒階, 趨進, 翼如也. ≪論語·鄕黨≫
계단을 다 올라가 빠른 걸음으로 나아가는데, 나는 듯하였다.

차이점은 다음과 같다.

1. '階'는 일반적인 계단이다.

三揖至於階. ≪荀子·樂論≫
세 번 읍하고 계단에 이르다.

執主人之禮, 引公子就西階, 公子側行, 從東階上. ≪史記·魏公子列傳≫
주인의 예법에 따라 공자를 인도하여 서쪽 계단으로 오르게 하니, 공자가 옆걸음으로 사양하면서 동쪽 계단으로 올랐다.

'除'는 궁전의 계단이다.

登自東除. 張衡, 〈東京賦〉
동쪽 계단으로 올랐다.

趙王埽除自迎. ≪史記·魏公子列傳≫
조왕은 계단을 비질하고 친히 맞이하였다.

'陛'는 제왕 궁전의 계단이다.

期門武士陛戟, 陳列殿下. ≪漢書·霍光傳≫
기문의 무사들이 왕궁의 계단에서 창을 들고 계단 아래에 늘어서 있었다.
◆期門: 西漢 때의 호위 禁軍의 명칭

2. 계단이라는 뜻에서 인신되어, '階'는 "디딤돌", "관리의 등급"으로 쓰인다.

欲釋階而登天兮. ≪楚辭·九章·惜誦≫
관직을 내놓고 하늘로 오르고 싶어라.

使高下有差, 階級逾邈. ≪三國志·吳書·顧譚傳≫
높고 낮음에 차등이 있게 하여 관리의 등급을 더 아득하게 한다.

'除'는 "문과 병풍의 사이"라는 뜻이 될 수도 있다.

從至雍棫陽宮, 扶輦下除. ≪漢書·李廣蘇建傳≫
(황제를 수행하여) 옹 땅의 역양궁에 갔다가 어가를 부축하여 병풍 앞으로 내려오다.

'陛'는 제왕 궁전의 계단이므로, "陛下"는 신하의 제왕에 대한 존칭이 되었다. 신하들이 천자를 감히 직접 거명하기 어려우므로 계단 아래에 있는 사람을 불러 천자에게 대신 전하게 하는 것이다.

內外治安, 臣不以爲喜, 唯喜陛下居安思危耳. ≪資治通鑑·唐記≫
안팎의 다스림이 편안함을 신은 기쁘게 여기지 않습니다. 오직 폐하께서 편안할 때도 위험을 생각하는 것을 기쁘게 여길 뿐입니다.

280 幣[폐/bì]·贄[지/zhì]

이 글자들은 모두 禮物의 의미로 사용된다.

'幣'는 본래 비단의 일종으로서, 흔히 서로 주고받는 예물에 사용된다. '贄'는 다른 사람을 처음 만나 뵙기를 청할 때 바치는 예물이다.

惠王患之, 乃令張儀佯去秦, 厚幣委質事楚. ≪史記·屈原列傳≫
혜왕이 이를 근심하여 장의로 하여금 거짓으로 진나라를 떠나 많은 비단과 예물을 바치고 초나라를 섬기게 했다.

男贄, 大者玉帛, 小者禽鳥. ≪左傳·莊公二十四年≫
남자의 배알 예물에서 큰 것은 옥과 비단이고, 작은 것은 새였다.

撰長書以爲贄. 宋濂, 〈送東陽馬生序〉
긴 글을 써서 배알 예물로 삼았다.

漢代에 이르러서야, '幣'는 화폐의 뜻을 갖게 된다.

吳王濞背德反義, 誘受天下亡命罪人, 亂天下幣. ≪史記·吳王濞列傳≫
오왕 비는 덕과 의를 거스르고 천하의 망명 죄인들을 꾀어 받아들였으며, 천하의 화폐를 문란케 했다.

281

飽[포/bǎo]·厭[염/yàn]

'배불리 먹다'의 뜻에서 두 글자는 동의사이다.

是馬也, 雖有千里之能, 食不飽, 力不足. 韓愈, 〈馬說〉
이 말은 비록 천리를 달릴 능력이 있으나 배불리 먹지 못하여 힘이 미치지 못한다.

其良人出, 則必厭酒肉而後反. ≪孟子·離婁下≫
그 남편이 밖에 나가면 반드시 술과 고기를 배불리 먹고 나서야 돌아온다.

위의 예에서도 알 수 있듯이 '飽'는 자동사이고, '厭'은 타동사로서 흔히 뒤에 목적어를 동반한다. 이 외에도 '飽'는 狀語가 될 수 있지만, '厭'에는 그런 용법이 없다는 차이가 있다.

飽食終日, 無所用心, 難矣哉! ≪論語·陽貨≫
종일토록 배불리 먹기만 하면서, 마음을 쓰는 데가 없다면 곤란한 일이다.

'厭'은 흔히 추상적 의미에 사용되어, "만족하다", "싫증내다", "싫어하다" 등의 의미로 쓰이지만, '飽'에는 그런 의미가 없다.

學而不厭, 誨人不倦. ≪論語·述而≫
배우는데 물리지 않고, 가르치는데 싫증내지 않는다.

暴秦之欲無厭. 蘇洵, 〈六國論〉
포악한 진나라의 욕심, 만족할 줄 모른다.

282

暴[포/bào]·猝(卒)[졸/cù]·頓[돈/dùn]·俄[아/é]·遽[거/jù]·驟[취/zhòu]

이 글자들은 부사로 쓰이며, 모두 사물 또는 동작이 짧은 시간 내에 발생한다는 뜻이다. '暴'와 '猝(또는 卒)'은 '갑자기'의 뜻이다. '頓'은 '곧', '즉시'의 뜻이다. '俄'는 '머지 않아'의 뜻이다. '遽'는 '서둘러', '곧'의 뜻이다. '驟'의 본의는 '말이 빨리 달린다'는 뜻이다.

屠暴起, 以刀劈狼首. ≪聊齋志異·狼≫
도는 갑자기 일어나서 칼로 이리의 머리를 잘랐다.

非常之謀難于猝發. 張溥, 〈五人墓碑記〉
일상적이지 않은 음모는 갑자기 생기기 어렵다.

五萬兵難卒合. ≪三國志·吳書·周瑜魯肅呂蒙傳≫
오만의 병사는 갑자기 모으기 어렵다.

或如風號雨泣, 鳥悲獸駭, 亡國之恨頓生, 檀板之聲無色. 黃宗羲, 〈柳敬亭传〉
어떤 때는 바람이 부르짖고 비가 흐느끼는 듯하였으며, 새들이 슬퍼하고 짐승들이 놀라는 듯하였다. 나라 잃은 한이 문득 떠올라 박자를 맞추는 소리가 무색해졌다.

俄見小蟲躍起, 張尾伸頸. ≪聊齋志異·促織≫
잠시 후에 작은 벌레들이 뛰어 일어나 꼬리를 펴고 목을 늘이는 것을 보았다.

遽撲之, 入石穴中. ≪聊齋志異·促織≫
서둘러 그것을 때리니 돌 구멍 안으로 들어갔다.

驟視之, 無不驚爲生人者. 薛福成, 〈觀巴黎油畫記〉
서둘러 그것을 보니, 사람을 놀라게 하지 않음이 없었다.

이 글자들의 차이는 다음과 같다.

'暴', '卒'은 동작의 신속함과 짧음을 표시하는 것 외에도 意外의 의미가 강하다. 나머지 네 글자는 단지 시간의 신속성과 짧음만을 표시한다. 단어의 배합 습관이라는 점에서, '卒', '頓', '俄', '遽', '驟'는 모두 '然'자와 조합되어 '卒然', '頓然', '俄然', '遽然', '驟然'으로 쓰인다. '俄'는 또한 '俄頃', '俄而'라고도 쓰이며, '遽'는 또한 '遽爾'로 쓰이기도 한다. 그러나 표시하는 의미는 변하지 않는다.

283
品[품/pǐn]·等[등/děng]·級[급/jí]

'等級'이라는 뜻을 갖는다는 점에서 이 글자들은 동의사이다.

給繒絮食物有品, 以和親. ≪漢書·匈奴傳≫
등급에 따라 견직품이나 면직품 및 먹을거리를 주어 화친관계를 맺었다.

有郭四者, 凡四殺人, 復以矜疑減等, 隨遇赦. 方苞, 〈獄中雜記〉
곽사란 인물은 네 차례나 살인을 했는데, '그 상황이 가련하고 죄도 의심스럽다'는 구실로 죄가 한 등급 감해졌고, 그 뒤에 사면을 받았다.

韜此洪族, 蔑彼名級. 顔延之, 〈陶徵士誄〉
자신이 명문 출신임을 자랑하지 않았고, 지위와 등급을 자랑하는 자들을 멸시했다.

차이점은 다음과 같다.

'品'의 본의는 '무리(衆)'이다. 여기에서 인신되어 '관직의 등급'이 되었다.

皇上超擢四品銜軍機章京. 梁啓超, 〈譚嗣同〉
황상께서는 품계를 뛰어넘어 발탁하여 4품의 관직을 내려 군기처의 문서를 담당하는 관리로 삼았다.

고대에는 관직을 몇 등급으로 나누었는데, 그것을 보통 '品'이라고 하였다. 曹魏 때는 九品으로 나누었는데, 一品이 가장 높았고 九品이 가장 낮았다. 그 후의 각 시대는 기본적으로 이것을 따랐다. 따라서 관복을 '品服'이라 하였고, 관원을 '品官'이라 하였다. 관원을 선발하는 정식 명령을 '品命'이라 했고, 관리의 등급을 '品級'이라고 하였다.

'級'의 본의는 실(絲)의 등급이다. 후에 계단을 가리키는 것으로 쓰였고, 특히 관직의 품계를 가리키는데 쓰였다.

> 道皆砌石爲磴, 其級七千有餘. 姚鼐, 〈登泰山記〉
> 산길은 모두 돌로 계단을 쌓았는데, 계단 수는 7천개를 넘었다.
>
> 賜一級, 無下拜. ≪左傳·僖公九年≫
> 작위를 한 등급 높여 주었으니, (계단을) 내려서서 사례할 필요가 없다.
>
> 得級, 挾予以登. 袁枚, 〈遊黃山記〉
> 계단이 나타나니, 나를 부축하여 오르게 했다.

'等'의 본의는 竹簡을 가지런히 하는 것이다. 여기에서 인신되어 '순서', '등급'의 뜻이 되었다.

> 出, 降一等, 逞顔色, 怡怡如也. ≪論語·鄕黨≫
> 나갈 때는, 계단을 한 칸 내려와서야 안색을 펴고 기쁜 듯하셨다.
>
> 等而下之. (成語)
> 한 등급 더 내려가다.

284 諷[풍/fěng]·刺[자/cì]·諫[간/jiàn]

'다른 사람의 잘못이나 단점을 지적하다'의 뜻에서 이 글자들은 동의사이다. 그 차이점은 다음과 같다.

'諷'은 완곡한 말로 간언하는 것이다.

大諷一勸百, 勢不自反.《文心雕龍·雜文》
한 가지를 간하고 백 가지를 권하니, 상황은 이미 스스로 되돌릴 수 없게 된다.

作二京賦, 因以諷諫, 靜思傳會, 十年乃成. 《後漢書·張衡傳》
이경부를 지어 풍간하고자 하여 깊이 생각하고 사상을 표현하니, 10년이 지나서야 완성되었다.

'刺'는 날카로운 말로 남의 잘못을 직접 지적하는 것이다.

中述湯武, 以刺世事. 《史記·屈原列傳》
가운데로는 탕왕과 무왕의 일을 서술하여 세상 일을 비판하려 했다.

能面刺寡人之過者, 受上賞. 《戰國策·齊策一》
과인의 잘못을 맞대놓고 지적하는 자에게는 가장 중한 상을 내릴 것이다.

'諫'은 곧은 말로 충고하여 잘못을 바로잡도록 하는 것이다.

扶蘇以數諫故, 上使外將兵. 《史記·陳涉世家》
부소는 자주 간언을 올렸으므로 황제는 그를 외지로 내보내 군대를 감독하게 했다.
◆扶蘇는 秦始皇의 長子

辟邪說, 難壬人, 不爲拒諫. 《王安石·答司馬諫議書》
사악한 견해를 물리치고 교묘한 말로 아첨하는 사람을 비판하는 것은 간언을 물리치는 것이라 할 수 없다.
◆壬人: 교묘한 말로 아첨하면서 正道를 걷지 않는 간사한 사람.

285 被[피/bèi]·衾[금/qīn]·裯[주/chóu]

이 글자들은 모두 "이불"이라는 뜻으로 사용된다. 先秦 시대에 작은 이

불은 "寢衣"라 했고, 큰 이불은 "衾"이라 했으며, 홑이불은 "裯"라 했다.

抱衾與裯, 寔命不猶. ≪詩經·召南·小星≫
큰 이불과 홑이불을 끌어안고 있으니 팔자가 나와는 다르구나.

布被秋宵夢覺, 眼前萬里江山. 辛棄疾, 〈淸平樂·獨宿博山王氏庵〉
가을 밤 삼베 이불 꿈 속에서 깨어보니, 눈 앞에 만리 강산이 펼쳐져 있네.

媵人持湯沃灌, 以衾擁覆, 久而乃和. 宋濂, 〈送東陽馬生序〉
시중드는 사람이 뜨거운 물을 가져와 내게 마시게 하고 이불로 덮어주니, 한참 지나서 따뜻하게 되었다.

후에 '被'와 '衾' 두 글자는 구별을 하지 않게 되어, '被'라고도 쓰고, '衾'이라고도 쓰게 되었으며, '裯'는 서서히 도태되어 거의 쓰이지 않게 되었다.

286 皮[피/pí]·革[혁/gé]·膚[부/fū]

위 세 글자가 '동식물의 껍질'이라는 뜻으로 쓰이게 된 것은 후대의 일이다. 고대에 '皮'와 '革'은 짐승의 껍질이었는데, '皮'는 털이 있는 짐승의 껍질이었고, '革'은 털이 없는 짐승의 껍질이었다.

千羊之皮, 不如一狐之掖. ≪史記·商君列傳≫
천 마리 양의 껍질이 여우 겨드랑이 털로 만든 갖옷 하나만 못하다.

皮之不存, 毛將焉傅. (成語)
껍질이 없다면, 털은 어디에서 자라니.

男兒要當死於邊野, 以馬革裹尸還葬耳. ≪後漢書·馬援傳≫
남자는 마땅히 변방의 들판에서 싸우다 죽어 그 시체가 말 가죽에 쌓여 돌아와 장사를 치르도록 해야 한다.

'膚'는 고대에 사람의 껍질을 가리키는 것이었다.

膚寒不得衣. 晁錯, 〈論貴粟疏〉
살갗이 추워도 입을 옷이 없다.

君之病在肌膚, 不治將益深. ≪韩非子·喩老≫
임금의 병이 피부에 있는데, 치료하지 않으면 병세가 더 깊어질 것입니다.

고대에 '皮'와 '革'은 사람의 피부에는 쓸 수 없었고, 증오하는 사람을 금수에 비유할 때만 사용할 수 있었다.

惟受贓而枉法, 眞人面而獸心. ……所當脫皮換革, 仍令胎生. ≪聊齋志異·席方平≫
뇌물을 받아먹고 법을 어기니, 참으로 인면수심이다. ……마땅히 껍질을 벗기고 가죽을 바꿔서 인간 세상에 환생하게 해야 한다.

자연히 '膚' 또한 금수의 껍질에는 쓸 수 없었다.

287 何[하/hé]·盍[합/hé]·曷[갈/hé]·胡[호/hú]·奚[해/xī]

이 다섯 글자는 모두 '무엇, 왜' 등의 뜻으로 의문을 표시한다.
'何'는 주로 사물, 장소 그리고 원인을 묻는데 쓰인다.

大王來何操? ≪史記·項羽本紀≫
왕께선 오면서 무엇을 준비해 오셨습니까?

肅……且問備曰. '豫州今欲何往?' ≪三國志·吳書·周瑜魯肅呂蒙傳≫
노숙이……그리고 유비에게 물었다. '예주[유비]께서는 이제 어디로 가려 하

십니까?'

吾所以有天下者何? 項氏之所以失天下者何? ≪史記·高祖本紀≫
내가 천하를 가지게 된 까닭은 무엇이고, 항우가 천하를 잃게 된 까닭은 무엇인가?

子有酒食, 何不日鼓瑟? ≪詩·唐風·山有樞≫
그대는 술과 음식이 있으면서 어찌하여 날마다 북과 거문고로 즐기지 않으시나?

'盍'은 대부분 '何'와 '不'의 발음을 한 음절로 합친 합음자로 사용되어, '何不(어찌~않는가)'로 쓰이며, 때로는 '何' 한 글자의 뜻만으로도 쓰인다. 고대에는 흔히 '盍'을 '闔, 蓋'으로도 썼다.

盍各言爾志? ≪論語·公冶長≫
왜 너희들의 뜻 둔 바를 각자 말해보지 않는가?

夫子闔行邪? 無落吾事! ≪莊子·天地≫
그대[禹王]는 왜 가지 않으시오? 내[子高] (밭 가는) 일 방해하지 마시오.

盍不出從乎? 君將有行, 宮人皆出從. ≪管子·戒編≫
어찌 따라 나가보지 않는가? 임금[제 환공]이 출행하려 하는데 궁인들이 따라 나왔다.

善哉! 技蓋至此乎? ≪莊子·養生主≫
훌륭하오! 기술이 어떻게 이런 수준까지 닿을 수 있소?

'曷'은 대체로 '何'와 같은 용법이다. ≪詩經≫에서는 보통 미래를 묻는 '언제'로 쓰였다. 장소에 대해서는 물을 수 없고, 명사와의 결합이 제한적이다. 그리고 '설마 (~일리 없다)[難道]' '어찌 (~이랴)[豈]'를 뜻하는 반힐의 부사로도 쓰인다. ≪說文≫에서는 "曷은 何다(曷, 何也.)"라 하였고, ≪爾雅·釋言≫에서는 "曷은 盍이다(曷, 盍也.)"라고 하였다.

懷哉懷哉! 曷月予還歸哉! ≪詩經·王風·揚之水≫
보고파라 그리워라. 어느 달에나 나는 돌아갈 수 있을까!

時日曷喪, 予及汝皆亡! ≪尙書·湯誓≫
이놈의 해[왕]가 언제나 떨어지나[죽나]! 내가 너와 함께 죽으리라!

中心好之, 曷飮食之? ≪詩經·唐風·有杕之杜≫
마음 속속들이 그가 좋은데 어찌 먹을 것 마실 것 만들어주지 않으리!

曷若是而可以持國乎? ≪荀子·强國≫
어떻게 이러고도 나라를 지탱할 수 있겠는가?

'胡'는 의문대명사로서 단독으로 원인과 연고를 묻는 '무엇 때문에'의 부사어로 쓰이며, '胡爲(무엇 때문에)'의 형태로도 쓰인다. 그리고 명사 앞에 관형어 '어떤, 무슨'의 뜻으로 쓰이기도 한다.

田園將蕪, 胡不歸? 陶潛, 〈歸去來辭〉
밭과 정원에 이제 잡초 우거지려 하는데 어찌 돌아가지 않으랴?

胡爲乎惶惶欲何之? 陶潛, 〈歸去來辭〉
무엇 때문에 불안해하며 어디로 가려 하는가?

相國胡大罪? ≪漢書·蕭何傳≫
재상 (소하가) 무슨 큰 죄를 지었습니까?

'奚'는 의문대명사로서 사물, 장소를 대체하며, 사람은 대체하지 못한다. 보통은 원인을 묻는 '어째서'의 의미로 쓰인다.

惟救死而恐不贍, 奚暇治禮義哉! ≪孟子·梁惠王上≫
죽는 사람 구하기도 부족할까 걱정인데, 어느 겨를에 예의를 닦겠는가?

翱翔蓬蒿之間, 此亦飛之至也, 而彼且奚適也? ≪莊子·逍遙遊≫
쑥대 사이를 빙빙 돌아다니기만 해도 얼마든지 날 수 있는데, 재는 지금 어디로 가는 거야?

或謂孔子曰. '子奚不爲政?' ≪論語·爲政≫
누가 공자에게 말했다. '선생은 왜 정치를 하지 않으십니까?'

288 寒[한/hán]·冷[랭/lěng]·涼[량/liáng]

'寒', '涼' 두 글자는 선진시대에 이미 있었던 글자였고, '冷'자는 西漢 이후에 생긴 글자이다. 이 글자들은 모두 '춥다'는 의미로 쓰이지만, 차이가 있다.

글자 의미상의 강약이라는 측면에서 본다면, '寒'이 가장 강하고, '冷'이 그 다음이며, '涼'이 가장 약하다.

'寒'은 가장 추운 것을 표시한다.

> 見甁水之氷, 而知天下之寒. ≪呂氏春秋·愼大覽第三≫
> 병 속의 물이 얼은 것을 보고, 온 천하가 추움을 안다.

> 今之盛寒, 馬無藁草. ≪三國志·吳書·周瑜魯肅呂蒙傳≫
> 지금 날씨가 매우 추워서 말에게 먹일 마른 풀조차 없다.

'冷'은 비교적 추운 것을 표시한다.

> 布衾多年冷似鐵. 杜甫, 〈茅屋爲秋風所破歌〉
> 베 이불 여러 해 되어 무쇠처럼 차갑구나.

> 水泉冷澀弦凝絶. 白居易, 〈琵琶行〉
> 샘물이 차가워 응결되듯, 현을 튕기는 소리 엉기어 끊기는구나.

'涼'은 약간 추운 것을 표시한다.

> 八月九月天氣涼. 李白, 〈草書歌行〉
> 팔월 구월의 날씨가 서늘하다.

> 已涼天氣未寒時. 韓偓, 〈已涼〉
> 이미 서늘해진 날씨 아직 추울 때가 되지는 않았다.

글자 결합의 습관으로 보면, '寒'은 흔히 '饑'와 연용되며, '暖'은 '暑'

와 대응된다. '饑寒交迫', '問寒問暖', '嚴寒酷暑'가 그 예이다. 또한 '冷'은 흔히 '氷'이나 '霜'과 연용되며, '涼'은 '炎' 또는 '熱'과 대응된다. '世態炎涼', '環球同此涼熱' 등이 그 예이다. 이러한 습관적 용법에서는 마음대로 글자를 바꾸어 쓸 수 없다.

289 行[행/háng, xíng]·步[보/bù]·徒[도/tú]

이 글자들은 모두 '걸어 다니다'의 뜻으로 쓸 수 있다. 그러나 다음과 같은 차이가 있다.

'行'의 본의는 '道路'이며, háng으로 읽고 품사는 명사이다.

遵彼微行. ≪詩經·豳風·七月≫
저 작은 길을 따라서.

후에 인신되어 '걷다'의 뜻으로 쓰였다.

行十日十夜而至於郢. ≪墨子·公輸≫
열흘 밤낮을 걸어 영 땅에 이르렀다.

行七十里, 至州城. ≪資治通鑒·唐紀·李愬雪夜入蔡州≫
칠십 리를 걸어 주의 성에 이르렀다.

循澗西行, 即靈峰道也. 徐弘祖, 〈徐霞客游記·雁蕩山〉
시냇물을 따라 서쪽으로 걸어가니 영봉길이 나타났다.

'步'는 천천히 걷는 것을 가리킨다.

纖纖作細步, 精妙世無雙. 〈孔雀東南飛〉
부드럽고 작은 발로 살며시 나아가니, 그 아름다운 세상에 둘도 없다네.

老臣今者殊不欲食, 乃自强步. ≪戰國策·趙策四≫
늙은 신하는 근래에 음식을 특히 먹고 싶지 않아서, 스스로 억지로 걸었습니다.

'徒'는 어떤 교통 수단도 이용하지 않고, 걸어서 가는 것을 강조하는 뜻으로 쓰인다.

班白者多徒行. ≪韓非子·外儲說左下≫
머리가 반백이 된 자들이 대부분 걸어 다닌다.

爲大夫不可以徒行也. ≪論衡·問孔≫
대부가 되면 걸어 다녀서는 안된다.

'徒'는 '行' 또는 '步'와 연용된다. "徒行"은 '걸어 다니다'의 뜻 외에도 '맨발로 걸어 다니는 것'을 가리키기도 했다. 고대에 평민은 길을 갈 때 수레를 타지 않았으므로 '徒步'는 평민의 대칭으로 쓰이기도 하였다.

290 香[향/xīang]·馥[복/fù]·馨[형/xīn]·芬[분/fēn]·芳[방/fāng]

이 글자들은 모두 '향기롭다', '향기'의 의미로 사용된다.

'香'의 본의는 곡물이 익을 때 나는 냄새로서, 모든 香을 널리 가리킨다. '馥'은 진한 향이다. '馨'은 멀리 퍼지는 향이며, 인신되어 일반적인 향기의 뜻으로 쓰인다. '芳'과 '芬'은 花草의 향기이며, 일반적 향기로 인신되어 사용되기도 한다.

泉香而酒冽. 歐陽修, 〈醉翁亭記〉
샘물은 향기롭고 술은 차갑다.

可鼻, 則有荷葉之清香, 荷花之異馥. 李漁, 〈芙蕖〉
코에 좋은 점으로는, 연 잎의 맑은 향기와 연 꽃의 독특한 향기가 있다.

晨露晞而草馥, 微風起而樹香. 謝朓, 〈思歸賦〉
아침 이슬 마르자 풀의 향기 풍기고, 미풍이 불자 나무의 향기가 풍긴다.

夾岸數百步, 中無雜樹, 芳草鮮美. 陶潛, 〈桃花園記〉
협곡을 끼고 수백 걸음 들어가니, 그 안에는 다른 나무는 없고 향기로운 풀들이 선명하고 아름다웠다.

皆并列盤餐而互芬齒頰者也. 李漁, 〈芙蕖〉
모두 쟁반에 담아 식탁에 늘어놓으면, 입 안 가득 향기가 풍길 것이다.

斯是陋室, 唯吾德馨. 劉禹錫, 〈陋室銘〉
이곳은 누추한 집이지만 덕이 있어 향기롭구나.

黍稷非馨, 明德惟馨. ≪左傳·僖公五年≫
기장이 향기로운 것이 아니라 덕을 밝혀야만 향기롭다.

'香'은 인신되어, '香料', '香品'을 가리키기도 한다. '線香', '檀香', '麝香' 등이 그 예이다. '芳', '芬', '馨'은 아름답고 훌륭한 명성과 덕행을 가리킬 수도 있다.

既不能流芳百世, 亦不足遺臭萬載也? ≪世說新語·尤悔≫
훌륭한 명성을 후세에 전하지 못한다면 악취를 만년에 걸쳐 남기는 게 차라리 낫지 않겠는가?

咏世德之駿烈, 誦先人之清芬. 陸機, 〈文賦〉
세상의 덕있는 사람의 큰 업적을 읊고, 앞 사람들의 아름다운 덕행을 노래한다.

垂馨千祀. ≪晉書·苻堅載記≫
아름다운 이름을 천년 뒤에까지 전한다.

291
嘘[허/xū]·吹[취/chuī]

두 글자는 모두 '숨을 내쉬다'의 뜻이다. 그러나 급하게 숨을 내쉬는 것은 '吹'이고, 서서히 숨을 내쉬는 것은 '嘘'이다.

呼嘘毒癘. 柳宗元, 〈捕蛇者說〉
독기를 호흡하다.

仰天而嘘. ≪莊子·齊物論≫
하늘을 향해 서서히 숨을 뱉다.

乃亦鼓氣吹婦. 袁枚, ≪子不語≫
그리하여 또한 기를 북돋아 그 여자에게 맹렬히 뿜어냈다.

또한 '吹'는 '嘘'에 비해 사용 범위가 더 넓다. '嘘'는 '長嘘短嘆'처럼, '탄식하다'의 뜻으로만 인신되어 쓰이지만, '吹'는 악기를 불거나 공기가 흘러서 물체를 스치는데도 사용된다.

客馳下, 吹觱篥數聲. 魏禧, 〈大鐵椎傳〉
객이 말을 달려 내려와 몇 차례 피리를 불었다.

四時之內, 飄風怒吹. 嚴復, ≪天演論≫
일년 사계절 동안 폭풍이 맹렬하게 불어왔다.

'吹'와 '嘘'는 연용되어 '스치다', '옆에서 돕다', '칭송하다' 등의 의미로 쓰이기도 한다.

292 刑[형/xíng]·罰[벌/fá]

범죄자를 처벌한다는 뜻에서 이 두 글자는 동의사이다. 그러나 처벌의 경중에 차이가 있다. '刑'은 '罰'에 비해 처벌이 더 무겁다.

夫秦王有虎狼之心, 殺人如不能擧, 刑人如恐不勝, 天下皆叛之. ≪史記·項羽本紀≫
진왕은 호랑이와 이리와 같은 마음으로 살인을 헤아릴 수 없이 하고, 사람에게 형벌을 가하는데 있어서 무겁게 주지 못함을 걱정하는 듯이 하다가 천하 사람들이 모두 배반하였다.

及陷於罪, 然後從而刑之, 是罔民也. ≪孟子·梁惠王上≫
죄를 짓도록 만들어놓고, 그 후에 좇아가 그에게 형벌을 주는 것은 백성들을 그물질하는 것입니다.

宮中府中, 俱爲一體, 陟罰臧否, 不宜異同. 諸葛亮, 〈出師表〉
궁중과 승상부가 모두 한 몸이니, 공을 세운 자를 승진시키고 악한 자를 벌줌에 있어서 다름이 있어서는 안됩니다.

'刑'과 '罰'이 명사로 쓰여 '刑罰'을 가리킬 때도 경중의 차이가 있어서, '刑'은 '罰'보다 처벌이 더 무겁다.

凡死刑獄上, 行刑者先俟于門外, 使其黨入索財物, 名曰斯羅. 方苞, 〈獄中雜記〉
사형 판결을 받은 안건을 상주한 후에, 사형을 집행하는 자가 먼저 옥문 밖에 기다리고 그 동료들로 하여금 들어가서 재물을 강탈하게 하는 것을 '사라'라고 부른다.

則好賞惡罰之人, 釋公行, 行私術, 比周以相爲也. ≪韓非子·有度≫
상을 좋아하고 벌을 싫어하는 사람들은 공적인 방법을 버리고 사적인 방법을 행하여 무리를 만들어 서로 감싸줄 것이다.

293 鬍[호/hú]·鬚[수/xū]·髭[자/zī]·髥[염/rán]

이 네 글자는 모두 '수염'을 표시한다.

'鬚'는 입 아래쪽의 턱수염이고, '髭'는 입 위쪽의 콧수염이며(이체자 '頿'로도 씀), '髥'은 양 빰에 나는 구레나룻이다. '鬍'는 '鬚, 髭, 髥'의 총칭인데, 사실상 이들 셋이 다 '鬍'와 통용되어 수염을 총칭하기도 한다. '鬚'와 '鬍'는 본래는 '須'와 '胡'로 썼는데 나중에 '수염'의 의미를 명시하기 위해 '髟'를 붙여 사용된 글자이며, 이들 두 종류의 글자는 오랫동안 함께 사용되었다.

高祖爲人隆準而龍顔, 美須髥. ≪史記·高祖本紀≫
고조 유방의 용모는, 콧날이 높았고 눈썹뼈가 둥글게 솟은 龍顔이었으며 턱수염과 구레나룻이 아름다웠다.

爲人潔白晳, 鬑鬑頗有鬚. ≪玉臺新詠·陌上桑≫
그 사람 깨끗하고 하얀 용모에 성글고 긴 수염 길렀지요.

行者見羅敷, 下擔捋髭鬚. ≪玉臺新詠·陌上桑≫
지나가던 사람 나부를 보고서는, 짐을 내려 놓고 수염을 쓰다듬네.

靈王生而有頿. ≪左傳·昭公二十六年≫
(주) 영왕은 태어나면서부터 콧수염이 있었다.

漢水東流, 都洗盡髭胡膏血. 辛棄疾, 〈滿江紅〉
동으로 흐르는 한수(따라 세월 흘러가), (여진 오랑캐) 콧수염에 묻은 (한족의) 고혈 다 씻어 지우누나.

有龍垂胡髥下迎黃帝. ≪史記·封禪書≫
턱과 구레나룻에 수염을 늘어뜨린 한 용이 내려와 황제를 맞이하였다.

雙手扯住朱仝長髥, 說道. '我只要這鬍子抱.' ≪水滸傳·51回≫
두 손으로 주동의 긴 구레나룻 수염을 잡아당기며 말했다. '나 이 수염할배 한테만 안아달랄 거야.'

'須'와 '鬚'는 동물의 촉수(觸鬚)와 식물의 뿌리털을 가리키기도 한다.

笏, 天子以球玉, 諸侯以象, 大夫以魚須文竹. ≪禮記·玉藻≫
홀은, 천자는 둥근 옥을 쓰고, 제후는 상아를, 대부는 고기(상어) 수염으로 장식한 대를 쓴다.

試以猪鬣毛撩撥蟲須, 仍不動. (≪聊齋志異·促織≫)
돼지 수염털로 벌레의 촉수를 건드려보아도 역시 움직이지 않았다.

榕木倒生根……根鬚沿木身垂下至地. 周去非, 〈嶺外代答〉
용나무는 뿌리가 거꾸로 난다……뿌리 털이 나무 몸체를 따라 드리워서 땅에까지 이른다.

'胡'는 본래 짐승의 턱 밑에 늘어진 살을 뜻하는 글자였다. 唐나라 顔師古는 ≪漢書≫ 주석에서 "胡는 목 줄기의 아래로 늘어뜨린 살을 말한다(胡謂頸下垂肉也)"고 하였다.

狼跋其胡, 載疐其尾. ≪詩經·豳風·狼跋≫
늙은 이리, 앞으로 나아가면 늘어진 턱 밑의 살이 발에 밟히고, 뒤로 물러서면 꼬리에 걸려 넘어지네.

294 豪[호/háo]·英[영/yīng]·俊[준/jùn]·傑[걸/jié]

이 네 글자는 모두 '재능, 지혜, 역량이 출중하고 특별함' 및 그러한 인물을 뜻한다.

德萬人者謂之俊, 德千人者謂之豪, 德百人者謂之英. ≪鶡冠子·能天≫
만 명의 사람에게 덕을 끼치는 이를 俊이라 하고, 천 명을 豪, 백 명을 英이라 한다.

君以千里之衆, ……亦足以爲人豪, 而反制於人. ≪三國志·魏志·呂布傳≫
그대는 천리의 대중을 이끌고……사람들의 호준이 되기에 충분하다. 그런데 반대로 남의 제어를 받고 있다.

英才蓋世, 衆士慕仰, 若水之歸海. ≪三國志·吳書·周瑜魯肅呂蒙傳≫
영웅스런 자질이 세상에 으뜸이라 수많은 선비들이 흠모 숭앙하여 마치 하천이 바다로 향하듯 합니다.

古者桀紂長巨姣美, 天下之傑也. ≪荀子·非相≫
옛날의 (패배자) 걸왕과 주왕은 건장하고 잘 생긴 천하의 준걸이었다.

이 글자들의 의미 구분에 관해서는 고대 전적에 서로 다른 의견들이 보이는데, 명백한 근거를 찾기 어렵다. 예를 들면, 위에 든 ≪갈관자≫의 예와 달리, ≪淮南子·泰族訓≫에서는 "만 명 중에 지혜로운 이를 英이라 하고, 천 명을 俊, 백 명을 豪, 열 명을 杰이라 한다"고 설명하여, 비교의 단위를 달리 말한다.

각 글자의 본의에 의해 미세한 의미 차이를 추정할 수 있다.

'豪'의 본의는 豪豬이다. 단단하고 긴 가시털이 난 호저는 두 측면의 비유적 의미로 사용되었는데, 좋은 쪽으로는 才德·威望·權勢 등을 가진 인물을 비유하고, 나쁜 쪽으로는 강권으로 약자를 억누르는 자를 비유한다. 따라서 '英, 俊, 傑'은 항상 긍정적 의미로만 쓰이는데 반해, '豪'는 때로는 깎아내리는 나쁜 의미로도 쓰인다.

又多豪右, 共爲不軌. ≪後漢書·張衡傳≫
또 힘쓰는 세도가가 많아서 함께 규범에 어긋나는 일들을 저지른다.

風俗不純, 其世家則好禮文, 富人則商賈爲利, 豪傑則遊俠通姦. ≪漢書·地理志≫
풍속이 순정하지 않아서, 귀족 가문은 예법 절차를 추구하고, 부자들은 장사로 이익을 내며, 호걸들은 무뢰배 해결사들과 교류한다.

政道未著, 俗弊尚深. 豪侈兼併, 貧弱困窘. ≪宋書·孝武帝紀≫
정치의 도리가 발현되지 못하여 아직도 민간에 폐해가 심하다. 힘세고 부유한 자는 남의 것을 빼앗고 약하고 가난한 자는 곤궁한 처지에 빠져 있다.

'英'의 본의는 꽃봉오리이다. 예쁘고 화려한 꽃에서 '精華'의 의미가 나오고 다시 '출중하다, 걸출하다'의 뜻이 인신된 것이다.

'俊'과 '傑'은 본의가 '덩지나 키가 큰 사람'이었고, 이로부터 '출중한 인물, 걸출한 사람'의 뜻으로 인신되었다.

이들 네 글자는 서로 결합되어 '豪傑, 英傑, 俊傑, 豪俊, 英俊' 등의 '뛰어난 사람'을 뜻하는 2음절 단어를 구성한다.

295 號[호/háo]·啼[제/tí]·哭[곡/kū]·泣[읍/qì]

이 네 글자는 모두 '울다[哭]'를 뜻한다.

'哭'은 소리를 내고 눈물을 흘리며 우는 것이고, '泣'은 소리 없이 눈물만 흘리며 우는 것이며(작은 소리를 내면 '嗚咽[흐느낀다]'한다고 함), '號'는 부르짖으며 크게 우는 것이고, '啼'는 큰 소리로 (눈물 없이) 우는 것이다. 후대에는 '泣'을 뺀 '哭, 號, 啼'의 구분은 없어졌다.

其謌也有思, 其哭也有懷. 韓愈, 〈送孟東野序〉
노래 소리는 그리는 생각이 있음이고, 곡 소리는 품은 情恨이 있음이다.

媼之送燕后也, 持其踵爲之泣. ≪戰國策·趙策≫
노마님께서는 딸을 연나라 왕후로 시집보내면서 그 발목을 붙들고 흐느끼셨습니다.

啼而不哭知腹痛, 哭而不啼將作驚. 吳謙, 〈醫宗金鑑·幼科雜病心法要訣·聽聲〉

칭얼대며 눈물이 없으면 복통이고, 눈물 흘리면서 소리를 안내면 경기가 들 징조이다.

祖母卒, 晝夜哀號, 不食數日. ≪宋史·隱逸≫
그 조모가 죽자 밤낮으로 슬피 울부짖으며 며칠 동안 밥을 안 먹었다.

이들 동의사는 상호 결합하여 단어를 이루는데, 예를 들면 '號哭, 啼哭, 啼號, 啼泣, 哭泣' 등이다.

296

紅[홍/hóng]·緋[비/fēi]·丹[단/dān]·赤[적/chì]·朱[주/zhū]·絳[강/jiàng]·殷[은/yān]

이 일곱 글자는 모두 붉은 색을 표시한다. 상고시대의 용례에 의해 이상의 여섯 가지 빨강을 점점 진한 순서로 배열하면 紅, 緋, 丹, 赤, 朱, 絳, 殷의 차례가 된다.

'赤'은 일반적인 '빨강'이며, 본래 '불에 빨갛게 달궈지다'에서 '빨갛다'로 인신되었다. '丹'은 赤보다 옅은 빨강을 말하는데, 丹砂에서 인신된 것이다. '紅'은 옅고 선명한 빨강을 말하며 '赤白色'이라고도 한다. '緋'는 본의가 '붉게 누빈 명주'로서 粉紅류의 색인데 용례가 많지 않고 唐 이후로 가끔 보인다. '朱'는 赤보다 붉은 심홍색을 말하는데, '赤心木(속이 빨간 나무)'에서 인신된 것이다. '絳'은 朱보다 짙은 진홍색을 말한다. '殷'은 絳보다 더 짙은 검붉은 색이다.

君子不以紺緅飾, 紅紫不以爲褻服. ≪論語·鄕黨≫
군자는 진남색과 검붉은 색으로 옷깃을 달지 않고, 빨강색과 자주색으로 평상복을 만들지 않는다.

騰蹋衆駿事鞍韀, 佩服上色紫與緋. 韓愈, 〈送區弘南歸〉
준마 안장에 올라 기댄 장수들, 자색과 비색의 고급 복색을 한 관리들.

積尸草木腥, 流血川原丹. 杜甫, 〈垂老別〉
수풀에는 시체 쌓여 비린내 진동하고, 들판 개울에는 피가 붉게 흐른다.

天子衣赤衣, 服赤玉. ≪呂氏春秋·孟夏≫
천자는 적색 옷을 입고, 적색 옥을 찼다.

赤衣塞路, 群盜滿山. ≪新序·善謀≫
적색 옷입은 죄수들이 거리에 가득 찼고, 도적 떼가 산마다 가득하다.

朱門酒肉臭, 路有凍死骨. 杜甫, 〈自京赴奉先縣詠懷〉
(부호의) 붉은 칠한 문가에는 술 고기 냄새 진동하고, 길가에는 얼어 죽은 시체 널려 있다.

湘江舞罷忽成悲, 便脫蠻靴出絳帷. 舒元輿, 〈贈李翺〉
상강의 춤이 끝나고 문득 처량한 느낌을 띠더니, 춤 신을 벗고 붉은 휘장을 걷고 나왔다.

'左輪朱殷, 豈敢言病.' 杜預注: 殷, 音近煙, 今人謂赤黑爲殷色. ≪左傳·成公二年≫, 杜預 注
'왼쪽 바퀴가 검붉게 물들었지만 감히 다쳤단 말을 안 했습니다.' 두예 주: 殷은 煙과 비슷하게 읽음. 지금 사람들(西晉)은 검붉은 색을 殷色이라 한다.

297 禍[화/huò]·殃[앙/yāng]·災[재/zāi]

이들 세 글자는 모두 '재난, 앙화'를 뜻한다.

'災'는 자연 재해를 말한다. 災의 이체자로는 '灾, 菑, 烖' 등이 쓰이는데 화재와 홍수를 자연재해의 상징으로 삼은 것이다. 災는 병충해와 한발 등도 지칭한다.

農夫勤苦如此, 尙復被水旱之災. 晁錯, 〈論貴粟疏〉
농부의 일은 이처럼 힘든데다 큰물과 가뭄의 재난을 겪습니다.

古者列國有灾, 同位者皆相弔. 柳宗元, 〈賀進士王參元失火書〉
옛날 춘추시대에는 한 나라에 재난이 나면 동급의 다른 나라들이 위문을 갔다.

'禍'는 갑작스런 죽음이나 살인 사건 등에 의한 사람의 화를 지칭한다.

其近者禍及身, 遠者及其子孫. ≪戰國策·趙策四≫
그 화가 가깝게는 자신에게 미치고 멀리는 자손에게 미칩니다.

聞君子禍至不懼, 福至不喜. ≪史記·孔子世家≫
군자는 앙화가 닥쳐도 놀라지 않고 복이 와도 기뻐하지 않는다고 들었습니다.

'殃'은 자연과 인간에 의한 재앙 모두를 말한다.

但恐楚國亡猨, 禍延林木. 城門失火, 殃及池魚. 杜弼, 〈爲東魏檄蜀文〉
초나라 도성에 원숭이가 부족하자 화가 숲[벌목]에 미치고, 송나라 성문에 불이 나자 연못에 [물을 퍼내] 물고기가 재앙을 만나게 되는 것이 걱정될 뿐입니다.

積善之家, 必有餘慶. 積不善之家, 必有餘殃. ≪周易·坤≫
선을 쌓은 집에는 더 남은 경사가 있고, 악을 쌓은 집에는 더 남은 앙화가 있다.

이들 세 글자는 '殃禍, 禍殃, 災禍, 禍災, 災殃' 등으로 이어 쓰며 '殃災'는 잘 쓰이지 않는다.

그리고, '禍, 殃, 災'는 모두 동사로도 활용된다.

天欲禍人, 必先以微福驕之. ≪菜根譚≫
하늘이 사람에게 화를 내리려 할 때는 반드시 먼저 작은 복으로 교만하게 만든다.

畜蠱以殃物, 天下不歸咎於蠱. ≪舊唐書·裴延齡傳≫
독충을 길러 남에게 해를 끼치면 세상 사람들은 그 독충을 탓하지 않는다.

夫肉麪養身之恒物也, 冷暖苟差, 猶能灾人, 而況金石靈草乎? 劉崇遠, 〈金華子雜編〉
고기와 밀가루는 몸을 기르는 일상의 음식인데도 그 온도가 적절치 않으면 사람을 해친다. 하물며 영험한 약초나 약석에 있어서랴?

298 華[화/huá]·榮[영/róng]

'꽃', '꽃이 피다'의 뜻에 있어서 이 두 글자는 동의사이다. ≪說文≫에서 "화는 영이다.(華, 榮也.)"라 했는데, 段注에서는 "나무는 화라 하고, 풀은 영이라 한다.(木謂之華, 草謂之榮.)"고 했다. 그 뜻은 목본 식물의 꽃이나 꽃이 피는 것을 '華'라 하고, 초본 식물의 꽃 또는 꽃이 피는 것을 '榮'이라 한다는 것이다. 실제로 사용할 때는 그 구분이 그다지 엄격하지는 않다.

桃之夭夭, 灼灼其華. ≪詩經·周南·桃夭≫
복숭아 나무 얼마나 무성하게 자랐는가. 꽃은 얼마나 산뜻하고 아름답게 피었는가.

今言華如華實之華者, 蓋音謬也. 王安石, 〈遊褒禪山記〉
지금 '화'를 '화실(봄에 꽃피고 가을에 열매맺는다)'의 '화'로 쓰는 것은 아마도 음이 잘못된 것일 것이다.

無根無莖, 無葉無榮. ≪管子·內業≫
뿌리도 없고 줄기도 없으며, 잎도 없고 꽃도 없다.

諸越則桃李冬實, 朔漠則桃李夏榮. ≪采草藥≫
월 땅에서는 복숭아나무와 자두나무가 겨울에 열매 맺고, 북방의 사막에서는 복숭아나무와 자두나무가 여름에 꽃이 핀다.

'華'는 꽃의 색깔이 화려하다는 점에서 의미가 확대되어 '화려하다'

의 뜻으로도 사용되고, 꽃이 종자식물의 유성번식에서 차지하는 작용으로부터 '精華', '精粹'의 뜻으로도 사용되며, 여러 가지 꽃들의 색깔과 여러 종류의 꽃들이 뒤섞인다는 점에서 의미가 확대되어 '희끗희끗하다'의 뜻으로도 사용된다.

豪民方華衣乘馬, 從群奴而馳. 高啓, 〈書博鷄者事〉
토호가 아름다운 옷을 입고 말을 타고 여러 하인들을 거느리고 말을 달려 왔다.

含英咀華. 韓愈, 〈進學解〉
정화를 음미하다.

多情應笑我, 早生華發. 蘇軾, 〈念奴嬌·赤壁懷古〉
정 많은 이들은 나를 비웃을 거야. 벌써 흰 머리 났다고.

'榮'은 식물이 꽃이 피면서 나타나는 생기발랄함이 사람들에게 아름다운 느낌을 준다는 점에서 의미가 확대되어 '무성함', '영광', '영예'의 의미로도 쓰인다.

淸榮峻茂, 良多趣味. ≪水經注·三峽≫
물 맑고 나무 무성하고, 산 높고 풀 우거져 진실로 흥취가 더해진다.

贈謚美顯, 榮于身後. 張溥, 〈五人墓碑記〉
추증된 시호는 아름답고도 고귀하니, 죽은 뒤에 대단히 영예롭게 된 것이다.

299

歡[환/huān]·喜[희/xǐ]·悅[열/yuè]·樂[락/lè]·欣[흔/xīn]·怡[이/yí]·懌[역/yì]

이 일곱 글자는 모두 '유쾌하고, 즐겁고, 기쁘다'의 뜻을 표시하는 동사 및 형용사이다.

'歡'은 매우 기쁘고 즐거움, 그리고 통쾌하고 상쾌함을 표현한다. ≪설문≫에서는 "歡은 기쁘고 즐거움이다(歡,喜樂也)"라고 하였다.

樂聲發而盡室歡, 悲音奏而列坐泣. 潘嶽, 〈笙賦〉
즐거운 소리를 내면 온 방안이 다 즐거워하고, 슬픈 소리를 타면 좌석의 모든 이가 흐느낀다.

賊衆歡呼, 雨射營中. ≪東觀漢記·王霸傳≫
적의 무리들은 신나 소리 지르며 빗발같은 화살을 영채에다 쏘아댔다.

'歡'은 인신되어 '화합, 환심, 情誼'와 '좋아하는 사람' 등의 뜻으로도 쓰인다.

卒相與歡, 爲刎頸之交. ≪史記·廉頗藺相如列傳≫
마침내 서로 화합하여 목숨도 내주는 친구가 되었다.

承君之歡, 不畏大國, 何故不來? ≪左傳·昭公四年≫
임금님의 환심을 얻어 큰 나라를 무서워하지 않게 되었는데 어떻게 안 오겠습니까?

自從別歡來, 奩器了不開. ≪樂府詩集·吳聲·子夜歌≫
님과 헤어진 뒤로는 끝내 화장품 갑을 열지 않았어요.

'喜'는 본의가 '술과 음식(酒食)'인데 '기쁘다'로 인신된 것이며, 다시 '기쁜 일'로 인신되었다. ≪集韻≫에서는 "憙는 喜로도 쓰며, 술과 음식이다(憙或作喜, 酒食也)" 라고 하였고, ≪爾雅≫에서는 "喜는 樂이다"라 하였으며, ≪玉篇≫에서는 "喜는 悅이다"라고 하였다.

備必喜而從命. ≪三國志·吳書·周瑜魯肅呂蒙傳≫
유비는 필시 기뻐하며 동의할 것입니다.

古者有喜, 則以名物, 示不忘也. 蘇軾, 〈喜雨亭記〉
옛 사람들은 기쁜 일이 있으면 그것으로 물건 이름을 지어 잊지 않도록 표시하였다.

'悅'(때로는 '說'로 씀)은 마음에서 생겨난 기쁨과 즐거움을 말하며, 讚賞과 肯定의 느낌을 포함한다. ≪廣雅≫에서는 "悅은 喜다"라고 하였고, ≪爾雅≫에서는 "悅은 감복함[服]이다"라고 하였다.

學而時習之, 不亦說乎? ≪論語·學而≫
배우고 그것을 때때로 연습하면 그것도 즐거운 일이다.

權大悅曰. '先生之言, 頓開茅塞. 吾意已決, 更無他疑.' ≪三國演義≫
손권이 크게 감복하여 말했다. '선생의 말씀에 뒤덮였던 덩굴이 다 걷혔습니다. 나는 결심했습니다. 더 이상 망설이지 않을 것입니다.'

'樂'의 본의는 '악기'인데, '음악'으로 인신되었고, 다시 '오락, 취미', '기쁘다, 즐겁다', '좋아하다, 즐기다' 등으로 인신되었다.

軍中無以爲樂, 請以劍舞. ≪史記·項羽本紀≫
군영 안이라 즐길거리가 없는데 검무라도 출까 합니다.

獨樂樂, 與人樂樂, 孰樂? ≪孟子·梁惠王下≫
혼자 음악을 즐기는 것, 그리고 남과 함께 음악을 즐기는 것, 어느 것이 더 즐거운가?

心中有足樂者, 不知口體奉不若人也. 韓愈, 〈送孟東野序〉
마음 속에 기쁨이 충족한 사람은 음식이나 의복이 남만 못한 것을 느끼지 못한다.

'欣'과 '怡'는 모두 즐거운 기분의 고양과 흥분을 주로 표현한다. '欣'은 겉모습으로 드러나고, '怡'는 마음 속에 감춰져 있다. ≪설문≫에서는 "欣은 喜이다" 라 했고, ≪爾雅注≫에서는 "怡는 마음의 즐거움이다(怡, 心之樂也)"라고 하였다.

欣欣然發憤忘食, 日新其德. ≪漢紀·昭帝紀≫
신이 나서 밥 먹는 것도 잊고 노력하여 나날이 그 품덕을 새롭게 하였다.

南陽劉子驥, 高尚士也, 聞之, 欣然規往. 陶潛, 〈桃花源記〉

남양의 고상한 선비 유자기가 그 이야기를 듣고 신이 나서 거기 가 볼 계획을 세웠다.

晉國有憂未嘗不戚, 有慶未嘗不怡. ≪國語·周語下≫
진나라에 우환이 있으면 근심하지 않은 적이 없고, 기쁜 일이 있으면 흐뭇해 하지 않은 적이 없었다.

'懌'은 사람들의 만족감에 의한 '즐거움, 기쁨'을 표현한다. ≪爾雅≫에서는 "懌은 樂이다"라 했고, ≪詩經毛傳≫에서는 "懌은 欣이다"라고 하였다.

於是秦王不懌, 爲一擊缶. ≪史記·廉頗藺相如列傳≫
이리하여 진왕이 불쾌해하면서 질장구를 한번 쳤다.

300 賄[회/huì]·賂[뢰/lù]·貨[화/huò]·資[자/zī]·財[재/cái]

이 다섯 글자는 '재물'을 뜻한다.

'貨'는 흔히 '화물'이 아닌 '금은보석 및 화폐' 등을 지칭한다. ≪尙書·洪範≫의 孔穎達 주석에서는 "貨는 金玉布帛의 통칭이다.(貨者, 金玉布帛之總名也)"라고 하였다.

交廣之域, 全以金銀爲貨. ≪隋書·食貨志≫
交州와 廣州의 지역은 모두 금은으로 화폐를 삼았다.

身且死, 何以貨爲? 柳宗元, 〈哀溺文并序〉
몸이 이제 죽어 가는데 돈으로 무엇을 하겠는가?

沛公居山東時, 貪於財貨, 好美姬. ≪史記·項羽本紀≫
패공이 산동에 있던 시절에는 재물과 보석을 탐하고 예쁜 여자를 밝혔다.

'賄'는 흔히 '베와 비단(布帛)' 종류를 지칭한다. ≪周禮注≫에서는 "금과 옥을 貨라 하고, 베(布)와 비단(帛)을 賄라 한다"고 하였다.

以爾車來, 以我賄遷. ≪詩經·衛風·氓≫
그러자 당신은 수레를 끌고 와 내 베와 비단(혼수)을 실어갔지.

'資'는 흔히 '재물'을 지칭한다. ≪說文≫에서는 "資는 貨다"라 하였고, 이에 대해 段玉裁는 "貨란 化를 말한다. 資란 쌓아 모은 것을 말한다.(貨者, 化也. 資者, 積也.)"고 풀이하였다.

盜賊有所勸, 逃亡者得輕資也. 晁錯, 〈論貴粟疏〉
(금은보석은) 도적질을 하도록 유혹하고, 도망자에게 가벼운 재물이 되어준다.

賈人夏則資皮, 冬則資絺, 旱則資舟, 水則資車, 以待乏也. ≪國語·越語≫
상인은 여름에는 가죽을 모아두고, 겨울에는 칡베를 모아두며, 가물 때 배를 사 모으고 비올 때는 수레를 사모아서 물건이 부족할 때를 기다린다.

'財'는 흔히 곡식을 포함한 일상의 '생활 물자'를 지칭한다. ≪說文≫에서 "財는 사람들이 보배로 삼는 바이다."라고 하였다.

苟粟多而財有餘, 何爲而不成? 賈誼, 〈論積貯疏〉
식량이 많고 물자가 여유가 있으면 무엇을 못 이루겠습니까?

聖王在上, 而民不凍饑者, 非能耕而食之, 織而衣之也. 爲開其資財之道也. 晁錯, 〈論貴粟疏〉
성군이 있어 백성이 얼고 주리지 않는다면 이는 왕이 경작하여 먹이고 베를 짜서 입히기를 잘해서가 아니다. 그들이 재물을 늘리는 길을 열어주기 때문이다.

'賂'와 '賄'는 모두 '재물을 주다'의 뜻으로 쓰인다. ≪설문≫에서는 "賂는 遺다"라고 하였고, 段玉裁의 주석에서는 "이쪽의 것을 저쪽에 보내주는 것을 賂라 한다(以此遺彼曰賂)"고 하였다.

於是從散約解, 爭割地而賂秦. 賈誼, 〈過秦論〉

이리하여 합종의 맹약은 흩어져버리고 앞다퉈 땅을 잘라 진나라에 바쳤다.

入有郊勞, 出有贈賄. ≪左傳·昭公五年≫
올 때는 교외까지 나가 맞이하며 위로하고, 갈 때는 선물을 준다.

'賂'와 '賄'가 '재물로 사람을 매수하다'의 뜻으로 인신된 것은 비교적 늦은 시기이다.

弊政之大, 莫若賄賂行而徵賦亂. 柳宗元, 〈答元饒州論政理書〉
나쁜 정치 중에 가장 큰 것은 뇌물이 통하고 세금 징수가 어지러운 것이다.

富者賂數十百金, 貧亦罄衣裝. 方苞, 〈獄中雜記〉
부자들은 수천 냥의 은을 뇌물로 주었고, 가난한 자도 옷과 기물들을 모두 내다 팔았다.

'뇌물을 주다(賄賂)'의 뜻으로는 고대에는 '賕(구·qiú)'를 사용하였다. ≪說文≫에는 "賕는 법을 어기며 재물로 사례하는 것이다(賕, 以財物枉法相謝也)"라고 하였다.

吏坐受賕枉法. ≪漢書·刑法志≫
관리들이 태연히 앉아서 뇌물을 받으며 법을 어겼다.

301 獲[획/huò]·穫[확/huò]

'獲'의 본의는 짐승들을 사냥하는 것으로, 수렵과 관련하여 사용되는 글자이다. '穫'의 본의는 농작물을 수확하는 것으로, 농업과 관련하여 사용되는 글자이다.

射中獲多, 矜而自功. 司馬相如, 〈子虛賦〉
쏘아 맞춰 사로잡은 것들이 많아 긍지를 갖고 스스로 공을 세운 것으로 생각했다.

春耕夏耘, 秋穫冬藏. 晁錯, 〈論貴粟疏〉
봄에 밭 갈고 여름에 김매고, 가을에 수확하고 겨울에 저장한다.

뒤에 두 글자는 모두 '얻다', '수확하다'의 뜻으로 인신되어 동의사가 되었다.

隋侯救蛇而獲珠. 馬中錫, 〈中山狼傳〉
수후가 뱀을 구해주고 구슬을 얻었다.

故余雖愚, 卒獲有所聞. 宋濂, 〈送東陽馬生序〉
그러므로 내가 비록 어리석지만, 그래도 결국은 얻은 바가 있다.

兩者弗穫相通焉. 徐光啓, 〈甘薯疏序〉
두 가지는 서로 통함을 얻지 못했다.

耕穫菑畬, 時時利賴其用. 徐光啓, 〈甘薯疏序〉
묵정밭과 새밭을 일구어 수확하여, 때때로 그 이익으로 사용하는데 도움을 주었다.

'포로로 잡다(俘獲)'의 의미로 쓰인 '獲'은 '穫'으로 바꿔 쓸 수 없으나, '수확하다'의 뜻으로 쓰인 '穫'은 '獲'으로 바꿔 쓸 수 있다.

獲百里孟明視·西乞朮·白乙丙以歸. ≪左傳·僖公三十二年≫
백리 맹명시, 서걸출, 백을병을 사로잡아 돌아왔다.

今是土之生五穀也, 人善治之, ……一世而再獲之. ≪荀子·富國≫
지금 이 사람이 오곡을 거두는 것을 다른 사람들이 잘한다고 한다. ……일년에 그것을 두 번 수확한다.

302 酗[후/xù]·醉[취/zuì]·酣[감/hān]

'술 취하다'의 뜻에 있어서 이 글자들은 동의사이다. 그러나 술 취하는 정도에 있어서 차이가 있다. '酗'의 정도가 가장 심하고, '醉'가 그 다음이며, '酣'은 가장 낮다.

'酗'는 술에 깊이 빠진 것으로, 취한 후에 흉한 행동을 하는 것이다.

無若殷王受之迷亂, 酗于酒德哉. ≪尙書·無逸≫
은왕 주처럼 미혹되어 무절제하게 술을 마시고 여러 가지 악행을 해서는 안 된다.

'醉'는 술을 지나치게 많이 마셔 정신이 온전하지 못한 상태에까지 이르는 것이다.

蒼顔白髮, 頹乎其中者, 太守醉也. 歐陽脩, 〈醉翁亭記〉
나이 든 얼굴에 흰 머리를 하고 그들 사이에 쓰러져 있는 사람이 바로 술 취한 태수이다.

將尉醉. ≪史記·陳涉世家≫
군관이 취하였다.

衆人皆醉, 何不哺其糟而啜其醨? ≪史記·屈原列傳≫
모든 사람들이 다 취하여 있으면, 어찌하여 그 술지게미를 먹고 박주를 마시지 않습니까?

'酣'은 반쯤 취하는 것으로, 상쾌하게 술을 마시는 것이다.

秦王飮酒酣. ≪史記·廉頗藺相如列傳≫
진왕은 술을 마셔 매우 기분 좋게 되었다.

酒酣, 吏二搏一人詣王. ≪晏子春秋·內篇·雜下≫
술을 기쁘게 마셨을 즈음에, 관리 두 사람이 한 사람을 포박하여 초왕 앞으로 왔다.

將出, 日與其徒置酒酣歌達曙. 方苞, 〈獄中雜記〉
막 (감옥에서) 나가려고 할 때, 그는 날마다 동료들과 술자리를 마련하고 통쾌하게 술을 마시며 새벽이 될 때까지 노래를 불렀다.

303
休[휴/xiū]·息[식/xī]·歇[헐/xiē]·輟[철/chuò]

이 글자들은 모두 '쉬다'의 뜻이지만, 다음과 같은 차이가 있다.

'休'의 본의는 '휴식'이다. 사람이 멈춰서 나무에 기대어 쉬는 것이며, 쉬는 시간이 짧을 때 사용한다. '停止', '그만두기를 권하다'의 뜻으로 의미가 확대되어 쓰이며, 멈춘 뒤에 더 계속하지 않는다는 뜻이다.

> 負者歌於途, 行者休於樹. 歐陽脩, 〈醉翁亭記〉
> 짐을 진 자 길에서 노래하고, 길을 걷는 자 나무 밑에서 쉰다.

> 令下而人皆疾習射, 日夜不休. ≪韓非子·內儲說上≫
> 명령을 내리자 사람들이 모두 서둘러 활쏘기를 연습해서 밤낮으로 멈추지 않았다.

> 先生休矣. ≪戰國策·齊策四≫
> 선생께서는 그만두시지요.

'息'의 본의는 '숨을 쉬다'로서, 호흡을 가리킨다. ≪說文≫에서는 "숨쉬다(喘也)"라 했고, ≪增韻≫에서는 "한번 숨을 내쉬고 한번 숨을 들이마시는 것을 일식이라 한다.(一呼一吸爲一息)"고 했다. 여기에서 인신되어 '휴식'의 뜻이 되었으며, 멈추는 시간이 짧은 것을 가리킨다. 다시 인신되어 '숨을 고르다.(平息, 열렬한 분위기를 늦추다)', '정지'의 뜻으로 쓰인다.

> 鷄鳴入機織, 夜夜不得息. 〈孔雀東南飛〉
> 닭이 울면 베짜기 시작하여 밤늦도록 쉬지 않았다.

> 鳶飛戾天者, 望峰息心. 吳均, 〈與朱元思書〉
> 솔개가 하늘로 날아오르듯이 (명리를 추구하여 높은 곳으로 오르려) 힘을 쏟는 사람도, 이처럼 웅장한 봉우리를 보면 (공명과 이록을 추구하는) 마음을 늦추게 될 것이다.

百姓素朴, 獄訟衰息. ≪漢書·賈誼傳≫
백성들이 소박해져서 소송 사건이 멈춰졌다.

'歇'은 흔히 피곤한 뒤에 멈추는 것을 가리킨다. 따라서 '歇'은 주로 피곤함이 원인이 된다. '歇'은 인신되어 '정지'의 뜻으로 쓰였는데, 대체로 짧은 시간 동안 멈추는 것을 가리킨다.

牛困人饑日已高, 市南門外泥中歇. 白居易, 〈賣炭翁〉
소는 지치고 사람도 굶주려 있는데 해는 벌써 높이 솟아 있고, 저잣거리 남문 밖 진흙 구덩이에서 쉬고 있다네.

氷泉冷澀弦凝絶, 凝絶不通聲暫歇. 白居易, 〈琵琶行〉
샘물이 차가워 응결되듯, 현을 튕기는 소리 엉기어 끊기는구나. 엉기어 끊겨 통하지 않으니 소리 잠시 멈추는구나.

'輟'의 본의는 수레를 약간 수리하는 것이다. 인신되어 '중지', '정지', '내려놓다', '폐지' 등의 의미로 쓰였다. 잠깐 멈추는 것을 가리키기도 하고, 영원히 멈추는 것을 가리키기도 한다.

輟耕之壟上. ≪史記·陳涉世家≫
밭가는 것을 멈추고 언덕 위로 올라갔다.

天不爲人之惡寒也輟冬. ≪荀子·天論≫
하늘은 사람들이 추위를 싫어한다고 해서 겨울을 없애지는 않는다.

304 犧[희/xī]·牲[생/shēng]

두 글자의 본의는 모두 고대에 제사를 지낼 때 희생으로 바쳐지는 짐승이다. 그 차이는 다음과 같다.

'犧'는 제사용으로 쓰이는 한 가지 색깔의 희생 짐승이다. '牲'은 제

사용으로 바쳐지는 온전한 형태의 소, 양, 돼지 등이다.

子獨不見郊祭之犧牛乎? ≪史記·老子韓非列傳≫
그대는 교제사에 희생으로 사용되는 털빛이 순일한 소를 못 보았단 말인가?

小事不用大牲. ≪左傳·僖公十九年≫
작은 일에는 큰 희생을 사용하지 않는다.

'犧'와 '牲'을 연용하여 고대에는 제사용의 짐승을 널리 가리켰다.

犧牲玉帛, 弗敢加也, 必以信. ≪左傳·莊公十年≫
희생과 옥과 비단을 감히 과장해서 보고하지 않는다. 반드시 성실한 마음으로 한다.

언어가 발전함에 따라 근대 이후의 '犧牲'이라는 단어는 제사용의 희생이라는 의미가 이미 완전히 사라지고, 정의를 위해 자신의 생명 또는 이익을 바친다는 새로운 의미가 나타났다.

吾犧牲百死以不辭. 林覺民, 〈與妻書〉
나는 백번 죽음을 바치기를 사양하지 않는다.

國人皆以諸先烈之犧牲精神爲國奮鬪. 孫文, 〈黃花岡七十二烈士事略序〉
국민들은 모두 여러 선열의 희생정신으로 나라를 위해 분투하라.

305
覺[각/jué]·寤[오/wù]·醒[성/xǐng]

세 글사는 모두 잠에서 깨다는 의미를 가지고 있는데, '覺'·'寤'·'醒'의 本義는 미세한 차이가 있다.

'覺'은 毛居正의 ≪增韻≫에 "覺은 꿈에서 깸이다.(覺, 夢醒也)"고 했

다. '覺'의 本義는 꿈을 꾸다가 깨는 것이다.

晉侯夢大厲,…… 公**覺**, 召桑田巫. 巫言如夢. ≪左傳·成公10년≫
晉侯(景公)가 꿈을 꾸었는데…… 경공이 깨어나서 桑田의 무당을 불렀는데 무당의 말이 꿈과 같았다.
◆大厲 또는 厲: 惡鬼의 이름.

方其夢也, 不知其夢也. 夢之中又占其夢焉, **覺**而後知其夢也. ≪莊子·內篇·齊物論≫
바야흐로 꿈을 꾸고 있을 때는 그것이 꿈인지 알지 못한다. 꿈속에서는 그가 꾸었던 꿈을 점치기도 하는데 꿈을 깬 뒤에야 그것이 꿈이었음을 알게 된다.

'寤'의 本義는 잠에서 깨어나다 이다.

寤言不寐, 願言則懷. ≪詩經·邶風·終風≫
깨어나면 다시 잠 안 오고 생각하면 마음 슬퍼지네.
◆言: 어기조사, 의미는 없다. 寐는 잠을 자다[睡著].

'醒'은 段玉裁의 ≪說文解字注≫에 "허신이 책에는 醒자가 없다. 醉中에서 깨는 바가 바로 醒이다…… ≪자림≫에 비로소 醒이 나오는데 '술을 깸이다'고 했다.(許書無'醒'字. 醉中有所覺悟卽是醒也.…… ≪字林≫始有'醒'字, 云: '酒解也.')"라고 하였다. 陳彭年의 ≪玉篇≫에 "醒은 취함에서 깨어나는 것이다(醒, 醉解)"고 했으므로 '醒'의 本義는 술에 취한 뒤에 머릿속이 맑고 깨끗해진 것이다.

姜與子犯謀, 醉而遣之. **醒**, 以戈逐子犯. ≪左傳·僖公23年≫
(齊나라) 강씨와 자범은 모의하여 (중이를) 술에 취하게 하여 (제나라를) 떠났다. (중이가) 술에서 깨자 창을 들고 자범을 뒤쫓았다.

'覺'과 '寤'는 連用되어 깨닫는다는 격식을 구성할 수 있고 분명해지(게 하)다는 의도를 나타낸다. 古人들은 늘 '寤'자를 '悟'자로 썼다. '覺'과 '寤'의 連用은 또한 '寤覺'의 격식을 구성할 수 있는데 뜻은 '覺悟'와 다름이 있어서 잠에서 깨어나다는 뜻이다.

'覺'·'寤'·'醒'의 반대말에도 차이가 있다. '覺'의 반대말은 비교적 많은데 '夢', '寢', '寐', '臥', '眠' 등의 말과 相對가 된다. 주의할 만한 가치가 있는 것은 '寐覺'으로 연용될 때는 결코 反義關係를 구성하지 않고, '잠에서 깨어나다'는 뜻을 나타낸다는 점이다. 이것과 서로 닮은 것으로는 '睡'와 '覺'이 있어서 본래는 반대말이지만 그것들이 연용될 때는 反義關係를 구성하지 못하고 잠에서 깨어난다는 뜻을 나타낸다.

> 雲髮半偏新**睡覺**, 花冠不整下堂來. 白居易, 〈長恨歌〉
> 구름 같은 머리 기울어져 잠자다 방금 깬 모습이요, 꽃 머리 장식 매만지지도 않은 채 당을 내려왔네.
> ◆여기의 睡覺은 모두 '잠에서 깨어나다'는 뜻인데, 반의관계가 아닌 이상 현대 중국어의 '자다[睡覺]'라는 낱말과는 다르다.

'寤'는 '寐'와 相對가 많이 된다. 때로는 '臥', '睡'와 상대된다. '醒'은 늘 '醉'와 상대된다. 또한 '睡'와 상대될 수 있다.

> 寤寐無爲, 輾轉伏枕. ≪詩經·國風·陳風·澤陂≫
> 자나 깨나 아무 일 못하고 이리저리 뒤척이다 베개에 머리 묻네.

306
過[과/guò]·錯[착/cuò]·誤[오/wù]

先秦時代 이전의 '錯'은 '잘못'에 해당되지 않았고 唐宋時代 이후에는 매우 적게 '잘못'에 해당되었으며, '잘못'에 해당된 것은 '過'자이다. 段玉裁의 ≪說文解字注≫에 "인신되어 과오가 있다는 過가 된다(引伸爲有過之過.)"라고 했다.

> 君子博學而日參省乎己, 則知明而行無**過**矣. ≪荀子·勸學≫
> 군자가 널리 학문을 쌓아서 하루에도 자기를 세 번 반성하면 지혜는 밝아지

고 행위는 잘못이 없게 된다.

寡人之過一至此乎! 爲之柰何? 司馬遷, ≪史記·滑稽列傳≫
과인의 잘못이 여기에 이르렀다는 말인가! 이를 어찌하면 좋겠는가?

후에 '錯'·'誤' 2글자는 모두 過失, 錯誤에 해당될 수 있었으나, 여전히 '誤'가 많이 사용되었고 '錯'은 적게 사용되었다.

參伍以變, **錯**綜其數, 通其變, 遂成天地之文. ≪周易·繫辭10章≫
함께 나란히 함에 변화로써 하며, 그 수를 한데 섞어 그 변화에 통하여 마침내는 하늘과 땅의 무늬를 이루게 하는 것이다.

307

國[국/guó]·邦[방/fáng]·社稷[사직/shèjì]·天下[천하/tiānxià]·海內[해내/hǎinèi]

이 글자들은 모두 '나라'를 가리킬 수 있다.

그렇지만 구분이 있다. '國'과 '邦'은 원래 모두 諸侯의 封國을 나타낸다. ≪辭海≫에 "고대 제후의 봉국을 일컫는다(古代諸侯封國之稱)"라고 했다.

開**國**承家, 小人勿用. ≪周易·師卦≫
나라를 열고 집안을 계승함에는 小人을 써서는 안 된다.
◆孔穎達의 疏에 "그 공적이 크면 그에게 나라를 열어 제후가 되게 하고, 그 공적이 작으면 家를 이어 경대부가 되게 한다.(若其功大, 使之開國爲諸侯; 若其功小, 使之承家爲卿大夫.)"라고 했다.

諸侯有爭臣五人, 雖無道, 不失其**國**. ≪孝經·爭諫≫
제후에게 (義를) 다투는 신하 5인이 있으면 비록 무도하더라도 그의 나라를 잃지 않을 것이다.
◆爭: 諍(쟁: 간하다)과 통한다.

百姓昭明, 協和萬**邦**. ≪尙書·虞書·堯典≫
백성이 밝게 다스려지니 만방이 화합하여 평화를 누리게 된다.

'國'과 '邦'은 모두 제후의 봉국에서 引伸하여 보통 일반적인 國家를 가리키게 되었다.

(韓) 凡七十八**國**, 伯濟是其一國焉. 大者萬餘戶, 小者數千家, 各在山海間. ≪後漢書·東夷傳≫
(韓은) 모두 78개 나라인데, 백제는 그중 한 나라이다. 큰 것은 만여 호이고 작은 것은 수천 家이고 각기 산과 바다 사이에 위치해 있다.
◆보통 상고대 중국에서는 1-2만호가 한 나라를 이루고 있었다. 우리나라는 산이 2/3 이상이므로 같은 수가 없었다. 수천 호는 비록 작으나 부락보다는 훨씬 크다.

在**邦**無怨, 在家無怨. ≪論語·顔淵≫
나라에 있어서도 원망이 없고 집안에서도 원망이 없다.

許愼의 ≪說文解字≫에 "邦은 國이다(邦, 國也.)" "國은 邦이다(國, 邦也.)"라고 했으므로 '國'과 '邦'은 互訓할 수 있고 連用될 수 있으며 對擧할 수도 있다.

可以殿**邦國**·同福祿·來遠人, 所謂樂也. ≪左傳·襄公11年≫
나라를 안정시킬 수가 있고 복록이 한 곳에 모이며 먼 곳 사람들이 복종해 오니 이것이 이른바 음악입니다.

'國'과 '邦'은 때로는 互換할 수 있다. 이런 상황이 발생된 원인의 하나는 漢 高祖의 이름이 邦이었고 漢人들은 避諱하기 위하여 '邦'을 '國'으로 고쳤기 때문이다.

修之於鄕, 其德乃長; 修之於**國**, 其德乃豊. ≪老子·54章≫
향리에서 닦으면 그 덕이 이에 오래가고, 나라에서 닦으면 그 덕이 이에 풍부해진다.

治**邦**者行此節, 則鄕之有德者益衆, 故曰: "修之**邦**, 其德乃豐." ≪韓非子·解老≫

나라를 다스리는 자가 이 節度를 행하면 향리에 덕 있는 사람이 더욱 많아진다. 그러므로 (≪노자≫에) 말하길 "나라에서 닦으면 그 덕이 풍부해진다"고 하였다.

'國'과 '邦'은 또한 각자 여러 다른 引伸義가 있다. '國'은 '國家'로부터 인신하여 '수도'가 된다. '수도'는 또한 인신하여 '조정'이 되고, '조정'에서 인신하여 '國君'이 된다. '國君'에서 인신하여 '國事'가 될 수 있다.

杞子自鄭使告于秦曰: "鄭人使我掌其北門之管, 若潛師以來, **國**可得也." ≪左傳·襄公32年≫

기자가 鄭나라로부터 秦나라에 보고하기를 "정나라 사람이 나에게 정나라의 북문의 빗장을 관리하게 하였습니다. 만일 몰래 군대를 이끌고 (정나라로) 들어오면 정나라의 수도를 빼앗을 수 있습니다."고 했다.

夫將者, **國**之輔也. ≪孫子·謀攻≫

대저 장군이란 국군을 돕는 자이다.

今亡亦死, 擧大計亦死, 等死, 死國可乎! 司馬遷, ≪史記·陳涉世家≫

지금 도망하여도 죽고, 의거를 일으켜도 죽는다. 똑같이 죽을 바에는 나랏일을 위하여 죽는 것이 옳다!

'國'은 또한 수도로부터 인신되어 일반적인 城市를 널리 가리킬 수 있다. '國'은 '國家'로부터 인신되어 '部落'이 된다. '國'은 '제후의 封國'으로부터 또한 인신되어 '封地'가 될 수 있고, '封地'로부터 인신되어 '地區', '地方'이 될 수 있고, 또한 인신되어 '地形', '地勢'가 될 수 있다. 또 이로부터 인신되어 '故鄕', '家鄕'이 될 수 있다. 그러나 '邦'은 이런 작용이 없다.

國有班事, 縣有序民. ≪國語·周語≫

도성에서는 각 직책이 분명하게 구분되고 縣의 민중들도 일을 정연하게 할 것이다.

◆韋昭의 注에 "國은 성읍이다.(國, 城邑也.)"라고 했다.

孟嘗君就**國**於薛. ≪戰國策·濟策四≫
맹상군은 설 땅에 있는 封地로 돌아가게 되었다.

逝將去女, 適彼樂**國**. ≪戰國策·趙策四≫
이제 너를 떠나 저 즐거운 지방으로 가련다.
◆逝는 發語詞(≪經傳釋詞≫). 適(적): 가다.

'國'은 '國家'로부터 인신되어 동사인 '建國하다'가 될 수 있고, '수도'로부터 인신되어 '도읍을 건설하다'가 될 수 있다.

有**國**於蝸之左角者, 曰觸氏. 有國於蝸之右角者, 曰蠻氏. ≪莊子·雜篇·則陽≫
달팽이 왼쪽 뿔에 나라를 세운 이가 있어 이를 촉씨라고 부르고, 바른 뿔에 세운 나라는 만씨라고 한다.

'邦'은 '제후의 봉국'으로부터 인신되어 동사인 '分封하다'는 뜻이 될 수 있다. '邦'의 이런 뜻은 '國'에는 없는 것이다.

叔卒, 乃命諸王, **邦**之蔡. ≪尙書·周書·蔡仲之命≫
叔이 죽자 (그 아들 채중을) 왕에게 품신하여 채나라의 제후로 봉하였다.

'社稷'에서 '社'의 本義는 土地神이고, '稷'의 本義는 穀神(곡물의 신)이다. 고대에 나라를 세울 때에는 반드시 토지신과 곡신을 세움으로써 國人들이 福을 구하고 공적에 보답하기에 편하게 하였는데, 후에 두 글자가 합쳐져 '社稷'이 되었고 국가를 대신하게 되었다.

將軍身被堅執銳, 伐無道, 誅暴秦, 復立楚國之社稷, 功宜爲王. 司馬遷, ≪史記·陳涉世家≫
장군은 몸에는 갑옷을 걸치고 손에는 예리한 무기를 들고 무도한자를 토벌하고 포악한 진나라를 제거하여 초나라의 사직을 중건하려고 하니, 공을 논한다면 稱王해야 마땅하다.

'天下'는 옛날에 땅이 하늘의 아래에 있으므로 大地를 天下라고 일컬었다. 옛 전적 안에서 말하는 천하는 바로 中國 전체를 가리킨다.

≪辭源≫에는 "舊說에는 땅이 하늘의 아래에 있으므로 大地를 天下라고 일컬었다. 옛 전적 안에서는 家·國·天下를 가지고 連稱하여, 家가 모여서 나라를 이루고 나라가 모여서 天下를 이루었음을 가리켰다. 그러므로 三代의 통일제국은 천하라고 일컬은 경우가 있고, 통일에서 분열되면 천하를 잃었다고 했다. 이른바 천하는 중국 전체를 가리키고, 통일천하는 중국 전체를 통일한 것이다."라고 했다.

皇天眷命, 奄有**四海**, 爲天下君. ≪尙書·大禹謨≫
황천이 돌보고 명하여 四海에 다 영향력을 가졌으니 중국 전체의 임금이 되었다.
◆眷(권): 돌아보다. 奄(엄): 盡과 통함.

'海內'는 古人은 중국 강토의 四面이 바다로 둘러싸여 있다고 여겼으므로 國境안을 가지고 海內라고 일컬었는데 天下라고 말함과 같다.

今欲幷**天下**, 凌萬乘, 詘敵國, 制**海內**, 子元元, 臣諸侯, 非兵不可. ≪戰國策·秦策一≫
이제 천하를 병합하고 천자의 나라를 능가하여 적대국을 굴복시키고 전 중국을 제압하여 백성을 자식으로 하고 제후를 신하로 만들어 임금을 섬기도록 하시려면 전쟁이란 방법밖에 없습니다.

308

屈[굴/qū]·曲[곡/曲qū]

'屈'과 '曲'은 모두 구불구불하다는 뜻이다.

그렇지만 구체적으로는 다른 점이 있다.

1. '屈'과 '曲'은 本義와 引伸義가 다르다.

'屈'의 本義는 짧은 꼬리[短尾]이다. 段玉裁의 ≪說文解字注≫에 "대개 짧은 꼬리를 屈이라 한다.(凡短尾曰屈.)"라고 했다. 本義로 사용될 때에는 [jié]로 발음한다.

鳥有翢翢者, 重首而屈尾, 將欲飮於河, 則必顚. ≪韓非子·說林下≫
새 가운데 도도라는 것이 있다. 머리가 무겁고 꼬리 쪽이 굽었다. 물에서 물 마시려고 하면 반드시 뒤엎어진다.

기타 물건이 짧은 것과 꼬리가 짧은 것은 공통되는 곳이 있으므로 引伸되어 짧은 것이 된다. 이 뜻으로 사용될 때 역시 [jié]로 발음한다.

聖人無屈奇之服, 無瑰異之行. ≪淮南子·詮言訓≫
성인은 기이한 복장을 걸치지 아니하고 기교한 행동을 하지 않는다.
◆瑰(괴): 구슬이름.

꼬리가 짧음은 나타내는 '屈短'의 屈과 '屈伸'을 나타내는 屈은 발음이 같으므로 借用하여 '屈伸'의 屈이 되어 '물체를 굽히게 하다(使物體柔曲)'라는 뜻이 된다. 이로부터 引伸되어 '屈服하게 하다', '屈服'이 된다.

執其干戚, 習其俯仰屈伸, 而容貌得莊焉. ≪荀子·樂論≫
방패와 도끼를 잡고서 굽어보고 우러러보고 몸을 굽혔다 폈다 (武의 춤을 추면) 사람의 용모가 장중해진다.

富貴不能淫, 貧賤不能移, 威武不能屈. ≪孟子·滕文公下≫
부귀도 그의 마음을 혼란시킬 수 없고 빈천도 그의 뜻을 바꾸게 할 수 없으며 무서운 무력도 그를 굴복시킬 수 없다.

후에 '屈'의 本義인 '짧은 꼬리'는 점차 없어져버려 사용하지 않게 되었고 그 假借義인 '물체를 구부러지게 하다'가 오히려 本義가 되었다.

'曲'의 本義는 彎曲, 曲折로서, 물체가 구불구불한 형태를 나타내고 형용사이다.

木直中繩, 輮以爲輪, 其曲中規. ≪荀子·勸學≫
나무가 곧아서 먹줄과 일치해도 구부림으로써 바퀴가 되고, 그 구부러짐이 곱자와 일치한다.

사람의 행위가 부정직한 것과 물체가 구부러진 것은 서로 유사하므로 引伸하여 不正直, 不公正이 된다. 도리가 곧지 않으면 理屈(이치가 닫지 않다), 理虧(도리에 어긋나다)가 된다. 樂曲의 억양돈좌(抑揚頓挫)가 마치 물체에 曲折이 있는 것과 같으므로 引伸하여 樂曲·歌曲이 되는데 이때는 [qǔ]로 발음된다.

屈平疾王聽之不聰也, 讒諂之蔽明也, 邪曲之害公也, 方正之不容也. 司馬遷, ≪史記·屈原賈生列傳≫
굴평은 왕이 신하의 말을 듣는 것이 총명하지 못하는 것과, 아첨하는 무리들이 왕의 총명을 가로막는 것과, 사악하고 불공정한 무리가 공명정대한 사람을 해치는 것과, 단정하고 정직한 사람을 받아들이지 않는 것을 애통하게 생각하였다.
◆屈平: 屈原. 平은 이름, 原은 字. ≪초사≫를 지은 사람.

我曲楚直, 不可謂老. ≪左傳·宣公12年≫
우리가 올바르지 않고 초나라가 올바른 것이 되니 지쳐있다고는 할 수 없다.

莫辭更坐彈一曲, 爲君翻作琵琶行. 白居易, 〈琵琶行〉
제발 사양 말고 다시 앉아 한 곡조 더 뜯어 주게나. 그대 위해 글로 옮겨 비파행을 지어 줄 것이니.
◆翻作(번작): 옮겨 짓다.

2. '屈'과 '曲'은 어법 기능도 다르다.

'屈'은 일반적으로 단지 동사로 사용되나, 형용사와 명사로는 사용될 수 없다. 그러므로 이것은 형용사와 명사가 가지고 있는 어법 기능이 없이 일반적으로 단지 술어가 될 뿐이다.

'曲'은 일반적으로 형용사로 사용된다. 형용사가 가지고 있는 어법 기능을 가지고 있어 항상 한정어가 된다. 그러나 명사로도 사용될 수 있어서 명사가 가지고 있는 어법 기능을 가지고 있다.

河, 千里而一曲也. ≪春秋公羊傳·文公12年≫
황하는 천리이나 굽은 곳을 하나로 한다(하나의 굽은 곳이 있다).
◆曲은 목적어로서 굽은 곳을 가리킨다.

趙王之臣有韓倉者, 以曲合於趙王, 其交甚親, 其爲人疾賢妬功臣. ≪戰國策·秦策五≫

조나라 왕의 신하에 한창이란 자가 있어서 정당하지 못한 수단으로 조왕의 마음에 들어 대단히 가까운 사이가 되었는데, 그 위인됨은 賢臣을 꺼리고 功臣을 시기한다.

◆曲은 앞의 전치사 以의 목적어로서 뒤의 동사 合의 한정이다. 以曲合은 정당하지 못한 수단으로 영합한 것이다.

3. '屈'과 '曲'은 반대말도 다르다. '屈'은 항상 '伸'과 相對가 된다. '曲'은 항상 '直'과 相對가 된다.

往者屈也, 來者信也, 屈信相感而利生焉. ≪周易·繫辭下·5章≫

간다는 것은 굽힘이고, 온다는 것은 믿음이다. 굽히고 믿으며 서로 느끼어 이로움이 생긴다.

楚之有直躬, 其父竊羊, 而謁之吏. 令君曰: "殺之!" 以爲直於君而曲於父, 報而罪之. ≪韓非子·五蠹≫

초나라에 직궁이란 사람이 있어, 그 아버지가 양을 훔치자 관리에게 그것을 알렸다. 재상이 임금에게 '그를 죽이라!'고 하였다. 군주에 대하여는 정직하지만 아버지에 대하여는 옳지 않다고 여겨서 죄를 주었던 것이다.

◆報(보): 범죄에 대한 판결문서에 결재를 함.

309 貧[빈/pín]·窮[궁/qióng]

두 글자가 동의사로서 '재물이 부족하다', '곤경에 처하다'로 해석되는 것은 또한 비교적 후대의 일이다.

先秦時代에는 완전히 다른 뜻을 가지고 있었는데 '貧'은 衣食이나 金錢의 부족이었다. ≪說文解字≫에 "貧은 재물의 분량이 적음이다.(貧, 財分少也.)"고 하였고 반대말은 '富'이다.

邦有道, 貧且賤焉, 恥也; 邦無道, 富且貴焉, 恥也. ≪論語·泰伯≫

나라에 정도가 행하여지는데 가난하고 賤하게 산다는 것은 수치이며, 나라에 정도가 행하여지지 않는데 富貴를 누리지 않는 것도 수치다.

彊本而節用, 則天不能貧. ≪荀子·天論≫
농업 생산에 힘쓰면서 비용을 절약하면 하늘도 가난하게 할 수 없다.

'窮'은 뜻을 얻지 못하여 지위가 높고 귀할 수 없음이다. 이 글자의 반대말은 '通', '達'이다.

子曰: "君子固窮, 小人窮斯濫矣." ≪論語·衛靈公≫
스승님께서 말씀하셨다. "군자는 곤궁에 굳게 견디어 나가지만 소인은 곤궁해지면 함부로 군다."

人窮則反本, 故勞苦倦極, 未嘗不呼天也. 司馬遷, ≪史記·屈原賈生列傳≫
사람이 궁지에 이르면 근본을 돌이켜보는 까닭에, 힘들고 피곤이 극할 때에 하늘을 부르지 않을 수 없는 것이다.

窮則獨善其身, 達則兼善天下. ≪孟子·盡心上≫
궁해지면 혼자서 자신을 선하게 해 나갔고, 잘 되면 동시에 천하를 선하게 해 나갔다.

그러므로 이 두 글자는 상고시대에는 완전히 다른 두 개의 개념이었다. 위 예에서 맹자가 말한 窮은 생활의 빈곤을 말하는 것이 아니라 관직에 오르지 못함이다. '窮'의 本義는 막히어 통하지 못함이고, 引伸하여 막다른 골목에 이르다는 뜻이 된다.

310 饋[궤/kuì]·贈[증/zèng]·送[송/sòng]

세 글자는 모두 물건을 무상으로 남에게 줌을 나타낸다.

그렇지만 세 글자의 本義는 다르다.

‘饋’의 本義는 먹을 것과 물건을 남에게 보냄이다. ‘贈’의 本義는 애완물을 남에게 보냄이다. ‘送’의 本義는 親友를 전송함이다.

他日歸, 則有**饋**其兄生鵝者. ≪孟子·滕文公下≫
어느 날 (그의 형 집에) 돌아갔더니 그의 형에게 산 거위를 선사한 사람이 있었다.

何以**贈**之, 瓊瑰玉佩. ≪詩經·國風·渭陽≫
무엇을 선물로 드릴까? 아름다운 옥돌 패옥으로 하지.

我**送**舅氏, 悠悠我思. ≪詩經·國風·渭陽≫
외숙을 전송하노라니 꼬리에 꼬리를 잇는 여러 가지 감회.

세 글자는 引伸義도 차이가 있다.

‘饋’는 引伸하여 먹을 것과 물건을 제공함이 될 수 있다. ‘贈’은 引伸하여 좋은 말을 보냄이 될 수 있다. ‘送’은 引伸하여 영구를 葬地에 보내다, 장례에 참석하다가 될 수 있다.

凡王之<u>饋</u>食用六穀, 膳用六牲. ≪周禮·天官冢宰·膳夫≫
왕에게 올리는 음식에는 6가지 곡식을 쓰고, 희생에는 6가지 희생을 쓴다.

臨別<u>贈</u>言, 幸承恩於偉餞. 王勃, 〈滕王閣序〉
이별에 임하여 글을 지어 올리게 된 것은 요행이 성대한 송별잔치에 참석하는 은혜를 받았기 때문이다.

然劇孟母死, 自遠方<u>送</u>喪蓋千乘. 及劇孟死, 家無餘十金之財. ≪史記·遊俠列傳≫
그래서 극맹의 모친이 죽자 먼 곳에서 장례에 참석하기 위해 온 수레가 대개 1000대였다. 극맹의 죽음에 이르러서는 집안에는 金 10斤의 재산도 남아있지 않았다.

용법에서도 세 글자는 차이가 있다.

‘饋’는 물건을 남에게 보낼 때 두 개의 목적어를 수반한다. ‘贈’과 ‘送’은 물건을 남에게 보낼 때 일반적으로 두 개의 목적어를 수반하지 않고 보내는 물건은 일반적으로 전치사 ‘以’를 수반한다. ‘饋’와 ‘贈’은 더불어 상대되는 반대말이 없고 '送'은 늘 '迎'과 對擧하여 사용된다.

陽貨矙孔子之亡也, 而饋孔子蒸豚. ≪孟子·滕文公下 8≫
양화는 공자가 없을 때를 엿보아서 공자에게 삶은 돼지를 보냈다.
◆孔子와 蒸豚는 두 개의 목적어이다.

吾聞富貴者送人以財, 仁人者送人以言. ≪史記·孔子世家≫
네 듣기로는 부귀한 사람은 재물을 가지고 전송하고 어진 사람은 (좋은) 말로서 전송하다 하더이다.

曰: "嬰聞之, '君子贈人以言, 庶人贈人以財.'" ≪荀子·大略≫
(晏子가) 말하기를 "제가 듣기로는 '군자는 말로서 남을 전송하고 서민은 재물로서 남을 전송한다.'" 하였소.

고대에는 '逆'과 '迎'이 同義였고 그래서 '送'도 '逆'과 相對가 될 수 있었다.

男女之合, 夫婦之分, 婚姻娉內, 送逆無禮. ≪荀子·富國≫
남녀의 화합, 부부의 분별, 혼인할 때의 聘問과 (신부집으로 보내는) 납폐, (신부를) 보내고 (신랑을) 맞이함에 예가 없다.

311 禽[금/qín]·獸[수/shòu]

'禽'과 '獸'는 모두 동물의 類別을 나타내는 명칭으로 우리말의 '짐승'이다. '禽'과 '獸'는 동의사로서 네 다리를 가지고 전신에 긴 털을 가지고 있는 척추동물이다.

그렇지만 가리키는 범위의 대소는 다른데, '禽'이 크고 '獸'가 작다. '禽'은 ≪說文解字≫에 "禽은 달리는 짐승의 총칭이다.(禽, 走獸總名.)"라고 했고, ≪禮記·月令≫의 孔穎達疏에도 "禽은 짐승의 通稱이다.(禽者, 獸之通名也.)"고 하였다.

四足而毛謂之**獸**. ≪爾雅·釋鳥≫
네 다리가 있고 털이 있는 것을 獸라 한다.

鳥, 吾知其能飛; 魚, 吾知其能游; 獸, 吾知其能走. 司馬遷, ≪史記·老子韓非列傳≫
새에 관해서 나는 그것이 날 수 있음을 알고, 물고기에 관해서는 나는 그것이 헤엄칠 수 있음을 알고, 짐승에 관해서는 나는 그것이 달릴 수 있음을 안다.

旣鹿無虞, 以縱**禽**也. ≪周易·屯卦·象傳≫
사슴을 쫓는데 안내인이 없음은 짐승만을 따르기 때문이다.

'禽'은 또한 鳥類와 獸類 겸하여 나타낼 수 있다. '禽'은 또한 단독으로 鳥類를 나타낼 수 있다.

禽者何? 鳥獸之總名. 班固, ≪白虎通·田獵≫
禽이란 무엇인가? 날짐승의 총칭이이다.

終日而不獲一**禽**. ≪孟子·滕文公下≫
종일토록 짐승 한 마리도 잡지 못했다.

二足而羽謂之**禽**. ≪爾雅·釋鳥≫
두 다리를 가지고 깃이 있은 것을 禽이라 한다.

'禽'과 '獸'의 뜻은 역사의 진행 중에서는, '禽'은 점차 축소되어갔으나 '獸'는 변화가 없었다. 六朝時代의 梁人 顧野王이 編著하고 唐人 孫强이 增字하고 후에 宋人 陳彭年이 重修한 ≪玉篇≫은 許愼의 ≪說文解字≫의 體例를 모방하였고 釋義에서도 ≪說文解字≫의 해석을 채용하였으나 '禽'자의 해석에 대해서는 도리어 ≪爾雅≫의 "두 다리에 깃(二足而羽)"이라는 견해를 채용하였다. 그런데 여전히 "또한 날짐승의 총명(亦鳥獸總名)"이라는 해석을 덧붙이고 있다. 隋人 陸法言 등이 編著하고 역시 송인 진팽년이 중수한 ≪廣韻≫의 '禽'자에는 오직 "누 다리에 깃이 있는 것을 禽이라 한다(二足而羽曰禽)"라는 항목만을 收錄하고 있어서 명확하게 '禽'자가 오로지 鳥類만을 가리키고 있다고 인정하고 다시는 獸類와 "鳥獸總名"의 뜻을 겸하고 있다고 하지 않고 있다.

'禽'자는 원래 獸類를 가리키고, 鳥類를 가리키고, 鳥獸 두 종류를 겸하여 가리키는 세 가지 의미가 있었으나 후대에는 오직 조류라는 한 뜻만 보유하였고 '獸'가 獸類의 기본 뜻만을 가리키는 것은 예부터 지금까지 곧바로 변화가 없었다. '禽'과 '獸' 두 글자는 후대에, 하나는 오로지 날짐승만을 가리키고 하나는 오로지 들짐승만을 가리키므로 뜻에서는 나누어짐이 뚜렷하게 되었다.

'禽'과 '獸'는 連用할 수 있는데 '禽獸'는 獸類만을 가리킬 수도 있고 鳥類를 겸하여 가리킬 수도 있다.

君子之於禽獸也, 見其生, 不忍見其死. ≪孟子·梁惠王上≫
군자는 금수에 있어서는 그 살아있는 것을 보고나서 차마 그 죽음을 보지 못한다.

禽獸成群, 草木遂長. ≪莊子·外篇·馬蹄≫
새와 짐승이 불어나고 나무와 초목이 무성하였다.
◆成玄英의 疏에 "나는 짐승과 달리는 짐승은 해치지 않으므로 무리를 이룬다.(飛禽走獸不害, 所以成群.)"라고 하였다.

위의 예문에서는 금수가 鳥獸를 겸하고 있다. '금수'는 또한 예의를 모르고 행위가 저열한 사람을 비유적으로 나타내기도 한다.

'禽'과 '獸'는 또한 뜻이 다르다. '禽'은 사로잡다, '獸'는 狩獵하다는 뜻이다.

齊師敗積. 知伯親**禽**顔庚. ≪左傳·哀公23年≫
제나라 군사는 대패하였고 지백은 안경을 사로잡았다.

建旐設旄, 搏獸于敖. ≪詩經·小雅·車攻≫
여러 가지 무늬의 깃대 꽂아 놓고 오산에서 짐승을 수렵하네.
◆旐(건): 거북과 뱀을 그린 旗. 旄(모): 쇠꼬리로 장식한 旗. 鄭玄의 箋에, "獸는 수렵에서 짐승을 잡음이다.(獸, 田獵搏獸也.)"라고 했다.

위의 예문에서 '禽'은 '擒', '獸'는 '狩'의 뜻으로 사용되어 古今字가 된다.

312
啖[담/dàn]·啗[담/dàn]

이 두 글자는 고대 전적 안에서는 차이가 있는 두 개의 낱말이었다. '啖'은 스스로 먹음을 나타내고, 일반적 용법은 '먹다'는 뜻이다. '啗'은 남에게 먹임을 나타내고 동사의 사동 용법으로 '~에게 먹이다'는 뜻이다.

楚之南, 有啖人之國者. ≪墨子·魯問篇≫
초나라 남쪽에 사람을 잡아먹는 나라가 있습니다.

異日, 與君遊於果園, 食桃而甘, 不盡, 以其半啗君. ≪墨子·說難≫
다른 날 임금과 과수원을 놀러가서 복숭아를 먹다가 (너무) 달아서 다 먹지 않고 그 반쪽을 임금에게 먹도록 하였다.

'啖'은 일반적인 '먹다'의 용법에서 引伸하여 남에게 먹이다가 될 수 있고 사동사로 사용되어 '啗'과 同義가 되었다. '啗'은 '남에게 먹이다'에서 引伸하여 일반적인 먹는 것을 나타낼 수 있고 동사로 사용되어 '啖'이 同義가 되었다.

夫不得心意所欲, 雖盡堯 · 舜之言, 猶飮牛以酒, 啖馬以脯也. ≪論衡·自紀≫
무릇 마음속으로 하고자하는 바가 없으면 비록 요순 같은 聖君의 말을 다해줘도 오히려 술을 소에게 마시게 하고 포를 말에게 먹이는 것과 같다.

仲尼先飯黍而後啗桃, 左右皆揜口而笑. ≪韓非子·內儲說左下≫
중니는 수수를 먼저 먹고 다음에 복숭아를 먹었다. 측근들이 모두 입을 가리고 웃었다.

'啖'은 탐내어 구하다, 담백하다는 뜻이 있으나 '啗'에는 없고, '啗'은 '포함하다'는 뜻이 있으나 '啖'에는 없다.

今太子仁孝, 天下皆聞之; 呂后與陛下攻苦食啖, 其可背哉? ≪史記·劉敬叔孫通烈傳≫

지금 태자가 어질고 효성스러운 것을 천하에서 모두 듣고 있습니다. 여후는 폐하와 어려움을 오로지 하고 나물도 없이 먹으면서 고생하셨는데 그를 저버릴 수 있겠습니까?

◆裴駰의 ≪史記集解≫에 "여순은 '식사에 나물이 없는 것이 啖이 된다.'고 말했다.(如淳曰: '食無菜茹爲啖')"

'啖'은 첩용하여 '啖啖'이 탐내는 모양을 나타낼 수 있으나 '啗'은 이런 뜻과 용법이 없다.

'啖'과 '啗'은 모두 물건을 가지고 남에게 먹이는 것에서 引伸되어 '이익을 가지고 남을 유인하다'는 뜻이 될 수 있다.

313 堂[당/táng]·殿[전/diàn]

'堂'과 '殿'은 가옥[堂屋]이라는 뜻에서는 동의사이다.

許愼의 ≪說文解字≫에는 "堂은 殿이다(堂, 殿也.)"라고 했고 段玉裁의 ≪說文解字注≫에는 "堂이 殿을 칭한 것은 바로 앞에는 섬돌이 있어서 네 둘레가 모두 높이 솟았다…… 허신이 殿을 가지고 堂을 해석한 것은 오늘날의 것을 가지고 옛 것을 해석한 것이다. 고대에는 堂이라 했고 漢代 이후에는 殿이라 했다. 고대에는 上下가 모두 堂이라 칭하였고 漢代에서는 상하가 모두 殿이라 칭하였으며, 唐代 이후에 이르러서는 人臣이 殿이라 칭한 것은 있지 않았다.(堂之所以稱殿者, 正謂前有陛, 四緣皆高起…… 許以殿釋堂者, 以今釋古也. 古曰堂, 漢以後曰殿. 古上下皆稱堂, 漢上下皆稱殿, 至唐以後, 人臣無有稱殿者矣.)"고 하였다. 본래 高大의 가옥이 바로 '殿'인데, 先秦時代에는 '堂'이라 말했지 '殿'이라 말하지는 않았다. 漢代에는 '堂'이라 할 수도 있었고 '殿'이라 할 수도 있었으며 평민 백성집안의 가옥도 이와 같이 부를 수 있었다. 唐代 이후 '堂'의 뜻은 줄곧 변화가 없었으나 '殿'은 제왕이 다스리고 정치하는 궁전이나 聖賢, 神佛을 모시는 殿宇에만 오로지 사용하였다.

'堂'과 '殿'은 원래 땅을 다져 지면에 높이 나오게 네 方形으로 만든 집터이다.

> 昔者夫子言之, 曰: "吾見封之若堂者矣." ≪禮記·檀弓上≫
> 옛날 부자께서 말씀하시길, "내가 보니 봉분하는데 堂과 같은 것이 있었다.
> ◆鄭玄의 注에 "封은 흙을 쌓아 언덕을 만드는 것이다. 堂은 모양은 네 방형으로 높게 만드는 것(封, 築土爲壟. 堂, 形四方而高.)"이라 했고, ≪禮記·禮器≫에 의하면 천자는 9尺, 제후는 7尺, 대부 5尺, 士3尺이라 했다.

이 점에서 引伸하여 지면에 높이 나오게 제 방형 집터의 앞부분이 곧, 가옥[堂屋]이다.

'堂'의 앞부분에 門이 없고 단지 두 개의 '둥근 기둥[楹柱]'이 있을 뿐인데 구분하여 東楹·西楹이라고 한다. '堂'에는 또한 南墻이 없고 앞부분은 탁 트여 환한 것이므로 또한 '堂皇'이라고 한다. '堂'은 통상 吉凶大禮를 거행하고 빈객을 접대하고 일상생활의 起居를 하였으나 침실로는 사용하지 않았으며, '堂' 뒤편의 '室'이야말로 집안사람들의 起居와 침실용으로 제공된 곳이었다.

'堂'은 앞에 있고 '室'은 뒤에 있었으며, '堂'의 앞에는 또한 층계가 있어서 堂에 오르려면 반드시 먼저 층계를 올라야 하고 入室에는 반드시 堂을 거쳐야 했다.

> 子曰: "由也升**堂**矣, 未入於**室**也!" ≪論語·先秦≫
> 스승님께서 말씀하시길, "由는 堂에 올랐으나 아직 室에 들어가지는 못하였다."고 하셨다.

'堂'은 또 引伸되어 가옥의 正廳을 널리 가리키게 되었고, 帝王이나 평민의 신분등급을 결코 가리지 않았다.

唐宋代에 재상이 中書省의 政事堂에서 공무를 보았으므로 재상을 '中堂'이라고 하였고, 明清代에는 大學士가 실제로 재상권을 장악하였으므로 大學士도 '中堂'이라고 칭하였다. 明清代에는 中央의 각 衙門의 長官을 '大堂'이라 칭하였다.

長子現任通政司**大堂**. ≪儒林外史·第 8回≫
맏아들은 이제 통정사의 大堂(장관)에 임명되었다.

고대의 가옥에서 '室'의 양측을 '房'이라 했는데, 東邊을 '東房'이라 부르고 西邊을 西房이라 불렀다. 동방의 北面에 墻(칸막이)이 없는 것은 南面에 墻이 없는 '堂'과 같았다. 그래서 동방의 북변부분을 '北堂'이라 불렀고 부녀들이 씻는 곳이었다.

婦洗在**北堂**, 直室東隅. ≪儀禮·士昏禮≫
부녀들이 북당에서 씻는데, 室의 동쪽 모퉁이와 마주한 곳이다.
◆鄭玄注, "북당은 방 가운데의 반 이북이다.(北堂, 房中半以北.)" 賈公彦疏, "방과 실은 서로 이어서 만드는데 房에는 북벽이 없으므로 북당이란 명칭이 있게 되었다.(房與室相連爲之, 房無北壁, 故得北堂之名.)"

'殿'의 초기 의미는 行軍하거나 退却할 때 최후에 가는 것이어서 곧, '殿後'의 뜻이었다.

孟之反不伐, 奔而**殿**, 將入門, 策其馬. ≪論語·雍也≫
맹지반은 자랑하지 않는 사람이니, 후퇴하면서 혼자서 뒤에 처져 오고는 성문에 들어갈 무렵에 자기 말들을 채찍질했다.
◆何晏의 ≪論語集解≫에 "殿은 군대의 뒤에 있는 것이다."(殿, 在軍後者也.) 라고 하였다.

'殿'이 高大의 '안채의 한 가운데 방[堂屋]'을 가리켜서 사용한 것은 秦漢에서 비롯되었다. ≪初學紀≫권24에 ≪倉頡篇≫을 인용하여 "殿은 大堂이다. 商周 이전에는 그 명칭이 기록되지 않았다. 생각건대, ≪史

記·秦始皇本紀≫에 비로소 前殿으로 기록된다.(殿, 大堂也. 商周以前其名不載. 按: ≪史記·秦始皇本紀≫始作前殿.)”고 하였다.

而秦法, 羣臣侍殿上者不得持尺寸之兵; 諸郎中執兵皆陳殿下, 非有詔召不得上. ≪史記·刺客列傳≫
그런데 진나라 법에 의하면 殿上에서 왕을 모시는 군신들은 한 자 한 치의 조그만 무기라도 몸에 지닐 수 없었으며, 여러 낭중들이 무기를 가지고 殿下에 늘어서 있었으나 왕이 부르지 않을 때에는 전상으로 올라갈 수 없었다.

314 沙[사/shà]·砂[사/shā]

이 두 글자는 모래를 가리킨다.

'沙'는 ≪說文解字≫에 “물이 돌을 흩어버린 것이다.(水散石)”라고 했는데 許愼은 '沙'가 물가에서 많이 보이기 때문이었다. 실은 돌이 가늘게 부서진 것은 모두 '沙'라고 할 수 있다. 그래서 段玉裁는 ≪說文解字注≫에서 “돌이 흩어져 부서진 것을 沙라고 이른다(石散碎謂之沙)”고 했던 것이다.

徑萬里兮度沙幕, 爲君將兮奮匈奴. 班固. ≪漢書·李廣蘇建傳≫
만리를 지나고 사막을 건너 황제의 장군이 되어 우뢰같이 진격했네.
◆沙幕: 沙漠(사막).

'砂'는 '沙'의 異體字이다. 글자에 水대신 石을 썼을 뿐이다.

大風從西北起, 折木髮屋, 揚砂石, 晝晦. ≪漢書·古帝紀上≫
(홀연) 큰 바람이 서북방향에서 불어와 나무를 꺾고 가옥을 넘이뜨렸고 모래와 돌이 날아다녔고 낮이 어두워졌다.
그렇지만 丹砂·朱砂를 표시할 때는 일반적으로 '砂'자만을 쓴다.

砂類不一, ≪本草≫: 朱砂性寒味甘; 又≪廣輿志≫: 粵西慶遠府

宜山縣産砂, 生山北者曰辰砂, 生山南者曰宜砂…… ≪本草綱目≫
砂載玉石部, 與水部砂音同義異, 合而爲一, 非. ≪正字通≫

모래의 종류는 하나가 아니다. ≪本草≫에는 朱砂는 성질이 차고 단맛이라고 하였고, 또 ≪廣輿志≫에 粤西慶遠府 宜山縣에는 砂가 생산되는데, 산의 북쪽에서 나는 것을 辰砂라고 하고 산의 남쪽에서 나는 것을 宜砂라고 한다.…… ≪본초강목≫에 '砂'자는 玉石部에 실려 있으니 水部의 砂와는 音이 같고 뜻이 다른 것인데, 합하여 하나로 하였으니 잘못이다.

위 예문에서 '沙'와 '砂'는 비록 옛날의 異體字이지만 후대에 朱砂를 표시할 때는 이미 '砂'자만을 專用하였고, 때문에 '砂'를 朱砂의 分化字로 간주하는 것도 무방한데, 단지 분화된 것이 철저하지 못했을 뿐임을 알 수 있다.

오늘날에 있어서는 또한 '沙'·'砂'를 가는 모래·거친 모래로 나누는 추세에 있다.

315 均[균/jūn]·齊[제/qí]·等[등/děng]

이 세 글자는 모두 '同等하다', '같다'는 뜻을 함유하고 있다.

그렇지만 이들 글자의 本義가 가리키는 것에는 구별이 있다.

'均'의 本義는 토지가 평탄함이다. 引伸되어 '平均', '相同'이 된다. ≪說文解字≫에 "均은 평평함이 고루미침이다.(均, 平遍也.)"라고 했다. 이 글자는 완전 동등을 강조한다.

'齊'의 本義는 "벼와 보리가 이삭이 나서 (이삭들의 머리) 위가 평평(하게 가지런)함이다.(禾麥吐穗上平.)"라고 했다.

'等'의 本義는 簡冊을 정리하여 가지런하게 함이다. ≪說文解字≫에 "等은 죽간을 가지런히 함이다.(等, 齊簡也.)"라고 했고 ≪說文解字注≫에는 "齊簡은 죽간으로 된 책을 겹쳐서 가지런히 함이어서 오늘날 사람들이 서적을 가지런히 함과 같다.(齊簡者, 疊簡冊齊之, 如今人整齊書籍也.)”고 했다.

丘也, 聞有國有家者, 不患寡而患不均, 不患貧而患不安. ≪論語·季氏≫
내가 듣건대 나라나 가문을 다스리는 사람은 (사람 수가) 적음을 걱정하지 않고 (분배가) 고르지 않음을 걱정하며, 가난함을 걱정하지 않고 안정되지 않음을 걱정한다고 하였다.

見賢思齊焉, 見不賢而內自省也. ≪論語·里仁≫
현명한 이를 보고서는 (그와) 같아지기를 생각하고 현명하지 못한 사람을 보고서는 안으로 스스로를 돌아보아라.

今亡亦死, 擧大計亦死, 等死, 死國可乎! 司馬遷, ≪史記·陳涉世家≫
지금 도망하여도 죽고, 의거를 일으켜도 죽는다. 똑같이 죽을 바에는 나라를 위하여 죽는 것이 옳다!

후에 언어를 실제로 사용하는 가운데 강조된 측면이 또한 다른데, ‘均’은 ‘평균’의 뜻이 강조되고, 常用되어 재산의 점유량이 물체의 겉모습과 일치됨을 가리킨다.

‘齊’는 획일성을 강조한다. 常用되어 시간적으로 同時性과 동작이 고도로 일치함을 가리킨다.

‘等’은 ‘同等’의 뜻을 강조한다. 常用되어 地位, 事件의 의미가 서로 같음을 가리킨다.

種雜者, 禾則早晚不均. ≪齊民要術·收種≫
종자가 섞인 것은 벼에서는 이르고 늦음이 고르지 않다.

一日之內, 一宮之間, 而氣候不齊. 杜牧, 〈阿房宮賦〉
하루 안에 한 궁전 안에서도 기후가 일치하지 않은 듯하네.

有法者而不用, 與無法等. 韓非, ≪韓非子·主述訓≫
법이 있어도 쓰이지 않으니 법이 없는 것과 동등하다.

316 伯[백/bó]·仲[중/zhòng]·叔[숙/shū]·季[계/jì]·孟[맹/mèng]

이 글자들은 本義가 다르나 모두 형제자매의 항렬과 長幼의 순서를 나타내는데 사용된다.

'伯'의 本義는 맏아들[長子]이다. 許愼의 ≪說文解字≫에는 "伯은 맏이다.(伯, 長也.)"라고 했다. 引伸되어 항렬의 첫 번째가 되고, 형제 중의 가장 연장이다.

> 鄕人長於**伯**兄一歲, 則誰敬? ≪孟子·告子上≫
> 마을 사람이 큰형보다 한 살 더 많으면 누구를 공경하는가?

'仲'의 本義는 '中'이다. 許愼의 ≪說文解字≫에는 "仲은 가운데이다.(仲, 中也.)"라고 했다. 引伸되어 항렬의 둘째가 된다. 계절의 중간을 뜻하기도 한다. '仲'은 또한 자녀의 항렬에 사용된다.

> 保茲天子, 生**仲**山甫. ≪詩經·大雅·湯之什·烝民≫
> 우리 천자님 보호하시어 중산보를 낳게 하셨네.

'叔'의 本義는 '줍다'이다. '叔'은 부친에 비해서 나이가 적은 아버지 항렬, 곧 '叔父'를 나타내는데 이것은 假借義이다. 후에 가차의가 常用義가 되었고 本義는 반대로 소멸되어 사용되지 않는다. 班固의 ≪白虎通·姓名≫에는 "叔은 적음이다.(叔者, 少也.)"라고 했다. 先秦時代에는 '叔'이라고 한 글자만을 사용하지는 않았고, 두 글자를 사용하여 '叔父'라 하였다. 叔으로 單稱한 것은 魏晋 이후에 비로소 출현한 것이다.

> 敬**叔**父乎? 敬弟乎? ≪孟子·告子上≫
> 숙부를 공경하는가, 아우를 공경하는가?

'叔'은 叔父에서 引伸되어 형제 순서에서 셋째를 나타낸다. 후에 '叔父'라는 말이 일반화되자 '仲父'와 '季父'는 점차 도태되어 모두 叔父라고 불렀다. 아내들도 형제의 순서를 칭하는 습관을 남편의 오누이들에 적용하여 남편의 누나를 伯姉로, 누이동생을 叔妹라고 하였다.

'季'의 本義는 작은 아들 곧, 가장 작은 아들이다. 許愼의 ≪說文解字≫에 "季는 적은 것을 일컬음이다.(季, 少稱也.)"고 했고, 段玉裁의 ≪說文解字注≫에는 "叔과 季는 모두 적은 것을 일컫지만 季는 叔보다 더 작다.(叔·季皆謂少者, 而季又小於叔.)"고 했다.

'伯仲叔季'에서 '季'는 네 번째를 가리킨다. 만일 네 번째가 아니라면 단지 최후의 것, 가장 작은 것을 나타낸다.

唐宋代 이후에는 '季'는 순서를 나타낼 때 가장 작은 것에 한정되지 않고 비교적 작은 것을 널리 가리키게 되었다.

> 衛人獲其**季**弟簡如. ≪左傳·文公11年≫
> 위나라 사람들은 그의 막내아우 간여를 사로잡았다.

'孟'의 本義는 '앞자리에 나열되다(列爲首位)'의 뜻이다. 許愼의 ≪說文解字≫에는 "孟은 맏이다.(孟, 長也.)"라고 했다. 引伸되어 형제자매 중의 서열이 맏이에 해당한다. 예를 들면, 孔子는 둘째 아들이라서, 字가 仲尼이고 그의 형은 '孟皮'라고 불렀다.

> 云誰之思, 美**孟姜**矣. ≪詩經·國風·鄘風·桑中≫
> 누구를 생각하고 갔던가? 어여쁜 강씨네 맏딸이네.
> ◆鄭玄의 箋에 "맹강은 열국의 장녀이다.(孟姜, 列國之長女.)"라고 하였다.

여기에서 引伸되어 각국의 長女의 일반적인 칭호가 되었다. '孟'은 '美'와 함께 連用되었고 후에 또 引伸되어 미모의 여자에 대한 일반적인 칭호가 되었다.

'伯'과 '孟'은 모두 형제자매 가운데 맏이에 위치함을 나타내지만 구분이 있다. 일반적으로 말해서 '伯'은 남성에 많이 사용되고 '孟'은 여성에 많이 사용된다. '伯'과 '孟'은 對擧될 때 '伯'은 嫡長子를 가리키고 '孟'은 庶長子를 가리킨다. 班固의 ≪白虎通·姓名≫에 "嫡長子를 伯이라 일컫는데 (周公의 맏아들) 伯禽이 그 예고, 庶長子를 孟이라 일컫는데 魯나라 대부 맹씨가 그 예다.(適長稱伯, 伯禽是也; 庶長稱孟, 魯大夫孟氏是也.)"라고 했다.

형제가 4명 이상일 경우에는 순환 반복시켰다.

> 高辛氏有才子八人, 伯奮·仲堪·叔獻·季仲·伯虎·仲熊·叔豹·季狸. ≪左傳·文公18年≫
>
> 고신씨에게 재능 있는 아들 8명이 있었는데 백분·중감·숙헌 계중·백호·중웅·계중·백호·중웅·숙표·계리였다.

'孟'·'仲'·'季'는 각기 春·夏·秋·冬과 연용되어 네 계절의 세 달을 나타낸다. 예를 들어 孟春은 봄의 첫째 달, 仲春은 둘째 달, 季春은 셋째 달을 뜻한다. 農事曆으로는 孟月이 정월·4월·7월·10월이고, 仲月이 2월·5월·8월·11월이고, 季月은 3월·6월·9월·12월이다.

> 凡**四時**成歲, 歲有春·夏·秋·冬, 各有**孟·仲·季**, 以名十有二月. ≪逸周書·周月≫
>
> 모든 사계절이 한 해를 이루는데 한 해에는 봄·여름·가을·겨울이 있고 각각 (해당되는) 맹·중·계가 있어서 12개월에 이름 붙인다.

先秦時代에 '四季'는 춘하추동 네 계절의 마지막 한 달을 뜻하였고, 漢代 이후에는 네 계절을 뜻하게 되었다. 先秦時代에는 네 계절을 '四時'라고 하였다.

> 天有**四時, 春秋冬夏**, 風雨霜露, 無非敎也. ≪禮記·孔子閑居≫
>
> 하늘에 四時가 있으니 봄·가을·겨울·여름과 (그 계절의) 바람·비·서리·이슬은 가르침이 아님이 없다.

'伯'과 '仲'은 늘 連用되어 형제의 서열을 나타내고, '仲'과 '叔'은 連

用되어 형제 가운데의 서열이 둘째 되는 사람임을 나타내고, '伯'과 '季'는 연용되어 형제 서열 가운데의 맏이와 막내를 나타낸다. '叔'과 '季'도 연용되어 '少年'을 나타낸다. '季'와 '孟'도 연용되어 대비되거나 대립되는 두 사람 혹은 두 개의 事物을 나타낸다.

始乎叔季, 歸乎伯孟, 必此積也. ≪淮南子·繆稱訓≫
어려서부터 비롯되어 장성함에 이르기까지 반드시 이 積習이 있게 된다.
◆高誘注에 "어려서부터 장성함에 이름을 말한다.(言自少而至長.)"고 하였다.

317 折[절/zhé]·斷[단/duàn]·截[절/jié]·絕[절/jué]

물체를 끊거나 절단시키는 점에서 '折'·'斷'은 비슷한데, 단지 끊는 방식과 파괴하는 정도에서 兩者가 다르다.

'折'은 고대에는 늘 草木 및 초목제품의 절단이나 꺾는 것을 가리켰다.

傷人曰凶, 禽獸曰短, 草木曰折. 范燁, ≪漢書·五行志上≫
사람을 상하게 하는 것을 凶이라 하고 禽獸를 상하게 하는 것이 短이라 하고 초목을 상하게 하는 것을 折이라 한다.

風至苕折, 卵破子死, 巢非不完也, 所繫者然也. ≪荀子·勸學≫
바람이 불자 갈대는 꺾어지고 알은 깨어졌으며 새끼는 죽었으니 보금자리가 완전하지 않는 것은 아니지만 (보금자리를) 매어두는 위치가 그러하였기 때문이다.
◆苕(초): 갈대, 이삭.

免走觸株, 折頸而死, 韓非, ≪韓非子·五蠹≫
토끼가 달리다가 나무그루터기에 부딪쳐 목이 꺾여 죽었다.
◆이곳의 折은 확대된 범위의 引伸用法으로 꺾이는 것이 모두 가늘고 긴 물건이거나 대나무나 나무 유다.

꺾는 방식으로 말하면, '折'은 물체의 결을 향해 찾아내서, 멈춤 없이 가해지는 힘을 곧장 받아 절단하므로 ≪集韻≫에서는 "折은 마디를 꺾는 것이다.(折, 拗絶也)"라고 하였다.

꺾어진 결과로 말하면, '꺾어진' 뒤에 꺾인 물체를 두 개로 나눌 수 있고, 또 끊어졌으면서도 완전히 단절되지 않고, 피부는 끊어졌어도 근육은 이어져 있는 것과 같이 비록 꺾어졌으면서도 완전히 끊어지지 않았으므로 ≪廣韻≫에서 "折은 끊어졌으면서도 이어져 있는 것과 같은 것이다.(折, 斷而猶連也.)"고 하였다. 引伸하여 曲折이 되었고, 비유적으로도 挫折, 夭折 등 여러 가지로 인신되었다.

> 末大必折, 尾大不掉, 君所知也. ≪左傳·昭公11年≫
> 끝이 크면 반드시 꺾어지고 꼬리가 크면 흔들지 못하는 것은 임금께서도 아시는 바입니다.

> 吾不能為五斗米折腰事鄉里小人. ≪晉書·列傳·隱逸·陶潛≫
> 나는 쌀 닷 말 때문에 향리의 소인배에게 허리를 굽혀 섬길 수는 없다.

'斷'은 '折'과 비유하면, '折'은 물체 스스로가 끊어지거나 외부의 힘에 의해 그 자체가 끊어지는 것이다.

'折'은 대개 자동사로 사용되고, 目的語를 수반할 때는 대개 使動용법이다. '斷'과 다른 점은, '斷'이 일반적으로 기계를 사용하여 물체를 두 개로 끊어놓는 것을 가리키는데, 고대에는 대부분 他動詞로 사용되어 잘라내다, 가르다, 톱으로 자르다 등의 뜻에 해당되었다.

> 二人同心, 其利斷金. ≪周易·繫辭上≫
> 두 사람이 마음을 같이하면 그 날카로움은 쇠를 자른다.

> 拔戟加乎首, 則十指不辭斷. ≪荀子·强國≫
> 뽑아든 창이 머리에 닿았다면 (목숨을 구하기 위해) 열 손가락이 끊기는 일은 돌아볼 여지가 없다.

‘斷’은 하나인 물체를 둘로 나누듯이 중간이 나누어지므로 事理上 그것은 판단, 결단, 과단 등의 뜻을 나타낸다.

斷而敢行, 鬼神避之. 司馬遷, ≪史記·李斯列傳≫
(李斯는) 결단하면 과감히 결행하니 귀신조차도 그를 피하였다.

‘截’은 처음에는 날카로운 기구로써 물건을 두 개로 나누는 것이었다.

‘截’과 ‘斷’은 모두 물체를 分割하는 뜻이 있으나 ‘斷’은 中間을 나누는 데에 중점이 있고, ‘截’은 가운데를 뚫고 지나가거나 한 부분을 끊어내는 데에 중점이 있다. 무릇 가로로 끊어내는 것[橫截]은 모두 ‘截’이라 할 수 있다.

韓卒之劍戟……, 皆陸斷牛馬, 水截鵠鴈, 當敵則斬堅甲鐵幕. 司馬遷, ≪史記·蘇秦列傳≫
韓나라 병사들의 검과 갈라진 창은…… 모두 뭍에서는 牛馬를 벨 수 있고 물에서는 고니나 기러기를 베고, 적과 대적할 때에는 견고한 갑옷이나 쇠방패를 뚫는다.

處處屯聚, 出兵邀截. (唐) 令狐德棻 等, ≪周書·列傳·宇文貴≫
여기저기에 떼 지어 모이고 출병하여 맞서 저지하였다.

‘絶’과 ‘截’과 同源에서 分化된 별개의 글자로서, ‘截’은 대부분 타동사로 사용되어 물체를 ‘끊어버리는’ 뜻을 나타내고, ‘絶’은 대부분 자동사로 사용되어 ‘끊어지는’ 뜻을 나타낸다. ‘絶’이 목적어를 수반할 때 대부분 사동용법이나 특수한 용법이다.

正冠纓絶, 捉衿而肘見. ≪莊子·雜篇·讓王≫
갓을 비로 잡으면 갓끈이 끊어지고 옷소매를 잡으면 팔꿈치가 드러난다.

楚誠能絶齊, 秦願獻商於之地六百里. 司馬遷, ≪史記·屈原列傳≫
楚나라가 진실로 齊나라와 絶交할 수 있으면 秦나라는 商·於의 땅 6백리를 바치기를 원한다.

◆'絶'이 목적어를 수반할 때는 일반적으로 횡단하다, 가로 건너다는 뜻으로 사용된다.

다음의 '絶'은 기실 '截'을 써야 마땅한데, '絶'을 사용한 것은 '截'의 通假字이기 때문이다.

假舟楫者, 非能水也, 而絶江河. ≪荀子·勸學≫
배와 노를 이용하는 사람은 물에 익숙하지 않더라도 강과 바다를 건넌다.

南絶幕, 遇前將軍. 司馬遷, ≪李將軍列傳≫
남쪽으로 사막을 통과하여 前將軍을 만났다.
◆≪史記正義≫에 "絶은 건너는 것이다. 남쪽으로 사막을 돌아가 건너는 것이다.(絶, 度也, 南歸度沙幕)"고 하였다.

'絶'은 후에 형용사로 사용될 때 왕왕 '極點에 도달하다'는 뜻을 나타내곤 하였다. 예) '絶壁'은 석벽을 절단하는 것이 아니라 '극히 높은 낭떠러지를 오르다'는 뜻이다.

'斷'의 반대말은 '續'이고, '絶'의 반대말은 '繼'다. 前者는 두 개가 서로 연결됨에 치중하고, 後者는 傳承하여 끊어지지 않는 점에 치중한 것이다. ☞繼계·續속 참고.

318

皇[황/huáng]·烈[열(렬)/liè]·赫[혁/hè]·顯[현/xiǎn]

이곳의 글자들은 모두 名聲과 권위, 혹은 事業이 盛大하였음을 형용하는 형용사로서 그것들 스스로 빛난다는 뜻이다.

'皇'은 ≪說文解字≫에 "큰 것이다(大也)"라고 하였는데 기실은 "크게 빛난다(大明也)"라고 하는 것이 마땅할 정도로 휘황찬란, 光明普照

의 뜻이다. '皇'은 先秦時代 最高의 형용사로서 늘 天帝, 神靈, 君主, 先祖, 朝代 등을 형용함으로써 위대한 光輝를 보여주는 것이었다. '皇皇'으로 쓰기도 한다.

> 皇矣上帝, 臨下有赫. ≪詩經·大雅·皇矣≫
> 위대하신 하느님께선 위엄 있게 땅위에 임하시었다.
>
> 曰: "予小子履, 敢用玄牡, 敢昭告于皇皇后帝. ≪論語·堯曰≫
> (탕임금께서) 말씀하시었다. "나 어린아이 履는 감히 검은 부사리를 희생으로 바치고, 밝히 위대하고 위대한 天帝께 고하옵니다."

'皇'은 秦始皇 때부터 비로소 帝王의 칭호로 사용되기 시작하였다. '煌'은 '皇'자가 君主의 칭호로 사용된 후에 分化된 글자다.

'烈'은 ≪說文解字≫에 "불이 맹렬한 것이다.(火猛也)"라고 하였듯이 불이 맹렬하게 타오르는 모습이다.

'赫'은 불의 치열함을 형용한 글자다. '烈'과 '赫'은 '皇'에 비하여 한 등급 낮은 형용사다. 옛사람들은 불을 숭배하였는데, 불은 빛과 열의 근원이므로 옛사람들은 불에 대한 형용사를 써서 위인들의 功業과 業績이 盛大함을 칭송하였다. 아울러 불은 두려워할 만한 것으로 사람들의 희망을 가지게 하고 두려움을 낳게 하였기 때문에 항상 불을 이용하여 威嚴과 武功을 나타냈다.

'烈'과 '赫'은 常用하여 武功과 權勢의 빛남을 표현하였다. 烈烈과 赫赫도 武功의 성대함을 표현하는 것이고, 사람에게도 사용할 수 있었다.

'烈'과 '赫'은 후에 相對的으로 나뉘게 되는데, '烈'은 마침내 점점 名詞化되어 功業, 주로 武功을 나타내고 형용사로서의 '烈'은 맹렬, 爆裂, 剛正, 堅定 같은 뜻에 사용되었다. 위엄과 무공을 형용하는 데는 '赫'만을 專用하였다. 그렇지만 후에 '赫' 또한 일반화되어 명성이 極大하거나 권세가 극대함·세력이 왕성함을 나타내어 武功의 성대함에 한정되지는 않았다.

及至始皇, 奮六世之餘烈, 振長策而馭宇內. 賈誼, 〈過秦論〉
시황제에 이르자 6대의 조상이 남긴 빛나는 위세를 떨쳐 긴 채찍을 휘두르며 천하를 몰아 지배하였다.

'顯'은 '隱'의 반대말로, '隱'이 몸을 감추어 다른 사람이 알지 못하게 하는 반면에, '顯'은 뚜렷이 드러내서 남들이 볼 수 있게 하는 것이다. 사람에게 사용될 때는 형용사로서 地位나 名聲이 있어서 나보다 뛰어나 남들이 알고 있음을 나타낸다.

卻秦兵, 顯名也. 司馬遷, ≪史記·田敬仲完世家≫
진나라 병사를 물리쳐 영예로운 名聲이 났다.
◆顯名: 남들 모두 알고 있는 영예로운 名聲.

世之顯學, 儒 · 墨也. 韓非, ≪韓非子·顯學≫
세상에 유행하는 학파는 儒家와 墨家다.

'顯'은 名聲과 地位가 있을 뿐이나 '赫'이 赫赫한 武功이나 높은 名聲, 세력의 왕성함을 나타내는 데에 비하여 한 등급 낮다.

319 間[간/jiàn]·隔[격/gé]

이 두 글자는 모두 동사로 사용되어 '중간에서 나누어져' 있거나 '두 끝을 두절'시키고 있다는 뜻이 있다. 다른 점은 '間'이 사물의 사이에서 거리를 발생시키는 것이고, '隔'은 사물사이의 중간에서 두절되었다는 점이다.

'間'은 先秦時代에는 '閒'으로 쓰였었다. '間'은 두 물체 사이의 틈,

공간이다. 動詞로서 '間'은 늘 두 개의 물체 혹은 두 개의 일 중간에 一段의 시간이나 공간이 나누어지는 것이다. 요컨대, '間'은 시간이나 공간의 距離가 두 개의 實體(事 혹은 物)를 두 곳으로 나눈다는 뜻이다.

凡侍坐於大司成者, 遠近間三席, 可以問, 終則負牆, 列事未盡不問. ≪禮記·文王世子≫

무릇 대사성을 모시고 앉는 사람은 (대사성과의) 멀고 가까운 거리에 3석이 될 정도 띄어야 묻는 것이 편리하며 (묻는 것을) 마치면 (물러가서) 담을 등지고 앉고, (스승의) 강론이 다 끝나지 않았으면 묻지 않는다.

◆遠近間三席: 질문을 하는 자가 질문은 받는 자와 서고 3석의 거리를 둔다는 뜻.

滕文公問曰: "滕, 小國也, 間於齊楚. 事齊乎? 事楚乎?" ≪孟子·梁惠王下≫

등문공이 물어 말하였다. "우리 등나라는 작은 나라인데다가 제나라와 초나라에 끼어 있습니다. 제나라를 섬겨야 할까요? 초나라를 섬겨야 할까요?"

◆위 예문은 사람과 공간의 사이가 공간에 의해서 두절된 例다.

其間日作者, 何也? ≪素問·瘧論≫

그가 隔日로 발작하는 것은 무슨 이유인가?

◆위 예문은 일이 시간에 의해서 두절된 예다.

'隔'은 ≪說文解字≫에 "塞也"라고 하였는데, '塞'는 두 지역을 격리시켜놓은 험준한 지형이라는 뜻이므로 '隔'은 막다, 저지하다는 뜻이 있다. 이것은 시간이나 공간을 가운데에서 나누어 격리시켜 관련 있는 사물을 두 쪽으로 나눈다는 뜻이다.

覆壓三百餘里, 隔離天日. 杜牧之, 〈阿房宮賦〉

지상을 뒤덮은 게 3백 여리에, 하늘의 태양을 가렸도다.

◆이곳의 '隔'은 공간을 나누어 햇빛을 차단시켰다는 말이다.

機中織錦秦川女, 碧紗如烟隔窓語. 李 白, 〈烏夜啼〉

베틀에서 비단 짜는 여인은 멀리 님 생각에, 푸른 깁은 연기 같은데 창 저쪽에선 말소리가 들린다.

'間'과 '隔'은 '막다'는 뜻에서는 서로 같다. 그 구별은 '間'이가 시간과 공간에 의해 격리되거나 혹은 양쪽으로 하여금 중간에 틈[間隙]을 만들게 한 것이며, '隔'은 공간과 시간을 두절시키는 것으로 어떤 사물로써 시간과 공간을 반으로 나누는 것이다.

320
閒[간/jiàn]·間[간/jiān]·閑[한/xián]

'閒'[간/jiān]의 古文字에는 두 짝의 사립문 중간에 틈을 만들고, 위에 하나의 달의 모양이 있어서 틈으로부터 달이나 달빛이 빈틈으로 투과되어오는 것을 볼 수 있게 한 모양이었다. 틈은 구체적으로 그릴 수 있는 형태가 없으므로 다른 일반적인 수단을 받아들였는데, 문을 만들어 틈이라는 개념을 표현한 것이다.

'閒'은 두 물체 사이의 빈틈에서 引伸하여 여러 종류의 파생의미가 있게 되었다. 이 파생의미는 모두 두 물체 사이가 (연속되다가) '中斷되는 것', '빈틈이 남아있다'는 뜻을 거쳐서 일관되고 있다. 틈의 거리가 확대되어 두 사물이나 여러 사물이 틈새에 處하는 것을 '閒(간)'이라고 한다. 이것은 中間, 裏面의 뜻이다.

> 引而置之莊 · 嶽之間數年, 雖日撻而求其楚, 亦不可得矣. ≪孟子·滕文公下≫
> 그를 데려다가 장·악 사이(의 번화가)에 수년 동안 놔두면 매일 회초리질을 하면서 초나라 말 익히기를 강요하더라도 할 수 없게 될 것이다.

> 七八月之間旱, 則苗槁矣. ≪孟子·梁惠王上≫
> 7,8월의 사이에 (날이) 가물면 싹이 마른다.

빈틈이 있으면 거리가 있게 되고, 갈라진 틈이 있으면 두 사물은 서로 단절된다. 그러므로 시간·공간적으로 거리가 있고 서로 단절되어 있는 것을 모두 '閒[jiàn]'이라고 한다. 또한 틈이 있으면 들어갈 수 있고, 가운데에 들어가서 일정 범위 안에 몸을 두거나 안에 끼어있는 것 역시 '閒[jiàn]'이라고 한다. 이미 앞 항목에서 설명하였다.

본래는 親密한 것이었는데, 疎遠하게 하여 (감정상의) 틈, 불화가 발생한 것도 '閒'이라고 한다. 여기에서 間世, 間諜이라는 말이 나왔다. 이 音도 역시 [jiàn]이다. 어떤 사람이 타인과 떨어져서 홀로 거주하는 것이나 두 사람이 다른 사람들을 피하여 일을 헤아리는 것도 '閒[jiàn]'이라고 한다. 또 연속적으로 일, 勞動을 하다가 휴식하는 것도 '閒[jiàn]'이다. 후에는 일하지 않는 것도 '閒'[jiàn]이라 하였다.

屈平正道直行, 竭忠盡智以事其君, 讒人閒之, 可謂窮矣. 司馬遷, ≪史記·屈原列傳≫

굴평(굴원)은 正道를 행하고 곧게 살았으며 충성을 바치고 지혜를 다하여 그 임금을 섬겼으나 참소하는 사람들이 그를 이간질하여 (임금과 굴원의 사이를) 소원하게 하였으니 곤궁하다 하겠다.

小人閒居爲不善, 無所不至 ≪禮記·大學≫

소인이 혼자 있으면 不善을 행함이 미치지 않는 바가 없다.

◆여기의 '閒居'는 獨處다.

又閒令吳廣之次所旁叢祠中. 司馬遷, ≪史記·陳涉世家≫

(진승은) 또 비밀리에 오광에게 명령하여 다음 주둔지의 나무숲에 있는 神祠 안에 가도록 했다.

◆閒令: 뭇사람들을 등지고 (비밀리에) 使者에게 지시하는 것.

'間'은 '閒'의 뒤에 만들어진 異體字다. 先秦時代의 古文字 중에는 아직 '間'이 발견되지 않았는데, 漢나라 隸書 안에서 비로소 우연히 출현하게 되었고, 唐宋代 이후에 비로소 점차 통행되었다.

최초에는 '間'·'閒'은 사용상에서 구별이 없었다가 唐宋 이후에 점차 '閒'을 써서 '한가함, 閒寂함을 나타내었고, 그 외 '閒'의 다른 뜻은 마침내 점점 '間'을 써서 기록하였다. 이것은 異體字를 쓰는 것으로부터 分化된 글자다. 또한 이러한 진전은 한 발 더 나아가 '間[jiān, jiàn]'과 '閒[xián]'이 書面上에서 구별되도록 하였다.

後代의 사람들은 古書를 飜刻할 때 늘 後代에 分化된 글자에 근거하여 古代의 字形을 고쳤고, 게다가 때로는 고치고 때로는 고치지 않았으니 이와 같이 하여 古籍 중에 '間'과 '閒'의 혼란이 발생하게 되었다. 예를 들어, ≪禮記·大學≫의 "小人間居爲不善, 無所不至."에는 '間'을 사용하고 있으나 ≪禮記·曲禮≫의 "孔子閒居, 子夏侍."는 '閒'으로 된 판본도 있다. 때문에 古書를 읽을 때 유의해서 변별해야 하고, 특히 '閒'의 용법에 주의해야 하는데, '間'으로 고친 것이 대체적으로 통일되었으나 '閒' 중에는 다 고쳐지지 않은 것이 많다. ≪荀子≫는 대체로 '間'으로 통일되었으나 '閒'을 쓴 것이 있다. 후대의 관례대로 하면 모두 '間'으로 써야 한다.

'間隙'의 '閒'과 '閒寂'의 '閒'은 語音上의 分化가 이미 魏晋時代에 완성되었다. 그래서 '閒'을 써서 '閒寂'을 나타내기 전에 일찍이 (특정한 시기, 대체적으로 漢 이후다. 先秦時代에는 우연히 사용한 것이 있어서 아마도 後人이 고친듯하다) '閒寂'의 '閒'을 '閑'으로 썼다.

'閑'은 원래 울짱이라는 뜻이므로 울짱을 써서 둘러친 말장애물도 '閑'이라고 부른다. '閑'은 또한 범위를 나타내고, '閑'을 써서 '閒寂', '閒靜'을 나타내는데, 同音字의 借用에 속한다. 唐宋 이후 '閒'과 '閑'을 竝用하고 있는데 '閒'을 위주로 한다. 漢字를 簡體化하였을 경우에는 '閑'·'閒'을 합쳐서 '閑'으로 쓴다.

> 大德不踰閑, 小德出入可也. ≪論語·子張≫
> 大節은 한계를 넘지 않지만 小節에는 변동이 있어도 괜찮다.

321
元[원/yuán]·首[수/shǒu]·頭[두/tóu]·魁[괴/kuí]

이 글자들은 모두 인체의 上部에 耳目口鼻가 있는 부분, 곧 머리에 해당한다. '元'·'首'·'頭'는 古今同義詞다.

'元'자가 머리를 뜻한 것은 매우 먼 고대로서, 先秦時代의 典籍 가운데 '元'의 常用意味는 이미 그 本義를 쓴 것이 아니라 그 引伸義를 사용하고 있었다. 예를 들어 우두머리가 되는, 開始하는, 첫 번째의, 最大의, 元首, 元老, 元日…… 등이 있었다. '元'이 머리라는 뜻으로 해석되는 경우는 몇 곳에 불과하다.

> 建爾元子, 俾侯于魯. ≪詩經·頌·魯頌·閟宮(비궁)≫
> 그대의 큰아들을 세워 노땅에 제후로 봉하셨도다.

> 志士不忘在溝壑, 勇士不忘喪其元. ≪孟子·滕文公下≫
> 志士는 도랑에 던져질 것을 잊지 않고 勇士는 자기 머리 잃을 것을 잊지 않는다.

통계로 보면, ≪詩經≫·≪尙書≫에서 보이는 '元'字는 거의 모두 파생의미로 해석된다. '頭'字를 써야할 곳에 일반적으로 '首'字를 쓰는 경우에, '首'字가 뒤에 만들어진 方言詞임을 알 수 있고, '元'字가 각종 추상적인 뜻에 사용된 뒤 혼동을 방지하기 위하여 '元'의 머리의 뜻은 이미 뒤에 만들어진 '首'자에 의해 대신 사용되었다.

> 愛而不見, 搔首踟躕. ≪詩經·國風·邶風·靜女≫
> 사랑해도 보지 못하여 머리를 긁으며 머뭇거리네.

> 自伯之東, 首如飛蓬 ≪詩經·國風·衛風·伯兮≫
> 임이 (출정하여) 동쪽으로 가니, (내) 머리는 쑥대머리가 되었네.
> ◆임이 出征하였으니 내 머리를 감고 치장할 필요가 없다는 뜻.

홀로 우연이란 것은 없듯이 동일한 과정이 '首'·'頭'의 사이에도 발생하였다. '頭'는 ≪詩經≫, ≪尙書≫ 등의 초기 문헌에 나타나지 않는데 ≪左傳≫에는 단 두 차례만 보이고, ≪韓非子≫에는 이미 8차례 보인다. 漢代 이후 머리 부분이라는 뜻에서는 '首'는 점차 '頭'에게 대체되었다. 唐代 杜甫의 時에는 '首'자가 100차례도 나타나지 않으나 '頭'는 200차례 가깝게 나타난다. 이런 대체 현상은 전형적으로 方言이 일반적인 통용어가 되고 원래 있던 통용어는 점차 역사적인 말이 되는 과정을 거치는 것이다.

> 荀偃癉疽, 生瘍於頭. ≪左傳·襄公19年≫
> 순언이 등창을 앓고 머리에 종기가 났다.

'首'는 春秋時代 전에는 주로 머리를 표현하는 데 사용되었고, 戰國時代에 '首'는 '元'과 같이 首領, 우선, 始初, 첫 번째 등의 의미가 발생되었으며, 따라서 가슴 윗부분은 '頭'로 대체되었다.

오늘날에는 '頭'가 '元'·'首'의 前轍을 다시 밟을 가능성이 있다. 언어 중에서 '頭'는 똑같이 '頂上', '첫 번째' 등의 引伸義가 발생하였고 그래서 단순한 뜻의 머리(통)이라는 類의 方言은 '頭'의 목숨이라는 뜻에 의해 대체되기 시작하였다.

引伸義에서 보면, 이 글자들의 구별은 주로 色彩에 있어, 고대로 가면 갈수록 더욱 莊重하여진다. 예를 들어, 元年, 元旦, 紀元 등은 頭一年, 頭一天보다 장중하고, 元老, 元師, 元兇 등은 首相, 首席', 首犯보다 장중하고, 首腦, 首車, 首日 등은 頭兒, 頭趟車, 頭一天보다 장중하다.

이외에 또한 관용적으로 首都, 首富(으뜸가는 부자), 首創, 首要 등은 '首'자만을 사용하고, 頂上이나 末端의 뜻에서는 일반적으로 '頭'자를 사용하는데 예를 들어 頭馬, 頭羊, 山斗 등이 있다.

'魁'는 국[羹]을 담는 국자의 머리다. 그래서 북두칠성의 국자 머리에 해당하는 네 개의 별을 '魁'라고 일컫는다. '魁'는 비록 국자의 머리이지만 파생 의미는 도리어 '元', '首' 등과 서로 가깝다. 이 또한 最先과 첫째를 나타낸다.

> 冬生草木必死. 斗杓爲小歲. ≪淮南子·天文訓≫
> 겨울에 난 초목은 반드시 말라 죽는다. 斗杓를 小歲라고 한다.
> ◆북두칠성의 가운데 자루에 해당하는 세 개의 별이 斗杓다. 국자[斗]의 첫째 별부터 넷째별까지 그릇모양의 별이 '(斗)魁'다.

> 曰: "請問居從父昆弟之仇, 如之何?" 曰: "不爲魁." ≪禮記·檀弓上≫
> (子夏가) 여쭈었다. "從父나 從昆弟의 원수에 대하여는 어떻게 해야 합니까?" (공자께서) 말씀하셨다. "(원수를 갚는데) 괴수가 되지 않는다."
> ◆魁는 또한 首領의 뜻을 나타낸다.

322
管[관/guǎn]·篪[지/chí]·籥[약/yuè]·壎[훈/xūn]·笛[적/dí]·簫[소/xiāo]

漢字 '管'·'籥'·'笛'의 訓을 모두 '피리'라고 하고 있는데 이렇게 되면 구별이 되지 않는다.

이 글자들은 모두 樂器의 이름이다. ≪周禮·春官·笙師≫에,

> 笙師, 掌教吹竽·笙·塤·籥·簫·篪·篴·管·舂牘·應·雅, 以教祴樂.
> 생사는 우·생·훈·약·소·지·적·관·용독·응·아의 연주에 관한 일과 취주를 관장하여 祴樂을 가르친다.
> ◆祴樂(개악): 상고시대의 음악 이름. 注에 祴夏의 음악이라고 하였다. 祴夏는 陔夏라고도 한다. ≪周禮·春官·鍾師≫ 참고.

라고 하였다. 이 여러 가지 악기 중에서 舂·牘·應·雅는 대나무 통들을 여러 개 엮어 만든 것을 이용하여 리듬을 분명히 하는 악기인 이외에, 나머지는 모두 불어 연주하는 악기다. 竽·笙은 조롱박 위에 여러 개의 竹管을 꽂고 박통 옆에 튀어나온 吹口에 입을 대고 불면 죽관에 붙은

금속 리드인 簧이 진동하면서 소리를 내는 악기고, 籥, 簫 등은 모두 竹管에 구멍을 뚫고 부는 악기다.

‘管’은 대나무 통이고, 또한 樂器다. ≪說文解字≫에 “管은 篪와 같은데 구멍 6개다.(管, 如篪, 六孔)”라고 하였다. 蔡邕은 망실되었다고 하였다. 後代의 문장 중의 ‘管’은 모두 管樂器의 통칭이다.

> 管如篴而小, 併兩而吹之. ≪周禮·春官·小師≫의 鄭玄注
> 管은 笛과 같으면서도 작고, 두 개를 나란히 하여 분다.
> ◆≪국어사전≫에는 “아악기의 하나로, 烏竹으로 만든 피리.”라고 하고 있어서 한국전통문화에서는 ‘피리’로 인식되고 있었다.

‘篪’는 관악기의 하나다. ≪呂氏春秋·仲夏紀≫에 “각종 피리 종류를 살핀다.(調竽笙壎篪)”고 하였고, 그 注에,

> 篪以竹, 大尺寸, 長尺二寸, 七孔, 一孔上伏, 橫吹之.
> 篪는 대나무로 만드는데 크기는 一尺 1寸, 길이는 一尺 2寸이고, 7개의 구멍에 한 구멍은 위에 있고, 나머지는 옆에 붙어있고 옆으로 분다.

라고 하였다. 설명을 보면, 그 모양과 규격이 오늘날의 저[橫笛]와 대동소이함을 알 수 있다. 고대에 ‘篪’는 늘 ‘壎’과 함께 吹奏되었다. ‘壎’은 질그릇으로 만든 악기로서, 모양은 거위 알 같다. 옆에는 2~6개의 구멍이 고르지 않게 뚫려 있다. ‘壎’과 ‘篪’는 音色이 서로 어울리므로 함께 吹奏한 것이다.

‘籥’은 옛날에는 ‘龠’으로 썼고 篪의 일종이다. ≪爾雅·釋樂≫의 郭璞注에 “籥은 笛과 같이 세 개의 구멍이 있으나 짧고 작다.(籥如笛, 三孔而短小.)”고 하였다. 혹은 구멍이 6개라고도 하고 7개라고도 하는데 형태와 제작법이 시대와 지역에 달랐을 가능성이 있다. 籥은 일찍부터 춤추는 가운데 吹奏하는 것이었다. 古字인 ‘龠’으로 보아 당연히 악기의 몸에 직접 부는 編管樂器였음을 알 수 있다.

籥者何? 籥舞也. ≪公羊傳·宣公8年≫
籥이란 무엇인가? 불며 춤추는 것이다.
◆顔師古의 注에 籥은 "籥을 불면서 춤추는 것으로 文樂의 으뜸이다.(吹籥而舞, 文樂之長.)"고 하였다.

左手執籥, 右手秉翟. ≪詩經·邶風·簡兮≫
왼손에 피리 쥐고 오른손에 꿩 깃 잡네.
◆여기에서는 편의상 籥을 그냥 피리라고 번역하였다.

'笛'은 옛날에는 '篴'으로 썼다. ≪說文解字≫에 "구멍이 7개인 대통이고, 羌笛은 구멍이 3개다.(七孔筩也, 羌笛三孔.)"라고 하였고, (宋) 高承의 ≪事物記原·樂舞聲歌部·笛≫에는 (後漢) 馬融이 <長笛賦>에 서문을 쓰면서 "이 악기는 근대에 만들어졌는데 본래 羌族에게서 유래한다. ≪풍속통≫에 '한 무제 때 丘仲이 만든 것으로 길이는 1尺4寸이고 구멍이 7개다.'(此器起于近代, 本出羌中. ≪風俗通≫曰: '漢武時丘仲所造, 長尺四寸, 七孔.')"라고 하였다. '笛'은 '篪'·'龠'의 기초위에서 羌笛의 장점을 받아들여서 발전시킨 것일 가능성이 있는데, 3구멍, 5구멍, 7구멍의 설들이 있고, 長笛·短笛의 구별이 있으며, 모두 옆으로 불어야 하므로 또한 '橫笛'이라고도 칭한다. '笛'은 만들기가 쉽고 휴대가 간편하기 때문에 극히 널리 유행하여 帝王, 學士에서 牧童, 수자리 병졸에 이르기까지 불지 않음이 없었다. 이것이 漢魏代 이후 가장 널리 보급된 악기로서 詩人들도 많이 읊었다. 우리말 ≪국어사전≫에 '저'는 가로로 불게 된 관악기의 총칭으로, 笛, 橫笛이라 하고 있다.

'簫'는 오늘날의 '簫'의 형태와 제조법이 매우 달랐다. 오늘날의 '簫'는 '笛'과 비슷하면서도 길고, 單管으로 되어있고 곧게 분다. 고대의 '簫'는 여러 개의 竹管을 함께 엮은 것으로 곧, 排簫다.

既備乃奏, 簫管備擧. ≪詩經·周頌·有瞽≫
(악기를) 다 갖추고 연주하니 簫와 管 소리 합주를 하네.
◆箋에 "簫는 죽관을 엮어서 만드는데 지금의 賣餳者가 부는 것이다. 管은 笛과 같고 동시에 분다.(簫, 編竹管爲之, 如今賣餳者所吹也. 管如笛, 竝而吹之.)"

라고 하였다.

≪爾雅·釋樂≫의 注에 "(簫는) 큰 것이 23개 죽관을 엮은 것으로 길이는 一尺 四寸이고, 작은 것은 16개의 죽관을 엮은 것으로 길이는 一尺 二寸이고 籟라고도 한다.((簫)大者編二十三管, 長尺四寸, 小者十六管, 長尺二寸, 一名籟.)"고 하였다. 후대의 單管의 簫를 퉁소[洞簫]라고 한다. ≪和漢三才圖會·樂器類·洞簫≫에 "일설에 洞簫는 簫의 바닥이 없는 것이다.(一說云: '洞簫乃簫之无底者.')"라고 하였다.

> 客有吹<u>洞簫</u>者, 倚歌而和之. 蘇軾, 〈前赤壁賦〉
> 손님은 퉁소 불어 노래 따라 합주하네.

323
琴[금/qín]·瑟[슬/sè]

각종 絃樂 가운데 '琴'은 문인들이 가장 愛重하는 것으로 심지어는 그것을 書籍과 같이 귀중하게 여겼다.

> 悅親戚之情話, 樂<u>琴</u>書以消憂. 陶潛, ≪歸去來辭≫
> 친척들과의 정다운 이야기에 즐겁고, 거문고와 책을 즐기니 근심 걱정 사라지네.

<琴論>에 의하면 '琴'은 오동나무를 가지고 만들고, 몸은 3尺 6寸이고, 넓이는 6寸인데, 앞은 넓고 뒤는 좁고, 앞에는 둥글고 뒤는 모졌으며 위에는 5絃을 베풀었고 주위에 2絃을 더하여 7絃이 된다고 하였다. 이것은 단지 한 시대 중의 형태와 제작법이다. 기실 '琴' 몸체의 장단, 현의 다소는 琴의 진화에 다라 변천하였다. 요컨대, '琴'은 일종의 彈絃樂記로서 탁자나 琴臺위에 옆으로 놓고 바닥위에서 연주하는 것으로 오늘날의 피아노·풍금의 형태와는 구조가 다른 것이다.

'瑟'과 '琴'은 서로 같은 종류이므로 왕왕 병칭된다. '瑟'은 형태와 구조상에서 '琴'에 비하여 큰 것이 많고, 絃도 많은 것이 많다.

> 或曰: "泰帝使素女鼓五十弦瑟, 悲, 帝禁不止, 故破其瑟為二十五弦." 班固, ≪漢書·郊祀志≫
> 어떤 사람이 말하기를 "태제께서 素女에게 50현의 瑟을 타도록 하니 (노래가) 슬퍼 (슬픔이) 그치지 않아 (연주를) 금지시켰고, 그래서 그 瑟을 부수고 25현의 瑟을 만들었다."고 하였다.
> ◆顔師古가 말하기를 "泰帝는 또한 泰昊(伏羲氏)를 이른다. 不止는 스스로 (그 감정을) 그치지 못함을 이른다.(泰帝, 亦謂泰昊也. 不止, 謂不能自止也.)"고 하였다.

이 글은 당연히 傳說이지만 신화를 이용하여 '瑟'의 絃數를 해석한 것이다. 통행되는 '琴'은 25현이 많다. '瑟'도 또한 각양각종의 종류가 많다. '瑟'의 絃은 길고 音色은 나지막하므로 '瑟'은 늘 감상의 정서와 相應한다.

> 瑟不鳴, 而二十五絃各以其聲應. 劉安, ≪淮南子·泰族訓≫
> 슬은 울리지 않지만 25개의 絃은 각각 聲音으로 응한다.

324 蒜[산/suàn]·葫[호/hú]·薤[해/xiè]

'蒜'은 ≪說文解字≫에 "매운 냄새나는 채소다.(葷菜也)"라고 하였다. 우리나라의 漢字字典에 '蒜'을 '달래 산'으로 訓音하고 있다. 그러므로 '蒜'은 달래다. '蒜'은 최초에는 中國의 흙에서 나고 자라는 외톨날래[獨頭蒜, 한 통에 한 쪽만 든 달래]을 가리켰다. 오늘날 보편적으로 식용하는, (여러) 쪽으로 나누어지는 '마늘'은 漢代에 西域에서 들어온 것이다. 그러므로 쪽으로 나누어지는 마늘은 중국에서 볼 때 외래 품종인 것이다. 그래서 최초에는 '胡蒜'이라고 불렀고 혹은 간략히 '葫'라고 불렀다. 이것은 '胡蒜'은 머리가 컸기 때문으로, 또한 '大蒜'이라고도 하였다. 이에 비하여 본래 중국토산의 마늘을 '小蒜'이라고 부른다. ≪玉篇≫에 "葫는 큰 달래다.(葫, 大蒜)"라고 하였고, (明) 李時珍의 ≪本草綱目≫卷26, 葫조에는,

≪釋名·大蒜≫, 葷菜. 弘景曰: "今人謂葫為大蒜, 蒜為小蒜, 以其氣類相似也." 時珍曰: "…… 大蒜出胡地, 故有胡名."

≪釋名·大蒜≫에 매운 냄새나는 채소. (南朝 梁) 陶弘景이 말하기를 "오늘날 사람들은 葫를 大蒜이라 이르고 蒜을 小蒜이라고 이르는데 그 氣類는 서로 유사하다."고 하였고, (明) 李時珍은 "…… 大蒜은 胡地에서 산출되었으므로 胡라는 명칭이 있게 되었다."고 했다.

◆葫(호): 마늘.

라고 되어 있다. 그러므로 '마늘[葫]'을 胡蒜·大蒜이라 하고 '달래'를 小蒜이라 하였음을 알 수 있다. 또 蒜조에는,

≪釋名·小蒜, 茆蒜≫, 葷菜. 時珍曰: "…… 中國初惟有此, 後因漢人得胡蒜於西域, 遂呼此為小蒜以別之."

≪釋名·大蒜, 茆蒜≫에 매운 냄새나는 채소. (明) 李時珍은 말하기를 "…… 중국에 처음에는 오직 이것만이 있었으나 漢人들이 西域에서 마늘을 얻어 (가져왔고) 마침내 이것을 小蒜이라 불러 마늘과 구별하였다."고 하였다.

◆茆蒜(묘산): 茆(묘)는 풀이름. 蓴菜(순채)다. 鳧葵(부규)라고도 한다. ≪經典釋文≫에서 何承天에서 "이 채소는 東海에서 난다.(此菜出東海)"고 하였고, 鄭小同은 "강남사람들은 순채라고 부르는데 陂澤안에서 난다(江南人名之蓴菜, 生於陂澤中)"고 하였다(≪辭源≫수정합본, 1435쪽, '茆'字조). 胡蒜는 곧 葫蒜.

라고 되어 있다. (晉) 崔豹의 ≪古今注·草木≫에는,

蒜, 茆蒜也, 俗人謂之小蒜. 胡國有蒜, 十許子共一株, 萚幕裹之, 尤辛於小蒜, 俗人謂之大蒜.

蒜은 茆蒜인데, 일반인들은 그것을 달래라고 이른다. 胡國에 蒜이 있어서 한 구루에 열 개까지 있을 수 있는데 장막 같은 껍질 속에 들어있고 특히 달래보다 매워서 일반인들을 그것을 마늘이라 부른다.

◆≪고금주≫는 판본에 따라 文字의 출입이 다르다.

라고 하였다.

> 時神遺靈艾一炷, 蒜二十枚曰: "爾輩食之, 不見日光百日, 便得人形." 一然, ≪三國遺事·古朝鮮[王儉朝鮮]≫
>
> 이 때 (환웅)신이 신령스런 쑥 한 묶음과 달래 20그루를 주고 말하였다. "너희들이 이것을 먹고 100일 동안 햇빛을 보지 않게 되면 사람의 몸이 될 수 있을 것이다."
>
> ◆艾(애): 뜸쑥. ≪국어사전≫에는 달래를 "백합과의 여러해살이풀. 높이 20-50cm, 숲속에 나며 땅속에 둥근 모양의 흰 비늘줄기가 있고 잎은 가늘고 긴 대롱 모양임. 식용함."이라고 설명하고 있다.

'薤'는 ≪說文解字≫에는 "채소인데, 부추와 비슷하다.(菜也, 似韭)"고 하였고, ≪本草綱目·薤≫권26에는

> ≪集解≫, 時珍曰: "…… 薤葉中空似細葱, 葉而有稜, 氣亦如葱, 紫白色, 根如小蒜, 一本數顆, 相依而生. 五月葉青則掘之, 否則肉不滿也."
>
> ≪집해≫에 이시진이 말하기를 "…… 薤의 잎사귀는 속이 비어 가는 파와 비슷하고, 잎사귀에는 모서리가 있고, 기운 역시 파와 같고, 자백색이고, 뿌리는 작은 마늘과 같고, 한 本에 여러 낱알이 달려, 서로 의존하여 생존한다. 5월 잎사귀가 푸르면 그것을 파내는데, 그렇지 않으면 연한 부분은 꽉 차지 않는다."고 하였다.

라고 되어 있다. '薤'도 百合科植物인데, "뿌리가 小蒜과 같기[根如小蒜]" 때문에 북방민족 사이에서는 '뿌리 작은 달래[小根蒜]'라고 부르게 되었다. 그렇지만 그 맛은 파[葱]와 더욱 가깝다. 옛사람들은 늘 '薤'에 맺힌 이슬을 가지고 인생이 짧고 無常함을 비유하였다. 고대의 저명한 輓歌(상엿소리)에는 <薤露歌>(≪古今注≫에는 <薤露蒿里歌>로 되어 있음)가 있다.

325

意[의/yì]·義[의/yì]·誼[의/yì]

'意'와 '義'는 언어에 포함된 '내용'을 표시한다는 의미에 있어서 서로 통용될 수 있으며, 흔히 결합되어 사용된다. ≪三國志·魏書·王凌傳≫에서 "의미가 매우 아름답다.(意義甚美)"라고 한 것이 그 예이다. 두 글자의 차이는 '意'가 주로 주관적 이해나 관점을 가리키는데 반해 '義'는 흔히 객관적 의미를 가리킨다는데 있다.

'意'는 ≪說文≫에서 "뜻이다.(志也)"라고 했다. '意'는 '憶'과 같은 계열의 글자로서 마음의 소리이며, 마음 속으로 생각하는 것이다. 그것은 의지일 수도 있고 심정일 수도 있으며, 생각일 수도 있고 추측이나 情趣일 수도 있다. 요컨대 그것은 개인성과 주관성을 띠는 것이다. '뜻'이라는 의미로 사용될 때도, '意'는 마찬가지로 개인성과 주관성을 띠는 '뜻'이다.

> 君爲天子決平, 不循三尺法, 專以人主意指爲獄. ≪史記·酷吏列傳≫
> 그대는 천자를 위해 공평하게 판결한다 하면서 죽간에 기록된 법을 따르지 않고 오로지 황제의 뜻대로 판결한다.

> 夫遭運無恒, 意見偏雜, 故是非之論, 紛然相乖. ≪後漢書·王充王符仲长统传论≫
> 운명이라는 것이 일정한 법칙이 없는 것이어서 각자의 생각에 의한 관점이 치우치거나 잡스러웠으므로, 옳고 그름의 논의가 분분하여 서로 어긋남이 많았다.

'義'는 ≪釋名·釋言語≫에서 "마땅함이다. 만물을 재단하고 규제하여 마땅함에 합치되게 하는 것이다.(宜也, 裁制萬物, 使合宜也.)"라 했다. '義'의 원의는 '儀表'로서, 사람에게 있어서 겉으로 드러나는 형식이다. 그 인신의는 '표준'이며, 이러한 표준들은 모두 객관적이고 사회적인 것이다. 도덕적 표준을 '正義'라고 하고, 객관적 표준을 '天經地義'라고 하는 것이 그 예이다. ≪釋名·釋言語≫에서 '마땅함(宜)'이라고 풀이한 것은, 옛날부터 지금까지 사회 전체가 모두 그것이 정당하고 합리적이라고 인정한다는 것이다. '뜻'이라는 의미로 사용될 때도, '義'는 객관적이라는 함의를 내포하고 있으며, 사람들이 공통적으로 받아들일 수 있는 '뜻'이다.

> 其微顯闡幽, 裁成義類者, 皆據舊例而發義. ≪春秋左氏傳序≫
> 은밀한 일을 뚜렷하게 하고 감춰진 상황을 드러내며, 재단하여 그 뜻에 의거하여 분류한 것은 모두 옛 사례에 의거하여 그 뜻을 드러내고자 함이다.

> 文體混漫, 義不可解. ≪晉書·王隱傳≫
> 문체가 난잡하여 그 참된 의미를 이해할 수 없다.

위에서 '發義'는 그 원래의 뜻, 즉 왜곡되지 않은 객관적 의미를 드러낸다는 것이다.

현대의 '定義, 釋義, 廣義, 狹義' 등에는 '義'를 사용하고, '意見, 意思, 表情達意, 稱心如意' 등에는 '意'를 사용하는 것도, 이러한 두 글자의 구분이 계속 작용하고 있는 것이다.

'義'는 옛날에는 '誼'라고도 썼다. ≪說文解字叙≫에서는 "비슷한 글자들의 뜻을 합쳐 가리키고자 하는 것을 표시하는 것으로, '무', '신'이 그것이다(比類合誼, 以見指撝, 武信是也)"라고 하였다. 근대에 들어와서 '義'와 '誼'는 분화되기 시작했는데, '誼'는 감정적 색채에 편중되어, 교류하는 가운데 발생하는 情誼를 가리키는데 사용된다. 가령 '友誼, 深情厚誼' 등이 그 예이다.

326 犬[견/quǎn]·狗[구/gǒu]

'犬'에 대해서 ≪說文解字≫에서는 "개[狗] 가운데 발굽이 달려 있는 것이다. 상형이다. 공자는 '견[犬]이라는 글자를 보면, 개[狗]를 그린 것 같다.'고 했다.(狗之有懸蹏者也. 象形. 孔子曰: '視犬之字如畫狗也.')"라고 풀이하였다. 許愼이 고문자 '犬'을 개를 그린 것이라 본 것은 옳다. 그러나 '犬'을 발굽이 달려 있는 개의 한 품종이라 본 것은 小篆의 字形의 영향을 받아 생긴 오해이다.

춘추 시대 이전의 작품에서는 '犬'자만 보이고, '狗'자는 보이지 않는다.

> 躍躍毚兎, 遇犬獲之. (≪詩經·小雅·巧言≫)
> 깡충깡충 뛰는 약은 토끼, 사냥개에게 잡힌다네.

> 犬馬非其土性不畜, 珍禽奇獸不育于國. ≪尚書·旅獒≫
> 개나 말은 그 땅의 풍토에 맞지 않으면 기르지 마시고, 진기한 새나 짐승을 나라에서 기르지 마십시오.

> 虎豹之鞹, 猶犬羊之鞹. ≪論語·顔淵≫
> 호랑이나 표범의 가죽과 개나 양의 가죽이 같다는 말인가?

전국 시대의 전적에서는 '犬'과 '狗'가 함께 사용되며, '狗'의 사용량이 '犬'의 사용량을 점차 초과하기 시작한다.

> 君之視臣如犬馬, 則臣視君如國人. ≪孟子·離婁下≫
> 임금이 신하 보기를 개나 말처럼 한다면, 신하들도 임금 보기를 낯선 사람처럼 할 것이다.

> 鷄鳴狗吠相聞而達乎四境, 而齊有其民矣. ≪孟子·公孫丑上≫
> 닭 울고 개 짖는 소리가 들려 사방의 변경에까지 도달하고, 제나라에는 그와 같은 백성이 있다.

狗, 犬也, 而殺狗非殺犬也. ≪墨子·經下≫
구는 견이다. 구를 죽이는 것이지 견을 죽이는 것이 아니다.

≪孟子≫에서는 '구'와 '견'을 함께 사용하고 있는데, '견'은 여섯 번 사용되고 '구'는 세 번 사용되었다. ≪墨子≫에서는 '견'이 24번 사용되고, '구'는 29번 사용되었다. 위의 예를 통해 ≪묵자≫에서 '구'와 '견'을 동의사로 간주하고 있음을 알 수 있다. ≪莊子≫나 ≪韓非子≫ 등의 책에서는 '구'가 사용되는 숫자가 더 많아지고 있다.

≪爾雅·釋畜≫에서는 "긴 털이 나지 않은 것을 '구'라 한다.(未成毫, 狗)"고 했고, ≪禮記·曲禮上≫에서는 "'견'을 바치는 자는 왼쪽으로 끌고 간다.(效犬者, 左牽之)"라 했는데, 그 疏에서는 "큰 것을 '견'이라 하고, 작은 것을 '구'라 한다.(大者爲犬, 小者爲狗)"고 하였다. 긴 털이 나지 않은 개, 즉 작은 개를 '구'라 한 것이다. 곰의 새끼를 '후'라 하고, 작은 말을 '駒'라 한 것을 참고하면, 작은 개를 '구'라고 한 해석은 옳다고 할 수 있다. 그러나 전국시대에는 '구'가 이미 '견'의 별명으로 사용되어 '견'을 대신하기 시작하였다.

327 婚[혼/hūn]·姻[인/yīn]

'婚'은 지금 남녀가 결합하여 부부가 되는 것을 가리킨다. 남녀 쌍방이 결합하여 부부가 되는 것을 '結婚'이라 하고, 쌍방이 부부가 되는 데 동의하는 것을 '訂婚'이라 하는 것 등이 그 예이다. 고대에 '婚'은 남자 쪽의 가족이 아들을 위해 아내를 얻게 하는 것만을 가리켰을 뿐, 여자 쪽에서 딸을 시집보내는 것을 가리키는 의미로 사용되지는 않았다.

求昏而薦女, 君親送之, 上卿及上大夫致之. ≪左傳·昭公五年≫
(楚나라에서 晉나라에) 혼인을 청하여 딸을 청하자, (진나라) 군주가 친히 딸을 전송하면서 상경과 상대부를 딸려 보냈습니다.

'婚'은 처음에는 '昏'으로 쓰였다. ≪釋名·釋親屬≫에, "사위가 친영하여 혼인을 하는데, 또 늘 어두운 밤에 예식을 거행했다.(婿親迎用昏, 又恒以昏夜成禮也.)"고 하였다. 이것은 '婚'이라는 글자의 유래를 보여준다. 옛적에 남자 쪽에서 아내를 얻을 때, 관습적으로 황혼 때 일을 진행했으므로 '昏'이라 한 것이다. 후에 '黃昏'의 '昏'자와 구별하기 위해 '婚'이란 글자를 쓰게 된 것으로, '婚'은 후에 나타난 分化字이다. 황혼 때 아내를 취하는 것은 약탈혼의 흔적이다. 씨족사회 시대에는 外婚制가 성행했다. 모계 사회 시대에는 남자가 出嫁했으며, 여자는 남편을 얻었다. 부계사회로 진입한 후에는 경제적 관계에 의해 혼인관계 또한 흔들리게 되어, 남자가 재산의 주인이 되었기 때문에 아내가 자신을 따르기를 요구하게 된다. 모계 사회에서 부계 사회로 넘어가는 과도적 시기에 새로운 경제적 관계와 옛 혼인 제도 사이에는 격렬한 갈등이 생긴다. 관습적인 힘을 깨트리기 위해 남자가 여자를 약탈하여 혼인을 맺는 결혼 풍속이 성행하게 되고, 이렇게 하여 약탈혼이 형성된다. 이러한 약탈은, 처음 시작되었을 때는 필요에 의한 것이었지만 뒤에는 하나의 양식으로 변하게 된다. 약탈이 관습적으로 어두운 밤에 진행되었기 때문에, 후에 아내를 취하는 것도 '昏'이라고 일컫게 되었다. 아내를 얻는 것을 '昏(婚)'이라고 하는 것은 바로 바로 이러한 약탈혼 관습이 언어에 남겨준 흔적이다.

'姻'은 '因'의 分化字이다. '因'은 원래 '연결, 의존'의 뜻이다. '婚姻'의 의미로 인신되면, 두 씨족 또는 두 가족이나 가정이 결혼을 통해 연결되어 서로 의존하는 혼인집단으로 변함을 가리킨다. '因'과의 구별을 위해 '姻'이라는 글자를 사용하게 되었다.

江黃道柏方睦于齊，皆弦姻也. 弦持之而不事楚，又不設備，故亡. ≪左傳·僖公五年≫

강, 황, 도, 백의 나라들은 제나라와 화목하게 지냈는데, 모두 현 나라와 혼인 관계로 맺어진 나라들이다. 현나라는 이들을 믿고 초나라를 섬기지 않고 방비도 제대로 하지 않아 멸망했다.

'姻'은 고대에 자녀들이 결혼하여 형성된 혼인 관계의 집단을 가리켰고, 후대에는 남자 쪽에서 아내를 취해 맺어진 친속관계를 가리키게 되었다.

[袁術]懼布，爲子求婚，布許之. 沛相陳珪恐術報布成姻…… 於是往說布曰. 將軍今與袁術結姻，必將受天下不義之名，將有累卵之危. ≪後漢書·呂布傳≫

(원술이) 여포를 두려워하여 자녀들간의 혼인을 청하니 여포가 허락하였다. 패의 장관 진규는 원술과 여포가 인척관계가 되는 것을 두려워하였다.……그래서 여포에게 가서 설득하였다. 장군께서 지금 원술과 인척관계를 맺으면 반드시 천하의 불의한 사람이라는 오명을 뒤집어쓰게 될 것이고, 누란의 위험에 처하게 될 것입니다.

'婚'은 남자 쪽에서 여자 쪽에 친족관계를 맺기를 요구하는 것이고, '姻'은 쌍방이 결합하여 구성된 친척관계를 가리킨다. '婚姻' 두 글자가 흔히 함께 사용되었기 때문에 이 두 글자의 의미도 서로 통하게 되었다.

노예 사회와 봉건 사회에서 남자가 결혼하고 여자가 시집가는 것은 당사자들이 자유롭게 처리할 수 있는게 아니고, 가족 또는 부형이 책임지는 일이었다. 따라서 '婚姻'은 일반적으로 남녀 쌍방의 결합을 가리키는 것이 아니고, 두 가족이나 가정간의 결합을 가리키는 것이었다. 그리하여 '婚姻' 관계는 쌍방의 가족들 간의 관계, 특히 쌍방의 부친들 간의 관계를 가리키는 말로 사용된다.

劉氏與范氏世爲婚姻. ≪左傳·哀公三年≫

유씨와 범씨는 대대로 혼인관계를 맺었다.

惲幸與富侯婚姻. ≪漢書·楊惲傳≫

양운은 운 좋게도 부유한 제후 가문과 혼인하였다.

주요 참고서목

江必興·胡家賜·段德森編, ≪常用文言文同義詞辨析≫, 湖南人民出版社, 1987.8
王鳳陽, ≪古辭辨≫, 吉林文史出版社, 1993.6
王政白, ≪古漢語同義詞辨析≫, 黃山書社, 1992.12
張百棟·邵祖成, ≪古漢語常見同義詞辨析≫, 中山大學出版社, 1988.9
張玉書 등, ≪康熙字典≫, 國際文化出版公司, 1993
周文德, ≪孟子同義詞研究≫, 巴蜀書社, 2002.9
池昌海, ≪史記同義詞研究≫, 上海古籍出版社, 2002.4
湯可敬, ≪說文解字今釋≫, 岳麓書社, 2002.4
許愼 著, 段玉裁 注, ≪說文解字注≫, 南嶽出版社
黃金貴, ≪古漢語同義詞辨釋論≫, 上海古籍出版社, 2002.8

찾아보기

가
歌 _ 137
舸 _ 441
稼 _ 114
假 _ 27
枷 _ 456
加 _ 25
假 _ 22
可 _ 20

각
覺 _ 320, 565
角 _ 85
却 _ 29

간
諫 _ 535
間 _ 596, 598
奸 _ 30
姦 _ 30
看 _ 54
閒 _ 598

갈
曷 _ 538

감
甘 _ 37
酣 _ 561
憾 _ 38
瞰 _ 34, 160

갑
甲 _ 298

강
岡 _ 300
剛 _ 76
僵 _ 462
降 _ 40, 526
絳 _ 551
江 _ 43
强 _ 76

갸
屩 _ 416

개
漑 _ 115
蓋 _ 252
改 _ 60
介 _ 298
皆 _ 44

객
客 _ 278

갱
羹 _ 47

거
據 _ 281
踞 _ 439
擧 _ 44
居 _ 51
遽 _ 533
去 _ 308

검
瞼 _ 53

차
車 _ 49

건
巾 _ 123

걸
傑 _ 548

격
隔 _ 596
擊 _ 507
覡 _ 218

견
見 _ 54
堅 _ 76
犬 _ 612

결
潔 _ 476
缺 _ 58

겸
縑 _ 244

경
更 _ 60
頸 _ 389
京 _ 62
驚 _ 64, 99
徑 _ 66
脛 _ 78
敬 _ 96

계
季 _ 73, 588
悸 _ 64
計 _ 68
繼 _ 71
階 _ 529
械 _ 173, 456
笄 _ 74

고
告 _ 81
誥 _ 81
顧 _ 160
賈 _ 305
固 _ 76
股 _ 78
沽 _ 80
酤 _ 80
鼓 _ 83
觚 _ 85
瞽 _ 89
庫 _ 481
銬 _ 456

곡
曲 _ 572
梏 _ 456
穀 _ 92
哭 _ 550

곤
困 _ 280

공
共 _ 107
公 _ 262
攻 _ 507, 516
恭 _ 96
供 _ 98
貢 _ 98
孔 _ 105
空 _ 109
恐 _ 99

과
寡 _ 112
過 _ 505, 567

곽
槨 _ 117
郭 _ 321

관
灌 _ 115
棺 _ 117
關 _ 119
官 _ 120
冠 _ 123
館 _ 126, 478
觀 _ 141, 283
盥 _ 216
管 _ 603

광
曠 _ 109

괴
愧 _ 335
魁 _ 601

굉
觥 _ 85

교
窖 _ 105
驕 _ 128
矯 _ 130
教 _ 132, 134

구
仇 _ 149
購 _ 146
狗 _ 612
柩 _ 117
久 _ 390
俱 _ 44, 144
具 _ 144
屨 _ 416
瞿 _ 447
懼 _ 99
寇 _ 199
謳 _ 137

丘 _ 300
糗 _ 351
軀 _ 154
劬 _ 166
驅 _ 509
嫗 _ 394

국
國 _ 568

군
群 _ 446

굴
屈 _ 572

궁
弓 _ 154
躬 _ 154
宮 _ 156
窮 _ 151, 280, 575

권
眷 _ 514
權 _ 159

궐
厥 _ 171
蹶 _ 462
闕 _ 58

궤
跪 _ 439
饋 _ 576

귀
歸 _ 233
鬼 _ 354
貴 _ 434

규
窺 _ 160
竅 _ 105

균
均 _ 586
困 _ 481

극
極 _ 151, 165
屐 _ 416
隙 _ 162

근
根 _ 168
謹 _ 169
饉 _ 181
近 _ 239
斤 _ 292
覲 _ 431
勤 _ 166, 190

금
禁 _ 170
錦 _ 244
衾 _ 536
禽 _ 578
琴 _ 606

급
急 _ 520
級 _ 534

기
紀 _ 176
記 _ 176
飢 _ 181
饑 _ 181
肌 _ 182
旣 _ 184
忌 _ 187
寄 _ 399
其 _ 171
器 _ 173
祈 _ 177
棄 _ 178
奇 _ 185
綺 _ 244
欺 _ 296
祇 _ 354
旗 _ 425
跽 _ 439

낙
諾 _ 383

난
赧 _ 335

낭
囊 _ 189

녀
女 _ 257

년
年 _ 388

념
念 _ 289

녕
佞 _ 496

노
弩 _ 154
怒 _ 266, 287, 392

뇌
餒 _ 191

뉴
杻 _ 456

능
能 _ 20

닉
溺 _ 519

단
旦 _ 192
丹 _ 551
斷 _ 591

달
達 _ 503

담
啖 _ 581
啗 _ 581

답
答 _ 413
蹋(踏) _ 492

당
瞠 _ 447
當 _ 193, 467
黨 _ 419
塘 _ 446
堂 _ 582

대
黛 _ 195
待 _ 205
代 _ 347
對 _ 413

도
禱 _ 177
道 _ 197
盜 _ 199
悼 _ 200
島 _ 444
倒 _ 462
蹈 _ 492
度 _ 159
渡 _ 428
都 _ 62
逃 _ 204
途 _ 197
屠 _ 198
徒 _ 298, 542
圖 _ 68

돈
頓 _ 462, 533
豚 _ 349

동
洞 _ 105
同 _ 107, 431

두
竇 _ 105
豆 _ 202, 203
杜 _ 119
頭 _ 601

둔
遁 _ 204

득
得 _ 20

등
等 _ 205, 534, 586

라
羅 _ 244

락
樂 _ 555
落 _ 40

란
欒 _ 300

람
藍 _ 188

랭
冷 _ 541

략
略 _ 378

량
粱 _ 92
兩 _ 376
量 _ 159
良 _ 317
涼 _ 541

려
廬 _ 156
慮 _ 68
麗 _ 221
侶 _ 236

련
輦 _ 49
憐 _ 231, 385

렬
烈 _ 594

령
聆 _ 498
令 _ 212
嶺 _ 300
靈 _ 343
領 _ 389
舲 _ 441

로
勞 _ 166, 190
路 _ 197
姥 _ 394

록
祿 _ 253

롱
弄 _ 396

뢰
籟 _ 323
賂 _ 558

료
鐐 _ 456

륙
戮 _ 302

률
律 _ 248

름
廩 _ 481

릉
綾 _ 244
陵 _ 267, 300

리
吏 _ 120
詈 _ 208
利 _ 391
履 _ 416, 492
離 _ 418
里 _ 419
理 _ 511

린
隣 _ 419

마
磨 _ 424

막
幕 _ 206

만
慢 _ 395

망
望 _ 34

매
罵 _ 208
買 _ 146
賣 _ 146
痲 _ 210
沫 _ 216

맥
陌 _ 495

맹
盲 _ 89
盟 _ 310
孟 _ 588

면
冕 _ 123
眄 _ 211
免 _ 485
面 _ 53

명
命 _ 212
冥 _ 408

모
模 _ 215
帽 _ 123
貌 _ 398
謀 _ 68

목
沐 _ 216
木 _ 338
目 _ 365

몰
沒 _ 272

몽
矇 _ 89

몽동
艨艟 _ 441

묘
廟 _ 283
眇 _ 89
墓 _ 267

무
貿 _ 146
巫 _ 218

묵
墨 _ 195

문
門 _ 219
問 _ 225
文 _ 226
聞 _ 498

미
美 _ 221
彌 _ 223
迷 _ 229

민
愍 _ 231
憫 _ 231, 385
閔 _ 231

박
剝 _ 232
泊 _ 426
舶 _ 441
縛 _ 331

반
伴 _ 236
返 _ 233
飯 _ 351

발
拔 _ 237

방
傍 _ 239
謗 _ 239
房 _ 156, 241
防 _ 242
舫 _ 441
芳 _ 543
邦 _ 568

배
拜 _ 429, 485

백
帛 _ 244
伯 _ 588

魄 _ 343

번
旛 _ 425

벌
伐 _ 516
罰 _ 546

범
範 _ 215

법
法 _ 248, 249

벽
碧 _ 188

변
弁 _ 123
籩 _ 202
變 _ 251

별
別 _ 418

병
兵 _ 298, 412
病 _ 459
秉 _ 472

보
步 _ 542
輔 _ 259
父 _ 262

복
覆 _ 252
福 _ 253
卜 _ 313
踣 _ 462
馥 _ 543
復 _ 233

본
本 _ 168

봉
烽 _ 254
逢 _ 255
封 _ 256, 429
峰 _ 300
鋒 _ 391

부
腐 _ 191
婦 _ 257
扶 _ 259
負 _ 265
斧 _ 292
復 _ 376
赴 _ 422
府 _ 481
膚 _ 537
仆 _ 462

부로
父老 _ 262

부형
父兄 _ 262

분
忿 _ 266
憤 _ 266
墳 _ 267
芬 _ 543
僨 _ 462

불
拂 _ 270

불록
不祿 _ 272

붕
崩 _ 272
朋 _ 271

비
鼙(鞞) _ 83
備 _ 274
卑 _ 276
悲 _ 372
鄙 _ 276
扉 _ 219
誹 _ 239
緋 _ 551
脾 _ 211
屝 _ 416

빈
賓 _ 278
濱 _ 360
貧 _ 280, 575

빙
騁 _ 509
憑 _ 281

사
辭 _ 288
賜 _ 294
沙 _ 585
砂 _ 585
舍 _ 126, 478
士 _ 298
俟 _ 205
死 _ 272
寺 _ 283
思 _ 289
祀 _ 388, 427, 489
徙 _ 485
謝 _ 288
寫 _ 314
詐 _ 296
屣 _ 416
食 _ 351

사직
社稷 _ 568

삭
削 _ 232

산
産 _ 410
山 _ 300
蒜 _ 607

살
殺 _ 302

상
常 _ 390, 415
裳 _ 415
商 _ 305
尙 _ 434
觴 _ 85
相 _ 160
想 _ 289

색
塞 _ 119
穡 _ 114

생
生 _ 306
牲 _ 564

서
逝 _ 272, 308
誓 _ 310
筮 _ 313
曙 _ 192
書 _ 314
黍 _ 92
胥 _ 120
徐 _ 395
敍 _ 448
嶼 _ 444

석
錫 _ 294
夕 _ 316
席 _ 386
舃 _ 416

선
船 _ 441
扇 _ 219
善 _ 317
鮮 _ 112

설
說 _ 448
爇 _ 369

섭
躡 _ 492
涉 _ 428
屧 _ 416

성
城 _ 321
聲 _ 323
聖 _ 326
醒 _ 320, 565

세
世 _ 347
歲 _ 388
洗 _ 216

소

少 _ 112, 378
素 _ 244
訴 _ 81
愬 _ 81
所 _ 32
笑 _ 329
簫 _ 603
召 _ 330
沼 _ 446

속

束 _ 331
速 _ 520
粟 _ 92
續 _ 71

송

送 _ 576

쇄

碎 _ 525

쇠

衰 _ 333

수

讐 _ 149
泗 _ 411
誰 _ 341
售 _ 146
授 _ 429
獸 _ 578
首 _ 601
樹 _ 338, 437
睡 _ 210
叟 _ 262
瞍 _ 89
燧 _ 254
隨 _ 340
羞 _ 335
鬚 _ 547

숙

菽 _ 203
孰 _ 341
叔 _ 588
宿 _ 51

순

詢 _ 225
循 _ 384

술

術 _ 249
述 _ 448

숭

崇 _ 434

슬

瑟 _ 606

습

襲 _ 516

시

柴 _ 355
翅 _ 400
示 _ 54
市 _ 146
弑 _ 302
時 _ 73, 347
豕 _ 349
矢 _ 424
視 _ 54

식

拭 _ 270
息 _ 563
植 _ 437

신

晨 _ 192
身 _ 154
愼 _ 169
哂 _ 329
神 _ 343, 354
薪 _ 355
訊 _ 225
迅 _ 520

실

室 _ 156
悉 _ 44

심

甚 _ 165

아

餓 _ 181
俄 _ 533

迓 _ 382
牙 _ 358

악
愕 _ 64
幄 _ 206
握 _ 472

안
贗 _ 22
岸 _ 360
安 _ 368
眼 _ 365

알
揠 _ 237

암
庵 _ 283

압
狎 _ 369

앙
怏 _ 287
殃 _ 552

애
愛 _ 379
哀 _ 372
埃 _ 451
涯 _ 360

야
夜 _ 316

약
弱 _ 333
約 _ 310
躍 _ 370
籥 _ 603

양
讓 _ 288

어
語 _ 380

언
唁 _ 200
言 _ 380
偃 _ 462

엄
掩 _ 528
嚴 _ 99

여
如 _ 422
予 _ 294
與 _ 294
輿 _ 49

역
逆 _ 382
易 _ 251

驛 _ 403
懌 _ 555

연
捐 _ 178
然 _ 383
沿 _ 239, 384
筵 _ 386
緣 _ 384

열
悅 _ 555

염
髥 _ 547
厭 _ 532

영
榮 _ 554
迎 _ 382
英 _ 548
詠 _ 137
永 _ 390
泳 _ 411
零 _ 40

예
睨 _ 160, 211
銳 _ 391
藝 _ 437

오
傲 _ 128
烏 _ 195

寤 _ 565
誤 _ 567

옥
屋 _ 156, 241

온
媪 _ 394
慍 _ 287, 392

옹
翁 _ 262

완
緩 _ 395
完 _ 274
玩 _ 396
智 _ 89

왈
曰 _ 405

왕
往 _ 422

외
畏 _ 99

요
蕘 _ 355
謠 _ 137
舀 _ 469

욕
辱 _ 335
浴 _ 216

용
踴(踊) _ 370
容 _ 398

우
佑 _ 259
友 _ 271
憂 _ 402
郵 _ 403
遇 _ 255
寓 _ 399
羽 _ 400

운
隕 _ 40

원
援 _ 472
元 _ 601
怨 _ 38

월
鉞 _ 292
越 _ 505

위
委 _ 178
幃 _ 206
僞 _ 22, 296
謂 _ 405
危 _ 407

유
揉(輮) _ 130
乳 _ 410
帷 _ 206
唯 _ 383
由 _ 438
牖 _ 201
幽 _ 408
游 _ 411
愈 _ 223
諛 _ 496
逾 _ 505

육
肉 _ 182
鬻 _ 146

융
戎 _ 412

은
恩 _ 379
殷 _ 551
垠 _ 360

음
音 _ 323
蔭 _ 528

읍
泣 _ 550

挹 _ 469

응

應 _ 193, 413

의

宜 _ 193
依 _ 281
倚 _ 281
衣 _ 415
意 _ 610
義 _ 610
誼 _ 610

이

餌 _ 351
已 _ 184
異 _ 185
怡 _ 555
彛 _ 85

익

益 _ 25, 223
翼 _ 259, 400

인

引 _ 29
姻 _ 613

입

入 _ 453

자

刺 _ 302, 535
藉 _ 420
字 _ 226
自 _ 438
髭 _ 547
資 _ 558

작

爵 _ 85
酌 _ 469

잠

岑 _ 300
簪 _ 74

장

長 _ 390
戕 _ 302
帳 _ 206

장인

丈人 _ 262

재

財 _ 558
宰 _ 198
再 _ 376
載 _ 388
災 _ 552

저

豬 _ 349
渚 _ 444

적

赤 _ 551
敵 _ 149
笛 _ 603
籍 _ 420
適 _ 422
賊 _ 199
謫 _ 485, 526

전

廛 _ 156
傳 _ 403, 499
奠 _ 427
顚 _ 462
典 _ 467
殿 _ 582
箭 _ 424
全 _ 274

절

截 _ 591
絶 _ 591
切 _ 424
折 _ 591

점

占 _ 313

정

定 _ 368
精 _ 343
旌 _ 425
淨 _ 476
停 _ 426

艇 _ 441
征 _ 516

제
除 _ 429, 485, 529
第 _ 156
睇 _ 211
堤 _ 242
隄 _ 242
際 _ 162
祭 _ 427
濟 _ 428
祭 _ 489
齊 _ 586
緹 _ 244
啼 _ 550

조
操 _ 472
朝 _ 431
弔 _ 200
調 _ 434
眺 _ 34
澡 _ 216
遭 _ 255
朝 _ 192
詔 _ 81
助 _ 259
俎 _ 202

존
存 _ 306
尊 _ 434

졸
猝(卒) _ 533
卒 _ 272, 298

종
從 _ 340, 438
終 _ 151
種 _ 437

좌
佐 _ 259
坐 _ 439

주
儔 _ 236
裯 _ 536
舟 _ 441
洲 _ 444
誅 _ 302
住 _ 51, 445
駐 _ 445
朱 _ 551

죽
粥 _ 351

준
蹲 _ 439
俊 _ 548
樽 _ 85

중
衆 _ 446
仲 _ 588

증
增 _ 25
贈 _ 256, 576
症 _ 459

지
池 _ 446
持 _ 472
篪 _ 603
至 _ 165, 512
止 _ 170
旨 _ 37
之 _ 422
沚 _ 444
躓 _ 462
贄 _ 531

직
稷 _ 92

진
瞋 _ 447
陳 _ 448
塵 _ 451
盡 _ 44
進 _ 453
振 _ 454
震 _ 454

질
跌 _ 462
疾 _ 459, 520

桎 _ 456
質 _ 467

짐
斟 _ 469

집
執 _ 472

징
澄 _ 476

차
次 _ 478
磋 _ 424
借 _ 27

착
錯 _ 567
捉 _ 472, 501

찬
纂 _ 480

찰
察 _ 141

참
慚 _ 335
慘 _ 372

창
蒼 _ 188
倉 _ 481
唱 _ 137
窓 _ 201

채
綵 _ 244
釵 _ 74

책
策 _ 525

처
處 _ 32

척
斥 _ 485
戚 _ 372, 514
惕 _ 99
擲 _ 523

천
賤 _ 276
薦 _ 489
踐 _ 492
遷 _ 485
阡 _ 495

천하
天下 _ 568

철
澈 _ 476
輟 _ 563

첨
諂 _ 496
忝 _ 335
瞻 _ 34, 160

첩
捷 _ 520
貼 _ 467

청
靑 _ 188
淸 _ 476
聽 _ 498

체
逮 _ 501
遞 _ 499
彘 _ 349

초
超 _ 505
樵 _ 355
稍 _ 378
綃 _ 244
軺 _ 49
招 _ 330

총
冢 _ 267

최
最 _ 165

추
墜 _ 40
追 _ 508

축
祝 _ 177, 218
逐 _ 508

출
怵 _ 99

췌
贅 _ 467
惴 _ 99

취
吹 _ 545
驟 _ 533
醉 _ 561

치
觶 _ 85
嗤 _ 329
恥 _ 335
齒 _ 358
褫 _ 480
馳 _ 509
置 _ 403
幟 _ 425
治 _ 511
致 _ 512
緇 _ 195

친
親 _ 514

침
沈 _ 519
侵 _ 516

쾌
快 _ 520

탁
橐 _ 189
擢 _ 237
琢 _ 424

탄
憚 _ 99

탈
奪 _ 480

탕
湯 _ 47

태
殆 _ 407

택
宅 _ 156

토
討 _ 516

통
慟 _ 372
通 _ 503

퇴
退 _ 434
腿 _ 78

투
投 _ 523

파
把 _ 472
罷 _ 485
怕 _ 99
頗 _ 378
破 _ 525

패
敗 _ 191, 265

편
鞭 _ 525
騙 _ 296

폄
貶 _ 485, 526

폐
斃 _ 462
蔽 _ 528
陛 _ 529
幣 _ 531

포
飽 _ 532
暴 _ 533
捕 _ 501
怖 _ 64
抛 _ 523
浦 _ 360

품
品 _ 534

풍
諷 _ 535

피
被 _ 536
避 _ 187
皮 _ 537

필
弼 _ 259
畢 _ 44

하
何 _ 341, 538
河 _ 43
下 _ 40

한
寒 _ 541
恨 _ 38
閑 _ 598

함
艦 _ 441
咸 _ 44

합
合 _ 193
盍 _ 538

항
恒 _ 390
項 _ 389

해
駭 _ 64
奚 _ 538
偕 _ 44
薤 _ 607

해내
海內 _ 568

행
行 _ 542

향
向 _ 201
響 _ 323
鄕 _ 419
享 _ 489
香 _ 543

허
虛 _ 109
噓 _ 545

헌
獻 _ 98, 294
軒 _ 49

헐
歇 _ 563

험
險 _ 407

혁
革 _ 60, 537
赫 _ 594

현
賢 _ 326
顯 _ 594
玄 _ 195

혈
穴 _ 105

형
衡 _ 159
馨 _ 543
型 _ 215
刑 _ 546

혜
惠 _ 379
蹊 _ 66

鞋 _ 416

호
縞 _ 244
好 _ 221
豪 _ 548
號 _ 550
戶 _ 219
滸 _ 360
胡 _ 538
鬍 _ 547
葫 _ 607

혹
惑 _ 229

혼
魂 _ 343
婚 _ 613

홍
紅 _ 551

화
禾 _ 92
化 _ 132, 251
華 _ 554
禍 _ 552
貨 _ 558
靴 _ 416

확
穫 _ 560

환
宦 _ 120
還 _ 233
患 _ 402
歡 _ 555

활
活 _ 306

황
皇 _ 594
惶 _ 64

회
懷 _ 289
回 _ 233
會 _ 431
賄 _ 558
誨 _ 134

획
獲 _ 560

효
曉 _ 192

후
朽 _ 191
酗 _ 561
詬 _ 208
鍭 _ 424

훈
訓 _ 134
壎 _ 603

훙
薨 _ 272

휘
諱 _ 187
麾 _ 425

휴
休 _ 563

흑
黑 _ 195

흔
欣 _ 555

희
戲 _ 396
喜 _ 555
犧 _ 564

힐
詰 _ 225